羅光全書

冊廿

士林哲學——理論篇

臺灣學生書局印行

序

這本哲學書的手稿，從民四五年開始寫，及到今年民四九年脫稿，經過了五年的時間，這本書算是我的寫作中，費時間和心血最多的一種寫作，理由很明顯，一本包括全部哲學的書，決不是一兩年內所能寫成的。

費的時間和心血，雖然很多，結果這本書的內容，仍舊是缺而不全。有許多的哲學問題沒有講到，所講到的哲學問題又都很簡略，但是這種現象也是勢所難免的，假使要想討論清楚一切的哲學問題，則費盡一個人的一生，恐怕還是不夠；而且也不是一個人的學識所能辦到的。

我寫這本哲學書的目標，是仿效「士林哲學」的體裁，用系統的方法，寫一本哲學大綱、若是在歐美，這種書可以不必寫；就是寫了，也只是充大學哲學院的教科書、歐美的哲學書，於今都已是討論專門問題的書。然而在中國，我認爲卻正需要這種書。中國人研究哲學的程度，還是在入門的時期。有些中國學者雖然已經在哲學上成了一門的專家，普通一般研究哲學的人，則尚是入門而未深入堂奧。況且中國出版界，還找不得一本用系統方法介紹全部哲學的書。

這本哲學書分上下兩部，上部爲理論哲學，下部爲實踐哲學。理論哲學分爲上中下三冊：上冊爲理則學；中冊爲自然界哲學包括宇宙論和心理學，下冊爲形上學，包括知識論和本體論。實踐哲學分爲上下兩冊，包括宗教哲學，倫理哲學，和美術論。在上下兩部哲學書裡，對於哲學上的重要問題，大家可以找到答覆，而且對於每個問題，大家可以知道它在哲學上所佔的位置。

哲學上的問題，不是單獨的問題，常是彼此相聯繫的。對於一個問題的主張，常要牽涉到別的問題。因此，研究哲學的人，要緊先對哲學，有一整個的認識。這種哲學知識，又要緊不是零亂破碎的知識，而是有系統的知識。這本書的目的，便是爲供給這種系統化的全部哲學知識。

當然我不敢希望大家都贊成這本書內的主張。有些人一聽儒家，另外一聽士林哲學，馬上就生厭惡，厭惡這些哲學主張，已經是陳舊廢物，已經是僵屍。對於這班喜歡新哲學的人，我惟一的希望，是希望他們讀一讀這本書。若使他們真的讀了這本書，他們厭惡士林哲學的心情，不一定可以改變；然而他們輕視士林哲學的心情，決定要改換。他們在看了這五冊哲學書以後，他們最少應當有一種結論：在世界各種哲學學派中，沒有一派有像士林哲學補儒家之不足。

這樣完備，這樣有系統的哲學；這種哲學且和儒家的哲學有許多地方相同，在許多地方可以

中國哲學界講士林哲學的書，據我所知，只有在台灣出版的羅素《西方哲學史》。這本書所講的士林哲學，實際只幾位士林哲學家，並不是系統地介紹這派哲學的思想。但是中國哲學界輕視這派哲學的心情，卻很普遍，動不動就鄙視這派哲學爲經院學，爲信權威的信條主義。究其實這輩學者僅僅抄錄了一些西洋人的語調，本人對於士林哲學則是一字不識。爲什麼一字不識呢？因爲他們都不懂拉丁文。一字不識，就信口批評，這不是研究學術的方法。因此願意批評士林哲學的人，請先讀一讀這本書。

我既請學者們讀這本書，我心中增加了許多惶恐的心情。我自知書中的內容是缺而不全，我自知我所有的哲學知識很淺薄。若是學者閱後，心中不足，想求更全更深的哲學知識；我不會以學者不足的心情，對本書是種侮辱。反之，我會以這種不足的心情，是本書最大的光榮，因爲這一點，正是本書的目的呢！

羅光序於羅瑪書齋

民四九年四月十日

自序

寫這部哲學書，我幾乎費了兩年的時間。若說爲預備這部書，費了多少年月，則從我攻讀哲學的時候起，到於今已二十七年了。因此，誰也不能因爲看見我繼續不斷的印書，便說這部書是草草寫成了。

預備材料和執筆寫稿，所費的時間雖然不少；但是所寫出來的這部書，也像我所寫的中國哲學思想書一樣，只有大綱的系統說明，沒有深入的研究。讀者一定要責我學識淺薄，工夫不足。

但是我自己既然知道這些短處，當然也想避免，於今沒有能夠避免，那是因爲我作書所採的體裁，是求在大綱上，對哲學思想，加以系統的說明，國內所出的哲學書，數字雖不多，也不算太少。然都是對於一人一派或一門的哲學思想研究發揮。間有介紹全部哲學的書，則又過於簡單，連哲學上的各種重要問題，都沒有一一舉出來，那裡講得到系統的說明。我便因爲想填補這種缺點，纔決定寫這部書。

這部書的目標和作法，便在於對全部哲學，作系統的說明，前後一貫，根據一致的主張。

什麼是我的哲學主張呢？當然不是一句話可以說盡的，讀者在書裡的每個問題上，常常可以看出來。我的哲學主張，有些是儒家的思想，有些是士林哲學的主張。

免不了有人要罵我是頑固，是守舊，儒家思想已是古董，士林哲學更是僵屍；處今日而倡這種主張，不是白費紙墨嗎？

現代的哲學，最厭惡「系統」兩字，最不信「不變」一詞。現代主張應當研究問題；問題則是具體的，是變的，是活的，絕對不能以呆板的系統原則去答覆，更不能說爲答覆各種問題有一成不變的原則。現代的哲學，雖不滿意上一世紀的唯物實徵論，認爲哲學思想，不能以外面的現象和人感覺的印象爲止點，應該深進一步，研究形上的本體。然而現代哲學所承認的形上本體，卻和外面的現象相混；本來想跳出現象以外，結果仍舊掉入現象以內。難怪現代哲學只要研究具體的問題，只相信變動不居的思想。

現代人的生活，一年中所有的變動，勝過古人十年二十年所有的變動。不用說科學上的新發明，常是日新月異。單單說我們今日出門遠行，一年裡坐飛機所能走的路；上一世紀的人，十年也走不完。「動」字已成了現代人生的特徵，「動」字也就走進美術和學術以內，畫家彫刻家不願意表現物的靜態，願意表示物的動態，好比在照相時，一個人動了，照出來的或是兩三個腦袋，或是濛糊不清。現代的畫，乃成爲這等濛糊不清的動態畫。

現代哲學家中有許多人，也主張動的哲學，爲能跟上時代，不願甘心落伍。於是現代哲學思想，也多凌亂雜碎，不易瞭解。

然而經驗告訴我們，越是動，越應該有靜做根基。老子也曾告訴人靜爲動根，例如你要走到一目的地，若是目的地當你向他走時牠也走，你要追到牠就要多費時間，萬一牠比你走的快，你便永遠走不到目的地。假使世上的一切，完全隨著時間而變，那麼所謂要研究和要解決的問題，已經不是問題，而且永遠不能有答覆，因爲問題剛一發生，問題已經隨著時間過去了，當你要研究時，你所研究的已經不是以前所發生的問題了，至於你想出來答案，你把答案送給誰呢？你所要答覆的問題，早已不存在了，早已變了。可見還有什麼哲學可講呢？

不僅是哲學上需要一定不變的原理，別的科學上也需要一定的原理。物理化學爲研究問題當一定的原理還沒有發明時，最少應假定一些固定的原理。若連假定的固定原理都不能有時，便無法研究問題。

假使你膽敢向現代主張沒有真理，沒有一定不變的原理的哲學家，批評他們的主張不對，批評他們的主張不是一定的原理，你必定要聽見他們罵你守舊，罵你不懂哲學。可見這班哲學家在自己的心中，相信自己的學說是真的，相信自己的學說是一定的原理；而且他們還要求人家也這樣相信。

我以爲既是這樣，我不妨明目張膽來講有系統的哲學，來講不變的真理，何況我所講的哲學系統，我所講的真理，不是我一個人的主張，不是我自己的發明。有這種主張的哲學家，於今既不少，以往也多。

這部哲學書分上中下三冊，共約五十萬字。上冊講名學，包括理則學和認識論；中冊講形上學，包括本體論、宇宙論和心理學；下冊講實踐哲學，包括宗教哲學，倫理哲學和美術哲學。

讀者若從上冊到中冊，中冊到下冊，逐次讀下去，越讀越容易，因爲後面所講的問題，多沿用前面所講的學理。

讀了以後，敢請諸位不吝賜教。

羅光序於羅瑪

一九五八年六月一日

士林哲學——理論篇

目　錄

第一編　理則學

第三章　推論

自然哲學

第二編 宇宙論

第三編　心理學

第七章　論生物

第十一章 論人……六〇五

形上學

第四編　知識論

第四章　論眞理

第五編 本體論

第七章　論行

理論哲學

理則學

通論

一、哲學的定義

1. 哲學的譯名

哲學這個名詞，爲拉丁文Philosophia 的譯語。日本明治六年，日本學者西周，譯成哲學這個名詞，採取中國《爾雅》上所說「哲者，智也。」

中國第一位講西洋哲學的人，爲丹徒・馬相伯先生。馬先生那時把哲學譯爲「致知」。他在《致知淺說》的小引裏說：「其國七賢之一，阿理是道（亞里斯多德）博學多知，王亟稱之。對曰：多知何敢云？云愛知耳。後人遂以愛知名其學說。說見名理探，竊謂惟其愛也，故欲推極之。和譯（日譯）曰哲學，似泛，不如大學曰致知，兼含爲學工年，與希文更切，名義尤醒。……名既題定致知，則小引所當先釋者：一、致知界說。」(一)

章太炎在《國故論衡論見篇》主張把哲學譯爲「見」，取荀子〈天論篇〉諸子所見的意思。

上面各種譯名，「致知」一名，真像馬相伯所說「與希文更切」。拉丁文的Philosophia，來自希臘文，希臘原文由兩詞合成。前一詞爲philos，譯爲愛，後一詞爲Sophia，譯爲智，合起來，便是「喜愛智識」。

「喜愛智識」很像孔子所說的「好學」：「十室之邑，必有忠信，如丘者，不如丘之好學也。」（論語 公冶長）孔子所講的學，不等於「智識」，因爲孔子曾說：「有顏回者，好學，不遷怒，不貳過，不幸短命死矣，今也則亡，未聞好學者也。」（論語 雍也）希臘文的智，也不完全和智識相等，智是明智，明智較比智識更高更深，而且能夠指導人生。因此希臘文所說的「喜愛智識」很像孔子的好學。「好學」兩字，雖和希文意義相合，但不宜於作一種學術的名詞。馬相伯便以《大學》的「致知」替代「好學」。但是「致知」也不足以代表一種學術。於是東洋人所譯的「哲學」，便在中國通行了。希臘原文，雖由「愛」、「智」兩詞合成，然合成以後，已成一新名，這個新名用「哲學」很可以代表。

2. 哲學的定義

馬相伯說：致知之學是「明通萬物最後之原因，因性光以得之。」㈡亞里斯多德說：「在一切人的心中，天生一種求知的慾望，對於所見的事物，要追求事物的理由。因此對於所看見的事物，心生奇異時，便開始追求事物不可見的理由，尋到了以後，心中纔安定。」㈢

馬相伯先生所寫的哲學定義，是直譯西洋學術界普通所有的哲學定義。我把這項定義，稍爲更改數字。哲學是什麼呢？「哲學是推知萬物至理的學問」。

於今我把這條定義解釋一下。

「推知」——是由推論而得的知識。推論不是感覺，不是直覺，不是天生的知識，也不是神所啓示的妙理；乃是用人的理智，按照理則去研究而得的知識。這種智識，包括在人的理智範圍以內，由人本性的理智光明去求索。即是馬相伯所說：「因性光以得之」。

推論的理則，有演繹、有歸納。物理化學和他種科學常用歸納方法，由實驗以求假設。數學則常用演繹，由原理定律以求結果。哲學的推論，是演繹與歸納，兼相運用。雖是演繹方法，在哲學上用的多，歸納方法，也並不是摒而不用。

「萬物」——萬物等於萬有。凡是萬有，都包括在哲學的範圍以內，人、物、宇宙和神，凡是人的理智所能知道的，都不溢於哲學以外。

哲學不是像一些人所想像的，只談空洞的玄理，更不是人腦中虛構的蜃樓。哲學所研究的是實實在在的人物。如朱熹談格物致知，就外面實有的事物，今日格一事，明日格一物，久之便自然貫通。

「萬物的至理」——至理爲根本理由，即是說「萬物最後的原因」。萬物萬有，雖都是哲學的研究對象，但是哲學所研究的，有它的特殊點，同別的學術所研究的不相雷同。哲學所研究的，乃是萬物的至理、

我們人對於外面的事物，第一有由感覺的經驗所得的知識；第二有由科學所得的系統知

識；第三則可以追到根底，研究事物之所以然之理。朱熹講格物致知，是要推知萬物之天理，推知理之極至。理之極至，稱爲太極。朱熹說：「太極者……理之極至者也。」（朱子語類）他所以主張萬物各有一太極，他說：「太極只是天地萬物之理。在天地言，則天地中有太極；在萬物言，則萬物中各有太極。」（朱子語類）

朱子的太極，即是萬物的至理，是萬物的根由，是一物所以成爲此物之理。哲學研究萬物的至理是追求萬物的太極，追求萬物各自所有之理。

太極是理之至極點，「到這裏沒去處。」（朱子語類）推至太極，再不能往上推了。最後原因或根由，也就是萬物之理的至極點，科學對於事物所研究的，是事物之當然；但不能說明事物之所以然，事物的所以然，乃是事物的至理。

例如人之所以爲人，有人的根本理由。人的根本理由，不在於有兩手兩腳以及四肢百體，也不在於有知覺思索。朱子說人的太極，在於人的理和氣。歐洲「士林哲學」則以人的根本理由，在於人的理和質（氣）。

推知萬物至理的學問——學問在西洋通稱爲「賽音斯」（Science）。「賽音斯」在中文，則譯爲科學；這是因爲近代西洋一般的人，多用「賽音斯」代表自然或實驗科學，中國人便譯賽音斯爲科學，爲避免混亂起見，我不稱哲學爲科學，只稱哲學爲一門學問。實際上，在西洋學術界，哲學稱爲一種「賽音斯」，連「神學」都也稱爲賽音斯。

哲學爲一種學問，學問，是對於事物，按照它本身的理由所有的確實知識。哲學對於宇宙事物，從根本理由去求知識。哲學的知識是確實的知識。第一、因爲哲學的知識，不是雜亂無間的知識，乃是有系統的知識。有原理原則，有推論法，有結論。哲學的各部份，常是前後銜接，成一系統。第二、因爲哲學所講的道理，都要有理論的證明。理論若充足健全，哲學的思想便正確不錯。第三、因爲哲學乃是其他各種學問的基礎。於今有些自稱思想家或科學家的人，藐視哲學。㈣他們主張只有實驗的學理，纔能成爲學問。實際上他們自己堅持自己的主張，已經就是在講他們的哲學了。他們以自己的主張，批評一切，豈不是以哲學作他種學術的基礎嗎？況且於今盛行著：政治哲學、歷史哲學、法律哲學和美術哲學等，也就證明各門學術常有哲學爲根基。

哲學因此是一種學問，而且是學問中最基本的學問。人類的生活，外面看來常受物質環境的支配，究其實，則都是受哲學理論的影響。因爲人之所以爲人，是因爲有「心思之官」（孟子 告子上），人常有思索。每個人的生活，有意或無意都由本人理智去指使。理智在指使人的生活時，常隨從幾條簡單的原則。這些原則，便是哲學的原則。

二、哲學的特性和方法

1. 哲學的特性

哲學的特性，由它的定義中可以推論得出來。但是學者對於哲學的定義，彼此所說的多不都相同，因而對哲學的特性，有人說的多，有人說的少。我們於今只就哲學的幾種顯而易見的特性，加以說明。

甲、哲學是種抽象的學問

鄙棄哲學的人，常說哲學是種不著邊際的空想，這種批評是對於「抽象」兩字，所有的誤解。

「抽象」是一種理智作用。在具體上不相分離的事物中，理智假想把它們分離或者取一捨一，這種作用，即是抽象作用。

凡是學術，都帶有幾分抽象性。哲學的抽象性最高，故可稱爲抽象的學問。

宇宙人物，都是一些可見可聞的實體。學者對於這些實體，可以從物質方面去觀察。例如學者觀察人時，觀察人的肉體。學者觀察人的肉體，願意研究人體的構造。可是在研究人體時，學者是願意研究「人」的肉體，不是研究張三李四的肉體。雖然他所觀察的是張三或李四的身體，但是他是以張三李四的身體，代表人的肉體。這種研究工作，要把研究的材料對象，加以抽象化，即是說把張三李四的「個性」撇下，只看「人」的肉體，把肉體從張三李四的個性裏抽出來，使它成爲人類肉體的代表。這種研究法是一切自然科學的研究法。

學者若再進一步，把可見可聞的實體，不但從「個性」中抽出，而且從實體內抽出，只觀察物質的特性，例如物力、光、電 原子能等，於是便有物理化學。

再往上走，學者所研究的對象，不在於物質的特性，而是從物質特性中抽出一種最普遍又最根本的特性，即是質量（Quantitas）而加以研究，乃成爲數學。物理化學而可用實驗去證明，數學則不能用實驗而是用理論了。然而數學的理論，是可以用數字和線去證明的。數字和線，雖是物質物裏抽象性最高的，但仍不免有質量。還可以用想像去設想，還不是超於物質的觀念。

由數學再往上走，學者所研究的，脫離物質的質量，而只是物體所以存在之理。理是超於形質的，是屬於形而上的，理不能由想像去設想，而是由理智去推論。推論物質所以存在之理，這就是哲學。

哲學的對象雖是抽象的，但不是憑空胡想，是在實際的事物上有自己的根據。哲學的理論，雖不以感覺爲證，然而並不是和感覺互相矛盾，因爲哲學上的抽象觀念，常以感覺爲出發點。同時哲學上論證，雖不根據於人們的普通常識，但並不和人們的常識相反。一種完全相反人們常識的哲學學說，一定不是正確的學說。例如佛教的萬法皆空，和歐洲的純粹唯心論，完全和人們的常識相反，一定是有不正確的地方。因此在昔日，玄學與哲學的論戰時，丁在君所舉出的審查概念的原則，不足以反對哲學。他說：

「第一、凡概念推論若是自相矛盾，科學不承認他是眞的。
第二、凡概念不能從不反常的人的知覺推斷出來的，科學不承認他是眞的。
第三、凡推論不能使尋常有論理訓練的人，依了所根據的概念，也能得同樣的推論，科學不承認是眞的。」（五）

第二第三兩條，很有語病，因爲話太寬泛。但是作者的本意，是說反乎常識的概念和推論，科學不承認是真的。這一點我們可以接受。豈但科學不以爲真，哲學也不以爲真。在丁在君看來，哲學可以胡思亂想。實際胡思亂想者，是張君勱的人生觀，不是真正的哲學，而且丁在君所說的論理原則，不屬於科學，而是屬於哲學。

乙、哲學是種普遍的學問

哲學的研究範圍，包括宇宙人物，不限於一類事物以內。哲學的研究對象，又是事物的至理，至理則是普遍的道理，因此哲學是一種普遍的學術。所謂普遍學術，並不是沒有一定的研究對象。哲學的研究對象，在下一段我們要討論。

哲學研究的對象，爲事物的至理。至理爲事物的第一因素，爲事物的根本理由，事物的第一因素，可以普遍地適用於凡百事物，因此哲學稱爲普遍的學術。

在哲學史上，哲學家對於哲學的這種特性，意見並不完全相同。

A、哲學為研究自然界的學術。

希臘古代最初的哲學家，心目中是以哲學爲普遍的學問，但是他們尙不能把這種普遍性看得分明。他們知道哲學的研究對象，在於追求事物的第一因素；於是他們便研究宇宙萬物的第一因素，達勒士以爲是水；赫拉頡利圖以爲是火；恩陽多克萊以爲是土水氣火四種原素；德謨吉利圖又以爲是原子，他們把哲學縮在自然事體的因素以內，哲學便變成了研究自然界的宇宙論。(六)

中國宋朝的理學家，他們所注意的對象，在於萬物的理和氣，也有點像希臘古代的哲學家，把哲學看成了宇宙論或本體論，因此他們的學說，稱爲理學。但是理學家同時也注意修身之道，由致知以正心，因此他們和希臘最古的哲學家，在做學問上，並不完全相同。

近代哲學中，有實徵主義一派，以孔德、斯賓塞爲主。這派哲學又回到希臘古代哲學家的主張，以哲學爲對於自然界所有的綜合知識。把哲學研究至理的目標，也取消了。

B、哲學為倫理修身之學。

中國古代的儒家，專以修身爲重。孔子所謂的「學」，都是在於立己立人。孔子雖說下學而上達；但是所謂上達天理，也是爲立己立人，因此，儒家的哲學乃是倫理學。道家和佛教，雖談玄學；然而仍舊是以立身爲要，仍舊是注意人生哲學。我們於今研究哲學，要把範圍放寬，應該把哲學作爲普遍的學術；在哲學以內，包括倫理學。

C、哲學為名學

中國古代有所謂名家，「合同異，離堅白。然不然，可不可。困百家之知，窮衆辯之口，吾自以爲至達已。」（莊子　秋水篇），名家因爲能辯，便以爲至達了。名家的哲學只是名學。

現代哲學，也有一些派別專注意知識論，例如實徵論，又如羅素的方式理則學。這些哲學家雖因各自的專長而注意一門，然而他們心目中的哲學範圍，也有所偏。

哲學的本來面目，希臘大哲學家柏拉圖和亞里斯多德已加以說明。亞里斯多德以哲學爲研究事物至理之學，理性和感覺並用。哲學的範圍，因此很廣，爲一種普遍的學術。中古士林哲學大師聖多瑪斯，集古代哲學之大成，他的思想有洋洋大觀，浩浩無垠的態度。

2. 哲學的方法

甲、兼用演繹和歸納

歷代的哲學派別很多，各派有各自的研究方法。各派哲學的研究方法和各派哲學的主張，互相聯繫。主張不同，方法也不同；因爲方法不同，主張也不同。近代哲學之祖笛卡爾，曾主張：「我思想，所以我存在」，完全用唯理的方法，去證明哲學上的理論，笛卡爾以後，乃產生康德和黑格爾的絕對唯心論。唯心論研究哲學的方法，是純淨用演繹法，單單憑著理智去建立全部的哲學系統。笛卡爾又曾主張哲學像一株樹，樹根是形上學，樹幹是物理學；幹上有三枝，一枝是醫學，一枝是機械學，一枝是倫理學。倫理學談論人生大道，超出一切學術之上，可稱爲明智。㈦笛卡爾主張哲學在於有實用價值，因此近代哲學有一派人，專以哲學爲實用之學。爲研究哲學，他們主張完全應用歸納法，這派哲學，就是實徵主義。

我們知道哲學是種抽象的學術，抽象是超乎感覺的研究哲學的方法，當然是以演繹法爲主。然而哲學的抽象性，出發點是在於具體的感覺，因此不能完全是理智的空想。歐美有多少哲學家，任憑自己的腦子去發明哲理，他們的哲學思想，完全是空中樓閣。我們中國的佛教萬法皆空，和萬法互攝的思想，也不是空中樓閣嗎？因爲既是任憑腦子去推想，於是每個研究哲學的人，都可以自己想出一套哲學理論。歐美的思想史上，於是有層出不窮的哲學派別，每一派人，都自稱自己的思想爲真理。然而真理竟有層出不窮的派別，互相對立，互相衝突，真理已經不是真理了。於是一般的現代新進份子，便根本不相信哲學家了。他們嗤笑哲學爲幻想。在他們這班人看來，只有腳踏實地的科學，纔是學術，纔和人生發生關係。科學上每有一次大的發明時，人的生活跟著也轉變一次。例如蒸氣的發明，電氣的發明和目前原子力的發明，都是人類歷史的分段時期。

但是這班人的批評，並不足以推翻哲學；況且他們的批評並不正確，因爲他們誤解了哲學的本性。

哲學雖是談抽象的學理，但不該當是空中樓閣，像空中樓閣的哲學，必不是正確的哲學；雖是創造這種空中樓閣的哲學家，名氣很大，或是康德，或是黑格爾，我們也不能信服他們。

哲學爲談抽象理論，它的出發點則是經驗。「士林哲學」有句成語：〃Nihi in

intellectu, nisi priusin sensu»「理智中沒有一件不先經感覺。」即是說理智中的觀念，都是經過感覺而後有的。另一方面，若是哲學所講的理論，在腦子以外，沒有一點的根據，和實際的人生，完全相脫離，哲學已經不成爲哲學，該當稱爲幻想。中國理學家的形上學，由理和氣以走到人生的美惡。歐洲士林哲學的形上學，由人的理和氣（質）而走到人死後的生存；都是切近人生的。

乙、以共通的觀念爲主，兼顧具體的個體

反對哲學的人，以爲哲學所講的，是共通的觀念和理論。這些觀念是由具體的事物上抽出來了。但是在實際上，人和物都是有機體，各部份互相銜接，不能分離。哲學由一種有機體中，抽出一部份；這被抽的部份，無論如何重要，決不能代表全體。況且有機體的各部份，合成一個有生命的物體，每一部份，被抽出後，即成了死肢體，跟它原先在有機體內的性質完全不同。因此哲學是把有機體分化成無機體，把有生物作成了殭屍。於是這班哲學家乃主張改換研究哲學的方法。按照他們的主張，哲學應該研究具體的個體。

德國胡賽爾（Husserl）創現象論（Phenomenologia）。現象論在開始時爲一種研究哲學方法。這種方法，主張爲研究哲學應該擺脫一切唯理的原理，應該直接去研究具體的現象。胡賽爾認爲我們在具體的現象以內，可以直接分明看出每個現象的性質和現象間的關係。胡賽爾的主張本是反對康德和黑格爾的唯心論，結果他自己又墮入唯心主義中。因爲他既然主張以直覺或直見（Intuitio）去觀察現象，直見不是感覺。他的直見中所有的現象，已經不是具體的個體了。

近代最時髦的存在論（Existentialismus），所有的出發點，也是一種新的哲學方法。存在論的學者如雅士培（Jaspers）和海德格（Heidegger）都主張哲學應該以具體的經驗並且是自己切身的生活經驗，去體驗具體的個體。雅士培認爲這種具體的經驗，絕對不能普遍化，不能轉爲共通的觀念和普遍的原理，因此也不能有形上學。海德格則承認是具體經驗可以達到「物」的普遍性。

無論如何，我們認爲這些研究的方法，都不是哲學的正道。

哲學所講的是共通的觀念和理論，因爲對於一個單體，無所謂學問，就是從事實驗的科學，也是由對於單體的實驗而升到共通的原則，決不只是講述某一種單獨的事物。何況哲學所研究的，乃是事物的最高理由呢！

哲學的共通觀念，雖是由單體中抽出；可是理智的抽象化，不像醫生的剖割。理智由單體事物中，作成抽象的觀念，是抽而不出。抽象的共通觀念，是在人的理智中，在單體的事物中。例如朱子講理氣，理氣是兩個最大的共通觀念。朱子卻說：「所謂理與氣，決是二物。但在物上看，則二物渾淪，不可分開各在一處，然不害二物之各爲一物也。若在理上看，則雖未有物，而已有物之理。然亦但有其理而已，未嘗實有是物也。大凡看到處，須認得分明，又兼始終，方是不錯。」（答劉叔文書）

對於哲學的共通觀念，都應當分明，要把它放在它被抽出的事物中去看，兼有始終，纔不會錯。

丙、不懷疑一切也不武斷一切

批評哲學的人，對於歐洲的士林哲學，指責這派哲學是武斷，是遵守典型，是採取信條式的古典主義。他們以爲歐美哲學的解放，是從笛卡爾開始，因爲笛卡爾是第一個人提倡懷疑方法，「他以爲我們對於所知的一切，無論是耳聞目見，亦無論是有形或無形，亦無論是屬於外界或屬於內界，都必須加以懷疑，而不可遽然承認。……而獨有我們的那個疑一切皆不確實的『疑心』，卻不可以懷疑。」(八)至於近代哲學的興盛，有人則以爲是受科學思想的影響，「文藝復興與宗教改革，爲中世紀晚葉，反對（士林哲學）舊傳統而傾向於理性自由之一種思想界新趨勢。適近代科學之研究，亦因緣際會，羨漫勃興。……名賢接跡，後先輝映。此皆高揭理性之赤幟，以科學之實證思想，反對中世紀之權威迷信，波流所及，近代哲學之幕，於焉展開。」(九)

關於近代哲學和士林哲學（經院哲學）的優劣問題，說來話長。於今，第一、我只說哲學上用懷疑態度去硏究問題，以免盲從，不是起自笛卡爾。士林哲學的大師聖多瑪斯在他的著作裏，討論每個問題時，首先常是設幾個疑問，然後歸到正文，最後答覆疑難。笛卡爾的疑難，不是硏究哲學的方法，乃是哲學的本身問題，即是知識論所討論的觀念價值問題。假如目見耳聞都不可信，爲甚麼那顆「疑心」又可靠了呢？這就不合理則。中國五四運動後，有一般學者，大吹懷疑和疑古主義。認爲一切的學問，都要由他們重新估定價值。他們傳揚這是西洋硏究學術的科學方法。實際上，西洋那裡有這種由我重做一切的硏究法呢！若是前人和別人所說的都可疑，你自己又將怎麼下手去考證呢？你說正史不可信，要用旁證；你又怎麼可以證明旁證一定比較正史可靠呢？硏究學問，在於善疑，不在於全疑。

合理的哲學方法，是在有主張時，應當有確實的理由，可以作證。不可妄作主張，也不可輕信。我們這本哲學書，就用這種方法，每條主張，都用理由去作證。

但是哲學上的證明，不是科學的實驗，科學上的證明，是用實驗。哲學的證明，乃是理論。若說近代哲學，因借用科學實證的精神乃得發揚，這不是讚美近代哲學，乃是貶謫近代哲學降落了自己的身價，已經不成爲眞正的哲學了。幸而近代哲學不都是借用科學實證法。

我們中國古來諸子講學，沒有一定的系統方法，況且中國諸子的著作，完全不是前後一貫地討論一種學問；有的是語錄，有的是篇篇的文章。唯獨只有墨子，自己標明討論一種問題的方法。墨子的硏究法，稱爲三表法。

「言必有三表。何謂三表?……有本之者，有原之者，有用之者。於何本之?上本之於古者聖王之事。於何原之?下原察百姓耳目之實。於何用之?發以為刑政，觀其中國家人民之利。此所謂言有三表也。」(非命上)

墨子討論問題，就常根據這種方法。但是這種三表法，用之於政治上的各種問題，在討論時很能有些幫助；若是用之於形上學的各種問題，則不能見效了。

我們爲研究哲學上的各種問題，常分三個步驟：第一步是解釋問題的意義，第二步是概觀歷代哲學家對這個問題的意見，第三步則是說明我們自己的意見。

爲證明我們對於每個哲學問題的意見，我們沒有一個固定的格式。並不一定是對於每項意見，務必要有幾種證明，每項意見所有的各種證明，也不一定是遵守固定的先後次序。不過，每項意見，必定在理論方面，要有確實的證明。理論的證明，常有幾項最普遍的定律，即是矛盾律、同一律和因果律等。這些定律，是人的思維的根據，是一種基本法，是人的理智所有的良能。

在取證方面，我們不專憑理智去構造根據，我們要採取感官的經驗以及外面事物的實例。

《中庸》上有一種求學的步驟：「博學之，審問之，慎思之，明辨之，篤行之。」（中庸第二十章）我們勉力在論證時，務必要慎思明辨，以求真理。

三、哲學與科學美術宗教

1. 哲學與科學

哲學與科學的關係，本來很明顯；但是因爲有些學者，自己偏愛一類學術，盡力伸張這類學術的範圍，於是或者哲學侵入科學範圍，或者科學侵入哲學的範圍。如笛卡爾主張，哲學包括科學，哲學代表一切的學術，又如孔德則主張只有科學配稱爲學術，哲學沒有足夠的學術身份。然而正確地說來：哲學是種學術，別種科學也是學術，各有各的研究範圍，各有各的研究方法，彼此不相侵奪，彼此不相滲雜。但若按身分來說，哲學則高於其他的科學。

甲、哲學與科學各有各的研究範圍

一種學問的研究範圍，由它所研究的對象而定。學問的對象可以有兩層意義：第一、「材料對象」。材料對象是一種學問所研究的材料；第二、「方式對象」。方式對象是在材料對象之上，加以研究的方式。例如一塊石頭，可以用爲泥水匠造屋的材料，也可以用爲彫刻家刻像的材料。這塊石頭便是泥水匠和彫刻家的「材料對象」。但是彫刻家和泥水匠在利用這塊石頭時，各有各的方式，泥水匠是用建築的方式，彫刻家是用刻像的方式。一塊石頭在刻像方式下被人使用，即是彫刻家刻像時的「方式對象」。(土)

按照亞里斯多德和聖多瑪斯的主張，哲學和科學，兩者所有材料對象相同。哲學所研究的，爲宇宙人物；科學所研究的，也是宇宙人物。每種科學所研究的，雖是宇宙人物的一部份。但是概括地說，科學所研究的，包括宇宙人物。但是哲學和科學所有「方式對象」則不相同。哲學研究宇宙人物，是從宇宙人物的「根本原由」方面去研究宇宙人物，科學研究宇宙人物，是從宇宙人物的「近因」方面去研究。

用一個實例來說，一個人是哲學和科學的共同研究材料。生理學研究人身的構造和聯繫，心理學研究人的心理活動，化學研究人身的化學原素。這些學問所研究的，都是人之所以爲人的近在原因，即是說明人身是怎樣構成的，人的生理生活和心理生活是怎樣活動。但是人爲甚麼是人，則不是這些學問的研究範圍，而且超出這些學問的範圍以上。哲學則研究人爲甚麼爲人之理。

從所研究對象的「抽象級」去看，哲學高出一切的科學。從所研究對象的理由去看，哲學也高於其他一切的科學。

乙、哲學和科學的關係

哲學雖高於科學，但彼此並沒有從屬的關係，哲學不一定要依靠科學，科學也不一定要附屬於哲學，兩者都能獨立。但是獨立並不是斷絕關係，也並不是彼此不能互助，而且實際上哲學和科學是互相有助益的。

哲學有助於科學，按法國當代哲學家馬里旦（Jacques Maritain）說：「哲學是人類智識中最高的智識，真是一種智慧。人類的別種科學都在哲學以下，因爲哲學要評判科學，指導科學，要辯護科學的原理。」㈩中國張東蓀講哲學與科學的關係，列出哲學對於科學的職務有四點：「一、批判科學所依據的原理與假定以及方法。二、檢察科學所得的概念與法則。三、拼合各科學所得的總結果，且於其接連處不相接時，設法爲之補足。四、拼合時須對於科學所給的材料有相當的消化。」㈪陳哲敏神父也說：「科學家假如在自己的領域以內產生了錯誤的結論，科學的自身無疑地有資格來糾正自己的錯誤，改正自己的結論。哲學既

屬於普遍原理的科學，當然也有權利來監督一切的科學而糾正它們錯誤的結論。」㈣

在我看來，科學家行實驗或講實驗的原則時，和哲學沒有關係。但若科學家要主張一種普遍的科學原理，或甚至以科學原理作爲一種哲學的理論，便必定要受哲學的評判。若是科學家拒絕哲學的批評，或詆毀哲學，那就是侵犯了哲學的領域，自作了科學的叛徒。近代所有的歷史哲學，政治哲學，經濟哲學，以及化學哲理，和理數哲學，都證明科學的最高原理即是哲理，科學所以要受哲學的指導和批判。

科學有助於哲學，這也是哲學家所該承認的，馬里旦謂哲學借用科學爲工具，因爲科學上已經確實證明的原理，可以用爲哲學上的證據，也可用爲哲學上一種理論的出發點。㈤

但是我們不能承認哲學只是各種科學的總合。哲學既不是科學的原理所積成的，也不是各門科學的哲學所集成的。所謂政治哲學、經濟哲學和化學哲理等，並不是正式的哲學，只能稱爲廣義的哲理。正式的哲學如知識論、宇宙論和本體論等，完全超出一切科學以上，不是科學所能講論的。而且哲學的任務，並不是在補充科學的結論；因爲兩者，各有各自的研究範圍。因此我不讚成張東蓀所說：「哲學的職務專是綜合各科學的結果，或加以補足，或爲之改正。哲學的材料雖完全取諸科學，而其綜合補正則大有取捨。」㈥我在上面已經說明，哲學和科學的「方式材料」彼此不同。

2. 哲學與宗教

唯心論的哲學家，多以人的生活，爲一種純粹主觀的精神生活，所謂外面的客體，不過是主觀自身的表現或反映。黑格爾可算是唯心論的最高權威，他就主張宇宙的一切，爲人的精神的正反合。正時，乃是人的觀念；觀念相反自己時，乃有外面的宇宙、有神靈；觀念由反而合時，乃有人的精神生活。講觀念，乃有名學；講宇宙神靈，乃有自然科學和神學；講精神生活乃有哲學。在黑格爾看來，神學是低於哲學的。義大利廿世紀的哲學家錢笛肋主張宇宙的一切，都是人的精神活動，精神活動即是思維，思維即是哲學。因此哲學乃是人的全部精神活動，人的精神，在活動的過程中，可有三種形式：第一、抽象的主觀，即是藝術。第二、抽象的客觀，即是宗教。第三、具體的結合，即是哲學。錢氏的三種形式，實際是源自黑格爾的正反合。法國廿世紀的唯心主義者柏格森，則以爲人的精神生活只是一種精神力的伸張（Elan Vital），爲蓬勃生氣，對於這種繼續伸張的「直見」（Intuition），稱爲哲學。宗教則是一種非理性的純粹經驗，宗教所以不是屬於理智，而屬於感覺。

我們在這裏，不討論宗教，不必和黑格爾、柏格森一輩人開辯論；我們所要說的，只是哲學和宗教的關係。但是爲知道這種關係，預先該有一個正確的宗教觀念。宗教是「人們對

於至上無限的神靈，所有的信仰和所執行的敬禮。」㈦

哲學和宗教的關係，當然是是在宗教信仰一方面，講宗教信仰者，爲神學。哲學和宗教的關係便是哲學和神學的關係了。

宗教的信仰，有的是人的理智所可以推論而知的。例如中國五經裏，對於上帝所有的觀念，都是人的理智所可知道的。這種宗教信仰，便是人的本性宗教。哲學所研究的對象，既是宇宙人物的最高理由，則必定包括宇宙根源的最高神靈。因此哲學裏包含有一部份神學。這部份神學稱爲本性神學，或宗教哲學。

但是在宗教信仰裏，能夠有一部份是至上神靈所啓示的真理，不能由人的理智去推論而知，這種信仰是超乎人性以上的信仰，講論這種信仰的，稱爲超性神學。哲學對於超性信仰，只是「高山仰止，景行行之，雖不能至，心嚮往之。」哲學雖不能攀上這種信仰，但能助人去攀上超性信仰的山峰。因爲哲學可以講明至上神靈的存在，啓示的可能，啓示的歷史正確性，以及啓示信仰的字義。哲學不能證明神的啓示，但能助人了解啓示。

3. 哲學與美術

每一種哲學主張，都直接或間接地造有自己的美術原則。每一派美術的理論，也必定直接或間接地有哲學理論作後盾，可見美術和哲學的關係很密切。

近代的美術論，有的主張美只是爲著美，美術只是爲著美術，完全用不著甚麼原理原則，無所謂美學，更無謂藝術哲學。最近更有人主張美術只是線和顏色本身的價值，不能有代表的性質，無所謂人物畫，山水畫，畫只是線和顏色，沒有內容，因此更不能有美術的原理。按這輩人去看，美術和哲學完全沒有絲毫的關係，哲學是理性的，美術是非理性的；但是他們不理會，所謂純美術和所謂無內容的美術，已經就是一種美術原理，已經作成了一種美術哲學。因此誰也不能否認美術和哲學的關係。一個瘋子亂畫，你可以說瘋子的畫是非理性的。但是一個不是瘋子的畫家，故意去無理性地亂畫，他的畫不能是非理性的，因爲他是有意這樣畫的。既是有意，便不是無心；你怎麼能說他作畫是非理性地畫呢？你可以說他是反理性而作畫。反理性而作畫，他是隨從一種美術主張了。有主張，便是講哲學。

美術和哲學的關係，是在原理方面，美術的原理，是哲學的理論，所以稱爲藝術哲學，或稱美術論。

美術和科學不同。科學由實驗以求原理，美術由原理而作美術品。在另一方面，藝術活動跟別的活動也不一樣，藝術活動不專用理智和感官，也不專靠感情和想像。藝術活動，是夾用理智感情想像和感官，同時在這些官能之上，要有一種天才和靈感，所以藝術並不是設有一套原理，呆板地實行這套原理；藝術是一種極靈變的活動。但是無論活動怎樣靈變，總不能完全沒有原理。中國理學家常說動中有靜。凡是變動，常有變動之道，道是靜的，即是動中之靜。

四、哲學與人生

1. 哲學爲人生動中之靜

反對哲學的人從人生方面去發議論，他們說宇宙間沒有不變動的事物，人的生活，更是川流不息，日新月異。哲學的理論，卻是一成不變。，可見哲學脫離人生，脫離實際。爲使哲學能切近實際人生，哲學的內容，也該是活的。因此近代歐洲有些哲學派，如法國的柏格森（Bergson）和意大利的錢笛肋（Gentile）專以人的精神動力為題材，又如意大利的克洛齊（Croce）專講人類的歷史活動，他們主張哲學為動的哲學，不是靜的哲學。

這種動的哲學，造成今日動的藝術。歐美今日的藝術界，盛行動的藝術理論和作品。他們主張以往的美術都是靜的，只代表一片段的人生，然而人生是繼續地在變動，因此繪畫和彫刻也應當代表動的生活，結果繪畫和彫刻的輪廓，都是糢糊不清。你看一張這種動的藝術的畫，就像是你頭昏目眩時，看看眼前一切，搖搖擺擺，沒有一件東西，看得清楚。但是這種動的藝術，歸根仍舊不動，因為繪畫和彫刻，本性是靜的，怎麼能變成動的呢？反其性而行，於是歐洲近代的藝術，已不成其為藝術了。最後乃有所謂「抽象的藝術」（Abstractionism）主張一種藝術品絕對不代表任何的對象，絕對不當有內容。藝術的價值，完全在乎聲音，線紋和顏色的本身價值。一段樂曲，只有聲音，沒有樂調。一張畫，只有顏色和線紋，並不畫甚麼東西。任憑聽樂和看畫的人，自己去瞑想。但是畫畫和做曲的人，不是沒有腦筋，不能不想自己要畫甚麼或做甚麼樂。要不然，除非逼著他們變成瘋子。一個有理性的人，要作出無理性的東西，統稱為藝術；可見主張動的哲學的人，離開人生多麼遠哩！

人的生活是動的，誰不知道這一點呢！但不能說人生的一切都該動，假使若是一切都動，生活已經不成為生活；有如今於動的繪畫，不成繪畫的一樣。就是在物質的生活裏，必定要在動中有靜，纔能生活。例如人走路，若是腳下的東西飛跑，人就不能走，必定要掉倒在地。你可以說，人腳下的地，所謂靜，只是相對的靜，因爲地球本身就是動的；真理的原則，也只是相對的不變，並不是絕對的不變。科學上所有的假設，在科學上可以當作原則原理；然而假設是隨時可變的。因此哲學上的真理，也只是相當正確的假設罷了。

真理的不變性，在講知識論時，我們要加討論。於今我們很簡單地說一兩句。科學上用假設，是因爲物理化學上沒有知道真理的原則和定律，因此纔用假設。假設不是真理，所以常變。定律若真是真的真理，必定永不會變。可變的定律，不是真的定律。

哲學乃是推論事物的基本原由，事物的基本原由，一定不能變換，基本原由一變，則物已不成其爲物了。吳康說：「哲學者何？愛智也，求道之學也。道者何？宇宙萬物所同出之普遍原理也。此等原理，應是自因恆存，故爲無外。」(六)所謂無外和自因，雖能引起許多錯誤，但是從普遍原理說，當然是恆存不變。

2. 哲學乃是人的最高理智生活

人的理智，是爲求知的。人求知，纔有知識。知識的種類很多，高下不齊，孔子曾說：

「下學而上達。」朱子引程子的話作注說：「程子曰：學者須守下學上達之語，乃學之要。蓋凡下學人事，便是上達天理。然習而不察，則亦不能以上達矣。」（論語 憲問）在人的智識裡，孔子分出上下。下者爲人事方面的智識，上者爲天理天道。人要達到了天理天道的智識，纔算是有真正的智識。天理天道乃是宇宙人生的大道，即是哲學所研究的對象，哲學的智識，所以是最高的智識。

老子說：「夫物芸芸，各復歸其根。歸根曰靜，是謂復命。復命曰常，知常曰明。不知常，妄作凶。知常容，容乃公，公乃王，王乃天，天乃道，道乃久，沒身不殆。」（道德經第十六章）「知和曰常，知常曰明。」（道德經 第五十五章）老子雖反對知識，主張絕聖棄智；但是他也主張人應當具有最上的知識，「知和」「知常」。和與常都是老子的「道」的特性。「道」則是老子哲學的中心思想，老子便也是承認哲學智識爲最高智識。

哲學的智識，爲人理智所能有的最高智識，本來是很明顯的事；因爲哲學所研究的，不是普遍的學理和事物的根本原由嗎？但是因爲哲學史上不著邊際的哲學思想太多了，以致引起旁人對哲學的身價，發生疑問。加之，近代科學盛行，有許多人，便以爲科學該當居在哲學以上，或者以科學所以取哲學而代之了。孔德（A. Comte）曾主張人類的社會，要經過三個時期，最初是神權時期，過後由神權進於君權時期，最後由君權進於民權時期。同樣人類的思想，也要經過三個階段：第一階段爲神學，第二階段爲哲學，第三階段爲科學。這明明是說哲學在現代文明世界裏，要讓位給科學了。

哲學和科學的關係，在下面我們要加以討論。至於哲學和科學可以並存，這是有常識的人，都可以知道的。科學所研究的事理，是就各門科學的對象，分門加以研究。科學的範圍較比哲學就狹了。科學分門研究時，是研究事物是怎樣，不研究事物爲甚麼要是這樣。

若說科學和人生的關係，密切的很；哲學則是天想霏霏，在雲霧裏行走，常不踏實地。實際上則如孔子所說：「道不遠人；人之爲道而遠人，不可以爲道。」（中庸 第十三章），人生之道，似乎是哲學上的問題，和人生不發生關係；究其實，人的一舉一行，都受人生之道的影響。《中庸》又說：「君子之道，費而隱。夫婦之愚，可以與知焉；及其至也，雖聖人亦有所不知焉。」（第十二章）哲學的思想，無論誰都有，而且每個人都受哲學思想的支配。哲學所以和人生很近，愚夫愚婦都知道，但是若要把這些思想，結成系統，有條有理地說過來，則是「聖人亦有所不知焉」！那是哲學專家的事了。

哲學智識，既是最高的智識，哲學便是人的最高理智生活。

人的理智生活，應該有正確的解釋，若按康德和黑格爾一批人的主張，「他們所謂思辯，所謂理論，是不假經驗的助力，純粹由思維的作用而構成知識。」(九)若按培根（Bacon）和洛克（Locke）等人的主張，理智生活只是經驗的生活。因此黑格爾以爲「哲學不過是對象的思維考察，哲學的內容則爲絕對的學問。」孔德以爲哲學是「人間概念的一般體系」唯物論的恩格爾（F. Engels）又以爲哲學是「關於自然，人類社會和人類思惟的一般發展法則的學問。」這一些解釋都有所偏。

人的理智生活，由經驗以開始，由思維以完成。㈩

3. 哲學討論人生的重大問題

科學所注意的是在每人的研究的範圍內，希望對於所研究的科學，能有所貢獻，科學家的研究越深越精，所研究的範圍越狹，然後纔能稱爲專家。科學的本身，是以限定的事物，作自己研究的對象，因此科學分門別戶，每門科學只研究本身的事物，不研究人生其他問題。

哲學家的態度就不同了。哲學家的態度，是以討論人生的各種主要問題爲己任。中國戰時的百家，那一家不談論人生的大道？孔、孟更是教人：「天命之謂性，率性之謂道，修道之謂教。」（中庸　第一章），歐美的哲學家也是一樣。每派哲學學說，都有各自的人生大道，或說各自的人生觀。因爲哲學所研究的對象，是宇宙人物的根本原由。我們人的生活大道，要以宇宙人物的根本原由爲基礎。因此每逢一種哲學學說出世，社會上常有人受這派學說的影響，按照這派學說去生活。於今有人說，西方的學術思想，偏於分化的生活，中國的學術思想重在整個的人生㈡，這種批評有對有不對。歐美人注重科學；若從歐美研科學一方面去看，歐美的學術，每一門只研究完成了片段的人生，沒有整個人生的觀念。但是不要忽略了歐美有宗教有哲學。歐美的宗教哲學，也是以整個人生爲對象。雖說歐美哲學家中，有許多只注重哲學的某一部份；然而哲學的各部份，彼此相連，不能隨便分割的。

胡適之說：「凡研究人生切要問題，從根本上著想，要尋一個根本的解決：這種學問，叫做哲學」。㈢吳康說：「哲學者，探究宇宙人生原理通行之學也。中國古代曰道，魏晉之際曰玄，釋氏曰覺，宋曰性理之學。」㈢西洋的「士林哲學」也是探索天人之道，源源本本，規模較比儒家更大，系統較比儒學更嚴密。邵康節曾說：「學不際天人，不足以謂之學。」㈣哲學而不論人生之大道，不足以號稱哲學。

我在前面已經說了，哲學是種普遍的學術。它的研究範圍，不限於人生的各種問題。對於萬物的至理，哲學都要研究，哲學所研究的各種問題，便不是都和人生直接發生關係。例如本體論和宇宙論所討論的問題，純粹是理性方面的問題，和人生直接不相聯繫。但是我卻不因此便像西洋哲學家所說，哲學是種追求知識的學術，沒有實用的目的。我認爲哲學不僅只是求知，而且也是求行。哲學中之單單是實踐部份的哲學，如宗教哲學，倫理學和美術論，爲人生的指導；就是理論哲學，如本體論、宇宙論和心理學，都可以指導人生。理論哲學和人生的關係，當然不是直接發生關係，但是兩者中的間接關係很深。凡是真理，都能開導入門，使人在生活上，多有一分的光明。歐洲哲學家的短處，就是在於把哲學看成純粹求知的學術，和別的科學一樣，不和人生相接觸。因此奇奇怪怪的學說，接踵而生。完全以人生的實用目的，作爲研究哲學的目的，固有所偏。中國古來學者，便犯這種毛病。完全不顧人生而研究哲學，更是有所偏了。我們研究哲學是爲求真理，真理對於人生，則常是光明。

五、哲學的區分

希臘大哲學家亞里斯多德，爲歐洲哲學的宗師。他的著作留傳至今的，可以分爲六大部份：理則學，自然界哲理，形上學，倫理學，政治學，美術論。在這六大部份中，包括了後代哲學的各種門類，而且也預示了哲學的區分法。

中世紀的大哲學家，士林哲學的大宗師聖多瑪斯在神學上，寫了一種極有系統的巨著，名爲《神學集成》（Summa Theologica）。在哲學上則沒有一種同樣的著作。然而聖多瑪斯在哲學上的著作也很多。把他的哲學著作合起來去看，他有知識論，有形上學的本體論，有自然界的哲學，有倫理論，有政治論，有美術論。因此聖多瑪斯雖然沒有把這些門類的著作，有系統地合成一部《哲學集成》；然而在他的心目中，哲學所研究的問題，是有這幾類的問題。

近世紀哲學大家康德，著作也頗豐富。康氏的著作中，以三大評論爲主，《純粹理性批判》《實踐理性批判》《判斷力批判》。在康德的心目中，哲學可以分成三大部份：一部份爲純粹理性的哲學，一部份爲實踐哲學，一部份爲知識論。

我們中國的諸子，從來沒有寫過系統的哲學書，當然也沒有談到哲學的區分，假使我們要勉強在中國哲學裏找尋哲學區分法的蹤跡，我們可以根據《大學》所說的格物致知，正心誠意，齊家治國平天下的八個條目，去看中國哲學的區分法。這八個條目，合併爲三類：第一類格物致知，在這一類裏包括儒家的形上學，和倫理學，即是講本體論，宇宙論和倫常大道的理學。第二類正心誠意，在這一類裏包括儒家的心理學和倫理學內的德論。第三類齊家治國平天下，便是儒家的政治哲學。所以我們中國古代的哲學，大致說來，分成形上學和倫理學。形上學即是理學，倫理學則包括政治學。

士林哲學的區分法，區分哲學者爲理論哲學和實踐哲學。理論哲學又分爲理則學，自然界哲學和形上學。實踐哲學則爲倫理學。因此，士林哲學常分爲理則學，批評論，本體論，宇宙論，心理學，自然界神學，倫理學。

我爲本書分冊便利起見，把全部哲學分爲兩部份：第一部份爲理論哲學，第二部份爲實踐哲學。

理論哲學分爲上中下三部份：第一部份爲理則學；第二部份爲自然界哲學，包括宇宙論和心理學；第三部份爲形上學，包括知識論和本體論。實踐哲學分爲上下兩部份，包括宗教哲學，倫理學和美術論。

註：

(一) 馬良著　致知淺說　商務民十五年版。

(二) 同上，小引。

(三) I. Metaph. lect 3

(四) 可參考　人生觀之論戰　泰東書局民十二年。

(五) 人生觀論戰　乙編　第十頁。

(六) 參看Regis Jolivet. Traite de Philosophie. Paris 1955. vol. I.p.1　3……

(七) Descartes. Principe de la Philosophie, Preface 第一二節。

(八) 張東蓀　哲學　第一八八頁　世界書局　民廿一年。

(九) 吳康　近代西洋哲學概論　第三頁　台北民四十三年。

(十) 參考Jacques Maritain- Elements de la Philosophie V.I.P. 69-70 Paris, 1939

(十一) 「材料對象」（Objectum Materiale）或譯實質對象，「方式對象」（Objectumformale）或譯形式對象。

(十二) Jacques Maritain, Elements de Philosophie. p.81.

(十三) 張東蓀　哲學　世界書局民廿一年　第四三頁。

(十四) 陳哲敏　實在論哲學　第二九頁。

(十五) Jacques Maritain, Elements de Philodophie. p.78.

(十六) 張東蓀　哲學 第四二頁。

(十七) 羅光　公教教義　香港　一九五五年　第一二頁。

(十八) 吳康　老莊哲學　台北 民四十四年　第二頁。

(十九) 陳哲敏　實在論哲學上 第十四頁　北平 一九五〇年。

(二十) 同上，第一六頁。

(二一) 錢穆 中國智識份子　香港　一九五一年。

(二二) 胡適 中國哲學史大綱上冊　導言。

(二三) 吳康　老莊哲學　第一頁　台北 民四十四年。

(二四) 宋元哲學本　卷九。

第一編 理則學

緒論

一、理則學的意義

1. 定義

理則學（Logica）「舊譯曰名理探㈠，新譯曰名學㈡，非古所謂名法也，梵譯曰因明入正理論。今譯原言者，言，宜也，宜胸中之意也。……言較名，於義似便淺顯，更滿足，故譯取原言。」㈢，這是馬相伯的主張，但是他的譯名「原言」，沒有被社會人士所採用。

有些人按照西洋名詞，直譯爲邏輯學。後來一般人士按照西洋名詞的意義譯爲論理學。最近學界則採用　孫中山的譯名，定爲「理則學」。「近人有以此學用於推論特多，故有翻爲論理學者，有翻爲辨學者，有翻爲名學者，皆未得其當也。……吾以爲應譯之爲理則學者也。」㈣

理則學的定義是「指導理智思維的學問，教人運用思維循序而起，不陷於錯誤。」簡單可說爲「運用理智的法則學」。

「指導理智思惟」——思惟是理智的動作。人的理智，不僅是在認識外界的事物；因爲認識只是單純的動作，理智在本性上則傾於思惟。人在認識一事物時，常常加以思索，想明瞭事物的真相，把這樁事物的認識和別種事物的認識，互相比較，互相連貫去研究事物間的關係。

人在思索時，自然而然按照程序而動，除非一個人神經失常，纔胡思亂想。天與人以理智，當然也與人使用理智的方式。無論愚夫愚婦，也知道怎樣思索，知道怎樣講理，但是這種天然的思惟方式，只是初步的方式，須加訓練，須加培養，然後可以殫精構思，有條不亂。因此西洋哲學中乃專有一門，教人思惟的原則，指導人去運用理智。

「指導理智思惟的學問」——理則學爲一種學問。學問是對於事物，按照它本身的理由，而有的確定知識。理則學對於人的思惟，由各方面的理由，推論出一些運用思惟的原則。這些原則並不是雜亂無章，乃是有條有序，互相銜接，成爲一種有系統的知識。

僅僅列出運用一種技能的方式，這算是一種技術，不足稱爲學術。理則學若僅僅教人運用理智的法則便是技術，不是學問，但它也是一種學問，因爲理則學講明理智法則的理由，而且對於理則的理由，予以系統的說明。

理則學的材料對象，是人的思惟。它對於思惟，不由思惟本身方面去看，也不由思惟的價值去看，它是由思惟進行的程序方面去看，研究思惟的法則，便是理則學的方式對象。知識論的評判學和形上學的心理學，也研究人的思惟；這兩種學術，一種討論思惟的價值，一種討論思惟的本質，因此和理則學的範圍不同，因爲彼此的「材料對象」雖是相同，彼上的「方式對象」就有分別了。

「教人運用思惟循序而進，不陷於錯誤」——人們運用理智，目的在求正確的知識。人錯了，是無心而錯。明知是錯而願意錯，那是別有企圖，故意反背人性。但是宇宙間的事理，不是一切都簡單，一看便瞭如指掌。宇宙間的事理，常是複雜，常多暗昧；一個人若不知道善用理智，每每自陷於錯誤而不自知。理則學便教給人推論的方法，使人在運用理智去思惟時，有路可循，能夠達到真理。

2. 理則學的區分

理則學所研究的對象，是人的理智活動。人的理智活動有三：第一是單純的「認識」（Simplex apprehensio），結果爲「名」（Terminus）；第二是評斷（Judicium），結果爲「辭」；三爲推論（Ratiocinium），結果爲辯說。

荀子說：「實不喻然後命，命不喻然後期，期不喻然後說，說不喻然後辨，故期命辨說也者，用之大文也，而王業之始也。」（正名篇），荀子的命爲命名，期爲期句成辭，說辨爲推論。

因此理則學常區分爲三部份：在先講「名」，然後講「辭」，最後講「辨說」。我們就根據這種三分法，講述理則學。

二、理則學的沿革

1. 印度因明學

「佛教的因明學分外道因明論和三支因明論。外道因明論起於佛教以前，三支因明論為佛教大師們所改作。

外道因明學索源於尼夜耶經（Myaya Sutra）這冊書共分五卷，為尼夜耶派始祖足目（Akahapada）或稱喬答摩者所作。尼夜耶派很看重人的智識。人若求得正知，即得解脫。為得正知，則該有求知的方法。求知的方法，為十六諦。……尼夜耶派的正知識說轉成為初期因明學的五分論支。五分論支包含推理的五個層次，即所謂宗因喻合結。」（五）

佛滅後七八百年間，龍樹（Nagarjuna）根據尼夜耶派因明論著《方便心論》（Upaya-Kauslyahrdayas），立八論法，講述辯論之方法和思惟的正軌。佛滅後九百年彌勒

（Maiteya）著《瑜伽師地論》（Saptadasabhumi Sastra Yogacarya），始立因明名義。佛滅後千年，陳那亦名大域龍（Mahadignaga），根據五分論式，縮短五分的五層成爲三層，即是宗因喻的三支式，所著八論中以第四《因明正理門論》及第六《集量論》爲最著。

中國對佛教因明學的譯本，始自後魏。後魏吉叔夜和瞿曇流支譯龍樹的《方便心論》和《迴諍論》。陳真諦三藏譯《天親》（Vasnbandhu）的如實論。唐玄奘三藏譯陳那的《因明正理門論》和商羯羅主（陳那門人）《因明入正理論》。

玄奘弟子窺基撰《因明大疏》八卷。後來慧治著《因明纂要》及《義斷》，智周著《因明疏前記》及《後記》，道邑著《因明義範》。如理著《因明纂記》，但是自從唐會昌時佛教大難以後，宋明重禪宗和淨土宗，佛教因明學在中國學術界沒有發生影響。㈥

2. 中國名學

中國古人求學，常聚各種學術一爐而治之，不把各種學術分門別類去研究；故無所謂理則學。但在戰國時的諸子百家中，有所謂名家。儒家孔子也很重視正名，荀子且有〈正名篇〉。墨子的《經說》上下兩篇，也包括許多討論名、實、辯論的主張。這幾家所討論的

「名」和「辯論」，即是理則學的名和辯，我們便不妨說中國古代有關於理則學的思想，這種思想即是古代的名學。

中國名學的代表，當以墨家爲代表。《墨子》一書中，和名學最有關係的，有〈經說上下〉，〈小取〉和〈非命上〉。對於這幾篇的作者問題，學者意見各不相同。於今我們不去討論作者問題，只以《墨子》一書爲對象，《墨子》一書便可充爲中國古代名學的代表。

《經說》上下講論人的知識，分爲聞、說、親三類，又以名爲「舉實」，分爲達、類、私三種。辭則爲抒意，辯爲爭勝。〈小取篇〉講解辯論的七法，〈非命上〉篇說明墨子作文論事的三表式。從這幾篇文章的思想裏，我們可以理出一篇有系統的名學。㈦

無論《經說》上下和〈小取〉等篇是否墨子所作，墨子的書裏，其他各篇在說理時，多用三表式去作證：「何謂三表？……有本之者，有原之者，有用之者。於何本之？上本之於古者聖王之事。於何原之？下原察百姓耳目之實。於何用之？發以爲刑政，觀其中國家人民之利。此所謂言有三表也。」（非命上）

墨子以後，戰國時有所謂名家，即「刑名之家」。刑字雖和法字通用，但是刑名之家，不可混爲名法之家。刑字和法字的意義相通，是因爲刑同於型，法爲人的行爲的模型。至於所謂刑名之家，則是講究以名爲辯論模型的辯者，故「刑名之家」，當時也稱爲辯者。

莊子〈天下篇〉謂辯者有惠施、桓團、公孫龍等人。名家的著作，於今只存有公孫龍子的一部份，和莊子〈天下篇〉所載的幾段，其餘的都散佚了。

辯者在當時沒有好的名聲，人家都罵他們是詭辯者。荀子的〈非十二子篇〉說：「不辯先王，不是禮義，而好治怪說，玩琦辭。……然而其持之有故，其言之成理，足以欺惑愚眾，是惠施鄧析也。」

莊子〈天下篇〉中述惠施所說的十事，十事的解釋雖不同，但都是玩弄奇辭以取勝。公孫龍有〈白馬論〉，謂「白馬非馬。……馬者，所以命形也；白者，所以命色也；命色者，非命形也，故曰白馬非馬。……」在理則學上，這些論調，雖勉強可以予以合理的解釋，但也免不了怪誕之嫌。公孫龍的〈堅白論〉，也是同樣的情形。「堅、白、石，三，可乎？曰：不可。曰：二，可乎？曰：可。曰：何哉？曰：無堅得白，其舉也二；無白得堅，其舉也二。」(八)

胡適和馮友蘭在每人所著的中國哲學史裏，以墨子書中的〈經說上下〉〈小取〉〈大取〉等篇爲別墨派所作。「別墨」則和辯者惠施、公孫龍一輩人相同。因此中國的名家，不由辯者單獨作代表，還要加上別墨。「別墨」是墨子的兩派弟子，莊子〈天下篇〉說：「相里勤之弟子，五侯之徒；南方之墨者，苦獲已齒鄧陵子之屬，俱誦墨經，而倍譎不同，相謂別墨，以堅白同異之辯相訾，以觭偶不仵之辭相應。」然而這輩人的著作和事蹟，於今絲毫沒有遺跡可尋，只可從略。

《墨子》一書以外，中國名學的著作，要推《荀子》。《荀子》一書中有〈正名〉、〈解蔽〉兩篇，對於「名」，有很正確的說明。尤其對於名實的關係，荀子願意糾正辯者的詭辯，特別伸述儒家正名之道。

中國名學，自荀子以後的沒有繼傳的人。墨家在漢朝已無傳者，儒家雖傳流至廣至久，但對於名學，後代無專攻的人。宋明理學家的著作中，也沒有談名學的篇章，清儒重考據，間而論到訓詁的方法；然而沒有人注意推理的法則。

3. 西洋理則學

西洋的理則學，發祥於希臘，希臘在降生前第五世紀時，國勢達到強國的盛況，社會生活因適值大戰勝利之後，一切都有新的氣象。有志之士，都思進取，各逞辯才，爭取政治權力，因此辯論的口才成爲當時年青人的必要學識。雅典乃有人設立學校，教授辯論的技術和智識，使學生成爲智者。智者在希臘文爲「索火益」（Sophoi），於是這派學者，乃稱爲「索菲斯達」（Sophista）。但是他們所提倡的辯論口才，以詭辯派取勝；於是「索菲斯達」遂成爲詭辯者的代名詞。他們的學派，也就成爲詭辯派。他們中間最出名的，有布洛達哥拉（Protagora 死於降生前四百一十年左右）和各爾啓亞（Gorcia 死於降生前三百九十年左右）。

詭辯派既專重辯論的口才，當然講究理則學。但是他們沒有留下理則學的原則，當時和詭辯派對立，以整頓社會爲己任的，有希臘大哲學家蘇格拉底（Socrates. B.C. 470-399），蘇氏的道德學問，爲當時雅典人的師表。蘇氏的弟子柏拉圖（Plato. B.C. 429-348）更爲傑出之士，教人追求真理，設立演繹法的標準。柏氏弟子亞里斯多德集希臘哲學之大成，首創理則學，著《機關》（Organon）一書，建立理則學的系統。亞氏首先說明「共名」「別名」的次序，列出「共名」的範疇，次則陳說推論方式的規則，末後討論「辯證」的性質；亞氏《機關》一書遂成爲後代理則學的典型。

亞氏的哲學，不大盛行於羅瑪帝國。羅瑪帝國末期，蠻族入侵，羅瑪帝國的人民，已不懂希臘語，亞氏的著作，如《機關》一書，只有一部份由薄厄齊烏（ Boetius B.C. 470—525）譯成拉丁文，漸爲人所注意。亞剌伯人既強，亞氏的哲學書遂譯成亞剌伯文。亞剌伯學者又將亞氏的哲學，由亞剌伯文譯成拉丁文。同時東羅瑪滅亡，希臘學者逃亡義大利，又將亞氏著作由希臘文譯成拉丁文，亞氏乃成爲歐洲中世紀哲學的導師。

中世紀的歐洲哲學，以「士林哲學」（經院哲學 Philosophia Scholastica ）爲最盛，士林哲學的研究法，取法亞氏的理則學。士林哲學大師聖多瑪斯所有的著作，篇篇的論證，都採取三段論式。

中世紀研究亞氏的理則學者，有齊爾白杜（Gilbertus Porretanus）著《六原則論》（Liber sex principiorum）聖大亞爾伯（St. Albertus Magnus）和聖多瑪斯，著亞氏理則學的注釋，董斯哥杜（Dens Scotus）著《範疇論》（Quaes tiones super Praedicamenta）。

中世紀末期，士林哲學衰落，學院中多尚空談。何干（Occam）於十四世紀時，在牛津開始主張名實不相符，攻擊演繹的推論法。十六世紀時，巴黎拉麥（Pierre De la Ramee）著《辯證論》三卷（Institutionum dialecticarum libri tres）指斥士林哲學的理則學，枯索空腸，不足以幫助新學術的發展。英人培根（Bacon 1561-1626）乃著《新機關》（Novum Organon）一書，反對演繹法，提倡歸納法，開近代科學研究法的先聲。

但是近代哲學的大師，如笛卡爾，來布尼茲和康德，黑格爾等都仍舊主張演繹法，而且較比士林哲學還要變本加厲。

繼培根而起的則爲歸納法的理則學，這派的代表爲穆勒（J. Stuart Mill）。穆勒於一八四三年出版《理則學》一書（A System of Logic Natiocinative and Inductive）。穆

氏的書由嚴復譯爲中文，名爲《穆勒名學》。㈨

士林哲學在十九世紀末葉，又逐漸復興，且在羅瑪公教（天主教）的修會和培植教士的修院中，士林哲學常爲必修科，哲學教科書的首冊，則常爲理則學。

歐美目前盛行一種新的理則學，稱爲「數學理則學」或稱「方式理則學」。這派理則學的大師有羅素（B. Russell）、懷德黑（Whitehead），普卡納（R. Carnap）等，方式理則學所注意研究者，爲辭與辭的關係，即是句與句的關係。傳統理則學所研究的是名與名的關係，方式理則學，捨名而研究句。研究的方法，又捨傳統理則學的「名」，而用符號作代表。把符號按照一定的方式排列出來，有似數學上的方式，以推理，求智識，故稱方式理則學。我在談完普遍理則學以後，加一附錄，討論方式理則學。

註：

(一) 明末清初、耶穌會士傅汎際（Franciscus Futado）與李之藻譯名理探。

(二) 嚴復譯 穆勒名學。

(三) 馬相伯 致知淺說、卷一、第一頁。

(四) 孫文學說 參考王化歧 國父對理則學的創造 主義與國策雜誌第七一期。參考 吳俊升 理則學 第二頁 正中書局 第三版。

(五) 羅光 中國哲學大綱下冊 第一二八頁。

(六) 虞愚 印度邏輯 商務 第一頁至十四頁。

(七) 羅光 中國哲學大綱上冊 附編一。

(八) I. Kon- Pao- Koh. Deux sophistes chinois. Paris. 1953 顧保鵠。

(九) 參考Enciclopedia Filosofica. - Logica —辭見 Vol. III. Roma 1957。
Enciclopedia Cattolica-Logica —辭。著者Ugo Viglino. Roma。
Enciclopedia Italiana-Logica—辭。著者 Guido Calogero. Roma。

第一章 名

一、名的意義

1. 認識

我們人一早醒來，開窗對著宇宙萬物，形形式式，眼睛和耳朵，應接不暇。我們一時的知識，似乎都是耳目的感覺。但是假使我們一夜未曾安眠，心中有樁憂急的大事，一早醒來，心中越加憂急，那時站在窗前，眼無所見，耳無所聞。眼睛和耳朵固然是開著，可是「心不在焉，則白黑在前而目不見，雷鼓在側而耳不聞。」（荀子 解蔽）因此，我們看物聽聲，雖是用眼睛和耳朵，但爲能取得一種感覺，要緊是心予以注意，心既然在，我們看到一物，立即知道所看到的物體是這件物件，而不是別個物件，於是我們說對於這一物件，有了認識。

認識的意義很廣泛，可深可淺。深的認識，是對於一物的內容，都知道清楚。這種認識，不是單純的知識，也不是理智的初步動作，淺的認識，在對於一物一人，初見一面，心中有一印象。因此最淺的認識，乃是最極單純的知識，是理智的初步動作。

理智的初步動作，在哲學上稱爲「單純的認識」（Simplex Apprehensio）。「單純的認識」在哲學上的定義，爲「當理智見到對象不加以分析時，稱爲單純的認識。」

單純的認識，爲理智的動作，不是感官的感覺。感官的感覺，可以是認識的資料，例如人見到一條牛時，人的腦中立刻有一條牛。人腦中的牛，是一條整個的牛。一個從來沒有見過牛的人，第一次看到牛，馬上知道所看到的東西，不能和平日所看見的走獸相混，他不知道這種走獸是甚麼東西，也不知道它的名字，但是知道它是一種新的東西。這種認識，是極單純的認識，但是這種認識是理智的動作。單純的認識，雖爲理智的單純動作，但已經包含有理智的多項動作，第一、包含有「注意」。「注意」是理智注於這事，不顧其他的事；第二、包含有「反省」。「反省」是理智自己知道自己有了認識。

「注意」和「反省」，可以爲單純認識的成份，但是本身乃是理智的兩種動作。如「注意」（Attentio）是在許多事物中，只注意一件，這時的注意，也是理智的初步動作。既然注意一事，便去研究。研究纔是進一步的動作。「反省」（reflexio）也可自成一種理智動作，反省時，乃對自己的行動加以思考。

除「注意」和「反省」外，尚有其他的理智初步動作，和單純認識相等，如「抽象」（Abstractio）在兩事或多事中，抽出一件加以思索。如「比例」（Comparatio）把兩事或多事同時加以對照，觀察彼此的異同。如「綜合」（Synthesis）對於多種事物的關係，一目了然。(一)

但是上面所說的理智動作，都只是指的這些動作的本來意義。在實際上，這些動作一開始，立刻就有進一步動作，如「注意」馬上就有思索，一加反省，馬上就有思考。如「比例」「抽象」立即就用對照。因此在實際上，單純認識，是一種複雜的理智動作。

2. 觀念

當我們看見牛時，我們的腦中立刻有條牛。我們腦中的牛，即代表我們所看見的牛。我們的感官，感到一種對象時，感官便起一種印象，我們的理智，認識一物時，立時也有一「物象」，這種物象，稱爲「觀念」。

「觀念」（Concetus, idea）的定義，是「物在理智中的替身（代表）。」理智認識一物時，理智和物相連接。物和理智相連接的媒介，便是觀念。理智在人身以內，物在理智以外；物和理智的相連接，在於物進入理智以內。物之進入理智，不是物之本體，是物之替身。物之替身，即是物之物象，和物和本體相同；因此能夠作物之代表。我們普通常說，讀書是要把書裝進腦子裏去；我們在認識事物時，就是把事物裝進理智裏。

荀子說：「心生而有知，知而有志。志也者，臧也；然而有所謂虛，不以已所臧害所將受，謂之虛。」（解蔽）心在有知時，心虛而受物，是心容納外物進入心內，心所容納的，即是物象。

物象入心，也稱為「意像」，意是指的心意。所謂心意，都是指的理智，意像便是物在理智中所現的形象。

觀念在理智中，有兩層的關係，第一、觀念和所代表的物的關係，觀念是物的替身；從這一面說，觀念是客觀性的（Conceptus objectious）。第二、觀念和理智的關係，觀念是理智所認識的對象，是理智活動的止點；從這一方面去說，觀念是主觀性的（Conceptus formalis）。

觀念的意義，有的簡單，有的複雜，要看每個觀念的「內涵」和「外延」如何。一個觀念的「內涵」（Compreheusio），是這個觀念所包含一物的特點。所包含的特點多，觀念的內涵便複雜。一個觀念的外延，是這個觀念所有的範圍，也即是它所代表的單體物的數目。普通一個觀念的內涵越簡單，觀念的外延越大。例如「動物」較比「人」，內涵較爲簡單，「動物」的外延較比「人」也更廣；天下的動物多於人。

3. 名

「觀念」是人理智中所有的物象，是人知識的媒介。但是人不是知道事物就滿意了，他天然要求再把自己的知識，傳達於人。怎樣傳達自己的知識呢？即是用語言。語言不僅是爲傳達人的知識，而且也是爲增進人的知識。人的知識，靠語言去保留，人的思索，要用語言作材料。因此，一個聾而啞的人，他的知識，一定低於常人。

知識的開端爲觀念，語言的開始爲「名」或「名詞」（Terminus）。

劉熙《釋名》說：「名者，明也，名實使分明。」荀子說：「名也者，期以累（異）實也。」（正名），名，是用以分別每個實體的。實體爲人所知，人便用個名詞來代表它，使它不和另一實體相混雜。然而實體爲人所知時，是實體的物象進入人心；因此名是物象的代表。每個名詞，代表一個觀念。

「名」，在哲學上的定義，是「人所製定的有意義的聲音」㈡，名爲一個聲音，因爲是從人口中呼出來的。《說文》訓名爲命：「名，自命也，從口從夕，夕者冥也。冥不可見，故以口自名」。人口中呼出來的聲音，能有多少種。名是一種有意義的聲音。名有意義；因爲名代表觀念，代表物「名也者，所以期累（異）實也。」

有意義的聲音，意義由人造的，並非來自聲音的天性。中國古人說制名，名由人而造。荀子說：「名無固宜，約之以命。約定俗成謂之宜，異於約則謂之不宜。名無固實，約之以命實，約定俗成，謂之實名。」（正名）

名和觀念，兩者的性質不相同：觀念爲人理智中的物象，名爲人口中的聲音。但是兩者都是代表，名代表物，觀念也代表物。然而兩者的代表性又各不同。觀念爲物的物象，爲物的替身。當理智和物相連接時，自然而然地即有物象。觀念所以不是隨人意而造的，乃是物所必然的。觀念不是符號，是物的意象。「名」則是符號，是人隨意而造的。名即是觀念的符號。

名既是觀念的符號，名的內涵和外延，和所代表的觀念完全相等。「人」一名詞，代表「人」的觀念。凡是「人」的觀念所包括的，「人」的名詞也都包括著。因此在理則學上，「觀念」和「名」可以互相替用。

4. 字

爲傳自己的知識，人不僅用語言作媒介。語言是「流之不遠，傳之不久」。爲流遠傳久，人便使用文字。文字乃成爲語言的代表。

文字代表語言，在用字母的文字裏，這種關係很明顯。用字母的文字，和音樂的樂調相同，樂調用音符抄錄聲音，音符本身一點意義也沒有，僅只代表一個音聲。用字母的文字，用字母抄錄語音，文字本身沒有意義，只是抄錄名詞的聲音。用字母的文字，可是說是抄錄式的語言，本身並沒有意義。

中國的文字，不是用字母的文字，是種指事象形的文字。單體爲文，複體爲字，中國的文字，不在抄錄語言的聲音，而是脫離語聲而有獨立形像。「西洋的文字，重在聲，有了字母，按照語言的聲音寫下來便成爲詞。中國的文字，重在形。爲構字形，原則便不簡單了。西洋的文字，只在發出一種語聲，跟所代表的觀念，完全沒有關係。中國的字，藉著字形直接代表觀念，字聲則要依附著字形。」㈢人的聲音的變換，在基本聲音上，是很有限的，抄寫聲音的文字，所以都是複音字。中國文字爲單音字，因此要以形爲主，不然，許多字因著聲音相同，便要互相混雜了。

中國文字的構造法，上古有所謂六書：象形，指事，形聲，會意，轉注，假借。六書即是造字的法則。

中國古代的傳說，以文字導源於八卦。我們姑不論這種傳說確不確；但是從理論方面去看，八卦和中國的文字，關係很密切。「八卦以象告」（易經 繫辭下 第十二），「易也者，象也。象也者，像也。」（繫辭下 第三），《易經》的卦是種種的象；《易經》的象是宇宙萬物變易的象。宇宙萬物有種種的變易，把這些變易的觀念，用卦象表現出來，便成爲易卦，易卦所以是一種代表觀念的象，是一種變相的文字。這種變相的文字，可以稱爲符號。數學上無論是代數或三角，都用符號作代表，數學的符號，有似於《易經》的卦象。於今當代的方式理則學，用符號代替文字，因此在理論一方，和《易經》卦象的變化方式，很有些相同。

二、名和名的關係

理則學討論「名」，不在研究「名」的意義。研究「名」的意義的學問，是詮釋學和考證學。而且理則學也不討論「名」在文中的作用；討論這一點的，是每種語言的文規。

理則學所討論的，是名和名的關係。爲使這些關係能合乎理，乃立定法則。於今我們看一看名和名的關係，以後再講關係的法則。

1. 名的種類

每個名有自己的含義；因著所含的意義，名和名彼此的性質便不完全相同。因此「名」可以分成多少類。

甲、從「名」的內涵方面去看，「名」可以分爲「簡單名詞」（Terminus simplex）和「複雜名詞」（Terminus complexus）。簡單名詞的含義簡單，複雜名詞的含義複雜。

名又分爲「具體名詞」（Terminus concretus）和「抽象名詞」（Terminus abstractus）。具體名詞代表一具體物，抽象名詞代表一抽象特性事理。

乙、從「名」的外延方面去看，「名」可以分爲「單稱名詞」（Terminus singularis）和「普通名詞」（Terminus communis）。單稱名詞代表一個單體，普通名詞則可以用之於許多事物。

「普通名詞」又可分爲「共名」（Terminus universalis）和「別名」（Terminus

particularis ）。「共名」和「別名」，照荀子所說：「萬物雖衆，有時而欲遍舉之，故謂之物。物也者，大共名也。推而共之，共則有共至於無共然後止。有時而欲遍舉之，故謂之鳥獸。鳥獸也者，大別名也。推而別之，別則有別至於無別然後止。」（正名）共名是一類物體的共名，別名是一類中小類的別名。例如動物爲一共名，人則爲一別名。

丙、從「名」與「名」的關係方面，「名」可分爲「同義名詞」（Terminus univocus），「異義名詞」或「雙關名詞」（Terminus aequivocus），「類似名詞」（Terminus analogus）。同義名詞是意義完全相同的名詞。異義名詞是意義不相同的名詞，或意義不明，容易引起混雜的名詞。類似的名詞是意義類似的名詞。

名又分爲「絕對名詞」（Terminus absolutus）和「相對名詞」（Terminus relativus）。絕對名詞是意義獨立的名詞，相對名詞是意義互相對照的名詞。

2. 名和名的從屬和相反的關係

「名」和「名」的從屬關係，是共名和別名的關係，即是別名從屬於共名。「名」的外延範圍，和它的內涵成反比例，內涵多則外延小，內涵小則外延大。共名的內涵，必較別名爲簡單，別名常要在共名的內涵意義上加一層特性。例如動物爲一共名，獸爲一別名，獸的內涵較比動物爲多。希臘哲學家波斐里（Porp hyrius 233-305）曾製造一表，稱爲「波斐里樹」，因爲這張表，有似一株樹，由一根樹幹，兩旁發生樹枝。

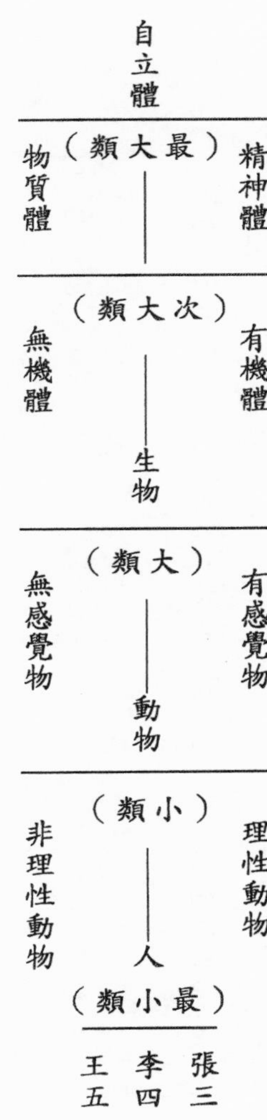

爲表示共名和別名的從屬關係，我們只要按著上表去推溯，馬上就可以知道。

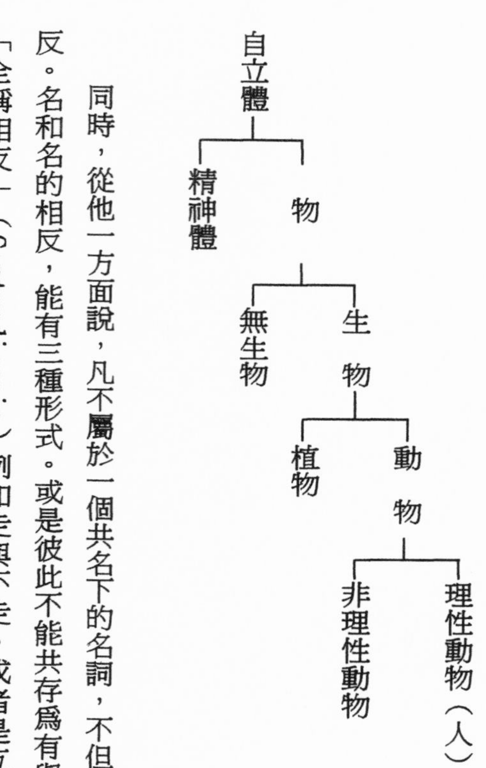

同時，從他一方面說，凡不屬於一個共名下的名詞，不但和共名不相從屬，而且可以相反。名和名的相反，能有三種形式。或是彼此不能共存爲有與無的相對，這種相反，稱爲「全稱相反」（Contradicoria）例如走與不走。或者是互相對立，稱爲「對立相反」（Contraria），例如黑與白。或者是彼此相對稱，稱爲「對稱相反」（Oppositio relativa）例如父與子。

綜合名與名的從屬或相反的各種關係，可用圖表解釋如下：

a．別名從屬於共名：人和動物。

動物
人

b．兩別名，從屬一共名：人與獸和生物。

生物
人
獸

c．對立名詞，黑於白不同在一主體上。

黑色
白色

d．全稱相反名詞，有與沒有。

有
沒有

e．部份同部份不同的名詞，人和獸，一部份相同，一部份不相同。

人
獸

3. 名和名互相解釋（表詮）

我們說話，是集合名詞以成句，我們說話的目的，是在述事說理。述事說理時，我們按照事理的次序，用名詞去述說。述說時所用的話，無論怎樣簡單，最少該有兩個以上的名詞。例如說：「我走了。」一句話裏就有「我」「走」「了」，三個名詞。這三個名詞的關係，在於互相解釋：「走」解釋我，「了」解釋「走」。

在這種互相解釋的關係中，另外是用副詞去解釋主詞的機會較爲多。例如「人是動物」，動物是用爲解釋人的。

副詞之能解釋主詞，是因副詞是一種共名，能通用於許多物體，共名之所以能通用於許多物體，則是因爲副詞的涵義，代表一種物性；這種物性，在許多物體以內都具有著。

一個共名詞，代表一共通的物性。從所代表的物性方面去看，物性和物體的關係，按照理則學的原則，可以有五種不同的關係；因此，一個副詞在表詮一個主詞時，也有五種不同的方式。副詞表詮主詞的方式，稱爲表詮式。

甲、表詮式（Praedicabilia）

「通用名」代表一種共通的物性，所以常是「共名」。共名之下，能有「別名」。別名實際上也是一種共名，也能適用於許多物體；但是和它所從出的共名相比較，則成爲別名。例如動物和人，動物爲共名，人爲別名。實際上「人」一個名詞，是可以通用於許多單體的人。可是人和動物相比，人便是動物的別名。

共名因此是可以在同一意義之下通用於許多物體的名詞。共名所以能夠通用，是因爲它代表共通的物性。共通的物性，對於所包括的物體，能夠有五種關係：即是類（Genus），種（species），特性（Differentia），天性或固有性（Proprium），偶性或偶有性（Accidens）。

A、類——一種共名所代表的共通物性，爲許多「種」的共通物性。這種物性，不是一個物體的整個物性，只是物體的本性的基本部份。例如「動物」對於人，不代表人的整個人性，但是代表人性的基本部份。這種物性稱爲類。

因此「類名」便是一種共名，在同一意義之下，通用於許多「種」。「類名」的外延很廣，同時它的內涵也很簡單。

荀子曾說共名之中，有大共名；別名之中，有大別名。例如前面所列波斐里樹，也有大類小類之分。因此「類名」之中，有最高類名（Genus supremum），中間類名（Genus snbalternum），最低類名（Genus infimum）。「最高類名」是一純粹的共名，或稱大共名，它以上沒有大類，它從不變成別名，例如物。「中間類名」，其上有大類，其下有種，它本身是共名又是大別名，例如動物。「最低類名」，其上有類，其下無種，本身爲別名，例如人。

B、種——在中文裏，種和類的意義沒有多大分別，常連成一名，也可以互相替代。但是在普通用語上，種字的意義，較爲確定，物分品目時，一品爲一種，類字的意義較爲浮泛。因此我們在理則學上以類和種分成兩名，類大於種。

「種」是共名所代表的物性，爲許多單體的整個本性。例如「人」，人是指著每個人的整個人性。因此「種名」爲一共通名，在同一意義之下，通用於同種之各單體物。張三是人，李四是人，王五也是人。

C、特性——特性是共通名所代表的物性，這種物性不是物的整個本性，而是本性的區別點。例如理性，不代表整個的人性，但是代表人性和其他動物的物性，互相區別之點。特性使「類」區分爲「種」。

「特性名」常是「種」所以成立的要素，它的外延範圍，和「種」的外延範圍相同。

D、固有性——固有性是共名所代表的物性，這種物性不是物的本性，但是常附加在本性上，不相分離。例如人能笑，笑的本能和人性不相離，因此凡是人，都能笑；不能笑，就不是完人。

固有性的名詞在同一意義下，通用於「種」的一切單體物。

E、偶有性——偶有性是共名所代表的物性，既不是物的本性，又不是常附加在本性上，只是偶然附加在本性上而已。例如白色人，黃色人。偶有性的名詞，在同一意義下，通用於具有此種偶有性的單體物。

表詮式的區分，只有上面的五項，因爲共名所代表的物性，和物體只能有上面五種關係。共名所代表的物性或者是物的本性，或者是物的附性。所代表的本性或者是整個本性或者是部份本性。代表部份本性的，或者是基本部份（共同部份），或者是區分部份。於是便有「種」「類」「特性」。代表的附性，或者是常有的，或者是偶然有的；於是便有固有性和偶有性。因此共通名也分爲五種：類名，種名，特性名，固有性名，偶有性名。

乙、範　疇（Categoria）

「範疇」是「物」的區分法，本屬於形而上學。形上學將「物」或「有」（Ens）按照各自的性質，區分爲若干類，按照類別可以列成一表格，這種表格，稱爲範疇；因爲是把

「物」劃入一種範圍以內。

共名既是代表物性，物性便是共名的根基。物性的範疇，也作為共名的範疇。因此，理則學也講範疇。

亞里斯多德分範疇為兩大類。第一是「自立體」（Substantia），第二是依附體」（Accidens）。這兩類即是物的兩大類。一切的物體（有），或者自立存在，或者依附在自立體上。除此以外，不能有第三類的物體。

「依附體」在拉丁文及現行歐美語言，和「偶有性」同一名詞，但是兩者的意義不相同。偶有性是指物性和本性的關係，依附體是指物體和物體的關係。固有性不是偶有性，然而是依附體。

依附體再又分為九類：數量（Quantitas），關係（Relatio），品性（Qua litas），行動（Actio），被動（Passio），地區（Ubi），時候（Quando），狀態（Situs），習性（Habitus）。

「數量」，為物質物的依附體，因為物質的一部份不容納另一部份，結成一種可以計量的物體。

「關係」，為兩物間的次序，彼此互相呼應。例如說父親，就懂得兒女。說統治者，就懂得被統治的人。

「品性」，爲物體的依附性，從物的性理方面去看，使物在自處或行動時，有種特點，有種傾向。

「行動」，是效果和原因的聯接線。原因爲主體，主體有行動，行動生效果。行動便是主體的依附體。

「被動」，是使效果能有歸宿的導線。效果的歸宿爲一主體，主體接受一種效果，並不是由於自己發出行動去生效果，乃是被另一原因所動，而接受該原因所生的效果。「被動」爲被動者的依附體。

「地區」，使一物安置在一定地域以內，爲被安置物的依附體。例如我在羅瑪。「在羅瑪」是我的依附體，也對「我」加以解釋。

「時候」，使一物安置在一時間以內，爲被安置物的依附體。例如他走了。「了」是代表以往的時候，對於「他走」加以解釋。

「狀態」，是一物在地區內，各部份安置的次序，爲這物的依附體。例如我坐著，他站著。坐著和站著，表示我和他的身體，在彼此的地區內，兩種不同的安置形式。這兩種形式，由於身體各部份在地區內的位置而成。

「習性」，在拉丁文和歐洲語言裏，和衣服同一名詞，因爲習性依附在一物體上，有如人體的衣服。習性爲依附體，大家都知道。

範疇的區分法，不像「表詮式」區分法那樣確實。表詮式區分爲五，不可多不可少。範疇區分爲十，則可多可少。但是範疇區分爲十，從亞里斯多德開始，以後各代哲學家常遵行不易，至今已成爲定例。這種區分法，一定有相當的理由。

一物一有，或者是自立體，或者是依附體。如是依附體，或者是在物的本身方面，或者是在物對外的關係方面。在物的本身方面，則或者是「數量」，或者是「品性」。在物對外的關係方面，或者是簡單的「關係」，或者是有特別的據點。有特別據點的關係，或者是「行動」和「被動」，或者是「地區」和「時候」，或者是「狀態」和「習性」。

範疇在理則學上的意義，是在指引人知道怎樣以名釋名。我們幾時想解釋一件事物時，我們應當怎樣下手呢？下手的方法，就是按著範疇去進行，看這事物是自立體或是依附體。若是自立體則又看他有什麼依附體。若是依附體，則又看他是屬於那種依附體。這樣去解釋，一定正確。荀子曾說：「物有同狀而異所者，有異狀而同所者，可別也。狀同而異所者，雖可合，謂之二實。狀變而實而別爲異者，謂之化，有化而無別，謂之一實。」（正名篇）

丙、定 義

名詞互相解釋時，有所謂「定義」（界說）（Definitio）。定義是甚麼呢？定義是一名詞的實在意義。幾時把一名詞的實在意義，用簡明的言說出來，即是定義。

定義不能只是一個名詞，必定是一句或兩句話，所以稱爲言辭，因爲一個名詞不能說出另一名詞的全部涵義。例如我問哲學是甚麼？你不能說哲學是學問，也不能說哲學是哲智。務必要用一句或兩句話來解釋。

在定義上，有一種「字義」（Definitio nominalis），有一種「實義」（Definitio realis），字義是解釋一個名詞在文字方面的意義，中國的說文，乃解釋字義。例如「名從夕從口」。實義則是解釋一個名詞所代表的實體有甚麼意義。通常字義可以相幫實義，一個名詞在文學方面的意義，可以從旁相幫人去明瞭名詞的實義。但是有些時候，文義和實義，可以相隔很遠。若死讀字義，反倒害了實義。

定義的目的，在說明一個名詞所代表的實體，究竟是甚麼。一個實體是甚麼，要看它的本性如何。因此定義常要針對實體的本性，用簡單明瞭的辭句，把實體的本性說出。不然，若在實體的本性以外，說來說去，都是徒費唇舌。

實體的本性，至少是同種物體的共通物性。例如張三的本性爲人性，人性是一切人的共通性。因此定義，常是經過理智的抽象作用而成的。對於每個具體的物件，不能有定義，只能予以描寫（Descriptio）。例如，你要給張三那個人下個定義，你就沒有辦法。你能按張三的籍貫、職業、年齡、像貌去述說。

爲下定義，凡是研究過學術的人，都知道很不容易。因爲不容易知道事物的本性，又不容易找到恰當的辭句。在下定義以前，普通對於願意予以定義的事物，先要加以研究。研究的方法，不外乎分析和歸納兩種方法。分析是先把握住事物所屬的「類」，把類性認明白了，再加以事物的特性，便成事物的「本性」。

例如人：人是動物一類，人的特性有理性；那麼人便是有理性的動物。「有理性的動物」即是人的定義。

歸納法，把要予以定義的實體，各方面加以研，另外是把和這個實體相同的實體，互相比較，以求出這種實體所有而別種實體都沒有的特性，根據這種特性，就可知道實體的本性，然後再下定義。

例如，你要給哲學下定義，你便拿哲學家的著作，研究一下，再拿這種著作和科學家的著作和文學家的著作，比較一下，你可以看出哲學家的著作共通所有的特點，又可以看出哲學家著作和別種著作的不同點。於是你就知道哲學的本性，是在根據根本的理由，去研究事物，這樣你可以寫出哲學的定義了。

爲使定義正確，應當遵守幾項原則。我們列舉最重要的四項於後：

A、定義該是簡明的。——定義不能過長，長則有虛話，定義該較比所能解釋的名詞更明顯。

B、定義不該是否定語。——若說某某不是某某，這不算定義。

C、定義和所願加定義的名詞可以互換。——例如人是理性動物。理性動物便是人。若兩者不能互換，定義必定不正確。

D、定義以小類和類別之特性而成。

丁、區　分（Divisio）

中國古人，著書作文，雖不精求定義，但也並不完全忽略。中國古書，不是常見某某者，某某也？這某某也，是對於某某者下定義的口氣。所下的定義，不一定完全；但是定義一事是有了。至於對於一樁事物細加分析，有次序的區分種類，中國古人則不加以注意。大約因爲中國古人著書即是作文，作文要講求文氣，「區分」有礙於文氣的流通，故多不採用。印度的佛經，則很講「區分」之道，可惜佛經的區分過於繁瑣，目的爲求清晰，結果反而愈分愈亂。

「區分」若得其道，在名詞的解釋上，很有幫助。

「區分」是什麼呢？「區分」是把整體分成若干部份。

「整體」和「部份」能夠是實際的，也能夠是理想的。「實際的整體」（Totum reale）是一樁事物，在實際上是由幾部份合成的。理想的整體或理則的整體（Totum logicum）是人的理智所造成的共通概念。共通概念所代表的對象，即是一個理想的整體，在理想裏可以包含幾個理想的部份。

實際的整體又分為兩種：第一種是形上的本性整體，第二種是物理的整體。形上的本性整體，即是物的本性；例如人的人性。物理的整體，為事物在物理方面由部份而成的整體；例如人是由肉體和靈魂而成的。

形而上的本性整體，在實際上不能區分，若要有區分，只能由人去理想。理想這種區分，乃有「理則上的區分」（Divisio logica）

理則上講區分，當然也可根據事實上一個整體所有部份而加區分；但是多次是根據事實的理論而加以區分。例如把人的本性分為動物性和理性，在事實上沒有實例，在理論上則有根據。又如將生物分為植物動物，動物分理性和沒有理性動物，這種由類而分成種的「區分」，也是沒有實例，但是有區分的理論根據。

爲能「區分」得其道，應該遵守下面的三項原則。

A、區分應分成相對立的部份。 若是所分的部份不相對立，則或者是一部份包含在另一部份內，或者是各部份又相合又相分。例如區分動物爲兩腿動物和非理性動物，這種區分不正確。

B、區分的部份合起來應相等於整體。 若是所分的部份，合起來不相等於整體，區分便不完全。例如，區分人爲白種人和黃種人；白種和黃種並不代表整個的人類。

C、區分應由近及遠，順序而進。 近者爲近的部份，遠者爲遠的部份。例如區分生物時，先要分植物和動物，動物再分爲理性動物和非理性動物；不能區分生物馬上爲理性動物，非理性動物和植物。

哲學教授波雅葉勸告人說：「區分過煩，混亂之原。」㈣

註：

(一) Tilmanus Pesch S. J. Institutiones Logicae et Ontologicac. Herder 1914. p.48-49.

(二) 參考 Jos. Gredt-Elementa Philosophiae. Friburg. 1937. Vol. I. p.19.

(三) 羅光 儒家的名學 見儒家形上學 國民基本智識叢書第四輯。

(四) Carolus Boyer. X. J. Cursus Philosophiae. Desclee. 1937. Vol. I. p.96.

第二章 辭或句

一、辭的意義

1. 辭是什麼？

荀子說：「辭也者，兼異實之名，以論一意也。」（正名篇）把兩個不同之名，連在一起，爲說明一項意見，就稱爲辭。

聖多瑪斯說：「辭爲理智的動作，用爲連接或分析兩個名，予以肯定或否定。」㈠辭便是說明兩個名的關係；或是彼此可以相連接，於是便肯定兩者的關係；或是彼此應分離，於是便否定兩者的關係。因此辭常是表現一項評判；即是荀子所說：「以論一意」。意爲意見，意見即是判斷。

評判較比「單純認識」，是進一步的知識。單純認識只是一個印象，只是一個簡單的觀念。若是僅僅只有觀念，還不能算是很高的知識。高的知識在於知道觀念所代表的「實」，究竟有什麼性質，於是理智及評判的動作，評判兩個名是相合或是相離。

我們人普通在說話時，不是說一個一個的名，乃是說一句一句的話，一句話可長可短，長的可有十幾個或二三十個名（或字），短的可以只有兩個名。然而不論一句話的長短，它的目的，必定在於「以論一意」，在於說明說話人的一項意見。

如能說明一項意見，最少該有兩個名，假使只有一個名，便無所謂意見了。意見在於說明兩個名的關係。兩個名的關係，以是或不是來說明，因此聖多瑪斯說辭內常有肯定或否定。

但是普通說話時，我們並不一定常說是或不是，然而我們一定常說肯定或否定。例如：「你是人」或「你不是英國人」當然上句是肯定句，下句是否定句。「我走了」或「你沒有走」也是上句為肯定句，下句為否定句。沒有肯定或否定，不成為「辭」。

普通為明顯地說出肯定或否定，大家用「是」或「不是」。因此「是」字在理則學的「辭」中，為標準的肯定詞；「是」字加一「不」字，便是標準的否定詞。

還有一層，理則學所研究的名與名的關係，是抽象的關係。在實際上，兩個「名」，能夠同指一實體，並沒有分別。例如「人」和「理性動物」，實際上是指的同一實體。但是在抽象方面，我們可以把「人」和「理性動物」分開。我們在說明它們兩者之間的關係時，便結成一「辭」：「人是理性動物」。爲表明理則學所研究的名與名的關係，因此便常用「是」或「不是」其他的肯定或否定詞，普通都表示事物在實際方面的關係。例如說「我來了，他沒有來。」這種肯定和否定，是指著實際上「我」的一種關係，「他」的一種關係。實際的關係，並不是不能作爲學術研究的材料；然而理則學所講的，是人的推論原則和方式；因此，理則學在推論方式內所用的「辭」，常是公式句子，公式句子必定是抽象的「辭」，必定常用「是」或「不是」。

2. 辭的成分

一句「辭」，既然是一項評判，要說明是不是，至少便該有三個成份，即是兩個「名」和一個連接詞，因爲評判是評判兩個名的關係，這種關係由連接詞去表現。

一句辭裏的兩個「名」：一個是主詞，一個是副詞（賓詞）。一句辭裏的連接詞「是」字，是一個動詞。

例如：「他是人」，「他」爲主詞，「人」爲副詞，「是」爲連接的動詞。

主詞即是主體或主人，它是這一句辭裏的主人翁，因爲這句辭所討論的，是討論它。副詞稱爲賓詞，因爲它是陪主人的，它在一句辭裏是用爲解釋主詞的。「他是人」，「他」是主體，「人」是爲解釋「他」。在歐洲的語言裏，主詞和賓詞，分得很清楚，不然，就是不懂文規。中國話素來不講文規，但是並不是沒有文規。主詞和賓詞在我們中國話裏當然也是有的。

在歐洲語言的文規裏，還有另一點最重要的分別，即是名詞和動詞。歐洲語言既是多音字，字尾的音常變，藉著尾音的分別，表示每個字（詞）在句中的位置或性質。名詞和動詞，兩者尾音的變化，各不相同，因此兩者也就分別得很清楚。

我們中國語是單音字，無所謂尾音的變化，因此在字上面，看不出那個字是名詞，那個字是動詞。但若從理論方面去說，中國字當然也有名詞，也有動詞。

從理論方面去分別名詞和動詞，有甚麼標準呢？亞里斯多德曾說：「名詞爲有一定意義的聲音，隨習俗而定，沒有時間的分別。析音則無意義，與動詞相連，則成或是或非的話。」㈡「動詞爲有一定意義的聲音，隨習俗而定，常有時間的成分；析音則無意義，造句時常爲賓詞的特點。」㈢在歐洲語言裏，名詞和動詞，都是有意義的聲音，若把一個詞（字）的聲音拆開，則成爲字母，便失去了意義。名詞和動詞的分別：第一是名詞不帶時間性，動詞則常帶時間性；第二是名詞要和動詞相連，動詞要和名詞相連，纔能成話，若僅僅名詞和名詞，或動詞和動詞便不能成句。

我們中國話既是單音子，不能由尾音變化去分名詞和動詞；但是從上面所說名詞和動詞的兩項異點，也可以分別名詞和動詞。於今白話文裏在一些字後面加「了」字，或是在字前加「既」字，加「將」「要」「就」等字。這些字都是表示時候的；可以加這些字的字，一定是動詞。而且凡是動詞，都可以加這些表示時間的字。但是在中國話裏，有許多字，單獨地看來，分不出是名詞或是動詞，例如「食」字、「動」字、「書」、「畫」……爲分別這些字，則要看在句內，所佔的位置。中國話文規，對於每個字的位置，規則很嚴，不能任意移動。中國話的主詞常在前，動詞居中，賓詞殿後。

在普通說話時，每句話不一定常有主詞、動詞和賓詞；但我們若用「是」或「不是」去表示一個評判時，一定每一句都該用主詞、動詞、賓詞。這種表示評判的辭，乃是理則學的「材料對象」。

3. 辭的區分

表示「是」或「不是」的辭句，彼此的性質不完全相同。理則學區分辭句爲許多種，我們可以簡略看一看辭的區分。

甲、從句的結構方面看

句分爲「單句」（Propostio simplex）和「複句」（Propositio composita）。「單句」按亞里斯多德所說，爲「一詞講一詞之句」。㈣例如「人是動物」。「複句」按亞里斯多德所說，爲「一句內有多詞，這些詞按著文法聯而爲一。」㈤例如他若是孝子，必定愛父母。

單句和複句，可以算爲辭句的兩大類，因爲一切的辭句，或者是單句，或者是複句、複句和單句又再分爲若干種。

乙、單句的區分

A、單句由形式方面去看，分爲「肯定句」和「否定句」。肯定句（Propositio

affirmativa）使賓詞和主詞相連；否定句（Propositio negativa）把賓詞和主詞分開。在肯定句裏，賓詞取其全部涵義（內涵），不取其全部外延範圍。例如「人是動物」。動物一詞的意義都用在人上，動物一詞所包括的物體，則不盡於人，動物的範圍，較比人的範圍寬。在否定句裏，賓詞取其全部外延範圍，不取其全部涵義。例如「人不是石頭」，人完全在石頭的範圍以外，但是人並不是和石頭一點相同的地方都沒有，石頭重，人體也重。

B、單句由量一方面去看，分爲「全稱句」（Proposipio universalis），「特稱句」（Propositio particularis），「單稱句」（Propositio singularis），「不定稱句」（Propositio indefinita）。量的區分法，以主詞的分量爲根基。若是主詞爲一共名，附有全稱的分量副詞，列爲「全稱句」。例如：「一切的人是動物」；主詞「人」爲共名，附有「一切」的全稱副詞。若是主詞爲共名，附有表示特殊部份的副詞，則爲「特稱句」。例如「有些人是黃色」；主詞「人」爲共名，「有些」爲特稱副詞。若是主詞爲共名，不附加表示分量的副詞，則爲「不定稱句」。例如「馬鳴」。若是主詞爲個別名，則爲「單稱句」，例如「張飛來了」。

C、單句由結構一方面去看，分爲「純粹句」（Propositio absoluta）和「形態句」（Propositio modalis）。辭句內的連詞，若是沒有附加的形態副詞，辭句便是純粹句。例如「他是好人」。若是連詞附加有表示形態的句，辭句便是形態副詞，例如「他一定是好人」或「他或者不是好人」。「一定」和「或者」是形態副詞，加在詞上，使連詞有一層限制。

形態副詞加在連詞上的，普通歸於四項或是表示「應該」，或是表示「不可能」，或是表示「可能」，或是表示「偶然」。形態句因此按這四項分爲四種。

丙、複句的區分

複句是由多數的主詞或多數的動詞及賓詞合成的。多數的主詞或動詞及賓詞，若不合成一句，則不是複句，那只是許多的單句。複句的要點，在於「合成」一句。「合成」能夠是明顯的，能夠是隱晦的。因此複句分爲「明顯複句」和「隱晦複句」。

A、「明顯複句」再分爲「互連複句」（Propositio copulativa），「互分複句」（Propositio disiunctiva），「假設複句」（Propositio conditionalis）。

a、「互連複句」，不能稱爲「連主判斷」。「連主判斷爲數個相異之主詞，肯定或否定同一之賓詞而成之判斷。」㈥連主的判斷只是互連複句的一式。例如「李白杜甫皆詩人也」。「互連複句」還有其他的兩式，即是多數賓詞解釋一主詞的辭句，和多數主詞多數賓詞互成一句的詞句，「互連」複句重在一個「連」字，要多數的詞互相連成一句。這種「連接詞」爲「和」字，爲「及」字，爲「也」字，爲「都」字，爲「又」字等。例如「李白是詩人又是醉漢」。「也不是金錢，也不是爵位，可以使人幸福。」

b、「互分複詞」，是用「選擇詞」合成之句。「選擇詞」爲「或」「或者」。例如「或者你去，或者我去。」你我不能都去。

c、「假設複句」，是用「假設詞」：「若」，「假若」，「假設」，「假使」而成之句。例如「你若不去，我就去」。「假設複句」的前後兩段，要有因果的關係。假設複句，按照許多近代理則學者的主張，不是複句，乃是單句，因爲一句話中前後兩段所講的，是一件事，不是兩事。㈦不過在文法上說，則是一種複句。

d、還有一些辭句，看來似乎是明顯的複句，但是究竟屬於那一種複句；理則學者的意見不完全相同；而且在我們看來，實際上只是多數的單句，這些複句中有「反說副句」「承接副句」「緣因副句」「時間副句」等。

「反說副句」是後段反說前段的辭句。例如：「秦檜不是忠臣，乃是奸臣。」「他不是今天動身，是明天動身。」

「承接副句」在西洋語言裏很多，因爲西洋語言裏有承接副詞，爲解釋主詞和賓詞，中國話沒有這類的承接副詞，只能轉用「所」字「要」字「想」字去承接，例如：「你所看見的那個人，來了。」「你要（想）說的話，他都說了。」

「緣因複句」是表示緣因和效果的關係。例如：「我因爲昨天有約會，所以沒有來。」

「吾之不遇魯侯，天也。」（孟子）

「時間複句」是表示兩事或多事的時間關係。例如：「當他來的時候，你已經走了。」「他進城時，我也進了城。」

這些複句在文法上，都是複句；但在理則學上不是正規的複句。因爲正規的複句應該有多數的評斷。這些複句和假設複句一樣，句中所評斷（肯定或否定）事，乃是前後兩段間的關係。只有「反說副句」所論的事，能夠有多數評斷，因此可以歸併在「互連複句」裏。

B、「隱晦複句」爲明顯複句的縮短句，可以演成複句。隱晦複句有「排除複句」，「例外複句」，「比較複句」，「重點複句」等。

a、「排除複句」例如：「只有岳飛主戰」、「李白僅僅是個詩人」。這兩個例都有排除其他一切，僅選其一的意思。第一例「只有岳飛主戰」，包含其餘的人都不主戰。這句話的排除性是在主詞方面。第二例「李白僅僅是個詩人」，包含李白沒有其他的長處。這句話的排除性是在賓詞方面。

b、「例外複句」例如：「除岳飛外，滿朝的人都主和。」這句話的意思是滿朝的人都主和，只有岳飛不主和。岳飛算是例外，例外複句是排除複句的反面說法。

c、「比較複句」例如：「堯舜是中國最好的皇帝。」「李白和杜甫的詩最好。」這兩例中都包括一種比較。

d、「重領複句」例如：「人既然是人，便該講理。」「教授，按做教授說，應該好學。」重點複句在於重復主詞，因此可算爲複句。

二、主詞和賓詞的關係

一句話裏所有的評斷，都在於肯定或否定主詞和賓詞的關係。主賓兩詞的關係，由自身的內涵和外延而定。按照兩者的內涵和外延互相的比較，便可決定兩者的關係。

但是在講主賓兩詞的關係以前，先要使主詞和賓詞能夠互相比較；若是連比較都談不上，便不能談彼此間的關係了。理則學上對於賓詞的選擇，有幾項注意點。

1. 選擇賓詞的原則

甲、具體名詞可用爲具體名詞的直接賓詞，抽象名詞則不能用爲具體名詞的直接賓詞。

具體名詞也不能用爲抽象名詞的直接賓詞。

例如：「人是動物」「人」爲具體名詞，「動物」爲具體名詞，這句話可以說。

「人是人性」「人性」爲抽象名詞，不能用爲人的賓詞。這句話不通。

「人性是人」也不能說，因爲主詞是抽象名詞。賓詞是具體名詞。至於間接賓詞則不拘守上項原則。（即不用「是」字為連接詞的句子）。例如「人有人性」這句話是通的。

乙、在肯定句裏大類名詞可爲小類名詞的賓詞，小類名詞不能大類名詞的賓詞。

例如：「人是動物」。「人」爲動物的小類。這句話通。

「人性有動物性」。這句話也通。

「動物是人」這句話就不通了。

在否定句裏，適得其反。例如：

「動物不是人」——這句話通。

「人不是動物」——就不通了。

丙、賓詞和主詞的關係，要在同一觀點上。

賓詞和主詞的觀點，即是前面所說的五種表詮式，從類、種、特性、固有性、偶有性五方面去看。若是在一複句裏，有許多主詞，賓詞和所有的主詞，都皆從同一觀點去看。若是在一複句裏有許多賓詞，這些賓詞和主詞也皆從同一觀點去看。

例如：「張三和石頭，都是不動的。」這句話不通。石頭固然不動，張三則是偶然不動。若說張三像石頭一樣不動，這句話通。「張三是說話的又捷足的」。這句話也不大通。說話是人的本能，捷足則是偶然的特長。若說「張三是好說話的人又捷足的」，這句話就通了。好說話和捷足都是偶然的特長。

2. 賓詞和主詞相合的關係

賓詞和主詞的關係，是相合式或相反。賓主相合時，辭句爲肯定句；賓主相反時，辭句爲否定句。有些理則學者，認爲否定句實際也是一種肯定句，而且以爲「連詞」在一句話裏，不是必要的成份，(八)然而這都不是辭句的自然說法。辭句的自然說法，該有連詞，該分肯定和否定兩式。

在肯定句裏有「全稱肯定」和「特稱肯定」和「相等肯定」。

甲、「相等肯定」

主詞的內涵和賓詞的內涵相同，因此外延也相等。例如「人是理性動物」。「人」等於「理性動物」。一切的定義，都該和所定義者相等，因爲定義由類和特性而成；類和特性合成一物的本性，物和自己的本性，內涵外延都相等。

乙、「全稱肯定」

主詞的外延，包括在賓詞的外延裏，因爲賓詞的內涵是主詞內涵的一部份。例如：「一切的人都是動物」。

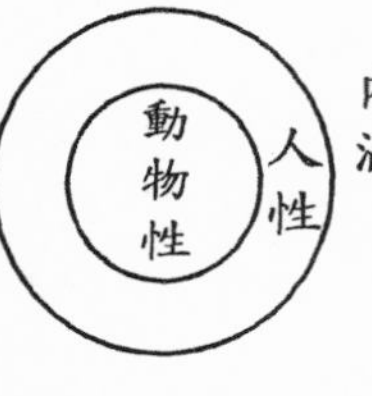

「相等肯定」可以包括在「全稱肯定」以內，普通理則學並不特別列成一類，通稱爲全稱肯定，因爲可以說：「凡人都是理性動物」。普通說「全稱」，只注意主詞的外延包在賓

詞的外延裏，不注意兩者的外延是相等或相差。按理說，相等者應自成一類。

丙、「特稱肯定」

A、主詞的外延大於賓詞的外延。賓詞只包括主詞的特有部份。

例如：「有些人是學者」，人的外延範圍，大於學者的外延範圍。在人裏面，只有一部份人是學者，在內涵方面，學者的內涵大於人的內涵。

B、主詞和賓詞的外延有部份相合，有部份不相合。

例如：「有些人是白色的」。白色的人以外還有其他的人，白人以外也有別的白色物體。白和人的內涵和外延都是一部份偶然相連。

C、在特稱肯定裏，包括有「單稱肯定」單稱肯定的主詞爲一單體名詞，它的外延包括在賓詞外延以內，但是它的內涵則較賓詞的內涵爲大。

例如：「岳飛忠臣也」忠臣所包括的人，不只岳飛一人；但是岳飛除忠臣一點外，還有別的特性，他是文人，是書家。

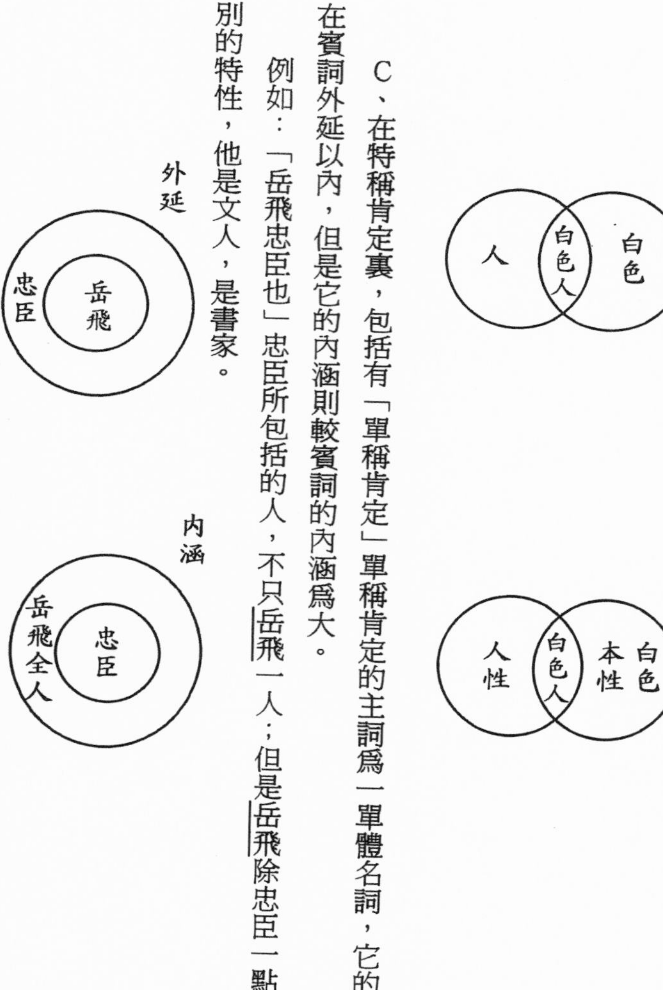

3. 賓詞和主詞相反的關係

賓詞和主詞不相合，是賓詞和主詞的外延，不能互相連接。兩個名詞相反的境遇，我們在上面講名和名相反時，曾說明可以有三種形式，即「全稱相反」「對立相反」「對稱相反」。但是這三種形式，是名與名彼此相比較時，所能有的情形，至於一個名詞，爲它一名詞的賓詞，彼此間相反不合的情形，則有點不同；因爲「全稱相反」的名詞，作爲賓詞，和「對立相反」以及「對稱相反」的名詞作爲賓詞性質都相同，例如說：「有不是無」，「白不是黑」，「父不是兒子」這三個否定句，都說明三句話的主詞和賓詞，無論在甚麼實體上都不相合，即是說：「凡是有都不是無」，「凡是白都不是黑」，「既稱爲父不稱爲子」，這種相反是名詞內涵的相反。

因此賓詞和主詞相反關係，不僅從內涵方面去看，還要從外延方面去看，從外延方面去看，賓詞和主詞的相反，有「全稱否定」和「特稱否定」兩種。

甲、全稱否定

主詞和賓詞的外延，完全不相聯接。即是說主詞和賓詞，都是共名，彼此所包括的種或單體，完全沒有可以相結合的。例如說：「凡是人都不是獸」。全稱的人和全稱的獸都相反，沒有一個人是獸。然而在內涵方面，並不一定完全相反，例如人和獸，同是動物，都有動物性。因此全稱否定是主詞和賓詞的外延，互相不容。

外延

人　獸

內涵

動物

人　獸

包在「全稱否定句」一類的，還有下列的幾種。

(a)「全稱相反」的句子，例如「有不是無」。有和無的內涵和外延都完全相反。

(b)「對稱相反」的句子，例如「父不是子」，父和子的內涵相反，但是在事實上，爲父的人，對於自己的父親則稱子，因此一個人，可以是父，也可以是子。

(c)「單稱否定」的句子，例如「秦檜不是忠臣」。秦檜是單稱名詞。

「單稱否定」算是全稱否定的一種，因爲主詞完全在賓詞的外延以外。「秦檜不是忠臣」，在一切忠臣裏沒有秦檜。至於「單稱肯定」則算爲「特稱肯定」的一種，因爲賓詞的外延大於主詞，主詞只是賓詞外延的一個單位，例如「岳飛是忠臣」，除岳飛外，當然還有別的忠臣。

乙、特稱否定

「特稱否定」的句子，賓主雖不相合，但是賓主的外延，彼此並不完全互相排擠，而且有時可以相合。例如：「有些人不是學者」。這種否定，並不絕對否定「人」和「學者」的關係，只否定「一部份人」和「學者」的關係，別「一部份人」，可能和「學者」發生關係，因爲「有些人是學者」。

在這一例裏，主詞的外延大於賓詞的外延，賓詞的外延包括在主詞的外延以內。至於內涵，賓詞則大於主詞，主詞包涵在賓詞以內。

外延

人　學者

內涵

學者　人性　特性

在上一例裏，主詞和賓詞在外延和內涵上都可以相合；不過這種關係是部份的，一部份相合，一部份不相合。相合時，稱爲「特稱肯定」，不相合時，稱爲「特稱否定」。

有時候，主詞和賓詞在外延和內涵上，本來不發生關係，偶然間一部份的主詞和賓詞發生關係，其餘的主詞和賓詞仍舊不發生關係。例如：「有些人不是白色的」，「人」和「白色」各有各的外延和內涵，但是能夠彼此發生關係。因此不能說「人不是白色的」。只能說「有些人不是白色的」或者「大部份人不是白色的」。詭辯的人或者要說「人不是白色的」，因爲人之所以爲人，是理性動物，並不是白色的。就如公孫龍所說「白馬非馬」一樣。但這些詭辯家是故意在主詞賓詞的外延和內涵互相混雜。

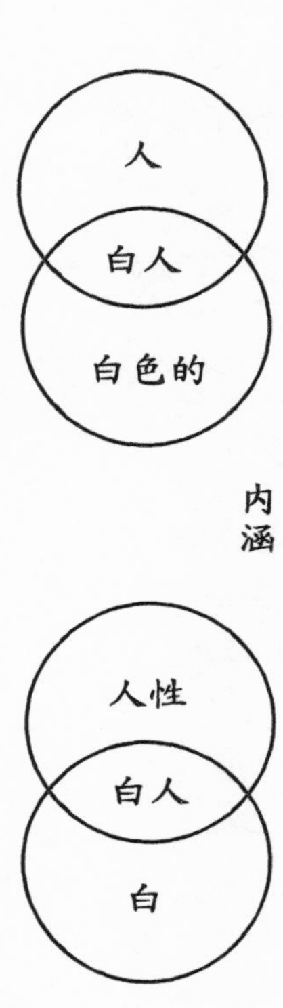

三、句和句的關係

句和句的關係很多。從句所代表的事物去看，一句和一句之間，可以有緣由和效果的關係，可以有時間先後的關係，可以有地域相連的關係，還可以有其他的關係。從辭句的文法去看，可以有主句、副句的從屬關係，可以有起承反折的各種文法關係。

但是理則學所研究的，不是這一切的關係。理則學所研究的，是句和句在分別真假上的關係。這一類的關係，可以有三種：第一種關係是句和句的「相對立」（Oppositio）；第二種關係是句和句的「換位」（Conversio）；第三種關係是句和句的「相等」（Aequipollentia）。

1. 句和句相對立

句和句相對立，即是互相反對。句與句相反，和名與名相反雖有關係，但不完全相同，句與句相反對的情形，理則學上常用下項圖表來說明。

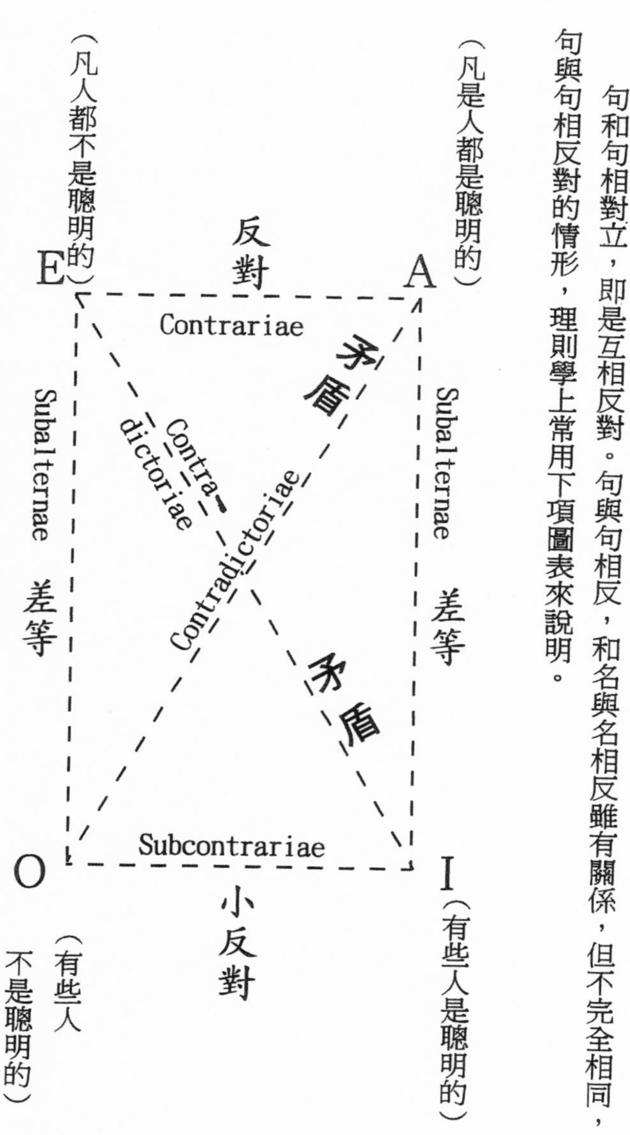

上面圖表上的相反情形共有四種，兩句相反只在數量上，則爲「差等」；若在肯定和否定上相反，主詞又爲全稱詞，則稱爲「反對」；若主詞是特稱名詞，則稱爲小反對；若在肯定否定和數量上都相反，則稱爲「矛盾」。

互相「反對」的句子，爲「凡是人都是聰明的」——「凡是人都不是聰明的」。

互相「矛盾」的句子，爲「凡是人都是聰明的」——「有些人不是聰明的」。

「凡是人都不是聰明的」——「有些人是聰明的」

互相「小反對」的句子，爲「有些人是聰明的」——「有些人不是聰明的。

互相「差等」的句子，爲「凡是人都是聰明的」——「有些人是聰明的」。

「凡是人都不是聰明的」——「有些人不是聰明的」。

關於理則學分別真假的問題，有以下的幾項原則：

甲、矛盾句不能兩句同爲真或同爲假。不能同是真，因爲兩句的相反，是「是」和「非」的對立，在同一觀點上，論同一的事，不能同時是「是」又是「非」。不能同時是假，因爲在「是」和「非」之中，沒有第三者。

乙、反對句不能同時是真的，但能同時是假的。不能同時兩句都是真的，因爲同一的事，不能同時是「是」又是「非」。可以同時是假的，因爲兩句都是全稱名詞，在實事上，可以都和實事不相符合。例如「一切人都是學者」——「一切人都不是學者」，這兩句話都是假的。

丙、小反對句不能都是假的，且能都是真的。假若小反對句都是假的，那麼反對句便是真的了，那是不可能的。例如：假若「一些人是聰明的」和「一些人不是聰明的」，兩句都是假的；那麼真的便該是「凡是人都是聰明的」和「凡是人都不是聰明的」了，然而這兩句不能同時都是真的。

小反對句可能都是真的，因爲所論的事，可能是偶然性，可能和主詞相合，也可能和主詞不相合。例如「一些人是學者」和「一些人不是學者」，兩句都是真的。

丁、差等句在論物之本性時，或者都是真的，或者都是假的。在論物之偶然性時，一句能是真的，一句能是假的。

差等句的分別，僅是在於數量上。物之本性，屬於這種物者，都有，不屬於這種物者，都沒有。因此差等句在論物之本性時，或者都是真，或者都是假。例如「凡是人都有理性」，和「有些人有理性」這兩句都是真的。「凡是動物都不是生物」和「有些動物不是生物」這兩句都是假的。

至於偶然性，則一種物體，可能都有，可能都沒有，可能僅是一部份的物體有。因此差等句在論物之偶然性時，可能一句是真，一句是假。例如「凡是人都是學者」和「有些人是學者」，上句是假的，下句是真的。

差等句的上句全稱句若是真的，下句特稱句則也是真的；因爲特稱包括在全稱以內。若是下句特稱句是真的，不能說上句全稱句一定是真的；因爲特稱不能包括全稱。

2. 句和句的換位法

句和句的互換，是主詞和賓詞的對換，在選擇推論的方式時，很能有些幫助。

在互換主詞和賓詞時，對於主詞和賓詞的原有性質和外延範圍，要特別注意，不能有所改變或增損。抽象名詞不能變爲具體名詞，具體名詞也不能變爲抽象名詞。全稱名詞，特稱名詞，和單稱名詞也應各保持原有範圍。若是全稱變爲特稱，互換雖也可能，但不是正式的互換句。因此句的互換有正式的互換，和非正式的互換。

甲、正式的換位，主賓兩詞，各保守原有的外延範圍。或稱單純的換位法，例如：

「凡是人都是理性動物」，　互換爲

「凡是理性動物都是人」

上面的例，互換句是真的，因爲主詞和賓詞在內涵和外延上完全相等。這種情形，只是在事物的定義裏可以遇到，通常則不然。因此，若說：「凡是賊都是人」互換爲「凡是人都是賊」，則就不對了。所以理則學上規定能夠正式互換的句子，只有全稱否定句（E）和特稱肯定句（I）。

例如：

全稱否定句（E）：「沒有人是獸」，互換爲「沒有獸是人」。

特稱肯定句（I）：「有些人是白色的」，互換爲「有些白色的是人」。

上面兩例的主詞賓詞，在互換句裏，沒有改變各自的外延。在全稱否定裏，人和獸在兩句裏，都是全稱名詞。在特稱肯定裏，人和白色的，都是特稱名詞。不過有時候特稱肯定句的賓詞，能夠是全稱詞，那時便不能正式互換。例如：「有些人是學者」不能換爲「有些學者是人」。因爲上一句的學者，是指「學者」的全部外延範圍。第二句的學者，則變成了「有些學者」，已經變爲部份的特稱名詞。因此「有些人是學者」，不能換爲「有些學者是人」，該當換爲「凡是學者都是人」。這種互換法，稱爲非正式的互換法。

同時全稱肯定句A、和特稱否定句（O）也不能用正式互換法。例如：

全稱肯定句（A）：「凡是賊都是人」，不能換爲「凡是人都是賊」。

特稱否定句（O）：「有些人不是賊」，不能換爲「有些賊不是人」。

因爲在全稱肯定句互換時，在上一句，「賊」是取其全部外延，「人」是取其部份外延。在下一句，「人」變成了全稱外延的名詞。在特稱否定句互換時，上一句「人」是取部份外延的名詞，「賊」是全部外延的名詞，下一句「人」變成了全部外延的名詞。

乙、非正式換位。　主賓兩詞不保守原有的外延，即是主詞賓詞由全稱名詞變爲特稱名詞，雖改換外延範圍，但是範圍沒有加多，因爲特稱部份包括在全稱的整數以內，因此也稱爲限量的換位法。

例如：

全稱肯定句（A）：「凡是人都是有死的」互換爲「有些有死的是人」。

全稱否定句（E）：「凡是獸都不是人」，互換爲「有些人不是獸」。

這種互換在理則的形式上雖沒有錯誤，但是兩句是否都是真的，那就要取決於上面所說差等句的真假原則。

至於特稱否定句（O），理則學認爲不能互換，無論用正式換位或非正式換位，都行不通，那就只有改用「換質的換位法」（Contrapositio）。

丙、換質換位法，和通常換位法的不同點，在於通常的換位，不改變主詞和賓詞的「是」或「不是」的性質，只在改變兩詞的位置，換質換位法則改變主賓兩詞的「是」或「不是」的性質，又改換兩詞的位置。這種改換法，也稱爲「反換法」，可行之於全稱肯定句A、和特稱否定句（O）。

例如：

全稱肯定句（A）：「凡是人都是動物」改爲

「凡是不是動物的都不是人」。

特稱否定句（O）：「有些人不是賊」改爲

「有些不是賊的是人」。

在換質的換位法裏，也可分爲正式和非正式的兩種：正式的不改換外延的範圍，非正式的改換外延的範圍。上面的兩例都是正式的換質換位法。非正式的換質換位法，可用之於全稱否定句（E）。例如：

「凡是人都不是獸」換爲

「一些不是獸的是人」。

換質的換位法，所以能夠應用，是因爲互換句的主詞和賓詞的外延範圍，都沒有增加，同普通的換位法一樣。

換位法的根本理由，只有三項：第一、全稱名詞的外延和特稱名詞的外延或者彼此完全相合，或者彼此完全相排擠。第二、全稱名詞的外延句包括特稱名詞的外延。第三、特稱名詞的外延和特稱名詞的外延，可以相合可以不相合。

3. 句和句的相等

句和句相等，是由一句，換成別一句，意義不換，句的結構則換。因此謂一句和另一句相等。

例如：「沒有一個人不是動物」，相等於「凡人都是動物」。

「沒有一個人是鳥」。相等於「凡人都不是鳥」。

「凡是動物都能動」相等於「沒有動物不能動」。

由上面的例，可見相等句的成立法，是在取消或加否定詞。至於取消或加否定詞，當然不是隨便的，應該有些規矩，理則學便規定下列幾項規矩。

甲、在主詞以前加否定詞，這句話相等於它的矛盾句。

乙、在主詞以後加否定詞，這句話相等於它的反對句。

丙、在主詞前後都加否定詞，這句話相等於它的差等句。

按照上面的三項規矩，再反過去，便可求得本句的相等句。因爲可按本句的反對句或矛盾句去加或增否定詞。

例如：

全稱肯定句（A）：「凡人都是動物」

在反對句主詞後加否定詞：「無人（不）是動物」。

在矛盾句主詞前加否定詞：「（不是）有些人不是動物」。

如此可得兩句相等句。

全稱否定句（E）：「無人是畜」

在反對句主詞後加否定詞：「凡是人（不）是畜」。

在矛盾句主詞前加否定詞：「（不是）有些人不是畜」。

特稱肯定句（I）：「有些人是學者」

在矛盾句主詞前加否定詞：「（不是）沒有人是學者」。

在差等句主詞前後加否定詞：「（不是）凡是人（不）是學者」、

特稱否定句（O）：「有些人不是學者」

在矛盾句主詞前加否定句詞：「（不是）凡人都是學者」

在差等句主詞前後加否定詞：「（不是）沒有人（不）是學者」

上面的例都是單純的句子，其餘別類句子，都可以按此類推。

4. 複句間彼此的關係

複句間的關係，有文規上的關係，有理則上的關係。文規上的關係屬於文規學，理則學上的關係，則屬於理則學。複句間的理則關係，是複句在真假上的關係。我們於今便簡單說說這種關係。

甲、互分複句

互分複句用選擇詞「或」「或者」而構成。互複句中，只能有一句是真的，其餘的句都是假的。爲達到這一點，互分複句對於所說的事物，要是一種完滿的「區分」，即是對於事物的可能性都說到了。例如：「或者是甲或者是乙，或者是丙，將當選爲總統。」這句話裏的甲乙丙應該把可能選爲總統人，都包括盡了，然後這句話纔可成立。同時甲乙丙又互相排擠，只能有一個人是總統。

有種廣義的互分複句，不是排擠句，因此不要求一句是真，其他各句都是假，只是要求爲互分複句裏，有一句是真的，其餘的句子可以是真可以是假。例如：「或者你去，或者我去」。這句複句所要說的，是你我之中，一定該有一個人去；至於說「你我兩者都去」，是對是不對，則不管。

乙、假設複句

假設複句的前後兩段，互有因果的關係，後段乃是前段的必然結果。例如：若甲是乙，丙便是丁。

假設複句中的因果關係，可以是物理上的因果關係，可以是倫理上的因果關係，可以是理則上的因果關係。

假設複句的結構，有些很簡單，有些很複雜。於今新的「方式理則學」，對於這種複句特別注意。

我們可以用符號來表示簡單式複雜的假設句：

若有P，便有Q。

若沒有P，便有Q。

若沒有P，便沒有Q。

若有A，便有A、B、C。

若 A=B 於是 B=C，D=E，F=G。

丙、反對句

反對句是後句反對前一句。這種複句爲能成立，應該是前後句子所反對的事，同是一事，若是前後所反對的，不同是一事，反對句不能成立。我們用符號來表示反對句，可以有下面的例。

A不是B，但A是C。（主詞相同）

A不是B，但C是B。（副詞相同）

註：

(一) S. Thomas., De Veriate. q.14. a.I.

(二) Aristoteles, I. Periher., c.2.

(三) Aristoteles, I. Periher., c.3.

(四) Aristoteles I. Periher., c.4.

(五) 同上。

(六) 王章煥　論理學大全　商務　民十九年　第七六頁。

(七) V. Remer S. J., Logica Minor. Roma 1928. p.74.

(八) Wundt. Logik. II3. 153. 163. 210.207

第三章 推 論

一、推 論

1. 推論的意義

我們人說話時有時簡單地說一句是或一句非，把事情就了解了，心裏覺得很輕鬆爽快。但是這樣的機會很少，我們很難用一句話直截了當地評斷一件事；通常我們爲評斷一事，我們應該加以推論。推論是從已經知道的事理，推出不知道的事理，推論是人理智的長處，也是人理智的短處。人若是不知道推論，人的智識便將很簡單，很幼稚，如同沒有多開明悟的小孩，懂事是懂事，講理則不知道講理。人因爲知道推論，纔能登學術之堂，入哲學科學的奧室。但是因爲人的理智要多加推論纔能明事理，因此爲明事理，要很費思索，當思索複雜或困難時，推論容易暗昧不明，而且容易錯，因爲人的智識須按步而進，由已知的智識，推求新的智識，假使人的理智對於一切事理，如同人的眼睛對外物一樣，一見就明白，那就用不著思索，也就不會有錯誤了。

於今人既是該當推論，人的智識由推論而長進，理則學便教導人好好去推論，不要出毛病，弄出錯誤來。因此理則學有推論的一章，而且理則學的目的，也就在於討論推論的正當方法。

推論在理則學上的定義，爲：「理智的一種動作，使用已經知道的媒介詞，從一項真理推出別類真理。」或者說：「理智使用已經知道的媒介詞，從一項真理推出別項真理的動作，稱爲推論。」

推論爲人的理智的動作，這是人所共知的。這種動作的效用，在於由一事理推知他一事理。怎麼樣能夠收得這種效用呢？在於正確地使用已經知道的媒介詞。媒介詞在推論的程序裏，所佔的地位很重要。這一點在我們討論「推論方式時」，將加以說明。

在這一章裏我們只討論推論的方法。

2. 推論的方法

我們人用理智去推論事理不外兩途：或是由共通的原理，推出局部的事理；或是由局部的事理，推出共通的原則。第一法稱爲「演繹法」（Deductio）；第二法稱爲「歸納法」（Inductio）。

這兩種推論法，是人的天然傾向，也是人的天能，可以不說而知；但爲知道兩法使用的精密，那就非特別受一番訓練不可。

中國儒家，從孔子到宋明理學，沒有人特別提出這兩種方法來討論；但是在教訓弟子們求學的方法時，就有人間接提到這一點。

胡適之曾以忠恕兩字，代表孔子的推論法，他說：「我的意思，以爲孔子說的『一以貫之』，和曾子說的『忠恕』。只是要尋出事物的條理系統，用來推論，要使人聞一知十，舉一反三，這是孔門的方法論，不單是推己及人的人生哲學。」㈠

我的意思，則認爲「忠恕」爲儒家的人生哲學，不是理則學的方法論。然而孔子是重推論的，他曾教訓弟子們說：「學而不思則罔，思而不學則殆。」（論語 為政）「學」爲收集知識，「思」爲整理知識，加以推論。「思」的效用，即在於舉一反三。孔子稱之爲

「發」。他曾讚美顏回說：「吾與回言終日，不違如愚，退而省其私，亦足以發，回也不愚。」（論語 為政）朱子註「發」字說：「發，謂發明所言之理。」

孔子所重的 是在於演繹他自己「好古敏求」，以古先聖賢的大道，去推論旁的事理。但是孔子並不輕看歸納，他也教門生去實地觀察。「子曰：視其所以，觀其所由，察其所安，人焉廋哉！人焉廋哉！」。（論語 為政）觀察人時該這樣做，觀察事理也該這樣做。

後代儒家對於推論方法大起爭論，我曾說：「理學家裏，朱熹和陸象山、王陽明之爭，似乎也是演繹和歸納之爭。朱熹的格物，是『今日格一事，明日格一事』，爲歸納的方法。王陽明的格物，爲致良知，由良知以判決事物，爲演繹法。」(二)

墨子對於推論，主張三表法。「言必有三表。何謂三表？有本之者，有原之者，有用之者。於何本之？上本之於古者聖王之事。於何原之？下原察百姓耳目之實。於何用之？發以爲刑政，觀其中國家人民之利。此所謂言有三表也。」（非命上）本之，原之，用之，稱爲三表。本之於古者聖王之言或事例，這是演繹法；因爲聖王之言或事，乃是天經地義的定理。原之於人民耳目之實，用於於刑政之利，這是歸納法；因爲是從多方面去觀察，由觀察所得而成結論。

印度因明學有宗因喻。「喻」是拿實例去支持「因」的理論，似乎是歸納，實則爲演繹，因爲是把原理定律用之於事例。

在古代科學還未發達的時代，演繹法多於歸納，乃一普遍現象，歐洲的學術界也是一樣。西洋理則學從亞里斯多德建立各種規律以後，士林哲學，繼續加以發揮。那時所用的方法，是演繹多於歸納，等到近代科學漸漸發達了以後，在自然科學和理化學科學都要從實驗中求原則，於是歸納法遂以見重，傾而駕過演繹法以上，幾乎成爲學術界的唯一方法，有的哲學家竟至以爲演繹法不是研究新知識的途徑，我們不必過於偏激，只要靜心看看兩法的長短。

3. 推論的方式

無論演繹法或歸納法，在推求新的知識時，一定要按照理則的程序。沒有程序，思索必亂，亂則錯，錯不是知識。理則學即是以推論程序教人去求知識。

演繹法的推論程序，稱爲三段推論式（Syllogismus）

三段推論式，由三句而成，前二句爲前題，後一句稱爲結論。結論由前題推論而出。

從三段論式中三句的關係方面去講三段論式包括三點：即是「前題」（Antecedens），

「結論」（Conseguens），「歸納」（Conseguentia）。「前題」為推論的基本，「結論」為推論的效果，「歸結」則是結論和前題的關係。「歸結」為推論式的重要點，是理智的思維作用，理智按著前題所說的理由，歸結到該有的結論。「歸結」完全是理則學的功作，只有對或不對，沒有真和假。真和假，是屬於結論所說的事理，事理有真有假。歸結則只看所有的結論，跟前題相合不相合，相合，歸結便對，不相合，歸結便不對。

從三段論式的推論法方面去看，三段論式又包括三點，即是三個名詞：「大名」「小名」和「媒介詞」（Medium），這三個名詞都在前題以內，結論句的賓詞稱為「大名」，含有「大名」的一句，稱為「大前題」（Major）。結論句的主詞，稱為「小名」，含有「小名」的一句，稱為「小前題」（Minor）。「媒介詞」用為連接「大名」和「小名」，在大前題和小前題兩句裏都有。因著媒介詞的作用，纔能生起「歸結」而有結論。

通常大前題為第一句，小前題為第二句，結論居第三。但是大小前題的位置，常可以互換。

佛教因明方式，則常以宗居第一，宗即是應該證明的事理，即是結論。因和喻，則為前題，但不分大小。中國古代學者寫論說文時，也常是先標明要證明的事理，然後附以理由。例如：「凡物質物都是有滅亡的，人身是物質物，所以人身是有滅亡的。」「物質物」

爲「媒介詞」，「有滅亡的」爲大名，人身爲「小名」。第一句便是大前題，第二句爲小前題，第三句爲結論。

歸納法爲歸結出結論，不用三段推論式；然而也有前題和結論。歸納法的前提，即是一樁一樁的經驗，結論則是經驗的總結果。

二、演繹法

1. 演繹法的意義

嚴復譯《穆勒名學》稱演繹法爲「外籀」，歸納法爲「內籀」。《穆勒名學》云：「夫思籀自最廣之義而言之，實與推證一言，異名而同實，而古今常法，其事皆盡於二宗。有自其偶然而推其常然者，有即其常然而證其偶然者，前者謂之內籀，後之謂之外籀。」㈢

「常然」和「偶然」兩個名詞，用的不得其當。偶然的事，不能變爲常然的事；常然的事，也不能變爲偶然。演繹和歸納兩法，並不是從常然而知偶然，由偶然而知常然，乃是由共通的原理推知局部的事理，由局部的事理，推知共通的原理，即是由全部到份子，由份子到全部。全部和份子的性質相同，演繹和歸納乃有根基。

因此演繹法的定義如下：「用合法的推論方式，由共通原理以推知局部事理之方法，稱爲演繹法。」

演繹法，第一爲推論的方法，由已經知道的事理，推知不知道的事理。

第二，演繹法在推論上的特點，在於由共通的原理，推求局部的事理。是由上而下，由大而小，這一點爲演繹法的差別點。

第三，演繹法在推論所用的方式，爲「三段推論式」（Syllogismus），三段推論式爲理則學所講的推論普遍方式。但是這種方式的性質，實際上只宜於演繹法，因此近代理則學者都稱三段推論式爲演繹推論式。

三段推論式，由前題以到結論，有嚴密的規則。在下一章我們將說明這種推論式的構造和規條。

2. 演繹法的原則

甲、從真的事理，結論可是真也可是假。

前題既然是真的，推論式按著規則構成，結論不能不是真的，因爲結論已經隱括在前題以內。

從假的事理，結論可以是真，因爲假的事理作前題時，是賓詞跟主詞不相合；但有時在另一觀點，賓詞或可以和主詞有相同點，因著這種相同點，便能推得真的結論。例如「人是獸，獸是動物，因此人是動物」。「人是獸」這句前題是假的，但是結論「人是動物」，則是真的。至於說從假中得假，這是自然的事。假的前題有假的結論。

乙、從「必然」（常然）的事理，結論也是必然事理（常然）。從「偶然」的事理，結論可以是偶然事理也可以是必然事理，但不能是不可能的事理。從不可能的事理，結論完全不可能預料。

必然的事理，常是真的；它的結論，也必定是必然性的。

偶然的事理，可以和偶然的事理相結合；但有時偶然的事理可以依靠常然的事理爲基礎，從偶然事理結論便可以是偶然的事理，也可以是必然的事理。

丙、同前題事理相合的事理，和這前題的結論也相合，和結論不相合的事理，和前題也不相合。

結論既然包括在前題以內，和前題相合的事理，當然和結論也相合。例如：「甲是教員，所以甲是人」，假若加一句：「甲有學生」這句話和「甲是人」並不衝突。但是你若加說一句：「甲是獸」這一句和「甲是人」相衝突，那麼和「甲是教員」也相衝突。

反過來說，和結論相合的事理，不一定和前題相合；和前題相衝突的事理，不一定和結論相衝突。

丁、凡從一事理能推出前題的事理，結論的事理也可由此推出。凡從結論可以推出的事理，從前題也可推出。

這一層關係，也是因前題隱括著結論，即是說結論包孕在前題以內。

戊、前題的外延不能小於結論的外延。不然便不能推出結論，因此前題的事理必定是共通的事理。

3. 演繹法的價值

近代學者，多以爲演繹不是求知的途徑，他們認爲由演繹所得的不是新知識，乃是已經知道的舊事。

「惟演繹推理須以普遍眞理為前題，其斷案之意義，已包含於前題之中；其推理之進行，不過使潛伏於前題中之斷案，從而發表之，僅由既知之全體推知其各部份而已。故欲於演繹推理而求新知識之獲得，實為事實上所不能。」㈣

穆勒氏則主張演繹之功效，不在於推論求知，而在於覆驗已知的公理。「公詞者，內籀（歸納）之所爲，非聯珠（推論式）之所爲也。雖然，由此而遂謂聯珠爲無補於致知，則大不可也。蓋致知之事，主於會通，而不主尋繹，故曰聯珠無與於推籀也，然而非聯珠則所會通者之誠妄不可以明，將使謬說詖辭大昌，而無以擢塞，故聯珠者思誠之大防，必有之而後理之眞僞而愈見也。」㈤但是穆勒認爲演繹的推論式，包含著歸納的方式，演繹的成效，以歸納爲基礎，例如「凡人都有死，甲是人，所以甲有死。」「凡人都有死」，這項前題是集合對於以往的人都有了死的經驗，去推知將來的人，因此這項前題的成立，是藉著經驗。而且「所以甲有死」的結論，不是從「凡人都有死」一項前題推論出來的，因爲前題乃是經驗的結合，因此結論也只是由經驗去推論性質相同的事，所謂演繹法實際仍是歸納法。

穆勒氏說：「凡有推籀（推論式）皆由專推專，非由公得專，一也。，所謂公詞，乃記錄所已推者，以爲此後更推之條例，二也。聯珠中所用大原，即其條例，三也。而委詞（結論）之所得，實非由此條例而來，但依例爲推己耳，四也。其推證之真原，乃前此散著之實，經內籀術（歸納法）成此公詞，五也。向使不經內籀，而成公詞，則散著之端，爲所遺忘可也。自有公詞爲之記錄，他日其事復呈，有以識別其端，而外籀之事以起，視記錄之所表，而委詞之離合從之，此無異從既忘之事實，而得其推證者矣。」(六)

但是我們不能贊成這項意見，因爲從理論和實事兩方面去看，演繹法實在是求得新知識的途徑。

一種知識稱爲新知識，是一個人先前沒有，於今得著的知識；是一樁先前不知道，於今知道了的事理。

一條共通的原理，本來包含著可以應用這條原理的事例，但是兩者間的關係，不是一目了然的，不是凡人都知道的。因爲人不能馬上知道一條共通原則所包含的一切事例，於是對於一些事例，不知道是否應用這條原理。因此原理包含事例，不是明顯的，乃是隱晦的，或者用哲學上的術語說：原理包含事例，或共通名包含局部名，不是「實現的」（Actualiter），乃是「可現的」（Vitualiter ）。

假使人的理智對於事理，有一目了然的「明見」（Intuitio），則對於共通原理和它所包含的局部理論和事例，也都是一目了然，用不著推論。從一目了然的「明見」一方面說，演繹法是絲毫用處也沒有。同時歸納法也沒有用處，但是人的理智不是「明見」的理智，事事要加思索。思索即是推論，推論，便是由已知到未知。

有不少的哲學家，認爲結論既然包含在前題以內，結論便不是新的知識，如笛卡爾以爲演繹的三段推論式，只是一種「空談」，羅素則以爲只是一種「假定」，例如：

「凡是人都有死，
甲某是人，
甲某便有死。」

笛卡爾說，爲知道「凡是人都有死」，先要知道「甲某有死，乙某有死，丁某有死」，然後纔能說「凡是人都有死」，既然是這樣，「甲某有死的結論，不是等於空談嗎？」羅素說，爲能使「凡是人都有死」這個前題可以確實站得住，應該實際上考察了一切的人（即是一個一個的人）都有死，但是實際上這種考察絕對辦不到，因此我們只能姑且「假定」凡是人都有死。假定的推論，不能有偌大的價值。

我們可以答覆這些大哲學家說，演繹的三段推論式既不是空談，也不是假定，實實在在是追求新知識的方法。

笛卡爾說演繹推論式的空談，因爲他認爲結論已經包括在前題以內。但是結論括在前題以內，並不是一目了然，即不是「實現的」，乃是「可現的」。例如「甲某有死」，是包含在「凡是人都有死」的前題內，可是這種包含，並不是馬上明顯地排出「甲某有死」，因爲你要知道甲某有死，先還要知道「甲某是人」，然後你才明白這樁道理。因此在前題和結論之間，介著有一條聯繫的橋樑，由前題走到結論，要經過中間的橋樑。這條橋樑即是三段推論式中的「媒介詞」。經過媒介詞而引伸一項事理來，這種推論決定不是空談。

羅素說演繹推論爲一種假定，那是因爲他不承認「共通觀念」的價值，對於這個問題，留在下面知識論裏再說。演繹推論的前題，不是藉助於經驗，例如「凡是人都有死」，並不是要知道每個人都有死以後，纔能夠確定，因爲「凡是人都有死」這句話，不表示一群人（聚齊一切的人）都有死，乃是表示人按人性說是有死的。

演繹推論式的前題，不從「數量上」去包括結論，乃是從「物性」上去包括結論。因爲共通名不是數量名，乃是代表物性之名。

爲合理地構成演繹推論式的前題，用不著先去考察前題所說的理，在一切事例上究竟如何；也用不著像穆勒所說，根據以往的經驗，演繹推論的前題所有的根據，是事物的物性。「凡是人都有死，甲某是人，甲某所以有死。」凡是人都有死，並不因爲以往的人都死了，纔說凡是人都有死，因而推出將來的人也將有死；因而又推出甲某所以也將有死。是因爲凡是人按一物說都有死，甲某所以有死。假使甲某是世界第一個人，世界還沒有「人死了」的經驗，我們也可以斷定甲某是有死的。因此演繹法的結論，由理論而推出，不是由一樁經驗而推另一樁經驗。由經驗去推另一經驗，不能有確定的知識，只能有測想的知識。由理論去推事理，推論合法時，結論應該是確實的知識。

在科學的實驗裏，同一性質的實驗，能得相同的結果，當一個新的實驗和幾個實驗，所具的條件相同時，我們可以預先說明新的實驗的結果，將和前幾個實驗的結果相同。我們預先說明新實驗將有的結果，並不是推理，乃是應用自己的經驗。

可是我們大家都理會到，用演繹法去推論，和應用自己的經驗不相同，經驗可以作爲演繹法的證據，但不是演繹法的推論方法。

因此我們主張演繹法爲求知的方法，由演繹推論式所得的結論能夠是確實的新知識。

三、歸納法

1. 歸納法的意義

歸納法是「由相當足夠的多數事例，以達到共通原理的方法。」歸納和演繹，兩者都是求知的方法。歸納法的特性，在於由單獨的或局部的事理，以達到共通的原理。演繹是由大到小，由上往下；歸納是由小到大，由下往上。由共通原理下到局部或單獨的事理，較爲容易，只要人按著理則學的原則做去，一定可以得到結論。

由單獨或局部的事，要想求得一項共通的原理，事情就難了，難處在於決定究竟所有的事例是不是足夠得結論。

但是這種方法並不是不可能，也並不常是艱難的。對於一些顯而易見的事理，有了一些經驗以後，自然而然就共通了，馬上就得到結論。

至於科學上的原理，那就不容易求得了。實驗既很複雜，條件又不容易決定，結果也就難於預料。因此科學上的原理，多爲假設，並非真理。那並不是沒有真理，只是真理尚未發見。

歸納法求到確定的真理時，不說明真理的所以然，只是說明真理的當然。例如「一加一爲二」。隨處的經驗都是如此，但是爲甚麼該是如此，那是沒有理由可以說的。

上面我們曾說朱子的格物致知，可以算爲歸納法的致知，但是朱子所講格物，雖說今天格一事，明天格一事，實際則不是講近代科學的實驗方法。朱子所講的，是研究處置每件事的倫理，知道怎樣對付每樁事件，久而久之，自然而然就知道處置一切事件的倫理法，應付裕如，心中不亂。格物以求知道應付每樁事件的天理，天理不由經驗去創設，但是要由經驗，以知實行之道。

在經驗方面，我們爲證明一項事理，我們不能舉出一切的經驗，只能選擇幾項經驗，作爲例證，所以常是「舉例」來說，「舉例」即是歸納法，只是不甚完全。

另外還有一種方法，也屬於歸納法，即是「類比法」（Analogia），類比法是由一單獨或局部的事理，推出另一單獨或局部的事理，按照彼此類似的特性。

墨子所講的三表法，所本，所原，所用。「上本之於古者聖王之事」，屬於演繹法，「下原察百姓耳目之實。……觀其中國家人民之利」屬於例證和類比等歸納法。

爲善用歸納法，應該遵守幾條最基本的原則。演繹法的應用，完全在於推論式的運用得法。歸納法的根據在於實事，實事的原素常是複雜的，因此雖有推論原則，也難於運用得法。但若捨棄一切的原則，任憑私意，那就要錯誤百出了。

2. 歸納法的原則

歸納法的基本原則，可並爲兩條：

甲、所舉的事例，應該「足夠」證明願意證明的事理。

至於說應該舉出多少事例，纔算足夠呢？在原則上我們不能指定一個數目，要緊的，是所舉的事例，能夠確定所願意證明的事理。

有些事例，數目有限，而且共爲一樁事理的各部；爲證明它們共通的事理時，當然應該舉出全數的事例。這樣歸納法稱爲「完整的歸納法」（Inductio completa）。

普通在科學上，決不能舉出一條事理所可有的一切實驗，科學家爲發明一條原理，只能舉出相當數目的實驗，從這些實驗裏，可以合理地推出一條共通的原理。若是實驗的數目不夠確定所求的原理時，則只能以歸納出的原理作爲「假設」。

乙、所舉的事例，應該和所歸納證明的事理有關係。

一樁事例和歸納的事理的關係，可以有兩種：第一是同類的，第二是全體的一部份。

同類的關係，若所舉的事例，和歸納的事理，屬於同類；事例和歸納的事理，便有同類的關係。

部份和全體的關係，若所舉的事例，是歸納的事理，所有的各部份；事例和歸納的事理，便有部份和全體的關係。例如我們願意證明一樁史事，這樁史事相當複雜，我們所找到的證據，只證明史事的一部份，於是我們便應該找到能夠證明這樁史事的各部份的證據，把這些證據集合起來，我們纔可以說是達到了目的。假使所找得的證據同屬於某一部份的證據，或者只能證明史事的某幾部份，我們便不能說已經證明了所願意證明的史事，至多只能說證明了史事的某部份或某幾部份。

丙、歸納四法

《穆勒名學》的丙篇，講內籀四術。四術為「統同術」，「別異術」，「歸餘術」，「消息術」。(七)

「統同術」有譯為「契合法」(八)（Methodus concordantiae）。穆勒說：「有一現象，見於數事，是數事者，見象而外，惟一同。則此所同，非現象因，即現象果。」

在實例和試驗中，若多數實例或試驗有共同相同的一點，這相同的一點，便可作爲歸納的結論，例如一位科學家爲證明一項原素是由別的兩種因素構合而成的，他便把這種原素在各種不同的環境地去實驗，若是結果都是一樣，他便以「統同術」，取相同之點爲結論。

「別異術」有譯爲「差略法」(九)（Methodus differentiae）。穆勒說：「有一現象，此存彼亡，彼此之事，靡所不同。惟有一事，獨見於此，是獨見者，必其因緣，抑其後果」。在許多的實驗中，若是所用的材料相同，環境不一樣，實驗的結果也不一樣，但若在一種環境下，實驗結果卻相同，在其餘的環境下，結果都不同。則結果相同的環境，可爲歸納的結論。例如化學上某種原素，在某種熱度之下便溶化爲另一種原素，在其餘任何溫度之下，都不溶化。結論便是這種原素在這種熱度之下，溶化爲某種原素。

「統同術」和「別異術」常互相合作，兩術並用。穆勒說：「有現象者，同有一事，餘無所同。無現象者，同無一事，餘無所同。則此一事，於此現象，非其果效，即其因緣」。若是一種事，在某種環境下，常常發現，同時，若沒有這種環境，便不發生，於是便可以得一結論，即是在某種環境下，某事即發生。

「歸餘術」（Methodus residuonum），或譯「剩餘法」。(十)穆勒說：「常然現象，作數部觀，部名爲果，果則知因，所不知者，是謂餘象，以是餘果，歸之餘因。」若是我們知道一樁混合物的每種部份，又知道構成混合物的原素，同時並且知道，原素中的幾種，必定結合而成某某物。於是把這些某某物從混合物的部份中除去，混合物所剩餘的部份，必定是由混合物原素中，所不知道能構有何物的原素所構成。

例如

ABC＝XYZ

已經知道

A＝X

C＝Y

於是剩餘

B＝Z

「消息術」（Methodus variationum concomitantium）式譯爲「共變法」(十)。穆勒說：「有一現象，爲任何變，當其變時，有他現象，常與同時而生變態。是現象者，乃爲其因，或爲其果，或於因果有所關係。」

3. 歸納法的效用

歸納法的效用，在於求得共通的原理，一切科學上的定律和假設，都是由實驗而歸納出來的，而且演繹上的一些基本原理，也是歸納法所供給的。

亞里斯多德解釋演繹和歸納的差別，曾說：「第一種是用媒介詞去證明賓詞在主詞以內，第二種則用主詞證明賓詞在媒介以內。」(十一)

例如：

演繹
- 一切生物（媒介詞），生育類似自己的生物（賓詞）……大前題
- 人、獸、植物（主詞）都是生物（媒介詞）……小前題
- 因此，人、獸、植物（主詞）生育類似自己的生物（賓詞）……結論

歸納
- 人、獸、植物（主詞）都生育類似自己的生物（賓詞）……前題
- 因此一切生物（媒介詞）都生育類似自的生物（賓詞）……結論

但是學者們不是大家都承認歸納法的效用，就是那一班慣常使用歸納法的科學家們，也對歸納法的效用，有些懷疑。

反對歸納法的學者，對於歸納的效用，所懷疑的，大概有三點，第一、根本懷疑從局部或單獨的事例，人的理智能夠上達共通的原理，這派懷疑的人，懷疑人的理智力。以為人的理智，只能知道具體的現象，所謂共通的物性，以及原理定律，都不過是人們為學術上的便利，所假設的義理。英國哲學家休謨（Hume）就否認歸納法的因果律。他認為前因後果的關係，並不是必定的，只不過因為人所經驗的常是這樣，便假定將來也是這樣。[12]穆勒本是很表彰歸納法的，但是他的主張，也不異於休謨。他主張因果律，乃是人的心理聯繫。一個人看見前後兩事，常常相聯，人在心理上便構成一種聯繫的觀念，認為兩事有前後的因果關係。

第二、有些學者，如康德等唯心論派，懷疑歸納法能夠歸納出一些原理。康德主張推論上所用的基本原理，都是先天的，不是後天由感覺而得的，人的理智從先天就帶有這條原理。因此人的推論都是演繹，不是歸納。

第三、又有一些學者，如童思過（Scotus）和烏夫（Walf）認為歸納法以演繹法為根基，因為在歸納法裏常隱含著三段推論式。這種三段推論式如下：「一個賓詞常和一個主詞相聯合時，這個賓詞是屬於主詞的本性——於是某某實驗證明這個賓詞常和這個主詞相聯合

——所以這個賓詞屬於這個『主詞的本性』」。

我以為聖多瑪斯的主張為最正確。按照聖多瑪斯的主張，歸納法可以使人由經驗歸納出共通的原理，而且實際上供給演繹法，推論的根據。

第一、人的理智，先天具有一種透視力，能夠從經驗的事例，立刻懂得最基本原理。例如同一律：甲是甲，不能是乙；矛盾律：是非不能並立。人的理智每見一種事例，馬上就懂得這幾項最基本的原理。理智的這種透視力，為天生的良能，不待學習就知道。

第二、對於次要的推論原理，另外對於科學上的原理定律，理論既然很複雜，理智便不能一望而知，須要經過許多的研究。凡是研究科學的人，都有這種經驗，都知道科學發明的困難。

第三、推論所用的最基本原理，是由歸納而得的。因為不然，這些最基本的原理便該是天生的了。然而，人所有的觀念，沒有天生的，都是由人的經驗而得的。因此，推論用的基本原理所有的觀念，是由感覺的經驗以構成的。不過，這些觀念的互相接合，理智則一望而知，用不著另找理由去證明，假使不是這樣，一項理由追求另一項理由，便沒有止境了，因此，最基本的原理，該當是不用證明，就明白的原理。

第四、由局部或單獨的事例，可以上達共通的原則。原則對於這一點，後面知識論裏，我們將有說明，於今我們簡單地說兩句。人的理智高於感覺，感覺只感到具體的單獨事件，理智則能由具體的事件構成抽象的觀念。抽象的觀念多是共通性的；因此理智可以由局部或單獨的事例，去求共通的原理原則。

四、數學的推論

數學（Mathematica）是論數量之學。數量可以是延續的，可以是隔離的，因此數學大別爲兩類。論延續數量之學，稱爲幾何；論隔離數量之學，稱爲算術。從算術幾何進而有代數微分等高等數學。數學之運用，在今日的科學界，日見重要，幾乎成爲天文理化和工程等科學的基礎。

數學上所用的推論方式，跟他種學術不同，那麼便問：數學的推論法，是否自成一格呢？或者是可以歸併到普通的演繹法或歸納法呢？學者的意見頗不一致。

羅素（B. Russell）㈣和顧度拉（Couturat）㈤主張方程理則學（Logistica），他們認爲數學上的推論，完全是用記號代替觀念，而且觀念間的關係，也用記號去代表。因此數學的推論，既不是演繹，又不是歸納，乃是記號的接合法。譬如中國的八卦，乃是八種符號，八卦變成六十四卦，都是卦爻的接合，一點歸納或演繹都沒有。

各布洛（Edmond Goblot）㈥反對在數學裏有歸納的成份，但是他也否認數學上的演繹，爲普通理則上的演繹。數學上的演繹，爲特別的演繹法，不完全由共通原則到局部或單獨事理，乃是由單獨事例到單獨事例，藉用共通原則。例如證明三角之積等於兩正角之積。

波安加肋（Henricus Poincare）㈦則主張數學之積以內，有一種 歸納法，稱爲「循環推論式」（raisonnemnt de recurvence）。

我們則以爲數學的推論式，在形式上雖說異於其他科學，但是歸根還是屬於歸納和演繹兩法。

數學上有公理、定理、公法、定義、命題等項。「公理」（Axiomata），是不待證明而自明的基本原理。「定理」（Postulata）是次於公理的原則，不必證明而可以證明的。「定義」是數學上所用的定義。「命題」（Propositiones ）或者是公理和定理的結論，或者是次要的原理。「公法」則是幾何學作圖或代數學列式所共守之定律。

例如幾何學上「公理」說：「與同量或等量相等之諸量，彼此相等」、「直線爲兩點間至短線」。「公法」說：「由一點至他點，可作一直線。」。「定理」說：「凡平角均等」，由這條定理可以推論「凡直角均等」，「於線內一已知點，僅可作一直線，垂直於此

點」、「同角或等角之餘角均等」、「同角或等角之補角均等」。㈧

數學上的公理，定理，公法，由歸納而成。我們在上面已經說過，不得證明的原理，是由經驗而得；因爲理智在具體的事例上，透視出共通的公理。

至於命題，則或用演繹法或用歸納法以作證明。若由命題的定理而得有推論，那更是由演繹或歸納而成的了。

因此溫德華氏能譯《幾何學》的「證」字說：「證者，依理論學方法，討論而定其理之真僞者也。」㈨

註：

㈠ 胡適 中國哲學史大綱 上冊 一〇九頁。

㈡ 羅光 儒家的名學。——見儒家形上學 二三頁。

㈢ 嚴復譯 穆勒名學第二卷 第七頁。

㈣ 王章煥 論理學大全 第二二五頁。

㈤ 嚴復譯 穆勒名學中卷 第四四頁。

㈥ 同上，第四〇頁。

(七) 嚴復譯 穆勒名學 卷三 一三〇——一四〇頁。

(八) 王章煥 論理學大全 二五〇頁。

(九) 同上，二八〇頁。

(十) 王章煥 仝上 二六五頁。

(十一) 同上，二六七頁。

(十二) Aristoteles., Port. Anal, I. 2. C. 23.

(十三) Hume, Enquiry conecerning the human understanding, London 1748. Sect. IV. pII. Treatise of human nature. B I. p. III, s. V-VIII.

(十四) B. Russell, Principia Mathematica, Cambridge 1910.

(十五) Coutruat, Alegbre de la logique.

(十六) E. Goblot, Traite le logique. Paris 1929.

(十七) H. Poincare, La Nience et I'hypothese. p. 18-28 of Rev. de Met. et de Mor. 1905. et 1906.

(十八) 參考張彝譯述 溫氏高中幾何學 商務版 民十八年第二十九版 第六頁，第八 頁。

(十九) 同上，第六頁。

第四章 推論的三段式

一、三段推論式

1. 意義

甲、意義

上章講推論時，已經談到推論式；但只簡略提到，於今在這一章裏，則要詳細加以說明。第一點該當說明的，是推論式的意義和原則；第二點該當說明的，是三段推論式的各種形式。

推論式是甚麼呢？亞里斯多德說：「推論式是一種言辭，在這種言辭裏，說了幾點，其他一點，因爲上面所說的幾點必定要跟著來。」㈠

推論式是一種言辭，言辭是由句而成的。因此推論式不是單單幾個名詞，也不是單單一句話，乃是幾句聯綴成辭的話。

推論式並不是隨便的幾句話，乃是互相聯綴的話。這種聯綴法，使後一點，從前面所說的幾點，一定可以推論出來。而且這種推論，有一定的方式。推論式的特點，就在於這種方式，又在於方式能夠使結論和前面的辭句，互相銜接。銜接的原因，是結論和前面的辭句，在理論上互相連接。理則學所講的，即是討論這種推論式，指教人們善於安置推論的辭句，使結論能夠合理地推出來。

理則學的推論式有印度因明學的五支和三支論式，有希臘的三段論式。印度的五支論式縮爲三支論式，三支論式和希臘的三段論式稍有異同，但是三段論式較三支論式更爲完全。

三段論式由三句構成，前二句稱爲前題，後一句稱爲結論。前題和結論的關係，稱爲歸結。前題中有大前題和小前題。大前題句中含有大共通名和媒介詞，小前題句中含有小共通名或單名和媒介詞，媒介詞在前題中凡兩見，也是推論的樞紐。

因明學的三支論式有宗因喻。宗是命題，相當於三段論式的結論，因和喻則相當於三段論式的前題。但因爲三段論式的大小前題和媒介詞的位置，都有嚴密的規則，三段論式較比因明的推論式穩當得多。

乙、構 造

在上面講推論的方式時，曾說過三段推論式的構造。現在爲明瞭起見，在這裏再說一下。

三段推論式有前題有結論。前題有大前題小前題。大前題中有大名，即是結論句的賓詞；小前題中有小名，即是結論句的主詞。大小前題中都有媒介詞。

例如：

前提：小前題……人是理性動物。
　　　大前題……理性動物能夠思索。
結論……人便能夠思索。

「人」爲「小名」，「能夠思索」爲「大名」，「理性動物」爲「媒介詞」。

爲證明人是否能夠思索，我們拿「人」和「理性動物」相比，又再拿「能夠思索」和「理性動物」相比。我們看到「人」以及「能夠思索」都和「理性動物」相等，彼此也就相等。

在這一項三段式裏，所願意證明的，是「人能夠思索」。人爲甚麼能夠思索呢？因爲人是理性動物，理性是能夠思索的，人因此能夠思索。

在普通辯論和講學時，大前題和小前題不是一說就懂的理論，自身還該有證明。士林哲學的教學法，是在說出一項三段式後，再說爲證明大前題或小前題的三段式。但是普通辯論的時候，則不一定分成兩項三段式，例如：荀子〈性惡篇〉說：

小前題「今人之生而有好利者焉，順是，故爭奪生而辭讓亡焉。生而有疾惡焉；順是，故殘賊生而忠信亡焉。生而有耳目之欲，有好聲色焉；順是，故淫亂生而禮義文理亡焉。」

「然則從人之性，順人之情，必出於爭奪，合於犯分亂理而歸於暴。故必將有師法之紀，禮義之道，然後出於辭讓，合於文理而歸於治。」。

大前題（爭奪，犯分，亂理，都是惡）

結　論「用此觀之，然則人之性惡明矣。」

爲知道人家說理對不對，或爲辯駁別人的理論，最要的是能在人家的長篇大論理，理出三段推論式，知道何者爲大前題，何者爲小前題，何者爲大名，何者爲小名，何者爲媒介詞，然後再按理則學的推論規則去評判，一定不會錯誤。

丙、區　分

三段論式的區分，常按構造的形式而分，構造的形式，可以從句的方面去看，又可以從詞的方面去看。從詞的方面去看，又可以有兩種看法：第一從大小前提的主詞賓詞，和媒介詞所處的位置去看，則有三段論式的「體格」（Figurae ）；第二、從大小前題的主詞賓詞和媒介詞的質量去看，則有三段論式的「方式」（Modus syllogismi）。體格和方式各有若干的格式，在下面我們要詳細研究。

（A）於今我們要講的區分，是從三段論式的句的方面去看。從句的方面去看，三段論式分爲單純和複雜的兩種。

單純的三段論式，由三句而成，兩句爲前題，一句爲結論。例如：

「凡是人都是理性動物，

甲是人，

甲便是理性動物。」

複雜的三段論式，則是含有複句爲前題的三段論式。複句不是一個單句，乃是集合兩句以上的單句而成的，因此複雜的三段論式不只有三句話，而是有三句以上的話。但是話句雖多，大小前題和結論，仍舊是三段分明，各不相混。因爲複句雖是多句，但是彼此相連，合爲一句。例如：

「他若是人，就是理性動物，

他既是人，

他便是理性動物。」

第一句前題雖是複句，但在意義上合爲一句，於是便是一句前題。複雜的三段論式可以再分多少種，它的分法跟複句的分法相仿佛。

（B）單純三段式，從本身上去看，除體格方式以外，還可以有別種的區分，普通分爲以下的各種：

（a）論斷推論式（Syllogismus categoricus）（或譯定言推論式）。論斷推論式爲通常的三段推論式，主詞和賓詞在兩前題裏，和一媒介詞相比較，因此在結論裏推論出彼此的關係，或是相合，或是不相合。

（b）說明推論式（Syllogismus expositiorius）。說明推論式所推論的結論，顯明易見，不像是推論思索，只是一種說明罷了；因爲這種推論式所用的媒介詞絕對是一個單名。例如孟子是學者，孟子是子思的門人，因此子思的門人是學者。在這項推論裏，孟子是媒介詞。

（c）複雜的三段式，可以按複句的種類分成若干種。我們於今只舉出下列最通行的兩種。

（1）假設推論式（Syllogismus conditionalis）。假設推論式是前題中有假設句，或是都是假設句。

例如：甲若是等於乙，就等於丙，

甲等於乙，因此甲等於丙。

又如：甲若等於乙，就等於丙。

甲若等於丙，就等於丁，

因此，乙等於丁。

（2）排除推論式（Syllogismus disiunctivus）（或譯選言推論式）。排除推論式是前題中有排除複句。排除複句的特色，在於所說的事件中，只能有一項可以存在；這一項事件存在時，則其餘的事件都不能存在。

例如：甲或是等於乙，或是等於丙，

甲是等於乙，

便不等於丙，

甲是等於丙，

便不等於乙。

爲使這種推論式的結論，能夠不錯，不單是推論的方式要合法；最要緊的，是大前題的排除複句，能夠限定小前題的選擇。例如上面所說：甲或是等於乙，或是等於丙，在這兩項以外，沒有其他的可能。所以小前題務必要在這兩項以內去選。若是在這兩項以外，能夠有其他的可能方式，則結論就不能有了。

例如：甲或是上午八點走的，或是下午三點走的。這一句複句，要具有限定選擇的強迫力，即是甲只能在這兩個時辰裏動身，於是纔能推論出結論。

大前題的排除，可以是兩段，可以是三段，也可以多於三段。例如：甲或是乙來同的，或是同丙來的，或是同丁來的。然而甲是同丙來的；因此甲便不是同乙，不是同丁來的。

和排除複句相似的，或者可以算爲排除複句的一種的，有「兩難推論式」（Dilemma）。即兩者之中，必有其一。

2. 三段式的原理

上面我們講演繹推理論法時，曾講過演繹法的幾項原則；於今我們特別對於三段推論式，再講明有關的原則和規則。至於關係三段式每種體格和方式的規則，則留待後面講體格和方式時再講。

原理爲三段推論式的根本，沒有這些原理，三段推論式就不能夠實行。三段式的推理，分爲兩類：第一類是形而上的原理；第二類是理則學的原理。

甲、形而上的原理

形而上的原理，爲物性必然的理論。三段推論式的形上原理有兩項：第一項爲相等律（同一律）（Principium identiatis）；第二項爲相反律（Principium discrepant-iae），這兩項定律來自另一更高的定律，即矛盾律（Principium contradictionis）：一事不能同時又是是，又是不是。

相等律所規定的，是兩者相等於第三者，則彼此相等。這條定律爲三段推論式的基本。三段推論在於以主詞、賓詞和媒介詞相比較，若主詞、賓詞都相等於媒介詞，則賓詞相等於主詞，因此得出結論。

相反律則規定：三者中，第一等於第三，第二不等於第三，第一和第二便不相等。這條定律也很明顯，用不著詳細的說明。三段論式應用這條定律，若主詞和賓詞，一個相合於媒介詞，一個不相合於媒介詞，結論是主詞和賓詞不相合。

相等律和相反律是直接由矛盾律引伸出來的。一件事，不能同時又是是，又是不是。假如甲和乙同是丙，甲就不能不是乙。假使甲是丙，乙則不是丙，甲便不能是乙。

乙、理則學的原理

理則學的原理，爲說理時，自然該有的原則。這種原理分爲兩項：一爲「肯定一切」(de omni)；第二爲「否定一切」(de nullo)。

「肯定一切」，即是說就一共通觀念（概念）所包括的全體事物，加以肯定時，在這個共通觀念外延以下的一切事物，都受這種肯定的判斷。

例如說：凡是人都有死，張三是人，張三便有死。

「凡是人都有死」，是對一切的人而又對每個人說的，張三包括在人之中，因此「有死」的判斷也應用於在他。

「否定一切」則是說：就一共通觀念所句括的全體事物，加以否定時，在這個共通觀念外延以下的一切事物，都受否決。

例如：獸不知道思索；猴子是獸，猴子便不知道思索。

形而上的兩項原理，顯而易見，數學上也常應用。不必費思索，人就知道這兩項原理的真實性，而且在應用時，沒有多少困難。

理則學的兩項原理，本來也很明顯，但是在應用時，則應該注意對於共通觀念的肯定或否定，是不是就共通觀念所包括的每種事物，或是只是就全體事物的一部份加以肯定或否決。怎樣可以知道這種分別呢?有理則學對於辭(句，評判)所講的原則。

3. 三段式的規則

希臘和歐洲中古的理則學，對於三段推論式，定有八項規則。

第一則：名詞有三：大名詞，小名詞，媒介詞。

在一個三段推論式內，名詞只能有一個，不然結論就不合法。所謂三個，不僅是從數量上說；也是從質量上說。凡是三段推論式，都該有三個名詞，不能多，也不能少。因為三段推論式，是兩個名詞和第三個名詞相比，由相比的關係，然後推知前兩個名詞彼此間的關係。若只有兩個名詞，則彼此的關係，已經說出來了，無所謂推論。若有三個以上的名詞，則媒介詞不同是一個，也就沒有法子可以推論。

但是在數量上，有時只有兩個名詞，那是因為前題中有一句是大家所知道的，因此省去，沒有寫出。在理則上，仍舊是三個名詞。

最能引人錯誤的事，是在數量上本是三個名詞，而在質量上則是四個名詞，因為有一個名詞，前後的意義不同。在這種情形下，結論一定是錯的。

例如，墨子《經說下》說：「以牛有齒，馬有尾，說牛之爲馬非馬也不可。」因爲牛、馬、齒、尾是四個名詞，不能有結論。

公孫龍子〈白馬論〉說：「白馬非馬。……馬者，所以命形也；白者所以命色也；命色者非命形也。故曰白馬非馬。」「白馬」的白，和白者的白意義不同，因此結論「白馬非馬」不合法。按理則法只能說：白不是馬。

第二則：結論的名詞，不能廣於前題。

這第二條規則和第一條規則相彷彿。三段式中的名詞，不但在意義上，該是三個，即是一個名詞的意義，前後不能變換。而且在外延的範圍上，也不能前後變換。在前題中特殊名詞或單體名詞，在結論裏不能變爲共通名詞，因此結論不能廣於前題。

例如：人爲動物。馬不是人，馬便不是動物。

前題中的「動物」和結論中的「動物」的外延範圍不同。前題中的「動物」是局部的，因爲人只是動物的一部份。結論的「動物」，則是整個的，因爲把馬除在一切動物以外。結論所以不通。

第三則：結論中不能有媒介詞。

媒介詞是在前題中，和大名詞小名詞相比，以推出大小兩名詞的關係，結論應該是大小兩名詞的關係。若是媒介詞跑入結論裏，結論便重複前題的話。

例如：君子好義，小人好利。

顏淵既是君子，

顏淵君子便好義不好利。

「君子」爲媒介詞。它的任務是在前題裏去牽合主詞和賓詞，不是在結論裏作形容副詞。結論應該簡單地是「顏淵好義不好利」。

第四則：媒介詞最少一次該是共通名詞。

媒介詞，在大小前題裏都有，因此在前題裏常說兩次。假使兩次的媒介詞都是局部或單獨的名詞，因此主詞和賓詞不能包含在媒介詞以內，便不能推出兩者的關係，也就不能有結論。

例如：學生中有中國人；學生中有愚人；中國人便是愚人——不對。

第五則：若是大小前題都是否定句則不能有結論。

大前題和小前題若都是否定句，只說出主詞和賓詞和媒介詞不相合，但並不能因此便說主詞和賓詞相合，或不相合。因爲主詞不在媒介詞的外延範圍以內，賓詞也不在媒介詞的外延範圍以內，主詞和賓詞兩者的外延範圍，究竟有如何的關係，我們不能知道。

例如：人不是神，獸不是神，人便不是獸。——這個結論不是按理推出來的，按理應該沒有結論，這個結論雖然在事實上是對，那只是偶然的。例如再說：窮人不是傲人，富人不是傲人；富人便是窮人——結論不合法。

第六則：大小前題都是肯定句時，結論不能是否定句。大小前題既為肯定句，主詞賓詞兩者和媒介詞相合，結論便不能否定這種關係，認為兩者不相合。這是很顯明的事。

第七則：大小前題若都是特稱句時，則不能有結論。特稱句，是主詞、賓詞都是特稱名或單名，若是大小前題都是特稱詞，媒介詞便兩次都不是共通名，當然不能有結論。

第八則：結論常是相當於前題中的較低者。否定低於肯定，特稱句低於共通句。因此若大小前題中，有一否定句，結論應為否定句；若大小前題有一特稱句，結論應為特稱句。

二、三段論式的體格

三段論式的體格，或稱體裁，爲大名，小名，媒介詞，三者的適宜位置，以便按法推求結論。大名小名即是結論中的賓詞和主詞，一在大前題中，一在小前提中。媒介詞則大小前題中都有。但是這三個名詞在大小前題中，能夠變換位置，它們位置的變換法，可以有四種：第一、媒介詞在大前題中爲主詞，在小前題中爲賓詞。第二、媒介詞在大前題爲賓詞，在小前題中爲主詞。第三、媒介詞在大小前題中都是主詞。第四、媒介詞在大小前題都是賓詞。不過在實際上，第一和第二兩種變法，意義相同，即是媒介詞在一前題內爲主詞，在另一前題內爲賓詞，所以只有三種變法。

這三種變換法，造成三段式的三種體格，每種體格，有各自該守的規則。於今我們分列加以說明。

1. 第一體格——規則

大前題應爲共通句，小前題應爲肯定句。

媒介詞在大前題爲主詞，在小前題爲賓詞，體格如下：

大前題	媒介詞＝賓　詞	M＝P
小前題	主　詞＝媒介詞	S＝M
結　論	主　詞＝賓　詞	S＝P

按規則說：「小前題應爲肯定句」。假使小前題爲否定句，結論應該是否定句；因爲按第八則說：「結論常是相當前題中的較低者。」因此在結論裏，賓詞既是否定的，便是使用自己的全部外延。但是在大前題裡，賓詞是肯定的，不使用自己的全部外延。這樣賓詞的意義在前題和結論裏，便有大小的不同，相反推論第二則。那麼大前題也該是否定句了，使賓詞的外延能是全部的，可是那又反對第五則。所以「小前題應爲肯定句」。

例如：凡人都是動物。獸不是人。獸便不是動物。

這樣推論不對。因爲動物在前題裏，不是「一切的」動物，只是「一些的」動物，動物較比人的外延範圍廣。在結論裏，動物則是「一切的」動物。因此，結論便不合法，也就有錯誤。

又按規則說：「大前題應爲共通句」。因爲這第一種體格的小前題應該是肯定句，小前題的賓詞，便是特稱的局部名詞。可是小前題的賓詞乃是媒介詞，按推論的第四則，媒介詞最少一次該是共通名，因此，大前題便應該是共通句了。

第一種體格，按照自己的規則，可以有兩格：

第一格

M（媒介詞）是 P（賓 詞）（全稱肯定句。A）

S（主 詞）是 M（媒介詞）（全稱肯定句。A
特稱肯定句。I）

S（主 詞）是 P（賓 詞）（全稱肯定句。A
特稱肯定句。I）

第二格

M（媒介詞） 不是 P（賓詞） （全稱否定句。E）

S（主詞） 是 M（媒介詞） （全稱肯定句。A）

（特稱肯定句。I）

S（主詞） 不是 P（賓詞） （全稱否定句。E）

（特稱否定句。O）

2. 第二體格——規則

一前題應爲否定句，大前題不應爲特稱句。

媒介詞在大小前題，都是賓詞。

P = M

S = M

S = P

按規則說：「一提應爲否定句」，因爲媒介詞在大小前題都是賓詞，假使大小前題都是肯定句，媒介詞便兩次都是特稱名了，相反推論第四則。因此：「一前題應爲否定句」，叫媒介詞能夠一次是共通名。又按規則說：「大前題不應爲特稱句」；因爲一前題既應爲否定句，結論必定也應該是否定句，結論是否定句，賓詞便是共通名。第二體格論的賓詞乃是大前題的主詞，大前題便不能不是共通句；不然，賓詞的前後意義便將有大有小，相反推論第二則。

第二種體格，可以有兩格：

第一格：

P 是 M　（全稱肯定句。A）

S 不是 M　（全稱否定句。E）

　　　　　（特稱否定句。O）

——————————。

S 不是 P　（全稱否定句。E）

　　　　　（特稱否定句。O）

第二格：

P 不是 M　（全稱否定句。A）

S 是 M　（全稱肯定句。A）

（特稱肯定句。I）

S 不是 P　（全稱否定句。E）

（特稱否定句。O）

3. 第三體格——規則

小前題應爲肯定句，結論應爲特稱句。

媒介詞在大小前題內，都是主詞。

M = P

M = S

S = P

按規則說：「小前題應爲肯定句」，因爲若不是肯定句而是否定詞，則結論也應該是否定句。結論若是否定句，則賓詞爲共通名，使用自己的全部外延；但是它在大前題裡則是特稱名，不使用自己的全部外延。這樣推論便犯第一體格的䂓則，因此：「小前題應爲肯定句」。小前題爲肯定句，句內的賓詞（結論裏的主詞）爲特稱名。這種賓詞在結論裏爲主詞，因此，「結論應爲特稱句」。

第三種體格，可以有兩格：

第一格：

M　是　P　（全稱肯定句。A）（特稱肯定句。I）

M　是　S　（全稱肯定句。A）（特稱肯定句。I）

S　是　P　（特稱肯定句。I）

第二格：

M　不是　P　（全稱否定句。E）

M　是　S　（特稱否定句。O）

（全稱肯定句。A）

（特稱肯定句。I）

S　不是　P　（特稱否定句。O）

至於媒介詞在大前題爲賓詞，在小前題爲主詞；這種體格和第一體格相同，不足以自成一體格，若是誰願意，拿它列爲第四種體格，並不是違反理則學，不過對於這種體格的規則，仍舊要沿用第一體格的規則。

三、三段論式的方式

三段論式的方式，是大小前題按照數量和質量的合理配置法，使能推出結論。

前題的數量，指著大小前題或爲全稱句或爲特稱句。在每一種「體格」裏，可以有四式：或是大小前題都是全稱句，或是大小前題都是特稱句，或是大前題爲全稱句，小前題爲特稱句，或是大前題爲特稱句，小前題爲全稱句。

前題的質量，指著大小前題或爲肯定句，或爲否定句。在每一種體格裡，也可以有四式：或是大小前題都是肯定句，或是大小前題都是否定句，或是大前題爲肯定句，小前題爲否定句，或是大前題爲否定句，小前題爲肯定句。

但是，不是數量和質量的一切方式，都合於推論的規則。推照數量和質量去列方式，每一種「體格」可以有十六式。因爲每一種「體格」照數量可列四種方式，再照質量去列，則爲四四得十六式。若是把三種體格的方式合起來，便可得四十八式。再加上第一體格的另一變格的十六式，則爲六十四式。可是，在這六十四式中，有好幾種是相反推論規則的，不能應用。

合於推論規則，適於推出結論的方式，纔稱爲三段論式的方式，因爲方式，該當是大小前題按照數量和質量的合理配置法，三段論式的合理方式，共有十九式。在上面我們談三段論式體格時，已經列出，即是：(二)

第一體格：1AAA　2EAE　3AII　4EIO

第一體格變格（第四體格）：5AAI　6AEE　7IAI　8EAO　9EIO

第二體格：10EAE　11AEE　12EIO　13AOO

第三體格：14 AAI　15 EAO　16 IAI　17 AII

18 OAO　19 EIO

1. 第一體格的AAA式　亦名Barbara式

大小前題和結論，都是全稱肯定句，例如：

A．凡甲皆爲乙　　亞洲人皆是黃種人。

A．凡丙皆爲甲　　中國人皆是亞洲人。

A．凡丙便該爲乙　　中國人便皆是黃種人。

2. 第一體格的EAE式　亦名Celarent 式

大前題爲全稱否定句，小前題爲全稱肯定句，結論爲全稱否定句。

E．凡甲該不爲乙　　歐洲人皆不是黃種人。

A．凡丙該爲甲　　義大利人皆是歐洲人。

E．凡丙便該不是乙　　義大利便皆不是黃種人。

3. 第一體格的A－I－I式　亦名Darii式

大前題爲全稱肯定句，小前題和結論爲特稱肯定句。

A．凡甲皆爲乙　　中國人都是亞洲人。

I．某丙爲甲　　李四是中國人。

I．故某丙爲乙　　故李四是亞洲人。

4. 第一體格的E－I－O式　亦名Ferio 式

大前題爲全稱否定句，小前題爲特稱肯定句。結論爲特稱否定句。

E．凡甲皆不爲乙　　中國人皆不是白種人。

I．某丙爲甲　　張三是中國人。

O．故某丙不爲乙　　故張三不是白種人。

上面的四式，爲第一體格的四式。在這四式裡，理則學的兩項推論原理：「肯定一切」或「否定一切」，直接與以運用。在推論方式，理由很明顯。在其餘的各種方式裡，理則學原則的運用，不是直接而明顯的，乃是間接的。即是說其餘的方式，都要暗中配合第一體格四式中的一式。因此西洋理則學都講其他各式配合第一體格四式的方法，而且西洋理則學爲代表方式的拉丁詩，也暗示這種配合的步驟。

5. 第二體格的EAE式　亦名Cesare式

大前題爲全稱否定句，小前題爲全稱肯定句，結論爲全稱否定句。

E．凡甲非乙　　人皆不是獸，

A．凡丙爲乙　　猴子皆是獸，

E．故凡丙非甲　　故猴子不是人。

這項方式，可以換爲第一體格的第二方式Celarent把大前題的主詞。賓詞互換即是：凡獸皆不是人，猴子皆是獸，故猴子不是人。

6. 第二體格的AEE式　亦名Camestres 式

大前題爲全稱肯定句，小前題和結論皆爲全稱否定句。

A．凡甲皆爲乙　　鐵是金屬。

E．凡丙皆非乙　　樹不是金屬。

E．故凡丙皆非甲　　故樹皆不是鐵。

這項方式，可以換爲第一體格的第二方式Celarent把小前題換爲大前題，再把它的主詞、賓詞互換結論的主詞、賓詞互換。即爲凡金屬不是樹，　鐵是金屬，　故鐵不是樹。

7. 二體格的E－I－O式　亦名Festino式

大前題爲全稱否定句，小前題爲特稱肯定句，結論爲特稱否定句。

E．凡甲皆非乙　　學者皆非愚人。

I．某丙爲乙　　張三爲愚人。

O．故某丙不爲甲　　故張三不是學者。

此式可改爲第一體格的第四式Ferio 把大前題的主詞、賓詞互換，即是愚人皆非學者， 張三爲愚人， 故張三不是學者。

8. 第二體格的AOO式 亦名Baroco式

大前題爲全稱肯定句，小前題和結論爲特稱否定句。

A．凡甲皆爲乙　　學者皆爲好學的人。

O．某丙不爲乙　　張三不是好學的人。

O．故某丙不爲甲　　故張三不是學者。

此式在第一體格中，沒有相對的方式，所以不能直接改換，乃用間接變換法，即是說用反面證明法。反面證明法，在於把小前題換用它的矛盾句，變成第一體格的第一式AAA。

A．凡甲爲乙　　A．凡乙爲甲。

O．某丙非乙　　A．凡丙爲乙。

O．故某丙非甲　　A．故凡丙爲甲。

此兩式中必有一式爲誤，一式爲真。如AAA爲真，則原命題爲誤。如AAA爲誤，則原命題爲真。

但是若願直接改成第一體格中的一種方式，則勉強可改爲第四式Ferio

A．凡甲爲乙　　E．凡非甲不爲乙。
O．某丙非乙　　I．某丙爲非乙。
O．故某丙非甲　　O．故某丙不爲甲。

9. 第三體格的AAI式　亦名Darapti 式

大前題和小前題均爲全稱肯定句，結論爲特稱肯定句。

A．凡甲爲乙　　學者都是聰明的，
A．凡甲爲丙　　學者是人，
I．故某丙爲乙　　故有些人是聰明的。

此式可改爲第一體格的第三式Darii 把小前題的主詞和賓詞互換，成爲

學者都是聰明的，　有些人是學者，　故有些人是聰明的。

10. 第三體格的EAO式　亦名Felapton式

大前題爲全稱否定句，小前題爲全稱肯定句，結論爲特稱否定句。

E．凡甲非乙　學者不是愚蠢的。

A．凡甲爲丙　學者是人。

O．故某丙非乙　故有些人不是愚蠢的。

此式可改爲第一體格的第四式將Ferio 小前題的主詞、賓詞互換，成爲

學者不是愚蠢的，　有些人是學者，　有些人不是愚蠢的。

11. 第三體格的IAI式　亦名Disamis 式

大前題爲特稱肯定句，小前題爲全稱肯定句，結論爲特稱肯定句。

I．某甲爲乙　有些學者是年青的，

A．凡甲爲丙　學者都是好學的人，

I．故某丙爲乙　　故有些好學的人是年青的。

此式可換爲第一體格的第三式Darii 把大前題和小前題互換，再把原有大前提的主詞、賓詞互換，成爲

學者都是好學的人，　有些年青人是學者，　故有些好學的人是年青的　。

12. 第三體格的A－I－I式　亦名Datisi式

大前題爲全稱肯定句，小前和結論爲特稱肯定句。

A．凡甲爲乙　　中國人都是黃種人。

I．某甲爲丙　　許多中國人爲聰明人。

I．故某丙爲乙　　故許多聰明人爲黃種人。

此式可改爲第一體格的第三式Barii 把小前題的主詞和賓詞互換，成爲

中國人都是黃種人，許多聰明人爲中國人，故許多聰明人爲黃種人。

13. 第三體格的OAO式 亦名Bocardo 式

大前題爲特稱否定句，小前題爲全稱肯定句，結論爲特稱否定句。

O．某甲非乙　有些中國人不是聰明人。

A．凡甲爲丙　中國人都是黃種人。

O．故某丙非乙　故有些聰明人不是黃種人。

此式和第二體格的第四式Baroco一樣，不能直接換爲第一體格的一方式。如要換，勉強可換爲Darii 式。把大小前題互換，再把原有大前題的主詞和賓詞互換。或者用大前題的矛盾句，改成Barbara 。

14. 第三體格的EIO式，亦名Ferison 式

大前題爲全稱否定句　小前題爲特稱肯定句，結論爲特稱否定句。

E．凡甲都非乙　中國人都不是白種人。

I．某甲是丙　　有些中國人是佛教徒。

O．故某丙非乙　　故有些佛教徒不是白種人。

此式可改爲第一體格的第四式Ferio 把小前題的主詞和賓詞對換，成爲

中國人都不是白種人，有些佛教徒是中國人，故有些佛教徒不是白種人。

15. 第一體格變格（第四體格）的AAI式

亦名Bramantip 式

大小前題都是全稱肯定句，結論爲特稱肯定句。

A．凡甲該爲乙　　中國人該爲亞洲人。

A．凡乙該爲丙　　亞洲人該爲黃種人。

I．故某丙爲甲　　故有些黃種人爲中國人。

此式可改爲第一體格的第一式Barbara ，把大小前題對換，又把結論的主詞賓詞對換，

成爲；

亞洲人該爲黃種人，　中國人該爲亞洲人，　故中國人該爲黃種人。

16. 第四體格的ＡＥＥ式　亦名Camenes 式

大前題爲全稱肯定句，小前題和結論爲全稱否定句。

Ａ．凡甲該爲乙　　中國人該爲亞洲人，

Ｅ．凡乙該非丙　　亞洲人該非白種人，

Ｅ．故凡丙該非甲　故白種人該非中國人。

此式可改爲第一體格的第二式Celarent，把大小前題對換，又把結論的主詞、賓詞對換，成爲亞洲人該非白種人，中國人該爲亞洲人，故中國人該非白種人。

17. 第四體格的ＩＡＩ式　亦名Dimaris 式

大前題爲特稱肯定句，小前題爲全稱肯定句，結論爲特稱肯定句。

I．某甲爲乙　　有些亞洲人爲中國人。
A．凡乙該爲丙　　中國人該爲黃種人。
I．故某丙爲甲　　故有些黃種人爲亞洲人。

此式可改爲第一體格的第三式Darii 換法如前，即

中國人該爲黃種人，有些亞洲人爲中國人，故有些亞洲人爲黃種人。

18. 第四體格的EAO式　亦名Fesapo式

大前題爲全稱否定句，小前題爲特稱肯定句，結論爲特稱否定句。

E．凡甲該非乙　　中國人該非歐洲人。
A．凡乙該爲丙　　歐洲人該爲白種人。
O．故某丙非甲　　故有些白種人非中國人。

此式可改爲第一體格的第四式Ferio 把大前題的主詞、賓詞對換，再把小前提的主詞、賓詞對換，成爲歐洲人該非中國人，有些白種人爲歐洲人，故有些白種人非中國人。

19. 第四體格的E－I－O式 亦名Fresision 式

大前題爲全稱否定句，小前題爲特稱肯定句，結論爲特稱否定句。

E．凡甲皆非乙　　中國人該非歐洲人。

I．某乙爲丙　　有些歐洲人爲白種人。

O．故某丙非甲　　故有些白種人非中國人。

此式可改爲第一體格的第四式Ferio 式，把大小前題的主詞、賓詞各自對換位置，成爲歐洲人該非中國人，有些白種人爲歐洲人，故有些白種人非中國人。

四、三段論式的錯誤

佛家因明學有所謂宗之過，因之過，和喻之過。宗因喻之過，即是宗因喻有違因明學的法則，使推論發生錯誤。宗之過有十四，因之過十四，喻之過有十。㈢

希臘古時的詭辯家和中國戰國時的名家，都是巧用理則學的規則，掩飾自己的錯誤，叫那些不明理則學的人，無法駁辯。亞里斯多德，指出十三項缺點，能使三段論式陷於錯誤。十三項缺點分成兩類：第一類爲要素上的錯誤共六項；第二類爲形式上的錯誤共七項。㈣

1. 要素上的錯誤

三段論式的要素爲大小前題和結論的詞句，所謂要素的錯誤，便是在詞句上有不合理則學原理的地方。這種錯誤可以有六項：「雙關詞」，「不定詞」，「統合詞」，「分析詞」，「聲調」，「假借詞」。

（a）「雙關詞」的錯誤　三段論式的名詞中，有一名詞前後的意義不同，因爲這個名詞是雙關詞或是有多種意義。詭辯家運用這種雙關的名詞，前後意義不同，推出歷奇的結論。例如：

「馬善走，　老馬是馬，　老馬因此善走」。

大前題的馬是馬，小前題的「老馬」是指一個姓馬的人，因此「馬」的名詞在這項論式內，爲雙關名詞，結論便是詭辯的錯誤。

名家公孫龍的「白馬非馬」，也即是這類的錯誤。

（b）「不定詞」的錯誤　有些名詞，意義不定，詭辯家利用這種名詞，欺騙旁人。例如：「卵有毛」爲莊子〈天下篇〉所述辯者的一怪論。

「雛生卵中，　雛有毛，　卵有毛」。

這種怪論是把「生」字的意義說得很含糊不定，驟然看來，似乎推論法很不錯，實際上則是一種蒙蔽。

（c）「統合詞」的錯誤　有些名詞表示一個整體，也表示整體的部份，但是兩者的範圍各自不同。統合詞的錯誤，即是以表示部份的名詞，代替整體，因此造成錯誤。例如：

「坐者不能行，　張三是坐者，　張三便不能行」。

這項推論的錯誤，是「坐者」的前後意義不完全相同。第一次「坐者」，在大前題裏是表示整體，凡是坐者都不能行。第二次「坐者」，在小前題裏是表示部份，即是說：張三在這一刻或那一刻是坐者；可是歸結時卻以張三常是坐者，所以不能行，這便錯了。只能說張三是坐者時（坐時）不能行，不可以說張三常是不能行。

又例如：

「張三習醫科，　習醫科是大學生，　所以大學生習醫科」。

這一例的錯誤，也是把習醫科的部份大學生，作爲整數大學生都習醫科。

（d）「分析詞」的錯誤　這項錯誤和前一項互相對稱。分析詞的錯誤，在於把表示全體的名詞，作爲部份名詞。例如：

「今天死去的人昨天尙活著；　　孔子今天已是死去了的人，　　那麼孔子昨天尙是活著」。

這項推論式的錯誤，是「今天」一個名詞所弄出來的。在大前題裏「今天」是指著「今天」一天，一個確定的日子，在小前題裏「今天」則是一個籠統的名詞，代表於今或現在。在歸納時，卻把小前題的「今天」，也作爲一個分析名詞，指著今天一天的日子，因此結論不能不錯。又例如：

「傳信大學學生是來自四十國的，　　張三是傳信大學學生，　　因此張三是來自四十國的」。

誰也知道上項結論不合理。它的錯誤，在於把「傳信大學學生」一個名詞弄錯了。

（e）「聲調的」錯誤　有些名詞，聲調似同，意義不同，詭辯的人拿一聲調代替另一聲調。例如：

「我喜歡好酒，　　他是好酒，　　我所以喜歡他。」

好字在上聲爲美爲善，在去聲爲愛爲嗜。上項推論便是把上聲好字和去聲好字，互相替代，因而推出牛頭不對馬嘴的結論。

（f）「假借詞」的錯誤　這種錯誤，另外在中國話裏，容易編造出來爲欺人，因爲中國字有許多假借字。例如：

「型爲法律，　木匠造型，　木匠便造法律。」

型字爲模型，假借以表示法律。上項論式，把兩種意義相混。因此錯得很不近人情。

2. 形式上的錯誤

形式上的錯誤，不是三段論式的形式有所錯誤，乃是三段論式的內容有所錯誤。但是這種錯誤，不在於內容的本身，而在於推理時運用不得其法，所以稱爲形式上的錯誤，然而也可稱爲內容的錯誤。亞里斯多德指出七項。

（a）「以偶然爲必然」　這項錯誤，在於把物體的某種偶然特性，作爲物體的必然性，於是把物體和偶然特性互相替代，致弄出錯誤。例如：

「張三是畫家，　張三是人，　故人是畫家」。

又例如：

「馬者，所以命形也，白者所以命色也；命色者，非命形也；故曰白馬非馬」。（公孫

龍子 白馬論）。

（b）「以在相當條件的事爲普通的事」　有些特性或一些事件，對於一個主體，只是在相當條件時，彼此相合。若把它們作爲普通常常相合的事，當然就錯了。例如：「男女結合，人之大倫也。　張三與李妹結合（苟合），　其結合乃人之大倫也。」這提把男女在婚姻關係的正當結合，和普通一切的男女結合，混爲一事。結論便是不倫不類。

（c）「不習辯論」　有些人自以爲駁倒了對方，實際則不知道運用矛盾律。這種錯誤，多因爲沒有認清對方的問題。例如：「一國的國民不能屬於兩個最高的主權；然而羅瑪教廷是國家政府以外的另一最高主權；因此一國的國民不能屬於國家政府又屬於教廷。」這種錯誤的結論，是因爲不懂兩個最高主權相衝突，相矛盾，應該是在同一的平線上，若不同在一平線上，很可以並行不相衝突。

（d）「缺少原理」：一項推論式的大小前題，完全依靠一項的原理，若是這項原理卻就是該證明的命題。這樣便自成串套，互相依傍，不能有出路，而成爲狼狽爲奸。例如：「天主不是真的，因爲科學不能證明。　科學不能證明天主，因爲天主不是真的。」

（e）「結論和前題互推」：在三段推論式裏，前題和結論不能互爲因果；因此從前題裏推出結論，不一定就可以把結論倒爲前題，推出原先的前題，以作結論。例如：

「若是人，當然是動物；因此若是動物，當然是人。」

（f）「誤以非因爲因」　在普通的談話裏，有時把一種事體作爲另一事體的原因，實際上彼此間並沒有因果的關係，於是便弄成錯誤。在推論上，有時也能犯這種錯誤；因爲不明瞭前題所講的事和結論所講的事，彼此間的關係。有時能誤以時間的先後，作爲因果的關係。有時能誤以環境爲原因，又能誤以條件爲原因。

（g）「以一答三」：幾時遇著許多不同的問題，同時發生；答覆的人只用一種答覆，答覆所有的許多問題，在這種光景內常能發出錯誤，因爲若是所有的問題性質不同，便不能用同一的答案。例如：

「柏拉圖，但丁，歌德是希臘人呢或是義大利人呢？」答：「不都是希臘人，」或「有的是義大利人，」或「是希臘人又是義大利人又是德國人。」答案都不正確。若答「都是希臘人」就大錯了。

3. 歸納式的錯誤

這一章所講的只是演繹法的三段推論式，但是在講推論式的錯誤時，我們也要說一說歸納推論式可能有的錯誤。上面我們曾經舉出歸納法該守的兩項原則，假使推論式而不遵守原則，當然要弄出錯誤。

（a）「事例不足」　歸納推論式是集合多種的實例，以推出一項共通的原則。所舉的實例，應該足夠證明這項原則，可以成立。

事例的數目，究竟應該是多少，不能有一定的規律，要看所舉的事例的性質如何，所舉的事例，若是直接的證明，數目可以少，若是間接的旁證，數目應該多，普通若只舉一兩項事例，結論必不能夠成立。

（b）「輕重倒置」　在歸納推論式裏，前題是許多事例。這些事例和所願意推出的結論，彼此間的關係不相同；有的關係很密切，有的關係稍爲疏遠。假使在推論時，把關係疏遠的事例，作爲關係密切的事例，看爲很有價值的證據，或是把沒有關係的事例，作爲有關係，拿來作證據，當然便也弄出錯誤。

（c）「以假爲真」　在歷史考據和考古學方面，有些古書和古物，本來是假的；若拿來作爲證據的事例，結論必定是錯的。

（d）「方法不對」 演繹的推論式，在方法上較比歸納推式要簡單得多。歸納法在收集證據的事例，每種學術有各自的方法。若是方法使用不得其當，或是不知道方法而亂收證據，結果必定是錯。

註：

㈠ Aristoteles., I Prior., c.I.

㈡ 歐洲理則學，常用拉丁詩代表十九方式：Barbara, Celarent, Darii, Ferio, Prioris, Cesare, Camestres, Festino, Baraco, Secundae, Tertia, Darapti, Disames, Datisi, Felapton, Bocardo, Ferisonnabet, Quarta, Insupex addit, Bramantip, Camenes, Dionaris, Fesapo, Fresison.

㈢ 羅光 中國哲學大綱下冊 十三頁。

㈣ Aristoteles, I. Desoph. clench., C.3.

第五章　新方式理則學

「方式理則學」，也稱爲「算數理則學」或「符號理則學」指的是現代的新理則學。這種理則學，不沿用亞里斯多德的三段推論式，而用符號代表主詞、賓詞以及兩者的關係，然後借用數學（幾何，代數）的證明法，以引伸結論。

數學上的證明，無論怎樣的煩雜，都可以一步一步的加以檢討，若有錯誤，立刻可以發覺。數學所討論的，爲數爲量，數量是用經驗可以統制的，反之，哲學的理則學推論式，原則雖然很明顯，但是在實際又很難檢討出來推論式是否有錯誤；因爲主詞和賓詞以及媒介詞等等觀念，不容易看出含義的範圍，而且又不能用經驗去檢討。因此現代的理則家，乃想把理則學與數學的方式，合而爲一，使理則學的推論能夠像數學方式那樣準確。以往的理則學，是用詞去推論，即是用主詞、賓詞和媒介詞。方式理則學改用句（辭）去推論即後一句由前句推論而出，故方式理則學可以稱爲句的理則學。

第一個試採算數學理則學的哲學家，爲萊布尼茲。萊氏曾假想爲理則上的推論，可以借用一普通的符號，按著符號排列的方式，推論各種的結論。

但是「方式理則學」的形成，則要等到第十九世紀末葉和第二十世紀初期。在這一時期裏，致力研究「方式理則學」的學者：義大利有白亞諾（ G. Peano ）(一)，德國有基爾白（D. Hilbert）(二)，波蘭有盧加西委茲（Lukasiewicz ）(三)，美國有邱爾吉（A. Church）(四)，奧國有卡納普（ R. Carnap ）(五)；但是最重要的學者，當然要算羅素(六)和懷德海（Whitehead）(七)。

然而若稍爲勉強一點來說，我們可以說《易經》就是「方式理則學」的前驅。

《易經》一書的基本在於象數，《易經》的卦象變化，完全在於爻的變化，因著爻的變化，決定吉凶，絲毫不亂。八卦的爻，有陽爻有陰爻，陽爲剛，陰爲柔。陽爻陰爻又有上中下的位置：陽爻的位置分爲初九，九二，九三，九四，九五，上九；陰爻的位置，分爲初六，六二，六三，六四，六五，上六。每一位置，各有各的意義，按著陰陽各爻的位置和變化，遵照剛柔進退之道去解釋，人事的吉凶可以決定，人事的倫理善惡也可以指明；這不是像似「方式理則學」嗎？

可是我們並不因此便主張「方式理則學」發明在中國，由《易經》爲始祖，我們只是說這種新理則學的理論，《易經》已開其端，藉著《易經》的卦象，我們也稍爲容易懂得方式理則學的原理。

一、新「方式理則學」的公式

1. 符號

「新方式理則學」，不沿用以往理則學的主詞，賓詞，媒介詞，也不遵守大小前題的三段推論式。「方式理則學」所用的是符號。符號或者是西洋的字母，或者是數學記號等。所可惜的，是至今「新方式理則學」的學者，大家所用的符號不完全相同，給初學的人增加許多困難。

普通所用的符號，可以有下列幾種：

A、B、各代表任何事物的種類。（或者用XY）

p、q、m、n、各代表一項評判，或一文句。

N、或，代表否定詞　Np，或（-P）P，代表否認P或P的反面。（或用S）

↓、代表內涵。

&、代表結合。

v、代表或者。

↔、代表相等。

I、代表真。

O、代表假。

2. 定律

在理則學上，普通有三項定律：

（a）凡是評判，至少有真理的一項價值。

（b）沒有一種評判，有一項以上的真理價值。

（c）真理只有兩面：或真或假。

上面的定律，可以引伸出來「新方式理則學」的公式定律，這項定律以符號作代表。

（a）凡是a類的事物，至少和b類的一種事物相連。

（b）沒有一種a類的事物，可以和兩種b類以上的事物相連。

（c）b類的事物，只有兩種。

3. 簡單公式

簡單公式，列表如下：

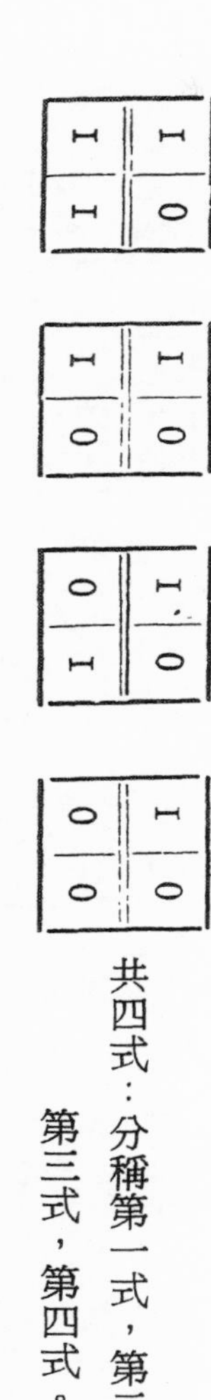

共四式：分稱第一式，第二式，第三式，第四式。

I代表真，O代表假。上面四表，應橫看。橫看的上行，代表推論時證據的價值，或真（I）或假（O）。橫看的下行，代表由推論證據的價值，所有相等的價值。橫看下行的相等價值，是可變動的價值。變動的方法只能有四式，猶如易經裏的四象，只能有四種變化。⚌ ⚍ ⚎ ⚏

在這四式裏，只有第二式和第三式可以合於實用，第一式和第四式則不合於用。

第二式代表，若是證據是真，則事情是真；若是證據是假，則事情是假。這是肯定式。

第三式代表，若是證據是真，則事情是假；若是證據是假，則事情是真。這是否定句。第一式則代表證據是真時，事情是真；證據是假時，事情也是真。第四式代表，證據是假時，事情是假，證據是假時，事情也是假。這兩種方式，不能存在。

4. 雙重證據的公式

P代表一項證據，Q代表一項證據，求兩證據的相等價值，列表則用三行。

	一式	二式	三式	四式
	I	I	c	0
	I	0	1	0
	—	—	—	—

上表所代表的：第一式代表兩項證據都是真；第二式代表第一證據爲真，第二證據爲假；第三式代表第一證據爲假，第二證據爲真；第四式代表兩項證據都是假。於今求各式的相等價值。

爲列雙重證據的公式，即是拿一項證據的四式重複起來，一項證據的公式表使用兩個IO，雙重證據的公式便用四個IO，四個IO，則爲十六式。

例如：IIII，IIIO，IIOI，IIOO，IOII，IOIO，IOOI，IOOO，OIII，OIIO，OIOI，OIOO，OOII，OOIO，OOOI，OOOO。

這種變化式又絕像《易經》卦象的變化，我們若以I爲陽爻，以O爲陰爻，以每一卦爲四爻，則由四象變化十六卦；即是。

⚊⚊⚊⚊，⚊⚊⚊⚋，⚊⚊⚋⚊，⚊⚊⚋⚋，⚊⚋⚊⚊，⚊⚋⚊⚋，⚊⚋⚋⚊，⚊⚋⚋⚋，⚋⚊⚊⚊，⚋⚊⚊⚋，⚋⚊⚋⚊，⚋⚊⚋⚋，⚋⚋⚊⚊，⚋⚋⚊⚋，⚋⚋⚋⚊，⚋⚋⚋⚋。

並不是上面的十六式，都有相等的效用，我們在下面研究這十六式中幾種最有用的公式。

（a）連接公式

P	I	I	0	0
Q	I	0	I	0
P&Q	I	0	0	0
	眞。有。	假。不有。	假。不有。	假。不有。

有P有Q，事情纔成。
Q類必定和P類相連。
因此P和Q常相連接。而且包括結論的全部含義。
例如：你和我都來，事情纔成缺一不可。

連接公式（Conjunction）代表兩項證據同是眞時，這項判斷纔是眞，即P&Q=I，或I+I=I。其餘各式都是假的。

連接公式的符號，爲&。

（b）分離公式

P	I	I	0	0
Q	I	0	I	0
PvQ	I	I	I	

假。不有。

眞。有。

眞。有。

眞。有。

或者有P，或者有Q，事情都可以成功。

P類和Q類不互相包含，但彼此相等。

因此，或有P或有Q，結論相同。

例如：我說：「今天落雨或明天落雨」（1）今天和明天都落雨，我說的對。（2）今天落雨，明天不落雨。（3）今天不落雨，明天落雨，我所說的也對。（4）今天明天都不落雨，我就錯了。

分離公式（Disjunction）代表兩項證據：或者第一證據是真，第二也是真，這種判斷是真。或者第一證據是真，第二證據是假，這種判斷也是真。或者第一證據是假，第二證據是真，這種判斷仍舊是真。但是若第一第二兩證據都是假的，這種判斷都是假了。

分離公式的符號爲V。

（c）包涵公式

P	I	I	0	0
Q	I	0	I	0
P→Q	I	0	I	I
	眞。有。	假。不有。	眞。有。	眞。有。

有P所以有Q。

P類是Q類的效果。但是可以有因，而沒有果。

例如：有煙（P），所以有火（Q），因此有煙不能沒有火。沒有煙，則可以有火。沒有火，沒有煙，當然對。

包涵公式（Implication）代表一前題一結論。只有在前題爲真，結論爲假時，這種判斷爲假，其餘各式則都是真。

包涵公式的符號爲→。

(d)相等公式

P	Q	P←→Q	
I	I	I	眞。有。
I	0	0	假。不有。
0	I	0	假。不有。
0	0	I	眞。有。

P和Q相等。

P類和Q類相等也相連，但不包括結論的全部含義。因此兩類同有時，是真；兩類都沒有時，也是真。

例如：若是你來，我就來。兩者缺一，都不成。但若你不來，我就不來，當然是真。

相等公式（Equivalent）表示兩項證據都是真時或都假時，這種判斷便是真，其他各式都是假。

相等公式的符號爲←→。

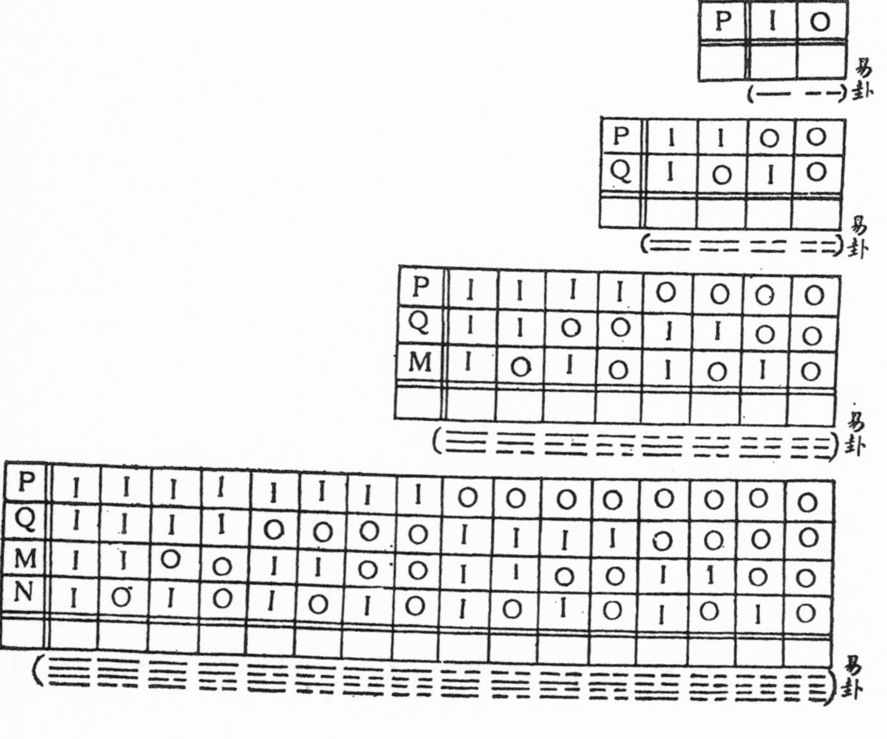

P	I	O

易卦

P	I	I	O	O
Q	I	O	I	O

易卦

P	I	I	I	I	O	O	O	O
Q	I	I	O	O	I	I	O	O
M	I	O	I	O	I	O	I	O

易卦

P	I	I	I	I	I	I	I	I	O	O	O	O	O	O	O	O
Q	I	I	I	I	O	O	O	O	I	I	I	I	O	O	O	O
M	I	I	O	O	I	I	O	O	I	I	O	O	I	I	O	O
N	I	O	I	O	I	O	I	O	I	O	I	O	I	O	I	O

易卦

5. 複雜公式

PQMN都代表證據，每項證據都有真假兩面。每逢多一證據，每項證據或真或假的機會就多一倍，例如第一證據P，在只有一項證據時，爲IO，在有兩項證據時，爲 II00，在有三項證據時，爲 IIII0000 ，在有第四項證據時，爲IIIIIIII00000000 。其餘可以類推。

怎樣應用這些公式呢?

要緊記住這些公式和上面各公式的代表號碼：即是PQMN在上面公式內的號碼，以及P&Q ，PVQ ，P→Q ，P↔Q 等式的號碼。

先把所列的兩證據的號碼寫成兩行，然後按照兩者的關係按表去求結果。

例如：求Q→P的結果，這是Q包含P的關係。

Q. IOIO
P. II00

按照包涵公式，結果爲

Q. IOIO
P. II00
———
II0I

例如：求MVP的結果。這是分離的關係。

M. IOIOIOIO
P. IIIIOOOO

按照分離公式結果

M. IOIOIOIO
P. IIIIOOOO
IIIIOIOI

例如：求N←→Q的結果，這是相等的關係。

N. IOIOIOIOIOIOIOIO
Q. IIIIOOOOIIIIOOOO

按照相等公式，結果爲

N. IOIOIOIOIOIOIOIO
Q. IIIIOOOOIIIIOOOO
IOIOOIOIIOIOOIOI

二、定律

在數學上，定律的效力很大，一切數學的演算式，都按照定律去進行；因此在「方式理則學」上，定律的效力也很大。「方式理則學」上的定律頗多，於今我們只提舉幾種最普遍的定律。

（1）同一律　P←→P. 每一命題都相等於自己。

（2）矛盾律　S·P&.SP〔Non（P et non P）〕　每一命題和否認自己的命題，不能同時存在。

（3）拒中律　PVSP（H vel non P）　在一命題和否認自己的命題間，不能有第三者。即或者命題是真，或者否認爲真。

（4）雙重否認律　S S P←→P.〔non（non P）=P〕　否認一命題的否認，等於承認這個命題。

（5）相等律

a=b　凡a都等於b，於是a=ab。（人等於有靈動物，那麼人=人是有靈動物）。

a+b=b+d　可以寫爲ab=ba。（人加黑色，等於黑色加人，因此人黑色=黑色人）。

a=c，b=c於是a=b。這是三段推論式的定律。

（6）分配律

（a+b）（c+d）=ac+ad+bc+bd〔（男+女）（老+少）=老男+少男+老女+少女〕

ab+ac=a（b+c）〔老男+少男=男（老+少）〕

ab+cd=（a+c）（a+d）（b+c）（b+d），〔男女+老少=（老男）+（少男）+（老女）+（少女）〕

（a+b）（a+c）=a+ab〔（a等b）（a等c）=a+ab〕

（a+b）（a+c）（a+d）=a+bcd〔（a有時和b相連）（a有時和c相連）（a有時和d相連）=a+bcd〕

或如下「命題演算」

p〔qvr〕≡〔pqvpr〕

〔pvqr〕≡〔pvq〕〔pvr〕

p〔q+r〕≡〔pq+pr〕

〔pv〔q≡v〕〕≡〔〔qvq〕≡〔pvr〕〕

（7）同義重複律

a+a=a 〔人，或是人=人〕

a·a=a 〔有靈性動物，可以語言的動物=人〕

a+a'=I 〔凡是實體或是人或不是人，=兩者中必有一爲真。〕

a·a'=0 〔一物不能是人又不是人。〕

（8）否認律

（a'）'=a. 〔Non（non a）=a〕（否認所否認的，成爲肯定）。

I'=0（不是真，便是假。兩項全稱互相矛盾的事，否認其一，便是其二）。

（a+e）'=a'·e'（否認a和e之合，等於否認a又否認e）。

（9）吸收定律

a+ab=a

a（a+b）=a

或如下「命題演算」

〔pvpq〕≡p

p〔pvq〕≡p

（10）對等律

x=a' x對等於ax=0 因爲ax=a'ax=0

x=x+a對等於ax'=0 因爲ax'=ax'a'=0

a+x'=I 對等於x=ax

a+x=I　對等於x=x+a'

三、方式的解釋

上面所列的定律，都是符號列成的方式，爲知道怎樣應用這些方式，當然應該知道方式的意義。在上面所列的方式下面，我已經加有簡單的解釋，於今我再補充幾句。

1. 方式變成評判的文句

a=b　凡是a都是b

a>b　有些a是b

a'>b　有些a不是b

a=b　凡是a都不是b

s=sp.　若是s，便有時是p

a=a+b　a或者是a，或者是b，或者兼是ab

a=bc　凡是a，都是b和c。因此a是b，a是c

a=b+c　a的種類包括b種和c種，因此b種也是a種

a=a+ab+c.　a的種類，包括c種，和b種的幾種，以及其他的幾種。

abc>0　有些a和b和c。

2. 評判文句列成方式

例如：a的觀念，按著e去分。

a=a（e+e'）（i+i'）　aei+ae' i+ae' i+ae' i'

例如：凡是s，都不是p，或者凡是p，不是s

sp=0

例如：凡是s，都是「不是p」或沒有一個「不是p」是s

sp' =0

3. 三段推論式演成方式

例如：Barbara 三段全稱肯定句。一切主詞（S）等於媒介詞（M），一切媒介詞等於賓詞（P），因此主詞等於賓詞。

$p'm=0$　$p'm+sm'+op'=0$

$m=mp.$　$s=sm.$

例如假設句　如a有b特質，c有d特質。

前題稱爲p，結論稱爲q。

$p=pq$　假如前題可以存在$p=1$，假設也就可以存在，$pq=1$，因此結論也存在$q=1$，假如$q=0$，結論不存在，則$p=0$，前題也不存在。

四、結論

上面所舉的例都是很簡單的方式：新方式理則學上的方式，則極大多數都是很複雜的，看起來很難懂，而且也引不起人的興趣。只有專門研究這門學術的人纔能夠深入堂奧。例如：命題演算（Propositional calculus），涵量演算（The functional calculus），類似演算（The calculus of classes），關係演算（Relation），沒有數學修養的人，都要成門外漢。

「新方式理則學」所有的一種最明顯優點，在於能夠避免詞句所引起的混亂。傳統的理則學，用詞句去組成大小前題。詞句的涵義不能常是界劃清明，因此常可以引起混亂。「新方式理則學」用符號，符號則很清楚，不致於含糊了。

「新方式理則學」的基礎，第一是類的關係，第二是命題間的關係。在簡單的命題中，關係的要素是「類」，不是主詞和賓詞，在複雜的命題中，關係的要素，是命題的句子。「古典邏輯在推論上，只注意到一個主詞和一個謂詞（賓詞）底對稱形式，而忽視了類與類的關係（類即字，個體），所以不知一個包含單稱斷定命題的推論，是由類的排斥，與類的包含，與配著直接推論和三段推論。同樣混合論式之施行是以複合命題之間的關係爲依據。

因此，命題推論是否有效，是以命題之間的關係所決定。」(八)

但是因爲這門學術，是種新的學術，於今還是在建造的時期，各種的要素還沒有確定，各種的規律也不完全被大家所接受；而且因爲成了一門專門的學術，爲初步研究哲學的人，不能有所助益。因此多爲哲學家所冷視。(九)

註：

(一) Peano. Calcolo geometrico secondo l'Ausdehnungslehre di H. Grassmann, preceduto dalle operazioni della logica deductiva, Torino 1888. Formulario matematico-, Torino 1905

(二) D. Hilbert-W. Ackermann:Grundzüge der theoretischen logik. Berlin. 1928. 1937. 1949.

(三) J. Lukasiewicz. Elementy logiki. matematycinei Varsavia 1929.

(四) Church. 主編The Journal of symbolic logic. Fine Hall. Princeton.

(五) Carnap. Logical syntax of language.（Der logische Aufbau der Welt. Berlin. 1928.）

(六) Russel-Principia Mathematica. Camberidge 1910.

(七) Whitehead和羅素合作。

(八) 沈國鈞　邏輯研究　中央日報　民四七年七月一日副刊。

(九) 本文參考書：Joseph. Lecons de logique formelle. Deuxienepartie. Louvain 1950 A. N. Prior Formal logic. Oxford. 1955. J. Frobes. S. J. Tractatus logicae formalis. Romae 1940. Enciclopedia filosofica-Logica matematica.

第六章　研究學術的方法

理則學爲一種學術，按照人的理智的本性，講論使用理智的原則，從名到辭，由辭到推論，系統地講明名、辭，以及推論的性質和作用。

但是理則學同時也是一種方法論，因爲理則學的目的，在於好好地使用理智。人的理智是一種能力，能力有自己的動作。理智的動作，並不是天性使然的呆板動作，自然而然地拘守既成的規律。理智動作，可以由人自己，按照一定的原則，加以指導。指導理智動作的理則學，所以也是一種方法論。

理智的動作，第一是觀念，第二是評判，第三是推論。由推論而上，則是說理，辯論，研究學術等等工作。說理辯論和研究學術，當然都是推論；然而在這三方面的推論，不是簡單的三段論式，乃是複雜的推論法，所謂複雜，不單是推論的方式複雜，乃是在推論以前，先要有多方面的預備，使推論式可以成立。即是先要去找論證，先要使前題能夠站得住，然後纔可以進行推論。爲這一切的預備工作，也應該有好的方法。在這一章裏，我們就要談一談這些方法。

說理和辯論，性質相同，中國古來的文章分類法，以說理文和辯論文列爲一類，稱爲論說文。說理和辯論，本來同是在於說明一樁事理；辯論不過加上一層反駁工作。在實際上，普通的說明文，也常夾著反駁對方的成份，因此我們把說理和辯論並而爲一題的辯論。

學術的研究工作，按照各種學術的性質，所有的研究方法，不能完全相同。我們在理則學不能詳細講述各種學術的研究法。在理則學所講的學術研究法，只是各種學術的研究工作，所有的共同點，因爲學術的研究工作，是理智的活動，無論各科學術的性質怎樣不相同，理智的研究工作，必有一些共同的原則，即是有研究工作的大綱，在理則學所講的，便是這種學術研究工作的大綱。同時我們也指出學術的最大的幾種，在研究上所有的途徑。

一、辯論

理則學上所講的推論式，在實際上似乎很少有應用的機會，學者寫書，或是彼此對辯時，決不會死守三段論文的形式。但是在辯論著書或研究學術，三段論式的原則，一定應該是說理時的指南。

我們中國古代的作家，在著書立說時，多注重文章的文筆，很少有人用系統方法，去發揮自己的思想。而且一篇文章或一冊書裏，一些學術性的名詞，意義不定，籠統迷離。因此我們新起的學者，對於理則學要下一番苦心，培養自己有嚴密的推論方法，以改正古代的習慣。

中國古代荀子和墨子講名學時，都分名學爲三個階段「名、辭、辯」。荀墨的「辯」便相當於歐洲名學的「推論」。按照理智的動作說，「推論」，是理智的第三層動作，「辯」則是「推論」的一種應用。

我們日常推論時，雖是爲求新的知識；然而實際應用推論的時候，則常是在辯論。況且在辯論時，最能表現「推論」的效用。因此我們在講完推論方式以後，於今便講一講「辯論」，然後再講研究學術的方法。

1. 辯論的意義

墨子說：「辯，爭彼也。辯勝，當也」。（經上）

> 「辯，或謂之牛，或謂之非牛，是爭彼也。是不俱當，不俱當，必或不當。不當若尤。」（經說上）

「辯也者，或謂之是，或謂之非。當者，勝也。」（經說下）

「夫辯者，以明是非之分，審治亂之紀，明同異之處，察名實之理，處利害，決嫌疑焉。摹略萬物之然，論求群言之比，以名舉實，以辭抒意，以說出故，以類取，以類予，有諸己，不非諸人；無諸己，不求諸人。」（小取）

墨子對於辯論的意義，說得很清楚。辯論即是「是非之事」。辯論的方法，則是「以說出故」，即是用說明去說出道理論證。

荀子說：「辯說也者，不異實名，以喻動靜之道也。」（正名篇）楊諒註說：「動靜，是非也。言辯說者，不唯兼異常實之名，所以喻是非之理。辭者論一意；說者，明兩端也。」荀子又說：「說不喻然後辯，」（正名篇），荀子也是以辯爲「明是非」。當說理不能曉喻於人時，則起辯論。

辯論所以是對於一事，有是非兩方，互相爭論。爭論時，常以自己所說者爲是，別人所說者爲非。「有諸己，不非諸人；無諸己，不求諸人。」自己所有的理，希望別人也有；自己所沒有的論證，希望別人也沒有。

爲什麼要辯論呢？是在使是非能夠明白：「明是非之分，明同異之處」。中國道家莊子卻很輕看辯論，他認爲辯論，只是每人爭勝，以自己的主張，壓倒他人的主張，可是在實際上每個人的主張都不會是真的，因爲人的知識有限，不能了解事物的真相。無論大家怎樣辯論，也辯不出真相來，每個人的主張，價值都差不多。

「既使我與若辯矣，若勝我，我不勝若；若果是耶？我果非耶？我勝若，若不勝我；我果是耶？若果非也耶？其或是耶？或非也耶？其俱是也，其俱非也耶？我與若不能相知也，則人固受其黮闇，吾使誰正之？」（齊物論）

莊子的〈齊物論〉，只在哲學史上備一格罷了，不是真正的知識論。假使世上真的沒有是非，人生也就完了。

然而辯論雖是爲明是非，若是過於爭辯或甚至於強辯，結果則會是非不明。辯論之道，要是合理而又適得其當。

2. 論證

論證是證明一種主張（命題）的理由，墨子稱之爲「故」。在推論時，主張（命題）爲結論，論證爲前題，結論由前題推論而出，主張便有合理的證明。

爲證明一樁主張，我們可以從兩方面去證明：第一、從正面去證明。直接說出主張的所以然的理由。這種證明是「直接的論證」。第二、從旁面去證明。旁面去證明，又可以由反面，由側面去證明。這種證明稱「間接的論證」。間接論證，只能說出事件當然是這樣，但不能說明事件所以然的理由。

除直接的論證和間接的論證外，還有「假設論證」。假設論證所說的理由，不是完全確定的，但是很能夠是真的。

爲明瞭論證的性質，我們舉出幾種較複雜的論證加以說明。

甲、反面的論證（Ex absurdo）

反面的論證，是從主張的反面去證明非有這種主張不可，即是證明主張的反面是假的。一種主張的反面，乃是這種主張的矛盾句。在上面講辭句時，我們曾談過，一句話能有四種的對立句；或有反對句，或有矛盾句，或有差等句，或有小反對句，我們又談過這四種對立句在理則學上的關係。矛盾句不能兩句同時是真或同時是假。反對句不能都是真的，但能都是假的。小反對句不能都是假的，但能都是真的。差等句論必然的事時，或者都是真的，或者都是假的；論偶然的事時，一句能是真，另一句能是假。

因此，爲證明主張的反面是假的，應採用主張的矛盾句。矛盾句的對立，是全稱和特稱的對立。全稱的肯定句，和特稱的否定句爲矛盾句。全稱的否定句，和特稱的肯定句爲矛盾句。

反面的論證，有時能夠不是單純的推論，而是複雜的推論，例如或是假設推論，或是排除推論，或是兩難推論。在這種機會上，務必要使這種複雜推論式，確實合於理則。對於假設推論，務必要假設和結論，有因果的必然關係。對於排除推論，務必要把一切可能的機會，都排除了，剩下一個也不成。對於兩難的推論，則務必要兩難包括一切的可能機會。

乙、對人的論證（Ad hominem）

「對人的論證」爲反面論證的一種，但是所謂反面，不是對於事理的反面，是對於辯論的人，證明他的主張不可能。

對人的論證，第一可以是把他所設的難，反轉來說給他自己（Per retorsionem），使他自己也不能答覆；若是答覆，必定要自相矛盾。第二是證明對辯的人所說的理由，和他自己的主張，自相衝突，因此他的主張不能成立。第三則直接以對辯人的身份境遇爲理由，證明他不能有自己的主張。

對人的主張，在理論上因爲不就理論本身立論，價值很輕，但是在對辯上，動人的力量很強。

丙、消極的論證（Ex silentio）

從對方或是他方面消極不言，證明我的主張可以成立。雙方對辯時，一方不言了，這一點並不能馬上證明對方輸了，我的主張得勝。因爲對方不再發言，能夠因著許多別種理由，並不一定是理屈詞窮。除非從旁能夠證明對方真是沒有別種理由使他不說話，那時纔可以結論他是沒有理由可說了。

消極不言的論證，在研究歷史上用得很多。一樁事件，在當時的史書中，沒有提起。提起這事的文據，都是後代的記述；於是對於這樁史事，便可以懷疑。或是在當時或後代的史書中，只有一兩種提到這事，其餘的史書都不提這事，於是對於這件史事，也可以懷疑。但是爲應用這種消極不言的論證，先當證明消極不言者，應當言而不言，或至少是可以言而不言。不然這種論證便不能適用。

丁、旁　證

旁證是側面的間接論證，這種論證和所願意證明的事，不直接發生關係；但是在旁的方面，彼此有牽連，在歷史學和考據學上，這種論證用得很多。例如爲考訂某書寫定或出版的年代，如果某人曾經引用了這冊書上的話，或是提到了這冊書的書名，則這冊書最晚不能在引用這書的人以後，這即是一種旁證。

戊、類似的論證（Ex analogia）《墨子》七故中的辟、侔、援。

類似的物體，不是同性的物體，乃是相似的物體，即是兩者有些特性相同，有些特性相異。因著相同特性，兩個物體，很能生些相同的效果。根據這一點，我們便可以用類似的論證。

例如中國人的特性是講禮貌，甲某是中國人，所以他是講禮貌的人。又如德國人最有耐心，甲是德國人，所以他是有耐心的人。

這種證據，不能完全可靠，只有幾分可能性，因爲不是一切的中國人都一定講禮貌，也不是一切的德國人必定有耐心。因此甲某這個中國人可以是不講禮貌的人，甲這個德國人也可以沒有耐心。

類似的論證，所以不是確定的證據，乃是可能的證據。例如：某某曾經犯了這罪，所以這次他又犯了這罪。這種證據，不能是確定的證據，只能是可能的證據；因是從某某曾經犯了這罪的證據裏，只能證明他可能又犯了這罪，不能證明他決定又犯了這罪。

己、假設（hypothesis）論證，《墨子》七故中的或、假。

假設，是一項沒有完全證明的判斷，姑且假定他是真的。若是我們拿這些假設去作論證，這種論證，稱爲假設論證。

假設論證在科學上應用得很廣。因爲在科學上，許多原則或定律，一時很難完全證明；但在許多的現象裏，這種原則或定律很能應用，因此便假定爲一通用的原則或定律。

假設的價值不能因爲許多次應用適當，便可進爲已定的真理。但若一次的應用，顯然不適當時，假設並不因此便完全失去價值，但是在不適用的一方面，假設失去價值，不能適用。

3. 論證的選擇

論證的選擇，在各門學術上，有各門的選擇法。然而這些選擇法，也不過是初學的門徑，實際上，論證的選擇，要看每人的學識和才能如何。

初學哲學的人，也應該知道一些選擇論證的方法。理則學便講三段論式媒介詞的選譯法。三段論式的推論，完全在於媒介詞，因此該當選擇適當的媒介詞。媒介詞是屬於大小前提的，因此它是論證的重要部份。

爲選擇媒介詞，有下列的規則。

a、第一規則：爲求一全稱肯定的結論，媒介詞應當和結論的主詞直接相關連，而又包括在結論的賓詞的外延以內。媒介詞和結論的主詞相關連，它或者是主詞的類名，或者是主詞的類別特性。

例如：「凡動物都是生物，凡人都是動物，因此凡人都是生物」。

媒介詞「動物」是結論的主詞「人」的類名，又是包括在賓詞「生物」以內。

b、第二規則：爲求一全稱否定的結論，媒介詞應當和結論的主詞直接相連，但是和結論的賓詞相反。

例如：「凡是有知覺的物體不是植物，凡動物都是有知覺的，因此凡動物都不是植物」。

媒介詞「有知覺的」爲「動物的」特性，和「植物」則不相合。

c、第三規則：爲求第一體格的特稱肯定的結論，媒介詞應當和結論的主詞相關連，同時又包括結論的賓詞在自己的外延以內。

d、第四規則：爲求第三體格的特稱肯定的結論，媒介詞應當包括在結論的主詞和賓詞的外延以內。

e、第五規則：爲求第一體格的特稱否定的結論，媒介詞應當和結論的主詞相關連，但是和結論的賓詞不合。

f、第六規則：在Baroco一式中，媒介詞和結論的主詞不相合，但是和結論的賓詞相關連。

g、第七規則：在第三體格特稱否定式中，媒介詞常是包含在結論的主詞的外延以內，但是和結論的賓詞相反。

4. 辯論法

一個人能夠是對人自己的主張，具有十足的理由，論證收集得很多，但是卻被對方辯輸了，或是說出理由來，竟不能令人相信，其中的原因，是不知道辯論法，說理說得不得其道。

歐洲士林哲學的學院裏，爲訓練學生說理和對辯的能力，常舉行辯論會。士林哲學院的辯論會，常按照一定的規程而行，一方面爲避免雜亂喧鬧，一方面爲訓練對辯技術。

甲、士林哲學辯論方式，有以下幾點：

預先選定辯論題，並選定辯護論題的人。辯護的人可以稱爲主辯人。主辯人選定後，再選定二三對辯的人。

辯論會由教授或有名學者主持，在全院學生或來賓前公開舉行，舉行時，先由主辯人講明辯論題的意義，說明自己的主張，然後用各種論證證明自己的主張。所用的每項論證，均該作成一個三段論式。

主辯人講完了，第一反辯人起立發言，對主辯人的主張或是論證，全部的或部份予以反駁，反駁詞稱爲「設難」。每項設難又都是三段論式的推論。

第一反辯人說完了設難，主辯人起立作答。作答時，先重覆述說一遍反駁者的「設難」，然後就「設難」加以分析，有和自己主張，不衝突者，則予以承認；有與自己主張相衝突者，則加以否認；有與自己的主張無大關係者，則置之不論；有意義含混者，則予以分析。在否認和分析「設難」時，主辯者都應說出理由，說理的方式，也必定是三段論式。反辯者若以爲主辯者的答覆，不能滿意，於是就不滿意點，又加以設難。主辯者又起立作答，以及到反辯者不再有設難而止。

第一反辯人設難完畢了以後，第二反辯人起立設難。主辯者照樣答覆，如有第三設難者，再繼第二反辯人設難，第三反辯人設難完結以後，如旁人有願設難者，也可起立設難。最後，辯論會主席作結論，批評主辯人和反辯人的得失。

乙、通常辯論法

士林哲學院的辯論法，爲學校的實習法，在社會上難於通用。但是這種辯論法的幾項原則，在一切的辯論中都可以通用。

a、認清辯論的對象　無論是作論說文或同人開辯論，第一要認清辯論的對象。不然或者是空辯一場，或者是兩方彼此不知道怎樣對辯，因爲沒有對辯的目標。

b、緊守辯論問題的範圍　認清了辯論的對象，便要守住對象的範圍，不要逸出範圍以外，或者牽連其他的問題。

c、辯論中的名詞，意義要明顯，又要一定名詞的意義，若是含混不清，兩方也沒法對辯。中國人作文，常犯這種毛病。

d、論證應該自立，又能應敵　梁啓超曾講明這一點，㈠他說論證爲能自立，第一應該是真的，第二應不違背理則。「作文時須自己審察，有沒有違背三段論法，不合便容易破」。論證爲能應敵：「原則有兩條：忌隱匿，忌枝節」。若是在攻人時，則應和對辯人的論證針鋒相對，即是如同士林辯論式的設難，針對另一方面論證，予以反駁。

二、學術的研究法

1. 學術

甲、學術的意義

學術是什麼呢？在本書緒論裏，我已講過學術的意義。學術（學問）是對於事物，按照本身的理由，所有的確實知識。

凡是對於一個對象，按照對象本身的理由，去加以研究，加以說明，因而能夠得有一種確實的知識，這就是學術。

A、本身的理由——學術是就事物的本身的理由，去加以研究。所謂本身的理由，能夠是事物的內在原因，也能夠是事物的外在原因，要看事物的性質而定。例如哲學、數學、化學、物理等，都是按照事物的內在原因去研究。歷史和考古學則要按照事物的外在原因去研究，即是用所研究或所考訂的史事以外的史據，去證明那樁史事的真僞。

按照本身的理由去研究，代表學術的客觀性，學術不是藝術，不能由作者任憑主觀的幻想去構造；每種學術都應按事理的客觀理由去說明。

B、確實的知識——知識不確定，不能構成學術。收集一些沒有論證的消息或傳聞，不能構成學術。收集一些使人猶豫莫決的資料，也不能成爲學術。成爲學術的知識，該當是確定的知識。

但是確定兩字，按照學術的性質，有深淺不同的程度。有形上的絕對確定，有人事上的相對確定，有實驗上的假定。

討論形上性理的學術，所有的知識，應該是絕對確定的知識；因爲這些知識，由形上性理惟論而出，必定是絕對不移的。數學上的知識，雖不是形上的，但也是絕對確定的。

討論人事方面的學術，如歷史、考古、社會等等學術，所討論的對象，是人事對於人事。所有的知識，不能像對於形上性理或對於數學數目，那樣的絕對確定。我們對於人事知識，所有的確定的知識，並不是絕對不會錯，只不過按人情說，這種知識是確定的罷了。

實驗上的假定，有許多實驗科學，爲解釋一些現象，原理尚沒有確定，只能暫時假定一項原則。這種假定的原則，稱爲假設。假設可以是真，也可以是假的。但在沒有證明是假的以前，「假設」視爲確定的原則。

因此可見，無論那種學術，都該有確定的知識，不能是空談。而且這些確定的知識，還該互成系統，若只是散漫無章的消息或理論，也不是稱爲學術，即如最散漫的一門學術——

歷史所有的史事知識，也該前後連貫，不然便不足稱爲歷史。

在本書的緒論裏，也曾談到學術的類別。於今我們再把這個問題，稍爲詳細地討論一下。

乙、學術的種類

在古代時無論中外，古人所謂學術，都是指的哲學，其餘別的科學，都視爲小技。近代則又無論中外，近人所謂學術，把哲學括在學術以外，僅以實驗科學爲學術。中國近代且以「科學」翻譯歐洲的Scientia（Science 賽音斯），暗中便以非實驗科學者，不視爲學術。這種弊病雖是中國翻譯的人造出來的，也可代表一種時代風氣。

按照學術的本身說，哲學和實驗科學，以及歷史等等，都是一門學術，只是彼此的性質不同。況且近來學術的研究，日趨專門化，日有新的專門學術出現。

A、以往學者，對於學術的區分。

培根（J. Bacon）區分學術爲三類：一、記憶之學，有人類歷史，自然界歷史和宗教歷史。二、想像之學，有詩歌。三、理性之學，有哲學。(二)

孔德（Comte）區分學術爲六類：數學，天文學，物理學，化學，生物學，社會學。這六種學術，每一類有自己的發展史，但是都經過三個階段，即神學階段，形上學階段，實驗

科學階段。㈢

斯賓賽（Spencer）區分學術為三大類：一、形式抽象學術：有數學，理則學。二、客體抽象學術：有機械學，物理學，化學。三、客體具體學術：有天文，動物，心理，社會等學術。㈣

B、學術以方式對象而區分。

學術是有系統的確定知識，知識有自己的對象；學術因此應按照學術知識對象而分類。知識的對象，可以有兩層：第一層是材料對象，即是知識所知道的事理事物。第二層是方式對象，即是材料對象，在一定方式下的知識，即是在一種觀點下的知識。因為同一事物，可以從多方面去觀察，或研究，觀察點或研究點稱為「方式對象」。

亞里斯多德和聖多瑪斯曾主張學術應按照各自的方式對象而加區分，後代士林哲學大都接受這種主張。

按照方式對象去區別學術，學術可以區別為兩大類：即是抽象學術和具體學術，抽象學術的方式對象為非物質的事理，具體學術的方式對象為具體物質事物。

抽象學術又按照方式對象的非物質程度，再分為三類：第一類學術的材料對象為具體的物質物，但是方式對象則為抽象事理。這一類學術為自然科學。第二類學術的材料對象為物質數量，數量為物質中的抽象物，這類學術為數學。第三類學術的材料對象為非物質的事理

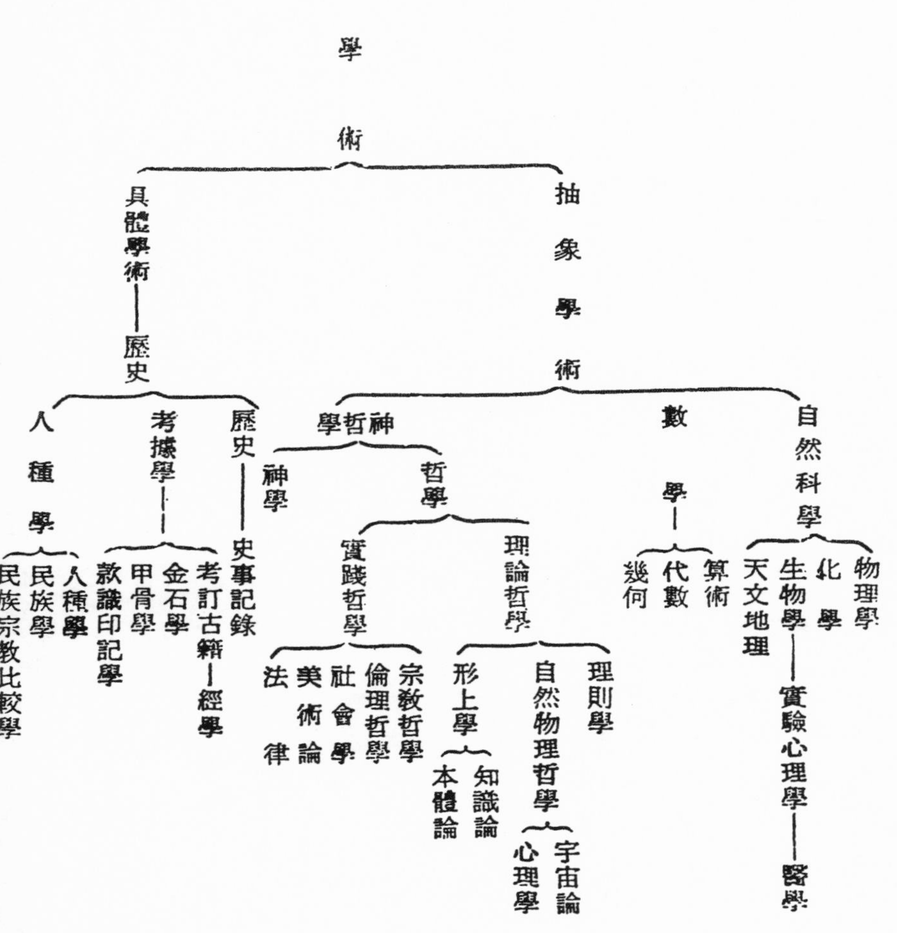
學術
具體學術
歷史
人種學
考據學
歷史
人種學
民族學
民族宗教比較學
款識印記學
甲骨學
金石學
考訂古籍
經學
史事記錄
抽象學術
神哲學
神學
哲學
實踐哲學
法律
美術論
社會學
倫理哲學
宗教哲學
理論哲學
形上學
本體論
知識論
自然物理哲學
心理學
宇宙論
理則學
數學
幾何
代數
算術
自然科學
天文地理
生物學
實驗心理學
醫學
化學
物理學

或非物質的精神體，這類學術爲哲學神學。

具體學術爲討論人事的學術，即是歷史，歷史爲記錄具體的人事。和具體的人事相聯繫的有考據學，金石學，甲骨學，民族人種學等學術。

近代學術日趨專門，學術的區分愈趨愈複雜。我們上面所列的簡表，只不過列舉學術的大類。其餘各種專門學術的名稱，在各大學的課程表裏所可以見到的，眞是五花八門，但是這些專門學術，都是學術中的小類，都可以歸屬到上表的一大類以內。

2. 治學方法

研究學術，爲一種工作，每種工作，都應該有適宜的方法。不用適宜方法去研究學術，必定要費力多而收效少，或者甚至於徒勞無功。中國近代常講科學方法，實際上科學方法並不是什麼新的方法，也不是很希奇的事件，乃是研究學術的適宜方法。

學術越專門，研究的方法也越複雜。每門學術都有自己的研究法。我們在這裏談治學的方法，當然不是談每門學術的研究法。我們在這裏所要談的，是各門學術，在研究時，所應該有的幾項共同工作法，因爲凡是學術，既稱爲學術，便應是按照事物本身理由所有的確定知識。爲達到學術的標準，在研究時，第一便應從事物本身去研究，第二應該求確定知識。因此，我們無論研究那種學術，必定該按這種標準去做，這種標準方法，就是科學方法。

爲研究一種學術，或是爲研究一個學術問題，我們分三個步驟進行：甲、事前的預備，乙、研究工作，丙、結論。

甲、事前的預備

在研究一種學術以前，常有幾項應有的預備工作。

A、擇定研究題目　大學研究所的研究生爲預備考博士，他們最大的難處，是選擇一個博士論文題。這種難處，對於一個富有經驗的學者，當然不存在。

爲擇定研究題目，應從主觀和客觀兩方面去觀察。在主觀方面，應看研究人的學識和嗜好；在客觀方面，應看研究的環境，如參考書的多少，研究時間的長短，實驗室的儀器等等。一個研究題目，應當適合研究者的學力，智力和嗜好，又要適合研究者目前所有的環境。

有些學者，終生努力研究一個問題，努力和主觀方面以及客觀方面所有的阻礙而奮鬥。我們當然很佩服他們的毅力；但是我們心中同時也惋惜他們的境遇不良，以致於收穫很少。選了一個研究題目，還要指定研究的範圍。普通一個問題，能夠從多方面去研究，研究這個問題的人，便該指定自己從那一方面去研究，即是指定自己研究工作的方式對象。方式對象越指定得清楚，研究的工作越能省去無益的枝節，進行越快。

B、擬定研究大綱　大學各院爲批准學生的博士論文題時，要求學生寫出研究論文題的大綱，即是博士論文的大綱。研究大綱也即是研究計劃；沒有研究大綱而只有一個研究題目，仍舊免不了要暗中摸索，找不著研究的路線。有了研究大綱，然後纔可以知道收集材料，然後纔可以知道整理材料。

研究大綱並不是一成不變，在研究開始，擬定了大綱，後來按照所有的材料，也可以變改修正。

中國古人作文，常要段落分明；於今作白話文的人，更要段落分明。爲使段落分明，更好在下筆寫文章以前，先寫出這篇文章的大綱，大綱列爲一表，然後按照這個大綱表去分段落，文章必定是段落分明。我們爲寫一本書，更該這樣做。也要擬定了全書的大綱，纔可以寫書。

C、預先應知道的學識　有許多學術或學術問題，在研究以前，應當預先知道幾種附帶的學識。例如語言知識，爲研究聖經，應該先懂希臘文和猶太文。對於研究別種學術，若所參考的書，多數屬於一種語言，便應該先學這種話。爲研究佛教，應懂梵文。爲研究公教思想，應懂拉丁文。

又如研究金石甲骨，研究的人，先要知道中國歷史和中國文字學。研究考據古畫的人，先要知道分辨款式和印記以及中國畫史。爲研究天文或工程，先該精通數學。

D、裝置儀器　爲研究實驗科學，應舉行實驗。在研究以前，便該先行裝置儀器，又該知道儀器的使用。

乙、研究工作

擇定了題目，擬定了大綱（計劃），又預備了該有的附帶學識，於是進行研究工作。研究工作大概分爲兩個段落：第一段落爲收集材料；第二段落爲整理材料。所謂材料，即是證明或研究問題的證據。

A、收集材料

a、讀參考書　爲研究一個問題，第一步是看看別人對這個問題曾說過什麼；第二步是看在正式的文據裏，這個問題的答案可以有什麼根據。因此參考書普通分成兩大類：第一類是「作家」；第二類是「根據」。作家的作品，代表作家的意見，可供研究問題者的參考。「根據」則是研究問題者爲解決問題所有的根據。例如法典，爲研究法律者的根據。聖經爲研究神學者的根據。四書五經爲研究儒學的根據，「道藏」爲研究道家的根據，「大藏」，爲研究佛教的根據。

b、寫卡片　讀參考書時，應該用卡片把關於所研究問題的文字都抄下來，長的文據當然更好用攝影機照出。用卡片抄寫，較比用別的紙張或簿記抄寫，在整理材料時有許多便利。卡片大小相等，便於放置。卡片上每片抄寫一條有關的文字，便於分類安放，檢查時，又便於抽出。

寫卡片時，應註明作者姓名，書名，出版年月，和某卷某頁。

c、參考的原則　愈多愈善，但忌雜亂無章。在看參考書時無論今書、古書、雜誌，愈看得多愈好，若能把古人今人對所研究的問題，所說過的話，都知道了，心中必定更有把握。

但是在讀參考書時，切忌雜亂無章，遇著書就翻。否則天天進圖書館，再沒有完結的時候了。讀參考書，要以和所研究的問題有關係的書爲標準。有關係的書報，越看得多越好；沒有關係的書，儘可不看。

d、實驗　研究實驗科學的人，除了收集參考書上的材料以外，要緊是自己去實驗或考察。實驗所得，和考察所得，便是研究問題的材料。

e、史料證據　作考據工作的人，不能單單只收集別的作家的意見，還要自己去找史料證據。史料證據的收集工作，要從多方面去收集：第一方面，是所考訂的古事或古書古物的本身。例如史事的本身，對於所考訂點，可以有些說明，又如書籍中對於作書或印書的年代和地點，可以有什麼證據。第二方面，從古事或古書或古物同時代的記錄中去找尋。第三方面從古事或古書或古物的後代記錄中去找尋。第四方面，從一些間接有關係的記錄中去找尋。

史料的證據，普通不容易找尋，要在考據學上有經驗的人，纔知道從沙中淘金。

f、觀察　研究社會學的人，應善於觀察社會間的事件而加以收集，以作研究的材料。研究自然科學的人，也應該多觀察自然界的事物，收集標本，以作研究。

B、整理材料

a、正名　在材料收集充足了以後，便開始整理工作。這段工作非常重要。整理不得法，就要或是材料糟蹋了，或是把材料錯用了。

在整理工作開始時，第一要正名。正名是把學術名詞的意義，指定清楚。有些普通名詞，意義廣泛。在研究學術時，若用這種名詞爲一學術名詞，便該立時指定在研究工作中的意義。有些學術名詞是新名詞，意義不明，在研究時，也應說明這種名詞的意義。

於今許多學術名詞，都是由洋文譯成中文。中文的譯名又都不一致。用這種名詞時，更好把洋文註出。

中國古人作文，最不指定名詞意義；因此於今我們研究中國哲學的人，遇著許多困難，例如《論語》的仁字，孟、荀的性字，我們不能確定究竟有什麼意義。

正名可以用定義去說明，除了定義以外，還要加以區分。一個名詞可以包涵兩個或三個以上的成份，或包括一些複雜的對象，我們應該加以區分，使名詞的意義，更加明顯。

b、材料分類　按照所收集的材料的性質，加以區別。區別的方法，第一按照材料本身的性質加以區別。第二按照材料的確定性加以區別。第三按照問題的部份加以區分。

按照材料本身性質，加以區別。材料可以是正面的證據，可以是反面的證據或側面的證據。

按照材料的確定性，加以區別，材料可以是確定的真證據，可以是可靠的證據，可以是可疑的證據，可以是假證據。

按照問題的部份，區分材料。把關於問題每一部份的材料，分為一類，關於全部問題的材料，又分為一類。有些材料和問題的多部份有關係，又別成一類再注出有關的部份。

c、品評價值　材料在分類時，已經經過一種品評。不品評材料的確定性，怎樣可以按確定性去區分呢？但是在區分了以後，還有加一種品評，即是品評所有的材料，對於所研究的問題，有如何的價值。雖然普通說來，正面的證據高於反面和側面的證據；但是在有些機會上，卻適得其反。又如「本證」本比「旁證」高，然而有時「旁證」可反而比「本證」高。這都要看研究學術的人，知道好好品評。

同一類的證據，無論數量是怎樣多，只能證明所證明的一點，它們的價值不能隨著數量而加多，普通同一類的證據，因著數量加多，能夠加增本身的確定性。

同一源流的證據，合起來只能比得一個證據。例如由同一書，或由同一人而抄得或聽得的史事證據，這些證據的價值，都要看同源的書或人，是否有可信的價值。

品評材料的標準，通常可有以下幾項原則：

和所研究的問題關係越深；材料的價值越高。

本證高於旁證。

正面證據高於反面的證據。

消極不言的據證（虛證）和類比的證據，只能作助證，不宜作主證。

d、系統化　學術知識，具有一種特性，即是系統化。在把材料分類和評價了以後，就要把材料按照擬定的研究大綱，結成一系統。寫一篇學術報告，寫一本博士論文，或寫一冊書，都非有系統不可。系統的構造，不能像小說詩文，任憑作家去構造，學術文章的系統，應按照所研究的問題的性質而定，因此研究學術，處處都要注重客觀。

材料的系統化，也包括證據的運用。重要的證據列在前面，解釋也更詳細。次要的證據列在後面，解釋也更短。

中國古人寫書不重系統，所有的書籍，都是些文集。每篇文章不相連貫。這種書籍，決不能講明作者的思想。西洋學術所以發達，較比我們中國的學術迅速而廣，原因雖多，其中一種最重要的發達原因，是他們學者的著作，都有系統，後代的人能夠繼續往前進。

丙、結　論

我們研究學術的目的，在於能夠得一結論，對於所討論的問題，可以求得一個答覆。這種求得答覆的快樂，不是在每種研究工作上，都可以得到的，有時窮年盡月，研究一個問題，到底仍舊得不到答覆。那時只好說那個問題暫時不能有答覆。這種沒有答覆的結論實際也等於一個答覆；因爲是研究工作的結果。

A、說明自己的主張

在研究一個問題以後，我們得一結論，結論普通成爲我們對這問題的主張。

在三段推論式裏，結論絕對不能大於前題。同樣在研究學術時，結論也不能大於證據。所有的證據，能夠確實證明所研究各點，結論便是一定的。所有的證據，不能證明問題的全部答案，只能證明幾點，結論則是對於所證明之點，爲一定的，對於沒有證明之點，則是懷疑的，所有的證據，不能確實證明結論，則或是沒有結論，或是懷疑的結論。

因此在作結論時，應該避免幾項可有的缺點。

a、冒失　年輕的人作學術研究，容易犯冒失的毛病。冒失的毛病，是在於沒有求到充足的證據以前，馬上就作結論。

b、穿鑿　穿鑿的缺點，是冒失的另一極端。穿鑿是咬住一個字或一個證據，死不肯放，不知道貫通和變通。古書上的一字一名，意義可以是很多，若死咬住一義，這是過於穿鑿。例如天帝兩字，在古書裏有時相同，有時不相同。若硬咬住常相同或常不相同，都犯穿鑿的病。

c、附會　附會的毛病，是過於看重類比的證據，以類似者爲相同。這種缺點在研究比較宗教學，比較民族學或古物考訂學各方面，容易犯到。例如談中西哲學的人，務必以爲老子的「道」和西洋哲學中某一觀念相同，這便難免有附會之嫌；因爲老子的「道」在西洋哲學只有類似的觀念，沒有相同的觀念。有如講中國古代社會史的人，務必要把西洋講社會史的人所列的表，生硬套上去，硬要說中華民族經過那一階段那一階段的社會制度。人類的進化，雖說大約相同，但絕對不能說世上的一切民族，都完全按照同一的社會變遷表而進步。別的民族的社會制度如母系制，圖騰制，神權制，在中華民族的古史裏可以有，可以不有，也可以有類似而不相同的制度，何必硬要附會西洋人的表格。

有如研究中西宗教史的人，遇到一些所敬的神，和敬神的儀節，有相同之點的時候，便不免要說中國的某某神，即是另一民族的某神，中國的某某儀節即是某民族的某儀節，有些人甚至於說中國的這些神和儀節，由某民族得來。這類的結論，在沒有確實證明以前，便大膽加以肯定，便不免有附會之嫌。因爲所有的證據，只能證明相似，結論即說是相同了。

B、假設

在研究學術問題時，有許多次數，不能找到確實的證據；但是所有的證據相當可信。我們便不妨把所證的答案，作一假設，假設是這種問題的答案。

在實驗科學裏，有許多原則或定律，雖經過許多實驗，不能完全確定加以證明；同時爲解釋許多現象，需要這項原則，科學家便假設這項原則是真的。

在作「假設」的結論時，應注意幾點。

a、假設應有相當可信的證明　完全沒有證明的假設，不能成立。假設雖不確定是真的，但很可能是真的。

b、假設在證明是不是時，便歸烏有　實驗科學上所有的假設，在一些現象上，有時不能應用，但不因此便馬上認爲假的，若另一新假設，能夠解釋較多的現象時，前一假設，纔作廢。當假設，已經被證明不是真的，當然作爲假的結論而作廢了。

c、假設應是研究的結論　所謂假設，並不是憑空造的，乃是研究的結果，在研究一問題以後，結論雖不確定是真的，但很可靠，則不妨大膽作假設。但是胡適之先生所提倡的治學方法，主張「大膽的假設，小心的去求證」。㈤似乎是先大膽作一假設，然後細心的去求證據。假使真是這樣，胡先生就有了成見，把自己的成見，作成主張（即假設），然後去找證據，去證明自己的主張。這不是研究學術，乃是發表自己的成見。

爲研究學術，所研究的題目，乃是一種問題常有是和否兩方面，不是一方面的成見。研究了以後，按照證據的效力，然後纔定是否，作成一種主張。

在發表研究結果時，不妨先把研究的結論，作爲題目，作爲主張，作爲假設，然後再作證明。然而這種方法，乃是發表研究結果或行文的方法，已經在作了研究的工作以後。並不是憑空先作假設，再去研究。有時學者對於一問題，雖沒有特別加以研究；但是讀書或研究他項問題的心得，對於這個問題自己已經有主張，於是就自己的主張加以研究，小心地求證明。但是在這種機會上，學者也不是憑空大膽作假設，也是由求學有所得，而後作假設。

總此，在研究學術上假設是結論，而不是研究題。

於今我們在此，就結束理則學的研究了。我們討論了名，解釋了辭，說明了推論，並指出了治學的方法。對於理則學的各種問題都討論了。理則學是一種學術，又是一種方法。理則學是學術，因爲按人的理智力，研究它的動作應當求的原則，這種研究工作，循序而進，系統分明。理則學是方法，因爲理則學所講的原則，是理智動作的指導規矩，而且在推論的方式和治學方法兩章，我們講了一些具體的方法。至於人的理智的本性，以及理智動作的客觀價值，則應當在知識論和心理學兩篇裏討論。

註：

㈠ 梁啓超　中學以上作文法　中華書局　民十五年　三五——四六頁。

㈡ Bacon (Baco). De dignitate et augmentis scientiarum.

㈢ Comte. Cours de philosophie positive. t. I.

㈣ Spencer. First principles. c. F.

㈤ 胡適　治學的方法與材料　（胡適文存第一輯）

自然哲學

第二編　宇宙論

自然界哲學

宇宙論和心理學

在哲學緒論裏，我們講哲學的區分時，曾以自然界屬於理論哲學的第二部份，處在理則學和形上學之間。

實際上，理則學是哲學的研究方法，沒有正式進入哲學的本題以內；自然哲學（Philosophia naturalis）因而便是正式討論哲學問題的第一部書。

哲學是什麼呢？「哲學是推知萬物至理的學問」（見本書上冊　哲學緒論），哲學的特性，則是在於講論抽象的學理。然而所謂抽象，並不是憑空的幻想，乃是根據具體的事物，上升到抽象的理論。沒有具體事物，人的知識無從起源，沒有抽象的理論，人的學問無從建立。

在宇宙萬物裏，第一種最具體的事物，爲宇宙間的物質物。物質物是可見可觸的，物質物的變化是隨處都有的。因此哲學第一便討論宇宙間的物質物。這一部份哲學，稱爲宇宙論。

沿著物質物的變化，而上溯到物體的一種內在變化。這種變化，由物體自身所發動，而又止於物體的自身，爲物體的最高動作，這種最高動作，稱爲生命。研究物體生命的哲學，爲哲學的第二部哲學書，稱爲心理學。生命的表現，有高下的不同，從營養生活、感覺生活、以及到理智生活，都屬於心理學的範圍。

物質物的變化，物體的生命表現，都是宇宙自然界的現象；研究這些現象的哲學，乃稱爲自然哲學。

自然哲學和自然科學，彼此的性質不同，彼此的研究對象也互易。自然界科學所研究的對象，是從物質方面去研究物質物，從物質變化方面，去研究物質物的變化；即是就物質物而研究物質物，就變化而研究變化。自然哲學所研究對象，則是從物體方面去研究物質物的變化，即是就物質物爲一物體而研究之。

物質物爲一物體，物體較比物質物更抽象，而且物體是物質物的根本。因此自然哲學所研究的，是物質物所以成爲物體的至理，和物質物變化的至理。

物體的至理，雖爲抽象的理論，但是並不完全脫離物質。在哲學上自然哲學的抽象性，爲哲學的第一步抽象性。形上學研究有之爲有，纔是最高的抽象理論。

自然哲學所研究的既是物質物的物體；自然界科學對於物質物的解釋，當然成爲自然哲學的基本材料。

第一章 論物

從這一章到第五章，我們討論宇宙論的各種問題；五章合起來，稱爲自然哲學的宇宙論。

宇宙論和地理學、天文學、地質學、以及物理學都不相同。宇宙論不研究宇宙的源起和進化，這些問題是天文地質等科學的研究對象。宇宙論也不研究每種物質由什麼原素構合而成，也不研究宇宙間各種變化的動力；這些問題乃是物理學的研究對象。宇宙論所研究的，是綜合宇宙間的萬物，而求其相同的根本點，由萬物相同的根本點，進而討論萬物的基本原理。

宇宙萬物，最相同的根本點，即是萬物都是物。例如萬物分爲生物和無生物，生物又分爲動物和植物，動物又分爲理智動物和非理智動物；然而這一切的物體都稱爲物，因此它們的根本，是在於是物。

物是指著物質物，物質物的物性都是什麼樣呢？物質物有什麼特性？物質物有什麼變化呢？這一些問題即是宇宙論的研究對象，所以我們把宇宙論分爲三部份：第一部份研究物質物的物性；第二部份研究物質物的最重要特性，即是量；第三部份研究物質物的變化。最後我們也討論宇宙間的變易。

一、物體構成的學說

物體，我們用這個名詞指著物質物。物質物是帶有物質的物體，是可以感覺的。中國理學家曾講物和神的區分。西洋哲學對於物與神的區分更爲嚴格。

1. 物質體和精神體的區分

我在〈儒家思想中的神字〉一文裏，曾講過中國理學家對於物質和精神的區分。㈠張載說：「散殊而可象爲氣，清通而不可象爲神。」（正蒙 太和）又說：「太虛爲清，清則無礙，無礙故神。反清爲濁，濁則礙，礙則形。」（同上）神是清而無形的，物是礙而有形的。儒家的形，指著形色，表示可感覺的形象。物便是有可感覺形象的物體。因爲有形象，便礙而不通。爲什麼礙而不通呢？因爲氣由凝聚而成形氣；既然凝聚了，當然是礙而不通。因此物與神的區分，按照理學家的意見，是在於氣之凝聚與否。

西洋哲學不講清濁之氣，物質和精神之分，不在氣的凝聚，是在於是否有質料（氣）。

古希臘哲學已經主張所謂「有」，區分爲物質體和精神體。柏拉圖和亞里斯多德，以精神體爲無面積，無質量，不腐朽的實體。斯多噶派（Stoic）則以精神爲最清之物質，人心之靈明，則爲神之一星靈光。新柏拉圖派把肉體和靈魂區分得很顯明，而以精神爲宇宙之最高造物主。

羅瑪公教的哲學，接受希臘哲學的精神體觀念，以精神爲人之靈魂，同時教會的神學，且應用精神體爲表示造物主天主和天使（天神）。聖多瑪斯謂精神有六種意義：指著空氣，指著天使，指著亡者之靈魂，指著想像力，指著理智，指著天主（神）。㈡

近代哲學家休謨以精神爲人的印象和觀念，不是一實體。康德以精神爲物質的對立體，精神是純一，物質是分化。黑格爾以精神爲最高的理想，是一切物質的創造者。近代的新唯心論以精神爲自我意識，或以精神爲理智生活。

唯物論哲學，則繼承休謨的思想，不承認有精神體，以精神爲一種物質現象。

因此我們決不能怪中國歷代的哲學家，對於精神體沒有一個清楚的觀念。古希臘的精神觀念，語源爲「呼吸」，爲「空氣」。中國宋代理學以氣之清者爲神，意義很相彷彿。精神都是表示清明不可見者，而且不可象。希臘哲學家如柏拉圖和亞里斯多德等，尚以精神體不完全脫離物質，中國儒家以物質和精神同是一氣之清濁。

士林哲學後來把精神和物質的意義，區劃清明，不相混雜。中國道教雖以精神和形骸互相對立，但是形骸和精神仍舊爲一氣所成。士林哲學則以精神和物質爲實體的兩種，兩者的區分，在於本性中有無質料。有質料者爲物質體，無質料者爲精神體。我們若以「氣」字去翻譯「質料」，則有氣者爲物質體，無氣者爲精神體。

2. 機械論

從古希臘哲學，一直到現代的哲學和科學，常有一派人願意從物理方面去追求宇宙的起源和物體的構造。這一派以物理去解釋宇宙物體之成因的學說，稱爲「機械論」（Mecanismus）。

最早的機械論，起自希臘古哲學家達勒士（Thales 大約624-546 B.C.），達勒士以宇宙萬物於一種物質，這種物質爲水。希臘赫拉頡利圖則以宇宙萬物爲一物質的循環，這種循環的物質稱爲火。恩陪多克萊（Empedocles 大約495-435 B.C.）以宇宙的原素，爲四種物質，即土、水、氣、火，這四種原素，常存不滅。宇宙間的生滅，乃是原素的結合或分散。原素所以能夠結合，乃是原素有「愛」和「憎」的兩種「力」。安納撒各拉（Anaxagoras 大約500-428 B.C.）也主張宇宙間沒有生滅，只有原素的離合，然而原素不祇四種，每物有每物的原素，這種原素稱爲種子。

近代哲學家以物理解釋物體的構造，起自笛卡爾。笛氏爲數學家，以數學公式去解釋物體。他以物體的特性在於質量，質量的特性則在於伸張面積。在同一伸張面積內，物體是同性的，是靜而不動，物質受有外在動力而後動，動則成宇宙之變化。宇宙物體的變化，受物理定律的支配，物理定律有如機械律，一切變動可以預先推定。

十九世紀下半期，許多科學家如布特魯（Boutroux 1845-1921）藍辛（Rankine 1820-1872）波安加肪（Poincare J.H. 1854-1912）等都否認宇宙是一架大機器，物理定律也不能像數學定律一般的嚴密。物理定律祇不過是科學上的研究方法，和進步的過程而已。

3. 原子論

原子論（Atomismus）本是機械論的一部份，但是因爲在目前這種學說所有的發展，已經駕乎機械論以上，因此我們把它和機械論相脫離，自成一說。

古原子論起始於希臘的德謨頡利圖（Democlitus）。德氏主張物體由於細微的因子而成。因子在形狀和質量上各不相同，但是性質則都相等。宇宙物體的種類，來自因子的形狀和質量的變化，變化的性質，則是地位的變化（Motus localis），物體的因子稱爲原子。

希臘的原子論，中古的哲學家也有相信的。他們認爲物體都是原子而成，萬物的原子且都相同。這種原子論是哲學上的宇宙論。近代科學興盛，化學和物理學的學者們，多從原子方面研究物體的構造，而成今日物理學的原子論。

今日物理學的原子論，是第十九世紀末葉的電磁學，輻射能以及光學等等科目相合而成的，物體的因子稱爲原子。

原子在物理學上稱爲物質，亦稱原子核。半世紀以前，物理學家都以原子核皆由質子和電子而構成。一九三二年，英國學者察得威克發現中子。中子的質量和質子略相同，但不負電荷而是中性子。原子核乃可視爲由質子及中子構成。一九三四年義大利學者非米（Fermi）發現中子很容易擊入原子核中，使原子銳變。一九三九年德國學者漢發現慢的中子，能使質量爲235 之鈾原子核分裂成爲兩個質量約略相等的原子核及數個中子。由一個鈾原子分裂而放出之中子，能使另一個鈾原子分裂而又放出中子。這種連鎖的原子分裂，若在極短的時間裏進行，遂可以使鈾原子分裂而放出大量的「能」，成爲原子彈的爆炸。

目前物理學界正在研究究竟何者爲物質的基本質點。以前大家認爲原子不可分裂，爲物質的基本質點，於今原子是可以分裂的，原子以下有電子，質子（為無原子之核），中子。

中子又可衰變為質子、電子及微子。微子最小，不易直接觀察。然而至今物理學家還不能明瞭它們這些質點的性質，不能歸定何者為基本質點。㈢

4. 力學

現代的原子論和力學論是互相連貫的，古代的機械論，如笛卡爾主張物質有伸張的面積，物質自身沒有動力，並且認為中間隔有距離而沒有傳達物時，便不能有動作。動力學（Dynamismus）則反對這種機械論，主張物體由沒有伸張面積的因子而成，因子都具有動力，動力且能越過距離的空間。㈣

動力學在哲學的宇宙論裏自成一家，創之於萊布尼茲（Leibniz）。萊氏主張物體由因子而成，因子為最簡單的物質，沒有伸張的面積，且不能分析，然而因子（Monades）都具有「力」，能動，能被動。宇宙的一切變化，都由因子的變動而生。因子有清濁，清者能夠反照外物，最清者且能反照宇宙。因著反照之知，因子乃同類相求，而相結合。

康德本是唯心論者，他對於物質的解釋，便求越離物質越好，他主張物質的本性不在於質量，不在於伸張的體積。兩物不能同在一地，不是因為兩物的體積，而是因為兩物具有抵抗力。每一物體既具有吸引力，又具有抵抗力，物物相吸又相牴，故能相結合而不相混。

一八九五年，德國自然科學會在魯百克（Lubeck）開會，參加會議的學者討論的結果，認為機械論在自然科學界已不能支持，應該由一新的學說來替代。這種新的學說稱為力學。力學（Energetismus）學，主張自然界的一切現象都由各種「力」的動作而成。㈤這種新的學說的代表人為阿斯瓦特（N. Oswald 1853-1932）

現代物理學上的力學，注意於電磁和熱力兩科成立量子論。量子論為研究物質（原子分子）的「能」量。這種學說，在十九世紀末葉，由於研究一個物體燒熱時放射出之輻射能，在各波長上之分佈問題，而得出的結論。一九〇〇年德國學者蒲蘭克作一驚人的假設，即物質的能量，不能綿續的增減，而必須有間斷的和固定的價值。㈥愛因斯坦後來發現光波的傳播，也不是綿續的傳播。他便進而創立相對的力學。因此今日的量子力學，「以為任何量值（如原子之能，其運動量，或其位置等）初無自身之意義，必候吾人作一度量，始有意義。換言之，祇有當吾人量一原子之能時，始能談原子之能，此運作觀點與愛因斯坦在相對論中對時間及空間之定義之觀點相同而更有進之。」㈦

力學在哲學上的特點，則是在於不注意物體的性質，祇注意物體的力量（能量），即是以力的數量去分別物體。再者，力學否認物理界有固定的機械律，力的變易，最難預測。

5. 儒家理氣論

中國儒家從《易經》一直到宋明理學，在形上本體論方面，對於物體的構成，具有一種系統的學說。

《易經》的思想，在〈繫辭上〉可以見到。「是故易有太極，是生兩儀，兩儀生四象，四象生八卦」。（繫辭上 第十一）《易經》以太極爲萬物之元，太極生陰陽兩儀，兩儀生太陽少陽太陰少陰四象，四象生八卦，八卦生萬物。

漢朝學者，多談陰陽五行，他們的主張，則是由太極而生陰陽，由陰陽而生五行，五行爲金木水火土，由五行而生萬物。五行互相生，互相剋，乃是宇宙萬物的生滅。「木生火，火生土，土生金，金生水，水生木，此其父子也。」（春秋繁露 五行之義）「天地之性，眾勝寡，故水勝火也。精勝強，故火勝金，剛勝柔，故金勝木。專勝散，故木勝土。實勝虛，故土勝水也。」（班固 白虎通義五行）在陰陽五行裏雖不見四象，但是並沒有把四象去掉。四象配於四時或四方，再加以中央，便配於五行。漢朝學者是以五行代替四象。

宋朝理學開始的學者周敦頤，作《太極圖說》：「無極而太極，太極動而生陽，動極而靜，靜而生陰，靜極復動。一動一靜，互為其根。分陰分陽，兩儀立焉。陽變陰合而生水火木金土，五氣順布，四時行焉。五行一陰陽也，陰陽一太極也。」（太極圖說）

太極生陰陽，陰陽生五行，五行生男女，男女生萬物。

以上的學說，可以說是宇宙的變易論，討論宇宙萬物的源起。(八)朱熹則進而討論每一物體的構成，主張理氣二元論。

每一物體「必稟此理，然後有性；必稟此氣，然後有形。」（朱子 答黃道夫）理成物性，氣成物形。

「所謂理與氣，決是二物。但是物上看，則二物渾淪，不可分開各在一處，然不害二物之各為一物也。若在理上看，則雖物，而已有物之理，然亦但有其理而已，未嘗實有是物也。」（朱子答劉叔文）理應有形然後纔成一實體之物，理是抽象之性，氣是具體之形。一物之「具體個性」，由形而有。(九)

6. 士林哲學二元論

亞里斯多德對於物體的構成，主張「理」與「氣」（質）的二元論。

從宇宙萬物的變易裏去觀察，當一物被毀而另生一物時，如木被燒而成灰，或雞蛋被孵而生雞，在被毀和新生的兩物裏，必有共同之物質；不然被毀之物完全毀滅，新生之物中無中生有。在另一方面，被毀之物和新生之物，兩者必有不同之點，被毀之物所被毀者，新生之物有新生者以代替之。

這種被毀和新生的變易，是物體在本體上的變易，和在附加體上的變易不同。本體上的變易，關係一件物體的存在不存在，附加體上的變易，則祇關係物體的形態。例如一張椅木漆成紅色，或加漆爲黑色，椅子常是椅子，不因變了顏色而不存在了。但是一張椅子被火燒成了灰，椅子便根本不存在了。

一件物體在本體上應該是「一」，若不是一，已經不是一件物體而是兩件物體。但在物體之一中，應該有兩部份，一部份是在本體變易時，並不變化；一部份則是新陳代謝。這變的部份稱爲質，或質料或氣（Materia）；不變的部份稱爲理（Forma）或稱爲本形。

聖多瑪斯在註解亞里斯多德的《物理論》時，曾說：「大家知道木是不屬於椅子或床的形狀的，因爲木可以有時帶椅子的形狀，有時帶床的形狀。因此我們看見空氣而成雨，我們便該說：前所在空氣的形狀下者，於今在水的形狀下。在這種情形下，便有一件不屬於空氣也不屬於水的形狀者，留在裏面。它和自然界物體的關係，有似於銅和像的關係，或似於木和床的關係，或似於任何無狀的質料對於形相的關係。這一點不屬於形狀者，我們稱之爲「本然之氣」或「本然質料」（Materia Prima）」(十)

因此在每一個物體裏有兩個成份，有理，有氣（質料），理是物體的性理，成物之本形，氣（質料）是物體的物質，使物理有所依所。

宇宙論裏的機械論，於今幾乎沒有人支持了，無論在哲學和科學上，沒有人主張宇宙的物體是由一種物質或多種物質，例如由火、或者由金木水火土所構成的。這一類的學說，若是以物理學爲根據，則不合於物理學最新的發明；若是僅從形上學方面談物體構造，猶如中國儒家的四象八卦和五行，乃是象徵陰陽的變化，則又不合於哲理。因爲這些象徵的物質，多爲一種數量的結果，例如四象和八卦，都是三爻變化的次數，而不是形上的理論。

原子論的學說，在物理學上，目前爲最盛行的學說；但是若變爲哲學的主張，不能解釋一切物體的構造。

若以原子的區別，僅爲量的區別，原子量通常用氫的原子重量爲標準。這種計算和區分法，在物理學上有自己的根據和便利。但是用之於哲學上，則各種物體的原子，僅僅是量不相同。由量不相同的原子，怎麼樣竟能構成性質不同的物體呢？人有思索力，石頭沒有，你不能說這是因爲人的原子是和石頭的原子量不相同的緣故。僅僅由原子量的分別，不能解釋人和石頭不相同的性質。

若是承認不同種的物體，原子的性質也不相同，則無機體可以由原子或由原子構成的分子或結晶體爲單體，但對於有機體，絕對不能以原子爲單體了。

力學的主張，更不能講明物體的構造。力和能，無論按牛頓的原則或按愛因斯坦的原則去講，都由物體或原子放射而出，電磁熱和光，本身都不是物體，而是由物體放射出來的。於今若以物質爲力或能，例如愛因斯坦的動力學定律：「這種學說只說到電磁現象和物質運動的情形；並且除了說『物質』不過是一種電磁現象外，沒有設想它是什麽東西。」㈩這樣的主張，在物理學上有其便利，若用在哲學上則是喧賓奪主，本是由物體放射的力和能，於今竟自己代替物體。況且力和能是兩物間的關係，可以用數學公式去計算，若力和能是物體的構成素，則一切物體都可用數學公式去代表，那是用數學代替哲學了。

因此在哲學上爲解釋物體的構造，最好是理氣（質）兩元論。

理質兩元論，不是物理學，也不是數學的學說，完全是形上哲學。然而這種形上學的主張是以物質的經驗爲根據。每件物體在毀壞和產生的變易，要用理質二元論才能解釋。另一方面物體各種不同的特性，不能用量和力去說明，也只能用理質二元論去解釋，而且理質二元也可用於原子本身。

二、氣（質料）

理氣二元論，從亞里斯多德創說以後，希臘學者多有隨從的人，羅瑪公教會的神學家也常加引用。

但是在第十三世紀以前，大家因沒有亞氏著作的譯文，不能明瞭理質二元的真正意義。有的人以爲質料是濛濛星雲，有的人以爲質料是物體的原子，有的人又以爲理是物體一切特性的總合。及到聖多瑪斯，聖文都拉，史各圖等士林哲學大家興起以後，理質二元論纔正式成爲士林哲學的主張，理質的意義才明瞭。

1. 本然之氣（天然質料）的意義

質料在普遍說話上表示一件物體的材料，即是說一件物體是用什麼東西作的。在拉丁文裏，質料一語也代表物質，代表和精神體相對之物體。因此我們知道，質料是物質性的，不是精神性的。從為物質的構成因素一方面說，質料可稱為氣。

在質料之上再加上一個「第一」（Prima）的形容詞，在普通說話上表示原料（Materia Prima），在工業上、在商業上、在外交政治上，這個名詞是很通行。原料是沒有經過製造的物質，而是用為製造別的物體的。樹膠是原料，羊毛是原料，礦物也是原料。原料的特點，在乎沒有接受一個人造的物形，而能接受人造的物形；工業上的原料，常是天然之物，可以經過人工的製造，所以稱為工業品的原料。

宇宙哲學所講的原料，不是工業品的原料，而是一切物質的原料。工業品的原料，雖沒有經過人工的製造，然而已經是一種天然物，雖沒有人工造成的物形，然而有天生的物形；雖不是人工製造品，然已是天然物，宇宙哲學所講的原料，則是一切天然物的構成原料。

天然物的原料（氣），必定不是物體，也不是物；因為既然是物，則已經不是原料了。原料的特性，在於沒有所可製造而成的物體的物形，例如羊毛沒有各種布的布形，天然物的原料，便應該沒有一切物體的定形，祇是能夠接受一切物體的定形，這種原料我們稱之為「天然質料」。

天然質料不是物，沒有任何物的物性，沒有固定的物形，祇是物質的構成因子。因此我們雖翻譯本然質料爲氣，在意義上和理學家之氣不同。

中國哲學不分儒家道家，都以氣成萬物。朱子以理氣爲萬物之二元，張載更講太虛之氣謂爲本然之氣無形無器。氣字在中國哲學裏和士林哲學的質料，意義不同；但是兩者都是物件的物質因素，兩者的意義便有相同點，我們便不妨用氣字去譯質料，不過我們該把氣字的意義予以修改，例如：

「天然質料」則不是物也不是無形無器之物，也不是自己變化而生萬物，它是物體的質料因素。

質料因素，不像中國理學所說：「氣成物形」，構成物形，而祇是接受物形，使物形有所依附。

在人工製造品裏，常有兩部份：一部份爲材料，一部份爲物形。一張桌子，有桌子的材料，有桌子的形式。在每種天然物體裡，也有兩部份：一部份爲材料，稱爲本然之氣；另一部份爲物形，稱爲理。

2. 本然之氣（天然質料）爲陰爲潛能

凡是原料，都是陰柔、接受人工的製造，人工製造即是加給原料一種物體的物形，使原料成一物體。

本然之氣爲絕對的陰柔，因爲它是什麼定形都沒有，可以說是完全無形無器，完全沒有動力，整個地在於接受定形。

因此，本然之氣稱爲絕對的潛能，即是能夠接受物理而取得定形。所謂絕對的潛能，意思是說純粹的潛能，沒有絲毫的現實。

天然質料（天然之氣）的潛能，在抽象方面說，是一種普遍的潛能，因爲天然質料可以接受一切物體的定形。在另一方面說，宇宙萬物的本然之氣，是同一的質料。但是我們不說宇宙萬物的天然質料祇是一個質料，假使是這樣，便都是機械論或原子論了。我們說宇宙萬物同一天然質料，那祇是就天然質料的觀念說，萬物的天然質料，是同一意義，並不是從物理學方面說，萬物的構成素，是同一的物質。

但是本然之氣不能祇是一個抽象的觀念，而且也是實有的。凡是實有物都是個體物；因此在實有方面，天然潛能是這個個體或那個個體的潛能。個體都有本性之理，即本性之形，因爲天然質料的潛能，在實際上是對於一定的性理而言，是在能夠接受這個定形，而不接受其他的物形。

在抽象上，天然質料的潛能是普遍無定的；在實際上，則是有限定的。在抽象上，天然質料是絕對的陰柔，無論怎樣去限定它都可以；在實際上，這種陰柔性，是限於一定的物形的。

3. 本然之氣（天然質料）爲實有的

我們說本然之氣（天然質料）爲純粹的潛能，絲毫的現實都沒有，並不是說本然之氣爲烏有，爲虛無。虛無怎麼可以作爲物體的構成素呢？本然之氣的觀念，是絕對的潛能，絕對沒有定形，然而這種觀念是我們理智所抽象化的，在事實上當然有所根據。可是在實際上，本然之氣沒有一時可以和「理」相分離的，而且也沒有一時可以和「存在」相分離的。就如朱子所說：「天下未有無理之氣，亦未有無氣之理。」（朱子語類）所謂本然之氣，都是這物或那物的天然質料。況且就是從抽象方面來說，本然之氣既然不能是虛無烏有，它便該是有。本然之氣的所謂有，並不完全靠著「理」或物形，而是自己本身也該是有：雖說它的「有」是很不完全的有。(土)

本然之氣（天然質料）的實有，真正說來，是靠著「理」而有。「理」是陽，是動力，是定形。本然之氣因著「理」才不是空洞無物，才有一定的物性，一定的本形，才是一個「有」。

因此本然之氣就本身說不能爲人所知，也不能有定義。它都是藉著「理」而有了形，才能爲人所知，才能有意。老子曾說：道渺茫彷彿，無形無象，不能知，不可名；但是我們不能說道是本然之氣，因爲道是「有物混成，先天地生……可以爲天下母。」。（道德經第二十五章）我們是借老子的話來解釋凡是無定形者，便不可知，不可名。(十二)

本然之氣對於自己該有的理或定形，算是接受者，算是主體。因此若從理或定形一方面說，天然質料是「最後的主體」（Ultimum subjectum），即是說爲接受物體的本形，它是一切都預備好了的主體。例如「人」的本然之氣爲軀體，人的性理或定形爲理性。爲能接受理性，人的軀體先該是活的，該是有感覺的，最後才是有理性的。因此從理性方面說，人的軀體是最後的主體，因爲人是靠著「理性」而成爲有理性的動物。

本然之氣若從潛能一方面說，即是說能夠接受理而有定形，本然之氣則算爲第一接待主體（Primum subjectum），因爲本然之氣完全是潛能，是預備接受定形的。

因此在物體的構造時，本然之氣來在第一；在分析物體時，本然之氣則來在最後。

三、理──本形

1. 理的意義

朱子講理氣二元，以理爲性，「理成物性，氣成物形」。我們於今借朱子的理字，但是意義有些不同。朱子的主張，可以圖解如下：

我們的主張，也可以圖表解釋

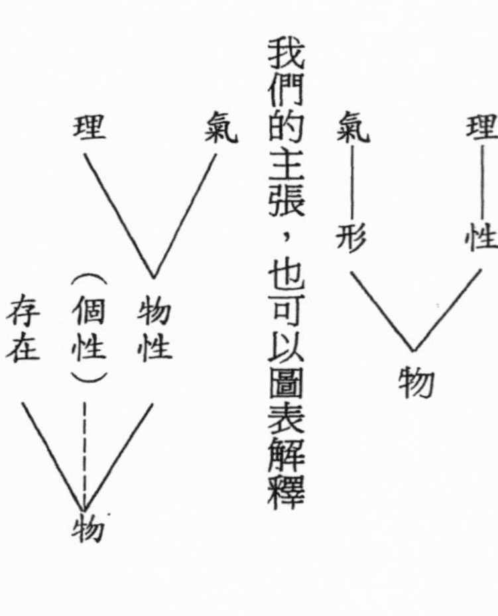

理在我們的理氣二元論裏，理祇是物性的一部份。理是物性的那一部份呢？它是物性中含有決定性者。本然之氣祇是質料，是不定的。它要等待理去決定它，給它加上一定的物形。

理在拉丁文裏，表示形（Forma）。形字在普通用語上，表示一件物件的形態式樣。普通我們爲區分一件物體，我們常說它有什麼形態。例如說某人是老是少，是男或是女，是高或是矮，是白或是黃，都是由形態去描寫。

但是我們若往深裏去追問，一個人和一隻牛的區別在那裏？這個區別不能僅僅是在外面的形色，而是在於人有爲人之理，牛有爲牛之理。人之所以爲人之理，使人成爲人，好似是給人一種人形。因此理稱爲形。

中國理學以形爲氣所成，形且在於性之外。但是按道理說，形不能由氣而成。例如一張桌子的桌形，不是桌子的材料，或是木頭或是石鐵造成的。桌形雖是加在木頭或是石頭的上面，然而桌形則是長短之理所造的。同樣，物形也是加在質料以上，然而成形者，乃是理。

上面我們舉例說「人」時，說到人有外面的形色，又有人之爲人之理。從此可見物理有兩種，即是說物形有兩種：一爲性理，即是物之本形；一爲形色之理，即是附加的形色，稱爲附形。

本形（Forma substantialis）爲一物所以爲一物之理，稱爲性理。它和本然之氣相合而成物性。

附形（Forma accidentalis）爲附加在本體以上的形色，爲依附體。

2. 理爲陽爲現實

本然之氣既是絕對的陰柔，祇能接受定形；理便是陽，是本然之氣的決定者。「理」使本然之氣的潛能成爲現實，理本身便是現實。但是理既是使潛能成爲現實，本身便不是絕對的現實；因爲它要受潛能的限制，在潛能和現實之間，必定有互相配合的適當性，潛能該當適應於現實，現實也應適應於潛能。

在朱子的理和氣之間，也是有互相適應的關係，或更好說互相限制的關係。因爲一物有是理，乃有是氣，既有是氣，也只能有這許多理。

「理」稱爲現實，然而只是第一步現實；因爲理既然決定了氣，而予以定形，當然是現實。可是物性要真正存在時，才是實在的有；物性對於「存在」，便又是潛能了，因此稱爲第一步現實。

「理」爲物之本形，構成物之本性，一物所以爲一物的理由，完全來自「理」；同時一物的特性，也是以理爲根據。有些特性是物性所要求的，非有不可；其餘的特性，都也要適合於一物之本性。例如一個人可以在人性以外有許多的特性，但是這些附加特性，總不能相反人之爲人。一個人的聲音，可以有高有底，有粗有細，然不可有狼嘷或犬吠之聲，否則大家要傳爲奇事了，因爲一個人有了獸音。

3.「理」無增損、無多少

聖多瑪斯有句名言：「Nulla forma substantialis recipit magis et minus 」㈣即「性理不能有多有少」。多則另成一物，有如數目，若另加一數，數目便是另一數目了。凡是人，所有的人性之理相同，不能說這個人更是人，那個較爲不是人。人性之理在一切的人以內無大無小。而且在一個人以內，也無增無損。一個小孩長成大人，他的人性之理，即人之所以爲人之理，並沒有增加，不能說大人較小孩更是人。一個人由壯而老，精力衰弱，他的人性之理，並沒有減少，不能說老年人更不是人。

在物理學方面，有些實例或許可以使人懷疑聖多瑪斯的名言，在插樹時，把一枝樹枝栽爲一株新樹。這枝樹枝，是由一株樹上折下來的。原來的樹的「理」本是分佈全樹，折了一支樹枝，原來的樹之理，是不是減少了呢？我們的答覆當然是原來的樹之理，並沒有減少。一株柳樹在折了一枝後，並不因此不足成爲柳樹了。就是把一切樹枝都折了，柳樹仍舊是柳樹。

物之性理在一個物體內，是一個，是全部均勻的。柳樹之理在一株柳樹以內，祇有一個，而且在各部份內都相同。柳樹幹有柳樹之性理，柳樹枝也有柳樹之理；各部份所有，同是一個性理。

物體的增減，是物體體積之量的增減。每件物體有自己的體積。體積是有數量的，是可以分的。一樹被折了樹枝，在體積上有所損失，在性理上，則無所損失。

4. 理只有一個

聖多瑪斯極力主張一物的性理，即物之本形，祇能有一個，不能同時有幾個，也不能繼續有幾個，性理或本形一換，一物不是這物而變成他物了。

因爲「理」，決定質料，天然質料既已有了定式而成物性，以後所來的物形，都是附加的形，而不屬於性理了。㈤再者，物體是一個單體，單體所以爲一，全者於本形，若是本形不只一個而有數個，則物體已不是單體而是混合物了。

但是不是一切的士林哲學者，都贊成這種主張，有些人主張物體的本形可以有數個，並不是唯一的，但是彼此的解釋法又各不相同。

我們中國古人常以爲人有魂魄。魂爲心理的根源，魄爲生理的根源。這就是承認在人以內有兩個性理，有兩個本形。當然中國古人沒有想到這一點，以爲魂魄都是氣所成，對於人性無關。

然而士林哲學家所主張的理氣二元論，以本形爲理，一切之性理，怎樣可以有二或三呢？那不是一物成了兩物或三物嗎？

童思過和聖文都拉主張在一物內，能有多數的本形（性理），是因爲每個本形都不是完全的定形，而是彼此相成，彼此相屬，共同合成一個物形。假使每個本形都是獨立的，不互相連屬，當然構成多數不相連屬的物體。但是假使兩個或三個本形，開始的本形，不是決定一切的，及到最後一個，纔完全決定，則所構成的本形，不是多數，而仍是一個。每物的初形，該當是物形，該當是物體所以爲物體之理（forma corporeitatis），然後再加別的不成全的物形，以及到最後的本形。

聖多瑪斯的師傅聖大亞爾伯，主張一物內能有兩個本形，一個是物質的本形，一個是物體的本形。在多數物質合成一物體時，物質的本形隱於物質之內，而取物體之本形；在物體可分時，各物質的隱形又出而爲原形。這種主張在化學上似乎很可以應用。

近代士林哲學者中，又有人主張以各物質的理，可從兩方面去看，第一從理的實有方面去看，第二從理的定形去看。在數物質合成一物時，各物質的理都保全各自的實有性，都仍舊是實有的，但是不發生定形的效力，決定物形的，乃是物體的本形。

對於這些主張我們在後面講有機體和無機體時再談。

5. 理是否可以分裂

上面我們舉插樹的實例，我們說到樹的樹理或本形，在折枝以後，不曾有增損，但是同時有一個問題，我們沒有講，就是折下的樹枝，插後成一新樹，新樹和原樹是同類同種，那麼新樹的「理」或本形，是不是由原樹的本形分裂而出的呢？

這個問題，乃是「理」或本形是否可以分裂的問題。

從經驗一方面去看人的肢體，不能分裂成另外的一個人；一條牛也不能割開成兩條牛。蛇則是打折了成兩段，上段尚可活。蚯蚓割成多段，能成多少蚯蚓。植物一方面，有許多種類，是用折枝再去繁殖。

為答覆「本形」或「理」是否可以分裂，我們根據下面的原則予以分析。凡是物質的本形（理），因為和質料的關係，甚為密切，沒有氣便沒有本形，質料的質量分裂時，本形乃可以分裂。凡是可以脫離氣（質料）而獨立的本形，則不可分裂。

再者物體的本形，第一當然在氣（質料）有定形，第二也使物體能夠存在。若是物體為一生物，物的本形便使物體有生活的活動。假使在一物體所分出的一部份或若干部份內，生活的活動可以進行，於是便有一個或若干個新物體。

對於礦物，中世紀的士林哲學按照當時的物理化學思想，以每塊礦物為一單體，單體可分為多數小塊的礦物體，因此認為礦物體的本形，隨著物體質量而分。近代物理學則以為礦物體的單位為原子，原子不可分裂，於是礦物體的本形可否分裂的問題，便應另有答覆。但是目前的物理化學已經證明原子可以分裂，原子分裂後，各部份已經不是原子，已經和原子的性質不相同，於是原子本形可以分裂否的問題又不存在了。我以為礦物的單體，不能完全隨物理化學而定，礦物的單位即是在物理方面獨立而存的一塊礦物，鐵的單位，即是一塊鐵，錫的單體即是一塊錫。這種單體是可以分的，它的本形也就可分。

植物和一些低級動物，可以分裂而成多數的同類生物，這也是當然的事，因為不但是這等生物的本形可以分裂，而且它們生活的機官很簡單，在各部份都有，在分裂時，本形也可以使生活的機官享有活動，於是便成新的物體。

在高等動物內，按原則說，本形可以分裂，但是這等動物的生活機官很複雜，不能存在於每個部份肢體以內，因此實際上不能分裂成新物。

至於人，則因爲他的本形爲心靈（靈魂），可以脫離肉軀而存在；人的本形便不可以分裂。

6. 理與氣合成物性

理與氣（質）不是指直接合成物體，乃是合成物性。一個物體在物性以外，有自己的「存在」（實有），有自己的附加特性等等。

物體的特性，以特性而定。但若追求根源，有些特性是以本然之氣爲根源，有些根源是以理爲根源。一切的物質的質量特性，一切被動的柔性，都是以本然之氣爲根源；一切動物的陽性，則是以理爲根源。不過我們不像漢朝儒者講五行，把一切物體的性質都附在五行的一行，造成物質五分的機械區分法。

凡是一個物體，都由理與氣而成。可是形上學所謂氣，不可混爲物理化學上所講的物體質料。物理化學所謂質料，是某種物質，或某種原子；形上學所講氣，祇是質料，不屬於任何一種物質或原子，即是質料之所謂質料。例如我們爲製一張桌子，該用質料，我們便說爲製桌子該用質料，我們不管實際上這種質料是鐵，是楠木，是樟木……同樣，物體的理或本形也是就本形之謂本形而說，不管實際上這種本形怎樣。桌子有成爲桌子之理，樹有成爲樹之理，人有成爲人之理。至於實際上一種物體之理何在，那是另外一個問題，也是另外一種學術，已經不屬於形上學的物體論了。

四、複雜物體

在上面講到物體的本形（理）是否可分裂時，我們已經走了入複雜物體的問題。物質物，分爲單純物體和複雜物體。在哲學上所謂單純物體或複雜物體，和物理學上的單純物體或複雜物體，兩者的意義不完全相同。

宇宙論的單純物體，是本身不能分而能爲他物體的構成部份者。本身不能分，不是從量一方面說；單純物體既是物質物，從量一方面說，卻是可以分成多少部份的。所謂本身不能分，是從「物類」一方面說，即是單純物體不是由多種不同的物體而構成的。物理學上的單純物體，爲原子，爲原素。宇宙論的單純物體，是由理與氣而構成的物體；這種單純物體可以是原素，也可以是獨立的物體。

複雜的物體，在宇宙論上，是指著由多數物體而構成之物。多數物體互相結合，可以有三種不同的結合方式，同時也就有三種不同的複雜物。

第一種結合方式，是偶然的結合。兩種或多種的物體，互相結合，然而每個物體各保全固有的單獨存在，而構成者也不是一個單體物，只是一種混合物。如酒中摻水，水中摻油，麥中夾砂。

第二結合方式，是本體上的結合。兩種或多種物體，在本體方面相結合，即是彼此相結合，而構成一物的本體。如人的本體，由心靈和肉身而成。肉身又由許多肢體而成。凡是「有機體」都是這樣構成的。

第三種結合方式，是化合。構成之物，稱爲化合物。兩種或多種物體，化合而成一新物，例如氫氧相合而成水。

宇宙間的物體，大都是複雜的物體。這些複雜的物體可分爲有機體和無機體。有機體是具有機官而且營生的物體，無機體是沒有生命機官的物體。

有機體爲一個單體，大家都贊成。雖然在生物學上，對於有單純細胞的生物，是不是一個單體，可以有所爭論，但是在哲學上，並不成爲問題。無機體是不是一個單體，在哲學上，則可以發生問題；我們於今便就這一點加以討論。

宇宙間的無機體，可以分成兩大類，一爲化合物，一爲天然物。

1. 化合物

化合物，是由原有物體化合而成的新物。這種新物存在時，原有的物體不存在。但是當新物分化時，原有物體又恢復固有的本體。

甲、化合物不是混合物

按照現代許多物理學家和化學家的意見，物體都是由原子而成。各種物體的不同，祇是原子量的不同。因此天然無機體和化學上的化合物都是原子的結合。原子在物體內，持自己的本體。化合物的原有物體所有的原子，存留於化合物中。因此物體祇是一團原子，無所謂物體存在的問題。

我們在哲學上的主張，認爲每個物體爲一單體，每一單體由自己的氣和自己的性理（本形）而成。每一個單體只能有惟一的本形，因爲只能有一性理，祇能有一個物性。若是一個合成物，有兩個或兩個以上的本形或性理，於是不是一物，而是兩物或兩個以上的物體了。化合物是一個物體，只有一個本形（性理），和天然物一樣。不單是在普通一般說話上，大家知道混合物和化合物有分別；物理學和化學也是把化合物和混合物相分，彼此的性質不同。

在化合物裏，原有的物體，不能繼續存在，不能繼續保全自己的本體，它的性理（本形）不能像沒有化合以前一樣。氫氧化合成水時，氫氧都不存在了，氫不保全自己本體的本形（性理），氧也不保全自己本體的本形。水是一種新物，水有自己的性理（本形）。

因此，化合物是一個物體，和單純的物體一樣，只有一個本性，因而祇有一個性理，一個本形。

乙、原有物體在化合物內保持自己的質料（氣），本形則隱於質料（氣）之中

士林哲學家對於化合物爲一物體，大家的主張相同。但是因爲化合物可以分化而回歸原有物體，大家對於原有物體在化合物內保留些什麼，意見就不相同了。比國魯汶大學教授尼斯在他的書裏，列出了五家的意見。㈥有的說化合物的性理（本形）完全是新的，不是由原有的物體的本性合成的，原有物體在化合物內保留一些特性。有的人說原有物體在化合物內

不僅是保留一些特性，它們的本形（性理），在化合物裏，不保存整個的現實性，只保留著實現的可能性。這種可能性包含在化合物的本性裏，因爲化合物的本性，由原有物體的本性，平均合成的。

大家知道對於這個問題，困難很多，哲學家的主張，都不完全能夠解釋一切困難。然而有幾點是在形上學上大家所同意的，根據這幾點，我作一個簡單的答覆。

一個物體由「本然之氣」和本形（性理）結合而成。

一個物體的本形或性理只能有一個，不能多。

一個物體的本然之氣，在接受本形時，已經有所預備，另外是本然之氣是由舊的物體而到新的物體時，舊物體的本形，隱於本然之氣內，則本然之氣不能不餘有舊物體本形的印跡。

在化學上幾種原素化合一物時，先有毀滅，後有生發。原素的本形（性理）和質料相分離，質料接受一個新的本形。原有的本形退化於質料之中。

化合物的本形是一個新的本形，不是原素的本形混合而成的。但是因爲氣和性理彼此相宜的關係，氣須相宜於性理，性理須相宜於氣；化合物的氣是原素的質料帶有原素本形的印跡，因此化合物的性理，也和原素的性理有幾分相近，而且保有原素的物理特性。

在化合物再分化時，化合物的本形（性理）因著毀滅和質料分離，化合物已不存在，原有原素的本形（性理）又重覆實現，從可能實現的狀態進而為現實了。

當然，這種主張，可以有許多的難題；但是我以為這種主張可以貫徹性理（本形）和氣的二元論，不必為化合物另外創出別論。在物體方面，化合物和天然物實在是一樣的。天然的水和化合的水，不同是水嗎？就水之為水說，天然水和化合水沒有分別。因此，在物體的構成上也應當是理質二元，不必另造新論。

2. 天然無機體

天然無機體，包含宇宙間一切自然而成的無機物體。這些物體觸目皆是，看來都很簡單，較比有機物簡單的多了。但是在科學家的眼中，沒有一件物體是簡單的。物理學者為研究無機體所遇的困難，和生物學家為研究有機體所遇的困難，兩者不相上下。

天然無機體對於研究哲學的人，也發生許多困難。我們於今從這些困難中提出三個最主要的來討論。

甲、無機體的單體何在？

普通我們看見一塊石頭，無論大小，我們都稱它是一塊石頭，同樣對於一塊鐵，也稱為一塊鐵。我們便是以這塊石頭或這塊鐵爲一單體。

古代和中古以及近代的哲學家，也是同樣的看法。聖多瑪斯曾解釋單體或個體（Individum）說：「單體是本身不分而和他物相分離者。」㈦無論一個無機體質量多大，只要和其他物體相分離，便稱爲單體。但是一塊石頭忽然裂成兩塊，變成了兩塊石頭，石頭的性理（本形）是不是分裂了呢？聖多瑪斯以爲無機體的本形（性理）可以分。

但是現代的科學，在化學和物理學方面，逐漸發明無機體的分化非常迅速，無機體的結構，是由原子或分子而成。化學和物理學都以原子爲單位。因此普通所稱的一塊石頭或一塊鐵，乃是許多單體的集合物，沒有單體性。

士林哲學於今爲適合科學上的發明，便也主張原子或分子爲無機體的單體。

在以原子爲單位的物體，原子乃是單體，具有單體的一切特性，在以原子結成的分子（Moleculum）爲單位的物體，分子則爲單體，具有單體的一切特性。

這種主張，和前面化合物的主張並不相衝突。我們主張化合物爲一新單體，是指著化合物的分子。化合物物體由分子而組成。分子則是由原素化合而成的。化合物的分子具有新物體的一切性質。

科學目前已達到原子可分裂的階段。但是原子分裂後的電子或中子等不再具有原子的一切物性，因此哲學家仍舊可以認定原子或分子爲無機體的單體。此外還有一種單體，則是結晶體。

乙、原子或分子或結晶體爲單體

原子爲單體：在科學上已經註明，原子是可以單獨獨立存在的。而且在一種物體內，同種的原子，性質常相同。在構成分子時，原子的數目常是一定。就是在構成化合物時，每種原素的原子，爲構成新分子，數目也常是一定的。在另一方面，原子和本身的構成因子，性質也不相同，因子分裂後，並不是有整個原子的特性。因此原子自成一單位，即是物體的單體。

分子爲單體：這一點在科學上也有實例。化合物的分子和所含的原子，性質不完全相同。化合物有新的本形，即新的性理；這種性理在化合物的原子內，不完全表出，在由原子構成的分子則完全表出。因此分子便是化合物的單體。而且在同一種的化合物內，每一分子所含的原子，數目常相等。

在固體物中，結晶體自成一單體，這種結晶體的性質和所含的原子或分子不完全相同，但是各結晶體的性質，在同種物內，性質則常相同。

對於原子、分子、以及結晶體，我們所講的質料和性理二元論，都能分別適用。即是說原子、分子、結晶體，同係單體物，便都是由天然質料和性理而成。原子爲最簡單單體。分子和結晶體則爲原子的化合物，適用上面講化合物的主張。

但是我認爲哲學上所稱的單體，不應和物理學的單體，完全相同。哲學上的單體，更好保存聖多瑪斯所說的意義，是本身不分而和他物相分離。這種意義和一般人的常識相同。普通我說一塊鐵，是指著一塊和別塊鐵相分離的鐵，而不是指著構成鐵的原子。

3. 有機體的單體

有機體的物體不屬於宇宙論，是屬於心理學，一切都留得下一編討論。在這裏我們所願意說的，僅提出關於有機體的單體問題，則不能適用原子論或細胞論。若以原子爲有機體的單體或以細胞爲有機體的單體，那是抹殺有機體和無機體的根本區別點，即是抹殺生命。

一塊鐵每部份都是鐵，原子也是鐵，都可以分開，都可以獨立。人的四肢百體不都是人，分開來更不是人，人只有一個全人。有機體的結構，以生命爲標準。營獨立生命者，爲一有機單體。

生命越高，器官越複雜，營獨立的生命越難。有些下級的有生物，爲一個細胞或小數細胞所結成的細胞體，具有整個的生命能力。雖是結成一個動物，但分開後，具有整個細胞或細胞體就可營獨立的生命，自成一個單體，然在未分裂以前，則是一個有機單體。

註：

㈠ 羅光　儒家形上學（國民基本智識叢書第四輯）　頁一一三—一三三。

㈡ kS. Thomas. Suma. Theologica. 1.941.3 et 4.

㈢ 吳大猷　近代物理學發展簡史　見中央日報　民四六年四月十六日—四月二十三日。

㈣ Fernand Benoirte.-Elements de Critigue des Sciences et de Cosmologie. Louvainj 1947. p.195.

㈤ D. Nys, Cosmologie. V. I. Louvain. 1928, p.266.

㈥ 吳大猷　近代物理學發展簡史。

㈦ 同上。

㈧ 羅光　儒家形上學　宇宙一元論和二元論。

㈨ 羅光　儒家形上學　實體論。

㈩ S. Thomas. Comm. de physica I.13.

(十一) 王剛森　相對論下冊　第一一〇頁。

(十二) c. Fabro., Metaphysica 講義 I. 13. p. 70.

(十三) S. Thomas., in I Phys., lect. 18.

(十四) S. Thomas. Summa. Theologica., P. I. 9. 118. a. 2.

(十五) S. Thomas. DE potentia. 9. III. a. 9.

(十六) D. Nys, Cosmologie, Tome II p. 191-280.

(十七) S. Thomas Summa Theologica p. I. 9. 29, a, 4.

第二章 論物性與質量

上章我們討論了物體的構造，我們所討論的物體第一是單純的物體，第二是複雜物體。因而我們於今可以說，理氣二元論不單是適用於單純的物體，而且也適用於複雜的物體。但是理氣二元論所構成的，並不是這個具體的物體，乃是構成物性。具體現象界的物體，除物性外，還具有「實有」（存在）和依附性。可是話又要說回來，一物之所以為一物，在於物性，物性是代表物體的。我們在這一章便討論物性在物體以內的地位。物體除本性以外，具有各色的特性。在各色特性中，以質量為最重要，因為物體為物質物，物質物的特點是在於有質量。我們在這一章也就討論質量問題。

一、物 性

對於物性，我們在本體論裏討論「實有體」時要講物性。於今我們所要討論的是物性在物體內的地位。

在中國哲學裏，所謂性就是性，沒有第二個名詞，西洋哲學裏則有兩個名詞：一是Essentia，一是Natura。前者爲本體論所用的物性，後者爲宇宙論所用的物性。宇宙所用的物性和儒家所用的性字相彷彿，和道家的自然相似。

我們於今便從這兩方面去看，第一先看本體論的物性，第二再看宇宙論的物性。本體論的物性，爲物之所以爲物，宇宙論的物性，是物之所以動靜之理，因爲動靜是要以物性爲根本。

1. 物之所以爲物

甲、物體之所以爲這物體而不爲他物體，是全仗自己的本性。因此物性（Essentia）在物體以內，是物之所以爲物的內在原因。我們在講原因時，曾說過原因有四種，四種中有質料因素和形相因素。這兩種原因在一個物體內，即是氣和理。氣和理構成物性，物性便是物體的質料和形相因素。

凡是一種物體都是由這兩個因素而定，例如一張桌子，是由它的質料和形相而定。除這兩個因素外，更無所謂物了。

在每一物體的物性裏，何者爲「本然之氣」，何者爲理（本形）呢？理則學可以相幫我們答覆這個問題。

在理則學上，一物之性，也是一物的定義。一物的定義怎樣構成呢？定義的構成，是由物的大類和類別而成。例如人的定義是由動物和理性兩者相合而成的。動物爲大類，理性爲類別。人是動物中具有理性的。

那麼人的人性，便是由動物和理性而成，動物爲「氣」，理性爲「理」。人的動物成份是肉軀，人的理性成份爲心靈（靈魂），肉軀便是人性的「氣」，靈魂便是人性的「理」。所以士林哲學以「物性」相當於「甚麼」（Quiditas），我們問一物爲甚麼時，我們要用這物的本性去答覆。

乙．現代哲學家裏有許多人反對上面的學說，另外是「存在論」（Exsistentialismus）的學者。他們不承認用理則學的方法去決定物性。理則學的定義是在一物沒有成立以前，就先天決定了物性，究其實，這種物性乃是空洞的共同概念，而一個物體的物性，則是要看具體的條件若何。海德格認爲在一物沒有「存在」（Existere）以前，不能談它的本性（Essentia）。

黑格爾主張辯證論，以正反合爲原則，他對於物性一致的原則首加反對。按照黑格爾的主張，人性若常是一致，人便再不能有進化。人的進化，在於人性相反人性，纔能有新的人性。

但是若是人性相反人性便已經不是人性了。至於唯物的實徵論學者，在形色以下，不承認有不變的物性，更無物性之可談了。爲反對這些唯心和唯物的學說，「存在論」的學者，願意回到士林哲學的物性觀念，但是他們過於拘守具體的個體，結果也還是摧毀了物性。若是我們認爲每個人有每個人個別的人性，我們便不能講哲學了，而且一切的學術都不可能，因爲沒有祇講個體的學術。

2. 物之動靜之理

物的動靜之理，在於物性（Natura）。這種物性是宇宙論所講的物性。宇宙論所講的是宇宙間的物體。物體在宇宙內所表現的是它的動靜，宇宙論便研究性的動靜之理。

甲、在《儒家形上學》一書裏，我講物性時，曾舉出「性」字在儒家哲學裏的各種意義：（一）生之謂性，這是告子的主張。程明道也曾主張「生之謂性，生之謂也。」（明道論性說 朱子全書 卷六十七）（二）天命之謂性，《中庸》第一章就是這樣說。宋朝理學家都有這種主張。（三）人的自然傾向爲性，孟子和荀子談性時，都由這一點出發。（四）物的本能之體，謂之性，這是張載的主張。（五）性即理，朱子的性論，就是以這一點爲根據。㈠上面五點並不互相衝突，可以作爲性在各方面的解釋。若是我們把五點意義綜合起來，我們就知道儒家以爲性是人在動作時內心所有的天生根據。內心的天生根據，當然就是自然，或是天然。說自然或天然，常是從動作一方面去說；因此中國儒家講性，也是從動作方面去講。

亞里斯多德曾說：「性（Natura）爲自立單體所有的動靜之內在根原」。㈡亞氏的定義有幾點該注意的：（一） 性爲動靜的根原。根爲根據，原爲原因，性爲動和靜的根據和原因。根據指著基本，動靜是以物性爲基本、爲原則。原因則指著動靜本能的根源。一物的動靜本能來自物性。（二）性爲內在的根原，這一點最重要，表示性是物所固有的，不是來自外物。固有的即天生的，即天然的。（三）性是動靜的內在根原。動是積極的，靜是消極的；動是發出動力，靜是接受動力。這兩方面都是以性爲根原。（四）性是自立單體所有的動靜之內在根原。凡是動靜都是以自立單體爲主體，並不是以動靜的器官爲主體。至於說有機體或無機體內的原子或電子，彼此有運動，我們在下面要看這種運動在哲學上該當怎樣解釋。普通我們所說的動靜，都是物體的運動。

自立體動靜的內在根原，是自己本體上的物性。物性由質和理而成。質和理便都是動靜的根原。但是因爲「理」決定物的本形，理便更是物的動靜根原。

乙、性既是動靜的內在根原，凡是發自外在根原的動靜，便不來自性，因此有「自然」和「人工」的區別。

「自然」爲物之天然內在根原，「人工」則是外在根原。「自然的」是發自天然內在的根原的動靜，「人工的」是發自外在根原的動靜。荀子稱「人工的」爲僞，僞即是人爲。他說：「凡性者，天之就也，不可學，不可事。禮義者，聖人之所生也，人之所學而能，所事而成者也。」（性惡篇）

天然物和人工物的區別也在於此。天然物是由自己的天性而生成的，人工物是由人力所造成的；前者發自內在的動靜根原，後者發自外在的動靜根原。

發自外在的人力的動靜，能夠順著物性，也能夠反對物性。孟子曾說：「今夫水，搏而躍之，可使過顙，激而行之，可使在山，是豈水之性哉，其勢則然也。」（告子章上）。勢使而然，是爲強迫，「強迫」不但不發自物性，而且違背物性，孟子稱之爲戕賊物性。

3. 物性的功用

甲、物性爲物動靜之法則

儒家所講的人性的功用，另外注意在善惡一點。儒家以人性爲善端，爲五德之本，爲人的天理。儒家的原則即是《中庸》開宗明義的第二句話：「率性之謂道」。

我們認爲人性不但是善惡的根原，乃是人的一切動靜的根原。人的善惡當然是以人性爲根據，人的他種行動，當然也是以人性爲根據。

但是我們說物性爲動靜的內在根原，並不是說一物的動或靜，都由物性而發動，或由物性爲動因。在實際上，一物的一動一靜，常有生理和物理的動因。在哲學方面動靜的動因，我們在講宇由變易時再談。於今我們所要聲明的，是物性爲動靜的根原，乃由理論面去看一物是否可有某項動靜，而且應該怎樣有這項動靜。因此，物性爲物的動靜之法則。

乙、物性的動靜，爲物之本能，容易而不費精力。

儒家和道家都有這種主張。

荀子以「凡性者，天之就也，不可學，不可事。……可學而能，可事而成之在人者謂

之僞。」(性惡篇)

孟子主張人有能，良能是不學而能的。例如：「口之於味也，目之於色也，耳之於聲也，鼻之於臭也，四肢之於安逸也，性也。」(盡心章下)。同時他以仁義禮智四端，也是人的良能。

孟子和荀子的不同點，孟子認爲人性的良能，即所謂善端，應該由人力去發揚，不然善端就要遭私慾所蹂躪。孟子因此說：「故苟得其養，無物不長；苟失其養，無物不消。」(告子上)荀子則認爲一切人力都爲僞，人性所有的，純乎天然。孟子以性爲端，性是動靜的根原，荀子以性和動靜爲一。

凡一動一靜，爲物性所發，則爲物的天然傾向，如水之就下，順流而下，毫不費事。若反乎水性，激之向上，那就很費氣力。因此順性的動靜，常較爲容易。

道家乃主張順性爲順乎自然，順乎自然爲無爲，無爲則不加人力。老莊便把自然和自由相對。人爲養生，應該絕對拋棄選擇之自由，一意順乎自然。老子的棄聖絕智的主張，也係無爲論的結果。這種主張，不但和孟子的主張不相同，和孔子的主張更相衝突，因爲孔子主張力學，日求進於善。

物性既是物之動靜根原，物的動靜便該按照物性而成。沒有理性之物，一動一靜都不要理智的選擇。有理性之人，一動一靜就該有理智的選擇。人身雖然有些動靜不必用理智的選擇，如生理上的動靜，這些動靜不足代表人。孟子稱之爲小體的動作，或是和禽獸相同的動靜。

二、質　量

1. 質量的定義

甲、質量是什麼

在物質的特性裏，第一個特性，乃是質量。沒有一種物質按本性說沒有質量。中國理學家以神和物的分別，在於清濁，清濁的分別，在於通或礙。張載說：「太虛爲清，清則無礙，無礙故神。反清爲濁，濁則礙，礙則形。凡氣清則通，昏則壅，清極則神。」（正蒙太和）。所謂礙壅，即是質量。可見質量對於物質物，居於區別點的地位。

質量（Quantitas）究竟是什麼？這個問題似乎很簡單，實際則很困難。平素我們都知道物體有大小，有高低，有輕重，有厚薄，這些都表示物體的質量。但是若要我們說出質量是什麼，我們便不知道從何處下手。質量本來是很明顯的事，因爲太明顯了，我們不能用更明顯的言語去解釋。

亞里斯多德曾說「有質量之物，是本來可以分之物，它的各份子於今是合成一物，但也適於自成一物。」(三)

因此對於質量，我們可以指出兩項特點：第一、質量是含有可分的份子；第二、各份子在分開以後，可自成單體。

「可分的份子」，按亞氏的主張，是質量的第一特點。物體在本體方面，本來也含有構成的因素，如「質」和「理」，如「性」和「存在」；但是這些因素都是不能分的。若一分開，不但不生新物，連以前的舊物都不能存在了。

所以物的大小、輕重、厚薄，都是因爲有「可分的份子」而成的。若是沒有可分的份子，物體也就沒有大小輕重厚薄了。

「可分的份子」較比張子所說的「礙」「壅」或「凝聚」較爲好。因爲說氣凝聚而成物，這是物理學的說法，而不是形上學的說法。礙和壅，當然是物質物的特性，但不是最重要的特性。物體爲什麼礙和壅呢，是因爲物體佔有空間。物體爲什麼佔有空間呢？是因爲有可分的份子。有了這些份子，物體乃可以計量。

於是我們於今可以說質量是物體的特性，使物體因著可分的份子而有量數。當然，這上面所說並不是一條定義，僅是一條說明而已。

乙、「可分的份子」是否在物體以內，已經是分離的呢？

按照聖多瑪斯的主張，物體質量的各份子，不能夠是在物體以內就已經是分離的，不然已經是多數物體，不是一個單體物體了。聖多瑪斯曾說：「凡是在現實上是兩個的，絕對不能在現實上是一個。但是可以成爲兩個的，在現實上成爲一個，例如連續質量的份子。一條線的兩半可以成爲兩條線，但是在現實上於今是一條線。」㈣

一條直線，可以分成多數直線，但在沒有分成多數直線以前，直線只是一條，它的各份子，只是可以分開的份子，不是在現實上已經分離的份子。

一塊石頭，可以分成多少塊石頭；但在沒有分開以前，石頭是一塊。你若說在物理上，石頭是由多數物質合成的，或是由原子合成的，原子則在現實上是互相分離的。我的答覆，則是我們在講形上學，不是講物理學。

丙、「可分的份子」可分至無限，從不會分到不可分。

幾何學的直線只有長短，沒有面積。這種直線可以引到無限之長，也可以分之又分，至於無限。

數學所研究的，就是質量。直線之能分至無限，就可以代表質量之可以分至無限。

以前的原子論哲學家，以爲原子不可分裂，物體分析成爲原子，便再不可分。於今物理學已經證明原子可以分裂。原子以下的因子，是否可以再分，那是物理學的問題。

我們認爲幾時一個物體保存自己的質量，幾時就可以分，不管它的質量是任何樣的少。因爲有質量，就有份子，有份子就可以分。

2. 質量的精髓

再進一步，我們要研究質量的精義究竟在那裏。我們要問質量因著什麼而是質量呢？質量本身的理由何在？

有些哲學家說質量的理由在於可以分裂，有些哲學家又說在於可以計算，或是在於不能透入，但是最可注意的主張，則有三派。

第一、蘇雅肋（Suarez）主張物質物按本性說在理論上可以和質量相分離，因爲質量是附加物，來在物的主體以後。因此物質物在接受質量以前，已經在本體上就有本體的各部份，這些部份有分別，例如人，按本性就有自身的四肢百體。既接受了質量，於是本體的部份就彼照次序排列，而可以佔有位置。既照這樣排列了以後，物質物當然佔有空間位置了。這其中的第二點，乃是質量的精義。

第二、杜拉多（Durandus）主張質量的精義，在於佔有空間的位置。在幾何學上，面積、直線和點，以點的質量最小，點便是祇佔位置。

第三、聖多瑪斯的主張。這派的主張認爲物質物在沒有接受質量以前，不能有本體互相分別的各部份。質量的精義，就在於使物體有本體上互相分別的各部份。這些部份互相分別，並不互相分離。

我認爲聖多瑪斯的主張更合於形上哲學。我們上面講質量的意義時，說明質量在於有可分的份子；因此質量的精髓就在於使各份子互有分別，一份子在它一份子以外，使物體有體積（ExteNtio）。物質物必定有體積，就是幾何學上的點，也是佔有位置。既佔有佔置，便有體積。體積是怎樣成的呢？它是因爲各份子不互相穿透，而是一份子在一份子之外，這就是質量的理由。質量便是使各份子互有分別而成體積。(五)

3. 質量和量的分別

質量普通分為三種：第一有「連續的質量」（Quantitas Continua），是各份子互相連續而成一物體，但是各份子並不相分離。第二有「相離的質量」（Quantitas discreta），是各量互相分離而合成一大量。第三有「繼續的質量」（Quantitas successeva），是各份子互相繼續，份子常換而量不變。第一種質量即是哲學上所講的質量，第二種質量是數學和物理學所講的量，第三種質量則是時間和運動。

時間和運動，普通都不稱為量，因此不和質量發生誤會。但是數學上的量和化學上的量，則容易和質量發生誤會，尤其是化學上的量，在於今的一些學者心目中，為唯有的質量，我們因此應該討論兩者的分別。

數學上的量，稱為數量，大家知道是由互相分離的單位合成的。這種數量和宇宙論的質量不相同，因為宇宙論的質量是繼續的量，各份子不是獨立的分子，而是合成一個物體。

現代的物理學家，多不贊成我們上面所說的質量，他們以為那是沒有科學根據的空談。他們認為物體都是由原子而成的，所謂質量，也不是物體的厚薄或輕重，也不是物體的體積，乃是原子或電子的「能量」。物體之「能」有熱度放射出的輻射能，有電磁能，有光波能等等。

以往物理學對於「量」的解釋，有的人說：「量是力和發動速度的勻衡」，即是爲發動一物體的某種速度，該常用的發動力。有的人隨從牛頓的主張，說「量是地心對一物體的吸引力」。有的人又說「量是一物體所包含的原子。」(六)

但是自愛因斯坦發明相對論以後，物理學上的「量」，又有了新的解釋。「以前總以爲質量就是物質的量，是一定而不變的。現在知道質量也和觀察者相對，正如長度與時間一般，因運動而生同樣比例的變化。……下面就可以講到質量的意思可以包含於能力的意思內；質量所表示的不過是物體內部所蘊藏的能力，普通所謂的能力，不過表現於外部而已。」(七)

我們可以看到物理學上的量，是爲計算物體能力的量，和哲學上的量不相同。物理學上的量要借數學的量纔可明瞭，因爲它是要計算總量的。因此物理學上的量可以稱爲數學的量的一種，而且物體的質量決不能僅僅由能力量去代表。例如目前的原子爐裏，一磅鈾所產生的能力，相當於一萬磅煤所產生的能力，將來原子爐進步了，一磅鈾要相當於一百萬磅煤的能力。於今一噸氫所產生的力，相當於二百萬噸煤所產的能力。在這種情形下，你是不是要以兩百萬噸煤的質量相當於一噸氫的質量呢？或是以一百萬磅煤的質量相當於一磅鈾的質量呢？我以爲這是不合理的。

物理學的量（Massa），按理說應該是一件物體的體積量，而不僅是能力量。

4. 體積——連續的質量

上面我們說質量，區分爲三種：連續的質量，相離的質量，繼續的質量。第一種連續的質量，是物質物的特性。由這種特性，物質物天然就有體積（Extensio）。連續質量，是各份子互相連續而成一物體，但是各份子並不相分離。連續質量的各份子可以分離的，然而實際上並不相分離。但雖不相分離，一份子是在他一份子之外；因此物質物便自然而然是伸張而有體積的。

體積不是物體的本身，只是本身的一種附加特性。同時體積也不是質量，而是質量的必有特性。

甲、質量必有體積

質量的精義，在於一份子在一份子之外，彼此互有排擠性。如是份子的連續，必定積成體積。

在幾何學上，可以假設一點一線，是沒有體積的，而且線可以認爲體積的終點或界限。但是我們若從哲學方面去看點和線，點和線都是物質物，便是有可分的份子，既有可分的份子，便不能不有體積。這種哲學上的體積當然不是幾何學的體積。

許多哲學家，主張體積不是實在的，只是一種理想的。百頡利認爲體積乃是理想的觀念，康德認爲體積是先天的感覺範疇。

法國哲學家拉傑里（Lachelier）曾反對體積說：體積的理由，是一份子在他一份子之外，這樣體積便不能有同一性了，一個體積不是自己，而是他一體積了，體積怎能夠成立呢？(八)

希臘古哲學家宅諾（Zeno）也曾舉例反對體積說：假使有體積，則神話中最快迅最強悍的亞智婁神和一隻烏龜去賽跑，亞智婁（Achille）總追不上烏龜。因爲體積是由無限多的份子合成的，每個份子又有無限多的份子。烏龜先走，烏龜和亞智婁的距離便是無限份子的距離。走過一個無限，又是一個無限，便永遠也走不盡了。

這兩個哲學的難題，都是以爲質量的各份子，實際上是分離的。然而我們的主張，是主張質量的分子可以分離，而實際上並不分離。各份子實際上既不分離，體積當然有同一性。宅諾的難題，更是不能成立了。可是各份子雖不實際相分離，但彼此是互相排擠而不互相透容，體積因此是實在的。

乙、體積的意義

體積在哲學上的意義是指著連續的質量，它的界限互成為一。連續的質量，是可分離的份子，相連而不相離。份子相連乃使體積伸張，伸張互成為一。假使不成為一，則不是同一體積了。假使根本不能成為一，如拉傑里所說，則體積便不能成立了。

在幾何學上，面積可分為點、線、平面；點線、平面都不能再分。但是在哲學上，面積既不能分為再不可分的份子，同時體積也不能由不可分的份子結合而成。

體積的份子，既不是互相分離的，這些份子在實際上便不是互相獨立，而且也不是具有固有的存在。體積是一個整個的質量，質量裏包含可以分離的份子。

哲學上所謂質量的份子，不是指著物理學上所謂的物體的原素，如原子或因子電子等。質量的份子，就是物質的份子，這種份子不由物理方面去看，是從哲學的物質物本體方面去看。

質量在本體方面去看，是包含可分至無限的份子；但是在沒有把質量分成多數質量以前，質量是一個，它的每個份子不自成一質量；因為這些份子，在實際上不是具有單體存在的。同樣，體積在沒有劃分成多數面積以前，體積是一個，而不是多數的。

歐幾里得的幾何學，以體積有三方面：長，寬和厚。從上世紀開始，有些數學家蓄意打破歐幾里得的定律，以物體可以有少於三個或多於三個的面積。這種問題本來是數學上的問題。數學上所有的假設，只要不違反理則上的規矩，便可以成立。主張少於或多於三面積的幾何，在理則上可以成立。但是從哲學方面看，這些主張都沒有穩固的理由。因爲「長」是「線」，「寬」是「平面」，「厚」是「體積」，線是平面的終點（界限），平面是體積的終點（界限），若是廢去體積，長和寬對於一物體，也就不適用了。若是再加一面積，則是多餘之物。

5. 數目的意義

甲、數　目

數目，可以說，是「量」的起始點，又是「量」的終止點。我們研究「量」時，第一，我們就想到「量」是可以計算的。實際上，研究「量」的學問爲數學，數學的代表爲數字。有量便有數目，數目是計算的方式。

但是除數學以外，數目也可以用之於哲學，而且可以用之於形上學。例如對於每種客體，在談區分時，立時就要用數目；因爲一談區分，就要說某客體區分爲多少種類。多少便是數目。因此數目，並不是僅爲計算「量」的。

數目的根基爲「一」；然而單有「一」，也不能成數目，必定要有多個「一」。多個「一」之所以能成爲數目，還要這多個「一」有共通點。共通點即是區分的理由。

「一」在哲學上的意義，是表示「有」自己是不分的，而和別的「有」，則是分開的。「一」乃是「有」的特性。這種特性，對於「有」，本無所加。

「一」在數量上，則是單位。單位的決定是度量衡。度量衡的標準，即是數量的共通點。數量的共通標準，由於人造。

因此數目，不是一種實際存在的物體，乃是一種理想之「有」；不過在實際上有所根據。

乙、中國哲學上對於「數」的思想

「數」在中國哲學上，曾有過相當的意義；因爲《易經》最注意「數」。後來解釋《易經》或引伸《易經》而成學說的漢儒和宋儒，也有注意「數」的人。

《易經》的數，用意是在代表陽陰。陽爲奇，陰爲偶。數字的用處，在於代表卦爻。然而因爲《易經》以天地的變易，都是陰陽的變易，陽陰既可以用奇偶去代表，天地的變易，便可以用「數」去代表了。

天地變易的「數」，是天一地二，「天數五，地數五，五位相得而各有合，天數二十有五，地數三十，凡天地之數，五十有五，此所以成變化而行鬼神也。……乾之策，二百一十有六；坤之策，百四十有四；凡三百六十。當期之日。二篇之策，萬有一千五百二十，萬物之數也。是故四營而成易，十有八變而成卦，八卦而小成。引而伸之，觸類而長之，天下之能事，畢矣。」（繫辭上　第九章）

這一篇《易經》把宇宙萬物的變易，都貼在數目上；而且以數目去講宇宙構成的經過。〈繫辭〉上下篇，學者多認爲戰國末年的著作；從上面所引的一章看來，這種數目的思想和漢朝的術數思想很相似。因此解釋《易經》的人，常喜歡把「河圖」和「洛書」同《易經》的數目，結成一貫。河圖和洛書，都是漢朝讖緯學的僞書。

漢朝董仲舒可稱爲大雅之儒，不是讖緯學小道之儒；但是他受讖緯思想的影響也很大。董仲舒講人時，以人身肢體和骨節的數目，合於天數；「天以終歲之數成人之身，故小節三百六十六，副日數也。大節十二分，副月數也。內有五臟，副五行數也。外有四肢，副四時數也。」

自漢至宋，學者中有所謂象數之學。象數之學，以數爲宇宙變化的起點，由數而有八卦之象，由八卦之象乃成萬物。

象數學的大家，當推宋朝理學家邵康節，邵氏著《皇極經世》，以元會運世計算天地始終的時間。「日經天之元，月經天之會，星經天之運，辰經天之世。」（觀物內篇）天地的始終爲一元，三十年爲一世。一元的年數，便爲三十乘四千三百二十，共爲一十二萬九千六百年。

《易經》的〈繫辭〉，以數目解釋宇宙萬物；邵康節的《皇極經世》，以數年解釋天地的始終。兩種數目的基礎，都是陰陽。

對於中國古人的這種數目思想，我們於今不能接受。數目只是計算法，本身是沒有意義的，我們也不能給數目，貼上別的意義。

註：

㈠ 羅光　儒家形上學，第九二頁—第九五頁。
㈡ Aristoteles. Phys, 1, 2, C, I., 1926 21.
㈢ Arist, Matahysica L. IV
㈣ S. Thomas in VII Metaph, leet. 13.
㈤ D. Nys, Cosmologie Tom. II. p.83-92.
㈥ D. Nys, Cosmologie Tom. II. p.95-105.

(七) 王剛森譯 相對論ABC，上冊第四〇頁—第四一頁。

(八) Lachelier (1832-1918), Du Fondement de l'induction. p. 128. ed 5. Paris.

第三章 空間與時間

物體的第一種特性，既是質量；凡是物質物便都有質量。質量的作用，第一就使物體的份子列成物體的體積。物體既有體積，於是發生兩項關係，即是空間的關係和時間的關係。我們中國古代哲學家，對於這兩點，沒有注意，不曾提出來討論。西洋的哲學家，自古至今，對於這兩個問題，爭論不休。於今我們便也把空間和時間，特別提出來，加以討論。

一、空　間

空間在哲學上，含有兩層意義：一是「外在空間」（Locus externus）；一是「內在空間」（Locus inteunus）。前者簡稱爲「位置」或地位（Locus），後者簡稱爲「空間」（Spatium）。位置和空間，不單是意義不同，彼此在哲學上的價值也不相同，因此該當分別討論。

1. 位 置

甲、位置的意義

位置（Locus）通常代表一件物體所佔的地方，所以也稱爲地方，或稱爲地位。

在哲學上「位置」的意義，按照亞里斯多德所說：「位置是盛藏物之不變的直接界限。」㈠

一個物體的位置是「盛藏物的界限」。「盛藏物」代表佔在這處地方的物體在四週相接觸之物。若是一件物體四週沒有相接觸之物，這件物體，便不佔地方，就無所謂位置。「盛藏物的界限」是四週的接觸平面，這種平面代表一物的位置。

「盛藏物的直接界限」，一項物體的地位，應該是和周圍物體直接相接觸的平面，假使若不是直接相接觸的平面，那便是兩項物體或多數物體的共同位置，那就稱爲公共地方了。

「盛藏物體之不變的直接界限」在直接界線以上，再加一個「不變的」形容詞，這是說一項物體的位置，是取它靜止時和周圍物體相接觸的平面。物體一經行動，它的位置也就變了。所以位置該是不變的接觸平面。至於船停河中，船不動，周圍的水不停的流動，船的位置是不是「不變的接觸平面」呢？不變的接觸平面，是由兩方的關係而成功，因爲相接觸是兩物相接觸。因此接觸的界限，要在相接觸的兩物都變換時，才正式變換，因此一物的位置不因盛藏物的變換而變換。而且我們還可以以位置祇是一物和周圍的接觸平面，不問所接觸的物爲何物，只要接觸的平面不變，物的位置也就不變。

乙、位置是不是實在的呢？

哲學上對於「位置是不是實在的」所有爭論，遠不如「空間是不是實在」所有的爭論，那樣激烈。這其中的理由很明瞭，因爲空間若是實在的，位置當然是實在的，而且位置的實在性，容易證明，空間的實在性，則很不容易證明了。

於今我們單單討論位置是不是實在的。

有些士林哲學者，以爲「位置」只是一種表現法，乃是人們所造的一個名詞，實際上並無所謂位置。㈡

蘇雅肋則以爲物體先有位置，然後才和周圍的物發生接觸，㈢別的哲學家認爲，位置乃是與周圍物體相接觸而成。

我們在普通的經驗上，都知道物體各有各自的位置，而且在物體被移動時，物體的位置隨著變更。假使位置或地方只是一個虛名，那麼一個物體在這裏和在那裏，就沒有一點分別，而且一個物體同時也可以在若干處地方。可是這兩點，大家都知道不合理，並且在實際上也不可能。我現在在羅馬，和我以前在中國，兩個地方，一定不能說是虛名。同時，我很想現在在羅馬又在中國本鄉，可是這種想望無論如何也不能成爲事實，可見我一身自有其地域的限制。因此「位置」便該是實有的。

丙、一物不能同時取兩地，一地內不能同時有兩物。——排擠性

A、一地內同時不能有兩物。所謂地方，不是公共地方，公共地方同時可容多物。所謂地方，乃是一物的本有位置。在一物的本有位置內，不能另有一物，這是很明顯的事，因爲物體的體積排擠任何其他物體的體積。

可是在物理學上，有些物體可以滲入另一物之中，或者夾入其中物體之中，容納這種滲入或夾入物體的物體，並不變更原有的位置，因爲面積並不加多。那麼是不是兩物同在一位置以內呢？這種現象的原因和條件，是屬於物理學的研究對象，我們於今所要答覆的只有兩點：第一、物體不容他物侵入的原則，在哲學上是不是絕對有效？第二、兩物是否可同在一位置內？

在物理上，水可滲入酒內，鹽糖可溶入水中，鐵可以插入木內。這都是日常的現象，但是在哲學上，物質物的質量不容他物的質量穿插進去。理由是物體的質量是一份子在他份子以外，而且各份子互相連續，不能間隔。若是另一物的份子能夠夾入這物體的份子以內，則物體的份子就間隔了，物體的份子就不連續了，物體必要分裂。物理的滲入和夾入作用，或是兩物合成一新物，或是各物互相分別。若是兩物合成一新物，則無謂穿透了。若是兩物互相分別，也無謂穿透，彼此各保持原有的質量，因此在哲學上並不成問題。物不容他物侵入的原則常有效。

兩物不能同在一位置內，數學上有一公理，謂於兩點之間只能引一直線。在數學上，點是只有位置，沒有長寬厚，在點與點之間則只有一直線，不能有兩條或多條的直線。最近有些數學家，反對這項公理，但並不能把這些公理推翻。

但若物體不像數學上的點和線，而是有長寬厚的面積，而且所有的面積因著物理性可以伸縮，於是在可以伸縮的範圍以內，也可以讓它物加入它原有的位置（地方）以內。在這種情形下，並不是同一位置內有同樣體積的兩物，實際是原有的位置，變成了兩物的公共地方。例如在電車裏，一個人按著自身的面積，佔了一個位置，後來人多擁擠時，在原先一個人的位置（地方）裏，擠著站兩個人。原有的位置已不是原先站著的人的本有位置，而是成了兩個人的公共地方。兩個人的面積都縮少了。

Ｂ、一物不能同時居兩地。一切的質量祇有一個，不能是兩個；一物的體積也就祇是一個不能是兩個。體積既是圍在一個界限以內，不能同時又在這個界限以外；不然或者是矛盾律失去效用，或者是一物變成了兩物，兩者都是絕對不可能的。

丁、愛因斯坦相對論所講的「位置」。

愛因斯坦的相對論，把普通所有空間和時間的觀念，都加以改變。在後面我們要簡單地看一看。愛因斯坦說空間和時間是常合在一起，離去時間就不能有真正的空間。照他這樣說來，前面亞里斯多德對於「位置」或「地方」的解釋就不正確了。

按照愛氏的主張，一個物體的位置，不是固定不變的接觸平面，因爲物體的體積雖在靜止時，也有變更。兩點間的距離，是隨觀察者的地點而異。一個物體的長短厚薄都可由點和線的距離而代表，若是距離都隨觀察者而異，於是物體的體積便隨觀察者的地點而異，結果，物體的位置也隨觀察者而異。

普通我們在近處看一物爲大，在遠處看一物小。可是荀子說：「故從山上望牛者若羊，而求羊者不下牽也。遠蔽其大也。從山下望木者，十仞之木若著，而求箸者不上折也。高蔽其長也。」（解蔽）

當然愛氏所說的，不是這樣的簡單，他不主張有固定位置的根本理由，在於他對於物質所有的觀念。愛氏謂物質祇是一種電磁現象。因此羅素解釋愛氏的思想說：「照舊見解，一個物質經永久時間也不會消滅，而於同時間內決不能佔兩處空間。事物照這樣看法，自然是把空間和時間完全分離，正如人們以前所信任的一般。要把時空來代空間與時間，我們當然要想到宇宙物理世界的元素，在時間上有限止正和在空間上有限止一般。這種元素就是吾人所謂的『事情』，事情不像舊物理中的一塊物質，是不會永存和運動的，不過存在於極短時間，隨即消去。」(四)王譯雖生硬不好懂，但是愛氏的思想是以物質爲現象，現象受時間的支配，所以不能有靜止的位置。

物質的永存，不是我們的主張，物體不能同時佔兩個空間，這是物體本性使然，愛氏已經變更了物質的觀念，我們認爲他對物質的觀念，不是哲學上的物質觀念。至於時間和空間的關係，在下面我們再看。

2. 空間

「內在空間」，簡單稱爲「空間」。但是在內容上並不完全相同，空間的意義較比「內在空間」的意義更廣；但是也可以說「空間」爲「內在空間」的廣義。

關於空間的意義，哲學上的爭論很激烈，學者的意見多不相同，於今我們簡單地看一看學者們的意見。(五)

學者們對於空間的意見可以列爲三大派：一派過於主張空間的實在性，一派過於否認空間的實在性，一派則居於前兩派之中。

甲、偏於空間客觀性的學說

A、絕對空間論

希臘古代哲學的唯物思想家，大家都認爲空間爲一絕對的實有體。如德謨頡利圖，如伊比鳩魯等，都以物體在一真空之內，真空則爲實有者，而且是永久不滅的。

近代科學家中，也有人信從這種主張，牛頓便是主張絕對空間爲實有的人，哲學家如洛克也是屬於這一派的。

洛克爲現代哲學的名家，於今我們便看他究竟怎樣解釋自己的主張。洛克說空間可以有多種意義，若從兩物體間的長度說，空間便是「距離」，若從長寬厚三者的距離說，空間便是「容量」。至於「內在空間」，則是一物和周圍物體間的距離關係。最後還有「伸張的體積」一個名詞，那是可以應用於空間的一切意義。

洛克主張物體既不和空間相混，也不和伸張的體積相混。伸張的體積爲物體的特性，空間則在物體以外。而爲一實有的自立體。(六)

B、絕對空間為神（天主）的特性

第十八世紀一個法國哲學家，很明白地提倡這種主張。這位哲學家名叫克拉爾克（Samuel Clarke 1675-1729）。當然這種主張並不是由他創的。在他以前如牛頓和史賓諾沙（Spinosa 1632-1677）都已經提到絕對的空間，不能爲一尋常的實體，乃是「神」（天主）的特性。但是克拉爾克是第一個人，正式把這種主張，加以系統的說明。他主張空間是空而無限的，因此該是天主對宇宙萬物的接觸點（Sensorum）。所謂接觸點，乃是天主無限大的「無限」特性，宇宙萬物都包含在天主的無限之中。

史賓諾沙的主張和克拉爾克的主張稍有不同，因爲史氏是泛神論者。笛卡爾曾以「內在空間」和這空間以內的物體同是一事，而且以爲空間不能是真空，空間又應該是無限的。史賓諾沙便認爲宇宙萬有中沒有一無限的物，因爲無限的空間即是神的本身。史氏對於空間的主張乃有以下的三點：空間和伸張的體積相同，無限的空間即無限的體積，不可分，不可變。這無限的空間，便是神（天主）的本身。至於宇宙萬物所佔的空間，乃是無限空間的部份，然與無限空間並不實際有分別。

德國十九世紀中有一個哲學家，名西瑟林（M. Tschitserin），他也主張絕對的空間，既不能是真空，便應該是絕對實有（神）的特性。㈦

C、中國天覆地載的空間——宇宙

中國諸子百家中，沒有人提出「空間是什麼」來討論。但是照中國古人一般說法，都是以宇宙萬有，在於天地之中。一切萬物都有天覆地載。天地之中便是宇宙的空間，包容萬物。《中庸》說：「博厚，所以載物也。高明，所以覆物也。悠久，所以成物也。博厚配地，高明配天，悠久無疆。……天地之道，可一言而盡也，其爲物不貳，則其生物不測。……今夫天，斯昭昭之多，及其無窮也，日月星辰繫焉，萬物覆焉。今夫地，一撮土之多；及其廣厚，……振河海而不洩，萬物載焉。」（中庸 第二十六章）

天覆萬物，天爲無窮的，天地中的空間便也是無窮的。這種空間稱爲宇宙。天地中無窮的空間充滿氣。道家莊子以大氣迴遊天地，儒家也是以氣充塞宇宙。再者，天地在儒家的思想中，又代表自然之道，能生育萬物。自然之道，本是皇皇上帝的天道，因此天地也代表上帝，於是宇宙是屬於神的特性了。但是宇宙是否代表神（上天上帝）的本身特性，儒家無人說明。

乙、偏於空間主觀性的學說

這一派的學說，都認爲空間不是實在的，乃是人們主觀的理想或假設。理想或假設的理由，則來自知識論。唯名和唯心派的學者，既然以知識爲主觀的產物，空間當然也是主觀的產物。

A、康德

康德按照自己的先天範疇說，主張空間為人理智所有的先天範疇。「空間」在康德的思想裏，不是外面所有的宇宙，乃是人的理智天生的一種傾向，把一切的感覺都安置在一空間之內。這種空間為純淨的空間，祇在人理智之內。

康德的徒弟徒孫眾多，影響力很廣，而且也影響到科學界。當然大家不都是完全一字一句地遵守康德的主張，但是在根本的思想上，大家是和他相同的。

B、萊布尼茲

萊布尼茲（Leibniz）曾對空間下一定義，說：「空間是共存的次序。」㈧次序是人理智所造成的，而且祇是為置物體而用的，因此空間不能是實在的事物。萊氏的主張出於他的宇宙物體論。

萊氏的宇宙論，主張物體都由「因子」（Monad）而成，因子無形象，不佔空間，不居時間。「他以為純一（因子），既沒有體積，則此一純一與彼一純一的區分必不在空間上的地位。例如此桌所以與此椅不同，就因二者各佔一個空間，不能混同。凡有形之物決不能同時以二物同佔一個空間，但無形的純一（因子）則可以如此。」㈨「因子」既無體積，物體也便無體積。物體無體積，便無空間之可言了。

C、伯克萊、休謨

伯克萊（Berkeley）最不贊成有絕對的空間，他以爲絕對的空間沒有一點意義。物體的存在和運動，並不要求在一空間之內，它所要求的，只是在它所在和它運動的線上，沒有它物。這種沒有它物作障礙，即是普通所說的地位和空間。因此空間乃是人的想像物。

休謨是唯物實徵論的主將，他不承認有所謂自立體。人的一切知識，都是感覺經驗的產物。因此他以空間即是人對於物體的體積所有的感覺；至於絕對空間完全爲人的幻想。

D、黑格爾

黑格爾的宇宙萬有，乃絕對精神體的辯證變化。「空間」便是絕對精神體的外現。絕對精神以正反合的辯證法而變，開始是自身，稱爲觀念，次則否認自己而成外界宇宙，稱爲自然界，最後自身與外界相合而爲有意識的精神。當絕對精神成外界宇宙時，宇宙間的森羅萬象，互相排列而共存，「空間」便是萬象互不相侵的次序。這種次序完全爲理想中的次序。

E、柏格森

柏格森（M. Bergson）爲近代唯心主義的大師。他主張唯一實有體，只是一種精神體的「蓬勃生氣」（elan vital）。這種生氣不斷地演變創造出各法各式的宇宙變化。人仗著心理上的直觀，乃能參與「蓬勃生氣」的化育。

所謂空間位置，乃是人的記憶力和理智將「蓬勃生氣」不斷的變化，凝固於靜止地位。因此我們以爲有固定的物質，以爲物質可分。實際都衹是人們普通談話的方便，才有這種講法。爲達到目的，我們假定一無限的空間，罩在一切物質的體積以上，任憑我們人去劃分。

丙、空間實有論

這一派的學說，爲亞里斯多德和聖多瑪斯以及後代士林哲學的學說。既稱爲派，當然不是一個主張了，因爲士林哲學家對於空間的實在程度，有好幾種主張。但是他們的根本思想，則是相同，都以爲「空間」不是虛無，也不是自立體。

A、蘇雅肋主張「絕對的空間」爲一理想的觀念，但在實際宇宙中有其根據。「空間」的觀念代表一個可以容物的「空」，這個「空」，是無限的空，是理想的空。但是在實際上，每一物體佔一位置，則這容納物體位置的空間，爲容納者的一種附加的特性。這種容納特性，便是實際的空間。

B、笛卡爾主張空間即是物體的伸張體積。例如在一空間的物體，它的體積和它所佔的空間，並沒有分別，兩者同是一物。所以實際的空間即是實在的體積。理想的空間，便是抽象的體積。因此，所謂真空，乃絕對不可能。空間以內應該有體積，體積則是物體的體積，這樣就不能有真空了。

C、德國學者有人主張空間爲物體間相互的吸引力。西蘭(M. Seeland)謂物體的伸張體積乃是物體間互相吸引又不互相侵奪的「力」。(十)何里維乙(Olivier)也是主張空間爲物力的關係。(十一)

D、亞里斯多德對於空間的解釋,由兩物間的關係出發,以空間爲一種關係。空間的關係是兩物間的距離關係,距離關係以兩物的體積爲據點。體積有長寬厚三面,那麽空間也有長寬厚三面。因此空間便是包含長寬厚三面的距離關係。在後面我們稍爲發揮這種學說。

3. 空間的意義

聖多瑪斯繼承亞里斯多德的空間學說,再加以發揮,指定了空間的意義。我們把空間的意義,簡單列在後面。

A、空間和位置或地方(外在空間)不同。位置和地方指著位置的平面,空間則指著在位置以內之物的長寬厚各面體積。

B、空間和連續的質量也不相同,因爲空間容納著連續的質量。

C、空間是什麽呢?空間爲長寬厚三面的距離關係,分爲實在的空間、可能的空間、和想像的空間三種。

實在的空間，由實在的長寬厚而成。長寬厚爲物體的特性，因此幾時有實在的物體，幾時纔有實在的空間。

可能的空間，由可能的物體而成。想像的空間，是我們想像沒有物體而成的空間，如在宇宙以前的空間，或在宇宙以外的空間。這種想像的空間既不是實有的，也不是可能的，僅僅由我們的想像所構成。

D、因此絕對的空間，不能成立。沒有物體，便沒有空間，空間怎麼能夠成爲一個自立的絕對物體呢？空間是物體的關係，不是物體自身。

同樣，真空的空間也不能成立。在物質的宇宙以外，固不能有真空的空，在物質的宇宙以內，也無所謂真空。在物理學上，對於宇宙以內能否有真空，發生許多意見，但是在哲學上，真空是是想像的空間。

E、幾何學上的空間，能夠沒有一平面，如點，只有位置；能夠只有一平面，如線只有長；能夠只有兩平面，如面積，只有長和寬；能夠有三平面，如立體，有長寬厚。這個分法是想像的抽象作用，並不是實際是這樣。

在實際上，空間應該有三平面，不能多也不能少。

若說兩點間的距離，只有長度，沒有寬厚。但是距離只計算長度，然距離內的空間，則包含長寬厚三度。

F、實在的空間，不是無限的。無論宇宙怎樣大，無論星辰間的距離怎樣遠，但是物質和無限兩個觀念是不相容的。士林哲學家中討論是否可能有種無限的空間，有人贊成，有人反對。我以爲既是物質和無限在觀念上不相合，便也不能有種無限的空間。

至於幾何學上說，一直線之長可引至無限。這種無限是種理想的無限，不能成爲事實。

4. 內在空間的意義

上面所講的空間，是普通一切的空間，宇宙也包括在內。於今我們再講內在空間的意義。

內在空間即是實在的空間，這種空間乃是在實在的界限以內，長寬厚的三面關係。內在空間和外在空間，可以說是互爲因果，外在空間按亞里斯多德所說，爲盛藏物的直接限界，也就是可以容納一種指定質量的限界。內在空間便是這種限界以內的三量（長寬厚）關係。一種限界以內的三量關係，就是實在空間。

內在空間爲實在的空間，這一點，由物體的運動的現象，可以作證。所謂位置運動，就是由一位置到別一位置的運動，若是位置不是實在的，這種運動簡直不可能。但是位置的實在性並不是說位置爲一實有體，假使是一實有體，則位置又該有位置了，因爲應該是物質物。內在空間的實在性，是說物體真真有這種附加的特性。

仔細說來，物體在一定的地方以內，這種附加特性，既不完全和物體的體積是同一事，也不和這個地方以內的空間同是一事。物體的體積是物體「佔一地方」的基礎，物體若沒有體積，當然不佔地方了，物體佔一地方和這地方也不同是一事。

於今我們把空間，位置（地方）和內在空間，再合起來看一看。凡是所謂空間或地方，必定具有兩個因素：一是距離，一是三面界限。

三面界限是物質因素，距離是理論因素。若是在事實上沒有長寬厚的界限，什麼空間都不能有；若是沒有距離，空間也不能成。

三面界限互有距離時，便有空間。若從造成界限的物體一方面去看，則外在空間，是位置，是地方，是容量。若從被界限限住的物體去看，則內在空間，則是此物的位置。若從三面界限的距離去看，則距離的關係是空間。

空間按內在空間說，常是一實在的空間，常有一定可見的界限。但是在普通說空間時，或指著整個宇宙，或指著沒有一定界限的空間，這種空間便帶有理想性了。宇宙在實際上是有限的，但普通我們說宇宙時，常以宇宙爲一可容無窮物體的無限空間。這便是理想的空間了。

因此空間是一個很複雜的名詞，有實在性，又有理想性。有指定的意義，又能有渺茫不可測的理想。

二、時間

時間的意義，在哲學家中，爭論紛紛，和空間的問題一樣，而且時間的意義，較比空間的意義還更難解釋。我們於今簡單地把時間的問題，加以討論。

1. 哲學家的意見

哲學家對於時間的意見，也和對於空間一樣，有的人偏於主觀，有的人偏於客觀，有的人則爲折衷派。

甲、偏於主觀的學說

從知識論方面，去觀察時間，決定時間爲主觀的產物，在這一派的主張中，以康德爲最著。

A、康德的主張：康德認爲時間不是實有的，乃是理智先天所有的範疇，爲使人的感覺，能有先後的次序。這種範疇，只在理智以內，在外面事物上沒有根據。

康德以後的唯心論學者，都以時間爲人的主觀觀察法，是人願意加給外物一種統一的次序。

B、萊布尼茲的主張：萊氏不屬於唯心派，但是他對於時間的主張，很近於唯心論。萊氏給時間下一定義，說時間的久暫，即是彼此繼續的次序。時間在本身方面說，不是一個實有物。因爲它的各部份都不是實有的，這個物體怎麼可以是實有的呢？時間的部份，所謂以往將來和現在，都不是實有物，只是一種次序而已。時間便是一種理想物。

C、笛卡爾的主張：笛卡爾也不是唯心論家，他對於時間，卻較比萊布尼茲更偏於主觀。笛氏認爲時間絕對不是實有物，時間乃是我們對於外物的一種看法。若是我們要以時間爲實有物，時間便該和物體的存在，同是一事。

D、柏格森的主張：在現代哲學家中，柏格森名望很高，他對於時間的主張，很有特出之點，但是他的全部思想不出唯心論的窠臼。柏格森以「蓬勃生氣」爲實體，「蓬勃生氣」繼續進化，表現於人的意識中。「蓬勃生氣」表現於人的意識中者，爲人的精神最切己的活動，如心理情感。這些活動沒有物質的伸張質量彼此互相融洽，沒有地域之可言，僅只有深淺程度之可言，我們體驗到一種情感深，一種情感淺。情感深淺程度之繼續，表示心理精神活動的久暫和前後，這就是所謂時間。因此在人的意識以外，無所謂時間。普通所謂外在的時間，乃是一種理想的時間，繼續不斷的流行，一切的事物，都在這個時間中，列成先後。然而這種時間，祇是理想的，而不是實在的。

乙、偏於客觀的學說

偏於客觀的學說，以時間爲一實有的自立體。主張這種學說的學者，同時也主張空間爲自立體。

古代希臘的唯物論哲學家早已主張時間爲先天地而有之物，中古哲學家中也有這樣主張的人，他們都以爲宇宙萬物包含在一實在的空間以內，也包含在一實在的時間以內。空間爲唯一的，時間也是唯一的。

A、克拉爾克和牛頓既然主張空間爲神（天主）本身的特性，也就主張時間爲神的特性。他以爲時間是無限的，包括一切的事物；那麼除神以外，誰能有這樣的特性呢？

B、易增拉赫（Isenkrahe）的主張。[十一]易增拉赫爲德國學者，他很不贊成亞里斯多德對於時間的主張，他認爲時間不能由變動去看，該由時間本身去看，而且時間也不能在事物以外。易氏主張時間乃是受造物繼續流行的特性。譬如一根直線，可以延至無限之長，每件受造物也是繼續延長存留下去。這種繼續的存留，不是永久不變的存留，乃是新陳代謝的繼續流行；於是乃有時間，因爲若是事物永不變，那便沒有時間可說了。

2. 時間的意義

亞里斯多德說：「時間是按著前後去計算運動」，[十二]空間以物體的體積爲根據，時間以物體的運動爲根據。沒有運動，便沒有時間。

凡是動都有前後，就是物體在空間的移動，也有前後的分別，因爲在移動以前，佔有一位置，在移動以後，另外佔一位置。但是運動的前後，並不是運動在物理方面的變動而定前後的時間。即使一種運動常是一致，常是保持一樣的程度，這種運動也可以有前後，有時間。

運動按著前後去計算，所謂前後，是假定運動繼續進行，若是運動停止了，已經沒有可計算的了。運動既然繼續進行，便不是立時都完成了，是有一部份已經成了，有一部份還沒有成；這種分別就是前後的分別。例如我寫書，若是立時全書一下都寫成了，則寫書的動作，沒有前後。但是實際上我寫書是一天寫一頁或兩頁，我寫書的動作，便分前後。又例如我由羅馬到台灣，若是一想就到，我的行程便沒有先後；但是實際上我是走一段又一段，然後纔到台灣，於是我的行程也有先後了。

甲、時間和久暫

久暫（Duratio）的觀念，是對於物體的存在而言。對於不存在的物體，便不能說久，也不能說暫。一個存在很短的物體，無論它的存在怎樣短，它總是存在過。

存在既可以有短長，存在便有久暫。以久暫而說物體的存在，久暫和存在，不是同是一事。久暫是存在的久暫，但是不是存在本身，它和存在有分別。

久暫為計算的名詞，假使沒有一種計算和計算的標準，久暫也無從說起。久暫的計算便是時間。

如能計算久暫，第一是要有開始的一點。假使沒有開始的一點，那就只有永遠，無所謂時間。第二又要有一據點，即是根據那一點去計算。為計算久暫，所可以根據的是根據物體存在的繼續性。所謂繼續性，即是物體的存在，不是立時都完成，是繼續完成。既是繼續完成便有完成和未完成，因此便有先後。所以爲計算久暫的根據點即是「繼續存在」中的前後。「繼續存在」的先後，乃是運動，沒有運動，一成不變的物體，絕對無先後之可言，也就沒有時間。

還有一點，爲計算久暫，不單是要有先後，而且還要有循環。我們爲計算空間的距離，是用長度的尺或里去計算，量了一尺再量一尺，量了一里再量一里。這樣纔可以說出一個距離究竟是多少長，才能說出長短。同樣爲計算時間，也應該取有循環性質的運動爲標準，纔能夠在實際上說出一種久暫，不然久暫便沒法說出來。

但要注意的，我們說須有循環的運動，以計算時間，並不是說祇有循環的運動才能有時間。一切的運動都有時間的久暫，但爲計算時間久暫的標準，則祇能用一循環運動作標準。實際上我們用年月日去計算時間，年月日是一種循環性的運動。

乙、時間的實在性和理想性

對於空間，我們曾說有實際的空間和理想的空間。實際的空間，是實際上兩物間的距離或一物的容量。理想的空間，則爲一包括萬物的無際宇宙。對於時間我們也分實在的時間和理想的時間。

理想的時間，是一種人所想像，從宇宙開始，繼續前行，一致不斷的時間。時間有如一道洪流，夾著凡百事物，不斷地向前流。這種時間爲一切的事物，都是一致的。

實際的時間，是實際上一項事物的時間，有久有暫，有起有終。因此時間是一種實有物，並不是幻想。不過時間不是一種自立體，而是一種附加體，附加在物體的存在上。因爲久暫是存在的久暫。

但是這種實際的時間，在計算上，計算的方法，則由人而定。爲計算地球上的空間，有經度緯度和尺量，這些計算法，都是人爲的方法。爲計算時間，所用的年月日和據點，也都是人爲的方法。可是，我們並不能因此說時間本身就是人所造的。普通我們說時間，固然是說多少年多少世紀，這些當然是人造物，不過時間的本身，乃是存在的久暫，是存在本身所有的不是人造的。年月日不過是時間的一種說法。說法是一事，事物本身又是一事，說法可以換，事物本身並不隨著說法而換。普通人對於空間和時間的誤會，就在於把空間和時間同計算的方法或數字相混爲一，計算的方法和數字，既是人爲的，便以爲空間和時間不是實有，而是人爲的看法。這是一種錯誤。

丙、時間的區分：過去、現在、將來

A、大家都知道時間的計算，是用年月日，時間的區分，是過去現在和將來。年月日，完全是人爲的計算法；那麼過去現在將來的區分法，是不是人爲的區分法呢？

時間的意義，是運動的計算。運動爲什麼可以計算，因爲運動是繼續的變化，有前有後，既然有前有後，當然可以分爲現在，過去和將來了。因此時間的三分法，不是人爲的區分法，而是時間本身的區分法。不過這種區分法，在實際法，不是爲一切的事，是一致的，是絕對的，而是每一事物有每一事物的三時，而是一種相對的區分法。

三時的區分法雖是時間本身的區分法，但因爲在實際上每事有每事的三時，三時的區分標準，以觀察本人爲標準。

觀察者的觀察標準，在決定「現在」。「現在」並不是一定是事情和觀察者同時相合的一刻，而是觀察者按照事情的客體關係，決定一刻爲現在，於是在這一刻以前者，爲「過去」，以後者爲「將來」。這種決定雖繫於觀察者的，但是決定的根據，常有事實的根據。

B、「現在」這個觀念，有「本體上的現在」，有時間上的現在。

本體上的現在，即是事物的存在。凡是一件物體存在時，都稱爲現在，未存在以前稱爲已往，存在毀滅了以後稱爲將來。因此一個人活在世上時，稱自己的生命爲現生，不論活的時間是多少年，整個的一生都是「現在」。所謂前生和來生，則是現生以前或以後。

時間上的現在，若是以事情和觀察者相遇的一刻稱爲眼前的一刻。這種時間的現在也就是空間的現在。因爲在眼前的一刻，事情變化在空間所佔的位置，正當在我眼前的位置。不過這種相遇，並不是務必常要如此，是要我們以眼前的一刻爲現在時，才是如此。

許多人說明眼前的一刻最不實在，剛一說眼前，時間已經過去了。但是在理論方面，猶如物件在空間運動時，位置繼續運動，並不能說沒有位置，同樣物體在繼續運動時，也不能沒有現在。因爲運動位置是靜止位置所積成的，運動的時間也是「現在」所積成的。

丁、相對論的時空論

A、時空說

愛因斯坦對於空間和時間的主張，與眾不同，雖似較近於主觀派，然不能列在任何一派的思想中．因此我把相對論的時空論，特別分段說明。

愛因斯坦創「時空」之說，以爲歷代學者把空間和時間分開討論，不合於理。他認爲空間是由長、寬、厚、和時間，四方面而成的，同樣，時間也是由空間和時間而成的。愛氏的理由，都是物理方面的理由。「他的出發點，是以物理學中任何觀念（如時間、空間之度數），必需先加以一度量上有意義的定義。譬如吾人常說某二件事在兩不同的地點，同時發生。實則同時二字，無絕對意義，須要看如何量時間而異。對一觀察者是同時，對另一個動的觀察者，則不同時。同理，如說兩點間的長短距離，則又須看測量者是否靜止或對此兩點有運動而異。吾人務先下一度量的條件，然後始能給時間及空間以切實的定義」。時空的度量原則，便是他在一九〇五年發表的相對論，「所謂相對論，乃兩個觀察者（或隨性座標）

如以等速相對運行，則一切物理定律在二座標皆相同是也。」(十四)

但是時空的相對性，並不是絕對的，因爲「世界裏事物的變移，有下列的情形：設有一事情「E」在我處發生，同時有一閃光自我處傳到四方。在他物體上如另有一事情發生於閃光傳到之後，則不論用何種時系計算，必較事情「E」爲後。在他處發生一樁事情，俟我看見後，我處的事情「E」方纔發生，則不論用何種時系計算，必較事情「E」爲先。但是在這兩期間所發生的事情，就不一定能決其較事情「E」爲先或後了……在日常生活中，吾人只要用一尺矩或用他種度量。在用尺矩量一物體時，尺矩所量之物體，總在相對靜止狀態之下。所以量出之長度只能當作「專有」長，就是說，這長度不過於和物體一起運動時所得之結果。……但是某物體對於觀察者有極速之運動，則上面的方法，就不能適用，並有很奇怪的事情發生了。……兩個物體互相有相對的運動時，他人所代量的長度，總比自己所量的要短些。……現在要說把同時的意義加入量長時是怎樣：如說物體上兩點之長爲一尺，應當把尺矩的兩端「同時」合在物體的兩點上纔行。如二人對於同時的情狀不一致，而物體又在運動，則二人量出來的結果，當然也有差異了。所以在時間上起了爭執，影響到空間上亦起爭執了。(十五)

愛氏的時空說，常以光的流行爲例證。光的流行普通是一時間問題，由時間然後才轉爲距離問題。

相對論關於物體的運行有下面的三項原則。

「任何物體在時空裏，如果沒有電磁力作用，總沿著自然線進行。」

「光線進行時，其任何兩點間之間距為零。」

「離開引力極遠的地方，我們可以用算學公式變換所用的座標式，使其間距和特殊相對論裏所求得的間距相合。」㈩

所謂「間距」，是從空間和時間的關係裏尋出一個量來，對於任何觀察者都是一樣。「在特殊相對論裏求間距之方法如下：算出兩樁事情相隔距離之平方，和在兩樁事情相隔時間裏光所經過之距離平方；用大數減去小數，所得之數，就是代表這兩樁事情的間距之平方。」㈦

「事情的間距可分為三種。（一）兩樁事情發生時，適同在一條光線上；一樁事情發生時，恰好看見他處所事情的光傳到。這種情形，兩樁事情之間距為零。（二）如兩樁事情相隔的距離過遠，而物體又不能有光速一般大的速率，則此物體不能從此處走到彼而親睹兩樁事情正在發生。不過事實上此物體可以作相當的運動，使此物體上觀察者適覺兩樁事情是同時發生的，這時就可用兩樁事情相隔之距離來表其間距。這種間距是屬於空間性。（三）如兩樁事情相隔的距離不遠，則事實上物體可在此處走到彼處而親睹兩樁事情正在發生，這兩樁事情的間距就是在物體上觀察者所得的時間的間隔。這種間距是屬於時間性。」(六)

B、時空論的例證

愛因斯坦曾舉例說：例如在一條成直線的鐵路上，從兩處同時放射燈光。若是一個人站在這兩處燈光距離的中心點，觀察燈光，他看著燈光是同時放射出來的。但是另外一個人站在火車上，火車正在走，他看這兩處的燈光，便不是同時發射出來的了。他所看見的是從火車所向的方向所放射的燈光在先，從火車後面的方向所放射的燈光爲晚。因爲在兩處燈光的速度裏，滲進了火車的速度。火車所向的方向所放射的燈光，在自己的光速外，又加上火車的速度，燈光和車上觀察者的距離減短，所以看來射的早；火車後面所放射的燈光，要追上火車，燈光和車上觀察者的距離增加，因此看來放射的晚。

在宇宙內，地球是動的，在地球上觀察光的時間，便應該是相對的，不僅是地球動，其他星座也動。於是光的時間的計算，更應該是相對的了。

又例如「在火車軌道某處——如在火車隧道口——可使他處傳來的聲音反射而成回聲。當火車沿軌道前進時，在軌道旁放一鎗聲。如火車向隧道口進行，則車口乘客必比放鎗者先聽到回聲；如火車向反對方向進行，則乘客必晚聽到回聲。……今設於車末車守處放一鎗聲，而於車首機關車上置一回聲幕，仗鎗聲反射。設火車之長適等於聲音一秒時所經之距離，而火車速率為音速十二分之一。今設於車中，作回音之試驗，於火車靜止時車守應於放鎗後兩秒鐘就可聽到回聲。如車向進，則須兩秒又一百四十三分之二之時間纔可聽到回聲。」(九)

C、特殊相對論

愛因斯坦的相對論，在物理學上成為一種專門的理論，稱為特殊相對論。上面我們所談的，是愛因斯坦相對論的普通理論，容易懂，應用較廣。特殊相對論，則為物理學和數學的專門學說，也稱為狹義相對論。

愛氏的相對論，動因是解釋光學上的問題。

牛頓曾以光為微粒，創微粒學說。福根斯（Huggens）於一六七九年又創波動說。光在真空中進行時，須有媒介物，物理學假設真空中有「以太」（Aether）。

一八八七年，麻可爾生摩萊（Michelson-Morley）舉行實驗，證明「以太」不是完全靜止的，應該隨著地球轉。

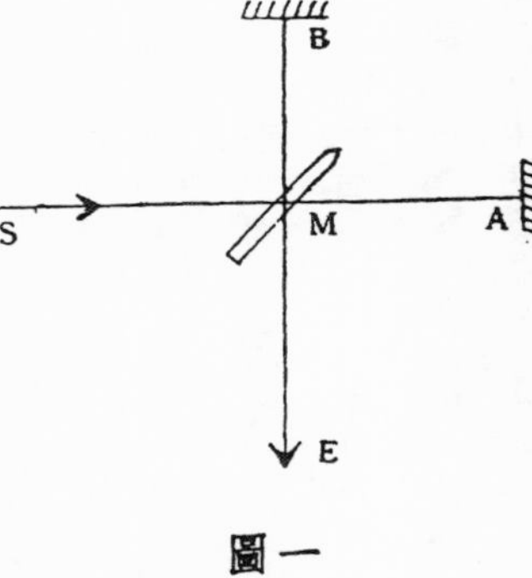

圖一

「由光源S發出之光線為SM，以45之角，射出一個半鍍銀之平面玻璃M上，而分為透射之MA及反射之MB二條。如圖所示A及B二點又各有一種平面鏡，鏡面與MA及MB二線互為正交。經此二平面鏡反射之後，光線AM及BM各維原路而達於M。再由此平面玻璃之反射與透射，而共取ME之方向，在此方向上用一小望遠鏡視之，可以看出二組光線之干涉條紋。」

「MB垂直於地球運動之方向，當M在M之位置如圖二所示時，光線由M鏡出發當其經B鏡反射而復落於M上時，此平面玻璃M將隨地球運行而達到M2之位置矣。」㈩

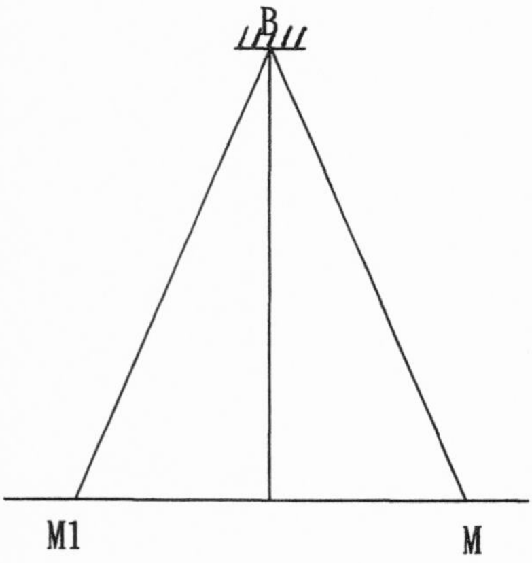

B

M1　　　　M

圖　二

麻可爾生和摩萊的實驗，將第一圖的儀器放在可以自由轉動的平台上，當全部儀器轉到九十角度時，MB和地球的方向相合，結果，干涉條紋，並不隨儀器的轉動而移動。於是，只能假定「以太」隨地球運動纔能解釋。但同時，麻摩兩氏的實驗，卻又不能證明MB和MA兩組光線的干涉條紋，速度有什麼不同。按理說，「以太」若是隨地球轉，兩組光線，一線是橫渡，一線是順著或逆著「以太」的運動，兩線的速度應有不同。

爲解釋這層困難，乃有費兹噶拉特（Fitzgerald）和羅倫兹（Lorentz）的「收縮說」，主張物體運動時，常向運動方向，依照速度的大小而生相當的收縮。因著這種收縮，麻摩兩氏實驗裏的兩組光線，恰好同時回到原處。「然則空間之絕對性，實已消失，而絕對運動，實爲一個無意義名詞矣。」㈡

由這些實驗及理論，愛因斯坦於一九〇五年，發表相對論，相對論的基本理論，在上面已經說迴，即是「作等速運動之動系中之觀察者，無法發現其自系或其本身對於自由空間之運動。……光之速度在自由空間中，爲各向相同的，不受光源及觀察者對於空間所作各種等速運動之影響。」㈢

相對論的理論，應用很廣，應用於電磁學和力學，應用於物體的能量動量、電荷量等。既主張空間和時間的相對性，又主張物體質量的相對性。

D、相對論在哲學上的價值

愛因斯坦的相對論，是一種物理學說。但是他的時空論，使多數研究哲學的人，都把歷代的時間和空間的觀念改變了，主張相對的時空論。在我們看來，物理學上的相對論，並不推翻我們哲學上的時間和空間的觀念。相對的時空論是物理上的計算法。這種計算法，只是說，在物理界中，沒有一種固定點爲計算空間的距離，同時也無法規定同時的時間。然而空間和時間的哲學觀念，並不因此而毀滅了。而且就是在相對時空的計算上，歸根仍是假定靜止點作爲標準。因此我們不因著愛因斯坦的相對論，就完全改變我們對於空間和時間的主張。

註：

(一) Arist. Phys. IV 4. 2.12 a, 20 sq.

(二) 如耶穌會士Hoenen和Dario.

(三) Suasez, Disp Metaph,. d. 51. s. I n. 14.

(四) 王剛森譯 相對論ABC下冊 第一〇二頁。

(五) 請參考D. Nys, La Notion d'Espace. Louvain 1930. p. 19 sq.

(六) J. Locke, An Essay concerning Human Understanding.

(七) Tachitserin., Raum una zeit arcir. fur systematigne Philosophie. 1899. T.V. fasc. 2. ph. 137-158. fase. 3ph. 253-285.

(八) Janet. Oeuvres philosophiquer de Leibniz. t. II. p.639.

(九) 張東蓀 哲學 第二一〇頁。

(十) Seelend- Zur frage von en Wosen des Raum. Philosophie Gahrbuch, fas. 4. 1898.

face. 1. 1899.

(十一) Olisee- Was ist Raum, Zeit, Bewegun, Masse, -Munchen. 1902.

(十二) Isenkrahe Der Begriff der Zeit (Philosophie Tahrbuch. XII. (1902) s. 23.

(十三) S. Thomas. Opux. De Tempore. C. II.

(十四) 吳大猷　近代物理學發展簡史　中央日報。

(十五) 王剛森譯　相對論ＡＢＣ上冊　第七〇頁至七六頁。

(十六) 王剛森譯　相對論ＡＢＣ下冊　第十一頁。

(十七) 同上，上冊九十五頁。

(十八) 同上，六十頁。

(十九) 王剛森譯　羅素著　相對論入門　第三五頁。

(二十) 汪潔　相對論　台北民四十六年　七頁—八頁。

(二一) 同上，十頁。

(二二) 同上，十五頁。

第四章 論變化

一、變化的意義

1. 變化是什麼

中國《易經》是一冊講宇宙變化的書。全部《易經》的思想，以陰陽奇偶爲根本，建立宇宙變化的哲學，然後進而推出人事的吉凶，再而歸結到人事的規律，《易經》以宇宙的變化爲易。

變化兩個字，《辭源》解釋說：「變化，互相生滅之義，自有而無謂之變，自無而有謂之化。」但是變化兩字分開來看，每字都另有其他意義。變字有更改的意思，這就是「變更」。變字還可以指著行動，這就是所謂「變動」。化字第一有「生化」的意義，再又有「教化」「感化」的意義。

所以變化的意義，可廣可狹。廣意的變化，指著一切變動；狹義的變化，指著物體的生滅。在廣狹兩義之間，包括著其他一切的意義。

無論變化的意義或廣或狹，它的根本意義，必來自「動」，沒有動，不能有變，沒有變也不能有化。《中庸》說：「動則變，變則化」（第二十三章）

於今我們看看「動」字的意義。

甲、動

《辭源》解釋「動」爲「靜之反，物體不論自力或他力，凡轉移其地位，皆謂動。」這種意義是我們普通說話時，說到動，就指著一物轉移自己的位置。但是轉移位置的「動」，實際則只是一種「動」，其他的「動」，還有好些種。因此，動字最廣的意義，該是「動作」。

「動作」包括一切的行爲，無論是內在的行爲或外在的行爲，無論是物質的行爲或精神的行爲。「動作」即是「靜之反」。靜是不動，不單單是指著不行動，是指著沒有行爲。理學家講動靜時，常心動或情動，這個動，指著動作。

西洋哲學不以動靜相對，而以現實和潛能相對。從潛能到現實間的過程，稱爲動（Motus）。譬如我寫字。在先我有寫字的能力，我於今寫字，便寫成了一張字，把我的寫字能力作成了一張字的事實。能力稱爲潛能，事實稱爲現實，寫字的行爲成爲動。

亞里斯多德給「動」字下了一項定義：「動爲有能者，就因爲有能而得現實」。㈠動爲一種現實，但不是已經成了的現實，乃是有潛能者使用自己的能時而得的現實。例如我寫字當我使用我能寫字的能力時，這種寫字的現實稱爲「動」。當字已經成字，和我寫字的能已經脫離關係，字的現實不是「動」，而是「物」了。

因此，「動」和「變成」（Fieri），「現實」和「有」（Esse），互相關連。

但是「動」稱爲「現實」，不稱爲「潛能」；因爲「動」，已經出了潛能的境界，雖然沒有達到完成的現實，但是對於潛能，已經是一部份的現實了。

乙、動的因素

爲能「動」，第一應該有「動」的主體。你說手動，先該有手。你說我動手，先該有我。動是動作或變動，是屬於一項主體的。

爲能動，第二應該有動力。純淨的潛能，常是潛能，若不加以動力，永不會動。《辭源》解釋，動爲物體不論自力或他力轉移其地位。自力或他力，是指物體本身而言；從「潛能」一方面去看，使潛能動的動力，常是在潛能以外。至於說使潛能動的動力，是有潛能者的自力或是他力，在後面我們要加以討論。

爲能動，第三應該有止點。這一點似乎和《大學》以及理學家的主張相衝突了；因爲《大學》說：「知止而后有定」（第一章），定則不動，知道止點便不動了。可是知止而后有定，並不是說知止即定，是說知道了止點，然後才會定，在知止和定之間，是有距離的，既有距離，便和動不相衝突了。爲能動，應該有止點，因爲動是從一點到另一點的過程。這兩點雖不是同時已經存在，但在發動「動力」者方面，必先理想到「動」要到的止點。普通說盲目的動或說亂動，指著沒有止點的動，實際上沒有一種沒有止點的動。這項因素，是動的動機，也是動的理論因素。

這種理論因素，即是形相。形相指著變化形相，可以是物體的本形，可以是物體的附形。藉著形相，變化才可以形於外。例如由瘦到胖，胖是變化的形相。由低長高，高是變化的形相。形相的種類不一，因此動的種類也不一。動的分類，是按著所變化的形相而分類。

2. 變化的種類

甲、按著因動而起變化的形相，動（廣義的變化）可以分別爲兩大類：本形上的變化和附形上的變化。本形上的變化又分爲生滅。附形上的變化則又分爲地方或位置的變化，和形色上的變化，前者可以簡稱爲運動，後者可以簡稱爲變更。

變化的種類，可以列成一表

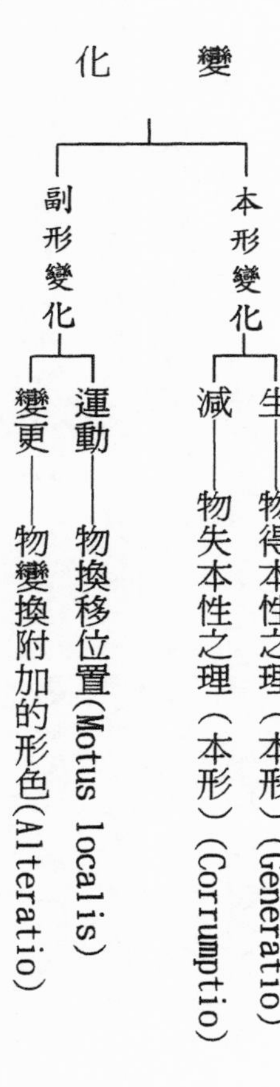

有些士林學者把上面的四種變化都歸於物理的變化，他們另外又設一形上的變化。形上的變化所有的止點，不是一種形相，而是「有」的整體。對於「有」的「存在」，所能有變化，可以爲三種，或是從無到有，稱爲「創造」；或是從有到無，稱爲「消滅」；或是從一物完全化爲他物，稱爲「物化」。㈡在普通社會用語上，也有所謂創造、消滅、物化，但是所用的意義和哲學上的意義有分別。哲學上所謂創造，是從絕對的不存在而到存在；所謂消滅是從存在而到絕對不存在。所謂物化，則是一物的整個本體化爲另一本體。這等動作，不是宇宙內任何物體所能作的，只有創造宇宙的神（天主）才能作。因此我不把這等變化放在宇宙論以內，留在宗教哲學裏去談。

至於我們上面所列的四種變化，雖是在物理界內實現，但是我們的研究點，完全是在哲理一方面。

乙、從變化的形式方面，變化分別爲兩種：一爲「繼續的變化」，一爲「立時的變化」。

「繼續的變化」，是從起點到止點，變化逐漸進行。爲甚麼變化取逐漸進行的方式？是因爲變化的主體爲物質體，物質體有質量，質量則是份子挨著份子伸張成體積。因此物質體的變化，常是逐漸按著質量而進行。

「立時的變化」，是從起點到終點，中間沒有過程，從起點馬上就到了止點。這種變化方式，在創造消滅和物化三種形上的變化中完全實現，至於在宇宙內物體間的變化，雖有所謂立時變化，實際上並不是純粹的立時變化。宇宙內的立時變化，是本形的生滅。因爲物體的本形，或是有或是沒有，並不能逐漸有，逐漸而無。例是人，或者馬上是人，或者馬上不是人，不能說漸漸變成人，漸漸地不是人。一過生滅的立時變化在實際現象上並不是立時，因爲生滅有所預備。

二、運　動

在實際現象中所常見的事，莫過於變化；變化中最易見的，又莫過於物體的運動。我們自己幾乎每一刻都在空間裏移動，時時改換我們的位置，故運動一事，爲我們日常的經驗。但是我們若要研究運動所以然的理由，這種日常的事並不是很簡單的事了。

1. 運動是什麼

希臘一位古哲學家宅諾（Zeno），曾主張物體不能有空間的運動，物體若有運動乃是自相矛盾。他用四種例證，來證明自己的主張。（一）空間運動，絕對不能達到止點。因爲空間距離如同幾何的直線，可以分到無窮的部份，分了一半，又可分一半，一直到無窮。在空間的運動，走了空間距離的一半，尚餘一半；走了一半，又餘一半。終歸也不能走到盡頭。

(二)亞基婁武士追趕距離一步的烏龜，從不會趕上。因爲中間既有一步的距離，當武士前進一步時，烏龜也前進，於是又有了新距離，這樣兩者的距離，可以繼續到無窮。(三)箭離弓弦，在空間裏射走，所謂走，祇是假想之詞，實際箭在空間是繼續的靜止，因爲箭所穿過的，是繼續的一點一點，點是不可分的。每一點爲一靜止狀態。我們現在有電影，電影是由一張一張的影片連接而成的，實際上所有的影片，是一張一張的影片。每張影片則是靜止的。故無所謂動，而祇有靜。(四)在運動場中，排著三列運動員，第一列四人，第二列四人，稍在第一列之左。第二列第四人，和第一列第二人同行，第二列第三人和第一列第一人同行。第三列四人，稍在第一列之右，第三列第一人和第一列第三人同行，第三列第二人和第一列第四人同行。

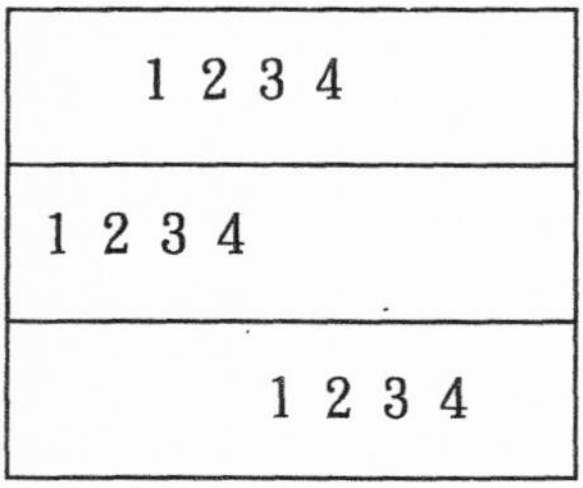

		1	2	3	4	
1	2	3	4			
			1	2	3	4

於今第一列站著不動，第二列和第三列彼此相向而動，速度相等。問是否三列的四人，能否人人相對成行。答案說不可能。因爲同時第二列和第三列的四人相向而動。第二列和第一列原先相差是兩步，於今因第三列相向而動，則相差爲四步了。

宅諾因此主張沒有物體運動。他的主要理由，是距離由線而成，線可以分至無窮。另一方面，物體經過距離，是由一點到一點，點是不可分的，從一點到另一點的時間也是不可分的。因此運動便不可能了。

另一派的哲學家，卻正和他相反，主張在宇宙中只有動的事情，沒有靜的物體。前面我們看過愛因斯坦的相對論，他以事情代替物體，而且以時間夾入空間以內。但是近代哲學家中最主張運動的，是柏格森。柏氏主張「蓬勃生氣」，繼續進行。祇有這種「進行」是實在的。至於「進行」的一刻一刻的情形，那是人的理智所想像的，是人在動之中，抽出一刻，作為靜止，而予以觀察這靜止的一刻，絕對不能代表整個的「進行」，箭在空中射走，只有射走有價值，箭則沒有價值。(三)

我們主張運動是實有的，物體也是實有的。運動的意義，是經過空間者，實現他的經過（Actus transeuntis Transeuntis）。

運動是一物體換移自己的地位（位置），從一處到他處。所以物體的運動是經過空間的行動，是實現經過空間的潛能。它能從此處到他處，在運動時即是實現這種本能。但是當物體運動時，還是經過者，因為它還沒有達到目的地，達到目的地，它便靜止再不運動了。

運動由一地方到別一地方；這種運動是繼續運動，繼續運動，不像宅諾所說，由一點到另一點，也不是用本身份子和空間的部份相接觸，以至於使距離分為無窮的部份。

當我們討論質量時，我們以質量有份子，份子互相排擠，因而有伸張的體積。然而質量的份子，並不是已經分離的份子。因此物質體常是一個單體。單體運動時，是它的體積和周圍的接觸物有變更。並不是距離的份子和物體的份子，作相接的排列，像宅諾所舉運動場行列的例。

2. 運動的原則

甲、運動須有動力而後動

運動是一種動作，是從潛能到現實，是由靜而動，便應該有一相當的動因。運動的動因，在於發動運動的動力。

動力的發起者，即動力的動因。動因可以是運動物體的本身，可以是運動者以外的物體。有生物，自己運動自己；無生物則必由他物的發動，才能夠運動。但是有生物的運動，乃是生命的表現，不是單純的運動，因此哲學上講運動，常指無生物的運動。

無生物的運動必由於他一物的發動。物體本身以內有運動的「能」，這種能因著外物的動力發動後，便起運動。但是運動繼續的運動，是繼續由能到現實。因此發動的動力，便要緊繼續在運動的物體上，使能繼續運動。

運動的動力，按有些哲學者的意見，是一種物理力量，由發動者而發，傳達於運動之物，附于這個物體之上㈣。不是物體自身的物力。

中國理學，主張氣分陰陽，由於氣之動靜。氣具有動靜之理，動極而靜，靜極而動。氣之動靜，便不能解爲運動，若解爲運動，氣之動靜，決不能自起，必定應該有發動的動力。可是理學爲解釋動靜，常以東南西北和中央的方位去解釋，似乎是以氣之動靜爲方位的變更運動。不過方位之說，乃是對於氣之流行而言，流行是從氣之生育萬物一方面去看。氣之動靜，應該看爲氣的內在的變化。

乙、物體不遇外力，不改變自己的位置

物理學上有種「恒性律」，即動者常動，靜者常靜。靜的物體，沒有外面的發動力不會動。已經發動的物體，不遇外面的阻力，不會停止自己的運動。因此物理力學上有三大定律，物質常住，運動量常住，和能力常住。這等物理定律，自愛因斯坦發表相對論以後，已經有了相當的改變。但是在哲學上，愛因斯坦的相對論，並不推翻「恆性律」，不過改正「恆性律」在物理上的應用方式。

靜者不動，非有發動力常保持靜止狀態。這是因果律使然。至於既動者，若不遇阻力，常繼續動，因爲由發動物所加的動力，運動物本身不能與以減少。若不減少動力，它便繼續

動。但是實際上不能常動，那是因爲宇宙內物與物間常有阻力。

丙、發動者與運動者應該相接觸

這項原則是由另一原則而來，即是「距離的動作是不可能的」。凡是被動的物體爲物質體時，發動者和被動者必定應該互相接觸。運動物常是物質物，因此發動運動的動因，要緊是和運動物互相接觸。

所謂接觸，不一定務必是直接的，也可以是間接的。間接的接觸，是在發動者和被發動者之間有一項傳達動力之物。

丁、運動不能改變物質的本性

運動爲物體在地位上的移動；物體因著運動而改換的是空間的位置。位置是物體對於周圍物體的關係，不是物體內在的性質，因此，無論物體怎樣變換位置，也不會改換自己的本性。

古今哲學家所倡物體由原子構成的學說，以爲物體的原子性質相同，僅只是原子的數量和結合的位置不相同，而有宇宙內形形色色的物體。這種學說，在哲學上爲解釋物體的本性，發生很大的困難。宇宙的各種物體，本性不相同，若是彼此的原子，性質都相同，那麼物體本性的區別，從那裏來的呢？

至於在物理上，有許多種的「力」由物體的運動而生，例如運動加速能生熱，這並不是改變物體的本性，而是改變附加的特性。

三、生滅

自然界的現象，除運動以外，還有生滅的現象，也很普遍。花開花謝，幾於無時不見，詩人騷客，常要觸目驚心。研究哲學的人，則靜靜心緒，追問什麼叫做生，什麼叫做滅，研究兩者的理由研究何在？

1. 生滅的意義

「生」——是物體從不存在到存在（從沒有到有）的變化。

「滅」——是物體從存在到不存在（從有到沒有）的變化。

生滅都是一種變化。這種變化，不是物體和周圍物體的關係，而是物體自身；因此是內在的變化。

「生」的止點，是一個新的物體，是整個的新物體。若是所生的是人，便是整個的人；而且不單是理論上的一個有理性的動物，而是具體上的這個人。

滅的止點，是物體本形（性理）的毀滅。物質界的滅，不是從有到無，而是這個物體的不存在。這個物體所以存在，是因爲有所以存在之理，即是本性之理。一旦沒有這種本性之理，則這個物體便不成爲這個物體了，雖說能夠是另外一物體，但是前一物體已經不存在了，便是所謂滅。

在物理界的「生」，能夠有真真的生，又能夠有類似的生。真真的生是生一新物體，類似的生則只生物體的一部份。部份的生，如植物的發芽生長，又如人的吸收營養滋料而生肌肉。這種生，不是真真的「生」。

2. 生滅的原則

A、新陳代謝　「生」的變化，爲生一新物。新物之生，不是無中生有；無中生有，不是材質，乃是創造。萬物的生，是須先有材質，然後加以物性之理（物之本形），材質在未成爲新物體的質料以先，不能沒有物性之理，因爲「本然之氣」單獨不能存在，所存在者乃是物體，物體則是由氣（質料）和理而成的。因此一件新物的氣（質料），是前一舊物的氣（質料）。前一舊物的氣，爲能取得一新的理（本形）須先脫離原有的本形。氣和原有本形（性理）相分離，乃是物體的毀滅。於是生是由滅而來。

在生滅的變化中，所變換者，爲物體的理（本形）（Forma Substantiali s）滅時，物體失去本形因而消滅，然而「本然之氣」仍在。生時「本然之氣」取得新的理（物體本形），因而成一新物體。

B、物質常住定律　在物理學上有物質常住定律。物理界的物質，在各種變化中，物質不滅。由一物變成他物，由他物再變成他象，物質則常住。愛因斯坦的相對論，則謂在各種變化中，物質量不能常是一樣。

在哲學上說物質常住定律，和生滅相繼續的原則，關係密切。在生滅之中，氣常存。理則變，因此滅一物，必生另一物。因此物質常住。

四、變更

1. 變更的意義

「變更」在普通的用語上，指著一個物體上所有一切的變動，人由瘦而胖，稱爲變更。人的一笑一哭，稱爲變更，人面顏色的變換，也稱爲變更。這種變更，是極廣義的變更，包括物體上各種形色的變動。

狹義的「變更」，指著物體附加特性的變更。附加特性的變更，不是量的變動。一個人由瘦而胖，這是量的變動。一個人由低長高，這也是量的變動，這種變動，不能稱爲眞正的變更，因爲在人的特性，並沒有加減，人身原來就已經具有「量」的特性。特性的變更，例如白黑的變更，冷熱的變更等……。

哲學上眞正的「變更」，意義更狹，是指著一種特性消失因而生出另一特性，因此能說物體有了變更。

哲學上的「變更」，可以有以下的定義：「變更是可感覺的特性變相反的特性，或中和

的特性的變動。」(五)

變更是可感覺的特性的變動，凡不可感覺的特性的變動，在哲學上不稱爲變更(Alteratio)。

變更是可感覺的特性變到相反的特性的變動，即是達到和它相矛盾的特性，例如由白到黑，由冷到熱。凡沒有相反的特性的特性，不能有變更，例如光。光雖有黑暗爲矛盾，但是黑暗乃是沒有光，乃是消極無物，由光明到黑暗不稱爲變更。變更也可以是可感覺的特性變到中和的特性的變動。中和特性，是相反的兩特性，中間有伸縮的餘地，例如白與黑，可以互相溶和而稍白稍黑，半白半黑，等等中間顏色。由白變到中間顏色，也稱爲變更。

可感覺的特性，能夠有中和性，因爲物體是物質性的，假使是精神體，它所有的特性，必不能互成中和。在物質體上的變動，常成延續式，因此從一特性到另一特性的變更，取延續式進行，便有中間的中和特性。

2. 變更的種類

物體特性的變更，能夠有三種：第一是簡單的變更，從一特性到相反的特性；第二是加增，一種特性從淺的程度，到深的程度；第三是減少，一種特性，由深的程度減到淺的程度。

從一種特性變到另一種特性，變更的變動有兩面的工作，一面毀滅原有的特性，一面加上新的特性。

在「加增」的變更裏，也可以有毀舊和加新，因爲一種特性的深度是在多毀滅一分相反的特性。例如甜和苦。少一分的苦，則多一分的甜。但是普通的加增，則不是用毀滅以加增深度，乃是一種特性，由淺而入深。例如紅色，由淡紅而入深紅。深度的特性，不由毀滅淺度的同一特性而成，也不由部份加添同一特性而成，而由於特性的本形，在物體上更加成全，更加顯明，物體和特性的結合，更加密切。

「減少」的變更，逐漸毀滅特性，逐漸減少特性和物體的團結，使特性漸次和物體相脫離。

物體質量的稀薄和濃厚，不在於質量的減少或加多，也不在於原子的稀密，乃是在於質量性的淺深，質量性的淺深使物質性減少或加重，中國古代哲學，說是來自氣凝聚的程度。

五、自然界的變化

1. 物體的變化

上面我們講了四種變化，這些變化爲自然界日常的現象，或是由於自然力，或是由於人爲。

甲、在自然界裏，幾乎沒有一個物體，站在絕對靜止的地位，因爲天體裏的日月星辰和地球，無不旋轉。古人以爲地球不動，日月繞著地球動。近代天文學發現太陽系，一切星辰以及地球都繞著太陽轉。但是天文學日有發明，像所謂恆星不動者，也有運動。

天體間是否有真空，科學家有多種意見。我們中國古人相信宇宙裏沒有一物不是氣所成，也沒有一處沒有氣。

我們若以氣爲空氣，科學上已證明，空氣在高出地面相當的區域以上，空氣就沒有了。科學家乃假定在天體間有「以太」精氣。究竟「以太」有沒有？若是有，性質究竟若何，都是天文學的疑問。

在哲學方面，我認爲天體間沒有真空。我們既然不承認宇宙爲一絕對空間，於是宇宙間天體的位置，便是由周圍相接觸的物體限界而定，若是有真空，沒有接觸的物體，天體的位置隨著也就沒有了。

天體運行的發動力，由何而來？在天文學和物理學方面，於今還不能講明天體間彼此的關係。於今所講的吸引力、熱力、電磁力和光，都還是缺而不全。當然科學可以假說天體的運行是彼此間互有發動和被動的關係。

但是由哲學的原則看來，物體無論大小，不能自己發動自己的運動，因爲靜者常靜；至於一個物體可發動另一物體的運動，這是理所當然的事。可是爲發動另一物體，物體本身該動。那麼由一物追至另一物，一直追上去，不能追到無窮。因此一定應該有一發動天體運動的造物天主。

乙、物體的生滅，由於新陳代謝。舊物滅後生新物。新陳的代謝，是新的本形（物的性理 Forma substantialis）代替舊的本形，「本然之氣」（Materia Prima）則常住。

物體在毀滅以前，先常起變更；變更是物的附加特性的變換。許多附加特性和物的本性緊相關連，附加特性的變換，可以牽及本性的性理（本形），因此變更多次是毀滅的前期。變更、毀滅和生，乃互相連貫；但是，不是一切的「變更」，都是預備毀滅，因爲有的特性，專爲增加新的特性的。

物體在滅時，喪失了自己的本形，物體在生時，有了自己的本形，物的本形（Forma）究竟何往何來？我們當然不能說，物體生時，本形從無中生有，因爲由無中生有，已經是創造，非由物力。中國理學家常說氣中自具此理。物的本形，隱於「氣」之中，是爲潛能，加以生發之力，本形（性理）乃成爲現實。

氣爲「本然之氣」時，只有一個，不分多少種，宇宙萬物的本然之氣全相同。但是在實際成物時，本然之氣已經應該有所預備，爲接受本形。這種預備指著每一物體的氣，含有各自的理，即是在潛能方面含有自己的本性和附加特性之理，然後才可以因著生發力而實現自己的本形以及附形，而成具體之物。

物體在毀滅時，物的本形，隱於氣之中，復成爲潛能。

種子具有樹之理，因著發育而成樹，樹結而有種子，樹理隱於種子之中，可以作爲物體本形生滅的譬喻。

生發物體的動力，不必每次都上溯到造物天主，物體按著各自的物性，也可具有生發之力。生發的最後來源，則要溯到造物主了。

丙、物體的動力，常要求有動的主體、和被動體的對象，因此物體的力量從不能真正創造。創造是無中生有，創造的動力沒有被動的對象，只有動力的止點。

因此物體的動力，只能有上面所說的四種變化，都假定有被動的對象或被變化的氣（質料）。俗語上，妙媳婦也炊不出無米飯；無米不成飯，代表宇宙物體動作的一項大原則。

2. 自然法──天理

甲、自然界有自然法

中國古人沒有一個人否認宇宙間有天理天道。中國諸子對於天理的爭論，是在於天理是否有預定的目的，道家以天理爲盲目不仁，儒家則以天理以生生爲目的。荀子雖說「天行有常，不爲堯存，不爲桀亡。」（天道篇），然而他也承認「天行有常」。

《易經》特別注意標明天地間的常道：「天地以順動，故日月不過，而四時不忒。」（豫象），「天地節而四時成」（節象）「天地之道，恆久而不已也。利有攸德，終則有始也。」（恆象）

天地有運行的常道，乃是儒家思想的根本，儒家的人道和亂，完全以天道爲基礎。

在我們看來，宇宙間有自然法或天理，是一件很明顯的事，是我們的經驗所可證明的。

《易經》說「古者包犧氏之王天下也，仰則觀象於天，俯則觀法於地，觀鳥獸之文與地之

宜，近取諸身，遠取諸物，於是始作八卦，以通神明之德，以類萬物之情。」（繫辭下第二章）

近代西洋學者中，少有否認宇宙自然法者。赫克爾（Haeckel 1834-1919）爲否認有自然法之人。其他哲學家中如柏格森則以宇宙間物體的變動，千變萬化，沒有道途可循。布忒魯（Boutroux 1845-1921）且著書論自然法的偶然性。㈥

但有不少的科學家和哲學家，認爲自然法雖有，人的智力不能達到，所知道的祇是一些假設而已。這一點，是因爲近代科學日新月異，幾乎年年都有新發明。以前學者所認爲科學定律，逐漸爲後代新發明所推翻。因此學者便相信人的智力，終於沒有達認識自然法的一日，人祇能找到一些較爲普遍的假設罷了。

自然法之有，這是不容懷疑的事。不僅是我們的經驗體會到宇宙的變動，有一定的常道，而且科學越進步，越能證明物體變化有一定的途徑。天文家能夠預測將來的天文現象，就證明有自然法。

人的智力所能知道的事當然有限，宇宙間無數的變化，不能盡爲人所知；但是一部份變化的法則，已經爲人所知，而成爲科學的定律。

乙、自然法的性質

於今科學家對於自然法，多有一種和以往哲學家不同的看法。近代科學家以自然法，祇是物體間的一種較爲恆永的關係，不承認這種關係造成因果關係。

A、我們中國儒家的天理，第一種性質，即是「恆」。「天地之道恆久而不已也」，「天行有常」。凡是一種法律，必定具有相當的「恆久性」。法律的恆久性，相當於法律的本性，若是法律爲一種普遍常久的法律，它的恆久性，當然也是普遍常久的。

法不常，則不足以成法。就是國家的法律，也該有常。管子說：「法不一，則有國者不祥」。法必定是一致的，所謂一致，在空間和時間上都是一致。

中古的科學家，如牛頓等，相信自然法是絕對一致的，從來不能有出規的現象。我們卻相信，自然法的恆（一致），是普遍的，但不是絕對的。在有能阻止一種自然法實行的更大力量時，在那時自然法便有出規的現象。

B、自然法的另一種性質，是含有因果關係。我們不說一切的自然法都造生因果關係，但是關於物體生滅或變更的自然法，必定造生因果關係。一個物體受了他一物體的動力而起運動，這種現象必定按照物性的自然法而行。科學家說在發動和被動之間，沒有因果關係，祇有一種自然如此的關係，我們則稱這種自然如此的關係爲因果關係，名義不同，實事是一樣。因著這種因果關係，科學家纔能夠預測將來必定有的現象。科學家預測一事，是因一事常和它一事相連，其中並沒有因和果。哲學家便問，爲什麼一件事，常和另一事相連呢？我們答說因爲有因果關係。你能說這種答覆不合理或相反科學嗎？

中國古人是相信自然法的因果關係的。但是所謂因果關係，不是指的善惡報應的關係，荀子否認天道有這種報應的因果關係，但是物理方面的因果關係，誰也承認。俗語說「無風不起浪」，不是普遍指著因果關係嗎？

C、自然法的另一種性質，是互相連貫，合成一種系統，小系統併於大系統，大系統再併於更大的系統，以致宇宙內的形形色色合成一整個的系統。中國古人因此以宇宙爲一，以天道爲一。

D、最後，我們還要聲明，宇宙自然法，是有目的，絕對不是盲目的。每條法律，按本性說，必定有自己的目的，至於一個系統的法律，更是有目的了。中國儒家以好生爲天地之德，爲天地之心，稱之爲仁。《易經》說「生生之謂易」（繫辭上 第五章）宇宙的一切變易，都是爲生生。

我們也主張宇宙的自然法，規定物體變化的途徑，常有自己的目的。目的何在，我們留在宗教哲學編裏去討論。

宇宙自然法既有目的，必定應該來自有靈性的主宰，《詩經》說「天生蒸民，有物有

則」。（蒸民）

宇宙自然法來自創造宇宙的天主（上帝）。

註：

(一) Aristol. Physic. II. 201, b. 4."Actus entis in potentia in quantum in potentia"

(二) J. Gredt, Elementa Philosophiae V. I. n. 278.

(三) B. Russell. History of Western Philosophy. 1955. p. 833.

(四) J. Gredt, Elementa Philosophiae V. I. n. 852

(五) J. Gredt. O. C. V. Fn. 391.

(六) E. M. Bontroux., De la Contigence des lois de la nature.

第五章 論宇宙

哲學的宇宙論，雖稱爲宇宙論，實際則不討論宇宙，只討論物質的最高因由。宇宙的名詞，很堂皇，很偉大，但是在意義上指著什麼呢？意義很空洞。古來各民族，有宇宙起源的神話，也有宇宙構造的學說。古人的宇宙觀，都以上面的穹蒼代表天，下面的山河，代表地，天地合成一宇宙。一切的物體，無論日月星辰，都包括在宇宙以內。他們所想的宇宙，是一個巨大的實體，後來科學逐漸發達，天文學發明日月星辰的真面目，古人的宇宙觀已經不能存在。而且宇宙這個名詞，在學術上也沒有確定的意義了。

在宇宙論裏，宇宙代表一切物質的總稱。地球是一物質物，日月星辰也都是物質物，宇宙既是包括日月星辰和地球，宇宙可以說是物質的代表名詞。因此宇宙論只討論物質物的最高因由。

古來各民族的宇宙神話，屬於宗教史和民族學。日月星辰和地球的構造和演變，屬於天文學和地質學。在哲學方面，除了物質的原理以外，宇宙沒有其他可以討論的對象。

但是因爲古來學者，對於宇宙，曾經有宇宙構造和變遷的學說，我們也不妨簡略加以敘述。同時從物質的整體方面去看，也有幾個哲學問題，我們因此特別提出「宇宙」，作爲一章的研究題材。

一、宇宙的意義

1. 宇宙的意義

宇宙有簷下的意思。簷是爲覆蔽房屋的，宇字便有覆蔽的意思。因此覆蔽萬物者，稱爲天宇。凡天所覆者，稱爲宇內。

宇字有棟樑的意思。宇宙兩字合起來則「往古來今謂之宙，四方上下謂之宇。」普通宇宙這個名詞便是代表整個的空間和時間。在我們中國話裏，相當於「天地」和「世界」。天地，是在上者爲天，在下者爲地，所以說天覆地載。天地便代表一切萬物。「世界」，在《辭源》裏的解釋，《辭源》引佛經的話：「過去現在未來爲世，東西南北上下爲界」，世界便和宇宙的意義相同。

在中國古人的神話裏，沒有一個系統的宇宙源起神話，也沒有宇宙構造的說明。盤古開天地，女媧煉石補天，以及《楚辭・離騷經》遨遊天空，都只是局部的神話。

對於天地，中國古人早就有天圓地方的學說。日月星辰都在天上，但都繞著地球轉。地球以中國居中，稱爲神州，也稱爲天下，周圍都是海，所以常說四海之內，或簡稱海內。在地以下，或在地心，有所謂黃泉或九泉。「九」的數目，在中國古人的宇宙觀裏，很佔重要位置，地下有九泉，地面有九土和九州，天上則有九天，九天之中有九宮，又有所謂九重天。

九州謂係禹貢的分州法。九土即係九州；但按《左傳》所說，又指土地之勢可以分爲九：山林、藪澤、京陵、淳鹵、疆潦、偃豬、原防、隰皋、衍沃。九天指中央，四方和四隅。《呂氏春秋》稱中央曰鈞天、東方曰蒼天、東北曰變天、北方曰玄天、西北曰幽天、西方曰顥天、西南曰朱天、南方曰炎天、東南曰陽天。這種思想，爲漢朝陰陽家的學說，在後代的中國思想裏，曾有過相當的影響。

在世界別的古民族裏，對於宇宙的源起和構造，有許多的神話和學說。我們在下面，採其重要者稍加說明。

2. 宇宙構造的學說

甲、阿拉伯宇宙觀

巴比倫的宇宙觀，按照於今專門學者的解釋。地居中央，分上中下三層。地的上面有圓穹的天，天也分三層，在上層的地的周圍有海洋，在三層天以外，也有海洋，地面海洋的周圍有一圓堤，天宇便是架在這個圓堤之上。在圓堤的東西兩端，各有一山，日月在山上出沒，在第三層地內，有死人的幽宮。

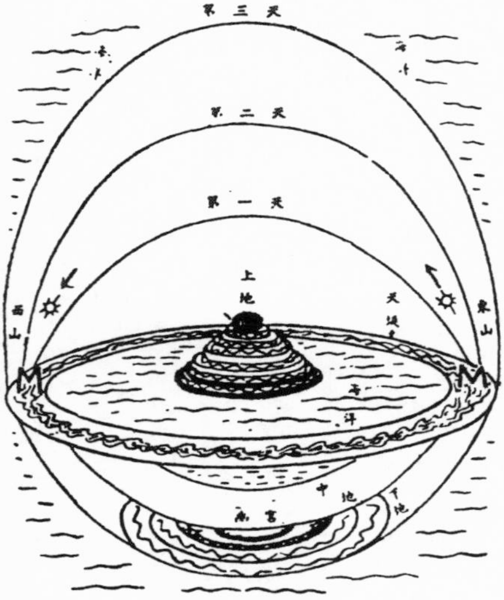

圖爲：W-Schwenzner 所繪　見 Bruno Meissner所著Babylonien und Assyrien一書Vol.II P.109 Heideberg 1925.

乙、猶太民族的宇宙觀

舊約聖經的開始幾章述說宇宙的源起；但是沒有說明宇宙的結構。舊約聖經述說宇宙創造和當時猶太人的宇宙觀很有關係，因爲聖經是猶太的梅瑟（摩西）和別的先知寫的，他們不能不用自民族的觀念。舊約上所表現的宇宙觀，除宇宙萬物爲天主所造以外，也表現猶太民族對於宇宙結構的觀念。

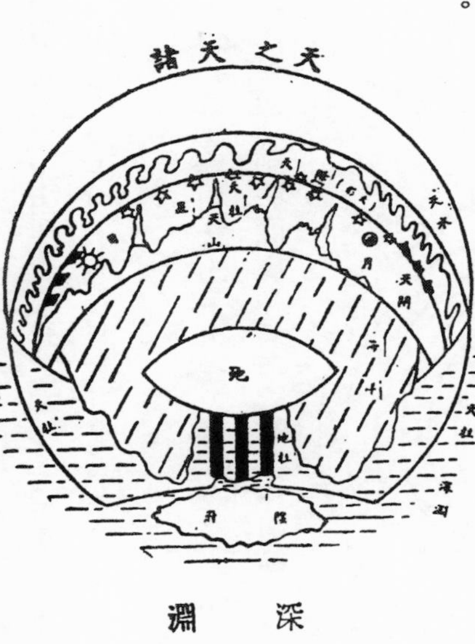

地居中央，地下有陰府，地有地柱，架於深淵之中。地的周圍爲大洋，地之上爲形天。形天以天山爲柱，又有天柱支於深淵之上。形天以上有水，水由天閘可以下降到地面。

形天之上，再有諸天之天。㈠

丙、印度的宇宙觀

A、吠陀的宇宙觀　型俱吠陀把宇宙成爲三界：地界、空界、天界。地界是地，空界是地上面空氣流行的地方，空界以上爲天界，天界有日月星辰。三界又各分爲三級，於是有三界九地（級）之說。

B、新婆羅門教的宇宙觀　新婆羅門教的宇宙觀，有摩奴法典和《毗紐拏布拉那》的兩種說法。按照布拉那的述說，在無限的空間裏，有無限的宇宙組織。宇宙組統稱梵卵。梵卵即是一宇宙。梵卵的結構。如下圖：

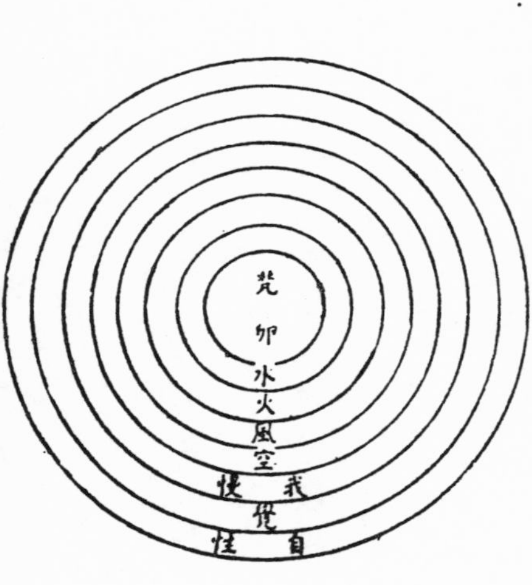

梵卵由水層、火層、風層、空層、我慢、大（覺）、自性，而順次圍繞，其厚漸次增加十倍。

梵卵本部又有七界，即天界、空界、地界、馬哈魯迦那斯、他巴斯，薩埵夜麻。地界爲人所住的境界，名布魯界，由七洲七海而成。七洲之中以閻浮提洲爲中心，爲印度所在之地，洲外四圍爲拉瓦奴拉海。其他六洲也是每洲由一海包圍；閻浮提洲，直徑有十萬由旬，周圍有三十萬由旬。閻提浮洲的中央有須彌山，山頂的中央有梵天之都，其他各界，又各分多少層。

C、佛教的宇宙觀　佛教的宇宙觀，是小乘佛教的學說。小乘佛教分世界爲欲界、色界、無色界。人們普通所說的宇宙，乃是欲界。

欲界以須彌山爲中心，下有地獄，上有三十三天，外有鐵圍山。須彌山之傍有九山，八海四洲、日月。這種須彌山的世界，多至無數，結合千個這種世界爲小千世界。合千個小千世界爲中千世界，合千個中千世界而成大千世界。

須彌山高八萬由旬，分四層，爲諸神及衆鬼的住所。須彌山頂爲三十三天，稱爲忉利天。

須彌山四方有四洲：南爲閻浮洲，北爲俱盧洲，東爲勝身洲，西爲牛貨洲。

世界的盡處爲地獄，地獄靠著海水，居於兩金剛山的中央。又有說地獄在地下，即在閻

浮洲下二萬由旬之處，地獄分八層。(二)

上面各種宇宙觀，一半屬於神話，一半屬於當時的宇宙學。後來天文學漸發達了，各民族都放棄不合科學的宇宙智識，逐漸改變固有的宇宙觀，所以是屬於科學的範圍，不是哲學的研究對象。

3. 天文學的宇宙觀

目前天文學，年年進步；人們對於宇宙的認識，也時時加多。但就大體上說來，天文學所說明的宇宙，已有固定的形勢。

天文學稱宇宙爲天體。天體的範圍很廣，其中所包羅的：一、爲太陽系。太陽系以太陽爲中心，其外有行星、衛星。二、爲彗星。三、爲恆星和星雲。

太陽系的行星繞著太陽運動，衛星則繞著行星運動。地球爲太陽的行星，月亮則是地球的衛星。行星和衛星，又暗又冷，要藉著太陽的光，纔能看見。彗星和星雲，能自發光。恆星和太陽相同，溫度高，光力強；但尙有光力沒有達到地球而不見的。於今在望遠鏡中所見的恆星，已在幾百萬以上，因此可見天體的廣大。

從天文學看來，宇宙乃是一系一系的星系，太陽系是一系，其他行星，也可以自成一系。每一系有一星爲中心，其外有行星和衛星。太陽系的行星有九個：即水星、金星、地球、火星、木星、土星、天王星、海王星、冥王星。在火星和木星之中，又有小行星。

二、宇宙變易說

宇宙是怎樣構成的呢？各民族的神話，都有宇宙起源的神話；東西的大哲學家也都各有宇宙變易的主張。我們於今拋開宇宙起源的神話，只簡單看一看宇宙變易的哲學思想。

1. 希臘的宇宙變易說

在前面我們已經說過希臘古代哲學家，對於宇宙萬物所有的原素，每人都各有自己的主張。

達肋士（Thales）以宇宙萬物的原素爲水，赫拉頡利圖（Heracliteus）以宇宙萬物的原素爲火，恩陪多克萊（Empedocles）以宇宙的原素爲土、水、氣、火。德謨頡利圖（Democlitus）則以宇宙萬物都由原子結成。

赫拉頡利圖以水爲宇宙原素：「火的變形，最初是海；海的一半是地，一半是旋風」。㈢火是變化最速的，宇宙便是永遠的變動。「氣死而爲火，火死而爲氣。地死而爲水，水死而爲地」。㈣

恩陪多克萊主張土水氣火，四種原素的結合分離，由於愛和憎。愛勝時，原素相合；憎勝時，原素相離，愛憎互相循環。

2. 印度的宇宙變易說

新婆羅門的摩奴法典第一章，述說宇宙的起源。開始，宇宙是個混沌未分的黑暗。「永遠的自存者」，欲去黑暗發生光明，乃自體內生水，在水中，播種像太陽那樣光輝灼耀的金卵，於是乃有梵天。過了一年，金卵分而爲二，上爲天，下爲地，中爲空，於是作成了三界。㈤

印度對於物質的成素，早在梵書時代，已經有五大之說，主張宇宙物體由空、風、火、水、地而成。

佛教的小乘，採取地水火風四種原素，構成宇宙變易說。阿毘達磨的諸論師，講明四種原素，各有特性，特性爲堅、濕、煖、動。特性稱爲實四大，地水火風稱爲假四大。實四大不單獨存在，必要互相結合。藉地水火風而作成種種的現象。因此稱爲四大共生不離。(六)

佛教密宗，主張六大緣起，以地水火風空識爲萬物要素。「如來佛在世間現身的事物，以地水火風，爲四大依緣，以空爲境，以識爲根。古世間萬法，常於空間，假地水火風以成根於識而現」。(七)

3. 道家的宇宙變易說

A、老莊—老子《道德經》所講的宇宙變易：「道生一，一生二，二生三，三生萬物。萬物負陰而抱陽，盅氣以爲和」。（道德經 第四十二章）。莊子說：「雜乎芒芴之間，變而有氣，氣變而有形，形變而有生，今又變而有死」。（莊子 至樂篇）

老莊以太初有道，道是芒芴無形的。「道之爲物，惟恍惟惚，恍兮惚兮，其中有象。恍兮惚兮，其中有物。窈兮冥兮，其中有精。」（道德經 第十一章）

由恍惚窈冥之道，化而有氣。氣爲一，爲有，爲形。道是無形不可名的，氣則是有形可名的了。但是氣之形還是恍惚渾淪。由氣再化而生陰陽，氣之形便顯著了。陰陽爲二，爲萬物的原素，「萬物負陰而抱陽」。陰陽相合而成三，「三者爲天地人，或爲氣形質。三者相合乃有萬物。」(八)陰氣成地，陽氣成天，陰陽相交而得中和的爲人。天地人代表宇宙的萬物。萬物以陰陽之氣爲材料，陰陽相合而成物之本質，本質加以物形，乃成完全的物體。

陰陽相合以生物，陰陽相離則物滅。生滅循環不息，宇宙的變化也就不停。「反者，道之動。」(道德經 第四十章)「大曰逝，逝曰遠，遠曰反。」(道德經 第二十五章)

萬物皆出於道，又反於道，一出一反，變化無窮。

B、秦漢道家—老莊的思想，到了秦漢，根本上雖沒有變動，但加上了許多枝節。秦漢之際的道家有列子。列子的宇宙變易說，不像老莊的簡明。

「子列子曰：昔者聖人，因陰陽以統天地。有形者生於無形，則天地安生？故曰有太易，有太初，有太始，有太素。太易者，未見氣也。太初者，氣之始也。太始者，形之始也。太素者，質之始也。氣形質具而未相離，故曰渾淪。渾淪者，言萬物相渾淪未相離也。」(列子 天瑞篇)

繼承這種思想，漢朝的《淮南子》作成一個宇宙變易的學說。《淮南子》不是一個人的著作，是淮南王劉安的食客所合作的，但是全書的思想是傾向道家的。〈俶真訓〉篇說：「有始者，有未始有始者，有未始有夫未始有始者。有有者，有無者，有未始有有無者，有未始有夫未始有有無者。所謂有始者，繁憤未發，萌兆牙蘖，未有形埒，馮馮蠉蠉，將欲生興，而未成物類。有未始有始者，天氣始下，地氣始上，陰陽錯合，相與優游競暢於宇宙之間，被德含和，繽紛蘢蓯，卻與物接，而未成兆朕。有未始有夫未始有有始者，天含和而未降，地懷氣而未揚，虛無寂寞，蕭條霄雿，無有仿佛，氣遂而大通冥冥者也。有有者，言萬物摻落，根莖枝葉，青蔥苓蘢，萑扈炫煌，蠉飛蝡動，蚑行噲息，可切循把握，而有數量。有無者，視之不見其形，聽之不聞其聲，捫之不可得也，望之不可極也，儲與扈冶，浩浩瀚瀚，不可隱儀揆度而通光耀者。有未始有有無者，包裹天地，陶冶萬物，大通混冥，深閎廣大，不可爲外；析毫剖芒，不可爲內。無環堵之宇，而生有無之根。有未始有夫未始有有無者，天地未剖，陰陽未判，四時未分，萬物未生，汪然平靜，寂然清澄，莫見其形。若光耀之間於有無，退而自失也。」（淮南子 卷一頁一——二）

這一篇所講的，是講宇宙萬物變易的經歷。經歷的階段可分配如下表：

未始有夫未始有有無者。	未始有有無者。	無者		有者
	未始有夫未未始有有者。	未始有有始者	始者	
天地未判，陰陽未分。	大通混冥之氣。	未有兆朕	未有形埒。	有數量

《准南子・天文訓》篇說：「天地未形，馮馮翼翼，洞洞灟灟，故曰太始。太始生虛霩，虛霩生宇宙，宇宙生元氣。元氣有涯垠，清陽者薄靡而爲天，重濁者凝滯而爲地。清陽之合專易，重濁之凝竭難；故天先成而地後定。天地之襲精而爲陰陽，陰陽之專精爲四時，四時之散精爲萬物。積陽之熱氣久者生火，火氣之精者爲日。積陰之塞氣爲水，水氣之精者爲月。日月之淫氣，精者爲星辰。天受日月星辰，地受水潦塵埃。」（准南子 卷三頁一——二）

4. 儒家的宇宙變易說

甲、易經

《易經》本爲卜筮用的書，然卜筮的原理，以宇宙的變易爲根據；故《易經》也是一本專講宇宙變易的書。

《易經》以宇宙的變易，由於氣有陰陽。陽爲動，陰爲靜；有了動靜，乃有變易。《易經》的六十四卦，完全由陰陽兩爻合成的。

宇宙變易的經歷，《易經》說：「是故易有太極，是生兩儀，兩儀生四象，四象生八卦。」（繫辭上 第十四章）

《易經》以太極爲宇宙的一元，但這是〈繫辭〉裏的思想。在乾坤兩卦的彖辭裏則稱乾元「彖曰：大哉乾元，萬物資始，乃統天。」「彖曰：至哉坤元，萬物資始，乃順承天。」乾坤爲陽陰，爲天地。乾坤又是《易．繫辭》所說的兩儀。在乾坤之上有太極，太極便是未分陽陰之氣。

陽陰相合，生四象。四象爲太陽太陰，少陽少陰。四象爲一陽一陰的結合。再進一步，以一陽和兩陰，或一陰和兩陽互相結合，於是有八卦。八卦的重要，不在於八個形象，而是在於代表陽陰的變化。宇宙間的一切，既都是陽陰合成的，八卦既又是代表陽陰變化的原則，於是八卦在天道和人事方面，乃是有模型的意義。八卦的名稱，爲乾、坤、兌、離、震、巽、坎、艮；又稱爲天、地、澤、火、雷、風、水、山。這第二種稱呼，便是以八卦代表宇宙的八種要素。

八卦的變化，因爲只有三爻，變化還很簡單。把八卦重疊起來，使單卦成爲複卦，每卦有六爻，變化就較爲複雜了。八卦變化六十四卦，已經可以代表宇宙間的一切變化了。

《易經》對於宇宙的變易，以動靜爲根基，以循環爲原則。「日往則月來，月往則日來，日月相推，而明生焉。寒往則暑來，暑往則寒來，寒暑相推，而歲焉。往者，屈也；來者，伸也。屈伸相感而利生焉。」（繫辭下 第五）(九)

乙、漢　儒

漢朝儒者在註釋經書上，留下了很大的成績。但是他們拿當時的僞說，解釋經書，則又是他們在註釋上的一大缺點。至於孔安國和劉歆以僞書亂經，更是給後代學者立下了許多困難。

漢儒的思想，繼承戰國末年的思想，以陰陽五行爲最盛。當時講陰陽五行的書，又以讖緯的書爲最囂張。漢儒的思想，便脫離不了讖緯的影響。讖緯書都出於漢朝：讖書爲隱語，預決將來的吉凶；緯書爲經的支流，衍及旁義。這兩種書的主要題材，則都取於《易經》。漢儒的宇宙變易說，以陰陽爲主，以五行爲輔，所以有陰陽五行說。董仲舒的學說，可以作漢儒的代表。

董仲舒主張宇宙之始爲一元：「謂一元者大始也。……元猶原也，其義以隨天地終始也。……故元者，爲萬物之本，而人之元在焉。安在乎？乃在乎天地之前。」（春秋繁露玉英篇）

一元以後，有陰陽，陰陽以後有五行；五行爲金木水火土。每行都代表陰陽的一種結合，爲解釋五行，乃以五行配四時和四方。四時和四方有似於《易經》的四象，但是「中央」，則爲《易經》所沒有的。五行的配合，可以下表說明。

東	南	西	北	中央
春	夏	秋	冬	
木	火	金	水	土
陽初盛	陽盛	陰初盛	陰盛	
少陽	太陽	少陰	太陰	

董仲舒說：「如金木水火，各奉其所主，以從陰陽，相與一力而併功，其實非獨陰陽也。然而陰陽因之以起助其所主。故少陽因木而起助，春之生也。太陽因火而起助，夏之養也。少陰因金而起助，秋之成也。太陰因水而起動，冬之藏也。」（春秋繁露 天辨在人）

《易經》言宇宙變易，爲循環的變易。董仲舒主張五行相生相勝。五行相生的次序：「木生火，火生土，土生金，金生水，水生木。此其父子也。」（春秋繁露 五行之義）五行相勝的次序：「金勝水，……水勝火，……木勝土，……火勝金，……」（春秋繁露 五行相勝）

五行流行而成四時，四時相循環而成一年，年年相繼續，宇宙的變易不息。

丙、理　學

A、宋朝理學的發起人爲周敦頤。周敦頤的宇宙變易論，見於他的《太極圖說》。

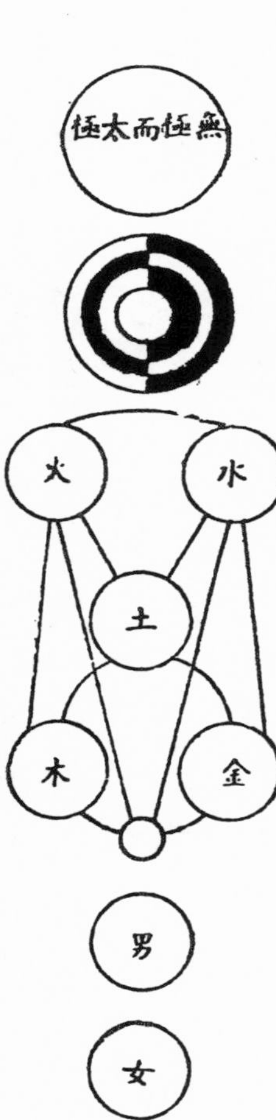

周子《太極圖說》云：「無極而太極。太極動而生陽，動極而靜，靜而生陰。靜極復動。一動一靜，互爲其根。分陰分陽，兩儀立焉。陽變陰和而生水火木金土，五氣順布，四時行焉。……無極之真，二五之精，妙合而凝，乾道成男，坤道成女，二氣交感，化生萬物。萬物生生，而變化無窮焉。」

周敦頤的思想，是混合《易經》和漢儒的思想而成的，學者多以太極圖的來源是來自道家；實際上漢儒的五行讖緯，本已含有道家思想的成份了。

B、張載　張載的宇宙變易論，不像周子的詳細，他僅在原則上，講宇宙變易的循環。「太虛不能無氣，氣不能不聚而爲萬物，萬物不能不散而爲太虛。循是出入，是皆不得已而然也。」（張載 正蒙 太和）宇宙之元爲太虛，亦名太和，即是《易經》的太極。太虛之氣分陰陽，陰陽聚而成物，陰陽散而復歸太虛。太虛便是本然之氣。

C、朱熹　朱子的宇宙論，主張理氣二元說。他的宇宙論，側重在講物體的本體，不重在講宇宙的源起。和我們的宇宙論有些相同。朱子把《易經》和周敦頤的太極，講爲理之極至，不爲宇宙之元。理爲物體之一原素，物體的第二原素爲氣。理氣相合始成物。因此，四象、八卦和五行在朱子的學說裏，沒有像在周敦頤的學說裏那樣重要。

但是朱子對於宇宙變易的經歷，也有他的主張。這種主張，在他的思想裏，雖不是中心部份，可是很有點特殊點。朱子說：「天地初開，只是陰陽之氣。這一個氣運行，磨來磨去磨得急了，便桚去許多渣滓。裏面無處出，便結成個地在中央。氣之清者，便爲天，爲日月，爲星辰。只在外常周環運轉。地便在中央不動，不是在下。」（朱子語類）又說：「天地始初，混沌未分時，想只有水火二者。水之渣滓便成地。今登而望，群山皆爲波浪之狀，便是水氣如此。只不知甚麼凝了，初間極軟，後來方凝得硬。問：想得如潮水湧起沙相似。曰：然！水之極濁，便成地；火之極清，便成風霆雷電日星之屬。」（朱子語類）

朱子這種思想，有些像現代學者的星雲論。

5. 天文學的星雲論

A、法國天文學家拉布拉斯（Lap lace），創星雲說，主張宇宙開始時，爲一團極大的星雲。星雲繞自身的中心，迅速旋轉。因著離心力的排擠，團團星雲脫離大星雲而成一較小的星雲，較小的星雲因著本身和大星雲間的吸力，乃繞著大星雲而旋轉。從較小的星雲中又有更小的星雲脫離而成獨立的星雲照樣旋轉不息，於是乃構成宇宙天體。地球便是一小星雲團，星雲逐漸冷化凝固，變成山水。

拉氏的星雲說在第十九世紀很盛行。但是證據並不十分充足。

B．渦狀星雲說（Spiral Nebulaor hypthesis）。美國天文學者辰柏林（I.C. Chamberlin ）和莫爾頓（F. Moulton）。創渦狀星雲說：「說是組成太陽系的各種物質，起初都是細微行星的小片，成渦卷形而集合的。這就是因爲兩巨星接觸時所發生的潮汐運動，以致內部物質向外迸發，而成渦狀的星辰。後來這種小天體，次第凝結而成行星，中心最大的天體，就成了盟主的太陽了。」㈩

C．瓦斯進化說。英國天文學家姜斯（J. H. Jeans）在一九一七年發表這種學說，主張天地沒有開闢以前，宇宙是一塊極大的瓦斯。瓦斯迴轉不息，邊緣噴出一部份瓦斯。噴出的瓦斯，末端很細，不久便失去了熱氣，漸漸凝固成爲小行星；中央粗大，很久都保持了熱度，後來成爲於今的木星和土星。

D．單原子爆炸說，這個學說爲比國天文學家勒麥特神父（G. Lemaitre）的主張。「按此說，我們的宇宙開始時的狀態如下：它的總能量集中爲一個單獨的量子，或說，一個單獨的能量包。這包，正像一個巨大的原子核。物質粉化的傾向在此無他，只是原子的幅射不平衡而已；輻射出的碎塊又繼續分裂，，正如幅射體的自然族系中，前後相繼的從屬所作的一樣。這種分裂，達到穩定原素或說半衰期很長的物體如鈾時便停止。」(十一)

三、宇宙的哲學問題

前面所講的各種宇宙觀，都不是正式的哲學問題。因為宇宙的構造和宇宙變化的經過，乃是科學問題。古代各民族宇宙觀的錯誤，是不合於現代天文學和地理學的事實。但是現代天文學和地理學對於宇宙的構造和變化的經過，所確實知道的事實，還是很少，多半尚屬於假設。科學所有的真實發明，哲學一定應該接受。自然界哲學，本來是用科學的事實作出發點。

關於宇宙的整體，在哲學上可以有三個問題。第一個問題，是討論宇宙究竟是不是無限的？第二個問題，討論宇宙是不是永久的？第三個問題，討論宇宙是不是自有的？對於這三個問題，科學可以供給許多的事例，但不能予以答案，答案應該在哲學裏去追求。

1. 宇宙是不是無限的？

宇宙之大，可以說是大到無限。「若以太陽為中心而出發，則各行星和太陽的平均距離依次爲：水星，五千八百萬公里。金星，一億零八百萬。地球，一億五千萬。火星，二億二千八百萬。木星，七億七千八百萬。土星，十四億二千六百萬。天王星，二十億六千八百萬。海王星，四十四億九千四百萬。冥王星，五十九億二千萬公里。」(十一)

這種距離，僅止是太陽系的距離。若是由太陽系推到銀河和別的恆星，距離的數字，不是人可以想像得到的。普通天文學上用光的速度去計算星辰的距離。

光的速度，每秒三十萬公里。「用一九二〇年發明的變星法，我們找到距我們的銀河系最近的星雲，爲安得洛美（Andromede）螺形星雲（或譯旋渦星雲），約一百萬光年。它的直徑是六萬光年。在大熊星區域，有兩個河外星雲——指我們的銀河系之外——距我們爲三百萬光年。」(十二)

這種數字，還可以加到幾萬倍或甚至幾十萬倍以上。宇宙之大，真是我們不能想像得到的。但是，宇宙仍舊是有限的。

宇宙是有限的，第一、因爲宇宙本身是有限的物體合成的。宇宙包括全部的天體，天體是由各星系組成的。星系無論是多麼大，在本身乃是有限的物體。由有限的物體，不能組成本身爲無限的物體。因此宇宙在本身上是有限的。

第二、因爲宇宙也不能在質量和數目方面，是無限的。質量不能是無限的；質量的本性，在於一份子在一份子以外而有伸張性。因爲伸張性，物體乃有體積，體積必定有自己的界限，不能是無限的；否則物質量沒有辦法可以區分，宇宙間只有一個無限的物質量了。宇宙在數目方面也不能是無限的。宇宙中的星系，無論是怎麼大；但是星系的數目，必定不是無限的。無限的數目，是最後一個數字，沒有決定，常可延長；但是最後數字沒有決定的數目，數目也就不確定，數目而且就不存在。至於說數字常可以向上增，一直增到無窮；這種想法，是腦中的想法，實際上的物體，不能像數字一樣去增加。

量和數我們不能忘記，都是附加體。附加體是附在自立的主體的。物質的自立主體，既不能是無限的，量和數也就不能是無限的。

2. 宇宙是不是永久的呢？

宇宙的天體，究竟有多少年呢？直到現在，天文學和物理學以及地質學，都還沒有找到確實的答案。

天文學由光速的年數，推算某某星座或銀河系，至少在若干年前應該存在。葛布爾（Edwin E. Hubble）在一九二四年和一九二九年，推算渦狀星雲互相脫離的年代，最近者爲十三億年。若再用「膨脹宇宙」的學說去計算，在一百億年以前，一切渦狀星雲都集合在相當的小空間以內。這種時代，大約是宇宙開始變化的時代。

為推算地球的年代，物理學家按照鐳鈾的鉛內說時代去推算。「鈾原子最後碎裂為一個鉛原子和八個高速游離氦原子。若在地球上存在一個四十億年的老鈾礦，則它該會有等量的鉛與鈾。然這種鈾礦並不存在。由不同地層中發現的鈾礦，就是含鉛的成份，可以斷定這些礦床的年齡，就這樣，我們找到了二十億年歲的老岩。」（十四）

這些年齡，都不是宇宙的正確年歲，乃是推算出來的大約歲數。究竟宇宙有多少年齡，這是科學的研究對象，不屬於哲學的範圍。

在哲學上可以研究的，是宇宙在時間上，有不有起點，有不有終點。士林哲學家的意見不大相同。聖文都拉認為宇宙在時間上不能沒有起點，所以在理論上，宇宙也不能是無始常在的。聖多瑪斯則認為在理論方面，我們不能確實證明宇宙不能無始常在。（十五）

同樣，在哲學上，我們也不能確實證明宇宙不能永久存在。物質物不能自有，應該由造物者而造。造物主是無始無終的，便可以在無始以前創造宇宙，也可以保存宇宙，使它無終。在宇宙本身方面，它可以在無始時被造，也可以被保存而無終窮。而且按照哲學的理論上，宇宙的毀滅，是自「有」到絕對的「無」。這種變化，不是宇宙內任何一種能力所可以做到的。宇宙的創造，是自絕對的「無」而到「有」；這種工作，不是宇宙任何能力所可做到。宇宙間的變化，都是理（本形）和氣（質料）的變化；在這些變化裏，常是假定已經有預先存在的氣（質料）。因爲宇宙萬物的動作，只能達到理和氣的結合，不能達到「有」的本體。既然宇宙萬物的能力不能達到「有」的本體，所以不能創造「有」，也不能毀滅「有」。宇宙萬物於今已經是「有」，因此便不能被宇宙間任何一種能力所毀滅，而歸於絕對的無。

科學上的單體原子爆炸說，以及物理上的能量說，證明宇宙間物質能量，日趨減少。然而這只能證明宇宙的生物和宇宙的天體，或不能永久保持存在，或不能永久保存現狀，並不能確實證明宇宙的天體終必歸於無。

宇宙的毀滅，只有創造宇宙者能做。創造宇宙的天主，是否將毀滅宇宙，我們公教會保有天主的啓示：天主將使宇宙有終窮的一日。

佛教曾有世界的成住壞空四刧。所謂刧，有小刧中刧大刧。「從人壽八萬四千歲，百年減一歲，一直減到十歲；反轉來說，從人壽十歲，百年增一歲，一直增到八萬四千歲。其一增一減，各各說爲小刧。中刧就是合此減刧增刧兩者的名稱。……然成住壞空的四刧，從什麼小刧成立的呢？各各從二十中刧（即四十小刧）成立的。因而大刧，就是從入十中刧成立的了。」㈥然而佛教宇宙四刧輪迴的學說，既不合於科學，又不合於哲理，只是一種猜想罷了。

3. 宇宙是否自有的？

宇宙是否是自有的？這個問題所討論的，不是討論宇宙間各種物體的來由。乃是自然界的宇宙，從整體方面去看，討論整個的宇宙，究竟是怎樣來的，是自有的呢？還是被造的呢？

自然界的整個宇宙，按照目前的現狀說，是逐漸變化而成的。生物進化論的學說，以高級生物來自低級生物，低級生物來自無機體，無機體的礦物又是逐漸變成的。宇宙變易的各種學說，又以宇宙間的天體，都是從星雲或瓦斯體中分化而成的。宇宙在開始時，便是一團極大極熱的星雲或瓦斯。

於今我們姑不論這些學說，是不是確實不錯。我們就假設這些學說是真的；宇宙起源的問題，仍舊存在。因爲我們仍舊要問，宇宙開始時的星雲或瓦斯是怎樣來的呢？是自己有的呢？或是受造的？

在科學方面，這個問題不能有答案。不單單在現階段的科學，既不能證明宇宙開始時的狀態，沒法可以證明宇宙的由來，就是將來科學發達到了能夠證明整個宇宙變化的經歷時，科學也不能證明宇宙的由來；因爲宇宙的由來，不是可實驗的，科學便無法予以證明。因此對於宇宙由來的問題，只可以從哲學方面用推理去推論。

哲學上討論宇宙由來，我們應注意，哲學不討論宇宙是怎樣產生的；因爲形態和方式的問題，是屬於自然科學的範圍。哲學所討論的，乃是宇宙整體，無論是怎樣開始的，這種開始是自有的呢？還是被造的，即是說自無中而被造成的呢？

佛教主張宇宙有成住壞空四大刦，經過了四大刦，重新開始另一個成住壞空。這樣，現在的宇宙是自前一宇宙來的。佛教主張，人生有輪迴，同樣也主張宇宙有輪迴。輪迴是圓週形，圓週沒有起點和終點，也可以隨便拿一點作起點。因此佛教對於宇宙，沒有原起和由來的問題。但是歸根結底，佛教的宇宙論，是主張宇宙自有的。

歐洲唯物的哲學，或者主張宇宙是否自有的問題，超出人的理智，不能成爲哲學問題；或者主張宇宙是無始無終的自有體。

我們士林哲學主張宇宙不能是自有的，乃是神（天主）由無中創造的。

宇宙間的天體，無論都是由一星雲團或瓦斯體分化出來的，無論是各自獨立而起的，宇宙的天體總是物質物。所以宇宙是否自有的問題，便歸結到物質物是否可以自有的問題。物質物則是不能自有的，因此宇宙整體也不是自有的。

甲、物質物爲理（本形）與氣（質料）合成的。理與氣不能自動相結合而成物，須有一動因。這一點在前面講變易時，已經提到；因爲氣是「能」，理是現實，由能到現實必要有一動因。「能」的本體不能是動因，因爲「能」既不是現實，當然不能有動作。因此，若以宇宙爲無始而有的物質，就是主張「能」自己可以自成爲現實。這一點則是違背哲理的。

乙、若以宇宙開始時爲一團星雲或瓦斯體，便是主張宇宙有起點，宇宙開始時的星雲或瓦斯，不能是自有的，也不能自體內自具一切將來變易的原理。因爲絕對的無，自己不能進爲有。須要有一絕對的「有」，纔能由無中創「有」。

若以星雲或瓦斯爲永久的變化，星雲或瓦斯來自另一物體。這只是把宇宙開始的問題，推到另一宇宙以內，並沒有解決問題的本身。因爲物質變化，雖可以假設爲無始的，起於時間以外，但不能假設變化是自己開始變化的。我們可以假假設，天主（創造者）在無始之始，發動變化，予變化以繼續之力和原則，變化便繼續不斷。假使拒斷天主的發動力，變化無從開始。

丙、宇宙的天體，繼續變化；宇宙的物體，繼續生滅。有變化生滅的物體，不能是自有的。列子曾經說：「有生不生，有化不化。不生者能生生，不化者能化化。生者不能生，化者不能化，故常生常化。常生常化者，無時不生，無時不化。……故生物者不生，化物者不化。自生自化，自形自色，自消自息，謂之生化形色智力消息者，非也。」（列子 天瑞篇）

從無到有，即是從「能」而到現實。由能而到現實，不是「能」自己所能發動的。

丁、聖多瑪斯曾討論物體是否應該由天主（神）而受造，他答覆說：宇宙一切的物體，都是部份之「有」；部份之「有」，乃是由整個之「有」而有。天主則是唯一的整個之有。(七)又說：可以有又可以不有的「有」，自身沒有必定該有的理由。自身既然沒有該有的理由，它爲能夠「有」，不能自有，必定該靠一外在的動因。宇宙間的物體，都是可以有而又可以不有的，所以都不能是自有的；爲能有，要靠一自有者作動因。宇宙間的物體，不單單小小的個體，是可有可無的；即是極大的天體，也並不是不能不有的。因爲自己不能不有的「有」，自己具有整個「有」的理由，自己也就是整個的有；但是宇宙間的天體，則常在變化，不是立時就有自己整個的有。例如地球爲進化到現階段的有，不知經過了多少億年。因此天體也不是必定該有之「有」，結果也不是自有之有了。於是宇宙便該當是一自有之「有」，所創造的「有」了。(八)

註：

(一) 梅瑟五書 聖經學會譯 北平 民三十七年 二四—二五頁。Claus Schedal, Storia del Vochis Testamento. Roma. 1959. p. 21.

(二) 關於印度宇宙觀，參考木村泰賢著 小乘佛教思想論（演培譯） 台北 民四六年 一八九—二六五頁。

(三) 羅素 西洋哲學史（鍾建閎譯）第一冊 七〇頁。

(四) 同上，七二頁。

(五) 木村泰賢 小乘佛教思想論 二〇一頁。

(六) 同上，一三五—一三六頁。

(七) 羅光 中國哲學大綱下冊 二二六頁。

(八) 同上，二四頁。

(九) 羅光 儒家形上學 六〇—七二頁。

(十) 王益厓 地理學 世界書局 民廿一年版 二九頁。

(十一) 晨輝 宇宙有多大 恆毅月刊 民四七年 七月號 十頁。

(十二) 同上，八頁。

(十三) 同上。

(十四) 同上，九頁。

(十五) S. Thomas. Summa Theologica. XLVI 2.

(十六) 木村泰賢 小乘佛教思想論 二五八頁。

(十七) S. Thomas. Summa Theologica I. 44. 1.

(十八) S. Thomas. Summa contra gentiles cap XXXI.

第三編 心理學

第六章 論生命

緒論：心理學

自然界哲學的第二部份，稱爲心理學，討論生物的活動。

宇宙間的物體，分爲有機體和無機體。無機體是沒有生命的物體，是塊然無靈的頑石。對於這些物體的性質和變化，宇宙學一編予以討論。這些物體，我們知道是由理（本形）和氣（質料）合成的，它們最重要的特性，是質量；它們的變易，是在空間和時間以內，因著外力而起。

有機的物體，則是有生命的物體；它們的特點，在於有自力發動的一種內在活動。心理學一編，便是研究這種有機體的哲學。

心理學（Psychologia）的名詞，是自西洋語言翻譯出來的。西洋語言裏的這個名詞，源出希臘文。在希臘文裏這種名詞指著研究「心」的學術。心不是生理和醫學上的心，乃是中國哲學裏所說的心；心爲心靈，爲生命的基礎；即是西洋哲學所稱的靈魂。

在西洋哲學裏，心理學開始不像理則學和宇宙論那麼早，那麼發達。希臘哲學家裏第一位正式講心理學的，要推亞里斯多德。他曾著有《心靈》兩卷。從他以後，西洋的哲學家，都討論心靈問題。

中國哲學家或思想家，講到心理問題的，首有《中庸》、有《孟子》、有《荀子》。其後凡講論性的善惡，以及克慾修身的學者，多少也都提到心理方面的問題。但是在心理學一方面，中國哲學也只有片斷的論說，沒有系統的說明。佛教雖喜說「明心見性」，理學家也愛談心與情；但是都不曾有過系統的主張。

西洋心理學從亞里斯多德以及到近世紀，是從理論方面，尤其是從形上理論方面講心靈，講理智和意志的活動。第十八世紀時，德國學者烏爾夫（C. Wolff, 1679—1754）於一七三二年出版《實驗心理學》一書（Psychologia Empirica），於是心理學乃分成兩大部份：一爲理論心理學，一爲實驗心理學。

實驗心理學，從烏爾夫開端以後，成爲現代學術中的一種專門學問，包括的科目頗多。這種學問的特點，是由實驗方面去研究心理活動的種種現象，研究的方法，是描寫的方法。

理論心理學，繼續以往哲學上的心理學，討論心理活動的理由。這種心理學和實驗心理學並不相衝突，而且彼此可以互相完成。實驗心理學若不加上理論心理學的理論，便缺乏系統，而且也超不出實驗的現象。理論心理學者不利用實驗心學的結論，便缺乏實際的立腳點，免不了要成空中樓閣。我們於今講心理學，就利用實驗心理學的說明爲基礎，討論心理活動的理由。我們討論心理活動的步驟，首先談生命，然後談生物，進而講感覺生活，理智生活和情感生活，最後以論人爲結束。

我們講心理學所定的對象，是歷代哲學上心理學的對象，即是以人的心理活動爲對象。所以在心理學內論生命論生物，乃是一種較爲詳細的引論，使人更爲明瞭人的生命。哲學上心理學講人的心理活動，不是研究這些活動的具體現象，乃是研究這些活動的基本理論。研究心理的具體現象的學問，是實驗心理學，因此實驗心理學可以作哲學心理學的研究基礎。

哲學上研究心理活動，是就心理活動本身的性質去研究，不是從心理活動在某一方面的表現去研究。研究心理活動在某一方面的表現，在今日的學術界，已經有許多專門的學問。如社會心理學，政治心理學，犯罪心理學，變態心理學，宗教心理學，勞動心理學，甚至有機械心理學。還有所謂民族心理學，原始人民心理學等。這些學問裏面，雖能夾有哲學的理訥，但是所用的方法和目的，都不離乎實驗科學的範圍。

現代社會上和學術界，既然盛行實驗的科學；於是普通所謂心理學，乃指著實驗心理學。大學裏面的心理學科目，也是實驗心理學的科目。然而我們認為假使一個人真要講哲學，心理學便不能是實驗心理學；否則是自認哲學破產，只有接受實驗科學為哲學了。實事上哲學是哲學，科學是科學，兩者不互相攻擊，兩者可以並行不背。

實驗心理學在近代的科學裏，已經有了極大的進展。最著名的實驗心理學家，為翁特（Wihelm Wundt, 1832-1920）。他創立心理實驗室，用實驗去研究感覺活動。他的徒弟滿天下。於今實驗心理學者分成許多派，各派對於心理活動的研究方法及意義各不相同。

一、生命的意義

生命的意義，大家以為神秘不可解釋。浪漫的文人，以生命為創造，以生命為自由。《易經》也以生命為神奇不可測，「生生之謂易」「易，無思也，無為也，寂然不動，感而遂通天下之故。非天下之至神，其孰能與於此。」（繫辭上 第十章），《中庸》以天地之大道，在於化育；人若「可以參天地之化育，則可以與天地參矣。」（中庸 第二十二章）

生命究竟有什麼意義呢？

生字，《辭源》說是死之對。命字，《辭源》謂為受命，所得於天，稱為命。生命兩字合成一個名詞，指著人生的根基。根基一斷，命就絕了，人就死了。生命一稱性命，普通常說性命不保，或說保全性命，如「苟全性命於亂世，不求聞達於諸侯。」（諸葛亮 前出師表）

但是性命究竟是什麼呢？

孔子曾說：「未知生，焉知死。」（論語 先進）程子註曰：「晝夜者，死生之道也。知生之道，則知死之道。」莊子也說：「生者，假借也，假之而生。生者，塵垢也。死生為晝夜。」（莊子 至樂篇）

但是這些話都沒有解釋生命究竟是什麼。西洋哲學也常常研究這個問題。他們的答覆，各隨各自的哲學主張而定，大別之，可以分為兩大派：主張唯心論的一派，以生命為精神的活動；主張唯物論的一派，以生命為物質的活動。對於生命的活動，是否有自己的意向；抱唯物思想的人，都認為有機體等於無機體，按照自然法的驅使，自然而然而動，並不具有特別的意向。我們於今簡單地舉出幾位哲學家的意見，然後再說明我們的主張。

1. 普通人的意見

普通人對於一事一物的意見，雖不常合于科學的智識，也不常含有哲學的成份，但對於研究哲學的人，則常可以作爲真理的借鏡。普通一般人對於生命有什麼意見呢？

第一、大家都知道生物和無生物很有分別。宇宙間的物體，雖然都有變動，但是大家知道宇宙間的萬物並不是都是生物。

第二、普通人都認爲生物自己能活動。這種活動不一是運動，遷移地位，有生物是自己裏面有生育的活動。

第三、普通人也想在生物以內，有種命根，命根一斷，生命就絕。

因此，按照普通人對於生命的看法，生命是物體的內在活動，由一生命中心而發。至於生物中分有植物動物和人三等，這也是大家所公認的。誰不知道禽獸比樹木高貴，人又比禽獸高貴呢？因此生命分三級：營養生活，感覺生活，理智生活。

2. 古代哲學家的意見

哲學家對於人生的意見，不免常要受當時普通一般人的意見的影響，或受當時科學家的意見的影響。

古代初民對於宇宙間萬物，相信都是有靈的，都是有生命的。初民對於宇宙以及日月星辰的崇拜，就是崇拜各種生命的精靈。於是古代的思想家也多主張宇宙萬物都爲有靈之物。

希臘古代哲學家赫拉頡利圖（Heraclitus）以宇宙爲一極大的有機體，中間具有常活的活火，繼續不斷的變化。斯多亞派進而以宇宙爲一生物，宇宙的進化，有如一株樹由種子漸漸發育長大。柏拉圖主張宇宙爲一完全的動物；但是他以生命的表現，是理智生活的特點。亞里斯多德則一掃前人的宇宙生活觀念，正式分別有生物和無生物，有生物又分爲營養生活即植物生活、感覺生活和理智生活。生命的普通觀念，是指著營養生活，既不是遷移地位的運動，也不僅是理智的思維生活。中古的哲學思想，都隨從亞氏的主張。

中國古人是不是以宇宙爲一有生物呢？中國古人除敬天以外，也敬天神地祇。這些天神地祇，是不是代表自然力的靈性化呢？這是宗教史上的問題。但是照我看來，中國古人的敬仰，較比一般初民的信仰已經高得多。中國人敬神祇，是敬禮主宰日月星辰風雨雷電和山川湖沼的神靈，並不是敬拜自然界的現象。而且中國古人已經知道「塊然不靈」「頑石不靈」，山川金石是沒有生命的。

3. 近代哲學家的主張

甲、笛卡爾和萊布尼茲的主張

笛卡爾是最重理智的哲學家，同時因爲是數學家，也最注重系統和紀律。歐洲文藝復興時，古代希臘的思想風行於社會，斯多亞派的宇宙爲一生物的主張又重新得人的信從。笛卡爾出而反抗這種思想，他以宇宙爲一機械，沒有自動的生命。而且他認爲凡是沒有理智的物體，都算爲機械，創立生命機械論。

萊布尼茲反對笛卡爾的主張，認爲一切的因子（Monad）都有心理生活。萊氏主張「因子」爲一切物體的構成因素。「因子」沒有質量，雖分有等級種類，然都具有心理生活。所以他創「泛心理說」（Panpsychimns）「他以爲心意作用亦是由小而大，在低級的「純一」（因子）具有極微的知覺，由人身內各細胞所有的極微知覺而成人身所具有的明顯知覺。這種主張並和他的一攝一切與一切攝一相通。因爲一個「純一」（因一）而必是攝收其他「純一」，所以好像鏡子一樣，能把其外的都照入進來。「純一」（因子）的等級愈低，就好像鏡子愈模糊，其所攝收便愈少。倘若鏡子愈明亮的，則便是攝收愈多了」㈠。再者，萊氏又創「泛理則論」（Panlogismus），以爲沒有一件事物，是沒有自己存在的充足理由的，因此一切物體的創作，都有充足的理由。但是物體不能被外物所動，否則外物應該以自己的一種特性轉與被動的物體。物體在動時，常是自動。

從上兩點看來，萊氏把哲學上有生物和無生物的區分，一筆抹殺了。自動和心理活動，本是生物的特點，萊氏則以爲是每個物體的共性，那麼萬物都有生命了。

乙、黑格爾的主張

黑格爾的哲學，以現實爲絕對精神體，其餘一切都是絕對精神體按照辯證式的變化。黑格爾對於生命，從三方面觀察。

第一、從宗教方面去觀察，生命的意義是自由，人對於神（天主），不是奴隸乃是義子，享有自由。

第二、從辯證的理則方面去看，生命是「觀念」的直接表現。「觀念」乃是時常變動的主體。主體的變動可有三期：開始是一能夠變動的主體，自己斷定自己的變動，和自己組織變化的質料。第二期是主體變化而否定自己，成一外在單體，單體具有感覺、感應、和生殖的能力，且求適應周圍而有願欲。第三期是單體因繁殖而成類。第三、從現象一方面去看，生命爲反省，把外間的客體，引入主體以內，主體因而自求滿足。

黑格爾的生命觀念，無論從那一方面去看，都主張生命是精神的活動。

丙、孔德的主張

孔德和黑格爾正相反，在孔德的主張裏，生命成爲物質的活動。爲研究生命，一切都要憑著經驗去研究。

孔德主張有機體的活動（營養生活），和動物的活動（感覺生活）應該有區別。有機體的營養生活，純係生理和化學性的活動，是一種機械的活動。動物的生活，則不能完全用物質機械運動去解釋。在這一點，孔德不完全贊成當時的生物進化論，但是他也採取進化論的思想，特別注意適應環境的要求。不過他否認環境能夠改變生活器官的性質，在環境和器官間雖然應該常有平衡，環境所可以改變的器官，只是不關重要的器官副性。

丁、中國理學家的主張

理學家中沒人正式討論生命的問題，也沒有人特別研究物體的分類；但是間接地有人說到生物和無生物的區分。

理學家都以人物同屬於一氣，而且人物都有同一天理；那麼人物的分別在那裏呢？

朱子說：「問人物皆稟天地之理以爲性，皆受天地之氣以爲形；若人品之不同，固是氣有昏明厚薄之異。若在物言之，不知是所稟，便有不全耶？亦是緣氣稟之昏蔽，故如此耶？曰：惟其所受之氣，只有許多，故其理亦只有許多，如犬馬他這形氣如此，故此會得如此事。」（朱子語類）

張子說：「凡物莫不有是性，由通蔽開塞，所以有人物之別。由蔽有厚薄，故有知愚之別。塞者牢不可開，厚者可以開，而開之也難，薄者開之易也。」（橫渠語錄）

王陽明說：「大人之能以天地萬物爲一體，也非意之也，其心之仁，本若是其與天地萬物而爲一也。」（大學問）

理學家以人和物，都具有理和氣，理的本性在於表現天地，然因氣的清濁，能夠表現天理的程度，便有分別。氣清，則天理表現得全，氣濁，則天理表現得缺。氣甚昏濁者，則天地完全不能表現。在這一點，理學家似乎有點相像萊布尼茲的主張，以「因子」爲鏡子，能照外形，但以鏡子的昏明，爲反照的程度。因此萬物都有心理作用。但是理學家所講的，不是「生命」，乃是「致知天理」的理智生活。他們以爲在根本上說，萬物都可以有理智生活，在實際上則祇有人是具有理智的，那是因爲氣稟不同。

至於說生物和無生物的分別，理學家沒有注意。但是按照他們的哲學思想去推測，生物和無生物的區別，一定也該是由氣一方面去求。氣的區分，則祇有清濁之分。因此生物和無生物的根原，必是氣有清濁的緣故。

4. 現代哲學家的主張

甲、柏格森的主張

柏格森是現代主張情感的唯心哲學家，他認為生命是創造力的壽命，幾時有創造力，幾時有生命。生命的表現，則在於人能直見（Intuitio）創造力的一刻。在這表現的一刻，生命則是整個的，不能歸併到任何宗向系統以內，生命既沒有外在的宗向，也沒有內在的宗向。「蓬勃生命」繼續變化，所有路向不同，乃有三級不同的生命：營養生活，感覺生活，理智生活。

柏氏認為在宇宙內有物質和精神之爭，精神即是生命，生命即是「蓬勃生命」衝破物質的藩籬，向上攀登。這種變化，不能由機械論或進化論去解釋，生氣的變化，完全是創造的變化，不是機械式的自然法所可前定的。

乙、肋布的主張（生命機械論 Mecanismus）

和柏格森完全居在相反的地位的哲學家，是德國的肋布（Jac. Loeb 1859–1924）。肋氏以生物學的思想，主張宇宙間的生物，完全受物質機械論的支配。肋氏一方面是笛卡爾的繼任人，另方面又繼續孔德的思想，他解釋生命，則純淨由物理化學方面出發。

肋氏認定生物是由物質組成的化學有機體，具有生育的能力，這些生育的現象都可以用實驗去考察。考察的結果，可以證明生物的營養和生殖作用，都遵守化學的程序，生物爲生活所用的質料，也都是化學物質。爲使生物身內起化學作用，外面的環境很有影響。外面的環境能夠供給化學原料、熱力、光力、電磁力、吸力，這一切都影響生物的生命。生物的活動，便不是有一定的宗向的，雖不能完全預先推測一切的結果，但總不出乎物理化學的範圍，因爲物理化學上也有一種「權變律」（Primipium Emergentiae），在物理化學的變化裏，對於量，常可以預先推測；對於質，則有時有新的結果，不能預先知道這就是物理化學的「權變律」。物理化學律雖常是一定，然而也有權變的時候。

丙、特里西的主張（生命中心說 Vitalismus）

德國生物學家兼哲學家特里西（Hans Driesch 1867–1941），經過多年的生物實驗研究，所得結論，恰恰和肋布的主張相反。特氏主張生命活動，絕對不是物理化學的方式解釋得通的。他認爲生命的活動是由一生命的中心動力而發動，一切活動都是集中於一宗向。

宗向可以有機械式宗向和動力式宗向。機械式宗向，是表示機械各部份，按照工程師的計劃而安置，按照工程師的設置而動，機械本身沒有內在的宗向。動力式宗向是物體本身以內所有的宗向，物體按照自身的宗向而發展自身。

特里西從生物的各種實驗，發見生物都具有動力的宗向。爲什麼緣故呢？由各種生物的實驗裏，他發見了兩點。

第一、生物的各種現象，都具有一致的調協性，如一致的因果反應，甲引動乙的反應而生丙。如胚胎內各種不同的因素，各自發育最後則共同達成整個的有機體。又如各器官在生理上的彼此互助。

第二、生物對於外力的抵抗。生物的器官，對於外力的侵害時，全身常有一致的抵抗，爲保持器官的性質和功用。如最低級動物的胚胎受分割時，每一部份能生殖一全體的動物。又如一些動物，在一肢體受損傷時，能夠再長成新的肢體。

一架機器，在一部份受損傷或受割時，絕對不能自己再長一新部份，或長一新的機器。生物卻能有這種現象。這不能用機械方式去解釋。我們必定應該假定在生物以內，各部份在潛能方面，合成整個的有機體。這種潛能和生物的質料以及周圍環境，當然有關係。

特里西在哲學上信從康德的唯心論，他以生命的宗向，屬於康德先天範疇的一類，即是關係。

從我們人自身去看，我們反觀內心的經驗，我們自覺有生命的中心，支配內心活動。再按我們這種經驗去推測別人，我們可以認識別人的生命中心。因此造成一種範疇，這種範疇稱爲「單體個性」。

特里西可以算是現代唯物機械論的反抗者，在哲學方面缺點雖多，但由實驗而得的結論，以生命是有宗向的活動，則很可貴。他的學說稱爲「生命中心說」（Vitalismus）或生機說。

法國著名生物學家百諾（Clande Bernard 1813-1878）歷經各種實驗，認爲低級生物的活動，能用化學的理論去解釋，但是普通在生物裏有許多現象，決不是機械的化學理論所可以解釋的，所以他也主張應該有生命的中心。

丁、哈爾曼的主張

德國哈爾曼（Hartmann Nicolas 1882-1950）從哲學的立場去討論生命。哈氏爲新康德派學者，對於生命，不贊成肋布的機械論，也不完全贊成特里西的生命中心論，因爲機械論是唯物思想，生命中心論則是以人心推廣物心。兩者都不對。

哈氏的知識論，認爲人的理智不能認識生物的真相，僅只能夠知道一些現象，因爲人心缺乏對於生物的先天範疇。在生物裏我們按照一切的經驗，知道生物的生命遵定幾條規律，如「合一律」，各種器官的各部份合成一個器官；如「組織律」，下級生命包括在上級生命以內，上級生命則不包括在下級以內；如「相依律」，上級生命依靠下級生命。下級則不依靠上級，人不可無植物動物，植物動物則可以無人。

爲解釋生物的現象，不必引用宗向動機律。宗向動機僅僅有理性的人能夠有，以宗向去解釋生物現象，是以人心擴度物心，拿物人格化了。生物中有一統的機官，統制生命的現象，然不能以統制爲有宗向。

5. 我們的主張

上面我們看了各派哲學對於生命意義的主張，我們承認現代各派哲學家的意見，都各有可取之處。

機械論的主張，在生物的器官和生理方面，貢獻很多，今日我們能夠知道生物細胞內的原素，以及細胞的化學物理性質，這都是生物機械論學者的努力。但是生物的許多現象，決不是機械論可以解釋的。如飛禽魚類按著時季的遷移，機械論不能解釋。胚胎之發育成一完全生物，機械論也不能完全解釋其中的變化。生物對於外間有害物體的逃避，也不是機械論所能說出道理的。

生命中心論的學者，以生物有一中心，這是心理哲學的基礎；生物的活動有一宗向，即是在於謀本身的利益，這也是不能否認的。但不能就到這一點就止步，還該進一步解釋生命中心的特質。

因此我認為聖多瑪斯的學說在哲理方面，既可以解釋生命的意義，而且也可以容納現代生物學的新發明。

甲、怎樣認識生物？

我們為認識生物，當然是用我們的觀察。在觀察外物時，我們知道一些物體動，一些物體不動。由於動或不動，我們指定動者是活的，不動者是死的。但並不是一切動的物都是生物，水流也是動，石頭被拋也是動，我們不稱它們為生物，因為我們知道，只有自己動的物體才是活的生物。

為什麼我們知道己動的物體是生物呢？我們按我們自己內心的經驗去推測。我們開始所認識的生物，常是動物，對於植物是要進一步後才知道是生物。例如小孩知道貓狗是活的，不容易知道花草是活的。就是因爲動物的活動，容易由我們自己的經驗去推度出來。

但是這並不是把外物都人格化了，因爲我們知道兩者的相同，也知道兩者的不同，這一點，從現代的各種生理和心理的實驗，也可以證明。

小孩子看見狗動時或魚動時，知道狗和魚是活的；若是看見狗和魚，總不動了，知道它們是死了。

我們對於生物的第一步認識，是在於「動」。

但是小孩子也知道一條死狗，被人拖著動，不稱爲活狗。一條死魚被水推著動，也不稱爲活魚，狗和魚要在自己能夠動時，才稱爲活的。

我們對於生物的第二步認識，是「自動」。

小孩開始不知道分辨一株花是活的是死的，因爲他總不看見花動。但是媽媽若告訴他花的葉子是綠色時，則是活的，不然便是死的。一天，小孩看見花葉枯黃了，他就要說花死了。小孩不懂其中道理。大人則知道花枯了，是花不能自己營養自己了。

我們對於生物的第三步認識，是「自己營養自己」。

因此聖多瑪斯說：一物稱爲生物，是因它無論用什麼動作能使自己動。(二)

聖多瑪斯的主張，是繼承亞里斯多德的主張，亞氏曾說：一物稱爲生物，因爲它自己能夠生長發育或消損。㈢

哲學教科書上，常列舉許多別的學者對於生命或生物所下的定義，但是那些定義都不及聖多瑪斯和亞里斯多德所說的定義這樣簡單。

乙、生命的定義

生命在哲學方面的定義應該如下：「生命爲物體的一種特性，物體因此自己能夠自動自成」。

A、生命爲物體的特性，因爲生命不是物體的本性。本性是物體之所以爲物體，生命包括在生物的本性以內，但不代表全部的物性，只是物的特性的一種，而是由物的本性流出來的。

因此生命不能稱爲動作，動作只是生命的表現，動作並不是生命。普通我們常說，物動則是活的，以活動爲生命；但這只是一種說法。因爲我們並不說吃飯是我們的生命，或讀書是我們的生命，我們的生命除這些動作外，包括的事件還多著哩！

B、自動 動作有「被動」和「自動」。被動是由外來的動力而動，例如機器之動，要有外來的發動力纔能動。發動力能夠是熱，能夠是電，能夠是原子力，但總是外力。自動是由物體自身的力量而動，外面的物體或環境，可以給于自動者以刺激，但不是爲發動自動者的動作。植物的營養作用，是植物自身的動作，雖然需要外來的營養料，而不需要外來的動力。

動作還有「內在」和「向外」的兩種。「向外的動作」，效用見於在物體本身以外的物體，例如一般發動力的效用，都見之於被動的物體，發動力的動作便是向外的動作。「內在的動作」，效用見之於物體自身，營養的作用，是爲營養物體自身；感覺的作用，是爲自己取得知覺；理智作用，是爲自己求得知覺。但爲更確當一點，內在和向外的動作，是在於動作的終點在外物或在自身。我們曾說過動有起點有終點，終點在自身者爲內在動作，終點在外物者爲向外動作。至於動作的起點，當然常在自身。

生命的動作，應該是自動，還該是內在的動作。因此生命活動的終點，常在於自身。生物的動作，可以有許多種，一個生物可以自動也可以被動，例如狗，可以自己走，也可以被人提著走。一個生物可以有內在動作，也可以有向外動作，例如馬，可以營養自己也可以給人拉車。但是只有自動的內在動作，纔真正表示生命，一旦缺少自動的內在動作，生命就斷了。

聖多瑪斯講解內在的動作，更以爲內在動作是在成全動作者的自身，是爲求動作者自身的利益。因爲凡是物體的動作，在物體上常引起變動，每項變動，或者是量或者是特性的變更或變化。內在的動作，所引起的變化，在於物體自身，是求物體自身的利益，在發展物體自身。因此他在生命的定義裏，祇說自動而不說自成，是因爲自成包括在自動的內在動作以內。

C、自成　但是於今的物理化學證明原子都運動，原子以內的因子也都運動。科學家以原子和因子的運動爲自動，而這種自動的終點，也在自身，雖說都發電力磁力，然而運動是在原子和因子的自身。可是原子或因子，不因自身的運動而有生長或變化。這種自動的內在動力，則不是自成的動作了。

我們雖可以不承認原子的運動，是真正的自動；但就是承認是自動，原子的動不能稱爲生命的動作，因爲原子和因子的動，祇是一個運動，是遷移地位的運動。是對外關係改變的運動，當然不能變更自己的性質。所以便不能算爲內在的動作，因爲效用是向外的。

但爲更明瞭起見，我加上「自成」，爲能避免化學物理所能引起的誤會。生命的動作，應該是發育自身的動作，生命的生殖作用，效用雖見於外，生育了另一物體，但也是爲生育者本身的利益，爲保留自身的生命於後代。

者，由形式。

丙、生命的等級

生命的等級，按照生命的動作而區分。動作的區分，可由三方面去看：由動機，由主動者，由形式。

生命動作的主動者，都是生物自己，由這一方面不容易區分生命的等級，因此應該由動機和形式兩方面去看。

有些生物，它們動作的動機和形式，都已由物性預定，生物按性而行，不能加以變動。這一級的生命活動，稱爲營養作用，也稱爲植物生活。

有些生物，它們動作的動機或宗向，由本性預先歸定，但是動作的形式，生物自己可以變動，例如狗可以不叫，可以走，可以不走，這一級生活稱爲感覺生活，也稱爲動物生活。動物生活常隨感覺所識而定。

有些生物，它們的生命活動，自己歸定動機和形式，自己作動作的主人，這一級生活，稱爲理智的生活，也稱爲人的生活。

還有一級更高的生活，這一級生活的動作形式，不受物質器官的限制，動作更加自由。這一級生活是純精神體的生活，也稱爲天使和鬼神的生活。

最後有一級最高的生活，這一級生活在精神活動，也不受性理的限制，因爲祂自己是一切道理的創造者，祂自己是絕對的主宰。這種生活乃是造物者天主的生活。

聖多瑪斯區分生命爲以上的五級，㈣然而最後兩級，不屬於心理學的範圍，是屬於宗教哲學的範圍。因此在心理學上，通常都是討論植物動物和人的三級生活，也就是營養、感覺和理智的生活。

二、生命的由來

爲解釋生命的意義，大家的意見雖不相同，但是大家都承認在生物內有些現象爲無機體所不能有的，生物自己發育，自己成長，自己凋老，這一切都不是無機體所能有的。

有人說，水晶體的結成，有似於有機體的發育，水晶體先由一顆水晶體份子，漸漸吸收別的份子而成，每份子在體內的位置，都有一定的位置，絕對不亂。

但是水晶體，從不能吸收他種物質以營養自己，也不會自行凋謝。有機體和無機體根本上有不同點，學者們大家都承認。然而爲解釋有機體的特有現象，學者所用的理由，派別很多。因此爲解釋生命的由來，大家的意見也就不同了。

1. 古代學者的主張

希臘古代哲學家，如恩陪多克萊（Empedocles），德謨頡利圖（Democlitus ）和亞里斯多德等，主張生物是由無生物進化而來的。他們的主張，稱為「偶然發生論」或「自然發生論」（Generatio Spontanea）生命，或至少最低級的生命，從無機體的物質裏，自然而生。他們的理由，是當時人們所有的經驗，例如從腐臭的物內生出蛆蟲。

中古時，士林哲學家如聖多瑪斯，也接納了這種主張，以低級的生命，由無機體變化而出。但是相信生命的種子由天使發動天體而降，㈤因此稱為「異物相生」（Generatio aequivoca）。

2. 中國學者的主張

甲、中國古書中講生物的由來者，有《易經》。

《易經》主張陰陽相合而生物。「天地絪縕，萬物化醇，男女構精，萬物化生。」（繫辭下

第五章）朱子註說：「絪縕，交密之狀。醇，謂厚而凝也，言氣化者也。化生，形化者也。」《易經》又說：「天地感而萬物化生」（咸彖）

《禮記》的思想和《易經》相同。「天地合而后萬物興焉。」（郊特牲）「天地不合，萬物不生。」（哀公問）

《易經》〈姤卦〉說：「彖曰：姤遇也，柔遇剛也。……天地相遇，品物咸章也。」

理學家繼承《易經》的主張，周子說：「無極之真，二五之精，妙和而凝，乾道成男，坤道成女。二氣交感，化生萬物。萬物生生，而變化無窮矣。」（太極圖說）

《易經》《禮記》和理學家雖說萬物，實際則是指著生物，因爲處處都加有生字。生物的生，是由乾坤兩氣的交感而生。《易經》和《禮記》言天地，天地即是代表乾坤。乾坤兩氣爲成生物，在於絪縕交感。乾坤兩氣本是陽陰之氣。周子則說乾坤兩氣，不是普通之氣，是「無極之真，二五之精，妙加而凝」。

但無論如何，生物和其他的物體一樣，由陰陽二氣相合而成。所不同的，是生物的陰陽之氣，爲二氣之精。

精字在中國哲學家的思想裏，不僅是代表一物的精髓，即一物本質最秀者，還有靈活的意思。結成生物之氣爲二氣之靈者，因爲靈，然能纔能相交，所生之物，纔是生物。

在精靈一點上，決定生物的特性。

乙、道家莊子

莊子對於生物的由來，在他的書裏曾說了幾次，但很難分別何者是寓言，何者是他的正式思想。

在〈秋水篇〉，莊子說：「物之生也，若驟若馳，無動而不變，無時而不移。何爲乎？何不爲乎？夫固將自化。」

這一段本是講生物的變化，稱之爲自化。自化和我們上面所說的自動自成，意義可以不相衝突。但也可以把自化的意義擴張到生物的由來，便是生物由無機體自然化出，就是「自然發生論」了。

莊子在〈寓言篇〉說：「萬物皆種也，以不同形相禪。始卒若環，莫得其倫，是謂天均」。在〈至樂篇〉又說：「種有幾，得水則爲㡭。得水土之際，則爲鼃蠙之衣。生於陵屯，則爲陵舄。陵舄得鬱棲，則爲烏足……青甯生程，程生馬，馬生人，人又反入於機。萬物皆出於機，皆入於機。」

在這幾段文章裏，何者是寓言？何者是實話？我在《中國哲學大綱》裏，曾解釋莊子的思想說：「道家不僅說萬物同理，還說萬物同一氣。同一之氣，因不同形不同質，乃成各種不同之物。形質的不同，不足使萬物不能相通。一物的形質既散，這物的氣可以另出一種形質，而成另一物質。所以說『以不同形相禪，始卒若環』……幾字還不如解爲《易繫辭傳》所說：『幾者，動之微。』即是說種能動，動不可見。這種動，便是自化。」㈥

生物的自化，在於「種有幾」。幾爲動而不可見之動能。這種動能，可以稱爲生機。生物因著生機而生，便不是同無機體一樣的了。道家莊子也承認生物和無生物有分別，在生發時也有分別。生物的生發，雖是由於不同形相禪，但須有生機，種子能靈活自動而成物。

3. 近代學者的主張

古代和中古學者所有「自然發生論」，到了第十七世紀，因著科學上的新發明而受動搖。古代「自然發生論」的主張，所有證據，是生物腐化後生蟲，學者謂蟲由腐肉生出。一六六八年，義大利翡冷翠城學者肋提（Fr. Redi）首先說明腐肉生蛆，蛆不來自腐肉，是生自蒼蠅所下的卵。一七一五年，義大利學者瓦里尼厄里（A. Vallinieri）又主張水果的蟲，也來自蟲卵。最後法國大科學家巴斯得（Pasteur）於一八六〇年發明微生蟲論，於是以往「自然生發論」大受打擊，學者中幾無人再信從了。

達爾文於一八三九年發表他採訪的日記，於一八五六年正式寫他的物種進化論。達氏的進化論，是講生物間各種種類的變化，講生物種類的由來，並不是講生物或生命的由來。但是從物種進化論到自然發生論，中間的距離，可短可長，看學者的解釋若何。於是從達氏進化論發生以後，古代的自然發生論，重復興起，所用的證據，不用古代的常識經驗，而是援用近代科學的實驗了。

4. 現代學者的主張

甲、機械論的自然發生說

現代學者對於生命的主張，我們在前面看過，大概分爲兩大派：一派爲「機械論」派，機械論由笛卡爾開始，以有機體爲一機器，現代肋布等科學家極力擁護，他們爲解釋生命的由來，以自然發生論爲自己的主張。目前許多科學家都信從這種主張。

科學家於今爲證明生命由無機體而來，都集中在「毒菌」（Virus）的實驗。

「毒菌」爲有生物中之最細微者，較比微生蟲還要小。巴斯德發明微生蟲後，就注意到「毒菌」的研究。而且（Virus）毒菌的名詞，也是巴氏所起的。其後益華諾斯基（Iwanowski）於一八九二年，白葉林克（Peiyerinck）於一八九八年，先後發表對於旱煙葉被蟲蛀食的研究，發現毒害煙葉的毒菌，科學家繼續這種研究。一九三五年，斯單里（W. M. Stanley）進而提出這種毒菌，在它的天然狀態下，並不發生任何活動，但一注射到煙葉上，立時進行毒害工作。一九五五年，福蘭克公拉（H. Fraenkel-Conrat）和威廉（Robley C. Williams）各用不同的實驗方式，分化煙葉毒菌，各得一種沒有活動的因素。如將兩因素相合，忽成毒菌，忽又活動。各方遂大事宣傳，謂在化學實驗室已經能夠製造生命。㈦

主張機械論的學者，極力主張生物的最後原素，能分爲化學原素。這些原素在適當的實驗裏，可以構成有生的原素，即是證明生命由無機的原素而來了。

乙、生命中心論的神造說

另一方面主張生命中心論（Vitalismus）的學者，如特里西以及目前的黎里厄（R. S. Lillie），魯威厄（H. Rouviere），狄瑟多里（B. Disertori）等，認爲「毒菌」一問題，科學上尚沒有確實答覆；因爲於今的科學實驗並沒有證明毒菌不是生物。況且毒菌提出以後，若不放在有生物上，決不能繁殖。同時，另一方面，有生物的生活現象，決不是機械論所能解釋的，因此他們主張生物有一生命中心，生命中心由神（天主）所造。有的說由於天主在開始時，給與一些物質原素以生命能力，或生機，物質藉著這種能力，發展成爲一個生物的生命。有的則說生命的中心，爲一個和物質分立的精神體，由天主所造。

丙、我的主張

在這裏，我不討論生物進化論，因爲在後面我們要正式提出這個問題，對於生命的由來，連帶也留到後面去答覆。在這裏我僅僅舉出幾點。

第一、實驗室裏對創造生物的實驗，是否已有成效，乃是科學的問題。至今沒有一位科學家聲明在學實驗室已經造出了生物。假使一天，科學真真證明實驗室裏已經造出生物，那時纔發生哲學問題。

第二、生命的活動，絕對不能認爲是純粹的物理化學作用，因爲生命活動要求一種超於無機體的根本。

第三、有機體和無機體的分別，是物性的分別，絕對不能因爲物體變化而使無機體產生有機體。

《易經》說：「是故天生神物，聖人則之。」（繫辭上 第十一章）

中國古人知道宇宙間的精神體和物質體的萬物，都是造生於上帝天主。這種主張不是盲目的迷信，乃有哲學的至理。

註：

㈠ 張東蓀 哲學 第二百一十三頁。

㈡ S. Thomas Summa, Theologica, 1a9. 18 a. I.

㈢ Aristot. De Anima, II. 1. 412. a 14.

㈣ S. Thomas, Summa. Theologica. 1a9. 18. art. 3 Summa. Contra gentiles L. W. art. 11.

㈤ S. Thomas Summa. Theologica. 1. 9. 115. a. 3.

㈥ 羅光 中國哲學大綱下冊 第二九至三〇頁。

㈦ La riccstruzione artficiale dei Virus. g. Bosio. S.J. civilta Cattolica 1956. I. 34ss. considerazioni sulla unita g. Bosio S. J. - civilta cattalica. 1957. I. 372 ss.

第七章　論生物

在上一章我們討論了生命，在哲學方面的意義，知道生命是物體的特性，物體因此能自動自成。於今我們再進一步，討論具有生命特性的物體，即是生物，看看這種生物的性質若何。

我們在這一章討論的生物，是廣泛的生物，即是一切具有生命的物體。生命在宇宙的物體裏分爲三級：營養，感覺和理智三級。營養生活爲最低級的生命，爲各級生物所共有的。因此在這一章我們討論生物，即是討論具有營養生活的物體，也就是討論營養生活。

關於生物，我們要討論三點：第一、生物爲有機體，第二、營養生活，第三、生物的內心，生魂。第一、是就生物爲物體而言，第二、就生物的生命動作而言，第三、就生命的原因而言。

一、有機體

在西洋哲學裏，生物和有機體兩個名詞可以通用，兩個名詞所指的對象相同。但是究其實，有機體是指著生物的一種特色，因爲生物的特點，即在於有機。

1. 有機體的意義

生物是具有生命的物體，即能自動自成的物體。亞立斯多德曾說生物是能過營養發育並凋謝的物體。

一個物體爲能夠營養自己，發育自己，它的各種活動必定應該是趨向營養和發育。而且這種趨向，還不該是偶然的，或是漫無次序的；而是有組織的，於是生物的物體是有組織的物體。

有組織的物體，便是有機體的第一項條件。

所謂有組織，不單是指著物體的物質原素，互有組織。這項組織在無生物裏也有，例如水晶體各部份的結合，具有優良的組織；然而水晶體，稱爲無生體。有機體的組織，是指著生物的內在活動，具有嚴密的組織，共同一目標，所以有機體的第一項條件是活動的組織。爲能舉行營養和發育的活動，生物應具有適宜的機官。每種機官如同一架機器，各部份有組織。機官越高，組織也越密；因此生物的組織，在機官的組織上，也表現的很明白。於是生物稱爲有機體，乃是具有機官的組織，因此有組織的機官，就是有機體的第三項條件。

西洋許多種語言，導源於希臘和拉丁文，機官和組織同爲一句話，只是一是名詞，一是動詞而已。

2. 有機體乃是一個完善的單體物

甲、有機體不是一個混合物

我們在討論無機體或是單純的物體，或是化合物，或是單純物體的集合物。有機體是具有許多部份。這些部份不像無機體的質量份子，質量份子是各份子完全相同，有機體的部份彼此不相同。有機體的各部份也不像化學化合物的各種原素，化學原素化合後，原素消失而產新物。有機體的部份，共同存在，共成一物。然而有機體卻又不是一個有次序的集合體，更不是沒有次序的混合物。

有機體的各部份，不是因爲地位的關係，彼此集合在一起，也不是同在一個質量界限以內。有機體的各部份，互不相同，各有不同的作用，但是彼此緊密地互相結合，共同趨向一個目標，彼此的作用，爲一共同的工作。

因此有機體爲一結合體；有機體的結合是一種有目的的結合。

乙、有機體是一個單體

單體是爲基本單位的物體。基本單位的物體，要具有兩個條件：第一、可以和別的物體分別而自立；第二、自己本身不能分，分則物體不存。

例如人，人是一種動物，人的基本單位是每一個人。每一個人和別人都是分開而自立的；但是一個人不能再分，一個人若分成若干部份，已經沒有人了。一個人便是一個單體（Individum）。

A、每個生物都是一個單體

在討論無機體時，我們認爲科學上所說的原子或由原子結成的分子，不足自爲單體；普通所稱的一塊石頭或一塊鐵，雖是原子或分子的集合體，乃是一個單體。

生物是由原子和細胞而成的。原子結成細胞，細胞具有自己的活動。細胞結成機官，機官結成生物的物體。我們不以生物的原子爲單體，不以細胞爲單體，也不以機官爲單體，而以每個生物爲單體。

生物學家，多有主張生物細胞爲營獨立活動者。另外是生殖細胞，可以提出，在適宜的環境內，還可以繼續發育。因此，他們主張有機體是細胞的集合體。生物的單體應該是細胞。

從物理和生物學方面去看，我們知道生物的身體是由和無機體相同的各種化學原素構成的，我們也知道生物的細胞有自己的生活，但是我們又知道有機體內化學原素在物體內的作用，和在無機體內的作用，根本不相同；因爲這些化學原素構成的細胞，細胞則是活的。細胞雖然生活，但不是營各自獨立的生活，乃是一營整個物體生活。每個細胞的生活，是爲整個物體的生活而生活，是爲發育，保全或傳播整個物體的生活。

生物物體以內的細胞，都是用有機性的組織而結合。有機性結合的一個生物物體，乃是一個單體。

B、生物由氣（質料）和理（本形）而成單體

我們對於物體的構成，主張由本然之氣（天然質料）和理（本形）而。這種二元論在無機體的原子和分子裏，容易解釋。於今有機體的的單體物是一群活動的細胞而成的機官，理氣二元論怎麼樣可以應用呢？

然而聖多瑪斯和士林哲學家卻又都保持生物理氣二元論的主張，可見一定有可以解釋的道理。

生物物體的氣（質料）（Materia）。我們要注意的，是我們不是在講生物化學，或生物物理學，我們是在講形上哲學。那麼我們對於生物物體的氣，不看生物的化學原素，也不看生物的細胞，我們所要看的，是在生物物體內，那一部份是使生物有質量，是使生物有物質，因此也是生物物體中的潛能部份和被動部份。

生物的氣，可以指著三點：第一、生物的身體，已經具有單體的個別性，如一株樹的樹身和枝幹。這種氣（質料）稱爲第二層質料（本然之氣稱為第一層質料）。第二、一切物質條件，爲使一個物體的生物能夠存在。第三、本然之氣（第一層質料）。從抽象方面去看，物體的氣，爲物體的物質因素，也爲物體一切變化的基礎。

生物物體的氣，應該是第二層質料，即是說具有機官的身體，但是有機官的身體，已經是加有限定形式的質料，已經不是純粹潛能的質料，就是說質料已經是一種現實。生物的氣所有的現實，不能由另一現實而取得，除非由於自己的性理，因此氣和性理的關係，又如中國理學家朱子所講，一物有是氣，是因有是理，一物有是理，又因有是氣，兩者互相依附相連。

童思過（Scotus）對於理氣二元論，曾主張氣在和性理（本形）相合以前，爲預備自己，已經接受了第一步的現實，即是身體的基本形相，有了這種形相然後纔接受物體的本形而成物體，但是這種主張，以物體能有重疊的幾個本形，物體的單一性要發生危險，物體的本形將成爲副形了。例如說人的身體先有四肢百體而後有人性的性理（本形），那不是說人的四肢百體和人性無關係嗎？實際上人有四肢百體的身體，是因爲人是人？不然人的肢體，爲什麼和牛的肢體不同呢？

因此人的氣，從抽象的「本然之氣」（第一層質料）進爲第二層質料預備和性理相接合時，是因著性裡的決定，而取機官的形相。

在生物界裏，生物常因種子或卵，漸漸發育而成生物。當種子或卵開始發育而具有生物的雛形時，雛形的生物已經具有自己的性理。雛形的生物，漸漸發育，身體漸漸完備，機官漸次成全。這種發育，是因著性理而發育。

但是上面我說，性理和氣相接何時，氣應該已經是預備適當了，即是以具有機官的身體；不過所謂具有肢體的身體，並不是說已經在形式上具有完備的機官，而是具有構成這類機官的潛能，即是具有漸次發育而成機官的可能。所以機官的發育，不僅是外面的環境條件所造成的，而是基本上因著性理的理由而長成的。

有機體之成單體，原因便是在於自己的性理。性理是一物所以爲一物之理，爲一物之本性（Forma）。每個生物都有自己的性理。

性理是每個生物的內在活動，所以有組織的理由，每個生物的營養發育以及生育繁殖，都是按照自己的性理而行。植物有植物的營養，人有人的營養，兩者的營養不同。因爲兩者的性理不同。生物學家主張營養和生殖的不同，完全是機官的物質不同以及周圍的環境不同。但是他們的主張，不能解釋生物的內在活動，各有各的系統，爲什麼這個生物具有這化學物質而不具有他樣物質呢？爲什麼這種機官在這種環境起這樣的反應而不起他樣的反應呢？我們的答覆很簡單明瞭：因爲這個生物，有如是的性理。因此生物的生活組織，由性理而定。

生物的機官，也由性理而定。每個生物的機官，可多可少。低級的生物，機官簡單；高級的生物，機官複雜。複雜機官能有多數不同的器官，每個器官又有多數的部份；然而他們的構造，完全根據一定的目標，趨向一種中心的活動，例如人的營養機官，多麼複雜。然而他們的結構嚴密，各器官各部份，對於人的消化營養，彼此分工合作。爲什麼能有這樣的現象呢？是因爲生物的性理如此。

因此每個生物有各自的性理，因著性理，而有具體的本形。每個生物的本形，祇有一個。本形和氣相合，便成一個單體。

就具有營養生活的植物說，植物的性理本形，稱爲生魂。

二、生　魂

1. 生魂的意義

中國古人主張人有魂魄；魂爲陽，魄爲陰；魂爲神，魄爲體；魂爲心理生活的根本，魄爲生理活動的根本。因此，在營養生殖的生活方面，人是以魄爲根本。

生理生活的根本，相當於我們上面所說的植物生物的性理本形。植物的性裡本形就可稱爲魄。

但是中國古人，在習慣上不以植物動物有魂魄，再加魄字的意義和工作，在中國人的思想裡，又很不清楚，我所以認爲很好把魄字根本去掉，對於植物、動物和人，都祇用魂字。植物的魂稱爲「覺魂」，人的魂稱爲「靈魂」。

中國古人，不講植物動物的魂魄，因爲他們主張魂魄是人專有，動植物不會有魂魄。當然這裏所爲魂魄，不是朱熹所謂的魂爲伸，魄爲屈。若用朱熹的伸屈爲魂魄，萬物中那一件物體沒有魂魄呢?中國古人普通談魂魄，都是在宗教思想方面去談。在宗教思想方面，人死爲鬼，鬼由魂所成，因爲魄隨著屍體埋在地下了。普通中國古人不單信有人鬼，但也信有精靈。精靈指鬼神，這些鬼神都是山精水靈。山精水靈，則是山上樹木和水中動物的精氣而成的。由此可見中國人也相信植物動物有自己的生機，有自己的生命根本。我便稱這種的生命根本爲魂。

魂在西洋哲學裏，拉丁語系稱爲 Anima。這句拉丁語，源出希臘文。希臘文表示風，表示呼吸。

亞立斯多德解釋魂「爲有機的物質身體的第一現實」。㈠即是說爲有機的物質身體的性理本形。生物的物體，有身體爲氣，有魂爲本形。兩者相合而成物體。

亞立斯多德也說：「魂是因此我們能活、能感覺、能思索的根本」。㈡這是從人的靈魂的功用一方面說，魂是生命活動的根本。

因此，魂字在我們的哲學裡，意義很簡單。魂是生物的性理本形，魂是生物的生命根本。

生魂便是植物的性理本形，也是它的生命根本。

2. 生魂的特性

生魂的意義雖然很簡單，但是他的性質究竟怎樣，問題就複雜了。科學家中許多人不願聽說有魂，於今許多哲學家也否認有魂。上面我們所講的唯物機械論，都是否認生物有魂的，他們以爲生物的活動，完全事物理化學的作用，按著自然律進行，沒有所謂生魂。『生命中心說』的學者，則主張生物必定有魂，以作生命的中心，他們而且主張生魂是一個和身體相分離的實體，在身體內，有如一架機器的工人，駕駛機器，指揮一切活動。

甲、生魂不是一個精神實體

植物的動作，是有機體的動作，高於無機體的動作，一切都有目標，都有組織。但是植物的動作在本質上都事物質性的動作，營養發育和傳生的每種動作，在動作的本身看，都不超過物質的範圍，都是物理化學的變化。從每種動作的效用看，則是有目標的有機動作，不屬於物理化學的變化範圍。因此，營養生活是物質的生活，營養生活的基本，也就是物質性的了。

柏拉圖、萊布尼茲曾以生魂爲精神體。特里西在他的後期著作中，雖不以生魂爲精神體，但以生魂爲「不佔地方的」自立體，和物質機官不相依附。

我們認爲生魂不是精神體，也不是自立體，而是生物物體的性理本形（Forma Substantialis）。

乙、生魂不是生物的活動，即是說生活不是生魂

有些科學家，既然不承認生物有一生魂，便以生物的活動爲他們的生命，而且以生物的生活相當於我們所講的生魂。在哲學家裏，有人不贊成活動和活動的基本有分別，也便以活動爲生魂。

我們認爲生魂爲生活的基本，生活爲活動，兩者互有分別。生物的內在活動，可以分爲幾種，生魂則不能分爲多少個。生活基本只有一個，生活的活動有多方面的活動。

丙、生魂和整個生物體相結合，而且能夠分裂

生魂既不是活動，又不事實體，乃是實體的性理，是實體的本形。一個實體的本形，不在於物體的一部份內，而在於物體的全部。生魂因此在整個生物以內，和整個生物體相結合。生魂能在生物體的各部，是因爲生魂本身不事物質。生魂雖爲物質性，然而生魂的物質，即是生物的物質身體。

有些低級生物的身體是可以分裂的，分裂了之後，各部份繼續生活，各成一單體生物。爲什麼一個物體的本形可以分裂呢？以前的士林學家主張無機體的本形可以分裂爲多數的本形，如一塊鐵可以分成多少塊的鐵。但是我們認爲無機體的單體，爲原子或分子的集合體，在分裂時，不過是集合體的分散，而不是本形的分裂了。

於今一個生物是一個有機體，不是集合體，有機體祇是一個單體，祇有一個本形。一個有機體分爲兩個或三個有機體，豈不是本形也分了嗎？士林哲學家都認爲生魂可以分裂，因爲生魂是物質性，和生物的物質身體全部相結合。生物的物質身體分裂了，生魂也就分裂。

但是我們要進一步加以說明。生物的物質身體爲有機體，有機體是生活的機官所成的。生活愈高的生物，生活的機官越複雜，機官越複雜，則生物身體內的機官都合成唯一的複雜機官。生活愈低的生物，生活機官越簡單，有的生物簡直只有一個細胞或兩三個細胞就合成生活的機官，在一個生物內，可以有多數能夠營獨立生活的機官。

生魂是生命的基本，但是生魂要藉生活的機官纔能使物體有生命，祇具有一個能營獨立生活之機官的生物，不能分裂以成多數的生物，它的生魂也不能分裂。一個具有多數能營獨立之活動之機官的生物，能夠分裂成多數生物，它的生魂也就能夠分。當這種多數具有能營獨立生活之機官的生物，在未分裂以前，生魂只有一個，因爲這個生物的各個生活機官，共同營唯一的生活，共同爲整個身體而活動，因此這些機官是可以分而爲分的部份。在分裂以後，各部份的機官開始營獨立的生活。同時，在分裂時，生魂原來是和各部份相連合的，於是也隨著身體的部份而分裂，各部份既具有能營獨立生活的機官，這部份的生魂便成一獨立生活的基本發動機官而營獨立生活。因此由分裂而成的幾個生物，並不是由變化而取得新的性理本形，而是由原先物體的質料和性理本形，分出一部份而成一個別的單體。所以在分裂時，無所謂原有本形的消失和新本形的產生等等問題，祇是性理本形的分裂問題。

生魂可分，因爲生魂完全依附物質的身體，魂和身體緊相連屬。身體若具有可分的機官，生魂也就可以分裂爲另一獨立生活的基本。

丁、生魂隨生物的身體（氣）一同產生，一同滅亡。

生物的產生，由傳生而生，傳生是由生物而生生物。生物的傳生，或由細胞的分裂，或由種子的生殖，或由卵珠的發育。但無論如何，生物是由物質元素而成身體。我們便問，生物的生魂由何而來呢？

上面，我們講物體的變化時，說新物體由舊物體變化而出，新物體的性理本形，由舊物體的氣（質料）中引出。舊物體的本性則隱沒於變化後的氣（質料）中。

按照這些原則去說生物的性理本形，也是由氣（質料）中引出，即是由種子或卵珠中引出。在傳生以前，生物的本形隱於氣內。例如中國理學家所說，理是藏在氣內。當氣要成形時，理乃成爲現實而決定氣的本形。

生物死了，生魂退縮在氣（質料）以內，生魂便消失了。生魂是不能脫離生物而存在的。

至於說生魂是否能夠減縮或長大，按生魂自己一方面說，生魂不是物質而只是物理，沒有減縮或長大的問題。但因生魂和身體緊緊相連，因爲它是身體的本形，生物的身體能夠長大，生魂隨即和身體長大的部份相連，從身體一方面來說，生魂也長大了，從生魂自己一方面說，常是無增。生物的肢體，有時也能減縮，例如樹的枝葉可以枯乾，在枯乾的部份，生活的機官不能再有活動，生魂也就不再和這一部份枝葉相接合了，枯乾的枝葉，稱爲死的枝葉。

另外一個問題，若主張生物可由無機體而生出，生物的生魂由何而來呢？反對生物可由無機體產生的學者，最大的理由是生魂不能由無機的氣（質料）而引出，因爲生魂高於無機的物質，無機體不能具有高於自己理性的潛能。

這段理由，我們認爲牢不可破，但是不能絕對證明無機體不可以具有引出生魂的潛能，因爲上段理由所証明的，是無機物體按本性說不能具有這種潛能，然而並不証明引出生魂的潛能和無機物體，根本上相衝突，因爲物質本是物質性的，況且生物生生物的種子和卵珠，所有質料也有無機體的原素。因此若說無機體的原素從造物者得有先天具有引出生魂的潛能，這種潛能在適宜的情形下，因著適當的動因，成爲生魂的現實，這是合理的說法。事實究竟是否如此，那另是一問題，但在理論方面，這樁事並不自相矛盾。

在這裡我們不討論生物進化論，這個問題，留在後面在談。

三、生物的生活

1. 植物的生魂具有營養生活的能力

唯物的機械論者，既然有物理化學作用，解釋一切生命活動，他們便認爲生物祇具有物理化學的作用力，除物理化學的作用例之外，沒有另外的能力。

但是我們從日常的具體現象裏，我們觀察到生物有三種特別的活動，是別的無機體所不能有的。這三種特別的活動是營養、發育和生殖。這三種活動都不事物理化學作用所能解釋清楚的。

生物的營養活動，吸收外面的水液和物質，以滋養本身。每項營養活動，是一項化學作用。但是每項營養的化學作用由不同的機官，互相結合起來，以營全身的生命，這一點不是物理化學作用所能解釋的。因此營養活動歸於生魂的營養力。

發育活動，使生物的身體從小長大。這種發育活動，不和營養活動同是一事。發育的活動，對於每種生物有相當的限度，到了最大的限度，發育的活動停止，生物身體逐漸衰老，營養的活動常繼續不斷。發育的活動，決不能是物理化學的作用，雖說和物理化學有關係。因此發育活動應屬於生魂的發育力。

生殖活動，更是複雜的多了。生殖細胞的發育及胚胎的育妊，雖脫離不了化學作用，然而這層層的化學作用，都趨向於傳生另一個生物，則必須另有一種生殖力，去結合生殖細胞和胚胎的化學作用，以達到傳生一個新生物。因此生魂又具有生殖力。

2. 生物有營養、發育和生殖的活動

生物有營養發育和生殖的活動，乃是我們日常的經驗。除這三種活動之外，生物也還有別的活動（在這裡不談感覺和神經的活動）。如遷移地方的運動，如鳥獸的攫取食物的動作，但這些都是外在的動作，生物的內在活動，即生命活動，則祇有這三種活動。

這三種活動的性質和進行的程序，是屬於生物學的範圍。在這裡我們所要看的，是幾個關於哲學的問題。

甲、營　養

生物的營養活動，包括兩大部的活動：一是滋養活動，一是呼吸活動。滋養活動在高級動物裏又包括取食、消化、排泄各部活動。但是滋養生活和呼吸生活的目標是在吸收外面的物質，使吸收的物質變爲自己的體質。這種動作稱爲「同化動作」（Assimilatio）。

「同化動作」在哲學上的問題，是物質變化的問題。被同化的物體，失去了原有的性理本形，但並不產出一個新物，而是加入一個已經存在的物體中，即是被同化的物體毀滅了，他的質料加入同化者的質料以內，而戴上了同化者的性理本形。所以在同化時，外面被吸收的物體，加入了生物的身體，同時領取了生物的生魂，和生物作成了一物。這是因爲被吸收的物質變成了有機體的生活機官的一部份，當然便和生魂相結合。

營養生活中，物質被生物所同化，是本體上的同化（Conversio Substantialis）。

乙、發　育

發育活動爲生物繼續長大的變動，也包括生物的衰老變動；因爲衰老雖不是長大，然而也算爲發育的自然程序。

生物在長大或衰老的變動中，生物所變動的，是身體的量和構造的形式。這種變動，爲附加性的變動，生物的性理本形及本來資料，並不變化。一個小孩長成了大人，人的性理不變，小孩是人，大人也不過是人。同時人身，小孩所有的爲人的身體，大人所有的不過是人的身體。小孩和大人的分別，是在於身體的量不相同，因爲身體的量不相同，人身機官的效用也受影響。然而這一些分別都是附加性的分別，不是本性的分別。

丙、生殖

生物以生殖活動以傳生。生殖的方式有三種：一是由細胞分裂而繁殖，一是一性的生育，一是陰陽兩性相交而生育。前兩種是低級生物的繁殖方式，後一種是生物的普通生殖方式。

由細胞分裂而生殖的方式，是最低的生物，每個細胞能營獨立生活，到了相當的時期，細胞分裂，另成獨立的生物。

一性生育方式，低級動物或者自身分成兩半，或分成大小兩部，兩半和兩部都成獨立的生物。或者是動物有生殖器官，器官的生殖細胞發育而成物。

兩性相交的生殖方式，在植物動物中，爲普遍的生殖方式。植物有雌蕊雄蕊，動物則有兩性的同種動物。雌雄相交，然後成胚胎，胚胎發育以成物。

人的產生和動物一般，男女性交，男性精子和女性卵珠相和，結成胚胎，胚胎在母胎中發育成胎兒。懷妊滿期，胎兒由母胎生出。

生殖問題，是生物學上最複雜的問題。我們不願走入生物學的範圍以內。例如優種學，最近的動物由單獨女性生育說，雖和哲學有關，但是問題的中心，仍舊是生物學的問題。

於今我從哲學一方面，簡單看看生殖活動該注意的幾點。

A、生物由同種生物而生

哲學上有句成語Genernas Generat Sibi Simile．生物生像自己的東西。這種問題不僅是遺傳學的問題，而且也是哲學上的問題。生物的生殖性按照本性而行，凡是物體按性而行時，其效果不能超出自己的本性以上。生物的生殖活動，發育新生物的氣（質料），使質料能適於新生物的本形。生殖活動所發育的質料，是由生殖者本身所出，因此質料是同於自己的質料，於是相宜的性理本形。當然也同於生殖者的性理本形。牛生牛，桃仁生桃樹。至於移花接木、驢馬生騾等等現象，那是人工的配合，使生殖者所發育的生殖質料，不完全按照通常的程序。然而這種現象，普通也祇限於同類的生物以內。所生的新物，仍是屬於同類之物。

B、新生物的性理本形由何而來？

在由細胞分裂或由物身分裂而生新物的生殖方式，新生物的質料（氣）和性理本形都是由原有生物生出來的。生物的性理本形，因爲是物質性，又和質料緊緊相連，所以是可分的。在由生殖細胞發育的生物，另外是由兩性相交而成的胚胎，質料（氣）由兩性生殖者而來，然不能說性理本形也由兩性生殖者而來，我們認爲屬於物質性的性理本形，由質料（氣）而引出。超於物質而爲精神體的性理本形，即人的靈魂，不能由質料（氣）引出，應有一更高的動因，即來自造物主，由造物主所造。

註：

(一) Aristotle. De anima. II. 1. 412. a. 5-6

(二) Aristotle. De anima. II. 1. 414. a. 12-13.

第八章 感覺生活

營養生活之上，有感覺生活，營養生活，不足以稱爲心理生活；感覺生活，則是心理生活了。

感覺生活通常要有意識，特別是因爲感覺生活是知識生活。我們的知識，以感覺爲基礎，以感覺爲起點。知識生活若沒有意識，便要看時看不見，聽時聽不到。

感覺生活是以感覺官能而得知覺，感覺生活的起點和止點，是起於物質性的感官，止於外面的物質客體。孟子說「物交物，則引之而已矣。」（告子上）既然是物交物，則按物質相交的原則，不能任憑人的思索去變更。孟子又說：「耳目之官，不思而蔽于物。」（告子上）。所以感覺生活，以感官爲主，感官又以官能的反應爲原則，因此感覺生活受官能的支配感覺。官能是物質性的官能。物質性的官能動作，受物質原則的限制。感覺生活便可以用實驗去研究。於今所謂實驗心理學，研究的範圍，即是感覺生活，實驗心理學所研究出來的結果，爲說明感覺生活很有貢獻。然而我們人的心理生活，不能限於感覺生活以內；除感覺以外，我們尚有理智。至於說理智生活，如稱爲心理生活，也應該限制於理智的官能，也可以用實驗去研究；這種主張，我不能贊成。在後面講理智生活時，我再說明理智生活的性質。在這一章裏，我只專講感覺生活。

關於感覺生活，第一，我們講感官；第二，我們講天然動作；第三，我們講感覺。

一、感官

感覺，是我們對於形色的認識；感官，則是形色認識的官能。

感官的組織，常是複雜的。組織的形式，每種感覺的官能各不相同，但是在不同的組織中，又有相同的幾點。感官組織的相同點，爲感覺的共同性質。感官組織的不同點，則是每種感覺的構成因素。於今我們講感覺的官能，第一講感官的共同性質，第二講每種感覺官能的特別構造。不過我們不是講實驗心理學，因此對於感官的構造，以及對於感官的動作，我們都不能詳細加以說明。我們所講的，只是爲理論心理學預備基本知識。

1. 感官的共同性質

凡是一種感覺，都有自己的感官。凡是一種感覺，又都經過三部份機關而後纔成功。第一是接受機關，第二是聯絡機關，第三是反應機關。通常以接受機關，稱爲感官。

在實驗心理學上，學者以人類心理行爲，爲種種的刺激所起的反應。這種主張稱爲反應假設。「約略講來，這假是如下：一切人類行爲，不問是肌肉能動，像握，走路，說話；腺體能動，像流淚，流涎，分泌膽汁；或心能動，像看，發怒，駭怕，記住往事，或想像；都是對於確定刺激的反應。這可稱爲反應假設。」㈠

這種假設所包括的行爲，都是感覺方面的行爲，即有所謂理性方面的行爲，如說話，發怒，駭怕……等等，也只是指著這些行爲在身體的官能方面所引起的變動。例如說話，必定應該有說話的器官，人在說話時，說話的器官便起變動，這種變動，可以稱作「反應」。但是我願不願意說話，我說話時說什麼，用什麼理由，這一切是理性動作，不能稱爲心理反應。

心理反應是一種刺激所引起的官能反應，官能反應的程序，最簡單的可以有如下的描寫：

「第一有個接受器，有時叫感覺器，最通常叫感官。一個感官總含一個或幾個接受子(Receptors)。它們對於某種刺激感覺得極敏銳。這接受子底官能，是在引起一個神經衝動。每個接受子和一條神經的終點相接觸。這接受子受了刺激，發生衝動就沿神經傳去，到脊髓或腦裏的轉轍點。在那裏，多少受些轉轍作用，這神經衝動再沿別的神經，傳到肌肉，或別的機關上去。在那裏就有反應發生。所以事序是（一）刺激先影響到感官裏的接受子；（二）接受子引起神經衝動；（三）神經衝動沿著神經系傳去；（四）達到反應機關。這整串事算是一個一單位，是一個反應單位，『刺激應答』單位」(二)也就是一個感覺。

甲、接受機關

接受機關即是感官。感官隨著感覺的種類，各不相同，在下面我們要分別說明。於今我們所說的，是在各種不同的感官內，都有「接受子」。接受子是小到人眼所不能看到的，列在各種感官以內。它的作用，在於接受外面的刺激。接受子所接受的刺激，是很高的專門化。每種感官的接受子，只能接受本行的刺激；眼的接受子，只能接受光波的刺激；耳的接受子，只能接受音波的刺激。有時在非常的強烈刺激下，多種感官的接受子都同時接受刺激，這種刺激乃是變態刺激。

接受子的構造，在每種感官各不相同；但都是和一神經相連，以便所接受的刺激，可以傳到神經中樞，而發生反應。

乙、聯絡機關

聯絡機關爲人身的神經系。神經按著作用分爲兩種，一種爲傳達刺激的神經，專司傳達感官所接受的刺激，將刺激傳到神經中樞。一種爲傳達反應的神經，專司傳達神經中樞因一種刺激所起的反應，將反應傳到外部的器官。第一種神經，稱爲「輸入神經」（Afferent nerves）或「知覺神經」（Sensory nerves）；第二種神經稱爲「輸出神經」（Ffferent nerves）或「運動神經」（Motor nerves）。

神經的構造，各由神經纖維和一神經細胞而成。神經纖維普通有內外三層。內層爲真正的纖維，名曰「軸索」（Axis cylinder）；中層爲「神經纖維鞘」（Neurilemma）；外層爲厚皮，名曰髓鞘（Medullary sheath）。外層髓鞘，唯獨運輸反應往手足的神經，則具有這種髓鞘。在一神經纖維接受近脊髓處有神經細胞。神經在人體內，爲白色或乳色的線狀體，佈滿全身或居於腦與外部器官之間，或居於脊髓與外部器之間。

丙、反應機關

一種感官的接受子，接受了刺激，將這種刺激交由輸入神經傳到神經中樞，在中樞引起反應。中樞再將所起的反應，由輸出神經傳到執行反應的器官。因此反應的機關應該有兩種，一種是神經中樞，一種是反應器官。反應器官為人身的腺，血管，肌肉纖維等，這些反應，都屬於生理方面的自然反應，不完全受意志的支配，也不構成人的知識。如人因痛苦而流淚，也可以因眼遇煙的刺激而流淚。如人因害怕，血脈跳得快，也可以因怒，血脈跳得快。這些反應，雖是心理現象，但實際也都是生理作用。

構成人的知覺的反應，如由感官在腦中所起的反應，這種反應稱為印象。神經中樞，為人的腦及脊髓。脊髓的作用，為傳達的中樞，但也兼有指使的作用。腦的作用，則為收發的中樞。

關於肌肉和腺的構造和性質，在生理學以及實驗心理學，常有詳細的說明。我們僅僅對於它們的反應，說一兩句。肌肉的反應，是運動。如能起運動的反應，乃是縞條或者骨骼的肌肉，即是普通所說的精肉；另一種可以起反應的肌肉，是光滑的肌肉。腺所生的反應，是分泌化學物體，如唾汁、淚汁、膽汁。

脊髓是一條圓柱形的神經組織，由枕骨大孔（髓腔）直達第二腰椎，末端附有長絲，附於第二尾胝。

由脊髓左右分出三十一對神經，統稱為「脊髓神經」（Spinal Nerve）。三十一對中，有五對，叢合爲「腕神經叢」（Brachial plexus）分佈於人的上肢。又有四對，叢合爲「腰神經叢」（Lumbar plexus），分佈於人的下肢。其餘的各對神經，分佈於頸部及軀幹的各器官。在腹腔背面脊柱的兩側，有一對「交感神經（Sympathetic Nerve），這對神經，爲交感神經的中樞。由這個中樞，分出交感神經，散佈在胸腔，心臟，肺臟，胃等器官及全身肉管，又和腦神經相連絡。

丁、腦神經

A、腦神經爲全身神經系的中樞，在心理生活上，佔極重要的位置 腦的構造，分爲腦髓及腦膜兩部份，腦髓在內，外面包著腦膜。腦膜又分爲三層：最內一層，名叫軟腦膜，由動靜脈的微血管所成，供給腦的營養素。中層名叫蜘蛛膜，爲透明的極薄腦液。外層名叫硬腦膜，爲堅強的纖維質，外粗內滑。腦髓則分爲大腦，中腦，小腦，延髓四部份。

大腦，位於腦的上部和前部，佔腦的最大部份。分左右兩半球，中間有一裂縫，左右兩半球，又各分爲四部份，稱爲「腦葉」（Lobes）：一爲額部腦葉，包括前額全部；一爲頂骨腦葉，包括腦頂部份；一爲顳骨腦葉，包括兩鬢部份；一爲枕骨腦葉，爲腦的後部。

神經的中樞，多在大腦中，在頂骨腦葉中有視覺區域。在枕骨腦葉中有視覺區域。在顳顳骨腦葉中有聽覺區域。在額部腦葉中間裂縫的前面，有發動區域。這些區域，都是神經細胞組織成的。

中腦，或稱胼胝體，（Corpus callosum），形爲弓狀，色白，位爲大腦縱溝底部，連接於左右兩半球之間，常爲大腦所蔽，不露於外；背面有兩對小節，名爲四疊體（Corpus Quadrigemina）。中腦爲情感神經的中樞，喜怒哀樂好惡各種情感，在器官上的反應，都由中腦而發動。

小腦，也稱爲下腦或後腦，在腦之下部，和延髓相接。位於大腦枕葉以下，居於延髓的背面。形扁而似橢圓，分爲左右兩半球。小腦有轉輸刺激和指揮運動反應的作用，又有使人身運動平衡的作用。

延髓爲腦髓和脊髓的連接部份，形似錐體，長約一英寸。

B、腦神經的分區問題：從實驗心理學發展以來，學者對於腦髓神經的分區，已有很深刻的研究，對於人的各種感覺，腦中都有一定的區域作爲中樞，因此有所謂視覺區域，聽覺區域，或運動區域等等的區分。腦神經分區的主張，在第十九世紀，已經成爲定論。(三)

但是近來醫學上以及實驗心理學上，發明了新的方法，爲治療腦中的病症，同時也爲研究腦神經的作用。這些新的方法，有解剖法，電觸法，神經纖維系法等等方法。

解剖法，在於觀察腦神經施行手術後的各種變態現象，以及解剖屍體腦髓，研究死者的病源。電觸法，在於用電流刺激腦髓一部份，觀察所生的反應。神經纖維系法，在於詳細說明從腦中到身體各部的神經，每條神經都註明它的線紋。

用這些新的方法，去研究腦神經的作用，結果證明腦神經的分區不是絕對的。各種感覺的神經，雖在腦髓中有一部份作爲中樞，如視聽嗅等感覺的中樞，假如把一中樞的腦髓部完全割去，則這中樞所司的感覺也將失掉。但是過了相當的時期，這種失掉的感覺，漸漸可以由被割中樞的附近神經系而稍形發展。再者，一項刺激傳到腦中時，全腦神經都起作用。故腦神經的分區，只能劃分每種感覺的主要區域，並不是指定每種感覺的絕對一定的區域。㈣至於理智思維動作，則不能在腦髓中有劃定的區域。

戊、刺激與反應

人在心理方面，所有的刺激和反應，有些很複雜。刺激與反應的繁簡程度，大別之可以分爲下列三級。

第一級反應，稱爲反射動作，爲最簡單的反應。當一個感官的接受子接受了刺激，由神經纖維傳到神經細胞，由細胞又傳到一發動神經細胞，再由發動神經細胞，再由發動神經纖維傳到肌肉，肌肉即起反應。

在實際生活上，每項刺激，絕對不只引起一個發動神經細胞，常引起多個發動神經細胞（中心），發動多種反應。但是所謂第一級反應，是只由脊髓附近的發動神經中心，發動反應，不經過腦髓神經中樞。

第二級反應，稱爲中腦反應。一項刺激，由接受子傳到輸入神經，達到脊髓附近的神經細胞，再轉到發動神經中心發動反應，由神經傳到肌肉。但同時這種刺激由輸入神經，傳到中腦，中腦發動情感反應，這種反應由輸出神經傳到相應的器官。如手遇痛即收縮，同時引起心跳。手遇痛收縮，爲第一級反應，心跳則是第二級反應，由中腦而發。

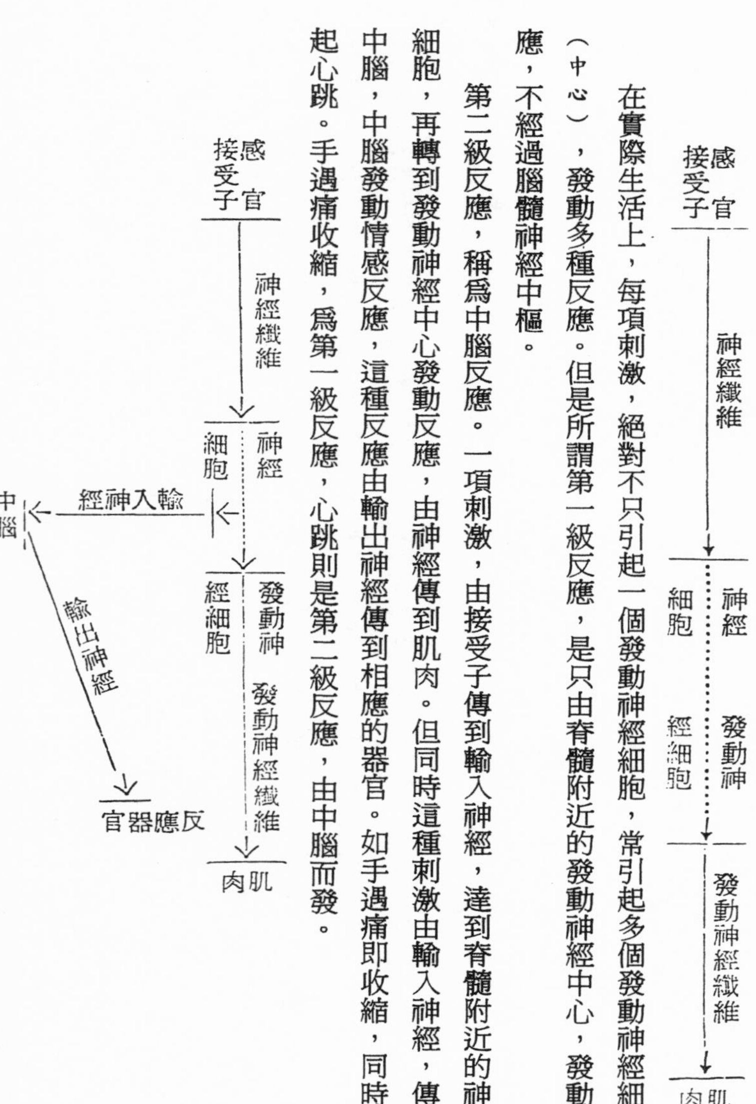

第三級反應，爲大腦反應。爲反應中最複雜的一級。刺激由輸入神經傳至大腦，大腦的神經中樞發生各種的反應，由不同的輸出的輸出神經傳達各種相應的器官。例如手痛而收縮爲第一級的反應；因手痛而心跳，爲第二級的反應；同時眼睛便看手的傷處，又用另一手把傷口撫摩，這便是第三級的反應。

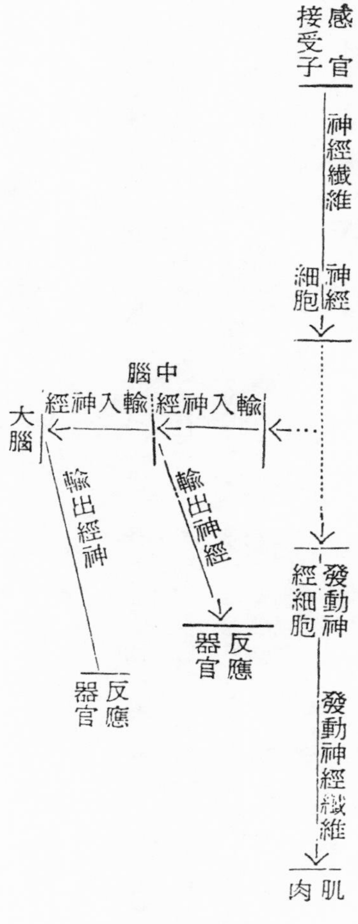

感官接受子
神經纖維
神經細胞
中腦
輸入神經
輸入神經
大腦
輸出神經
反應器官
輸出經神
反應器官
發動神經細胞
發動神經纖維
肌肉

在實際生活上，當人不在睡眠或無意識時，一項刺激來時，普通常引起第三級的反應，而且同時，引起全身神經各系的反應。人身的神經系，常相連絡，另外是在腦髓裏，各神經系，交相接觸，無法間離。

2. 感官的組織

人身的感官，普通分爲五官：眼、耳、鼻、舌、身。孟子在〈盡心章〉，荀子在〈正名篇〉以及佛教八識的前五識，都提到五官。五官可以說是中外哲學的共同點。五官內部的組織，各不相同，於今在後面，我們很簡略地說一說。詳細的說明，是屬於生理學和實驗心理學的範圍。

甲、眼—視覺

眼睛的組織，可分內外兩部份。外部份包含眉毛，眉瞼，瞼毛，外眥，內眥，淚腺，淚管。眉毛位於眼瞼以上，眼瞼分上下兩瞼，上下兩瞼之下，生有瞼毛。上下瞼相合的兩端，有內外兩眥。淚腺在眉毛和眼瞼之間居於眼球之上，開口於外眥之上部，淚液由小淚管而入淚管，降於鼻道的兩側。

眼的內部，以眼球爲主，分前中後三層。前層有鞏膜和角膜。鞏膜包裹眼球，只放開前面六分之一的透明部份。角膜包覆眼之前面部份，稍隆起，清而透明。中層爲脈絡膜，黑色，居鞏膜內側。前部爲「虹彩」，中有瞳孔。瞳孔後部三屈光體，即水狀液，水晶體，玻璃液。內層爲網膜，在脈絡內側，由視覺神經纖維蔓延而成。網膜後壁的正中，有一凹點，名曰「黃斑」，爲視神經的孔道。

光波由角膜，經過虹彩（眼簾），透入瞳孔。虹彩可以伸縮，使瞳孔隨著光線的強弱，擴大或縮小。同時光波通過水晶體水狀液及玻璃液，射到網膜，網膜中有視覺接受子，約一百萬餘。光波由接受子傳與神經纖維，通到中央神經系。

乙、耳—聽覺

耳朵的組織，分爲內中外三部。外部稱爲外耳，有耳翼（耳輪），聽管和鼓膜。耳翼是外面可見的貝殼式的耳輪。聽管是由耳翼中央通到鼓膜之管，管成長彎曲形，爲輸進音波之用。鼓膜界居於聽管和中耳之間，爲白色或赤白色的薄膜，接到音波時，隨著音波振動。

中耳稱爲耳室，（Tympanum），室中有三聽骨，名叫鎚骨，砧骨，鐙骨。耳室內壁有兩孔，通於內耳，上孔稱「卵圓窗」（Fenestra Ovalia），下孔稱「正圓窗」（Fenestra

Rotonda），對室又有一管，名「游斯達氏管」（Eustachina Tube），通於咽。三聽骨相連，傳導音浪。游氏管則爲平均鼓膜內外之氣壓。

內耳，稱爲「迷路」（Labyrinth），爲潛伏顳骨內含有液體的骨管，分爲骨質迷路和膜質迷路。骨質迷路分爲三部，前部爲前庭，中部爲蝸牛殼，後部爲半規管。膜質迷路貼在骨質迷路的內面，在兩迷路之間，充有「外淋巴」，膜質迷路之內，充有「內淋巴」。內淋巴以內，有聽石有聽神經的纖維。音浪由神經纖維傳入腦內。

耳朵的另一作用，爲平衡人身作用。平衡作用的機關爲半規管。半規管有三管，互以直角相交，以五孔通前庭，管內有液體，液體內伸有毛狀的細胞。身體一動，液體就攪動，毛狀細胞即起刺激，以維持身體的平衡。

耳朵因此稱爲聽覺感管，又稱爲平衡感管。

丙、鼻——嗅覺

鼻的組織，外面有鼻孔，和外界相通，後面有鼻後孔，通於咽喉；中間有鼻道。鼻道分上中下三道。上道爲嗅部，嗅神經的末端，蔓播其中。下道爲呼吸部，佈有多數血管。嗅神經分上下二端，上端爲圓柱形，下端突起如鋤形。圓柱形中有嗅細胞和支柱細胞。嗅部中尙有嗅腺，分泌黏液。

人呼吸時，空氣流通於鼻道的下道。但是空氣中若含有臭氣，臭氣乃散於鼻上道。臭氣係氣質化學物質，這種化學物質，由鼻下道散於鼻上道的嗅部，刺激嗅神經的接受子。嗅覺接受子，即嗅細胞和支柱細胞。嗅氣刺激由嗅神經接受子傳於嗅神經纖維轉達腦中。

丁、舌──味覺

舌的組織，分舌尖，舌體和舌根三部；舌尖爲最前部，舌根爲最後部，舌體居中。舌的上面，稱爲舌背，兩側稱爲舌緣。

舌背滿佈黏膜，黏膜中生有「乳頭」（Papilla）。乳頭分三種：有「絲狀乳頭」（Filiform Papillae），「菌狀乳頭」（Fungiform Papillae）和「輪廓乳頭」（Vallate Papillae）。三種乳頭中富有血管和神經。神經則有舌咽神經和三叉神經兩類。

味覺的接受子，即乳頭神經中的「味覺苞」（Taste Buds），處於舌背和舌緣。但軟顎後部和咽部，也有少數「味覺苞」。

戊、皮膚感官──觸覺

觸覺的感官，處在皮膚下面，分佈全身，形狀各不相同，數目多至六百萬。大略加以分別，可分爲三類：即觸細胞（Touch Cell），觸小體（Touch Corpuscle），巴洗尼小體

（Pacinian Body）。

觸覺感官，有的專司抵觸感觸，形狀大小各不相同。有的接近皮膚表面，感覺最靈，對於極輕的壓力，也能覺到。有的在皮膚深處，只能覺到較重的壓力。專司觸覺的感官，形狀大略像一顆小樹幹頭生多枝。

有的觸官，成爲球狀，球中有許多小絲。這種觸官，專司冷熱感觸。冷覺官大約有五十萬，熱覺官大約有三萬餘。

有的觸官，有橢圓形，周圍有平行的細紋，這種觸官，專司壓力的感觸。

有的觸官，形似一簇花，專司痛感的感觸。

其餘各種觸覺尙多。在實驗心理學上，觸覺的分類，到於今尙不能完全一定。普通分爲抵觸，輕重，位置，運動，溫度，疼痛，六種感觸。

3. 覺魂

甲、禽獸有覺魂

A、禽獸有覺魂

感覺和情感較比生育作用，更爲複雜，更爲靈妙。生育作用即然不能用化學物理作用去解釋，應當承認來自超於無機物體的生魂；感覺和感情便更不能用化學物理作用去解釋了，應來自一個超於無機物體的根源。這個感覺根源，稱爲覺魂（Anima Sensitiva）。

現代許多科學家和哲學家，以爲感覺和情感只是心理和生理的作用，心理和生理的作用，心理和生理的作用則又是化學物理作用；他們以爲按照物理化學的原則，可以解釋感覺和情感的一切作用。但是在實際上，沒有一位實驗心理學家或生理學家於今能夠明白解釋一項感覺動作，更不能說明一項情感衝動的根本原因。因此我們決不接受這一班人的主張。

或者有人要說，於今機械進化，有顏色照相片幾乎能同原有物體一樣，留聲機，無線電和電視都能夠完全接受外物形色聲音，又把形色聲音重新播映出來，和人的眼睛耳朵一樣。這些機器的作用，都是化學物理作用，那麼人的感覺也不過是化學物理作用。

在化學物理方面說，照相片和留聲機等等機器的原理，和眼睛耳朵的原理相似。但是照相片和留聲機是不是需要一個有理智的人去製造和使用呢？照相機是專爲照相而造的，照相機還要照相者去照相，相才能夠照上。眼睛可見也是一架專門爲看的有機體，眼睛爲看，還要一個使用眼睛者，使用眼睛者，就是我們所謂的覺魂。

B、覺魂是禽獸的性理本形

每個物體在構成本體上，常有兩個因素：一是氣（質料），一是性理。禽獸的氣（質料）是自己的身體，性理即是覺魂。

性理是物的本形，是物所以爲這物的道理。禽獸之所以爲禽獸，是在於有知覺，因此覺魂便是禽獸的性理本形。

性理本形也是物體動作的根本，覺魂便是感覺生活的根本。植物沒有生魂不能有生命，動物沒有覺魂也不能知覺。

乙、覺魂的性質

A、覺魂為物質性

覺魂是理，不是氣，本身便不是物質。假如是物質，則不能具有超於化學物理作用的功能。感覺和感情是超於化學物理作用的作用，覺魂是感覺和感情的根本。覺魂便不能是物質。

但是感覺和感情雖是超於物質作用的作用，然而常是限止於物質的範圍以內，它們的對象，也是物質的形色，因此感覺和情感是物質性的作用，覺魂也便是物質性的魂了。

B、覺魂不是一自立體

自立體是自己能夠單獨存在的，覺魂不能夠單獨存在。因爲能夠單獨存在的自立體，必定也有單獨的行動，可是覺魂除感覺活動和生育活動以外，沒有其他的行動，感覺活動和生育活動則是覺魂和身體共同的行動，因此覺魂便沒有單獨的行動，也就不是自立體。

物質性的魂，完全和自己的質料相依，儒家理學以理氣相依，不能分立。朱子曾說天下未有無理之氣，亦未有無氣之理。覺魂乃是身體之理，便不能脫離身體而獨立。

覺魂假使是自立體，它和身體的結合，不是本體上的結合，因爲它已經具有自己的本體，它和身體的結合，乃是身體爲附合物，附合物可有可無，覺魂就該不靠身體以行動了。實際上卻不是這樣，覺魂不能有單獨的行動。

佛教教義有輪迴之說，以禽獸之魂，同於人之魂，人魂和禽獸之魂，都是前生之魂投胎轉生。這樣覺魂爲精神體之靈魂，也爲一自立體。這在哲學方面，沒有辦法可以講通。

覺魂在動物生育成物時，由質料中引出；在動物死滅時，消失於質料之中。

C、禽獸只有一魂

生魂和覺魂不同是一物，植物有生魂，沒有覺魂。但是覺魂高於生魂，覺魂包括生魂，因爲爲能夠知覺，動物應該是活的否則不能有知覺。禽獸的覺魂包括有生魂。因此禽獸的魂只有一個，稱爲覺魂。覺魂除感覺和感情的功能以外，具有生育和生殖的功能。

覺魂既是禽獸的性理本形，一物只能有一性理本形，禽獸便只能有一魂，即是覺魂。

感覺生活在人身上，有什麼特點，在後面我們再說。

二、天然動作

天然動作乃是自然而然的反應動作，(Actus Auctomaticus)。一遇刺激即自然而起反應，沒有意識，也不完全可以由意志去支配。這種天然動作，我們可以分爲天然衝動，良能和習慣。

1. 天然衝動

天然衝動—感官除上面的感覺外，還有另一個問題，即是天然衝動爲身體內器官因生理關係，自然而起的動作，是神經的物理化學作用，少有心理的成份。

天然衝動包含衝動（Tropismes）和反射動作（Reflexes）。這類動作，爲無意識的動作，本來由生理學和心理學去研究；但是爲研究心理學的人，講講天然衝動，也能增加對於知覺的認識。

甲、衝　動

衝動表示自然傾向，即是生物對於外間物理方面所來的刺激，所起的反應。例如水土，氣候，光線，等等外面環境，對於生物的身體，加以刺激，生物便起適應的作用。在以往，大家認爲這種動作是植物的動作，完全是物理方面的動作，受物理定律的支配。

近來美國學者賢毅（Jenning），和洛甫（Loeb），主張在動物身上也有這種適應的衝動。但是對於這種動作的性質，尚不能規定。賢毅主張「衝動」是身體的器官，自行的選擇，使外面的環境，更能爲自己有益。洛甫主張「衝動」在生物身上和在植物身上一樣，完全受物理律的支配。

但是最近又有人，把生物衝動，歸併在反射作用以內。在植物內可以稱爲衝動，在生物內稱爲反射作用。㈤

乙、反射作用

反射作用表示一項刺激，傳到神經中樞所起的作用。這種作用稱爲反射作用，有似乎一道光線，射到反光體上，又反射回來。但是刺激所引起的作用，不反射到原先發起刺激的器官，常是反射到別的器官上去。在刺激和反射作用間，雖有適應的關係，一項刺激引起某項反射作用；但是這種適應關係，是在發起刺激的器官和反射作用的器官，互相對應，刺激的本身和反射作用則不一定常相適應。例如用電流可以引起神覺聽覺味覺和觸覺各方面的反射作用。

反射作用，爲生理上的作用，但又和生理上的營養作用不同。營養作用是純粹的物理化學作用，有機械的一定性。反射作用不是純粹的物理化學的作用，也不完全是神經的作用，乃是生命的表現。例如狗看見主人，搖尾表示喜歡。又如我畜一斑鳩，習慣在中午我回家時，放出籠飛到我身上。於是中午聽見門鈴響時，斑鳩就在籠子裏叫，表示要求出籠。這種反射作用，不是物理化學作用。

反射作用可分三級：第一級爲腺反射作用。第二級爲習慣所成的反射作用，第三級爲環境反射作用。腺反射作用，爲生理上的反射作用。人因畏懼而出汗，或因痛苦而流淚，這是腺反射作用。習慣反射作用，在於一種器官，常習慣因某樣刺激而起某樣動作，於是自然而然遇著這種刺激常有這種作用。環境的反射作用是因著一種刺激的環境，而引起一種反射作用。如貪饕人聽說好菜便垂涎水。這已是初步的心理作用。

反射作用，另外高級的反射作用是生命能力的表現，不能劃歸物理化學的範圍，而且是用組織和有目的的作用；因此指導的中樞，雖是中樞神經，在中樞神經以後，應有生命中心之魂爲最高指導者。

2. 良能

良能是不學而能的本能（Instincta），也可稱爲衝動。在普通用語上，衝動表示不思不想的行動，常帶有一點壞的意思，在哲學上我以爲更好用「良能」代替衝動。良能是一種衝動，所以我在天然衝動一節內講良能。

「良能」一個名詞，是孟子造的名詞，孟子曾說：「人之所不學而能者，其良能也；所不慮而知者，其良知也。」」（盡心上）朱子註釋說：「良者本然之善也。程子曰：良知良能皆無所由，乃出於天，不繫於人。」孟子所說的良能，指著人所有天然向善的傾向。如「孩提之童，無不知愛其親也。」

我們於今用良能這個名詞，指著：「天賦的傾向，遇機自然而動，沒有意識，然又趨於一定的目的的。」

「天賦的傾向」，即是生來就有的傾向；這種傾向，就是動物或人的本能，不是因經驗閱歷而取得的。例如小孩子餓了會哭，看見媽媽會笑。這些都是天生的本能，不能學習。「贊成本能理論的，有兩種論調，一種根據身體器官和能力的發育和行爲的發育，兩方才能是同類的，其他根據人類底舉止和動物是同類」㈥動物的結巢織網，都是本能的行爲，在人的行動中，有一些也是本能的。「那麼從進化的理論說來，就很有理由可以想到人類底同樣的動作，也是本能。」㈦這種結論，我認爲太寬太草率。所謂和動物同類的行爲，要從行爲出發的主體上去看，不能從行爲所向的客體去看。凡是人的行爲，沒有意識，便和動物的行爲相類似，乃是本能的行爲。但是不能說，鳥結巢，蜘蛛織網，蜜蜂造窠，因此人蓋房屋，也是本能的行爲。人天然有要求住所的本能，然而人又有建造房屋的理智，人便用理智去滿全要求住所的天然傾向。同樣人有要求食的天然傾向，然而人用理智去滿全求食的傾向。中國古人常說：飲食男女，爲人的天性。但不因爲是人的天性，人便不用理智。

因此，人的本能動作，是沒有意識的動作。沒有意識的動作，是不經過反省，自然而動的動作。嬰孩們的動作，是沒有意識的；大人們在不思不想，一遇刺激而起反應的動作，也是沒有意識的動作。這些動作都帶有「衝動」的性質。

這些本能的衝動，看來都是盲目的衝動，究其實則常趨向一定的目的，良能的目的，常是爲動物或人的自身利益，或是爲保衛自己的生命，或是爲傳生自己的種類。

學者們對於本能的性質，彼此意見不同。(八)在禽獸一方面說，不能說牠們有理智。在高級的動作裏，有些動物似乎具有低級的理智，如狗，如猿猴。然而實際上，這些動作的動作，有些是經過訓練的動作，其餘完全是本能的動作；動物不能思維，不能有理智。發動本能動作的中樞，則不能純粹是神經中樞；不然便只是物理化學性的反應動作。發動動物的本能動作，應該是「覺魂」（Anima Sensitiva）

人的本能動作，逸乎理智的範圍以外。人的行爲，因爲人具有理智，本來應該常是有意識的行爲；沒有意識的行爲，可以說是人的低級行爲。不過人的意識，不能常是警覺的，有時人的意識的反省不能在各種環境內有適應的速度，於是本能發動動作，保護人身的利益。

3. 習慣

在無意識的動作中，有些動作，不是天賦的趨向，乃是由於習慣而養成。習慣的養成由學習而來。習慣本身不是由無意識動作而成的；但是習慣養成了以後，有時能夠發動無意識的動作。習慣是什麼呢？哲學上稱習慣爲一種習性（Habitus）。習性的特點在那裏呢？在於容易動作。因此習慣可以說是「在生活上，因著學習，所養對於某種行動的容易動作性。」

習慣的養成，第一要有可以學習的本能。沒有一種本能，決不能養成這種本能的習慣。因爲習慣的主體，乃是本能；習慣是本能的附性。

實驗心理學以養成習慣的學習，是訓練一神經系的反應，刺激一來，即發動反應的肌肉運動。發動的次數愈多，神經系的反應愈速，愈易，愈加確定。「這就是所謂增刺激和反應間的聯絡底力。這種神經構造底可變性是一種天性能力，可稱爲練習生變律，或較簡單些，稱爲運用律。此律可略括如下：無論何時，一種狀況和一種影響間可變的聯絡受了練習，設餘事均等，那種聯絡力就加增了。……設他事均等，一種聯絡受練習次數愈多，斯愈強。我們稱這爲頻度定律。……當一種景況和一種反應間的可改變的聯絡，在長時間內不經練

習，這聯絡力就逐漸減少（這是棄置定律）」㈨

上面的三項定律，說明習慣的養成和長進，以及消滅。

習慣在動作方面的效果，第一加強動作力，因神經系的反應既又速又易，動作力便加強。第二減少意識力，人的動作除生理方面的動作外都可以受意識的支配，習慣的動作，因神經系的反應又速又易，人的注意力對這項動作就可以減少。有時竟可以到不注意而無意識，也有這種動作。第三使動作機械化。刺激和反應間的聯絡，因著學習，漸漸加強，使反應和刺激，常在一種景況下發生，而帶機械性。第四，使生活的情感，和習性發生關係。在習慣一種動作之後，若不按著去做，便感到不愉快。因此人的生活習慣，對於人的生活情感很有關係。

習慣的動作，在人一方面雖可以有時成爲無意識的動作，在動物方面，也多是無意識的動作；但這種動作絕對不能是機械性的動作，更不能是肌肉間的物理化學性的動作。爲能學習以養成習慣，雖不要求務必有理智，但必要求善於感覺生命中心。動物中可以受訓練的，必定是善於感覺的動物。動物所訓練的，當然是一種本能，然而動物可以受訓練，不能完全因爲本能的神經系組織很好，應該在神經系的背後有發動全部生活的中心，在動物即爲覺魂。因爲習慣，較比良能動作，更代表生命的活動。因此，在人的一方面爲學習以養成習慣，必定常用理智。習慣養成以後，習慣的動作可以有時是無意識的；至於人的習慣的本身，則常是有意識的。人對於自己的習慣乃負行爲責任。

有的哲學家，例如康德，認定習慣是壞的，人越有習慣，越不自由，越不是表現自己的人性。有的哲學家，則主張習慣是好的，足以加強人的動作力，同時還可以加強人的理和注意。我以爲習慣在本身上說，既爲加強動作力，對於人生有益，便不能認作損害人性的習慣。

三、感　覺

1. 感覺與知覺

感覺（sensatio），是感官的動作。感官因著刺激，引起反應。每種感官，有自己的感覺動作，同他種感官的感覺動作，不相聯屬。這種動作，是感官的自然動作，是生理上的物理性動作，不完全受意志的支配。例如一件東西排在眼前，在光線適宜的環境下，眼睛不能不看見，如不看見，只有閉眼或轉眼他視。每種感官的動作，稱爲感覺。這種感覺，也稱爲純粹的感覺；因爲不夾帶同時引起的他種感覺和意識。

但是在實際上，每種感覺常帶有意識；而且這種感覺的意識和感覺，在實際上合而爲一，成爲有意識的感覺。有意識的感覺，稱爲「知覺」（Perceptio Sensitiva）

知覺在哲學上有什麼意義呢？知覺（Perceptic Sensitiva）「爲一種認識作用，用以認識在具體上實有的形色。」

在實驗心理學上，也常討論知覺。實驗心理學上的知覺，指著一種複雜的感覺。因爲人的感覺在實際上，常不是簡單的或孤立的。一種感覺常同時和別的多種感覺在一齊。例如我看見一朵花時，我同時看見花的顏色，看見花的形狀大小，也看見花的位置，而且同時我還用手摸一摸所看見的花，又可以用鼻嗅一嗅花的香氣。這一切的感覺，集合起來，成爲一項很複雜的感覺；但同時卻又是集合在同一的客體對象上。實驗心理學稱這種複雜的感覺爲知覺。所以有靜的知覺，動的知覺，時間的知覺，空間的知覺，又有錯覺和幻覺。實驗心理學研究在神經系方面，這些知覺是若何構成的。

理論心理學由哲學方面去討論知覺，則不是討論複雜的感覺的構成因素，乃是討論知覺所構成的「認識」（Cogutio Sensitiva）。因此哲學上的知覺，爲一種認識作用。

「認識作用」：認識是知道，認識作用，是對於一種客體，予以認識。即是知道這種客體是什麼。知覺不是營養作用，也不是情感作用，知覺是爲知道客體的作用。

「用以認識在具體上的形色」。具體上實有的形色，指著知覺的對象（客體）。認識作用，不止一種，人的理智，也有自己的認識作用。認識作用的區分，按照自己的對象而分。知覺的對象，是具體上實有的形色。

有的學者，以知覺為心靈的作用，用以連接感覺和感覺的客體。㈩這些學者的主張，把知覺和感覺分為兩項動作。在理論方面去說，知覺和感覺是兩項不同的動作；然而在實際上，知覺和感覺是合成一項動作，不能分開。我們幾時有感覺，我們就有知覺。若是幾時沒有知覺，有了感覺也等於沒有感覺。「視之不見，聽之不聞。」

又有些學者，以知覺為心靈在表現外面宇宙時，該有的過程。這些學者認為人對於外面事物的認識，是把以往所有的感覺，經驗，溶合在目前一刻所有的感覺裏。㈩但是在實際上，我們的知覺是一種最簡單的動作，一有感覺就有知覺，並不用去回想以往的經驗。若是去回想，那已經是另一種動作了。當然感覺在實際上，常不是單獨的，常是幾種感覺合在一起；但是這些感覺在實際上所合成的一種複雜感覺，所有的知覺，則是單純的，不是由多種動作合成的。我們一覺就知，我們知覺，是我們整個人稱在知覺，在種單純的知覺裏有我們整個的一個人，我們以往的經驗，自然而然就夾在這種知覺以內。但是在理論上，不能說知覺要憑著以往的經驗纔能成。

2. 知覺的區分

A、知覺是認識作用。認識作用，在中國古代分爲「耳目之知」和「心思之知」。心思之知爲理智的認識，耳目之知，又分爲五官之知。於是知覺便分爲五種。

「鈞是人也，或從其大體，或從其小體，何也：耳目之官不思，而蔽于物，物交物，則引之而已矣。心之官則思，思則得之。」（孟子 告子上）

「五官簿之而無知，心徵之而無說，則人莫不然，謂之不知」（荀子 正名）

「八識之義，出楞加經。……八名者何？一者眼識，二者耳識，三者鼻識，四者舌識，五者身識，六者意識，七者阿陀那識，八者阿梨耶識。八中前六，隨根受名，後之二種，就體立稱。」（大藏經 慧遠 大乘義章 卷三）

佛教的八識和儒家的認識官能所不同的是後面的二識。這後二識，爲佛教因果報應的根據。前六識則和儒家的六識相同，前五識爲五官，第六識意識即是心知。

的意見。

希臘的德謨頡利圖（Democritus）曾把一切的感覺都歸併在觸覺以內。後來英國學者斯賓塞（Spencer）和法國學者唐能（Taine）也贊成這種主張。但是一般學者，都不贊成他們的意見。

亞立斯多德區分感覺爲外部感覺和內部感覺，外部感覺爲五官。聖多瑪斯繼承亞氏的主張，分感覺爲內外兩種，外部感覺有五官，內部感覺有綜合感，利害感，想像，記憶㈤，士林哲學歷代都接受這種主張。新的士林哲學家，目前按照心理學研究結果，對於感覺的區分，稍爲有些改變。

感覺的區分標準，不能以刺激作標準，因爲在實驗心理學上已經實驗過，有些刺激能夠引起好幾種感官的反應。例如用電流可以引起光波音波和疼痛的感覺。在通常情形下，每種感官有相應的刺激。

感覺的區分標準，應該以官能爲標準。有的學者如穆肋（J. Muller 1801-1858）主張感覺由腦神經中樞而與以區分。但是近來腦神經的分區，已經有些學者不贊成。因此區分感覺的感官，應該是接受刺激的感官，連同腦神經的感覺神經。

感覺的區分按著官能去區分爲內部感官和外部感官。然而內外兩字的意義不完全保守古來的意義。古來以內外兩部感官，按身體的內外而分，外部感官爲身體外面的官能。於今我們所說的內外，以腦神經中區而言，在腦神經之外具有接受官能的感覺，稱爲外部感覺，僅以腦神經爲感覺官能的感覺，稱爲內部感覺。

外部感覺，於今已證明有一定的接受器官的，有歷代所講的視覺，聽覺，嗅覺，味覺和觸覺，再有溫度感覺，位置感覺，疼痛感覺，以及身內的運動感覺。其餘尚有一些感覺，於今沒有找出它們的器官。

有的感覺和別的感覺，連接一起，構成一個知覺，如遠近的知覺，時間的知覺，空間的知覺等。這些知覺時所說，觸覺包含六種觸覺。

內部的感覺，即在當時沒有外部的刺激，而由腦神經而起，或雖當時有外部的刺激，刺激和所起的感覺，不直接發生關係，這些感覺由腦神經中樞作爲器官，如想像，記憶，綜合感以及利害感。在下面我們將分段說明。

3. 知覺的成素

知覺由那幾項原素構成的呢？

甲、知覺由感覺和意識而成

感覺是感官的動作，為生理和物理方面動作。這種動作包括刺激，傳達神經和腦神經中樞。一項刺激由器官的接受子接受後，即由傳達神經傳到腦中，腦中的神經乃起感覺。

感覺的形成是在腦經中樞，但同時也在外部的感官。因為若外部感官健全，而腦神經中樞傷損了，則不能有感覺。然而同時我們又意識到感覺是在感官以內，眼睛看見，耳朵聽見，手摸物，身體何處覺得痛。

詹姆士・威廉（William James）主張知覺的成素裏，除當前的感覺以外，夾有以往的感覺的重現。這種主張，在實際心理作用方面，能夠是真的；但是在理論方面，則不是真的；因為在實際心理作用上，有許多知覺，同時夾有以往的經驗；但是為有知覺，並不是務必要有以往的感覺的重現。

感覺的意識，在理論方面，和感覺不同；因為感覺是一種感官的動作，感覺的意識，不是這種感官的動作。可是實際上感覺的意識，和感覺的動作是一個動作兩者合而為一；因為沒有感覺，即不能有感覺的意識，否則是幻覺；同樣若沒有意識，也不能有感覺，否則是「視而不見，聽而不聞，食而不知其味。」

感覺意識和感覺的連合為一，原因是動物的生命中心是一個，即是動物有覺魂，人則有靈魂。在動物，知覺是覺魂的動作；在人，知覺是靈魂的動作。

乙、知覺的成素，包含有感覺的對象

感覺的對象，在上面講感覺時，我們已經簡單提過，於今再加以說明。

感覺的對象，是感覺所認識的客體，和感覺所接受的刺激不同。刺激是客體在感官上所引起的作用，客體是在感官以外，刺激則在感官以內。感覺的對象，也不是感官所引起感覺印象，印象是在腦神經以內，感覺對象是在感覺神經以外。

荀子曾說：「形體色理以目異，聲音清濁調等奇聲以耳異，甘苦鹹淡辛酸奇味以口異，香臭芬鬱腥臊洒酸奇臭鼻異，疾養滄熱滑鈹輕重以形體異。」（正名篇）。孟子則簡單地說：「口之於味也，目之於色也，耳之於聲也，鼻之於臭也，四肢之於安逸也，性也。」（盡心下）。

荀子對於五官的感覺對象，分析得很詳細。目的對象，有色，有形；耳的對象，有聲音；鼻的對象有香臭氣；口的對象，有味；身體觸覺的對象，有冷熱，有滑粗，有輕重，有痛癢。

A、視覺　視覺的感官爲眼目，視覺的對象爲色。眼目的構造，在上面已經說了。色的性質是怎麼樣呢？

視覺的成因，是由光波的波動刺激眼球，刺激的性質屬於電性。眼球的瞳孔和二種屈光體以及網膜受到了光波刺激，即由神經傳達光波的刺激到腦神經中樞，而成視覺。光波動的長短構成基本的顏色。基本的色彩爲紅黃綠藍。由基本顏色再構成其他的顏色。人的眼睛可以分辨六百多種的程度不同的顏色人的語言，則不能叫出它們的名字。除各種色彩外，還有白和黑，也是目的基本感覺，也是色的元素。

視覺的對象，常帶有空間性，因此，視覺也能看物質的形狀。

B、聽覺的對象爲聲音。聲音是物體的振動，藉著空氣或其他的種傳達物，傳到人的耳朵，刺激耳朵的神經，由耳朵神經再傳到腦神經中樞而成聲音的感覺。物體的振動有規律，音浪的刺激便輕，聲音乃柔和悅耳。物體的振動沒有規律。輕重不等，音浪的刺激便強，聲音於是嘈雜聒耳。

聽覺以時間爲主，聲音常帶時間性，因此音樂以時間去範圍調韻。聲音在時間上，因著記憶力的影響，每個聲音所存留的時間，較比實際的時間長。因此，在講話時，一句話的字聲能夠連貫起來。

聽覺的對象也是富於客觀性。

C、嗅覺以香臭的氣味爲對象。香臭是由物體分泌出含有香或臭的因子，狀如氣雲，由呼吸而與鼻孔的臭覺神經相接觸，由鼻孔神經再傳到腦神經中樞而成嗅覺。

嗅覺的對象主觀色彩甚濃。中國古人說「入鮑魚之肆，久而不聞其臭，入芝蘭之室，久而不聞其香。」而且對於人的嗜好，很有關係，一個人所好的氣味，多以爲香味；不好的氣味，則以爲臭。物的氣味，是由物體分化在空氣中的物質，刺激嗅覺接受子而成。

D、味覺的對象爲各味　口味由物體所融解的化學物質，刺激舌端的神經，由舌端傳入腦神經中樞，遂成味覺。

味覺對象的主觀性也很濃。拉丁文有句成語：De gustibus non disputatur，對於味道沒法辯論，因爲各人有各人的嗜好。但是嗜好雖不同，甜酸的感覺則常相同。實驗心理學以味覺爲主觀的感覺，因爲味覺完全由舌頭的神經所造成的，外面則無所謂味質，僅是些化學物質。

E、觸覺的神經，所有的對象頗複雜，因爲觸覺的器官并不是一件或一種器官，凡有多種器官，分佈身體內外。於今實驗心理學普通分觸覺爲下列六種。

a、觸覺　爲物體抵抗力的感覺。一物遇到外物的抵抗力，便起觸覺，觸覺以客體的抵抗爲基礎，富於客觀性。

b、溫度感覺　由物體或周圍空氣的物質因子，所發的振動，刺激溫度的感覺神經，溫度感覺富於主觀性，視主體的溫度而異。

c、輕重感覺 由於物質的抵抗力，打擊身體的筋肉和所消耗的身體力量而成，中間夾有觸覺。

d、位置感覺 動物爲感覺自己身體各部份之位置有位置感覺。這種感覺以各處神經的運動感覺以及眼睛的視覺而成。

e、運動感覺 動物爲感覺自己各肢體的運動，有運動感覺。這種感覺由各肢體在運動時筋肌的收縮，在腦神經中樞引起這種感覺。

f、疼痛感覺 由於物理，化學，電力各方面的刺激，使身體肌肉起變動，引起疼痛感覺的神經起感觸。疼痛神經分佈各處和觸覺抵抗的神經不相同。疼痛的感覺和情感相連，引起厭惡害怕各種情緒，同時也使生命有生命危險感。

以上所說各種感覺，都是外部的感覺，但是其中有些也可以在身體以內，如疼痛的感覺在身體內外兩部都有。動物藉著這些感覺以知道外面物體的形色。

4. 知覺在心理方面的作用

甲、知覺的因素

A、知覺是感覺的認識作用，感覺的作用由感官神系的作用而成，
因此便是一種心理作用。

知覺在心理上怎樣進行呢？這是實驗心理學和生物學上的問題，我們於今祇簡單說一說。

孟子曾說：「耳目之官，不思而蔽于物，物交物，則引之而已矣。」（告子上）孟子認爲知覺是由感官和外物相交而成，感官和外物相交，由於感官爲外物所引。

佛教唯識論對於外面五官的知覺，分析三種因素：「五識分根、境、塵。根是五識的機官，即眼耳鼻舌身；境是五識的對象，便是色、聲、香、味、觸；塵是五識爲能達到對象的媒介物，即是空與明等……五識爲能夠生識，須根境相合。根境相合，須五識的各緣都和在一齊。五識各緣，分內緣外緣兩類。內緣是人身內的緣。外緣是人身外的緣。內緣只有種子，外緣則包有心所，現行，染淨法，分別，空、明、根、境等緣。種子乃第八識種子，爲五識的根本依，稱爲親因緣。心所謂心之作用。現行謂由第八識所的現行。染淨法謂第七識

所生之心理狀態。分別謂第六識的反省。根爲器官，境爲對象，空爲空間，明爲光明。這些內緣外緣都相合時才能有一完全的感覺。」(十三)

B、在現代心理學上，知覺的心理因素，分爲三項：第一項爲器官，第二項爲刺激，第三項爲自覺力。

器官，爲外部感覺的器官，即眼耳鼻舌身。每種器官具有一神經系。每一感覺神經系通於感覺器官的外部，神經梢能和外物相接。感覺神經系由器官通到腦部，和腦神經中樞相連。

刺激是感覺器官所起的變化。這種變化常是由於器官受外面的一種動作而起，在外面的動作和器官之間，應有天然的關係，不然外面的動作決不能激動器官使起變化。每種器官要和自己天然有關係的外面動作相遇時，才有刺激。眼睛祇受顏色的刺激，耳朵祇有聲音的刺激。而且和器官天然有關係的外面動作，也並不能常常刺激器官，必須是外面的動作，達到和器官相宜的程度，才可以刺激器官。例如顏色對於眼睛必定要深到和眼睛相宜的程度，纔可以看見，顏色過於淡，眼睛不能看見。聲音過於輕，耳朵也聽不到。

自覺力是覺魂的能力，使動物在器官受刺激時自己覺到有所感覺，使感覺成爲知覺。

每項感覺又分質、量、調。「質」爲每項感覺的內容，例如色、聲、味，又如白色，紅色等等。「量」爲每項感覺的深度，一項感覺深，一項感覺淺。「調」是每項感覺所引起的感情，或引起愉快感，或引起厭惡感。

乙、感覺的印象

A、每種知識都是一種內在的活動。知識豈不是生命的表現?生命則常是內在的活動。感覺生活，也是在動物身體以內而實現。因此感覺作用不出乎感覺者的身體以外。每種感覺，是由器官的刺激開始，器官刺激傳於腦神經中樞，然後感覺者自覺有了感覺。感覺的作用便常在感覺者以內。

但是爲能認識一件客體，認識者和被認識者應該相結合，被認識的客體，應該在認識的主體以內。認識既是用認識官能，被認識者便應該在認識官能以內。

一件物體在另一物體以內，可以採取兩樣方式，或是親身在另一物體以內，或是用一代表。宇宙間的物體不能親身在別一物的認識官能以內，則只有用自己的肖像代表自己進到別一物的認識官能以內而被認識。

感覺爲認識外面的具體形色，要緊在感覺神經系以內，具有所認識的形色的肖像。這種感覺所有的肖像稱爲感覺印象（Species Sensibilis）

B、感覺印象

a、感覺印象是怎樣成的呢？每項「感覺印象」，由於感覺器官所得的刺激通過神經系而到腦神經中樞而成。

感覺受到外物的刺激時，感覺器官生起變動，然而器官的變動，不是器官變換性質，只是器官發生動作。器官爲什麼發生動作呢？是因爲受了刺激。

但是刺激並不是感覺印象，刺激完全是心理和物理的作用，如同照像時，外面物體的光波刺激底片的化學物上，引起化學作用。但是這種刺激的化學作用，並不是相片，相片是由刺激的化學作用，在相照上所留的照片。

因此感覺神經的刺激，也是物理和心理作用；腦神經中樞，因著感覺神經的刺激而起反應，接受刺激而留下的印跡，代表所感覺的物體，乃稱爲感覺印象。

b、感覺印象，不完全是感覺刺激所留下的印跡，不是物質物。

在感覺有一項知覺時，刺激在感覺神經留下印跡；這種印跡稱爲感覺印象。但是在刺激留下印象時，感覺神經不單單是受到刺激的支配，同時也受「覺魂」由腦神經中樞所使的支配力。假使有刺激，有感覺神經，又有腦神經中樞，但是沒有「覺魂」，一切都是死的，一切都不能動。由此可見感覺神經在接受感覺刺激所留下的印跡時，感覺神經因著「覺魂」的支配，對於刺激的印跡，不完全是被動，如同一塊軟蠟，任憑印刻，同時也是動因，在刺激的印跡上，也行使自己的動作。

因此感覺印象，不完全是一種心理和物理作用的產物，而也是認識官能的產物。

感覺印象雖帶物質性，然而不是物質的印象。一張照相的底片，只能照一張像，因爲照相所留的像是物質的相，底片印了一張，不能印第二張。同時底片上的照像和照像的原物脫離關係，自成一物質物。在意義方面，相片當然仍舊保留和原物的關係，因爲相片總是代表原來的物體。感覺神經爲收留感覺印象，沒有數目的限制，無論多少次都可以。因此可見感覺印象不是物質印象。這種特性，是由於「覺魂」不是物質。在一動物內身體是質料，覺魂是性理本形。覺不是物質，但含有物質性，因此，感覺的印象不是物質印象，但是含有物質性。

哲學上所以說，凡是認識，都要有非物質的特性；知覺是一種認識，便也有非物質的特性。

c、感覺印象的功用，是使感覺者和被感覺者相連，是使被感覺者在認識者以內。

感覺的印象，在物理和心理方面，作爲感覺的認識動作的終點，在「覺魂」的認識能力方面，使認識能力由印象而達到刻留印象的外物。如同營養和生殖作用，常有所趨的宗向，認識作用也有自己的宗向（Intrntiones）。認識作用的宗向在認識客體；因此感覺印象是以外面客體爲宗向爲止點。

5. 知覺的性質

甲、知覺爲有機體的活動

上面我們已經說到，感覺的印象，是感覺刺激和認識能力共同構成的。感覺印象是知覺的代表，於是我們知道知覺是刺激和認識官能的合作物，也就是說是有機體的活動。

在這一方面，有的學者，走於兩極端，造出兩種錯誤。第一極端，是把知覺作爲純粹的化學和心理作用，以感覺印象爲感覺刺激單獨所造成的印刻。這樣一來，人的感覺，只在感覺所接受的刺激，不能越出自己的感覺器官以外，人就沒法可以認識外物。

第二極端，是把知覺作爲發動理智知識的機會，知覺自身不是認識，但能發動理智作用。柏拉圖以知覺爲發動先天觀念的機會，笛卡爾以知覺爲「我思想則我存」的機會。其餘唯心派的學者，多少都不承認知覺能夠有認識能力，不以感覺印象爲感覺器官的產物。

我們認爲應當避免上面的左右兩端，知覺既不單單是感覺器官的心理和物理作用，也不單單是靈魂的作用，知覺乃是覺魂使用感官的作用。感官有覺魂，纔是一有機體。因此我們說知覺是有機體的活動。

知覺所以能成爲知覺，是由客體和主體相結合而成的。

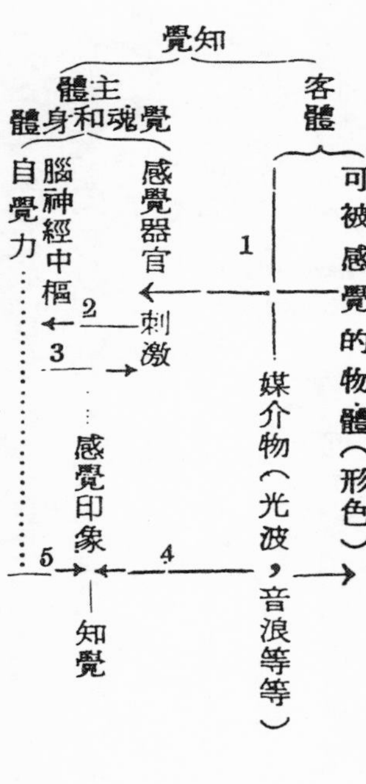

外面可被感覺的物體形色，藉著媒介物以刺激感覺器官。感覺器官的神經傳達這種刺激到腦神經中樞，腦神經中樞對刺激起反應，因著覺魂的認識力構成感覺印象，同時覺魂使感覺者自覺有這項感覺認識，即是知覺。

乙、知覺在認識方面的價值

A、外部感覺夠認識自己的對象

士林哲學家追隨聖多瑪斯的主張，常常肯定外部感官能夠認識自己的對象。眼所看見的客體，是外面的一個客體。而且主張感覺的認識，乃是理智知識的基礎。因爲理智爲構成觀念，常從想像中的具體感覺印象而出發，又在懂得抽象觀念的意義時，再回到想像裏的具體感覺印象，以明瞭抽象觀念的意義。

唯物論的哲學，當然很看重感覺的認識能力。洛克（Locke）以「感覺是趨於知識的第一步，又爲知識一切材料之入口。」(十四)

但是洛克並不主張感覺對象常是實有的。他把感覺的對象分爲第一第二級。第一級感覺對象（可感覺性）爲面積，形狀，數相，境遇，動靜。第二級感覺對象，爲色，音，味，臭等。洛克主張第二級的感覺對象，完全是一些現象，在感官上成立，都沒有客觀的實用性。第一級的感覺對象可以使人認識物質物的性質；但是這認識也是混沌的，不能使人知道物質的個別性質。

柏克萊（Berkeley 1685-1753）更進而「主張物質的對象，惟有被知覺時才存在。」(十五)

唯心論的哲學家和柏克萊一樣不承認感覺有認識客體的能力。康德雖然主張感覺可以知道外物的存在，但不知道外物若何。感覺的知覺只是時間和空間兩個先天的範疇表現。

於今許多研究實驗心理學的人，他們多以爲感覺乃是一種心理現象。穆肋（John. Muller）曾用實驗證明：一種刺激可以引起幾種不同的感覺；另一方面幾種不同的刺激；

可以引起同一感官的感覺。因此他的結論便是感覺不能使人知道客體對象的形色，乃是表現每種感官的性質；所以感覺都是主觀的。(六)

而且有些學者（T. Young, H. Helmholtz）主張在眼睛裏有三種纖維體，每種纖維體受刺激時，產生一種基本顏色。三種基本顏色爲紅，綠，天藍夾紫。(七)

我們中國儒家，沒有人否認感覺能夠認識外面客體。王陽明雖因心外無理的主張，也說心外無物。「先生遊南鎮，一友指巖中花樹問曰：天下無心外之物，如此花樹，在深山中，自開自落，於我心亦何相關？先生云：爾未看此花時，此花與爾心，同歸於寂。爾來看此花時，則此花顏色，一時明白起來。便知此花！不在爾心之外。」（傳習錄下）

王陽明的主張和歐洲否認感覺的認識能力的主張不同。王陽明的問題是心和物的關係，物不遇人心時，物不在人的知識中，物等於不存在。王陽明既不否認物的本體，更不否認感覺的認識力。

中國否認感覺認識能力的，是佛教的唯識論。佛教以色法爲假爲虛。人們因著阿賴耶識中有惡種子（有漏種子），於是前五識乃能現虛以爲實，人又執虛法爲實有。

但是我們絕對應該承認感覺的認識能力，又該承認感覺所認識的是客觀的對象。

感覺的認識，即是知覺的認識，乃是直接的認識。是要形色當前時，感覺纔有認識。形色不當前時，偶然有幻覺，那不是正常的感覺。我們大家都意識到，而且大家都相信，自己所感覺的，是客觀的對象，不是我們自身的一種印象。這種意識是天然而的意識，是一有感覺即有這種意識，不要求我們拿理由去證明，而且也不能證明。

在知覺和客體間，沒有內外的距離。我們的感覺認識力，是直接達到刺激感官的客體。我們一有感覺就認識這種感覺的對象，並不是像笛卡爾所說，要推論既有感覺便該有對象，纔認識對象。

假使我們否認感覺的認識能力，我們理智的知識，都不能有基礎，都成爲主觀的虛構物，我們的全部知識，都要歸於虛無，我們便要走到絕對的懷疑論了。絕對的懷疑論是一種不合理又不合實情的學說，那麼合理合情的事，就在於承認感覺的認識能力。

B、純粹知覺的價值

我們若只看一項知覺，不看這項知覺同時在人身上常和他種知覺並和理智相連的關係，知覺可以稱爲純粹的知覺。

純粹知覺雖爲對外面物體的知覺，但是純粹的知覺，不能使知覺者明白分別自身和外物，也不能使知覺者明白知道物體的存在，對於這一切都很模糊。加上理智，則這一切就清楚了。

純粹知覺既然沒有觀念，便也沒有所謂確定性，也不直接證明物體的有，僅能證實形色的存在。但是在人身上，因著和理智的密切關係，便可直接使人意識外物的存在。

純粹知覺但是可以有三種價值：第一知覺的對象，在心理方面，有實在的價值。因爲感覺所感覺的，在心理方面，一定代表一項實事就是作夢或幻想時，夢中和幻想所感覺的，在心理方面，有如種種實在的形色。第二，在客體方面，感覺所感覺的，有實在現象的價值。因爲感覺的刺激，是椿具體的現象。第三，純粹知覺有本體方面的價值，因爲感覺的對象，自己表現是物質界中的實有體。

純粹知覺既然沒有觀念，也就無所謂真假，因爲真假是觀念和評判對於客體的關係。感覺由於刺激而引起印象，刺激直接由客體而來，無所謂真假。但就刺激的實在或不實在說，感覺也可以和客體形色不和。這時，知覺稱爲幻覺或錯覺。

四、內部感覺

疼痛的感官，雖分佈在動物身體的內部和外部，但不稱爲內部的感官。內部的感官，沒有特別的器官，祇在腦的神經中樞裏有一另外的感覺神經，藉著這種神經而起感覺。

內部感官的數目，亞立斯多德和聖多瑪斯主張有四種：即「綜和感」，「想像」，「利害感」和「記憶」；有的哲學家則祇承認有三種，因爲他們不承認「綜合感」爲一特別的感覺。有的學者，則以內部感覺，不是由各自所有的感官所造成的，乃是由於各種感覺印象的互相結合而成的。

我認爲內部的感官，應按聖多瑪斯所說，分成四種。

1. 綜合感

「綜合感」（Sensus Communis）爲外部各種感覺神經在腦神經中樞的結合點。動物藉著這個結合點，能夠綜合外面的感覺，而且能夠有外面感覺所不能有的感覺，例如物體體積，不是一種感覺所能知道的，應該由視覺和觸覺結合而成。又如把各種感官對於一件物體所有的感覺，相合在這物體上，也是超出各種外部感覺以上的認識，是由綜合感覺而成。再如對於空間和時間的感覺，心理學者多以爲是印象的繼續出現所造成的。但是空間和時間既不完全是幻想物，對於空間和時間的感覺便也是綜合感覺的產物。

比國復興士林哲學的哲學家墨爾西愛樞機（Card. Mercier）主張「綜合感」不自成一感官，綜合感覺由於各種感覺印象結合而成。我也相信綜合感覺是感覺印象相結合而成的，但是為結合這些印象，便該有一器官。當然可以說是腦的神經中樞，使感覺的印象相結合，但說明腦神經中樞裏有一神經系為綜合感所在處則更清楚。

2. 想　像

想像，想像為一種感覺，它的對象是變化其他感覺所得的印象，分析或綜合，不以外面客體為標準。

「綜合感」為綜合或分析外面的感覺印象，常以外面的客體為根據，綜合感因此是人的知識的重要根源。想像則把感覺印象和客體事物相分離，然後再加以分析綜合，結果所得能是新的感覺印象，但所謂新，祗是感覺印象的形式，至於所有的感覺，則都是五官和「綜合感」所已經取得。

高等動物除人以外，如獸類都具有想像力。想像為腦神經中樞的一部神經系，這一部神經系，第一，能夠保留外部五官及綜合感所取得的印象，第二能夠回想所保留的印象，第三能夠自行析離或結合所保留的印象。

在近代的哲學家裏，對於想像，有兩派主張。唯物的實徵派，以想像為觀念的聯繫，按照心理規律而動作。唯心派如康德及他以後的德國唯心論者，以想像的創造力，爲人心理活動的根源，康德且以想像爲外物和先天範疇的相交點。現代的哲學家也多稱揚想像的創造力。

我們對於想像的效用，應該分兩方面去說。第一，想像可以重現以往所有的感覺印象，這種效用，對於人的理智活動，最有關係。人的理智爲認識外面的客體，常從感覺抽出觀念，又藉感覺使觀念切合於外物。理智在這兩層工作上，都要藉著想像，因爲外面一個物體的形色，是在想像裏表現出來，使理智能夠觀看。因此，在亞立斯多德說想像在希臘語裏，原意爲光明，意謂想像是人的內在光明，把外物照出，使人的理智能夠看見。第二，想像能夠自行析離或結合感覺的印象，這種作用，爲人的藝術活動，很有關係。因爲人的藝術觀念，藉著想像然後纔能具體化。

想像在人的認識能力中，處於外面感覺和理智之間，想像自身不能自成一種知識。因此，若以想像爲知識，則真僞不分，幻想和實事相混了。想像爲成知識，則或者回到其他的感官，或竟上溯及於理智。

3. 記　憶

記憶，記憶爲一內在的感覺，用以知道以往的事。

記憶和想像兩種種感覺，不能混而爲一，因爲兩者的對象不相同。想像的對象，在於重視以往所有的感覺印象，但不以爲是以往的印象，而是以爲不含時間性的。想像可以想像於今，以往和將來的情景，就是因爲是自己隨便想像，想像所想的不含時間性。

記憶的對象，確實爲以往的事，而且還知道是在以往的一定時間以內。記憶的對象，是以時間爲主；因此說「用以知道以往的事」。

甲、「以往的事」，「以往」是代表時間。「事」代表什麼呢？實驗心理學者對於這個問題意見頗不相同。有些學者說記憶所能知道的往事，限於感覺所知道的形色，或是外面感觀所知道的形色，或是內在感覺如綜合感和想像所知道的形色；但是以往感情所有的經驗，則在記憶的範圍以外，因爲感情的經驗如愛，痛苦等經驗一次一次地實現，每次有自己的情況。若重新再現時，前後的感情經驗，即感情的強弱，和同時的感觸，前後兩次，絕對不能完全一樣。但有的學者，則認爲感情的經驗，並不是不能重新回想起來，感情經驗所不能重新再現的，是當時親身所體驗的感觸。但是在經驗上，我們可以想起往日的一樁痛苦，例如喪母之痛我可以記憶起來，雖是於今我在回想時，我並不再感受當日的痛苦。

我以爲後一派的主張更爲合理。在感情的經驗裏我們要分出兩個部份，第一部份是觸動感情神經的事情，即是刺激我們感情的緣因。感情神經被發動了以後，然後再激動我們的感覺神經，使我們有痛苦流淚或快樂的感覺。記憶對於感情經驗所能回想的，有當日刺激感情神經的事情，有當日悲歡憂愁的感覺，所不能回想的，是當日事情對於神經的刺激；但既有了神經刺激所生的感覺效果，我們已經可以說是記憶回想當日的感情的感情經驗。

乙、學者又問怎麼樣記憶可以回想以往的事呢？亞立斯多德曾說是因爲以往的印象，在時間，空間和性質各方面有相近的，因著這種相近的關係，記憶力想到了一項印象，聯帶也想起相近的印象。㈥休謨卻以爲記憶力回想以往的事，把以往的印象會合在一齊，完全由於習慣的關係。但這種解釋，則等於沒有解釋。現代實驗心理學者大家用實驗去追求，是否在腦的神經中樞，有區一神經保留以往的感覺印象，又去追求在心理方面，有甚麼原則定律，可以規定回想作用對於保留以往印象神經系所引起的反應。但是及到於今，這些實驗，都尙沒有收得效果。葉賓豪（H. Ebinghaus）主張記憶作用受觀念聯想律的支配。形態心理論（G-estaltpsycholozie）的學者主張觀念和印象，不單獨行動，是構成一組組的形態，受全部形態的支配。赫夫丁（H. Hoffding）則主張記憶受感情的支配，在以往的各種經驗中，每種都有一項爲主的感情，這種感情爲招召記憶的主動力。錢墨里（Gemelli）卻又證明感情記憶裏的作用，實在是屬於次要的。觀念心理論（Denkpsychologie）的學者林活斯基（Lindworski）以觀念和印象不相聯繫，而以時間爲記憶的主要因素，以往的印象，按照時間而相連接。但是以上的各種主張，沒有一種已經成爲定論。

丙、記憶在心理方的作用，可以分爲四個步驟。第一是刻印以往的感覺知識，在記憶的神經系裏，以作保留。第二是回想，刻印是記憶的預備作用，回想則是記憶正式發動了，記憶因著腦神經中樞或由人的意志的號召，回想起以往的一樁事。第三是認識所回想的事是所知道的事，即重新認識以往所有的一樁知識。第四是安放所認識以往的事，在一定的時間以內。這樣，記憶纔算完成了。

許多時侯，這四種步驟，不一定常常實現，於是記憶便不完全。許多次我們想起一樁事，或祗記得一部份或祗記得一些零碎的印象，或是分不清楚那一部份是當時所有的，那一部份是其他時侯所有的，或是想不起一樁往事時間。這些現象，在日常生活裏，常常可以遇到。

4. 利害感（Aestimativa）

利害感爲一種內在感覺，動物用以估量自身危險利益。

動物普通遇到對自身有危險的東西，立刻有種危險感，馬上知道預防或逃躲。有些動物在行一種動作以前，自己先行估量，例如馬跳障礙物時，若怕跳不過，便不再跳了。又如我養的黃鶯裏，有一隻小的，在籠子裏往籠裏的上層小木桿跳時，若一次跳不上，則在相當的時間內，怎樣教牠往上跳，牠祇是睜眼伸頸，或且張翅，但是從不願往上跳。

動物所以有估量自身利害的感覺。這種感覺是其他的感覺不相混雜。在人身上，人因爲有理智，理智可以利害；但是人也有天然的利害感。人驟然遇著危險物，不思不想地，大驚失色，拔腿便跳，這就是利害感的作用。

於今實驗心理學或生物學稱利害感爲動所有天然衝動（Instinctum）的一種。普通我們也說逃避危險，爲天性使然。在實際上，天性是使用一種感覺而實現逃避危險的天然衝動。因爲逃避危險，固然是天然衝動，但是知道當前是臨著危險，須要一種感覺的知識。這種感覺就是利害感。

達爾文和其他主張進化論的學者了，以爲利害感不是天生的一種感覺，而是由習慣所養成的；但是在實際上，在有些事上，利害感是可以由習慣而生的，在人則由理智而生，例如許多有危險的事上，小孩子不知道有危險。但是在一些最基本的利害事情上。小孩也有天生的利害感，例如小孩天生怕火，天生怕水。凡是新生的動物，也都有幾種最基本的利害感。所以利害感是天生的感覺，可以由習慣，再加以訓練。

註：

㈠心理學大綱　蓋茨（Gates）著　伍況甫譯　二九頁　世界書局，民二十四年。

㈡同上，三五頁。

㈢一八二五年，Flourens 弗魯冷氏以割去部份神經的方法，證明此說。

㈣Paulus Siwek, Psychologia experimentalis— Roma，1958. P. 62-65.

㈤P. Fouliquie Psychologie. Paris 1956. P. 101.

㈥伍況甫譯　心理學大綱　蓋茨著　九八頁。

㈦同上。

㈧P.　Foulguie Psychologie. P. 105-116— P. A. Gemelli-Introduzione alla Psicologia. Milano. 1954. P. 319-340.

(九) 伍況甫譯　心理學大綱　二六〇—二六一頁。

(十) P.Fouliquie Psychologie.Paris 1956.P.288-290.

(十一) 同上。

(十二) S.Thomas Summa Theologica.I.9.78.a.3.a.4.In III De animor.lect.13.

(十三) 羅光　中國哲學大綱　下冊　第一七五頁—第一七六頁。

(十四) 羅素著　西方哲學史　鍾建閎譯　第四冊　八四一頁。

(十五) 同上，八八九頁。

(十六) Johannes Muller-Handbuch des physiology,Coblenz 1838.v.II.p.252 Paulus Siwek-Psychologia experimentalis.P.60.

(十七) 同上，P.35.

(十八) Aristotle De Memosice et Reminiscentia,2.451.6.12.

第九章 理智生活

心理界的現象，除了營養生活和感覺生活以外，還有理智生活。這三種生活，是一架三層的階梯，由下而上，我們既討論了下面的兩層的生活，於今便進而討論上一層的生活。爲討論理智生活，我們感到兩種很大的困難。第一，我們討論理智生活，要用理智去討論，用理智去討論理智，有許多事情沒法可以找到直接的證明，只能用我們自己的意識，意識的證明，有些哲學家大意接受，有些哲學家又加以誤解。第二，理智是精神體，不可以感覺。對於理智的動作，不能夠有直接的心理實驗，祇能憑理去推。因此哲學家對於理智的性質，主張不都相同。

但是最要緊的一個條件，是我們要承認理智有認識能力而且實際上認識自己的對象。假如不承認這一點，我們爲討論理智生活便無從下手。就是用懷疑的方法，假定理智不能認識對象，以求證明理智可以認識對象，這種懷疑的方法也行不通。因爲用理智去討論理智，若假定理智沒有認識對象的能力，一切知識都是假的，那還有什麼討論的餘地呢？

我們爲討論理智生活，先從經驗方面下手，我們因著經驗知道我們有理智的知識，然後逐步研究這種知識的性質和成因，指定理智知識的範圍。

理智生活不僅是知識生活，還有情緒生活的一部份。猶如感覺生活除知覺外有情感，理智生活除外有意志。我們在另一章裏分別討論意志生活。至於理智生活的根基，爲靈魂，留在下面一章再談。

現代有些哲學家以理智生活爲精神生活，專門從精神方面去發揮。我們當然承認理智和意志都是精神性的，但是理智的活動。範圍很廣，人的全部生活，幾乎都包括在內，我們在心理學所討論的，祇是這種活動的性質。因此這一章章名也就稱爲理智生活。

一、理　智

1. 人有理智

甲、儒家的心

孟子談人的知識時，分人的知識爲耳目心知和心思之知。孟子說：「鈞是人也，或從其大體，或從其小體，何也：耳目之官不思，而蔽於物，物交物，則引之而已矣。心之官則

思，思則得之。」（告子上）

人有兩種知識，下一等的知識爲耳目之知，上一等的知識爲心思之知。耳目之知爲物交物，心思之知則爲思索。

荀子也分人的知識爲兩類，一爲五官之知，一爲心之知。五官簿物而有知，心則有徵知。荀子說：「心有徵知」（正名）。

理學家正式提出「心」來討論。朱子說：「心，主宰之謂也，動靜皆主宰。……心統攝性情，非儱侗與性情爲一物而不分別也。」（語類）。程頤說：「自性之有形者謂之心。」（遺書 二十五）。張載說：「合性與知覺有心之名」（正蒙 太和）

理學家論心，不是注意知識方面，是注意在「主宰」方面，以心爲人身內在的主宰。因此在儒家的思想裏，人除感官以外有心。心具有思索的知識，又具有對於人身內外的主宰力。心思之官，即是理智，主宰之心，即是意志。心的生活，便是理智生活。至於心的本質，究竟是什麼，在下一章討論靈魂時再提出討論。理學家既以心爲性之有形者，又以心兼統性情，則心該當等於靈魂。

乙、人有理智知識

理智是一個繙譯名詞，按名溯源，應當是知「理」的知識。理爲物性之理，知道「理」

便是知道物性之理。

西洋哲學以理智爲 Intellectus。語意爲看到裏面，把裏面所有的都唸得或數得出來。意思即是懂得物體裏面所有的東西。感覺的知覺，只知道外面的形色；理智則深入物體以內，物體以內則有物性之理。理智是一種精神性的認識能力，以知事物之理。

從經驗上說，我們人除了感覺的知覺以外，我們有抽象的共同觀念，如人、馬、花。這些觀念雖指著具體的物體，但同時可以指著一切的人，一切的馬，和一切的花。共同觀念是抽象性的，不能是感覺的知覺。

再者，我們人在說話時，常下評判，把主詞和賓詞的關係指出來。例如說秦檜是賣國賊，岳飛是忠臣。這種評判也不是感覺的知覺。

而且除上面兩種知識動作以外，還有最主要的一種知識動作，就是推論。我們雖不發議論，發嘮叨呢？發議論和發嘮叨，是要講理，講理不是感覺所能做到的。

荀子說：「心有徵知」。徵知第一表示人自反的意識，人自知有某某知覺或知識。第二表示「心同時有許多不同的知識，又把這些知識，分類而壹之。」第三表示「不同時的知識，都是藏在心內，人要提出一種時，心便把以前所有的那種知識召回來。」(十)

孟子說：「心之官則思。」思索則該推理。

由我們的經驗看來，我們人除感覺以外，另有一些知識，這些知識，禽獸都沒有，祇有人能夠有。

我們稱呼人所專有的這一類知識爲理智知識。爲取得這種知識的官能，稱爲理智。

2. 理智的性質

人有一些多於禽獸的知識，大家都承認。就是絕對的懷疑派學者，也不否認這一點。可是進而討論這類知識的性質時，大家就分門別戶，各有各的主張了。在後面知識論一編裏，我們要看關於這一點，哲學上所有的許多不同的主張。於今只總括地說幾句。

甲、唯物論

唯物論的學者從希臘德謨頡利圖，伊比鳩魯，以及第十七世紀的霍布士（Hobbes 1588-1679），第十九世紀赫克爾（Haeckel 1834-1919），都主張凡是生命的活動，不論是營養生活，不論是感覺生活，不論是理智生活，都是物體的原子活動。

「霍布士以為最終的實在就是所謂動。但動不能無所藉，所藉便是體。於是宇宙的本質乃不外乎動與體……他以為感覺是外物的動而影響及於我們的身體（感官），而記憶與影象則是腦內的運動而不關於外物。思想亦是如此，不過這些運動其規律各不相同。」㈡

赫克爾主張宇宙由物質一元進化而來，宇宙一切現象，包括生命各種活動，都是物質原子彼此間的競爭運動。

乙、感覺論

感覺論的學者，較比唯物原子論的學者，更看重理智知識，不以理智知識爲純粹的原子物理作用。但是他們停在半途，他們以理智知識爲感覺的一類。第十七世紀的洛克可算是這種主張的代表人物。近代哲學家龔提雅克（Condillac 1715-1780）也是這一派的重要人物。洛克的認識論，以人的知識，都是感覺的知識和反省的自覺相合而成的。單純觀念爲人的經驗，複雜的觀念爲人反省時把經驗連接在一起。龔提雅克把人的評判和推論，和感覺的相連或相分，互相分較，認爲同是一類。對於這學說，我們在談觀念時，要特別提出討論。

丙、唯心論

唯心論的學者，當然承認理智不同於感覺的知覺，但是他們又過於走向另一極端。柏拉圖以觀念爲先天觀念，在宇宙的萬物以前先就已經存在。人的理智知識，在認識這些先天觀念。感覺的知覺完全沒有價值。

康德主張先天範疇，理智中生來就有製造觀念的各種先決條件，這種條件，不僅是認識能力，而是製造各種觀念的因素。因此觀念爲理智所造，和客體無大關係，而且理智根本也不能認識客體的內容。

黑格爾以一切萬有爲絕對精神體的變化，理智知識不過是這個絕對精神體的活動。人沒有自己的理智人也沒有自己的精神，人乃是絕對精神的表現。

後代的唯心學者，總脫不了康德和黑格爾的途徑。雖承認理智的知識，實際上同時又否認理智的認識能力。

於今的學者大都是或偏於感覺論或偏於唯心論，有的少數人則以情感代理智，而入於唯情主義。

我們認爲我們應守中道。不以理智爲感覺，然也不否認理智和感覺的關係。這種中道是儒家的思想，也是士林哲學的思想。

丁、我們的主張

A、理智在本質上較比感覺為高

孟子分人的知識爲大體和小體，小體爲耳目之官，大體爲心思之官。「公都子問曰：鈞是人也，或爲大人或爲小人，何也？孟子曰：從其大體爲大人，從其小體爲小人。曰：鈞是人也，或從其大體，或從其小體，何也？曰：耳目之官不思，而蔽於物，物交物，則引之而已矣。心之官則思，思則得之，不思則不得也。此天之所與我者，先立乎其大者，則其小者弗能奪也。此爲大人而已矣。」（告子上）

孟子講大人和大體，講小人和小體，明明是以大體高於小體，即是以心思之官高於耳目之官，以理智高於感覺。

心思之官所以高於耳目之官，是在於心能思，耳目之官能接物。思慮的動作，在本質上不相同。接物爲物所引，思慮則超於物之上。爲物所引，則本質爲物；超於物則不是物了。因此感覺官能爲物質物，理智則非物質物。朱子註孟子說：「既不能思而蔽於外物，則一物而已……心則能思，而以思爲職。凡事物之來，心得其職，則得其理。」（告子上註）

B、理智為非物質性的

感覺機官爲物質性，理智爲非物質性的。

荀子以心能知「道」，心所以能夠知「道」，因爲心爲非物質性的。荀子說：「人何以知道？曰心。心何以知？曰虛壹而靜。」（解蔽）。心虛，是心沒有物質，不是物質性，因此能夠知道「道理」。

朱子說：「此心本來虛靈，萬理俱備，事事物物皆所當知」（朱子語類）。

我們以「心思之官」，即是理智。理智能夠知道非物質性的道理，理智便該是非物質的。

道理爲形而上，張載說：「形而上，爲無形體者也。故形以上者謂之道也。」（易說下）《易經》明明說：「形而上者謂之道，形而下者謂之器。」（繫辭上　第十二）

朱子則以爲「道」字容易引起誤會，他繼承程頤的主張，以形而上者爲理。

理爲物體之性理，性理爲形而上的，理學家都承認這一點。理智所知道的爲這種性理，假使理智是物質性的，理智所知道的對象，便應該是形器。㈢因爲認識要看認識者的本性若何，例如，小孩的知識，是小孩的知識，大人的知識，是大人的知識。大人和小孩的知識，只有程度的分別，因爲兩者同是。牛馬的知覺是牛馬的知覺；人的知識是人的知識；牛馬和人的知識，就有性質上的分別了。㈣

C、理智沒有機官

孟子稱心為心思之官。朱子註說：「官之為言思也。心則能思，而以思為職。」孟子的官，不是於今生理學上所說的機官或器官，而是官司和司職的意思。

我們主張心是沒有機官的，即是說理智是沒有機官的，因為理智是心之知，心是虛靈，不屬於物質。理智當然也應當是非物質的。至於機官或器官都是物質物，因為機官或器官是在人的身體上，人的身體則是物質的。

人的理智若是有機官，則理智的存在和動作，完全要靠自己的機官；但是理智在自己的動作和存在，都不依靠機官，理智應該沒有機官。理智的動作如反省，如閉目寧思，都不使用機官，而祇是使用自己的思維能力。

當然，人為思索，要用腦神經中樞。又如人若是頭痛則不能思索；人若是睡眠，便不能有理智知識。而且人若是思索過久，則覺頭痛，身體疲乏，可見理智動力也消耗人的物質筋力。

上面這幾種現象，是我們每人每天所有的經驗，我們當然不予以否認。但這些現象並不證明理智務必用腦神經作機官。因為沒有學者可以指定腦神經中何處為思索的機官。這些現象只能證明理智要用腦神經作理智動作的必要條件。

人爲行使理智動作，要使用腦神經中樞；這是因爲人的靈魂和身體合成一個人稱，人的理智要以感覺的知覺爲起點。人的理智從想像中提取觀念，又由想像以看具體的物體，想像是腦神經中樞，因此理智動作要使用腦。

就是人在思索最高的形上哲理，或自己反省自己的理智活動時，人也使用頭腦；這是因爲人爲思索或反省，都要運用觀念。每個觀念，無論怎樣抽象，都要用想像去表映，若是想像所不能夠表映的觀念，我們就不能夠懂。普通常說：「茫然無知」、「一點印象也沒有」或者「印象很深」，都是表示人的理智要借助於想像。

然而借助於想像，並不是以想像爲機官。因此人爲思索常依靠頭腦，不是理智自己使用頭腦，而是想像的作用。我們便不能說頭腦是理智的機官，祇能說人的理智動作借助於腦，既是要借助於想像，想像爲一種感覺，感覺的每個知覺，都在人的身上引起情感的衝動，因此思索動作，久則使人疲倦。

於今有些實驗心理學者，用種種的實驗和經驗，證明腦神經中樞爲理智的機官。

第一個實驗是人的理智力，程度不同；理智力的高低，和腦神經中樞的健全程度成正比例。然而腦神經的健全點究竟何在，實驗心理學者的意見則不相同了。有人說在於腦神經的重量，重量越大，腦神經越健全。有人說在於腦蓋骨的大小，腦蓋骨的面積越寬，腦神經越健全。有人說在於腦神經的品質，品質越好，腦神經越健全。腦神經的品質由神經的細胞數目和結構而定。這最後的一說，於今在學者中較爲更通行。

第二個實驗，是人的理智力和遺傳有關係。同一卵珠的雙生子，理智力和相貌都很相同。

但是上面的各種實驗，都不是決定性的證據，不足以確實證明理智力以腦神經爲機官。所能夠證明的是證明人的理智力非用腦神經不能動作，腦神經是理智動作的必要條件。㈤

× × ×

因此我們可以結論說：「理智是非物質性而是精神性的認識能力，用以認識事物之理。」關於這項結論的第二點，即是關於理智的認識對象，在下一節我們加以討論。

3. 理智的對象

前面我已經多次提過理智知識是對於「理」的知識，理智所知道的是事物的性理。性理便是理智的對象。現在我再把這一點稍加說明。

一種動作能力的對象，是和這種「動作能」相稱的止點，使動作得其所當止之點而止。我們爲知道這一種動作能力，常從它的相稱對象出發，對象的性質可以指定動作能力的性質。但同時動作能力的性質，當然也限定自己的對象，某種性質的能力，只能達到相稱自己的性質的對象，因爲能力和對象的關係，是雙方的關係。

理智爲一種精神的認識能力。精神性的能力，可以從非物質性一方面去看，也可以從這種非物質性能力，怎樣行使自己的能力一方面去看。第一方面，是普遍地說，一種非物質性的認識能力，有何者爲對象？第二方面是就人的理智去看。人是有靈魂（心靈）和身體的物體，就這方面去看，我們發問：理智有何者爲對象？

甲、理智就非物質性一方面去看，是以「有」（Ens）爲對象

理智之爲理智，是一種非物質性的認識能力。非物質性之物，不是物質物，而是精神體。理智既是非物質性的能力，這種能力的根基應該是精神體，精神體可以不依靠物質以存在，人的靈魂便可以不依靠肉身而存在。於今我們不談這種問題；我們只說理智既是非物質性的認識能力，本來可以不假借物質以完成自己的活動，在這種假設之下，理智的對象是什麼呢？

理智既是非物質性的認識能力，便不受物質的限制，既不受物質在能力本身的限制，也不受物質在對象方面的限制。沒有這兩層限制，理智便可認識一切。當然理智雖不受物質的限制，可是必受自己本性的限制，理智爲人的理智，人的本性是種有限的物體，因此理智雖

能無限制地認識一切對象，但若是一個對象的本性是無限的，人的理智當然不能了解這個無限本性的對象。但就對象說，就是無限本性的對象，人的理智也可以認識，只是不能完全瞭解。

理智既能認識一切對象，一切對象的共同理由，即在於都是「有」。一切對象，就是一切萬有。那麼凡是「有」，凡是「存在」，都可以是理智的對象。因此理智就本身方面去看，以「有」爲對象。㈥

乙、理智就人由靈魂和肉身相合而成人一方面去看，以物質物的性理爲對象。

人之所以爲人，是人爲理性動物。理性動物是有理智的動物。既是動物，便有肉身；（身體）雖然有理智，人還是離不了肉身。因此人在使用理智時，便離不了肉身，既離不了肉身，便要受肉身的限制。肉身在認識方面的代表，爲感覺。因此人的理智動作，受感覺的限制。感覺的認識範圍，限於物的形色。但是理智雖受感覺的限制，它自己的能力，則高於感覺；理智乃是物質性的認識能力，它所認識的應該是非物質的。在物質形色的客體以內，非物質性者則爲性理。因爲物體由氣（質料）和理而成。氣爲物質，理則爲非物質的，因此人的理智是以物質物的性理爲對象。㈦

丙、人的理智在反省時，認識自己。

理智的直接對象，是物質物的性理。這種對象，處於理智以外，心思之官，第一在於認識外物之理。因此人便不是在自心以內，看見或認識外物的性理。理智的能力，根本是向外的；但是第二步，理智可以反省，反省是反觀自己，反觀自己，理智乃認識自己的根基（靈魂），又認識自己的動作，然後知道自心之理。(八)

丁、理智認識對象的方式——理智由想象以得抽象的觀念。

理智的對象是物體物的性理。但是我們又問，理智怎麼樣觀察這種性理呢？是直接去觀察，還是間接經過肉身的感覺呢？

理智對於自已的對象，在心理的動作方面不是直接去認識，是由想像表映外物的印象，以知道外物的性理。但是認識方面，理智在觀念裏，直接認識自己的對象。

人是由心靈（靈魂）和肉身結合而成的，感覺的知覺不應該和理智脫離關係。如同營養生活足以支持感覺生活，感覺生活也應當支持理智生活。同時理智因受肉身的限制，也不能不借用感覺。外部的五官是直接與外物相接觸的官能，攝收印象，以存於想像中。理智所用的是感覺的印象，因此便借用想像。這裡所謂想像，也包括記憶在內。再者，理智由想像的印象中，提取觀念，不是感覺的具體印象，而是構成抽象觀念，含有共同性和普通性。

二、知　識

1. 觀念的由來

討論了理智的性質，進而討論理智的作用。我們於今走進哲學裏面一個最難的領域，哲學家的意見四分五歧，很不容易抓著要領。我們便小心翼翼一步一步地走，寧可撇開枝葉問題，祇就主要的問題，以求得一個明瞭的答案。

理智的作用，在理則學裏已看過，共有三種：一是單純的認識，一是評判，一是推論。這三種作用，也是三種步驟，理智是由單純認識而評判，由評判而到推論。評判和推論都藉單純認識而後才能夠進行。理智作用的基本作用是單純認識。

甲、單純認識

在我們的日常經驗裏，當我們遇著一個陌生的人，或看到一件未曾見過的東西時，我們一眼看到陌生的人和新的東西，我們認不清這個人，也不知道新東西是什麼，我們所知道的，祇是遇到一個這樣的一個人，和看到這樣的一件東西，這種所謂知道，稱爲「單純的認識」(Apprehensio)。

因此單純的認識，立時知道在我們內外的經驗裏有一種動作或一種客體的存在。即是說我們知道我們自己有了一種動作，看到了一件客體，我們的意識，意識到我們在認識一件客體。

這種單純認識的動作，不純粹是感覺，也不純粹是思慮。當我們遇到陌生的人，我們的眼睛看到這個人，同時身上也引起愉快或厭惡的感觸；但同時我們也引起這人是誰的疑問，知道他是我所不認識的人。

因此單純認識的動作，並不是簡單的動作，包括有感覺的印象，有理智的思維，和反省的意識，是一個完全的人的認識動作。

在單純認識動作中所有的成素，第一是感覺的印象。我遇見一個陌生的人，我的眼睛就看見他的形色，造成感覺的印象。第二是意識到我們有了一種認識動作，也看到一個人。第三是我們的理智根據感覺印象，思慮所看見的究竟是誰。

單純認識，給我們的理智供給認識的材料，把我們的理智和自己的對象相接觸。理智立時開始認識的動作。

乙、抽象作用

理智一與自己的對象相接觸，理智就開始認識動作。理智的第一步動作，是一種抽象作用（Abstractio）

抽象作用是從個體的具體印象裏，提出普遍性的公共特性。

在單純認識裏，感覺對於外面客體，攝取印象，人的反省意識自知有了感覺，理智同時被發動，以認識感覺所接觸的客體。理智爲認識感覺所接觸的客體，是在感覺所得印象中和這個客體相遇。感覺的印象和理智相遇，是在想像中；因爲是想像把感覺印象表映出來，作爲理智的對象，使理智可以認識。

理智在想像裏認識自己的對象，然而想像所表映的感覺的印象都是具體的形色，理智的對象應該是非物質性的道理，因此理智在想像中認識自己的對象時，第一便要把具體的形色撇開，直接看到形色中的道理。這種撇開具體形色的動作，稱爲抽象作用。

抽象作用包括有區分作用，選擇作用，和最後的認識作用。

抽象作用的區分和選擇，完全是理智的動作，不是意志的動作，而且是本性自然的作用，不受人的意志所支配。

丙、理智的動力

理智舉行抽象作用時，理智使用自己的認識能力，在想像裏抽提公共普遍性的性理。認識能力有如光明，光照自己的對象以便認識。因此理智用自己的光明，光照想像。理智的這種光明稱爲「理智動力」或稱爲「動的理智」（Intellectus agens）。㈨

「理智動力」的作用，在於使想像的物質印象，能夠成爲理智的認識對象。理智的對象，應當是非物質的，理智動力使物質的印象升爲非物質的認識對象，唯一的辦法，就是在形色中抽出物的性理。

想像供給抽象的材料時，想像接受理智的動力；但是理智的認識是受想像的影響而發動。想像對於理智的認識可以稱爲「動因」。但是理智動力行使抽象作用時，想像則又成了被動，接受理智動力的區分選擇等作用。

想像本是物質性的機官，理智則是非物質性的認識能力，兩者間能夠互相發動和被動的的關係，那是因爲人的本體是由靈魂和身體結合而成的，身體和靈魂在工作方面，一定也有相結合點。在認識方面，兩者相結合點，就是理智在想像裏的抽象作用。

2. 觀念

理智動力光照想像裏所表映的感覺印象，而行抽象作用，區分印象的形色部份和性理，撇下形色外相選出性理，完成理智的認識。

理智動力和想像共同構成了抽象的性理印象，稱爲理智的印象，以分別於感覺的印象。理性印象（Species impressa intelligibilis）是理智動力和想像把抽象的性理，印入理智中，使理智的認識能力認識自己的對象。

理智是一種生命活動，是一種內在的活動。理智爲認識對象，對象應當在自己以內。想像則是理智以外的機官，想像裏面的感覺印象也是在理智以外。理智動力既然光照了想像，抽出了非物質性的性理。這一項非物質性的性理，便印入理智之中，成爲理智對象的印象。

理智既有對象在自己之中，這項對象爲理性印象，理智便和這項印象相合，使印象成爲自己的知識。理智認識理性印象時，是把外面對象的印象，和自己相結合，產生一項「表象」（Species Expressa）。這種表象稱爲觀念（Idea）。

觀念的定義，應當如下：「理智對於所認識的對象所產生的表象」。

觀念不是理性印象，因爲印象是完全被動性的，是由想像和理智動力印在理智上，還沒有正式爲理智所認識。

觀念是理智所認識的對象的表象，因爲理智既受了印象的發動，立時把理性印象收爲己有，在所收的印象裏看到所代表的對象。對象的一切，都在這項所收入的印象裏表現出來，因此稱爲對象的表象。

表象是一項動作所造成，這項動作，即是理智的認識動作；因此表象稱爲理智所作的。

理智造成對象的表象，是在於自己和印象相結合，這種結合，就是認識（Intellectio）。

理智和印象相結合而生表象（觀念），哲學家比之於動物懷孕而生子，因此觀念（表象）（Conceptus）也稱爲理智的兒子。

觀念又稱爲「心言」（Verbum Mentale）。言語把自己所獲得的表達出來，使另一人能懂言語代表我們所懂的事。觀念把外面的客體在理智裏表現出來，代表理智所認識的對象。

3. 觀念的價值

觀念這個名詞，不研究哲學的人也懂得它的意義，在他們看來，事情似乎很簡單。但是從上面一節裏所講的，我們可以知道觀念是一個很複雜的名詞，它所牽涉的問題很多。上一節我們討論了觀念的由來和意義，於今我們再討論觀念的價值。

觀念的功效，在使人認識外面的客體；但是許多哲學家，卻正否認它的這種功效，結果觀念已不成爲觀念，失去了本身的價值。

甲、先天觀念論

在上一節我已經說得很明白，我們主張觀念是由理智所造成的，理智借用想像的印象，所以是先有感覺而後有觀念。這一點，對於觀念的價值，很有關係，因爲觀念不是理智憑空揑造的。

在歐洲的哲學史上，歷代有幾位著名的哲學家，主張觀念不是由理智所造，而是先天所有的。

柏拉圖相信人的靈魂，原來有過精神生活，認識精神界的個體，在自己以內藏有所認識的觀念。人的靈魂和肉體結合以後，靈魂對於以往所有知識，都遺忘了。等到人有了外面的感覺，人的靈魂受了刺激，乃想起從前（前生）對此事所有的觀念。觀念爲柏拉圖有標本的意義，它的價值，是使人在它以內，認識一切符合這個標本的事物。

笛卡爾主張觀念有天生者，有人得者。天生之觀念，爲形上的最高觀念，其餘則爲人自己所得。笛氏以爲形上的最高觀念不能由經驗而來，乃是人生時得之天生者；但在實用這等觀念時，則藉感覺所與的機會。

萊布尼茲不信宇宙萬物，彼此能夠互生影響。因此人心（靈魂）不能受外物的影響而生觀念。人心的知識都是來自心，感覺不過是構成知識的機會。人心的知識，是前一觀念，引後一觀念。至於說觀念能夠和外物相符合，那是因爲造物者早已預定了這種符合律。

乙、現象論（Phenomenologismus）

現象論的哲學，是近世的哲學思想。這些哲學和感覺論或唯物實徵論不同，是現代「存在論」一派哲學家的主張。但是在知識論一方面，現象論有許多地方和感覺論或唯物實徵論相同。他們大家都認爲理智所能知道的，只是外面的現象，不是事物的道理。

現象論不願接受我們所講的「理性印象」，以爲這是唯物的思想。理智不能由想像所來的印象所激動；又不願接受我們所講的「表象」，以爲表象處於客體和理智之間，障蔽了理智的認識力，而且也不接受我們所講的「抽象作用」，他們主張理智直接趨於項項具體的事物，在自己的意識裏知道自身和客體，彼此在實際上都存在。

現象論反對休謨和龔提雅克等感覺論，反對孔德的實徵論反對康德和里克爾的唯心論，也反對士林哲學的觀念論，現象論的學者從胡賽爾（Husserl）開始，以及到存在的海得格，都主張認識一物之所以爲物，不是僅僅抽象方面或形色方面的物，而是整個地在具體上的一事一物。

他們主張爲認識具體的整個客體，不能用理智的觀念，該用人心的「直見」（Intuitio immediata），人心直接和事物相結合，直接參加事物的化育（存在）。

但是現象論的結果，祇是把人的知識歸結到一種意識。雖說人意識到認識一件客體的事物；但是事物究竟若何，則仍舊不知道。現象論的學者立志要把認識的主體和被認識的客體兩者中間的距離消滅，以求得到眞正的知識；然而結果使兩者間的距離愈弄愈遠了。

丙、感覺論

感覺論爲一學派亦稱爲聯想論（Associationismus）主張理智是想像的一種特別動作。按照這種學派的主張，凡是觀念和評判以及推論，都是想像變化。

觀念有單體物的觀念和抽象的共同觀念。單體觀念固然是想像的印象，共同的觀念也是想像中一些印象的相聯。例如「人」的觀念，是因爲看見多少人以後，把每個人的個別點撇下，只留下所看見的人所有的共同印象。他們以共同觀念好比一個樣本照片。這種照片上的細節目看不清楚，只看見樣本的輪廓。

對於評判，感覺論的解釋，說賓詞和主詞相連，例如「玫瑰花是紅的」，因爲主詞「玫瑰花」具有許多印象。「紅」乃印象之一，評判便是從主詞許多印象中分出了一個印象。再者，紅和玫瑰花在我們所看見玫瑰花中，常是聯合在一起，因此這兩個印象也就常在一起而成評判。

至於推論，在演繹的推論裏，是數量的印象相接合：甲量等於乙量，乙量等於丙量，丙量乃等於甲量。在歸納的推論裏，如穆肋（S. Mill）所說，乃是集合少數的經驗，而得一結論，結論仍舊是一經驗。如小孩一次遇火燒了手，第二次又遇火燒了手，小孩以後就不敢把手放在火裏，他的結論是火燒手。這條結論是一種經驗。

上面所說感覺論所提出的證明，在主張理智論的實驗心理學者看來，都不足爲證。理智的實驗心理學者且提出反駁的實驗。在實驗心理學上所習用的方法，爲反省的方法。於今我們若是自己去反省，我們看到觀念不是想像的印象。因爲許多次我們先有觀念然後才因觀念而起想像；又許多次我們懂得清楚觀念的意義，我們對於觀念的想像並不看得清楚。例如說房屋，我們懂得意義，房屋的想像並沒有一定的形式。至於說評判和推論，都是想像的變化，更不合於事實。在簡單的評判和推論裏可以說是想像的變化，但是在難的評判和推論裏，我們自加反省，就知道我們的評判和推論不單單是想像的聯接，而是自己用過超於想像的努力。㈩

丁、認識的主體和被認識的客體怎樣相結合

人的知識問題，最難的一點，就在於這一點。

A、一方面人的理智，是一種內在動作，不能出乎自己以外，若出乎自己以外，已經不是內在的動作了。

一方面人所應該認識的客體或對象，都是在理智之外，而且不能在物理方面　和理智相結合，因爲這些客體，不能用自己的物體進入理智以內。

B、於是唯物的感覺論和實徵論，主張人的知識，只是感覺的知覺，因爲感覺能夠直接和外面的形色相接觸。

從另一方面，唯心論則主張人所認識的客體，不是外面的客體，乃是人心所造的客體，人的理智對象不在心外，而在心內；因此沒有內外的問題。然而唯心論的知識，完全是自己虛構的知識。

「直見論」的學者，則以爲爲解決認識的主體和客體的離距問題，不能用理智去認識，應該承認在人以內有種直見能力，這種能力是整個人心的能力，包有理智和情感。因者這種能力，人心能夠直入物心，能夠直見物心。柏格森以及現代的現象論都是走向這一途。

C、我們則認爲認識的主體和客體，是兩個互相分離的實體；理智的認識，是心內動

作，人爲認識客體，是用理智，不用情感。

在認識客體時，認識的主體和被認識的客體互相結合，消滅中間的距離。這種結合，不是物質上的結合，也不是精神上的結合，而是爲認識而結合。客體由觀念爲代表，進入理智以內，認識的主體和客體，一同在觀念以內互相結合，以成認識。

觀念，從理智一方面說，是一種工具，是一種居間者，理智在觀念以內，看到客體對象。

觀念，從客體對象一方面說，是一種工具，是一種居間者，客體借者觀念和理智相結合。在觀念以內，認識的主體，和被認識的客體，互相融合爲一。

D、反對的人，不承認這種結合可以有效。他們說觀念既是居間者，理智所認識者，不是客體，只是代表理智的觀念，觀念乃是理智所造，理智終歸於是認識自己所造的觀念，而不是認識客體。

我們則說這種結合有效，能夠使人得有正確的知識。

觀念直接代表客體，因爲觀念雖爲理智所造，但是觀念的內幕是來自想像所供給的印象，想象所有的，是感覺直接得之於外物的。因此觀念的內容是來自外面的客體，是客體的代表。

觀念在認識方面說，是使主體變成客體。士林哲學常以爲愛情是使我所愛的變成我，認識則是使我變成所認識的。一物變成他物，在於接收他物的本形，觀念即是客體的本形，我有一物的觀念，我就接收這物的本形，而變成這物，我和這物融化爲一。當然這種融化爲一，不是物質或精神的融化，乃是認識方面的融化，因爲觀念不是客體的本體本形，而是客體在認識方面的本形。

因此在觀念裏認識的主體和被認識的客體，互相結合，結合而且很密切。

戊、觀念可以重現，理智具有記憶

感覺的印象，有一種機官稱爲記憶，爲之保留。理智所得的觀念，也可以再爲理智所知道，人心也有記憶力。人心的記憶力要藉著理智而動。感覺的記憶，自具機官，不藉著別的感官而動作，爲想起所看見的一物，想起時不再用眼睛。人心的記憶，爲再想以往的知識，則仍舊又用理智去想。所以在實際上兩者不相分別。

三、意識

1. 意識的意義

意識是個新名詞，由西洋文Conscientia, Conscience, Gewissen。西洋文的這個名詞也指著倫理學所講的良心（良知）。在心理學上這個名詞不是指良知，而是指著反省自知的知識。

西洋文的這個名詞，在字義上指著伴同一個知識而有的知識Cum-Scientia。但是在普通用語上，這個名詞是表示在心理動作中，人自己知道自己的知識。在我們的心理動作時，我們知道是我們自己在動作，我們也知道我們在動作，又知道感覺的感覺或理智的推論是我們的感覺或我們的推論。

但是意識不是知覺和知識以外的一種知識。意識是知覺和知識的一方面。假使我們把意識作爲理智的一種知識，則動物就沒有意識了。然而動物也具有極簡單的低級意識。人的意識則很完全，而是屬於理智的活動。

意識的對象，是人自己的心理生活。凡是逸乎心理的以外的生理生活，不是意識的對象。如營養生活的消化動作和血脈流通，意識不能知道。又如感覺方面神經的自然反應，也不是意識的對象。然而什麼是屬於心理生活呢？這個問題又難答覆了。或許有人答覆，有意識的動作才是心理生活；這豈不是自相解釋嗎？心理生活包含認識的活動和情感的活動。那麼意識的對象，便是這兩種活動。

人的意識是理智的活動，而不是情感的活動，因爲意識是知識。但又不是在理智以外，另有一種意識的認識能力。理智既是非物質的認識能力，可以認識外物之理，也可以認識自己。

意識的認識活動，不假思索，和認識活動或感情活動，同時並起。而且也不用印象，也不用觀念，是一種直見，直接達到情感或認識動作的本身。幾時有情感或認識動作時，乃有意識；幾時這些動作停止了，意識也就停止了。意識所以是直見（Intuitio）。

意識的直見，又可分爲兩級。第一級是直接趨向心理活動的直見，稱爲直接的意識。當動物有心理動作時，自己意識到有這種活動，除此之外，意識則一無所知，也沒有絲毫的肯定。第二級直見反省到心理活動的主體，知道主體自己有種活動。我看花時，我的意識體會到有看見的動作，也理會到我自己在看花。這第二級意識稱爲反省的意識。除人以外，別的動物，沒有反省意識。

無論直接意識或反省意識，意識並不給人供給一種特別的知識。人的知識，都必須有觀念，意識只是直接體會到人有心理活動，是人的一項經驗。意識不解釋人心理活動的性質和內容，也不解釋心理活動的主體是什麼。當我看花時，我的意識只體會我在看花，至於花是什麼花，我的理智是什麼性質，意識都不加以解釋。對於心理動作的對象和主體所有的認識，那是知覺和知識，而不是意識了。

2. 意識的特點

上面我們已經說明意識的性質若何，於今我們再舉出意識的兩項特點，加以解釋，使我們對於意識，更加可以認識清楚。意識的兩項特點：一是有很狹的範圍；二是有絕對的一致性。

甲、意識的範圍

我們每個人在每一天每一刻，可以有許多的心理動作，而且同時同刻，我們每個人也可以有多種不同樣的心理動作；可是我們的意識並不能都體會到這一些的動作。我們的意識所體會的動作很有限。因此意識的範圍很狹，是人生的一種要求；因爲務必要這樣，人的心思才能夠集中；不然，人心必定紛亂不安了。

意識的範圍，和意識對象，意義不相同。意義的對象，是可以體會的事物；這種事物是心理活動。意識的範圍，是意識在實際上所可以體會的心理活動；這些活動，是心理活動中於今可以受意識體會的活動。於今可以受意識體會的活動，數目很少；原因是人的注意力有限。於是意識的範圍便很狹了。(十)

乙、注　意

注意（Attentio）在普通的語言裏，表示人的心思，注意於一點。即是人的心思，集中在一事上。

注意可以分爲兩種：一種是自願的注意；一種是自然的注意。自願的注意，是人自己決定對於一事，加以注意。自然的注意則是天然而起的注意，當一種刺激來時，立刻引起心理方面的注意。自願的注意，只有人能夠有；自然的注意，則動物也有。

注意不是一種知識，乃是心理動作的主體，對於一種心理動作的態度。這種態度不是外面身體的態度，乃是一種心理狀態。

注意，爲一種心理狀態；這種心理狀態，由神經和器官以及意識去表現。注意的心理狀態表現出來時，第一是外面的靜止。注視一物時，只看這物，不看別物。注意聽一聲音時，只聽這聲音，不聽別的聲音。注意使官能和神經及意識，對於注意以外的對象，停止動作。第二是呼吸急促，有時則使呼吸停頓。血脈的流行也改變常態。第三是感覺方面的注意，使肌肉緊張。不過這些現象，要注意很強時，纔表現於外。

注意發動的緣因，無論自願的注意或自然的注意，都是爲主體本體的利益（精神方面或物質方面），所以注意一事，自然的注意，也是因爲主體對於自己的利害有天生的感覺，自然而然引起注意。

但是爲引起注意，刺激的力量應當高，不然不足以引起注意。刺激力的高低，不完全在於刺激力的強烈，也在於刺激力的性質。刺激新鮮，奇特或重覆，雖刺激不強，也引起注意。

注意的範圍很狹，而且也不能持久。實驗心理學者用各種的實驗去研究人的注意力，同時可以包括多少對象，又研究人的注意力可以在一對象上，經歷多少時候。普通說來，人的注意力，同時最多可以包括六項或七項對象。對象少，注意力強；注意力輕。對象過多，則注意淡薄迷糊等於不注意了。注意的經久，也很有限，實驗心理學者實驗的結綸，是普通人的注意，對於一種對象，不能經過五秒鐘，但是可以停了又起，或轉到別一對象。

爲什麼注意不能持久呢？實驗心理學者從視覺聽覺各方面的實驗去找尋緣因。但是彼此所得的結論，不完全相同；結論中相同的一點，是神經系在動作時常有變化。(𡖀)

注意的效果，最重要的是加強意識，次要的是使主體迅速地認識客體，又使主體容易起記憶，起聯想。

丙、意識的一致性

人的注意力不能經久，注意的對象時常變換；但是意識則常是一致。我在各種不同的心理動作上，我常是意識到是我在動作。意識中的我，從來不變，始終如一。

佛教以萬法爲空，人的本體原來也是空虛。萬法之所以成爲有，乃是因著人有我執和法執。我執和法執的因由，雖是由於第八識中的有漏種子，然而我執和法執的表現，則是在意識中。我所以成爲有，是我意識到我是有。這種意識，在沒有入涅槃以前，繼續存在。而且常是一致，而且人的輪迴轉生，就是意識的繼續。所以佛教的我，乃是一致的意識。

近代西洋的唯物實驗論和感覺論的學者，以爲人的自我人格，即是意識的一致性。我自己理會我常是我。

意識的一致性，在各派的心理學中，少有人否認。但是爲解釋意識一致性的原因，學者的意見則不相同了。

有的學者主張「意識一致」的原因，是因爲人的神經是一個系統。有的學者說是因爲人的知覺藉著意志的力量，構成一個系統意志，所以是「意識一致」的根基。有的學者則說「意識一致」是由於聯想的作用，聯想使以往的印象和記憶中所有的一切，互相連貫。這些學者的意見，都只能解釋「意識一致」的一部份理由，然而根本理由，並未說出來。「意識一致」的根本理由，是因爲人的心理活動有一個共同的根本；這個共同根本，乃是靈魂。

3. 無意識的動作和潛意識

在上面我已經說過，意識的對象是情感和認識的動作，意識的範圍則是於今可以引起意識的情感動作或認識動作。因此可見在意識的範圍以外，還可以有一些心理動作。可是問題馬上就來了。沒有意識的動作，則是生理方面的物理性動作，是不是可以稱爲心理動作呢？假使這些沒有意識的心理動作可以稱爲心理動作；但是既沒有意識，當然也不可以知道，在心理學上等之於不存在。目前的實驗心理學者，爲答覆這些問題，他們認爲在意識外可以有心理動作；因爲心理動作和意識動作，不是完全同一意義。無意識的心理動作雖是直接不能爲主體所知道，但是間接從它的效果，加以反省，也可以爲主體所知道。

實驗心理學者，因著佛洛伊德（Freud 1856-1939）的影響，多把人的心理活動分成三個範圍：一爲意識範圍，一爲潛意識範圍，一爲無意識範圍。然而目前有些實驗心理學者主張廢去心理活動分成範圍的方法，因爲範圍的區分既不明顯，在理論方面又有許多困難。這輩學者只主張有些無意識的心理動作，沒有所謂無意識，又主張潛意識（Subconscientia），乃是不明顯或薄弱的意識，不必另分成一類。

在實際上，爲研究無意識的心理動作，學者用心理分析學的方法（Psychoanalysis）去研究。這種研究方法，也放棄了佛洛伊德的慾情昇華論，專門用心理分析的觀察法。

普通我們自己也能有這種無意識心理動作的經驗。例如我們寫中國字時，一時忘記了某個字怎樣寫，想了很久也想不出來，便不想了。過了不久，在不想時忽然想起了那個字的寫法。實驗心理學者以爲這是在我們的心理方面，當我們沒有意識再想時，仍舊繼續在想。又例如我們心中有一樁憂急的事，在睡覺以前，我們已經不想了，我們已經安然入睡，夜間忽然驚醒，心中憂急的事歷歷在目。這也是當我們的意識中不想所憂急的事時，心理作用在無意識中繼續在想，後來又突然現於意識之中。

爲解釋無意識的心理動作，實驗心理學者們的意見很多。有些學者主張無意識的心理動作，是遭人意志所禁止的動作，欲出不能，乘著意識不防時，突然出現。有的學者主張無意識的動作，是因爲刺激輕微，不足以引起意識。有的學者還有別的主張。

然而上面的主張，都不能解釋一切的無意識的心理動作，都不足以成爲正確的學說。在研究哲學的人看來，這些解釋都是實驗科學的主張，和理論心理學不發生直接的關係。理論心理學以無意識的心理動作，爲一種變態的心理現象，有如催眠，也爲變態心理現象。

四、思維與語言

理智的動作，在理則學裏曾分爲三項：第一是認識，第二是評判，第三是推論。理則學所講的問題，所以分爲名、評判、推論三部份。在理論心理學中，通常只講理智。關於理智的問題，通常講理智的性質和對象以及理智的認識作用。至於評判和推論，則不特別提出討論。因爲古代及中古的哲學對於這兩種理智動作，沒有發生問題。

近代的哲學，有些派別否認理智的認識能力，連帶便對評判和推論的性質和價值，也予以懷疑。因此在近代的哲學裏「聯想」（Associatio imaginum et idearum）幾乎代替了評判和推論。主張這種聯想的學說，稱爲「聯想論」（Associationismus），聯想論的發起人，應以休謨爲主。主張聯想論的學說，大都是唯物實徵論的學者。

按照這派學者的主張，理智不是精神性的認識能力，只是感覺的一種。理智的功效，在於使想像，情感觀念，因著聯想作用，連接在一起，構成人的思想。因此人的理智生活，乃是聯想以往的簡單意識。

我們不贊成這種主張，便特別提出評判和推論兩種理智動作，予以說明。

1. 評判

評判在理則學上，是對於賓詞和主詞的關係，予以肯定或否定的表決。

聯想論的學者，主張評判是表示兩個想像在意識上是否相連，相連的想像，構成肯定的評判；不相連的想像，構成否定的評判。

聯想作用的來由，是來自人的習慣經驗。

聯想作用可以有助於人的評判動作，大家都應該承認，因爲我們大家都有這種經驗。記憶所回想的意識狀態，如以往的感覺想像和情感，能夠供給評判的材料；這也是我們所不能否認的。但是評判和聯想，兩者性質不同，不能以評判爲聯想。

聯想是自然而起的動作，常可以不經過選擇；評判乃是反省的動作，是加過選擇的。聯想僅僅把事實排佈在意識裏，並不決定事實如何；評判則是在聯想所排佈的事實上，加以表決。

因此我們認爲評判是超乎聯想的理智作用，評判的功效，在決定兩個觀念的關係。主詞和賓詞，是兩個觀念。在肯定的評判中，主詞和賓詞互相結合，在事實上合成一體。例如玫瑰是紅的。在觀念方面，玫瑰和紅，是兩個觀念，在事實上，玫瑰和紅，則結成一體。有些學者，乃進而討論「紅」是不是包括在玫瑰的觀念裏，或者在玫瑰的觀念裏已經見到紅的觀念。

從理則方面去看，這個問題不能成爲問題，因爲玫瑰和紅的兩個觀念，彼此的意義不相同，彼此的範圍也不相同，彼此是互相脫離的。而且觀念和評判的關係，是觀念在前，評判在後。

從實驗心理學方面去看，觀念常不是簡單的。每種觀念都帶著我們懂得這個觀念時的意識狀態。在這項意識狀態中可以包括感覺，情感和其他回憶的成份。當我們提起一個觀念時，予以評判，我們所評判的，在觀念的意識狀態裏已經隱約地看到。評判是把隱微的變爲顯明的。例如我們說玫瑰是紅的，在我們的意識裏，紅是包括在玫瑰以內。不過，這乃是一種意識狀態。按理說，評判既不是聯想，也不能是意識狀態，也不是一個複雜的觀念。

2. 思維

我們用思維，代表理智的複雜推論動作，包括推論，研究和思想。推論是簡單的推理動作；研究則是複雜的思索動作；思想則是有系統的主張。

甲、推論

在理則學上，推論是理智由已知的知識，推出未知的知識。

近代實徵論的學者不贊成我們的主張，他們認爲在演繹的推論裏，結論包括在前題以內，結論便不是新的知識。在歸納的推論裏，所可以得到的確實結論，都是由種種經驗歸納而來，結論乃是已有的經驗，所以也不是新知識。推論的效用，是在於說出聯想所成的經驗，予以形式化。

在理論心理學裏，對於推論的功效，不能加以討論。這個問題，是形上學知識論的研究對象。在理則學裏，曾說到演澤和歸納兩種推論方法的價值，我們認爲可以推出未知的新知識。

於今在理論心理學裏，我們只就推論動作在心理方面的性質，加以說明。

心理學者，第一就問理智的推論動作，由何而來？推論既是理智的動作，推論的由來，即是理智的由來。於今實驗心理學者，根據小孩在心理方面的發育，研究理智的發生和成熟。但是在哲學方面，理智的由來，應有如下的答覆。理智是人天生所有的一種認識能力；這種能力的動作和動作應有的條件互相呼應。理智推論的動作條件，乃是推論動作的工具，即是腦神經中樞和已得的經驗和知識。腦神經中樞發育成熟，人的經驗知識加多，推論的動作便能健全。

心理學者的第二個問題，是推論動作的性質問題。他們從禽獸的心理動作和小孩的心理動作互相比較。禽獸有時可以由主人喜怒的顏色，預先看到將有的賞罰；這種「預先看到賞罰」，純淨是想像的聯繫。禽獸從以往所見的主人這種顏色，記起當時所受的感覺印象。小孩在推論時，歲數小，推論常是用想像，到了十一歲或十二歲，小孩已經開始不用想像的聯繫，可以正確地按推論方式推理了。因此推論動作不是想像的聯繫，而是另一種更高的動作。

乙、思索

推論動作指著按照推論方式的推理動，。在實際上，為能達到使用推論方式的時候，預先已經應該有許多的研究動作。《中庸》曾講求學之道：「博學之，審問之，慎思之，明辨之。」這些動作，都是思索的動作，也都是理智的動作。

在思索的動作中，除理智的動作外，想像，記憶，感情和意志以及感覺，同時也都發動。回想和聯想的作用，也是思索很重要的幫助。但是指揮和調整這一切動作的中心，則是理智。理智指定研究對象，擬訂研究的途徑，指揮旁的動作都趨向同一的目的。這一點不是禽獸所可辦到的。

有的實驗心理學者，願意用實驗去說明思索也不過是一種試探，思索所取得的答案，也不過各種試探的經驗中，偶然所有的一種經驗。他們舉例，把一條狗關在一個欄柵以內，將欄柵關上，不加上閂，狗馬上向四處尋出路，用爪向各處抓爬，偶然把欄柵衝開了，狗便出來了。第二次把狗再關進去，狗仍舊向四面亂抓，偶然把欄柵抓開。第三次又把狗關在欄柵裏，狗還是和前兩次一樣。但多關了幾次，狗便不亂抓而知道馬上去抓開欄柵。狗知道抓開欄柵，是因著習慣而起聯想。開始時，偶然衝開了欄柵，而有出欄的感覺。這兩種感覺因著多次重複而常聯在一起，於是狗一被關在欄裏，就知道抓開欄柵。小孩被關在欄柵裏時開始也四處尋出路，後來找到了欄柵，纔開柵出欄。若是小孩第一次，就知道徑自去開柵門，必是因爲他以前已有了開柵的經歷。因此人的思索，也就是各種試探的經歷中，偶然而得的合適經驗。

但是這種實驗，爲解釋思索則太過於簡單草率了。一個稍爲聰明的小孩，一被關在欄，他便要想爲什麼被關在欄裏，是不是可以出去。若是可以出去，應該從那裏出去。當然他在想這些事情時，他要利用以往的經驗；然而誰也不能夠說：小孩思索出欄的動作，有如狗想出欄一樣。假使小孩真像狗一樣，不思不想，四處亂撞，人家要罵他是蠢子，不知道思想。可見人在思索時，根本和禽獸的盲目試探完全不同。

至於人的思索的途徑，各人不相同。思索的途徑，人爲運用理智所應有的條件有關係，人的腦神經系，人的學識，人的習慣，人的經驗，都能影響人的思索途徑。一個研究數學的人和一個研究文學的人，兩人的思索途徑不同。一個中國人和一個美國人，兩人的思索途徑不相同。一個中國農夫和一個中國學者，兩人的思索途徑，也不相同。然而這並不能證明人的思索，是積經驗而成，而不是理智的動作。

丙、思 想

思想，可以指著理智的一項動作，也可以指著這項動作所有的成果。思想解爲理智的動作，指著有系統，有目的之思索。思想解爲思想動作的成果，則指著對於一個問題，所有的答案。

普通，我們用「思想」這種名詞，爲指對於問題所有的答案。我們也稱思想爲意見爲主張，爲學說。意見爲較爲簡單的思想，主張則較複雜，學說也是很複雜而又有嚴密系統的思想。

思索既不是聯想，思想便不是經驗的集合。思想中必有以往的經驗，但是以往的經驗僅僅集合在一起，不足以成思想。

思想乃是理智動力最高的成果。

3. 語言

甲、語言的意義

在西洋拼音文字裏，語言和文字，意義相同，語言即是文字，文字即是語言，沒有語言，不能有文字；但是在形式方面有分別，語言是用聲音說出來的，文字是用字母寫的。在中國的文字和語言裏，兩者均有分別；因爲中國的文字，除字聲外有字形，而且字形重於字聲。但是從哲學一方面去看，中國的文字和西洋拼音文字的本身性質相同；即是都爲代表語言裏。因此哲學和實驗心理學只談語言，不談文字。

A、語言是什麼呢?

語言「是表現思想的符號」。符號是本身沒有意義之物，用之以知道它物。國旗本身沒有意義，國旗的意義完全在於代表國家。

語言的本身，只是一些聲音，沒有任何意義。語言的意義則是代表人的思想。

在心理生活方面，除了語言以外，人還有其他的表現心理狀態的方法。人的面容，是人表示情感最好的工具；所以有所謂笑容，怒容，愁容，憂容。其次有手式，手式可以表示情感，也可以表示思想。此外，還有身體的姿勢，也能有表示情感的功效，昂首直胸，垂頭喪氣，委靡不振，挺著胸膛，這些姿勢都各有所代表的意義。

但是人爲表現自己的思想，普通是用語言。況且其他的表現工具，都是缺而不全。只有語言，爲表現思想是較完全的工具。在許多機會上人也有些思想，不能用語言完全表現出來。

B、唯獨人有語言

禽獸沒有思想，當然沒有表現思想的語言。但是禽獸可以有許多意識狀態，由一些符號表現出來。韓愈曾說：「大凡物不得其平則鳴，……人之於言也亦然。」（送孟東野序）。這種說法，固然是譬喩的說法；然而有些實驗心理學者則眞以爲禽獸有表現意識狀態的符號，狗見主人，搖尾叫號，表示歡喜，禽獸便也有似乎人的語言的語言。

但是我們稍加以分析，就知道禽獸表現意識狀態的符號，爲天性的衝動，並不是有意而造的符號。人的面容和身體姿勢，也是天生爲表現情感的天然工具，不是人所造的，不稱爲語言。

語言是人造爲表現思想的符號，禽獸不能有這種的創造力。人能造語言，是因爲人有理智。

乙、語言與思想

普通大家都以爲語言爲表現思想的，沒有人對這種事發生問題。但是學者們卻對這事發生疑問。

A、語言和思想誰先誰後？

按照普通說法，語言表現思想，思想在先，語言在後；然而這種說法，不完全合於事實。

小孩子是先學語言，然後有思想，學了一句話，懂得一樁事。在大人方面，也是同樣的情形。「一個沒有名字的顏色，我們不但描寫不出，如若混雜在許多顏色中間，我們也許根本就看不見它。」㈢

這種事實雖然證明在事實上語言不一定常在思想以後，可是也不能證明語言常在思想以先。例是天生又啞又聾的人，沒有語言，卻有思想。在理論方面去說，思想是先於語言，在事實上，人爲取得思想，多是先學語言；這是實際的便利決不能因此說語言在先，思想在後。

B、語言與思想的途徑

每種語言各有各自的性質，不僅是中國語言和西洋語言不同，西洋各國的語言，彼此的文法也各不同。

「你用英文可以講昨天我陪一位朋友看影戲。用德文則不行，而你非說明是男朋友或女朋友不可。因爲德文裏祗有男朋友和女朋友兩個字，而沒有不分男女性的朋友這一個字。有人問你有沒有小孩，你用中文可以回答說有小孩，而不說明是一個或數個。用德文英文（義文、法文、西班牙文）則不行，因爲小孩這一個字，你是用單數，還是用多數，你必須交代明白。……中國話有伯父，叔父，舅舅，姑父，姨父五個字，英文則統稱之爲Uncle」(十四)；這樣的例，可以舉得很多。人在思想時，不能不按著自己的語言去想。另外是在發表思想時，更不能不按著語言的性質去發表。語言和思想所以很密切，彼此互相影響。但是不能因此就決定思想是語言所造成的。

丙、語言的起源

語言學和民族學，研究各種語言的源起；這種源起是歷史性的。實驗心理學研究語言的起源，有些學者說是由傳統留下來的，開始的語言，應該是神授的；有些學者說是由於人的良能，自然而言，如狗叫鳥鳴一樣；有些學者說是偶然創造的；有些學者又說是效法人的驚呼號嘆之聲，或是效法自然環境中的聲音，而造成了語言。這一切主張，都是科學上的爭論，直接和哲學不相干。

在哲學上，去研究語言的起源，事情很簡單。人是有理性的，有了思想又該表現出來，理智當然要造表現的方法。語言即是理智所造爲表現思想的方法。

註：

(一) 羅光　儒家形上學　第一七五頁。

(二) 張東蓀 哲學　第一〇九頁—第二〇一頁。

(三) S .Thomas., Cont. Gentes, I. 2. C. 66.

(四) S. Thomas., Summa. Theologica., I. a. q. 84. a. I.

(五) Paulus Siwek, -Psychologia experimentalis. P. 125.

(六) S. Thomas., Summa Theologica., I. a. q. 85. a. 8.

(七) S. Thomas., Summa Theologica., I. a. q. 84. a. 7. et q. 85 a. I.

(八) S. Thomas., Summa Theologica., I. a. q. 87. aI. ad I.

(九) S. Thomas., Summa Theologica. I. a. q. 79. a3. ad 3.

(十) Paulus Siwek, Psychologia experimgntalisp. 114-122

(十一) Gemelli, Introduzione alls psicologia Milson 1954. p. 120-130

(十二) Paulus Siwek-Psychologia experimentalis. p. 200-209.

(十三) 徐道鄰　語意學概要　香港　一九五六年　頁六二。

(十四) 同上，頁六三。

第十章 情意生活

感覺和理智生活，都是認識生活，除了認識生活以外，動物和人還有一種重要的生活，即是情感生活。

情感生活，包括的範圍很廣，第一包括簡單的感觸。普通我們常說感觸很深，這種感觸，也稱為感覺，例如說我覺得很不爽快。但是這種感覺不是知覺的認識動作，而是感官所引起的感情。所以可稱為感情。第二包括情緒。情緒常不是一種簡單的感覺，而是由多種感覺合成的，同時也含有理智和意志的成份。同時，人又有超乎感覺的情緒，和理智的性質一樣，是非物質的精神性。第三在人一方面，對於情感生活，人具有意志，意志乃是感情和情緒的主宰。

因此在這一章裏，我們討論感觸、情、意志，章名命為情意生活。

一、感觸

在中國話裏，感情，情感和情緒，意義沒有多大分別，而且普通用感情去代表情緒。在西洋話裏感覺（Sensatio）這個名字，用爲指感覺也用爲指感情。感覺和感情意義本來不同，但是在習慣上已經通用。在中國話裏也有這種通用的例，例如說：對這件事，你有什麼感覺？這裏的感覺不指認識作用，而是指感情作用。既然是這樣，我也不去強加分別。不過爲避免混亂，我捨感覺而用感觸，捨感情而用情。

1. 感觸的意義

感觸和感動（Emotio）意義相同，有時和刺激的意義也相同。「我的感觸很深」，「我很受感動」，「我很受刺激」，都代表一種很強的感情。

感觸究竟有什麼意思呢？感觸是「心理方面天然傾向的動作」。有的實驗心理學者，以爲感觸是天然傾向不能有自然的途徑時，所引起的變態，例如途中，車遇險，心生驚悸。但是普通我們說感觸時，並不一定常指這種心理上的變態，天然傾向有自然的動作時，感觸雖不深，我們也稱爲感觸。「我稍有感觸」「我稍有點感動」。

心理方面天然傾向的動作，應是有意識的動作，不然不能稱爲感觸。爽快，不爽快，憂愁，憤怒的感觸，是天然傾向的動作。普通說感覺爽快或不爽快，這種感覺和知覺截然不同，這種感覺，乃是感觸（感情）

翁特（Wundt）爲近代心理學的創始人，他把感觸分成六種不同的基本感觸：緊張，鬆弛，激烈，平靜，爽快和不爽快。近日實驗心理學者已經都把這六種感觸的前四種，証明「是器官的和運動的感覺底複雜混合物，就如餓和疲困那樣。只有爽快和不爽快，仍舊認爲是本初的性質，並且和感覺性質有分別。」(一)

在心理方面，我們有知覺時，常同時夾有感觸。每種感覺的刺激，刺激感官的神經，同時引起爽快或不爽快的感觸。我們無論看見什麼，或聽見什麼，或嗅著什麼氣味，或嘗著什麼味道，或摸著什麼東西，總有爽快或不爽快的感觸。有時感觸不明顯，有時則很明顯。

但有時，感觸不由外面感覺的刺激而起，而是由於回想或思索而引起。

然而，無論感觸是外面的刺激或由內面的原因而起的，感觸的成，則常有神經的動作。惟因如此，纔稱爲感觸。

2. 感觸和神經系的關係

「凡是感觸，都附有器官的變動」。㈡器官的變動，可強可弱。器官變動的效果，可以見之於呼吸，可以見之於血液的循環，可以見之於腺液的分泌，見之於全身的狀態。

但是直到現在，沒有學者可以指明何者是感觸的神經。學者所可以講的，是講感觸在器官上所引起的變動。實驗心理學者，研究感觸給與胃內消化作用的影響，給與心臟跳動的影響。這等等的研究，都是根據神經系去研究。普通把神經系分成三部份，頭顱和脊髓的上部，交感神經和脊髓的中部，薦骨和脊髓的下部。從這三部份去研究感觸在器官上所起的變動，由那一部神經所發動。

3. 感觸爲天生的能力

實驗心理學者，費盡心思，研究感觸（感情）的起源。

有的學者，主張感觸是器官的感覺性質混合成的。「照這種理論，譬如一個複疊的音波，這種刺激，不單是生出噪聲感覺，連在身體裏也生出某種複疊的器官的變動。這種器官的變動，惹起有關係的器官的接受子，如此鼓動起來的神經衝動，到了腦的時候，就激發一個感覺性質底結合。這種感覺的混合，就是感情。」㈢

根據這種理論去說，是先有器官的變動，後有感觸。藍傑（C. Lange）和詹姆士（W. James）便是這種主張。

然而這種主張在實驗方面，沒有確實的證明；別的學者卻已提出相反的實驗。㈣有的學者，「主張感情不是感覺性質底混合，卻是唯一的意識經驗；他們常藉神經元裏底某某制約，引起動作這一說，來解釋牠們（感情）。他們假定神經元在一種制約下，動作起來，就發生爽快，在另外一種制約下，就生出不爽快。」。㈤然而這種假設，也沒有確實的證明。

在哲學的方面說，感觸是動物天賦的能力，和感覺不同。感覺是爲認識對象，感觸則爲表現對象對於動物的生命有利或有害的意識。動物不單是對於生命有害的對象，本能地在器官上表現自衛；而且對於對象的有利或有害，本能地可以覺到，而表示爽快或不爽快，或其他的感觸，因此士林哲學稱感情爲慾望（Appetitus），爲「向利的傾向」。

亞立斯多德和聖多瑪斯分「欲望」爲「天然欲望」（Appetitus naturalis）和「自擇欲望」（Appetitus elicitus）兩種。天然欲望指物的自然傾向，這種傾向，本不足稱爲欲望，只不過和欲望相似而已，如水性就下，孟子以爲「性」。又如化學物質中的相拒相親，也是物性使然，不足稱爲欲望。又如普通所說的食慾和性慾，也是指著器官的衝動，不能稱爲情感。

「自擇欲望」則由主體因著一種知覺或知識而發。動物的感覺情感，由於知覺而發動；人的情感，由於知識而發動。但雖是由於知覺或知識而發動，這種發動自然合於物性的要求，因爲每項知覺和知識，爲有機體的活動，自然有維護物體本身利益的趨向，一種知覺一樁有利的客體，自然引起愉快感；知覺一樁有危險的客體，自然引起恐懼的感覺，至於在人一方面，因爲有自由選擇的本能，情形便不同了。

4. 動物有情感

甲、實驗心理學家的意見

美國哲學家詹姆士（W. James）主張動物沒有情感的本能，祇有生理上的衝動。普通所謂恐懼喜歡等等情感，都是一種生理上的狀態。這些狀態由於許多感覺共同合成稱爲心理衝動。當人看見一條毒蛇時，各種神經系都起反射作用，使人週身起感覺，造成一種心理和生理狀態，我們稱這一時候的心理和生理狀態爲恐懼。

每一種感情，在心理和生理上，都有不同的狀態，因爲每次我們的神經系旳反應不同，使我們當時周身的感覺也不同。

我們在經驗上，大家都體驗到感情多使我們身有所感。我們身所感的，爲一種生理和心理狀態。例如恐懼時，我們的心跳，皮膚涼，腳腿酸軟，這是一種生理和心理狀態。但是我們要問，爲什麼恐懼時，起這樣的生理和心理狀態呢？引起我們恐懼的，祇是一類知覺或知識（認識一個客體）。爲什麼這項認識，引起若是的恐懼狀態呢？我們不能不承認，人有恐懼的本能。生理和心理的狀態，爲情感表現於外的狀態。

乙、動物有情感

一個生理和心理狀態，是情感表現於外的狀態。有這種狀態時，便有情感。

由我們日常的經驗，我們知道有些動物，看見危險，就發生恐懼，而且知道逃走。狗若遇到自己的主人，搖尾表示歡喜。這些現象都表示動物有情感。

動物在吃東西上，都知道吃爲自己有益的東西，爲自己有害的東西則不吃。這種去就，是動物的天然傾向；但是當狗遇到好吃的東西，則跳躍表示高興，也特別吃的多。若遇到不好吃的東西，則吃的少，或捨而不吃，這種去就，則不僅是習慣或感覺的聯繫，乃是因爲狗具有感覺性的好惡情感。

再者，每種認識不能不使認識者對於所認識的客體發生欲望，因爲若是天然傾向或天然衝動使生物趨向有利於己的事物，拒絕有害於己的事物；認識既是對於客體的認識，當然使認識者對於外界事物，更加知道是否有利害；既然知道於己有利或有害，自然就有去就的欲望。這種去就的欲望，即是情感。認識者的認識，若是感覺，所起的欲望爲感覺性的欲望。若是認識者的認識爲理智，所引起的欲望爲理智性的欲望。

二、情

1. 情的意義

甲、儒家的「情」

感情在中國儒家的哲學思想中，稱爲情。

「情」爲心之動。朱子說：「情者，心之所動。」（朱子語類）自本體方面去說，情是氣，不是理。因此情也稱爲慾，情慾可以蒙蔽心之理；因爲氣有清濁，得氣濁者，情慾重，心之天理便被蔽塞。儒家乃主張克慾以明天理。

情分爲七種，荀子說：「何謂人情？喜怒哀懼愛惡欲，七者弗學而能。」（禮運）儒家不分情感爲感覺的情感和理性的情感，把人的情感，作爲一類。但我們若按「情爲氣」的原則去講，儒家是以情感爲感覺性的，因爲儒家以情爲人心感於物而動。人心之動，不是動於理，是動於物，而且是趨向於物，人心趨向於物之動，當然是感覺性之動。儒家也主張心動於中，情乃見於外；於是主張以禮去治七情。荀子說：「故聖人之所以治人七情，舍禮何以治之。」（禮運）

但是儒家的情感雖是感覺性的，同時又和理智緊緊相連；因爲儒家以心統性情。情既爲心之動，情便受心的節制，然後才可以「發而皆中節，謂之和。」（中庸第一章）

乙、情的定義

情和感觸（感情）性質相同，況且情和感情和感觸互相通用。因此對於情，便可以用感情（感觸）的定義。

感情「是向利的傾向」。加上儒家的情字，則可以說是「感於物而向利之動。」

「感於物」，儒家主張心感於物而動，則爲情。心是人內外的主宰，是生命的中心。因此感情不是一種器官之動，乃是整個人之動。人對於感情的意識，不是意識感情在某一器官或身體某一部份。我覺得爽快，或不爽快；可以是在身體某一部份覺得爽快或不爽快；但是我喜歡，我生怒，是整個的我在喜歡，整個的我在生怒。這種的動，要感於物而後動。「物」代表外面的對象。情的動是傾於外，認識的動，則是使對象入於自己以內。因此情必定要感於物而後動，動而有所向。所謂動，在儒家的思想裏是動作；我用這個名詞只表示傾向。

「感於物」之物爲利。利是有利於生命之事物。植物自然傾向陽光，無所謂感情。動物傾向有利於生命或抵抗於生命有害之事物，同時有感情。人有理智可以選擇；但在選擇時，仍舊有感情。

然而，我既然把感觸（感情）和情分開來講，我是以情和感觸有些分別。

第一、我所說的情包括感覺之情和理智之情，感觸則單單指感覺的感情。第二、感觸爲簡單的意識；情則包含有理智和意志以及想像的成份。第三、感觸爲暫時一過的感情意識，情則是能持久的情緒。第四、感觸常有器官方面的反應，反應有時能夠是很激烈的，但不是心靈深處之情，情則是心靈深處之情，可以不由外面的刺激而發動，也可以沒有器官的反應。

摘綱挈領地說，感觸是低級而又簡單的感覺性的情。情則是複雜的感情，可以是感覺性的，也可以是理智性的。

2. 情的性質

情有兩類，有感覺性之情，有理智性之情。唯物論的心理學者必定不接受這種區分，他們認爲情，都是感覺性的；況且他們主張情是多種感覺的混合物。然而情，既是「天然向利於生命之事物的傾向。」人有非物質的靈性生活，當然應當有靈性生活之情。

在理智生活裏，人可以用想像去思索，人也可以不用想像完全用抽象的理論去思索。在情感生活裏，人可以有感覺器官的反應之感情，也可以有完全無感覺器官的反應之感情。

情和理智的關係，普通常說「愛情是盲目的。」盲目的意思，不是表示情和理智沒有關係，是表示情不常隨從理智的知識，儒家常說情慾能蔽人心的天理，王陽明特別主張物慾能夠蒙蔽良知。蒙蔽人心天理，人的理智並不因此失去認識能力，只是不能認識天理。在人一切的情中，都有理智的知識，知識成份的多少，則隨人隨事而異。

情和意志的關係，情應受意志的主宰，情本來是天然的傾向，天然傾向的發動，不受意志的支配。喜、怒、愛、恨，自然而起；但是情的外面表現，則受意志的支配。儒家《中庸》說「發而皆中節謂之和」。人心對於情的主宰，不是支配情之發，乃是使情發時皆中節。實驗心理學者則主張禮教，社會遺傳，個人教育和習攢，共同支配「情」的動；唯物論者更因此不承認有意志的支配了。禮教遺傳和教育習慣，對於情的動作，當然有影響；然而意志的支配力，並不因此而失落。

3. 感情的區分

中國儒家以情爲七情，七情爲喜、怒、哀、懼、愛、惡、欲。西洋士林哲學分情爲兩類：一爲「欲情」（Appetius concupiscibilis），一爲「憤情」。欲情爲對有利之事物的欲望，憤情則爲對於求利的困難，憤慨激勵。欲情又分爲六種：愛與恨，願欲與逃避，喜與憂。憤情又分爲五種：希望與絕望，壯膽和恐懼，最後有怒情。

我以爲士林哲學的分類，過於細膩。儒家的七情和士林哲學的十一情，互相比較，士林哲學所多的，是逃避，希望，絕望，壯膽。實際上，這多出來的四情，逃避可以包括在懼和惡以內；至於希望，絕望，壯膽，在有理智的人，理智可發動。因此我便以情爲七情。

七情的意義如下：

愛、惡——愛是對於善的喜好和趨向。惡是對於害於己者的厭惡和反抗。

喜、哀——喜是對於已得之善的快樂。哀是對於已得之害的傷痛。兩情對於目前的利害而起。

欲、懼——欲是對於加害於己者的報復。

以上面所謂的七情，都是以利害爲對象。害則又是「失去利」，因此七情在根本上都是利（喜）爲對象。

4. 慾

慾（Passio）也是情，只是意思有點壞，表示不良之情，或動而不中節之情。儒家乃有克慾的主張，孟子曰「養心莫善於寡欲。」（盡心下）王陽明主張格物欲以致良知。

慾究竟是什麼呢？慾是強而稍久之傾向，有主使人的生活之力。慾的本身是種情，所以是種向利的傾向。這種傾向，雖然有理智和意志的成份，但是天然傾向的衝動成份佔有大部份。完全由理智和意志所選擇的愛惡對象，而沒有向這種對象的天然衝動，這種情很難成慾。

慾稍能持久。動時，常多想像，而且器官的反應很強。對於人的生活，慾有主使的能力。發動別的情，或消滅別的情，使自己成爲人的主要情感。在這種心理狀態下，人的生活，常受慾的影響。人心本來該當是情的主宰，這時心反而受慾的驅使。

但是，慾的本身，並不一定是壞，因爲慾並不是常違反倫理。慾也可以趨於善的對象，於是更可增加向善的能力。

5. 情緒

情緒（Sentiment），當然也是情，但是意義和「慾」相反。情緒「是較好平靜，又便爲持久之情，情中的器官反應少，想像和理智的成份多。」

情緒和感觸有分別。感觸以器官的反應爲主，情緒則可以沒有器官的反應。情緒和慾不同，慾是強烈而常表現於外的，情緒可以強，但是不激烈，也不要求常在外面表現出來。情緒常是深沉，故更能持久。

普通，我們把情緒的名詞，用在情的好的方面。慾，則用在壞的方面。情因爲是深沉的，所以多爲人所重。

於今我們提出四種最普通的情緒，作例說明。

甲、希望

希望即是慾望，是對於未來之善（利）的追求。追求可以是意志的動作；但是意志追求一善（利）時，意志則選擇方法，情緒的追求，不包括方法的選擇。追求一善（利），也能是慾；但是慾的追求，則很激烈。

希望的對象，爲一可得而未得之利。一個從來不會希望對於自己有害的對象。有時一項希望的對象，看來似乎有害於懷這希望的人；但是在他的心目中，這項希望的對象，爲他是有利的。希望因此是理智方面的情。動物對於未得的利，只感到有要求，不能懷著希望。人對於生命所需的事物，也有要求，例如「飲食男女，人之大欲也」。人對於飲食男女，覺著有天然的要求，這種要求即是感觸。要求的對象，經過了理智的認識，又經過意志的選擇，人便發生希望。

希望的對象，爲未得之利。對於已得之利，人所有的情緒是快樂，不是希望，希望是在於取得未得之利。

希望取得之利，又該當是可能取得的；假使對於未得之利，完全沒有取得的可能，人的情緒不是希望而是失望了。

希望的情緒隨著對象的可能性而變動，可能性大，希望高；可能性少，希望低。幾時有可能，幾時有希望。但是，若是人因著別的原因決定不再想取得所希望的對象，希望便終止了。

乙、憂鬱

憂鬱或稱爲悲哀，是對於已經受過或目前正在承受的禍害，長久所有的精神痛苦。憂鬱和喜樂相反，喜樂是對於已經享受或目前正在享受的利，所有的情緒。

憂鬱的對象，是已受或正在受的害。這種害可以是真的，也可以是本人錯想的。然而在本人的心目中，他以爲受了害，因而悲哀。

憂鬱的情緒，不是避禍也不是怕禍。怕禍是恐懼；恐懼的對象，是將臨而未臨的禍害。避禍則是動物天然的感動，在人也常是理智和意志的動作，不是一種情緒。

憂鬱是人忍受禍害所起的情緒。若是不忍受，則起憤怒或憤恨的情緒，那時又不是憂鬱了。

憂鬱通常引起器官的反應，也常表現於外，而且可以經過很長的時間。憂鬱的特性，不在感覺器官方面所反應出來的痛苦，而是在於意識到精神上的痛苦。

在實驗心理學上，學者們研究一些生來憂鬱成性的人，爲什麽常常憂鬱，爲能得到結論，看憂鬱是否由器官神經所發動。

憂鬱的成因很複雜，理智的成份當然是有，然而想像，感覺和記憶的成份更多。另外是想像和感覺的動作，可以決定憂鬱的發生。憂鬱成性的人，一定是想像多和感覺敏的人。然而憂鬱的意識，是意識，是意識到精神上的痛苦，因此憂鬱不能完全由器官的反應而生。

丙、快樂

快樂，或稱喜樂，是對於取得之利所有的滿意。

快樂的對象，是已得之利。已得之利，是目前可以享受之利。所謂享受，包括精神方面和物質方面的享受。所謂利，也不分精神物質。凡人認爲自己有利者，既得到了，人心自然有滿意的情緒。

滿意，可以是感覺方面的感觸。這種滿意的感觸，常是暫時的，便不是喜樂的情緒。喜樂的滿意該當是經久的滿意狀態。

滿意的狀態，充滿人的意識，人自覺整個的我在喜樂。在器官方面，喜樂常引起反應，因此常表現於人的面容和姿勢。

愛，也稱愛情。是對於自己的利，要求結合的傾向。

丁、愛

結合，不表示物質方面的結合，也不表示物質性的佔有。這兩種現象，只是愛情的附性，也能夠是愛情的結果；但不是愛情的本性。愛情所要求的結合，是精神方面的，表示愛情的主體和對象在精神方面的結合；所謂精神方面的結合，即是在心理生活上，愛情的對象，充滿主體的意識。因此普通所說的愛錢，愛名，愛色，那都是貪情，不是愛情。貪則以物質佔有爲主。

愛情的對象，是對於自己有利者。利，能夠是物質的人物，也能夠是精神體。趨於物質對象之愛，爲物質之愛；趨於精神對象之愛，爲精神之愛。

在普通用語上，愛情專用之於人類男女兩性要求結合的傾向。而且有的實驗心理學者，如福洛伊德（Freud）以性慾作爲一切愛情的根基。他們認爲愛情，乃是生殖器官和生殖神經系的感覺混合物。

而這種性慾論，不能有心理學的根據，更不能有哲學的根據。人的愛情，雖是特別表現於男女兩性之間；但除此以外，人所愛的對象還很多哩！這些對象也不能都拖到性慾以內！兄弟相愛，父子相愛，朋友相愛，愛國，愛教會，愛真理，都是真正的愛情。

愛情，通常引起器官的反應；這些器官，不一定是生殖器官的神經。例如可以引起血液循環，腺液分泌。同時，也引起他種情緒，如希望、快樂或憂鬱。

在抽象方面說，愛情的對象爲有利於本人的物質或精神體。怎樣可以知道一物或一精神體爲自己有利呢？在精神體方面，理智和意志是決定有利或無利的中心機關。人愛一精神體，是要經過理智和意志的選擇的。在物質物方面，理智和意志，當然也是決定愛情對象的機關；但是感覺器官以及心理感觸，對於愛情對象的天然傾向，爲發動愛情，是有很大的影響力。在這一方面，可以用孟子對於感官所說的話「物交物，則引之而矣。」（告子上）甲種對象，對於乙，具有很大的吸引力，對於丙，則不吸引。這其中的原素很多，爲一極複雜的實驗心理問題。

三、意　志

1. 意志的意義

甲、士林哲學以意志爲精神之情

士林哲學從中世紀開始，直到近代，常以意志爲精神之情。按照這種主張，意志乃是人在理智方面向利的傾向，因此稱爲Appetitus intellectivus理智性的傾向。在感覺方面，有感覺性之情；在理智方面，有理智性之情。理智性之情，稱爲意志（Voluntas）。意志既不是感覺性之情，也不是理智。㈥

理智性之傾向，則透過理智然後有傾向。理智爲認識，爲反省；理智性之傾向，便是經過認識和反省的傾向，不是天然的傾向。天然的傾向在先，又常夾有天然的衝動和器官的反應；所以在人的生活上，影響力很大。理智性的傾向是在理智發育以後纔動，不常敵過天然傾向的影響力。可是人的生活，卻應該按照理智去生活，在理智性之情和天然衝動之情之間乃常起衝突，人要抑制天然衝動之情以伸理智性之情。這就是孟子所說的：「從其大體爲大人，從其小體爲小人。……耳目之官，不思而蔽於物，物交物，則引之而已矣。心之官則思，思則得之，不思則不得也。此天之所與我者，先立乎其大者，則其小者弗能奪此也。此爲大人而已矣。」（告子上）

乙、意志爲決定之能力

意志爲理智性之情，不是先天自然的傾向，而是經過理智的傾向。這種傾向便是選擇對象的傾向。選擇的動作，包含有定奪。沒有決定，選擇不能成。理智之情便有決定之能。對於感覺之情，普通所注意的，是自然的傾向；對於理智性之情，普通所注意的，在於決定之能。

意志的定義究竟怎樣呢？

意志是「按理以決定的能力」。

儒家對於人心所最注意的，是心爲人一身的主宰。荀子講心，以心有徵知，於是「心者，形之名也，而神明之主也。出令而無所受令」（解蔽）。朱子說：「心者，一身之主宰。意者，心之所發。情者，心之所動。志者，心之所之。比於情意尤重。」（語類）。又說：「情是性之發，情是發出恁地，意是發出恁地。如愛那物，是情；所以去愛那物是意。情如舟車，意如人去使那舟車一般。」（語類）

儒家把心，情，意，志，分爲四。心爲根本。情，意，志，是心的動。意爲主使情，志爲意的決定方向。現在中國學術界以意志結合爲一名詞，意志的意義，便是心爲主宰人一身之能力！

意志是決定的能力：我們人在日常生活裡，常有猶豫不決的時候，在這時候，我們對於猶豫的事，不採取行動，等到我們有了決定以後，我們纔動。所以在經驗裡，我們知道我們爲行動應有所決定；因此我們便有決定行動的能力。

從理論方面說，人既有知識，人就能知道何者爲自己是利（善），何者爲自己是害。既然知道了以後，人便不能不傾於所知道爲自己有利的對象，又不能不避免所知道爲自己有害的對象。向自己有利的對象，人所有的理性傾向，乃是一種決定的選擇，因爲這種傾向，在普通的原則上說雖是天賦的，即是天生有向自己有利的傾向（感覺性的傾向和理智性的傾向）；然而傾向這個利，避免這個禍，則在經過理智的認識以後，而加以決定的。爲什麼要有選擇的決定呢？在後面講自由時，我們要答覆這個問題。

意志的決定，是按理的決定。按理，即是按理智的知識去決定。知識能夠有錯，意志便也能夠有錯。理智的知識，乃是意志決定一事的理由；沒有理由，意志不會有決定。

2. 意志的性質

甲、意志的分析

士林哲學，把意志在決定時，所有的過程，分爲四項：第一認識，第二考慮，第三決定，第四執行。

第一，我們人爲決定一事時，首先應該認識這事。所決定的事，無論是積極去做，或是消極去避免，或者是心中僅僅的希望，或者是在外面也去進行。我們首先必要對這事有所認識；不然意志必定不會被發動而自行有所決定。

第二，認識了要決定的事，我們心中乃加一番考慮。因爲要決定的事有正面反面的理由；或者是對於要決定的事，認識不完全明白，於是我們心中便要前後思索，各方考慮。

第三，決定。考慮了以後，我們就加以決定。有時，雖然多方考慮了，我們仍舊不能決定，那是因爲我們對事情的認識，不夠程度。

第四，執行。決定了一事，意志的動作，還沒有完畢，意志又該發動人的各種行動能力，去做所決定的事。

這種分析，在理論上很清楚；在實行上，也應當如此。然而我們人在實際生活裏，所有的行動，又較這種更複雜，同時又較這種分析更簡單。因爲，一方面，使我們意志有所決定的理由，大半不純是理智的知覺，而是夾著感覺方面的衝動，和記憶裏的想像。另一方面，我們行事時，多次不加考慮就決定，這是冒失。或是對於事情還沒有認識清楚，也就決定，這是盲目。有時候，明明知道所決定的事件不合理，而又加以決定，這是私心。又有時候，多加考慮，終不能決，這是柔弱。還有許多時候，事情好好地決定了，卻總不執行，這是懶惰。

乙、意志與理智

有的心理學者說，意志的決定，和理智沒有關係；意志的決定，是隨從爽快或不爽快的衝動而起。對於事物，我們覺著爽快而高興，意志便趨向之；對於事物 ，若是覺得不爽快而厭惡，意志便逃避。然而在實驗心理學上有的學者則用實驗証明這種主張是假的。

意志的決定，先要有理智的知識。因爲意志是能力，能力爲動，要有對象，意志若沒有對象，意志不能發動。考慮對象，也是理智的動作。

理智的知識，爲引動意志，不一定要是完滿的知識。意志爲一項不完滿的意識所發動時，鼓勵理智再增加對於這事的知識。理智發動意志，意志可以鼓動理智。兩者有互相影響之力。

在上面已經說過，意志之動，不單是受理智的影響，也受想像和記憶以及感覺衝動的影響。於今我們研究一下：意志是不是可以單獨由想像，或單獨由感覺衝動而發動；從意志本性方面去講，意志爲非物質的精神性能力，想像和感覺衝動不能發動它。但是意志是人的意志；人由靈魂和身體相合爲一人稱，人的行爲由靈魂和身體共同行動。因此身體方面的想像和感覺衝動，可以在理智中發動知識，知識馬上影響意志，看來是想像或衝動影響意志，實際上，開始發動意志的，仍舊是理智。不過意志在決定時，很可以受想像和衝動的影響。

丙、意志和器官

笛卡爾曾說意志的行動，完全和人身的器官神經沒有關係。近代有些學者則主張意志完全是器官的生理作用，在這些作用，加上一層意識罷了。這輩學者中最著的爲理波（Thcodule Ribot）。㈦理波說意志行動中有兩種成份：一爲意識成份「我願意」，意識成份只作證一種心理狀態，不能影響心理狀態，「我願意」的意識，是作證我有這種心理狀態。意志行動的第二成份，則是在於意識以外的心理生活中的生理動作。

上面的兩種主張，都不合理，而且和心理學的實驗也不合。人的意志是理智性之情，然而和身體的器官神經有關係。

在決定時，意志常受想像和感覺衝動的影響，在執行時，意志要運用身體各器官，動手動腳，動眼動口。而且意志全部的動作，也要以神經爲必須有的條件。意志爲發動器官，是用神經中樞而發令。

亞立斯多德曾主張情感的機官爲心，中國哲學以情和意都是心之動。不過，中國哲學所主張的心，不是生理方面的心，而是生命中心的心靈。儒家以意，情，爲心之動，也不主張心爲情意的機官，乃是主張心爲情意的根本。所以儒家的主張和希臘哲學的主張不相同。近代心理學家，主張腦神經中樞爲意志的運用器官。

3. 自由

「孟子曰：魚、我所欲也，熊掌、亦我所欲也；二者不可得兼，舍魚而取熊掌者也。生，亦我所欲也；義，亦我所欲也，二者不可得兼，舍生而取義者也。生亦我所欲，所欲有甚於生者，故不為茍得也。死亦所惡，所惡有甚於死者，故患有所不辟也。如使人之所欲，莫甚於生，則凡可以得生者，何不用也！使人之所惡，莫甚於死者，則凡可以辟患者，何不為也。由是則生而有不用也，由是則可以辟患而有不為也，是故所欲有甚於生者，

所惡有甚於死者。非獨賢者有是心也，人皆有之，賢者能勿喪耳。」（告子上）

孟子的這一段話，本是倫理學上的研究材料，但是我們於今引來爲解釋人的意志，享有自由，也是一段很有價值的話。

唯物的哲學者，以人的動作，隨從天然衝動而動。天然衝動所向的常是求有利於自己的生命的對象。於今孟子說我們人能夠選擇有害於生命的事，「所欲有甚於生者，所惡有甚於死者」，那麼我們人便是在天然衝動之外，有另一個主宰人生的能力，這種能力而且能夠選擇。主宰人生的能力，乃是人心的意志，意志具有自由。

甲、自由的意義

我於今在寫這一段文章。爲什麼我寫這一段文章呢？不是因爲我的手和腦筋，按著物理的定律非寫這一段文章不可。食物進到胃裏，胃自然發生消化作用，若是不發生消化作用，胃就有毛病。手和腦筋並不是對著紙和筆，就要起寫文章的作用。

我寫這段文章，也不是因爲本身有一種內在的要求。對於吃飯，我在肚餓時，覺得有本身的內在要求，務必要吃飯。至於寫文章我並不覺著有本身的內在要求，我不寫文章，滿可以生活。

我寫這一段文章，也沒有人指定非寫這一段文章不可。我不是在辦公室寫公文，奉到上命，非如是寫不可。

我寫這一段文章，也沒有物理上的逼迫，也沒有生理上的逼迫，也沒有外面人事上的逼迫，完全由於我自己願意寫。而且於今我可以馬上停止不寫這一段文章，我寫別的東西。也可以把所寫的撕掉。

因此我寫這一段文章的動作，不是務必要作的動作，乃是一項自由的動作。

自由是什麼呢？「自由是意志的一項特性，使人是自己的主宰。」

荀子說：「心者，形之名也，而神明之主也。出令而無所受令。自禁也，自使也，自取也，自行也，自止也，故口可劫而使墨去，形可劫而使詘申，心不可劫而使易意。是之則受，非之則辭，故曰：心容其擇也，無禁，必自見物也雜博。」（解蔽）

「自由」和「務必要」（Necessitas）相對。一項動作能夠在物理上是務必要的，因爲按著物理律，動作的主體必定該當作。一項動作能夠在人事上是務必要的，因爲按著人事的規律，動作的主體必定該當作。物理上務必要的動作，因爲是自然律所規定的，人事上務必要的動作，因爲是法律所規定的。自然律所規定的，是物性內在的要求，是物性內在的要求，法律所規定的，是外在人事的要求。

一項動作，只要不是人性內在所要求的，則在物理上不是必定該作。這項動作可有可無。這項動作便算是自由的動作。這種自由稱爲「矛盾式的自由」（Libertas Contradictionis），或「行動自由」（Libertas Exercitis）。

一項動作，若不是法律所規定的，則動作的主體不單是可以作可以不作，而且也可以不這樣做，而另一樣去作。這項動作，在多樣的動中，沒有指定務必要作，當然是自由的動作，這種自由稱爲選擇自由（Libertas Specificationis）。

爲能有自由，只要沒有物理上的規定，行動主體有行動的自由，自由就存在。至於外面的強迫，不能搶奪人的自由，祇能限制自由的行使，祇能強動人的四肢五官，不能強動人的內在本能。

乙、人的意志有自由

自由問題，從古到今，學者們常加討論，有反對者，有贊成者。反對人有自由的學說，統稱爲「命運論」。但對於命運的解釋，各有其說。有的說是人的一切是由神所指定的。有的說人的命運是受宇宙自然律的支配，人不能改。有的說人的一切行動，都受生理定律和心理定律的支配，人自己不能作主。有的說，人的動作受生理遺傳和社會遺傳的支配，人自己不能作主。

在實際的生活上，我們常常體驗我們的行動，少有真正選擇的意識。我們作這事或做那事，事前連想也不想，僅僅因爲習慣作這些事，便作這些事。再者，在我們真正反省的時候，我們對一樁事要決定取捨，我們便感到社會的遺傳，常是我們取捨的標準，大家都這樣做，我們便也這樣做。因此看來，我們雖是自由的，實際並不自由的。

但是這些經驗，只能作證在行動上，我們常受環境的影響，並不能否定人的自由。無論社會遺傳的影響怎樣大，我們也可以不隨從。

在上面我們講人有意志時，認爲從經驗和理論兩方面去講，人應該有意志。人既然有意志，人便應該有自由。意志的功效在於決定，在於自作主宰，決定和主宰，都包含自由。沒有自由，決定和主宰都失去了意義。因此，於今哲學家大都承認人有自由，對於自由的意義，大家的意見便不相同了。

丙、現代哲學家對自由的解釋

英國和法國的現代哲學，對於自由的解釋，多受洛克的影響。洛克以自由，在於行動的主體，對一局部的事件可以做也可以不做。(八)自由的意義在於能夠行動的能力，因著這種能力，一個人可以做自己所願意的。自由爲能，而且也是力量。

唯心論的自由，以康德的思想為主。康德所主張的自由，不是行動的自由，更不是選擇的自由，乃是精神自己給自己的決定務必要這樣做。這種決定，即是倫理律，也就是自由。自由因此是精神的行動。唯心論的學者便常以精神的一切行動為自由。

唯物論的學者，對於自由的思想，可以用馬克思的學說作代表。馬克思所主張的自由，是人對於社會革命的推進力。社會革命按照唯物辯證律遵照一定的途徑而進行，社會革命的途徑是物理必然的，是不可改變的；然而人可以推進社會革命。這種推進力，乃是人的自由。

柏格森的哲學，是反馬克思的哲學。柏氏主張唯一的實有，乃是繼續前進的「蓬勃生氣」。這種生氣是精神，是意志，不是理智。自由的名詞，不能加以定義。一加定義時，自由便成了呆板物了；自由是精神前進的意識。柏氏對於自由的解釋，把自由引到了心理學的區域。

存在論的哲學，是目前哲學中最談自由的哲學。這派哲學家，如雅士培（Jaspers），海德格（Heidegger），沙特（Sartre）等，都想自心理方面去研究自由的意義，實際則把自由拖入了形上學的本體論，這派學者所主張的自由是人按照人所有的「現實存在」而行動。人的現實存在，是人個性在存在上所有的境遇；我的存在是這樣，你的存在是那樣，每人有每人的境遇。這種境遇，不是指著社會環境，乃是指著人的存在在本體方面的境遇，即是「有」的「現實存在」。接受這種境遇，是人自己的選擇；這種選擇，雖是不能不有的，而且又是不能不是這樣的，但因爲是人的意識，因此便是自由。自由在這派哲學家的心目中，不是沒有內在的必要性的要求，乃是沒有外在的必要性的要求。人的行動，必定要按自己的個性去行動，所謂自由，是不受外來的逼迫。(九)他們又說人的存在見於人性。人存在時，人自造自己的人性。這一點即是自由。人的自由，即是人的存在，人的現實。撒忒爾且說自由是人排會人所理會之有，恢復意識在己之有。（見本書本體論）

丁、自由的特性

我們主張人的意志有自由。自由的意義在於能夠選擇。選擇的意義不絕對要求有矛盾的選擇，即是自由並不絕對要求對於一事有作或不作的自由。自由的意義，是在多種的事件中，能夠選擇一種。

自由選擇的根基，在於人的心靈爲精神體。物質物常定於一，爲呆板的，唯有精神體纔是靈的。

但是自由的理由，則是人的理智受想像的限制，理智的知識有限，不能完全看清何者爲人的最大利益。另一方面，也因爲現世的事物，都是有限的，因此人的意志纔考慮而選擇。

人的理智若擺脫了身體器官的限制，能夠認識人的最大福利，人的意志必定傾向，而又選擇這項最大的福利。這種選擇雖是必然的，但不能稱爲機械性的；因爲這種選擇是人最願意的。既然是最願意的，也可稱爲自由的。自由在這種機會上便和願意的意義相同了；但是兩者的意義本不相同。

願意是沒有外面的強迫。完全由外面強力而被舉動肢體，這種行動，是機械性的行動；內面無意識的行動，完全不受意志的支配，那些行動也是機械性的行動。至於說按理該是這樣的行動，例如按道德觀念，按法律該做的事，我們做了，這是我們意志願意做的事，但對於道德和法律而言，不稱爲自由。對於意志而言，也可稱爲自由，即是沒有物質強迫。

戊、自由的成因

自由的成因，即是一項自由行動成功的經過。

人的行動，趨向的目標，常在於本性的福利，雖然有時能夠誤以假福利爲真福利，但是人所趨向的是在福利。

意志的選擇，是在於選擇達到福利的方法。人的行動，不是福利，都是爲達到福利的方法。人的行動自由即是選擇方法的自由。

意志的選擇，以理智的知識爲根據，理智和意志互相協助。

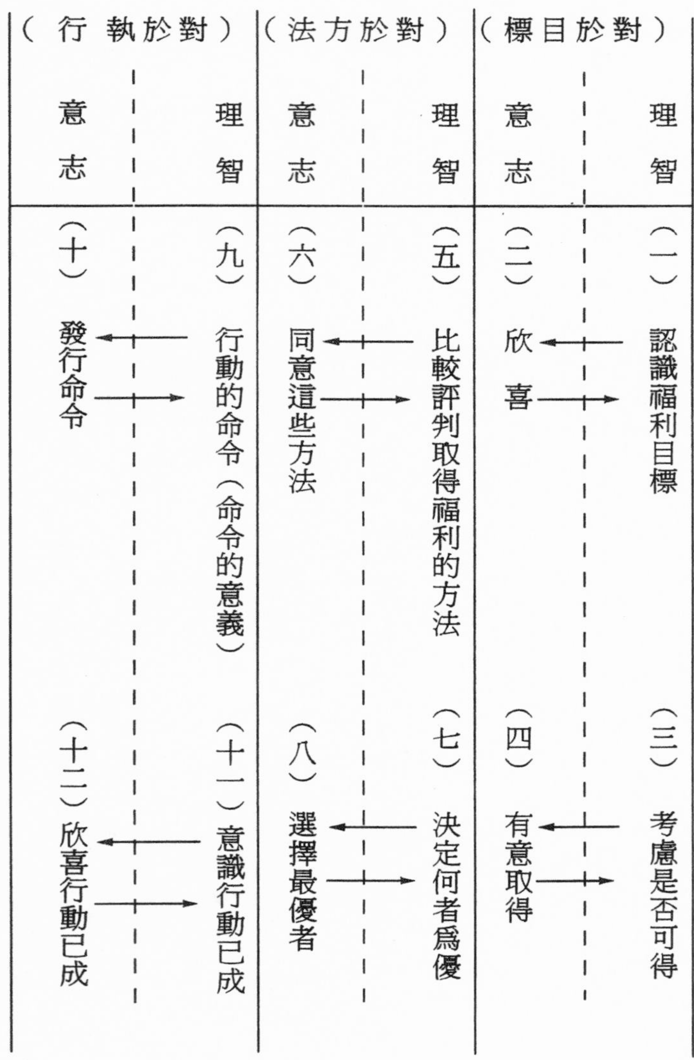
（對於目標）
理智
意志
（一）認識福利目標
（二）欣喜
（三）考慮是否可得
（四）有意取得
（對於方法）
理智
意志
（五）比較評判取得福利的方法
（六）同意這些方法
（七）決定何者爲優
（八）選擇最優者
（對於執行）
理智
意志
（九）行動的命令（命令的意義）
（十）發行命令
（十一）意識行動已成
（十二）欣喜行動已成

上面十二項程序是一樁自由行動從開始到完成的程序。當然不是一切的行動都要步步經過這十二項程序。普通在行動時有許多人是不思不想就做了，隨著平日的習慣。有些人則隨著一時感情的衝動或隨私慾的索引，不由意志的主宰，任意亂動。孟子所說的：隨大體者爲大人，隨小體者爲小人，小體爲感覺，大體爲心思；就是指著不隨心的考慮去定奪的人，必定隨著感覺的衝動而行。感覺的衝動是物引物，是盲目的；心則思慮，思慮則選擇，選擇即是自由。

一樁完全的自由行動，可以有以上的十二項程序。

註：

(一) 伍況甫譯 心理學大綱 頁一五一。

(二) Paulus Siwek, Psychologia experimentalis. p.181.

(三) 伍況甫譯 心理學大綱 頁一五五。

(四) Paulus Siwek, Psychologia experimentalis. p.184.

(五) 伍況甫譯 心理學大綱 頁一五四。

(六) S. Thomas, Summa Theologica l.a q. 80. a.2.

㈦ Th. Ribot, Les Maladies de la volonte. p3. Alcan. 1883.

㈧ Locke, An Essay Concerning Human Understanding. 11. 21. 7.

㈨ Ciovanne Di Napoli La Concezione dell'Essese nella Filosofia. Contemporanea. Roma 1953. p. 24-25

第十一章　論　人

前面從生命一直到理智生活的幾章，雖有時沒有明明提出人，實際都可用之於人。而且哲學上的心理學，是以人爲研究對象。我們爲明白起見，把心理學上的問題，分章討論，逐次而進。雖有些地方專爲討論植物和動物，實際上人有生命，人是生物，人有營養生活，感覺生活，理智生活，情意生活。因此前面關於心理學的幾章，就是討論人的生活的。人具有這四種生活，而這四種生活是一個人的生活。四種生活的主體，是唯一的，即是人；四種生活的根本，也只有一個，即是人的性理本形，即是靈魂。根本和主體既是一個，這四種生活，便互相連接，雖不混爲一種生活，但也不能在實際上劃爲四種不相關切的生活。

在這一章裏，我們便討論人的靈魂（心靈），討論四種生活的關係，再討論每一個人之所以爲一個人的人格，最後則討論進化論，看看人的由來。

一、心靈或靈魂

1. 心靈或靈魂的意義

甲、我們中國古書裡有心有魂，但沒有靈魂一詞。

心字在中國古書裏，關於哲理思想一方面的意義，故有多種。唐君毅曾就孟子、墨子、莊子、荀子所談的心，解釋各家的意義說：「孟子之心，要爲一德性心，或性情心。墨子之心，要一重知識的知識心或理智心與順知識理智以起行爲之心。莊子所言之心，則有二：一可惜用佛教之名詞，稱之爲一情識心，此爲一般之人心；一爲由此人心而証得之常心或靈台心，此爲一超知識而能以神遇物之虛靈明覺心。荀子之心，則一方爲一理智性之統攝心，一方爲自作主宰心，可依荀子「所謂總方略齊言行一統類」之言而名之爲統類心。此四者爲吾人有本而造之名詞，一方用以指不同性質之心，或吾人之整個心之數方面。一方即據以湊泊諸家所謂心之涵義者。」(一)

我自己也曾簡單提出理學家各家對心的意見，邵雍以心爲太極。張載以心統性情。程頤

以性，理，命，心，同指一實。朱熹以心統攝性情而爲一身之主宰。陸象山和王陽明以心即是理。㈡

總括上面各家所說心有人性之理，爲人知識和意志的根本，又爲人的德性的根本。

魂字在中國古書上，意義也不完全常是一樣，普通以人之陽氣爲魂，陰氣爲魄。朱子卻又說：「死則謂之魂魄，生則謂之精氣。天地公共底謂之鬼神，是恁地模樣」（朱子語類）。朱熹對於魂魄鬼神，力反一般人的主張，以鬼神魂魄爲氣之屈伸動作，但又不敢明目張膽推翻古人的話，因此，常是說話含糊，「是恁地模樣。」我以爲足以代表中國古人對於魂魄的思想的，還要算《左傳》所說「心之精爽，謂之魂魄，魂魄去之，何以能久！」

魂和心，很有關係。朱熹以魂魄爲對於死人所用的名詞，即是指的人的精氣，在人死後或存或沒。人的精氣，《左傳》說是心的精爽。因此我們可以知道中國古人的思想：中國古人以一個人有心，心是陰陽秀氣而成，含有人性之理，爲人精神生活的根本。當人死後，心的精氣不散而能存者稱爲魂。究其實，魂是人心的精氣。人心攝有性和情，情是由肉體而動作，不是人心的精爽部份。人死後，肉體僵硬不動了，情也不能發了，人心便沒有情，祗有精爽的部份。

人心的精爽部份，是靈明，故稱精而爽。因此人心是靈的。假使我們於今以心靈代表人心的精爽部份，那不就是魂嗎？心靈即是魂。魂不但是死後有，人生時也有，而且人的靈明，完全在於人心的精爽，因此魂可稱爲靈魂。於是靈魂就是心靈。

乙、我們的思想，雖和中國古人的思想，不完全相合，但是相同之點極多。

中國古人所說的心，既是人的性理，既是人的靈明，既是人的主宰，可見不是一個空虛的名詞，也不是指的人的一顆血肉之心。我以爲中國古人之心，就是指的人的理智生活的根本就是指的人的性理本形。

靈魂在士林哲學裏的定義，爲上面我們所引亞立斯多德對於魂所下的定義：「魂是我們因此能活能感覺能思索的根本。」大家可見這一條定義，和上面我們總括理學家對於心字所下的定義很相近。但在解釋靈魂的性質上，我們的主張較比中國古人的思想便複雜的多了。

2. 人有靈魂

甲、思想史上的問題

靈魂的問題，是各種民族思想史上的一個大問題，表面上在有些時代，靈魂的問題，不大受人的注意，但是暗中大家都不能把這個問題放棄。

於今我們不去述說各種初民對於靈魂的宗教思想，我們祇說一句，凡是研究過宗教史的人，都知道神和靈魂兩個問題，是一切宗教的中心問題。

但是當一個民族的文化，已經進步到相當程度，已經開始有哲學思想時，靈魂的問題，在哲學思想上，也成爲一大問題。

A、中國哲學思想上，關於靈魂的討論

中國哲學思想，看來似乎很不關心於靈魂問題，魂字而且不是哲學思想中的名詞，乃是宗教思想中的名詞。

但是我們剛纔看過，中國哲學上的「心」，相當於我們所說的靈魂。「心」的問題，在中國哲學裏，則是一個重要的問題。

中國哲學對於心的問題，注重在心的作用問題，沒有注意心的本質，就是理學家講理氣

等形上的問題，也僅祗是說到心兼性情，或以心爲理。從來沒有討論過心是否精神體，更沒有講到心是否自立體，能否在人死後尚存在。

對於人死後心的存在問題，變成了魂魄問題。魂魄能否存在，中國哲學家都避而不談。子產不是哲學家，他曾說到魂魄存在的問題，但是他對這一問題的意見，可以代表中國古代一般人的意見。子產說「人生始化曰魄，既生魄，陽曰魂，用物精多，則魂魄強，是以有精爽，至於神明。……宜爲鬼，不亦宜乎。」（左傳 卷三十六）

這段話，在哲學上，實在無法可以講通。

中國哲學上祗講心，宗教信仰上則有魂，兩者似乎分爲兩物，彼此不好連貫，所以普通中國人都以哲學上講靈魂爲怪事。

B、希臘古哲學關於靈魂的討論

希臘古哲學關於靈魂的討論，以柏拉圖和亞立斯多德兩人爲代表。在柏氏以前有畢達哥拉斯數學家，以靈魂爲一非物質體爲生命的泉源。但是畢達哥拉斯不僅以生物有魂，以宇宙的一切星辰，都有魂，因爲他信星辰都是自動。

柏拉圖以靈魂爲自立精神體，先肉體而有，先肉體而生活。每個星辰都有一魂。人身中有三魂，一魂居於腦中，爲智識生活之魂；一魂居於胸中，爲情感之魂；一魂居於下腹，爲肉慾之魂。魂居於人身，好像居於獄中，不能自由行動。人死時，如在生，理智之魂用事，理智之魂升天共享真理，其他兩魂轉生他人身中。

亞立斯多德修改柏氏的主張，以靈魂爲人的性理本形，和肉體同時存在，共同合成一人。但亞氏仍舊承認靈魂爲非物質體，然沒有說明靈魂的性質。

C、士林哲學關於靈魂的主張

羅瑪公教的神學從第二世紀以後，漸漸結成系統的學術。神學以信仰爲根據。公教的信仰，信每個人有一個不死的靈魂，靈魂由天主所造，爲人行善行惡的根本。

羅瑪公教的前期神學家，以柏拉圖爲宗師，對於靈魂，特別注意自立精神體一點，但修改柏氏的先天靈魂論，以靈魂爲天主所造，這期的代表人物爲聖奧斯定。

中古時，羅瑪公教的神學及哲學，轉而以亞立斯多德爲宗師，這一期的代表人物爲聖多瑪斯。

聖多瑪斯取亞氏學說對靈魂一問題所有的長處，與以補充。靈魂爲人的性理本形，是一自立精神體。靈魂爲天主所造，不是肉體而有，在人死永遠繼續存在。靈魂在人爲人生活的根本，另外理智性生活，爲靈魂身的活動。

D、近代哲學思對於靈魂的討論

近代哲學由笛卡爾開端，笛卡爾的名言，是「我思則我存」，我既然能夠思索，我當然在，你不能說我不在。他把一個形上本體論的問題，和心理上的意識問題連在一起，他又以真理的標準，在於觀念的清晰，把真理問題又和心理上的意識問題連在一起，於是就開始現代哲學以靈魂爲意識的主張。

佛教的輪迴論，以人沒有得到超脫，人死後要再生。肉體既不能現生，究竟是什麼再生呢？佛教以人所以有人，完全出於「我執」，宇宙所以有宇宙，是出於「物執」。「我執」和「物執」都是人在意識上以我爲有，以物爲有。因此佛教在輪迴時，投胎輪迴的，便是這個「我執」，那麼佛教的靈魂也就是一種自我意識。

正式以靈魂爲自我意識的哲學家，爲休謨。休謨既不承認有理智的知識，他便以靈魂不爲行動的根本，不是精神自立體，乃是在自我意識中，各種感覺的互相連貫，於是我之所以爲我，不是別事，就是這一連貫的感覺。唐能（Taine），翁特（Wundt）和詹姆士都是這一種主張。

康德和黑格爾爲唯心論大師。唯心論本是舉揚精神，但因爲舉揚精神，他們結果以宇宙實體祇有精神，精神則又祇有唯一的絕對精神，於是每個人便沒有自有的個別靈魂了，結果等於否認靈魂的存在。

實驗心理學發達後，有一班科學家和哲學家，以爲生命的活動就是物理化學作用，一切生命現象都可以用實驗去實驗，生命由無機體進化而來。這班學者當然不承認生物有別於物質之魂，更不承認人有精神體的靈魂了。

但是最近的哲學趨勢，頗有重複提倡精神的趨勢。柏格森羅素和德國存在論的學者，各從各人的途徑，都主張人所有者以精神爲重，然而都不願接受中古原有的靈魂觀念。

乙、人有一個精神體的靈魂

有動作必有動作的根本，人有理智動作，便應該有理智動作的根本，這種根本稱爲靈魂。

人有理智動作，在上一章我們分別討論了理智知識和意志，沒有人可以否認。近代哲學家有人不相信因果律，在他們看來，有動作，不一定要有相當的原因。這個問題，在宇宙論我們已經討論過。我們主張有果必有因。因果的關係是必然的關係，不是偶然湊合的關係。

理智性的動作爲非物質性的動作，理智的知識和意志的主宰，都不是物質機官的動作，都是精神性的能力。於是這些精神能力所依附的本體，一定該是非物質的精神體。荀子所以說心是虛壹而靜。人的靈魂因此是虛壹的精神體，不是覺魂。

3. 靈魂的性質

甲、靈魂是和肉體互有區別的自立體

上面我們講物體時，常說物體由氣（質料）和理（本形）而成，氣和理可以有分別而不可以相分離。如同朱子所言天下未有無理之氣，亦未有無氣之理。

生物的生魂和禽獸的覺魂，雖是高於物質，然並不是和肉體能夠分離的自立體，因為生魂和覺魂在一切行動上，按本性說不能離開機官，營養生活和感覺生活是物質生活，不是精神生活。因此生魂和覺魂和其他物體的性理本形一般，生物生時，由質料中引出，生物死時消失於物質中。

人的靈魂是人的性理本形，和肉體（質料）結合成人。但是理智性生活按本性說，是非物質的生活，是非機官性的生活，是精神體的生活。理智意志按本性說不依靠機官，也就不依靠肉體，便是能夠和肉體脫離的生活，結論則是人的靈魂是不依靠肉體而能自立的精神體。

乙、靈魂由造物主的創造而生

關於靈魂的由來，學者中曾有三種主張：一種主張以爲靈魂是由神的本體中分出來的。另一種主張以靈魂是由父母因著生殖作用流傳而來。第三種主張以爲靈魂是由造物主所造。不承認有靈魂或否認靈魂是精神的人，當然不能發生靈魂由來問題。可是既然承認靈魂是精神自立體，靈魂的由來，便只能由造物者的創造而生。

精神體不能來自物質的肉體，這是很明顯的事。神的本體不能分，那也是很明顯的事。父母不能生子女的靈魂，因爲父母的生殖動作，爲一物質動作，父母所供給的精子和卵珠也是物質體，唯說精子和卵珠爲有生體，但是乃是有機體，從有機體不能生非有機體的精神體。

靈魂便祇能夠是造物者所造，當父母的精子和卵珠結合而成一新一生物的胚胎時，造物主天主即創造靈魂，胚胎便爲一新人。

丙、靈魂可以脫離肉體而永遠生存

靈魂可以脫離肉體而生存，這是從上面所說靈魂爲一精神自立體，應有的結論。在人死後，肉體變成僵屍，靈魂則獨自存在，因爲靈魂按本性說不依靠肉體，可以自立動作，可以自立存在。

在人活著的時候，靈魂和肉體相結合而成一個人，在動作上都常藉著肉體。但是按靈魂本爲精神自立體說來，靈魂藉著肉體而動作，並不是本性的要求，乃是實事如此。

至於說靈魂可以永遠不滅，因爲精神自立體，自身不會損壞。物體的損壞，是物體的分子互相分離，靈魂爲精神自立體，精神體沒有分子不會分離。

靈魂的永生，也是人們的願望。人人既有這種願望，願望不能不有根基。不然，就是人性有不正之點，激使一切的人都發生虛望。

二、人 格

1. 人

甲、人祗有一魂，即靈魂

中國儒家以人有魂魄，魂魄雖是人死後所用的名詞，但總是指著在人生時有心理生活和生理生活的兩個根本。魂爲心理生活的根本，即心，魄爲心理生活的根本，即肉體動作的根本。

道家素有三尸之說。尸爲魂，三尸即三魂。

柏拉圖也曾主張人體有三魂，舊士林哲學家有人主張人的胚胎在發育時，先有生魂，生魂滅而覺魂生，覺魂滅再生靈魂。

按理說一個人從成人到死，只有一魂，魂即靈魂。假使人有多魂，已經不是一個生物，而是多數個生物了。

一個人有三級生活，有營養生活，感覺生活和理性生活。三級生活都由靈魂發動，靈魂雖是精神自立體，但既和肉體結合成一個人，則是有靈魂和肉體的人的生活根本。有靈魂和肉體的人的生活本是理智的生活，但是人爲能營理智生活，人先應該是活的，人應該有感覺。人的靈魂便也發動這兩級生活。

靈魂和肉體使人成活人，肉體的一切機官便也因著靈魂而成活機官；人身有營養，生殖和感覺等機官，這些機官便也因著靈魂而活動了。

乙、靈魂爲人的性理本形，肉體爲人的質料，兩者相合而成人

或許有人要疑問，靈魂若是精神自立體，可以和肉體相脫離而自存，那麼靈魂和肉體相

結合，不是爲成一物體，而祇是肉體依附在一精神體上。靈魂和肉體的結合，便不是本體上的結合了。

但是上面我們說靈魂是精神自立體，沒有說靈魂是精神自立個體。因爲靈魂雖能脫離肉體而自立，然而靈魂受造的宗旨，就在於和肉體相合而成人。靈魂是自立體，但不是完全的自立體，獨自成一個體。

靈魂的自立體性質，不但不防礙它和肉體在本體上相結合，而且它存在的宗旨就是和肉體相合，因此靈魂和肉體的結合，便是一般物體的氣（質料）和性理兩個因素一樣，互相結合而成一個（單體）。

這種結合是最密切的結合，是本體上的結合。這種結合一分散，人便不存在，靈魂雖能夠在人死後生存，但它不稱爲人，祇稱爲靈魂。

2. 人格

甲、人格的意義

人格這是一個翻譯的名詞，人格在西洋哲學爲Persona。人格指的什麼呢？聖多瑪斯說：

「人格……就是理性的自立個體。」㈢又有波愛基（Boetius）的定義：「Persona est rationalis naturae individua substantia」即「人格爲理性的個別自立體。」㈣

人格所以指的一個完整的物體，這個物體在自己的本性是完整的，在自己的存在上也是完整的。人格不單是指著「人」，「人」是抽象的觀念；人格是指著一個單體的人，即是有人性又有個性，而且存在的人。

人格所指的完整物體，不是普通任何物體，而是一個人，所以說是理性的個體。因此人格在個體之上，加上理性兩字。一個沒有理性的個體當然沒有人格。一個不能使用理性動作的個體，也不是一個完全的人格。在本體方面凡是人必定有人格；但是在精神生活方面，一個小孩，一個瘋子，所有的人格，便不完整。在另一方面，一個人越發展自己的理性生活，越是表現人格的意義，他的人格也更完滿。

現代的存在論哲學，反對康德和黑格爾的「大我」，提倡個體的人格，但是他們過於囿於具體的現實，把人格的形上意義抽空了，那又等於不講人格了。

我們的「人格」意義，和普通社會上所說的人格，也是相合。社會上以偉人和聖人，以及大藝術家的人格高，即是因爲他們能表現自己旳個性，能特別表現精神生活的優點。

乙、人格爲人的行動主體—人格和自由

人格所指的是一個個體的人，即是這個人或那個人，不指著人的某部份而是指著一個完整的人。

這個完整的人，乃是自己一切動作的主體。凡是人的動作，不論生理方面的營養發育或生殖動作，不論感覺方面的感官或情感動作，不論理智或意志的精神動作都是這個人的動作。我們普通說：我吃飯或你吃飯，不說我的口吃飯，或你的口吃飯；我們說我看了或你看了，不說我的眼看了或你的眼看了；我們說我想或你想，不說我的腦子想了或你的腦子想了。就是因爲我的一切的動作，都屬於我，你的一切動作都屬於你。

因此在歐洲各國語言裏，文規裏常有第一人格（人稱）第二人格，第三人格我你他，我你他便代表人格，因爲是每人動作的主體。

但是人格的完滿意義，在於有理性：人格爲行動的主體，也便是有理性的動作上，更表示是主體。在這些動作上，人格不單是行動的主體，而是行動的主宰。一個行動是我的行動，不單是發自我的個體，而是因爲我願意。

因此自由和人格是相連的，消滅自由，即是消滅人格，限制自由，便是剝削人格；但是我們並不以自由和人格同是一物。

柏格森主張人格（自我）是繼續的存在，柏氏的中心思想，以人的實體是「蓬勃生氣」。生氣常向前前進，但我們每個人理會自己常是自己，那就是因爲生氣繼續存在，我們而且意識到這種繼續存在。

有些學者，把人格和自反意識同指一物。在一切事上，我自己意識到自己，便有我的人格，反之沒有意識的行動或潛意識的行動，都沒有人格，都不屬於人格主體，都不是我的行動。我們認爲這種主張不正確。

人格的問題，屬於形上學的本體論，在心理學上，我們要看人格的心理成份。人格在心理方面乃是「我」。

3. 我

「我」是具體的「人格」，是具體的人。「我」在形上方面是由氣和理所成之人性，再加以「存在」以及隨著「存在」而來的附性而合成的。在心理方面，「我」的成份，除卻每個人都有的靈魂和身體，以及靈魂和身體所有的能力和器官以外，還有每個人所具的性格和脾氣。

甲、性 格（Character, Indoles）

性格，在廣義上說是每個人的品性。西洋各國語言的性格，Character 原出希臘文，字義是在物上所加的印記，用以分別此物和他物。人的性格，便是每個人在行動上，和他人的不同點。每個人對外的行動，使用自己的智力，使用自己的意志，使用自己的感官，使用自己的感情。性格便是每個人在使用這些能力時的方式。因此性格在狹義上，是「每個人心理生活的方式」。

心理生活的方式，不是指著外面的表現方式，乃是指著心理生活發展的整個方式。這種方式的成因，大部份是天生的，一部份是由習慣、遺傳、學習而取得的。每個人的性格包含他的理智力的程度，他的意志的強弱，他的感情的濃淡，他的感覺的疾鈍，他的嗜好和傾向，這一切都是天生的。此外，性格又包括一個人由學識和習慣所養成的，接人待物和立身處世的態度。

性格的天生部份，人用後天的方法，不能加以改變；然而在這些天生成份的使用方式上，人可以用後天的方法去鍛鍊。理智力低的人，能夠有勤學的習慣；感情激烈的人，能夠抑制感情的激烈；意志薄弱的人，能夠有堅固的耐心，這些善習稱為德行。修鍊德行的人，我們稱之為有品格的人，或是品格很高的人。從反面去看，沒有品格的人，或是任其自然，天生是怎樣的人，就是怎樣，或是養有惡習，如孟子所說：「牛山之木嘗美矣，以其郊於大國也，斧斤伐之，可以爲美乎！……牛羊又從而牧之，是以若彼其濯也。人見其濯濯也。以其未嘗有材焉；此豈山之性也哉！」（告子上）

乙、脾　氣（Temperamentum）

俗語所稱的脾氣，是人天生對於感觸的反應程度。有的人對於感觸反應很快，有的人反應慢。又有的人對於某一種感觸，反應激烈，有的人反應不激烈。因此有脾氣燥的人，有脾氣緩和的人；有性慾強的人，有性慾淡的人，這都是人的脾氣不同。感觸的反應和人的器官及神經系統有關，所以是天生的。然而人的意志力可以加以相當的統制。中國古人常說：改變氣質，即是修改人的脾氣。修改脾氣的工夫，也是修養品格的工夫。

「我」在心理生活方面，由性格（品格）和脾氣而表現出來。

三、人的由來

1. 進化論

「人的由來」這個問題本不是心理學的問題，又不是形上學的問題，又不是宇宙論的問題，乃是科學上的一個問題。然而這個科學問題和哲學的關係很深，因而也是哲學上的問題，我們因此便在這裏討論一下。

於今講人的由來的學說為進化論。進化論大家都知道是達爾文的學說：但是在達爾文以前，和在達爾文以後，主張這種學說的人，很有一些學者，他們的主張和達爾文的主張不完全相同。

一八〇九年，拉馬爾克（Lamark 1744-1829）發表進化論，主張生物種類，高級由低級進化而來。拉氏的主張，以生物機官順應環境為例。一種機官，若日加使用，則越用越好；若久不使用，則逐漸遲鈍。因此，若在某種環境下，一種生物常用某項機官，而不用其他項機官，這種生物的機官，久而久之，便起變化。拉氏又謂生物的本性，都有有日求優良的趨向，都想使自己的技能，更加完善。因著這兩種理由，生物所用的機官，日見發育，所不用的機官，日見退化。這種改變器官的痕跡，由遺傳留於新胚胎者，漸漸使生物改變形態，改變種類。

達爾文於一八九五年發表「物種原始」一書，以適應外在環境，爲生物機官改進的基本原理，而以物競天擇，強者生存，爲物種改良的理由。在植物方面，可以用人工的方法，移花接木，改良並改變植物的種類。自然的環境和生存競爭的各種自然力量，當然具有淘汰不適用的機官，淘汰不適於生存的生物，使生物代代向優良的種類而進化。這樣有生物來自無機體。有生物的高級生物來自低級生物，人便來自猿猴。

2. 生物來自生物

在達爾文之後四十年，德福里（Hugo De Vries）主張物種進化，不是順序漸進，乃是驟變的跳躍式進化。他以爲生物的生殖細胞，雖具有歷代遺傳的新原素；但不順序發展於外，祇在一二生物內，因著特殊的環境，驟然發育成一種新種，他的學說稱爲變種論（Mutationismus）。

一九四四年美國古生物學家辛波松（G. G. Simpson）把德福里的生殖細胞的變化和達爾文的天然淘汰兩種學說綜合爲一，爲綜合論（Theoria Sinteica）。新的種苗，由胚胎遺傳下去，天然淘汰則除去不合環境的弱者，因此，強者生存，強者的機官也繼續改進。

另一派的學說爲綜合平衡論（Theoria ecletica），主張的人爲奧斯本（Osborn）和布蘭克（A.C Blanc）。奧斯本在一九一四年，布蘭克在一九四三年先後發表主張，謂新種的形成，由於胚胎的種苗、環境的影響、天然的選擇，等等因素，平衡發展而造成。在同一地區內，開始時，能有許多不同的個體同時生存著，後來因著天然的環境加以選擇，造成相同的優良類型，而成一種人。

反對外在環境可以改變物種的進化論，稱爲內在進化論（Ologenesis）。這派學說的學者有羅沙（Rosa）和耐格里（C. von Naegeli）。前者在一九一八年，後者在一八八四年主張生物的進化，完全由胚胎中的因素而定，外面的環境沒有影響。

於今生物都生自生物，乃是大家公認的事實。學者所討論的問題，是地球上開始有生物時，生物由何而來。地球的地理環繞在開初時不能有生物，地質學家早已證明這點，同時他們也證明地球的地理環境是繼續轉變，處處都有進化的痕跡。於是在地球的地理環境適於生物的生存時，乃在地面出現第一批生物。學者便問這些生物由何而來？進化論的學者若是傾向唯物論的，他們便說第一批生物是由無機體的物質進化而來。爲能證明這一點，從考古學上絕對不能找出有力的證據，於是就轉換方向，到科學實驗室裏，盡心研究看是否能夠用化學的方法，造出生物。但是到於今還沒有得到絲毫的成績。所謂煙葉毒菌的分析和再結合，也是在試驗時期。就是假使能夠成功，仍舊是用生物的細胞因素，結成生的菌蟲，並不是用化學原素創造生物。

我們主張生物不能生自無生物（無機體），因爲生命的活動是高於物理化學活動，要求高於無機體的動因。

因此生物應該由生物傳生而出。

至於第一次，生物出現於地球時，生命的根本即是生魂應該是由造物主造的。

3. 生物的基本種類，不能由進化而來

生物的「種類」，可以從兩方面去看；一方面是植物學和動物學所用的「種類」，一方面是哲學上所用的「種類」。

「種類」在植物學和動物學上，指的一群具有相同特性的植物或動物，他們又和別的植

物或動物不相同，他們彼此間可配合生殖。

「種類」在形上哲學，是指著在多數單體中所有的共同物性。人類學把人分成多少種，亞利安人，蒙古人，非洲人等等。這種區分是按一群人所有的特性而分的。在哲學上，所有的人則都屬於一種，即是「人」，因爲人的人性相同。

在其他的植物和動物的種類上，植物學和動物學的區分，往往較比哲學的區分爲多。

在生物的進化中，凡是物性不同的種類，即是在哲學上區分爲不同種的種類，不能夠由進化而來。在生物學上所分的不同種類，另外是相近的種類，可以由進化而轉變。

物競天擇的原則，可以說明有些生物的機官發育變化的原因，但不能說明爲什麼不適用的機官仍舊存在。再者，生物機官的構造，複雜而又周密，勝過任何工廠的機器，難道這種精密的機官，完全由於環境偶然促成的？我們認爲於理不合。

凡是一物的物性，天然傾向於保全自己。因此一種生物的物性，絕對不會天然摧殘自己而變成他種物性。

效果也不能超過原因，偶然的環境催促下級的一種生物，竟能生出高一種的生物，那是完全推翻因果律了。

因此生物的基本種類，不能是因著生物進化轉變而來，應該在開始時，造自造物主天主。

4. 人不能由生物進化而來

主張造物主發動進化論的哲學家，以爲人的肉體可以由猿猴轉變而來，人的靈魂則由造物主而造。

我們認爲這一種主張，也沒有相當的證明。人是自成一種生物，而且是生物中最高的一種，我們既不承認基本種類可以由進化而來，爲什麼要主張人的身體，由進化而來呢？古生物學到於今所發掘的化石人，沒有一具化石，可以證明人身是由猿猴或他種動物變來的。

我們主張人的原祖，應是造自造物主天主。《詩經》說：「天生蒸民，有物有則。」（蒸民）

註：

㈠ 唐君毅 孟墨莊荀之言心申義 新亞學報 第一卷第二期 頁三二。

㈡ 羅光 儒家形上學 頁一六七—頁一七四。

㈢ S. Thomas, Summa Theologica. 1.a. q 29. a. 3.

㈣ Boetius, De duabus naturis. Cap. 3. TL. 64. 1344.

形上學

緒論

論形上學

一、形上學在中國哲學上的意義

1. 儒家

形上和形下的名詞，出自《易經》。《易經・繫辭》說：「形而上者謂之道，形而下者謂之器。」（繫辭上 第十二）形而上和形而下究竟有什麼意義呢？張載解釋說：「形而上，爲無形體者也，故形以上者謂之道也。形而下，是有形體者，故形以下者謂之器。」（易說下）。張子以形爲形體，以上下爲有無，形而上是沒有形體者，形而下是有形體者。

程頤和朱熹，不贊成張載的主張，他們兩人，以爲形上形下不能解爲無形和有形。「問形而上者理也，何以不以形言？曰：此言最的當。設若以有形無形言之，便是物與理相間斷了。所以程子謂攔截得分明者，只是上下之間，分別得一個界止分明。器亦道，道亦器，有分別而不相離者也。」（朱子語類）朱子對形上形下的解釋，主張不宜解爲兩種物體，不宜以形上爲無形者，形下爲有形者；因爲形上形下可以同在一物體之內，形上爲超於形體以上之部份，即是理，形下爲形體以表示之部份，即是理，形下爲由形體以表示之部份。即是氣。理氣只有分別，不相分離。朱子所以說：「形而上者，無形無影是此理，形而下者，有情有狀是此氣。」（朱子語類）

戴東原解釋形上形下，爲成形之前或成形之後。「形謂已成形質。形而上，猶曰形以前，形以下，猶曰形以後。」（孟子字義疏證）

歷代儒家對於形上形下的解釋，和每人所主張何者爲形上何者爲形下，很有關係。張載對於氣，分太虛之氣和陰陽之氣兩種。太虛之氣無形體，所以屬於形而上，陰陽之氣有形體，屬於形而下。

程頤和朱熹則主張以理爲形而上，以氣爲形而下。形上形下以理氣爲代表。

陸象山不贊成朱子的主張，他主張陰陽不爲形器，屬於形而上。朱子答覆說：「來書云，直以陰陽爲形器……孰爲昧道器之分哉。……若以陰陽爲形而上者，則形而下者，復是何物？更請見教。若熹愚見與夫所聞，則曰：凡有形有象者皆器也。其所是以爲器之理者，皆道也。如是，則來書所謂始終晦明奇耦之屬，皆陰陽所爲之器，獨其所以爲器之理，如目之明，耳之聰，父之慈，子之孝，乃爲道耳，如此分別，似差明白，不知尊意以爲如何。」（答陸子靜書）

戴東原有類於張載和陸九淵，以陰陽未成形時，屬於形而上，既成形，則屬於形而下。「陰陽之未成形質，是謂形而上者也。……其五行之氣，人物咸稟受於此，則形而下者也。」（孟子字義疏證）

儒家形上形下兩個名詞，僅僅是理學上的兩個名詞，雖有它的重要性，但是並不代表一門學術。儒家中代表一門學術的名詞是「理學」或「性理學」，或「道學」。

《辭源》上性理學一條說：「性理學，宋儒言性命理氣之學也。一曰理學，亦稱道學。」代表理學的著作是《性理大全》。《性理大全》「明胡廣等奉詔撰，採宋儒之說，凡一百二十家，分爲十三目。曰理氣，曰鬼神，曰性理，曰道統，曰聖賢，曰諸儒，曰學，曰諸子，曰歷代，曰君道，曰治道，曰詩，曰文，凡七十卷。清聖祖有御纂性理精義，即此書之節本也。」（辭源）

「儒家宋明的理學，即在研究物之性理。在宇宙方面，理學家討論太極和陰陽。在物體方面，理學家討論理和氣。在人方面，理學家討論性和理，心和情。這一切問題，雖不是用系統的方法，予以解說，但是理學家對這些問題，各人發表過自己的意見。因此他們在這一方面的意見，很可以認爲他們對於物體本性的討論，也就可以認爲儒家的Metaphysica。」

㈠即是儒家的形上學。

2. 道家

道家沒有形上形下和性理學等名目。道家講「道」，講陰陽，講無爲。道家的「道」，爲無形無象。「道之爲物，惟恍惟惚。」（道德經 第十一章）「道不可聞，聞而非也。道不可見，見而非也。道不可見，見而非也。道不可言，言而非也。知形形之不形也，道不當名。」（莊子 知北遊篇）

「道」爲萬物之母，「有物混成，先天地生。寂兮寥兮，獨立而不改，周行而不殆，可以爲天下母。吾不知其名，字之曰道，強爲之名曰大。」（道德經 第二十五章）

「道生一，一生二，二生三，三生萬物。萬物負陰而抱陽，沖氣以爲和。」（道德經

第四十二章）

萬物由「道」而生，萬物的本體內有陰陽。

道家既講「先天地生」之「道」，又講萬物的本體，道家所講的「道」，即是道家的形上學。

3. 佛學

佛教雖爲宗教，佛教教義則以形上學爲基礎。佛教的四諦：苦集滅道，指示人生爲苦，佛道足以滅苦救人。苦的來源在於「無明」，破滅無明須用真智以「覺悟」。「無明」和「覺悟」，都是知識論的問題。

爲什麼人的「無明」使人集苦呢？因爲「無明」「使人生物執我執」。「物執我執」有什麼不對呢？是因爲以空爲有。萬物和我，本都是空，「無明」卻使人執以爲有。人因佛法得了真智，心中覺悟，便知萬法皆空，唯有「真如」。

這些問題乃是萬有的本體方面的問題；因此佛教也有它的形上學。

二、形上學在西洋哲學上的意義

1. 古希臘哲學

「形上學」這個名詞，我們用爲翻譯西洋哲學中的Metaphysica。西洋哲學中的這個名詞，來自希臘文由兩個詞而合成。第一個Meta即爲「以後」，第二個爲physis「自然物性」。兩個詞合起來的字義，爲「自然物性以後」。首先用這個名詞的人，爲紀元前第一世紀的安特尼克（Andronicus de Rodi），他在編纂亞立斯多德的全書時，在physis（於今這個名詞，指物理學）自然物性哲學以後編纂了亞氏的「第一哲學」而以Metaphysica稱之，就是說「在自然物性哲學以後的哲學」。

自然物性哲學是論宇宙物質物的哲學。自然物性哲學以後的哲學，則是論超於物質之對象之哲學，故亦稱Transphysica。Trans這個詞，在拉丁文指著「從中過去」或「在以外」，即是說在自然性哲學以外的哲學。

物質在中國哲學裡常稱爲形器，在物質以外和儒家的形上，意義頗相同。因此我們以

「形上學」來翻譯Metaphysica。

亞立斯多德的第一哲學，討論什麼對象呢？亞氏第一哲學爲哲學中最上乘之學，這種哲學的研究對象，「是研究萬有之有，和有之特性。」㈡包含兩部份，一部份爲本體論，一部份爲神論。

本體論和神論並不起自亞立斯多德。希臘哲學在開始時，已經就討論這問題。柏美尼德斯（Parmenides）在紀元前第五世紀時，開始了形上學的辯論。「所以使柏美尼德斯在歷史上成爲重要的學者，是因爲他發明一種玄學（形上學）上之辯論。這種辯論，在一種或他種形式之中，見於以後大多數之玄學家，一直包括到黑格爾。」㈢柏氏的重要主張，是物體不變。但是他所主張的不變，是理想中的不變，因此他的主張，近於唯心論。我們的觀念、有觀念以外的客體我們的觀念，一成不變，常可以存在，今天有這觀念，明天明年以及後來都有這個觀念。有觀念，便有觀念的客體，因此，物體不變。

和柏氏的主張正相反的，有希臘大哲學家赫拉頡利圖（Heraclitus）。赫氏在紀元前六世紀初，主張宇宙之唯一元素爲火，火是變動不居的，因此宇宙萬物繼續變動。他的形上學爲變動的形上學。

希臘的大哲學家柏拉圖，主張先天觀念論。他以爲世界上的各種物體，都按照一個模型而成，每種物體的模型，即是先天的觀念。先天觀念超於物體而存在，不隨物體而變遷。柏拉圖的形上學，乃是超然觀念的形上體。

柏拉圖的弟子亞立斯多德，集希臘哲學的大成，他的形上學，是講萬有之有。萬有之「有」，從「有」（Ens）一方面去研究，這是一種最基本的問題。諸有之「有」，意義相同或至少意義相似。爲研究諸有之有，亞氏不追隨柏拉圖的學說，他不主張萬有之「有」，爲一先天觀念。「有」的觀念，係從世界具體的物體中抽出來的。「有」的特性，也是抽象觀念；然而這些觀念，雖是抽象觀念，在具體物中，有它的根基。亞氏的學說，開啓了中古「士林哲學」的形上學，造成一種抽象的理論哲學。

2. 中古哲學

歐洲的中古哲學，以士林哲學爲盛。「士林哲學」（Philosophia scholastica）也可稱爲我們公教的哲學。羅素所著的《西方哲學史》，就把士林哲學（譯者譯為經院哲學）列爲天主教哲學。

天主教哲學的首創大師，爲聖奧斯定。集大成而爲後代宗師者，爲聖多瑪斯。同時名著學壇而爲一派的領導者，有聖文都拉。

聖奧斯定宗承柏拉圖，改以天主爲萬有的模型。人的知識的最高點，在於認識天主。人爲認識天主，是用內心的經驗。人認識天主後，不單是以天主爲眞理，還要以天主爲自心的幸福。聖奧斯定的形上學可以說「眞理形上學」。

聖多瑪斯是師承亞立斯多德而擴大其學說的神哲學家。他的學說，系統嚴明。聖多瑪斯指定形上學爲「由脫離物質的觀點討論萬有之有及第一實有體之學」(de ente communi et de ente primo, quod esta materia separatum)。㈣所謂脫離實體，是把所討論的對象，和物質相脫離；這種脫離是由人的理智動作所造成，即是抽象化。但在實體中，有的實體，本是脫離物質的，即是精神體，精神體中最高者，爲第一實有體。形上學研究脫離物質之有，或是抽象之有，或是具體之有，討論「有」的理由，和「有」的特性。因此形上學的對象，是抽象的共通觀念；形上學的方法，是抽象的理論方法。然而抽象的共通觀念，是由具體的實體中抽出；抽象的理論方法，也就不是純粹的主觀幻想或武斷。

聖文都拉的哲學思想，爲方濟會哲學派的領導思想。聖文都拉喜好聖奧斯定的學說，他以形上學「爲由萬有而上溯到天主之學，因天主爲萬有之原，爲萬有之模型，及爲萬有之宗向。」㈤(circa cognitionem omnium entium, quae ducit ad unum primum principium, a quo exierunt secundum rationes ideales, sive ad Deum , inquantum, finis et exemplar.)

3. 近代哲學

近代的形上學，可說是起於奧坎（Ockham ）。奧坎是第十三世紀末葉和第十四世紀上半期的人，他曾爲方濟會士，爲士林學派哲學家。但因爲他在知識論上主張「唯名論」（Nominalismus），開近代知識論的爭辯。奧坎否認共通觀念（共相），在理智以外，有適當的對象。他以爲共通觀念，不過代表一類的單體的總合。這樣一來，形上學便不能立足了。羅素說：「奧坎因爲主張我們可以研究邏輯和人類知識，而不涉及形而上學和神學，故他的著作，實鼓勵了科學的探討。」㈥

近代哲學的第一位大師爲笛卡爾。笛卡爾謂形上學爲「討論非物質體之學」。這項定義看來很適合形上學的意義；但是笛卡爾以非物質體所指的對象爲精神體，形上學爲討論精神體之學，於形上學在笛卡爾的哲學中，已經不和以前哲學家所講的形上學相同了，而笛卡爾的知識論，是以「我思故我在」爲原則。「我思故我在」一語使到心比物爲確實，而我的心又比他人之心爲確實。」㈦這不是後代唯心論的學理根據嗎？

但是近代哲學家中，第一個反對形上學的人，是霍布斯。「霍布斯是個十足的唯名論者。他說只有名並無普遍的東西。如無言詞，則我們不能作任何的一般觀念。如無語文，則無所謂真僞。蓋真與僞，都是言語的屬性。」㈧共通觀念都只是一些空名，並沒有真正的對象。因爲萬有都是物質的單體物，無所謂普遍物。人的知識也只靠著感覺。因此霍布斯開始近代哲學的唯物實徵主義。後來主張唯物實徵主義的學者，都反對形上學而贊揚實驗科學。實徵主義的創立人爲洛克（Locke）。「陸克（洛克）可以視爲經驗論的創建人。所謂經驗論是主張：我們的知識，是來自經驗。」「就通常來說，陸克是鄙夷形而上學的。……當其時，實體的概念，正稱雄於形而上學中，而陸克則認其爲浮泛無用，但他亦不完全拒而不納。」㈨

除唯物的實徵主義以外，近代哲學中尙有唯心主義。唯心主義以康德和黑格爾爲大師。康德的哲學，全部都是理論的哲學，但是他的理論是以先天的範疇爲基礎。外間的物體，藉著感覺而給人以感覺印象。感覺印象要經過先天範疇的調製，纔能成爲觀念。我們人爲懂得感覺的印象，必要藉助於先天的範疇。按康德的主張，觀念是人心所造的，形上學乃是人心的形上學。至於神以及倫理規律的性質，人不能憑理性而知，乃由於人心的一種迫切的要求，自覺非有神非有倫理律不可。從這方面說，康德的精神形上學，也是人心的形上學了。

黑格爾的形上學，完全變爲唯心的機械論。黑格爾的宇宙，不僅是自心所造的宇宙，而且機械地隨著正反合的方式繼續變化。他的唯心論似乎是一種強有力的進化論，實際則是一種盲目的機械論，把宇宙的一切都鎖在自心的正反合辯證方式內，既不合理又不合事實。結果變而爲馬克斯的唯物辯證論。

4. 當代哲學

當代哲學的趨勢，是一種反唯物實徵論的趨勢。第十八世紀是歐洲科學萬能說極盛的時代，一切學術都以經驗爲主。理論的學術，都被輕視，形上學更被鄙爲空談。第十九世紀時，歐洲的哲學家，有人開始攻擊這種唯物實徵的趨向，轉而趨向理論的形上學。

然而當代歐美哲學的形上學，除士林哲學外，都不繼承中古形上學的原則。中古形上學是討論趨於物質之「有」，注重抽象的理論觀念。當代的形上學，是就具體之單體而論「有」。

柏格森所主張之「有」，爲「蓬勃的生氣」，在物體中繼續活動，繼續向上。人爲認識這種「蓬勃生氣」之「有」，不能憑理智去認識，乃憑內心的一種「直見」。人的內心和「有」相接觸時，自然而然就見到「蓬勃生氣」。

德國哲學的「現象論」和「存在論」都就具體之「有」以論有。這些哲學家不願談

「性」字，以性過於空泛。他們又把「有」和「在」（Dasein）分開，單單談「有」，不算完滿的哲學，應該討論「在」，「在」不是抽象之「有」，乃是具體之「有」。但是他們討論「在」，不是憑感覺，而憑理性的知覺。理性的知覺，不是理智的抽象動作，而是人心的「直見」。他們對於「在」的研究，不用推論法去研究，而是用描寫法去描寫具體的「在」。

當代的現象論哲學家有胡賽爾（Husserl），存在論哲學家有雅士培（K. Jaspers），海德格（Heidegger）等。這一班哲學家於今雖大談形上學，但是形上學若脫離理智，而又牽就具體的單體物，形上學仍舊不能保全自身的價值，而成爲一種自相矛盾的主張。

三、形上學的意義

1. 意義

形上學「是就萬有之「有」，研究它的理由和特性的學術。」

形上學的研究對象，爲「有」。宇宙間每件物體都是「有」。但是這「有」是個別的「有」，是各個各個的有，或各種各種的有。形上學所研究的對象，不是這些個別的「有」，乃是「萬有之有」，即是萬有所以爲有之「有」。這個有，是除去一切的個性和類別，僅僅是「有」。凡是一切稱有的，都包含這個「有」的意義。所以稱爲萬有之有（Ens in Communi）。形上學的「形式對象」便是萬有之有。

萬有之「有」，是我們所有的觀念中，最普通的觀念，又是我們對於萬有的第一種知識，而又是對於萬有的最後知識。當我們認識一物時，第一我們知道它是「有」；假使沒有這物，我們對它便無所謂認識。但是當我們在研究一物時，我們把它的內涵意義，層層加以分析，最後我們分析到一「有」字。「有」以後，便不能再分了。「有」是物體的最後因素，沒有「有」，就無物體。

因此形上學，在學術裡是最後的一種學術，同時也是學術裡最高的學術。因爲是就萬有之「有」，研究「有」的理由和特性。「有」既是萬物的最後因素，「有」的理由和特性，也就是萬物的最後理由和特性。

例如以「人」爲研究對象的學術，可以有許多種。這些學術的高低，可以按照各自的「形式對象」而分高低。研究「人」的最低學術，爲生物化學，完全把人當做一個物質物，研究人由什麽化學元素而成。較高的一種學術，爲人身生理學，以及醫學，把人當做一個生物，研究這個生物的生理動作。再較高的一種學術，爲實驗心理學，從實驗方面研究人的心理作用。再進一步，有社會學，倫理學等等實踐方面的哲學，就人的理性方面，研究一個理性動物，在生活方面當有的原則。再上而研究人，便有心理學，研究人的理性，人的理性，超於物質，心理學乃是理論的哲學。最後我們便研究人之所以爲人之理，就人之「有」而加以研究，乃有本體論。本體論即是形上學。神學是繼續本體論而解釋人之「有」，哲學的神論，所以也包含在形上學以內。

2. 形上學的可能

反對形上學的實徵主義，對於形上學常有兩種誤解：第一，形上學純粹爲抽象的理論，由演繹預定的原理而成，沒有實在的意義；第二，矛盾律只能在理則學上有效，在實際的事物上，並不能應用。

這兩項誤解，在當代中國學術界也很普遍。我們不必去講丁文江和張君勱的科學和玄學之爭，㈩就是目前中國學者中輕視形上學的，尚多有其人。

形上學並不是空虛的抽象理論，因為我們講形上學，用抽象的共通觀念，不是憑空幻想，不顧事實。我們的共通觀念，是由具體的事物而來，抽象的原理，是事理界的原理。研究科學的人，所用的方法，也是同樣的方法。科學家在經過許多實驗以後，得到了一項原理或定律；他們為達到這項原理或定律，他們要綜合所行的實驗提出共通的條件，構成統一的原理或定律。這種工作，是從散亂的具體現象中，追求一個統一點，貫通這些現象，使現象而歸於一。這豈不是抽象的工作嗎？形上學為講萬有之「有」，所用的抽象方法，也就是這種方法，也就是這種方法，不過是所抽出的觀念，離物質更遠；所成的原理，講論物體更深的理論。

反對形上學的人說：就是因為形上學的觀念，離物質太遠，形上學的原理，講的理論太深，在具體的事物上，既不可以用實驗去證明，也不能有經驗的根據。

為答覆上項設難，我們於今只大概地說，不能用實驗或經驗証明的理論，若是和實驗或經驗相反，我們可以說這種理論是空想，不能成立。若是並不和實驗或經驗相反，只是超出實驗和經驗以上，我們便不能一口咬定這樣的理論，完全是空想，因為科學上的原理，若要加以解釋時，也要用抽象的理論去解釋。高等數學上的高深數理，不是很抽象的理論嗎？凡是理論越高，越會離物質遠。所以並不是離開具體的經驗現象，就沒有理論了。對於這一點，在知識論裡，我們要詳細討論。

至於說矛盾律在具體事實上不能應用，那是因爲愛因斯坦的相對論，主張在物理界沒有矛盾律。關於這一點，在宇宙論裡我們已經加以研究。不過，究其實，愛因斯坦的相對論，只不過是物理上的一種假設。凡是假設，都只能解釋一部份的現象，因爲假設的本身，並不是完全的真理。況且相對論爲解釋物理現象，常是從局部的觀點出發，不是由事物的整個本身去看。這種觀察法，有似於莊子的〈齊物論〉觀察法可以適用於一些局部的現象，但不能應用於全部的真理。

我們主張形上學是可能的，而且是合理的。因爲形上學的共通觀念，是由具體的客體，抽象而出，有客體上的根據。

3. 形上學的特性

甲、形上學的知識是系統的共通知識。

形上學的對象，爲萬有之「有」。「有」是最普遍的事實，是最共通的共相。研究萬有之「有」的學術，當然是用最共通的觀念了。

共通的觀念，具有綜合的特性，因爲是多數單體的統一點，。研究「有」的形上學，既用最共通的觀念，這種學術，便特別具有綜合性。

形上學的研究法，以演繹法的成分爲最多。歸納法在形上學的使用範圍，是在作證幾項基本的原理。其餘形上學的各部份，是用演繹法去推論，是用演繹法最多的學術，常是最有系統的學術，因此形上學的知識，是系統的共通知識。

乙、形上學爲一種「實學」，並非空想。

形上學的對象，爲萬有之「有」。「有」是最通的事實。形上學所討論之「有」，雖不是具體的有，而是抽象之「有」，然而抽象之「有」，是在具體之「有」以內，爲具體之「有」的本體，並不是理智空想著一種不著邊際之「有」，和實際之「有」，一點沒有關係。

丙、形上學是種最重理論的學術。

凡是哲學都重理論，不重經驗。形上學則又是哲學中最重理論的學術；因爲形上學所研究的對象，是超乎具體感覺之「有」，且進而討論「有」的理由和特牲。這種特性和上一項特性，並不相衝突。最重理論的學術，可以是實學，而不是空想。

丁、形上學是最高深的學術。

高深兩字，不代表難懂或難講。在學術中有很多學術，在學理方面，較比形上學更難懂更難講，例如高等數學，或原子論物理學。學術的深淺，以它的對象而定。對象越物質化，學術越淺；對象越非物質化，學術則越高。形上學的對象，爲萬有之「有」，爲一切「有」的共同點，爲一切「有」的根基，超越一切的物質。況且形上學又談萬有的根基，追究到萬有的最深點。因此形上學稱爲最高深的學術。

4. 形上學的區分

形上學的對象爲萬有之「有」，對於「有」的研究的是「有」的理由和特性。形上學的區分，就按照自己的對象而分。

萬有之「有」的理由和特性，由「有」的本身去看，是「有」的本體。因此形上學的第一部份是「本體論」（Ontologia），「本體論」很像宋明的理學。理學研究物的性理，即是研究「有」的本體。

但是在研究「有」的理由時，不能不問萬有之「有」，從何而來。因爲我們從萬有之「有」的本性，可推知它不是自有，必定應該有一緣由，因此推到造生人物之神。哲學上的神論乃是形上學的一部份。我們在這冊形上學裡沒有加上「神論」（Theodicea），是因爲把「神論」擴爲宗教哲學，列入了實踐哲學以內。

在研究形上學以前，有一個須要預先解決的問題，即是理智的知識究竟有什麼價值。研究形上學，要用抽象方法，要用共通觀念和共相，要用知識的基本原理，於是我們便要問這些方法和知識，是不是真的呢？反對形上學的人，就是反對人的理智能夠有超於經驗的知識。因此在形上學的前半部，便有知識論（認識論）研究知識的價值。至於知識的成因，則爲心理學的研究對象。(土)

註：

(一) 羅光　儒家形上學　台北 民四六年　頁七七。

(二) Aristotle, Metaphysica IV, 1, 103a)

(三) 羅素，西方哲學史，鍾建閎譯，台北，民四四年，第一冊，頁四。

(四) S. Thomas, De gen. et corrup, pream.

(五) S. Bonaventura, De reductione artium.

(六) 羅素　西方哲學史　鍾建閎譯　第三冊　頁六六四。

(七) 同上，第四冊，頁七七七。

(八) 同上，頁七五五。

(九) 同上，頁八三九。

(十) 對於形上學的意義，可以參考的書很多，為便利起見，可以參考：
A. M. moschetti, Metafisica. Enciclopedia filosofica. vol. III.
Regis Jolivet, Traite de philosophie vol. III. Metaphysique. 1941.
Laland, Vocabulaire Technique et Critique de Philosophie e tr I. p. 457.

第四編 知識論

第一章 知識論

一、知識論

1. 知識論的意義

知識論（Epistemologia），一稱認識論（Gnoseologia），又稱批評論（Criteologia），或稱大理則學（Logica Major）。

士林哲學派的哲學，對於哲學教材，通常分理則學爲上下兩部。上部爲理則學正論，下部爲知識批評論；理則學正論名爲小理則學，論求知的方法；知識批評論名爲大理則學，討論知識的價值。

知識批評論在其他的哲學派別中，常自成一部，不和理則學相連，專門研究知識的價值，或稱批評論，或稱認識論，或稱知識論。

批評論的宗旨，重在批評知識的價值。批評的方法，普通是分析多於綜合，辯駁多於說理；所以消極的成分，多於積極的成分。認識論的注意點，是人的認識。認識所指的，或是單純的印象，或是複雜的觀念，認識就是研究印象和觀念的價值。

但是我以爲我們在研究知識的價值時，不單是批評，還該說明知識的意義；不單是討論印象觀念的客觀性，還該討論評判的真假，進而研究真理之所在。因此我喜歡採用「知識論」作這部哲學的名稱。

對於人的知識，能有許多的問題，理則學和心理學，從兩種不同的觀察點，討論了知識的兩種問題，一是求知的方法，一是求知的心理過程。這兩種問題，即是知識的構成問題；理則學研究知識在理則方面的構造，心理學研究知識在心理方面的構造。談了理則學和心理學以後，我們可以知道知識是什麼。

在知道人的知識是什麼以後，我們對於知識又有一個很大很難的問題；因爲我們要問我們所知道的客體對象，研究和我們所知道的，是不是一樣呢？例如說：我們知道了牛是什麼，然而實際上的牛是不是和我們所知道的牛一樣呢？這種問題，是知識本身的價值問題。

在普通人看來，這種問題毫無意義。普通人只問自己的知識錯了沒有錯，沒有錯，當然是對。不錯的知識，和所知道的事物，一定相合。和所知道的事物相合的知識，便是真的知識。真的知識，當然有價值。於今又何必去問我們是不是能夠知道外面的事物，或者問我們所知道的是不是外面的事物呢？若真的這樣追問下去，一定會自己鑽牛角，尋不到出路。鑽牛角的危險確實有，但是哲學既然是研究事物的最高因由，便不能不研究知識的本身價值。

我們的知識是什麼呢？不是感覺印象和理智的觀念嗎？印象和觀念的對象，是外面的客體。我們認識外面客體時，是經過印象和觀念去認識。然而印象和觀念是我們的認識官能所構造的，又在我們自己以內，認識的對象則是在我們以外。因此我們便要問內面的印象和觀念，同外面的客體，是不是相合呢？

哲學家對於這個問題的答覆，意見很多，主張多不相同。知識論的爭論，乃成爲哲學上的一大爭論；而且在近代哲學中，這種爭論變爲哲學上的中心問題。

知識論究竟討論那幾個問題呢？

陳哲敏神父曾說：「我們已經知道認識的目標有兩個：一個是真理，一個是實在。所謂真理是我們的判斷與客觀一致，所謂實在是達到客觀的本體。那末從這兩方面，便發生兩個問題：一、我們能不能達到真理？能不能有把握地達到真理？二、我們理性能力是否能夠達到客觀實在的本體呢？既是由認識論而不是由心理學來研究這個問題，所以我們便可以明瞭認識論是：研究人類真實確切認識的價值的科學。」(一)

所以知識論所研究的問題，總歸在兩點：第一，知識是否有客觀性？即是說我們的認識官能是否能夠達到外面的實在客體？第二，我們的知識是否可以和所知道的客體相合？即是說我們的知識是否是真的？我們的批判是否能夠說出真理？這兩個問題，一個是論知識，一個是論真理。

我們把這兩個問題分四章來討論。第一章，述說歷代知識論的各種主要的學說，使我們知道哲學家對於知識論所有的爭論焦點。第二章論知識，說明我們的認識官能具有認識外面客體的能力。第三章論形上知識，研究共通觀念的共相所具的客觀性，又研究哲學上基本原理的知識客觀價值。第四章論真理，說明真理的性質和條件。

2. 知識論的學說

知識論的兩個問題，在希臘印度和中國的古代哲學裡，已經有人提出討論。道家莊子的

〈齊物論〉，印度佛教的空觀，希臘畢洛的懷疑論，便是否認知識價值的學說，以後歷代的哲學家，另外是西洋的哲學家對於知識的價值，多自有主張。

歷代對於知識論的學說，總括起來，可以分爲三大類：第一類學說承認人的認識官能具有認識外面客體的能力，因此承認人的知識有價值，結果人便可以知道真理。這種學說稱爲「實在論」（Realismus ）。第二類學說否認人的認識官能能夠知道外面的客體，因此人對於外面客體的有無，不能知道，結果也就不能有真理了。這種學說稱爲懷疑論（Scepticismus）。第三類學說，不完全否認人的認識能力，也不完全承認人的認識能力，主張人的認識能力只能在一些的環境裡，纔有真的知識。因此知識的價值是相對的，結果也是相等的，而不是絕對的了，這種學說稱爲相對論（Relativismus）。

這三類學說每類又包涵許多不同的主張，我們在這一章裡，擇要加以述說。述說的次序略爲遵守時代的先後，首先述說懷疑論，次述實有論，最後分述相對論的各種主張。

二、懷疑論

當中國春秋戰國的時候，社會間因著兵火，民不聊生，學者群起以救民苦，倡立學說，彼此互相攻擊。在這種互爭是非的時候，有些學者眼見各派主張，各是其是，各非其非，以致是非不明，皀白不分，於是心中生疑，自問是否真有是非，乃進而有懷疑論的主張。老莊之徒，因此懷疑人的知識，否認人能辨別是非。

懷疑論多出於亂世，且含有悲觀厭世的成份，在天下太平，人民生活富裕的時代，這類學說不易產生。

歷代哲學上的懷疑論，有的爲絕對的懷疑論，否認知識的價值；有的爲懷疑的方法論，用懷疑爲研究學術的方法。

1. 道家懷疑論

道家輕看人世的事物，鄙棄它是違反自然的人造之僞。對於人的知識，道家也視爲不足掛齒。唯一真正有價值的知識，是昏昏濛濛與「道」冥合的至知。至知稱爲上智。

甲、老　子

老子最鄙視人們的知識。普通社會上所尊重的學者，在老子看來，既沒有真正的知識，而且是社會混亂的根原。老子說：

「為學日益，為道日損。損之又損，以至於無為。」（道德經　第四十八章）

「絕學無憂，唯之與阿，相去幾何？善之與惡，相去幾何？」（道德經　第二十章）

「絕聖棄智，民利百倍。」（道德經　第十九章）

人的知識，所知道的事物，或是自然界的物體，或是社會上的人事。自然界的物體，本是「道」的變化，沒有真正的價值。人只知道這些變化，而不認識「道」，人的知識也就沒有價值。社會上的人事，又是人們按照自己沒有價值的知識所造的，因此對於人事的知識，更沒有價值了。假使人沒有這些沒有價值的知識，他便不會想出許多生活上的要求，沒有這些要求，人生反而更有幸福。

老子的懷疑論，並不是否認人的理性具有知道客體的能力，乃是否認人的知識具有價值，因爲所知道的對象，是沒有價值的對象。唯一有價值的對象，即是「道」。人若認識「道」，這種知識纔有價值。

然而「道」是無名，而且是「大道氾兮，其可左右」（道德經　第三十四章），「道之爲物，惟恍惟惚」（道德經 第十一章），因此「道可道，非常道」（道德經 第一章），常道不是人所可知道的。

人對「道」不能真正認識；緣因在那裡呢？老子以爲是因爲「道」無形無象。「道」爲什麼無形無象呢？是因爲「道」變動不居。那麼人不認識「道」，緣因並不是人沒有認識能力，乃是因爲「道」不能爲人所知。

「道」既不能爲人所知，我們便直截了當地聲明自己沒有知識。至於對於別的事物所有的知識，實在不足稱爲知識。

「道」的本體雖不能爲人所知，「道」在變化中所表現的特性，則可以爲人所知，如「道」之常，「道」之反，和「道」之無爲。

「知常曰明。不知常，妄作凶。」（道德經 第十六章）

「反者，道之動；弱者，道之用。」（道德經 第四十章）

「道常無為而無不為。」（道德經 第三十七章）

可是這些知識，都是一些消極的知識，實際上等於沒有知識。但是老子卻正是希望人知道自己沒有知識，人到了自己知道自己沒有知識時，人便是聖人了。

「知不知上，不知知病。夫唯病病，是以不病。聖人不病，以其病病，是以不病。」（道德經 第七十一章）

人的知識既然沒有價值，而且爲人生的禍根，所以是種病。普通沒有上知的人，不知道知識是病；聖人則知道知識是病，所以視知識之病爲病，結果便不爲知識所病，「以其病病，是以不病。」這兩句話說穿了老子的懷疑論。

乙、莊子

莊子的懷疑論，較比老子的懷疑論更爲鮮明。提起莊子來，大家都知道他主張齊物論。莊子齊物論的理由，在於主張宇宙萬物由「道」變化而成。「道」的變化，爲陰陽二氣的聚散。聚則有物，散則復歸於氣。人的知識，只看到這些聚散的形跡，況且尚是缺而不全。

因此人的知識，第一是過於微小，所知道的事物很有限。

〈秋水篇〉描寫河伯在秋水暴漲時自大的神氣，後來東流到海，乃望洋興嘆：「聞道百，以爲莫已若者，我之謂也！」莊子的結論是：「吾生也有涯，而知也無涯，以有涯隨無涯，殆矣！已而爲知者，殆而已矣！」

人的知識，既是有限，又是於對於「道」的變化之跡，因此人便無法分辨是非。莊子在〈齊物論〉篇裡譏刺辯論是非的人，因爲「大家都是智識小成的人，彼此哏哏地爭論不休，到底誰是誰非呢？我說我是，你說你是，既不能定出是非，別人也不能替你我定出是非。我們至終就不能知道誰是誰非。然而究其實，又何必要求其是非呢？天下本來就沒有是非。是者爲是，非者也爲是。……這種論調，即是莊子的齊物論。莊子的齊物論叫哲學上的矛盾律沒有地方可用。古今都說，是非不能並立，莊子卻說是非應該並立，因爲是非不過是一樁事情的兩方面。齊物論的意義，是說天地萬物一律相等，沒有差別。在本體方面，莊子並不否認萬物爲實體，各自有各自的本質。可是他認爲萬物的本質，由「道」而變成，然後又歸於道，所以萬物的本質究竟同是一個「道」。所以莊子說：「天地與我並生，而萬物與我爲一。既已爲一矣，且得有言乎！既已謂之一矣，且得無言乎！」（齊物論）㈡

2. 佛教懷疑論

佛教有唯識宗，以萬法唯識；然而其他各宗佛教，也都多少有這種主張。

社會間的人，按照佛教教義，可以分爲凡夫、聲聞、緣覺、羅漢、菩薩，等等階級。階級的分別，是按人的知識去分。凡夫的知識，以萬物爲有；菩薩的知識，以萬有爲無。別的階級的人，對於有無的知識，有輕有重。

佛教的正覺，是以萬物爲空爲無；萬物所以成爲有，乃是因著人的愚昧。人爲什麼愚昧呢？是因著人的知識錯誤了。

對於人的知識的成因，佛教具有一種奇特的學說。人的認識官能，佛教說是八種，稱爲八識。八識即是眼識、耳識、鼻識、舌識、身識、意識、阿陀那識（末那識）、阿賴耶識。前六識，稱爲「了別能變」，這六種認識官能即是我們普通所稱的感官和理性。這六種認識官能，具有「了別」對象的能力。「了別」是認識，「了別能變」，便是認識作用。

既然六識能夠了別對象，爲什麼人的知識竟至全部錯誤呢？緣因是在於後面的兩識。人的知識的錯誤，是對於外面對象的評判；正當的評判，判定知識的對象爲空；錯誤的評判，判定知識的對象爲有。爲空爲有的評判，由第六識，末那識執行。末那識的評判，則又導源於第八識阿賴耶識。

在阿賴耶識中，有所謂種子，種子是藏在第八識中的能力，能生色法心法。法在佛法裡，指著物體，色法即是感覺性的事物；心法，即是人心可想的事物，凡是色法心法都由種子生出。阿賴耶識的種子，來自人的行爲，是人前生和現生的行爲所結的果。種子分有漏和無漏兩種：有漏種子，是惡行爲的惡果，生出塵世的色心諸法，使人錯認諸法爲有；無漏種子是善行爲的美果，生出正覺的色法諸法，使人知道萬法爲空。

佛教的認識論是唯心認識論，以人所認識的，是人心所現的。人心所現的，來自阿賴耶識的種子。同時卻又加上善惡因果關係。

> 「佛教以人的知識，跟人的善惡，套在一個環圈以內。普通哲學上以認識的過程，屬於心理學，以人的善惡行為，屬於倫理。雖說認識可以影響人的倫理，但是倫理與心理，完全判為兩事，彼此間並沒有內在的關係。佛教則以認識和倫理，互為因果。人今生的認識能力，乃人前生的倫理果，人今生的認識，轉為人今生及來生的倫理因，彼此環套相連，因果互應。」㈢

3. 希臘懷疑論

希臘哲學的興盛時代，相當於我們的春秋戰國時代。希臘古代哲學的學說，也不亞於春秋戰國的百家之多。所不同的，是希臘哲學多談宇宙論和形上學，中國哲學則多談倫理學；希臘哲學家論學多有系統，中國諸子百家則爲不相連貫的文章。

希臘哲學家對於知識的評價，和道家佛教一樣，由形上學的本體出發，如赫拉頡利圖和柏美尼德斯；有的則由知識而論知識，如詭辯派和懷疑派。

甲、赫拉頡利圖和柏美尼德斯

在形上學的諸論裡，我們已經提到希臘的這兩位哲學家。

赫拉頡利圖（Heraclitus）出生於西元前五百年左右。他在宇宙論裡主張萬物的元素爲火，又相信火是永遠變動的。羅素的哲學史說：「希拉克里泰斯（赫拉頡利圖）相信，火是最初的元素，一切物由是而生，……在這樣的世界中，會有永遠的變動。而永遠的變動，就是希拉克里泰斯所相信的。」

在永遠變動的世界中，沒有一件物體是一定的；同時萬物同是火的變動，萬物便都相同。於是赫拉頡利圖像莊子一樣否認有是非，否認有矛盾律，他主張凡是相同的事物，必融合而爲一。善惡爲一，是非爲一。「一成於一切，一切出於一。」(四)

柏美尼德斯（Parmenides）生於西元前五百三十年左右。他的哲學主張和赫拉頡利圖相反，他主張世界的物體不能有變動，爲證明這一項主張，他從知識論找證據。人爲稱呼一件物體，必用一個名詞；一個物體的名詞既定之後，常不變動，因此物體也不變動。假使物體有變動，名詞不變，名詞便失去了意義。「你既然能在一個時間想及或說及一個東西，和在別一個時間一樣，則凡可以被想及或說及的東西，必時時都是存在，以此，就不會有變動。」(五)

看來，這種主張是種極端的實在論；但是結果卻走入懷疑論，因爲既然主張名字所指的客體應該常常存在，那麼不存在的物體，便不能有觀念，有名字了。實際存在的事物都是單體物；共通名所指的共相既不是實際的具體物，共通名便沒有意義了。因此有人批評柏美尼德斯爲唯物論者，但是又有人批評他是唯心論者；因爲柏美尼德斯主張名詞所指的對象，應該常常存在，而且不變。這個對象在具體的事物上，不能找到，因此柏氏所主張不變的客體，是黑格爾所主張的精神，或是柏拉圖所主張的獨立觀念，都不能是實際的物體。於是人的知識，便是空洞的知識，沒有實在的價值。

乙、懷疑論

希臘哲學的懷疑論，「作爲一個學派來說，最初主張的是皮羅（畢洛 Pyrrho）……卒於紀元前二七五年。在他的主張中，除將舊日的疑團，爲之排比編列外，無甚新義。關於感官來說，在很早的階段中，懷疑說已使希臘的哲學家感覺麻煩了。……他們否認知覺的認識價值，並將這個否認作爲理智教條說之先導。詭辯學派人，特別是畢達哥拉斯和哥濟亞斯（Gogias）二人，因爲感官知覺的曖昧和外表的矛盾，乃趨於主觀說，而有類於休謨的主張。皮羅則似乎除對感官的懷疑外，更加上道德的和邏輯的懷疑。據說，他主張，關於行動的途轍，捨此就彼，或捨彼就此，實無合理的根據可言。」㈥

畢洛的門人爲迪孟（Timon）。迪孟爲證明懷疑論，由理則上提出論證。他說爲證明一項知識的眞假，我們要用理智去證明，然而我們所願意証明的，乃就是理智，這不是兜圈子嗎？

畢洛死了以後，懷疑論由柏拉圖所立的學院所繼承，但是柏氏學院的學者將畢洛的懷疑論大爲減輕，主張人的知識可以相信，只是不能絕對相信，因爲我們不能完全確定我們的知識究竟對不對，我們所有的理由，最多是使我們可以相信。

4. 懷疑方法論

懷疑方法論，用之爲研究學術的方法，不是現代的新方法，聖多瑪斯的《神學大綱》（Summa Theologica），整本書都用這個方法去討論問題。在提出一問題時，聖多瑪斯首先提出疑問，常做反面的設難，其次纔說明自已的主張，最後則答覆前面所提出的疑問，答覆各種設難。這種方法，只是求學的方法，並不是真正對一切的真理或事實都予以懷疑。

懷疑方法論之成爲一種學說，由研究方法進而爲哲學主張，則創於笛卡爾（Descartes）。從笛卡爾以後，懷疑方法論，即批評論逐漸成爲哲學的中心，幾乎佔據了整個的哲學學壇。

近代哲學是批評知識的哲學，是以主體本人爲對象，研究人們怎樣能夠有知識。笛卡爾的懷疑方法論，「即世所稱笛卡兒（笛克爾）派之疑的。因爲要使到他的哲學有堅定的基礎之故，他使自己，於凡可置疑之事，都先懷疑。」㈦

笛氏首先懷疑感官的知覺。凡是對於實際個體的知覺，都可以錯誤。他有如莊子所說夢中夢自己成了蝴蝶，醒來後分不清楚莊周是真的呢？或是蝴蝶是真的呢？醒時有感覺，夢中也有感覺，夢中既是錯覺，誰能保醒時不錯呢？

感官的知覺，若超乎個體的物體，而是對於物質的共通性質，有所知覺，則較爲可靠。共通的物質特性，是算學的數目，幾何學的面積大小和體積的延續。這些物質特性，給與感官的知覺，正確性很大，然也能夠錯誤。

理智的認識能力，當然很可懷疑。唯一不能懷疑的知識，是「我思故我在」，我既然思索，我當然存在。這項真理，在我心中看得很明瞭。「我思則我存一語，使到心比物爲確實，而我的心又比他人之心爲確實。以此，在所有一些來自笛卡兒的哲學中，有一種向於主觀說的趨勢，又有一個趨勢則爲物，如果可以知道的話，物不過是可知的東西，由於所知於心者而推斷得來的。」(八)

中國目前有些學者，他們的思想，本來和笛卡爾的哲學沒有關係；但是他們提倡懷疑一切的方法論，爲研究學術的唯一途徑，號稱這種方法爲唯一的科學方法。對於古史，一概置疑，重新與以評價。對於別的學術，也都是「尊重事實，尊重證據」。(九)

他們所謂事實，固然是物質可見的事實，對於證據，也要是屬於實驗或經驗可以考據的事實，至於形上學的論證，他們是不願意接受的。

5. 近代懷疑論

近代哲學的懷疑論，可以由休謨爲代表。

休謨（David Hume, 1711-1776）既不承認觀念有客觀性，也不承認知覺有客觀性。他較比洛克（Locke）和柏克烈（Berkeley）還更懷疑人的認識能力；但是他並不接受希臘的絕對懷疑主義。我們人的生活，不能完全在懷疑中度過，不能一點也不加評判。人所以要相信自己的知識。人相信知識，並不因爲有理論的證明，乃是因爲經驗方面的習慣。

人的感覺對於外物的現象，常有知覺；可是我們沒有方法可以知道我們所有的知覺，是不是合外面的實體相同。現象的知覺在次數多了以後，因著聯想的作用，在我們的心理上造成因果的關係。普通我們的推理，常靠著因果關係，我們的心理上既然對於現象，有了因果的聯想習慣，我們因此便可以推理，可以評判。因果關係，當然不是來於因果緣，因爲因果緣乃是形上的定緣，以物性爲基礎。物性不能爲人而知，人所知者爲現象；然而有些現象常是彼此相連，因著彼此相連使人對這些現象，由甲而聯想到乙，由乙而聯想到甲。這種聯想乃構成甲乙現象間因果關係。(十)

「以此，休謨乃主張，我們說「A為B因」時，我們只指A與B事實上是恆定地結合的，並不是指它們間有必然的關係。」(土)

「休謨將實體的概念，擯出心理學之外，正猶柏克烈將這個概念擯出物理學之外。他說無自我的印象，所以，無自我的觀念。」(土)

自我既然都不能知道是有是無，對於外物，當然無法可以知道有無了。

三、實在論

和懷疑論相對立的，爲實在論。實在論的名稱，來自本體論；因爲這種學說，主張宇宙間的物體是實有的。在認識論裡，這種學說，主張人的認識官能，具有認識外面客體的能力，由認識而得的知識，可以同客體相符合，因此人的知識有自身的價值。

實在論便是承認知識價值的學說。

但是在承認知識價值的學說中，有些哲學家的主張，過於激烈，以爲理智決不會錯，結果反而使理智受損。因此這些哲學家的實在論不是正規的實在論。

實在論的學說，在中國思想裡，爲儒家墨家法家的共同主張。法家雖不談認識論，然而在主張法治時，絕對相信人的知識是有實在的價值。儒墨的認識論大致相同，兩家都主張人能認識真理。

西洋哲學的實在論，源起於亞立斯多德，成於聖多瑪斯，後來在士林哲學中，遂成一貫的主張。

非正規的實在論，在希臘哲學中有柏拉圖的先天觀念說，在後代有遺傳說和本體直見說，於今我們在後面分別加以說明。

1. 儒墨的實在論

儒家對於名實的關係，主張有實然後有名，名與實相符。

名的制定，緣於天官。荀子說：「然則何以緣而以同異？曰緣天官。」（正名篇）天官各有各自的對象。……這些對象，不是天官的幻覺，乃是外界的實物。荀子因此稱對象爲「實」。而且是「實不喻，然後令」。先有實，而後命名。這種代表具體的「實」之名，稱爲具體之名；另一種代表抽象事理之名，稱爲抽象之名。抽象之名，也是先有實理，而後有名。董仲舒解釋名號的起源說：「古之聖人，謞而效天地，謂之號。鳴而命施，謂之名。名之謂言，謞而效也。謞而效天地者爲之號，鳴而命者爲名。名號異聲而達天意者也。……事則順於名，名各順於天。」（春秋繁露 深察名號）事物之理，以天理爲本。在社會生活上，雖說是「名以制義」，然而人義效於天理，有天理然後有人義。

董仲舒說：「欲審是非，莫如引名。名之審於是非也，猶繩之審於曲直也。詰其名實，觀其離合，則是非之情不可以相讕」（春秋繁露 深察名號）是非以名爲繩墨，并不是像唯心論所說，人心自造觀念，觀念爲是非曲直的標準。是非由名以繩墨之，是因「名」代表一個實，用這個名字時就該有這個名的實，不然便不該用這個名，。孔子曾說：「觚不觚，觚哉！觚哉！」（論語 雍也）觚沒有觚的外形，便不該稱爲觚。觚的名，本來是有名有實，名實相符。於今若是亂用這個名字，使名實不符，這是一種錯誤。(十三)

墨子分人的知識，爲「知」爲「恕」。知是知覺，爲感覺之知，恕爲心知，爲理智之知。知識的由來，來自傳聞，推論和輕驗。《墨經》說：「知：聞，說，親。」（經上）「知：傳受之「聞」也；方不瘴，說也；身觀焉，親也。」（經說上）

感覺的知覺，由於官能和外物相接，理智之恕，則推論事物。《墨經》說：「知，接也。」（經上），「恕，明也。」（經上）「恕，恕也者，以其知論物而其知之者，著若明。」（經說上）爲論物，墨子講三表法，由三方面去拿證據。(十四)

無論知覺或知識，墨子都承認是對於外面事物的認識，不是空想。

2. 亞立斯多德的實在論

在亞立斯多德以前，希臘哲學家蘇格拉特（Socrates）曾反對懷疑論而主張實在論。蘇氏說明社會上所有的學術，都是集合許多定義而成的，定義則由共通的觀念而構成，共通觀念因此必定具有客觀性。

亞立斯多德本是柏拉圖的學生，在認識論，他卻不隨從柏拉圖而隨從蘇格拉特。他不但主張共通觀念有客觀性，且進而說共通觀念構成的經過。

人對於外物的觀念，由感覺的知覺而來。具體物體的觀念，代表一個具體的物體，抽象的共通觀念，代表一個抽象的共相。抽象的共相，在實際的物體裡，雖不是一個具體的單體物；但是在所代表的物體內，這個共相真真存在。理智在製造共通觀念時，是在許多單體的物體上，只取彼此相同的共相，而不取彼此相異的個性。

觀念並不是人的知識的觀念。人的知識透過觀念而認識外面的客體。觀念乃是知識的工具，是知識的媒介。

「從絕對的科學觀點說，知識是演繹性的，是由普遍到特殊；但知識的歷史性，即知識發展的程序，則完全是逆轉的進行，由特殊漸漸達到普遍；即是由於感覺知覺到記憶而成經驗，更經過理知的工作而成為普遍的知識。……由於概念確實表現實在的內容，當然概念的內容也即是眞。這即是說，概念自身便有它內容的價值，眞與存在互換。（Ens et verum convertuntur）」(十五)

亞立斯多德在知識論上的大功，是他對於抽象作用的解釋。因爲他提出抽象作用，解釋了知識論上的一個大問題。這個問題即是：「一切的知識皆來自於感覺，而感覺所能給與的，只是個體而偶然的；那末怎末能夠達到普遍性和必然性呢？自從亞立士多德意識到了這個問題的本質，它便成了思想史上最大而最艱巨的問題，爲一切爭論的中心，也爲一切哲學系統建立的動機和假定的前題。雖然各時代的思想家對於亞立士多德的解決不曾滿意，或不全都接受；然而他們也不能不知道亞立士多德的理論。實際上，除了少數幾點應該補充，應該用科學方法來詳細研究修正而外，亞立士多德的解決大體上是極爲正確的。」(十六)

亞氏在心理方面，對於知識過程的主張，我們在心理學上已經有所說明了。

3. 聖多瑪斯的實在論

聖多瑪斯研究學術的方法，常從反面設問，然後話歸正傳。他的方法，所以也稱爲批評法。但是聖多瑪斯的批評法，不是懷疑論的批評法，而是實在論的批評法。聖多瑪斯既承認有真真存在的實體，又承認人的感覺和理智，能夠認識外面的實體，因此他的哲學是實在論的哲學。

聖多瑪斯的知識論，是繼承亞立斯多德的知識論。亞氏的知識論，是他的全部哲學的一部份，不是獨立的哲學問題。聖多瑪斯也是由本體論的實有體，而進到實有體的認識。「亞立士多德和聖多瑪斯的方法，並不是先分析認識能力而達到實在的問題，而是由實在以解決認識的問題，因爲認識的事實，也是實在之一種。」(七)

在心理學中，我們研究感覺的知覺和理智的觀念時，我們講過知覺和觀念在心理方面的過程。我們所講的學說，是根據聖多瑪斯的學說。我曾經說：

感覺的印象，在物理和心理方面，作爲感覺的認識動作的終點，在「覺魂」的認識能力方面，使認識能由印象而達到刻留印象的外物。如同營養和生殖作用，常有所趨的宗向，認識作用也有自己的宗向。認識作用的宗向在認識客體；因此感覺印象是以外面客體爲宗向，爲止點。(八)

觀念的構成，在心理方面由理智的動力，從想像裡抽出物的性理，構成「理性的印象」，作爲理智的認識對象。理智和認識對象相結合時，乃產生一項「表象」。表象即是觀念。然而觀念和感覺的印象一樣，不是認識的終點，乃是認識的媒介。人的理智透過觀念而

達到外面的客體。㈨

聖多瑪斯和亞立斯多德不同之點有二：第一，亞氏以理智動力（動的理智，或主動悟性）似乎是一種獨立的光明，人的理智藉著這種光明而後能認識對象。這種主張，開了後代泛神論和唯心論的門。聖多瑪斯則以理智動力和理智被動力（被動悟性）都是理智本身的能力。第二，聖多瑪斯以理性的印象，作爲認識對象；亞立斯多德沒有講理性印象。這兩點都是聖多瑪斯對於亞立斯多德的哲學，予以增進，加以補充。

4. 士林哲學的實在論

士林哲學普通分爲兩派，即聖多瑪斯和童思過（Don Scotus）派。兩派在許多問題上，主張不相同；然而對於實在論的基本理論，兩派則是同一主張：即是主張有實際存在的實體，人對於外面實體，能夠認識。

近代哲學既興，笛卡爾提倡懷疑論批評於前，唯物實徵論和唯心辯證論相繼而起，知識論成了哲學爭論的中心，而實在論則被摒於哲學思潮之外。對於認識的心理過程，現代學者大都偏重實驗心理學的解釋，置理論心理學於不顧，使理智和感覺相混，把人的知識縮到感覺的形色。

第十九世紀末葉，士林哲學在歐洲哲學界有衰極而復起之態。首先有學者對於各派的攻擊，加以辯護。隨後乃有哲學家把士林哲學的思想系統，融合現代科學之新思想，作書問世。

對於知識論，現代士林哲學繼承聖多瑪斯的實在論，兼採實驗心理學的學理，在心理學上講明知識的心理過程，在知識論上辯護知識的價值。(十)

現代士林哲學的復興，起自比國墨爾西愛樞機（Card. Mercier）。墨爾西愛在未陞樞機以前，任魯汶大學哲學教授，創立「哲學專修學院」，一意復興聖多瑪斯的哲學。他所特別注意的，乃是知識論。

以往的士林哲學教授，以知識論為大理則學，對於知識的問題，少加討論。墨爾西愛教授以及後來的新士林哲學家，為對抗現代反對士林哲學的各派哲學主張，便都注意知識論的各種問題。不單是在心理學上詳細說明知識的心理過程，又在知識論裏，詳細說明真理的性質和條件。一方面辯駁懷疑論和相對論，一方面講明知識的「確定性」（Certitudn）和「明顯性」（Evidentia）。

然在講解真理時，新士林哲學有兩種趨勢，一種趨勢，注意觀念的正確性，即是注意觀念的客觀性；另一種趨勢，則注意評判的正確性。評判不只是一個觀念，乃是集合觀念，對於事物下一評判。真理所在，是在觀念內呢？是在評判內呢？兩種趨勢所注意者雖不同，然而兩種趨勢並不是互相衝突，乃是可以互相補充的。

5. 非正規的實在論

非正規的實在論，可以上溯至柏拉圖。柏拉圖主張先天觀念論，觀念為獨立的實體。然而究其實，觀念不能獨立存在，結果必至於否認觀念的價值。在歐洲近代哲學中，又有幾種學說為辯護知識的價值，反而推翻人的認識能力。這些學說為唯信論（Fideismus），傳統論（Traditionalismus），本體直見論（Ontologismus）等等主張。

甲、柏拉圖先天觀念論

在心理學內講觀念的由來和價值時，我們曾談到先天觀念論。柏拉圖以人的靈魂，在現世生活以前，已經存在，已經有了獨立的精神生活，曾經認識了各種精神觀念。精神觀念，是獨立的精神體，為宇宙各種物體的模型。靈魂開始現世生活時，和肉體相結合，因而忘記以往的知識。漸漸因著感覺和外物相接觸，靈魂重新想起以往所見的各種物體的觀念，因此人重新有知識。

「然柏拉圖之主張，不能追溯至其前人的，其中實有很重要的東西，此即觀念（理型）論，或方式（形式）論。這個理論，一部份是邏輯的，一部份是形而上學的。邏輯學的部份所應討論的，是一般的字的意義。世間有許多動物，我們對之，的確可以說「這是貓」的。但我們所謂貓，是什麼意思呢？顯然，其中有物焉，殊於每一特指之貓。獸之為貓，是因為它具有所有的貓所有之通性。如無一般的字，如貓之類，則語文將窮於其術。故這些字，顯然並非無意義。但，如果貓之一字，是有意義之可言，則其意所在，並非指這個貓或那個貓，而是貓之所以為貓之一種通性。這種通性，並不因某一貓之生而生，亦不因某一貓之死而死。事實上，這在空間或時間中，都無地位，這是永恆的。……按照形而上學的部份來說，貓之一字，是指一種理想的貓，即上帝所造之貓。那是無雙的。某貓某貓固具那貓（上帝所造之貓）的性質，但，多多少少總是不完備。就是因為這個不完備，乃能有許許多多的貓。那貓是真的；某貓某貓，不過是表相而

已。」㈡

表相沒有價值，對於表相的認識也沒有價值。「大多數的近代人，都以爲，經驗的知識，是倚靠或來自知覺，乃屬定論。但在柏拉圖和有些派別的哲學家看來則不然，他們另有一種主張，以爲，所有值得稱爲知識的，不是來自感官；惟一真正的知識，祗與概念有關。依照這個見解，2+2=4 是真正的知識，而『雪是白的』，則意義含糊而不確定，在哲學家的真理體中無位置。」㈢

因此感官的知覺沒有價值，理智的知識全憑先天的觀念而成；先天觀念既不是事實，理性的知識，也就沒有價值了。所以柏拉圖的實在論，不是正規的實在論，而是唯心論的先祖。

乙、唯信論

唯信論（Fideismus）起於奧甘（Ockham）。奧甘反對形上學，主張「唯名論」，以名詞只是人造的聲音或形式，爲代表一件事物，然而實際上並沒有本身的意義，因爲人不能知道名詞所指的客體對象。這樣說來，人的知識，不是完全是空的嗎？一切知識都沒有意義。奧甘乃主張，爲救人於懷疑論，唯一的方法，是信仰神的啓示。天主對於人生的大義，曾啓示於人，人便應該全心信服。這種信服，便是一切知識基礎。

歐洲第十六世紀時，誓反教興，教主路德採奧甘的唯信論，極力推崇信仰，抹殺人的理智和意志動作。同時歐洲思想界，對於前世紀推崇理智的學說，發生反感，多有人信從奧甘的唯信論。

和唯信論相近，而結果相同的，是傳統論（Traditionalismus）、這派學說，也是主張人的理智，無法可以認識真理，唯一的方法，是遵守傳統的學理。因爲傳統學理的來源，乃是來自神的啓示。

傳統論的提倡者，爲法國大革命後帝國復興時的思想家，德默特爾（De Maistre），德波納（De Bonald），拉麥能（F. de Lamennais ）等。他們以爲笛卡爾曾主張以觀念的顯明，爲真理的標準，培根又以經驗爲真理的標準。實際上兩者都不對，都不能使人確定得到真理，反而引人趨於懷疑。因爲人的理智能力，本身就很薄弱，不能知道真理何在。唯一方法，在於信服神的啓示。神的啓示，在兩種方式下表現於人，第一是古代遺傳，第二是大眾心理。古代遺傳，遠因來自神的啓示，大眾心理，代表天心。

上面兩種學說，雖主張保全知識的價值，然而根本上否認人的認識能力。

丙、本體直見論

本體直見論（Ontologismus）創自哲學家馬肋郎（Malebranche, 1638-1715）。馬肋郎主張人的理智不能知道物體的性質。爲能知道物體的性質，唯一的途徑，是人對於天主（神）的直見，人透過這種直見，乃能認識事物。

人對於天主，能有「直見」。這種直見，不是超性方面的妙觀。超性妙觀，是人藉著超性的恩佑，人的靈魂，妙見天主。本體的直見，則是人的靈魂，在本性方面，直見天主的本體。人的靈魂怎樣能直見天主的本體呢？因爲天主的本體，常和人的靈魂相接近，有如太陽的光，照著萬物時，常和萬物相接。人的靈魂和天主相接，因而自然直接看見天主的本體。

在王主的本體內，有萬物的觀念；人的靈魂直見天主本體，便見到萬物的觀念，這樣，人便認識萬物。

真理所在，不是在於觀念和客體相符合，而是在於客體和觀念相符合。這種學說，根本還是唯心主義，而且也和柏拉圖的先天觀念說，有師承的關係。

馬肋郎以後，有岳白提（Gioberti, 1801-1852）。岳氏的學說，繼承馬氏的本體直見論而加以新的解釋。岳氏以感覺的知覺，不能認識物體。感覺的作用，只能使人感到外面客體的存在。人爲認識客體，人的理智加以反省。人在反省時，人要思想。人在思想時，不是單獨用自己的理智去思想，人乃是在天主本體的光明內去思想。天主的本體常和人的靈魂相接，人便常看見天主的本體，常想著天主的本體。天主的本體，乃是「整個的有」；我們不能思想任何物體爲有，除非先想天主的有，而在這個整個的有內去想物體的有。感官的知覺，使我們感到一物體，我們便反省這種知覺，而想這件物體爲有。這種反省的思想，是在天主的有以內去想。因著我們的這種反省，我們知道物體爲有；這種「有」，是因著我們的反省而有。我們的反省，對於思想物體而物體「有」，可以說是創造物體之有。當然這種創造力，不是人的固然能力，乃是因著思想天主之「有」而使物體能「有」。

岳白提的本體直見論，較比馬肋郎的主張，更近於唯心論了，更使神學和哲學相混，更把超性和本性不分了。無怪乎羅馬聖座責斥這種學說違背情理。

四、相對論（廣義）

在這裡我用「相對論」這個名稱，是取它的廣泛意義。「相對論」在狹義上來說，是指著哲學上一種學說，有它的固定主張，有它的提倡人。廣義的相對論，則代表好幾派學說，它們通常並不稱爲相對論，但是它們對於人的認識能力，都只承認有相對的價值，或是承認經驗的價值，或是承認理智的價值。因此這些學說，在知識論方面，都可以包括在相對論的大標題以下。

在這種標題下我們所要討論的，第一，有唯物的實徵論；第二，有唯心的辯證論；第三，有當代的現象論。

1. 唯物實徵論

甲、培根

培根（Bacon, 1561-1626）在哲學上，本沒有大的貢獻；然而他對於近世哲學的風氣，則可以視爲發起人。近世哲學的風氣，趨於實驗方法，這種方法的提倡人，以培根爲第一人。羅素在《哲學史》上說：「在先後相承的科學頭腦之哲學家中，以歸納法爲重要過於演繹法的，培根是第一個人。」㈢

他既提倡用歸納法，輕看演繹法的三段論式；他也就輕看抽象的理論，乃重視實驗。「培根不獨看不起三段法，而且對數字，也估價甚低，也許因爲數學不能實驗。」㈣

乙、霍布士

唯物實徵論（Positivismus）的真正始祖，應認爲霍布士（Hobbes, 1588-1679）。霍布士的著作（Leviathan），雖多談社會問題；然而這部書的第一部份，是討論知識論和本體論各方面的哲學問題。

「他在該書的起頭，便宣佈他的徹底唯物論。他說，生命不過是肢體的動作，故自動機械亦有其人工的生命……照他說，感覺是出於對象的壓力；色，聲等，不在對象之中。對象中之質性，與我們的感覺相應的，是運動……霍布斯是個十足的唯名論者，他說，祇有名，並無普遍的東西。如無言詞，則我們不能作任何的一般觀念。如無語文，則無所謂眞僞。蓋眞與僞，都是言語的屬性。」㈢

霍布士的主張，是以宇宙間的一切現象，都是物體在空間的運動，人所能知道的，也只是這些運動。

丙、洛克

洛克（Locke, 1632-1704）爲英國哲學的代表人物。英國哲學在文藝復興以後，和歐洲大陸的哲學，趨勢不同。羅素說：「由笛卡兒以至康德，大陸派的哲學，關於人類知識之性質之概念，是來自數學，但，數學是既知的，與經驗無關，以此，有同柏拉圖主義，將知覺之所爲減少，而將純粹思想之所爲的，過於看重。反之，英國的經驗主義，則極少受數學的影響，而於科學方法，則不免流於有謬誤的概念。」㈥

洛克的重要著作，爲《論人的知識》（Essay concerning human understanding）。人的知識，來自經驗。「陸克（洛克）可以視爲經驗論（Empirismus）的創建人。所謂經驗論是主張，我們的知識是來自經驗。」㈦經驗則是來自感覺，感覺所知道的是物體的形色。因此，凡是不能由感覺去證明的，都是不確定的知識。

共通名詞（共名），只是各種人造的聲音，爲代表各種觀念。這些觀念雖可以有自己的意義；但是在實際上這些意義都是空的，都是假想的。

感覺在洛克的思想裡，包括人的理智，因此他分感覺爲內外兩種。外覺爲對外面事物的感覺，內覺爲對人內心動作的反省。外覺的印象，成單純的觀念；內覺的反省，成複雜的觀念。複雜的觀念中，有「實體」（substantia）的觀念。洛克雖然很厭惡形上學，又反對士林哲學的實在實體；但是他又不願意墮入懷疑論裏，他主張保存這個「實體」的迷糊觀念。

丁、休謨、柏克烈

休謨（David Hume, 1711-1776 ）是很出名的科學家，但是他的哲學思想，又很不為人所重視。羅素在《哲學史》上批評休謨的思想，是經驗論的最後結局，再不能往前走了，「在這一種意味中來說，他是代表死的結局。」㈥

在休謨以前，有柏克烈（Berkeley, 1700-1753）。柏克烈繼承洛克的主張，進而否認實有體，而且以為感覺所知覺的，只是形色，形色並不能代表物體。人的一切論證，也必要有感覺的證明，纔能是確定必然的。羅素說：「柏克烈的論證，包含有兩部份。在一方面說，他辯稱，我們不能知覺物質的東西，祇能知覺色聲等等，而這些乃是心的，或在心中的。」㈦

休謨較比柏克烈更徹底，他不承認「實體」的觀念有實在的價值，又不承認「自我」的觀念可以存在，並且否認因果律。

休謨還分人的知識為印象和觀念。印象為當前的知識，生動深刻。觀念則代表印象，清淡迷糊。人的知識，常只能是可信的，從不能是確定的。當人有一種知識，或說出評判時，人在生動的印象的影響下，自信自己的知識或評判是確定的；但是過後一加反省，原先所有的確定心，便漸漸動搖，因爲自己沒法可以證明自己的知識或評判是確定的，結果也只是自己相信這些知識或評判大約是可信的。人的理智不能超出物質形色以上，不會知道形上的實體，更沒法創立形上學。

休謨算是唯物實徵學說的殿後人。他的學說，即是實徵論的最後結論，後來的實徵論學者，或是抄襲他的思想，或是把他的思想，加以修改，另尋一途徑。如孔德以及斯賓賽等的自然主義。

戊、英國當代的新實在論（分析經驗論）

英國當前的哲學，頗趨於反唯心主義和反功利主義，而趨於一種實在論。然而這種實在論，不是傳統的實在論，乃是一種新實在論（Neo-Realismus）。

「新實在論和英國典型的實徵論互相連接；不過，實徵論所注意的，是認識的主觀動作（知覺，印象），新實在論則注意知識的內容，注意事物，因著事物有生理方面和心理方面的認識動作。簡單地說，新實在論討論什麼是『有』（存在實體）的成份，這些成份要和『有』的被認識不相關。」(三十)

新實在論很看重科學。科學上的原理定律，以前被唯心論視爲虛設或幻想，新實在論認爲都有客觀的價值。人的知識，不由人心所造，人心也不過是外界實體所有關係的一種，人的理智動作，並不完全受具體環境的限界，也不爲功利而動。

新實在論的哲學家，有慕劢（G. E. Moore），羅素（B. Russell），亞立山（Samuele Alexander, 1859-1938）等。

羅素本人解釋這派學說的思想說：

「現代物理學和心理學，於古代的知覺問題，予以新的曙光。如果有可以稱為「知覺」的東西，則必是在某種程度中為所知覺的對象之結果。又，如果它是為知覺對象的來原，則它必多多少少類似那個對象。……然，我們在這種情形中所知於物質對象的，不過是若干構造上之抽象的固有性。……所以，我們關於物理世界的知識，是不過抽象的和數學的。

現代分析的經驗論（新實在論），與陸克，柏克烈，和休謨的不同，它因為將數學編入，而於有力的邏輯技能，又有演進。以此，關於若干問題來說，它能得到確定的答案，其性質是屬於科學而不屬於哲學的。……他們坦白承認，許多問題於人類極關重要的，人類的理智還不能找出最後的解答。但，他們不肯相信，有較高的所以知之之道，憑此我們可以發見為科學和理智所見不到之眞理的。由於吐棄這一切，他們所得到的報酬，是發見許多問題，以前為形上學之煙霧所掩蔽的，可以得到精審的解答。其所用的客觀方法，則除了求了解之想願外，不會將哲學家的氣質引進入去。譬如，什麼是數？什麼是空間和時間？什麼是心？什麼又是物？這些老問題，我不是說，現在我們便予以確定的解答，但，我敢說，有一種方法，已被發見。正如在科學中，用這種方法，我們便可以愈來愈接近眞理。」㈢

羅素的主張，承認有實體，又反對實體的形上學觀念；承認有確定的哲學知識，又把這種知識限於科學的範圍以內。因此這種實在論，不過是由實徵論改造出來的相對實在論，纏頭纏腳，不能自由行動。

2. 唯心論

當英國唯物實徵論正盛行時，歐洲大陸的哲學，大起反響，反響最盛者，爲德國系的唯心論哲學。

唯心論哲學以康德爲大師，黑格爾爲集大成。在他兩人之間，有費希德、謝林等大家。唯心論哲學因著這輩哲學家的著作，成爲近代哲學的主流，影響遍及全球，一直到第十九世紀末葉，纔被現代各種反唯心主義的哲學推翻。

在知識論方面，唯心論的主張，是消滅主體和客體間的距離，以人所知道的對象，爲自心所造。物質之物，不問存在與否，都沒有價值，有價值之物，爲精神。

甲、康德

康德（Emanuel Kant, 1724-1804 ）對於知識論的著作，爲《純理性批評》（Kritik der reinen Vernunft）。

人的知識，不能是單獨的觀念；如人，如地球，如物體，不能稱爲知識。知識應是一個評判，把賓詞和主詞，互相比較。「故知識必求之於綜合判斷，即謂詞所涵爲一新物，不在原有主詞之中。如「凡物體皆有比重」，比重本於地心吸力，非物體之本質性，故成爲綜合判斷，即是知識。然純正知識，必須涵「必然性」與「普遍性」。不可避免，是曰必然；毫無例外，是曰普遍。此則不能求之於「後天的」經驗（感官知覺），而必須求之於「先天的」理性（天賦觀念或生而有之眞理）。故眞正知識，必須求之於先天之綜合判斷。」㈢

人的認識能力，有感覺，有理智。感覺與外物相接觸而得有知覺。這種直接的知覺，凌亂無章，必要經過一番整理，纔能成爲眞正的知覺，整理知覺的官能爲理智，理智在整理感覺時，是按照兩種先天的形式範疇。這兩種先天形式範疇，是空間和時間。這種先天形式範疇，稱爲「純粹直覺」或「純粹感覺」。

理智的認識能力，分爲悟性與理性。悟性是按先天範疇，歸納知覺的理智能力。理性則是按系統的共通觀念（心靈，宇宙，神），綜合各種評判的理智能力。

各種知覺經過時間空間兩形式範疇的整理後，再要經過別種先天範疇的歸納，纔能成爲評判，以結成知識。先天範疇有分量，特性，關係、形態四種。每種範疇之下，可有三種不同的評判方式。如分量一範疇，有全稱的，偏稱的，單稱的三種形式。如特性一範疇，有肯定的，否定的，不定的三種形式。因此範疇由四個而成十二個。

人的知識，常由這些主觀的先天範疇而製成。外界物體只是感覺的外在因素，這些因素經過主觀的範疇的配合，乃成知識。感覺所知覺的爲形色，形色的本體則不能知。宇宙和心靈以及神（天主）的存在，不由理論去證明，乃由實踐理性的體驗；因爲實踐理性要求此種物體存在。

乙、費希德

費希德（Johann G. Fichte）繼承康德的學說而願加以補充。康德主張人不能知道物的本體，先天範疇便不能適用於物的本體了。費希德批評這一點爲康德學說的缺點，因爲如此不能使他的學說結成一種整體，由一原理而貫通之。費氏乃自造一項最高原理，以貫通唯心論的學說，這種原理爲「自我意識」或簡稱「自我」。

「自我」爲一切「有」的根由。其餘物體存在與否，都沒有價值。「存在本身無價值之可言，事實上即是不存在。惟有意志，動力，道德自我，始是真存在。故宇宙全體是純粹意志之表現。」㈢

丙、黑格爾

羅素說：「黑格爾（Hegel, 1770–1831）是自從康德開始以來德國哲學運動中到了盡頭的人物。雖然他常常批評康德，但，假如沒有康德，則也不會有他的哲學體系了。」㈣

黑格爾的學說，是把知識論和本體論，混合爲一。凡是實有的必是合理的，凡是合理的也必是實有事實。因此實有的，可以由它本身不自相矛盾而推論出來。

黑氏的知識論，包含在他的理則學（邏輯）和辯證法內。理則和辯證在黑格爾的思想裡，和普通所講的理則和辯證不同。黑氏所講的理則和辯證，不是推理的學問，而是形上學的物體變化論。這種變化論就是黑氏著名的正反合三一運動。

最大的觀念或最普遍的觀念爲「有」（存在）。「有」的觀念，內容空虛。而唯一的絕對之「有」，乃是相對精神。絕對精神雖爲「有」，但不是一個固定之「有」，乃是繼續變化之「有」。變化之程序，黑氏稱爲辯證法，由正而反，由反而合，正反合之中，又須有小正反合，小正反合，又連接小正反合，這樣繼續前進，包括無窮。辯證既是人的思維方法，又是實體的演進法，因此人的思維和實體的存在相合，理則學和形上學也因此相混爲一。

相對之「有」應是一個整體。我們說整體時，同時也說整體以外沒有「有」；因此說「有」時，就說「非有」。那麼，真正的整體，是整體之有，和整體以外沒有之「有」（非有）合起而成。這就是正反合。

絕對之「有」是純粹之有，不加任何特性；然而不加任何特性之有，是等於無；因此應加特性而成物。萬物便是這種正反合的結成品。

絕對之有，即「絕對觀念」，爲精神。精神反映於自己的意識中，爲思想。人的理性，乃是絕對之有的自我意識的部份表現。

在自然界中，辯證法正反合之演進，有無機界，結合界，有機界而以人爲「合」。

在人類生活中，辯證法正反合之演進，有個人自由，有社會法律，有國家，而以君主國家制度爲「合」。

在學術上，辯證法正反合之演進，有藝術，宗教，哲學，而以哲學爲「合」。

3. 目前的現象論

德國唯心論盛行以後，反對的學說逐漸興起，終至推翻黑格爾派的哲學。反對唯心論的德國思想，首有叔本華（Arthur Schopenhauer，1788-1861）以及北歐的易布生的厭世主義，繼有馬克斯的唯物史觀，終而有目前盛行的現象論和存在論。

在德國思想系統以外的，有法國的柏格森。柏氏的學說，爲唯心的學說，但是已經不是康德和黑格爾的主張了。

在英美哲學界，則因愛因斯坦的物理學相對論的影響，有知識相對論。

目前尚有一種新起的學派，爲語意學派，由語言的本身意義以解釋知識的價值。

甲、現象論

現象論（Phaenomelogismus）起於胡賽爾（Edmund Husserl）胡賽爾爲目前著名哲學家，創現象論。

現象在胡氏之思想中，和普遍所謂現象不同。普通所謂現象，即外界物體在物質方面的變動。以前的唯物實徵論，英法的自然主義，都是講形色的現象，以知識的對象，爲形色的現象。胡氏的現象，則是由唯心論變出來的。他所謂現象，乃是對象的意識。

胡氏主張有意識始有對象，對象則是行爲動作的客觀表現。對象因著人的意識而成爲「有」時，即是現象。

歷代知識論的問題，常在於討論「共通觀念」。實徵論以共通觀念不能在經驗界存在，故沒有內容。唯心論，以共通觀念爲精神的先天產物，內容很確實。胡賽爾主張共通觀念有自己的內容，內容即是物性。人對於物性，具有「直見」的能力。這種直見的方式，乃是人的意識，在人的理智思想一物性時，自己知道確實有這物在自己的意識以內。自己意識以內的物性，即是意識的對象。意識的對象，不是自我，不是外物，乃是一種超事物的「有」。即是意識和所指向的對象而成的意識。

在意識以內，有兩種的成份；一種是心理方面的成份，一種是指向方面的成份。爲有意識必定有心理方面的動作，這些動作，不足代表意識。由心理動作而成一意識時，也要有當前的對象時纔能成立。這一點有些像王陽明的良知說，王陽明說良知要知行合一時纔有良知，胡賽爾說意識要知和對象相合時纔有意識。不過王陽明的行，是外面的行，胡賽爾的對象則是意識中的對象。但是並非唯心論的意識對象，因意識對象有外面實體的成份。「是以意識成於動作之指向對象，意識可視爲居於自我與對象相極端之間。在自我一方面，則爲主觀的態度，表現爲各種不同性質的形式，如信仰，懷疑，熟慮或意欲；而此態度之觀物方式則爲表現，表象，或象徵。在對象一方面，則爲對象本身及其感覺或理想品格。在此兩端之間，則爲已知件（與料）或內容，如諸影象或感覺的經驗是也。」(三五)

乙、存在論

存在論（Existentialismus）爲目前很時髦的學說，杞爾克加（Kirkegaard）開其端，雅士培和海德格繼其成。在德國和法國的哲學界，頗得學者的推崇。

存在論是關於形上學的一種學說，尤其注意於本體論，所以我在本體論裏要說明這種學說的主張。但是存在論的本體論，和知識論相連，在這裡我們便也要談一談這種學說。

存在論是在知識論上和現象論一樣，都是趨向實在論；然因爲不願徹底貫通實在論的主張，因此和唯心論有些相同，又和唯物實徵論有些相近。

杞爾克加生性傾向宗教的神秘精神生活，很不喜歡黑格爾的唯心哲學，他批評黑格爾的思想是空虛的抽象架子，因此他對於理智的演繹推論法，也生厭惡。爲研究哲學，他主張用直接經驗法。後來的存在論學者，都採取他的方法。

直接經驗法不是唯物實徵論的感覺經驗，而是人心的直接經驗，有似美術的美感。我們對於「有」或「物」的研究，有兩條途徑可走，或是描寫我們對一具體事物的經驗，說明這個「物」如何如何。或是對於「物」的要素和構造，在抽象方面加以分析。但無論走那一條研究途徑，總不能不顧「物」，在具體上究竟如何。

凡是「有」，不是抽象的有，乃是具體上的「物」，因此「有」，不能由先天的演繹法，在抽象方面去推論，應該根據實際的「物」去研究。

用這樣的方法去研究「有」，談不到共通的「物性」，只能談內心經驗的現象。存在論的學者，願意恢復正規的形上學，結果卻停在現象論上。

丙、柏格森直觀論

柏格森（Bergson, 1859-1941）爲法國當代第一有名的哲學家。他的哲學雖上承唯心論的餘緒，然自開生面，以情感代理智，以實際的生動代抽象的玄理。

柏氏以人的生命，人的精神，人的「有」，爲一繼續向前進的「蓬勃生氣」（Elan

Vital）。人爲認識自己，不宜用理智，因爲理智只能冷靜的分析。人爲認識自己，應用感情的「直觀」（直見）（Intuitio）。「直觀」是種直接的經驗，然不是盲目的，也不是唯物的感覺；但也不是可以理解的知識。

柏格森的認識論，將感覺、感情、理智，混在一齊。柏氏對於人的記憶，特寫了一冊書，他反對實驗心理學，以記憶屬腦神經的某一部份。腦神經的作用，按柏氏的主張，只能使記憶重新回現以往的知覺。而以往的知覺，則常在記憶以內，和神經無關。這種記憶稱爲純粹記憶。記憶以過去加入現在之中，組織新生命，成爲創造。人的生命，每刻都是創造繼續不絕。創造的阻力，爲物質；新生命的成就，即在勝過物質阻力。所以稱爲創造的造化。

「創造進化，說明精神活動永無休止。此種精神之實在，惟「直覺」（直觀）能知之。」(三六)

丁、相對論

在這第四段所說的每種學說，在知識論上，都可以稱爲相對論，因爲無論唯物或唯心或唯現象，都承認人的知識有價值；但是同時又把知識的價值，限在那一方面，或是在唯心方面，或是在唯物經驗方面，或是在現象的直覺方面。因此按照這些學說的主張，知識的價值，在知覺和知識兩方面，不能兼全，只有一種相對的價值。

但是當代哲學上，新起一種學說可以名為「相對論」（Realtivismus），以真理的價值，只是相對的，不是絕對的。這種學說，在倫理道德方面，以往有許多學說主張相對的道德論，以「善」為相對的，不是絕對的。新相對論在知識論方面，則以真理是相對的。

新相對論，本是物理學上的學說，倡自愛因斯坦。愛氏相對論的主張，以物理方面的運動，不是絕對的，常是相對的。相對論的起點，起自光線通過大氣射到地球的運動。地球既動，大氣又動，光線由星球射到地球的速度和角度的計算，不是絕對的，而是和地球之動以及大氣互動互相有關係。這種學說我們在宇宙論討論時間和空間時，已經加以簡單的說明。

因著物理學上的相對論，哲學上也就發生新的相對論。羅素曾批評形上學本體論的相對論說：「有幾位聰穎之士總喜歡說一切事物都是相對的。這句話自然是沒有意義的，因為一切事物都是相對，那就沒有一件事物可以作相對的標準了。但如不陷於玄學的辯解裡，也可以說物理世界中一切事物都和觀察者相對。」(三七)

自形上學的相對論，自然就轉到知識論的相對論。愛因斯坦和羅素就主張「常識以為看見一張桌時實在是看見一張桌，這是很大的謬見。常識說看見一張桌，只是某種光浪傳到眼光，同時因以前的經驗，就聯想到某種觸覺感覺，還想到別人的證辭說也看見桌子的。」(三八)

法國數學家波盎加肋（Poincare Jules-Henry, 1854-1912）主張一切的學術，都是講物體間彼此的關係。物體究竟是什麼，不是學術所可以討論的。他說：「唯一的客觀實體，祇是事物間的關係；因著這些關係，宇宙乃有中和的調協。……調協的關係在人心理智並不存在，祇有在人心理智知道和感覺這種關係時，關係纔存在，但並不因此失去客觀性，因爲這些關係對於一切的人心理智都是相同的。」㊄

至於在道德論方面的相對論，都不承認有永久不變的道德律。從詹姆士的功利主義一直到共產主義的唯物辯證論，都是這種主張。

戊、語意學

語意學是最近新起的一種學術。

「近年來語意學的發展，可以說是從三個方向，得到它的主要的動力。而最初的動力，就是來自英國的哲學方面。韋爾貝夫人（Lady Viola Welby）在一九〇三年發表了一部書，叫做《意義是什麼？》（What is Meaning?）她在這部書裡，指出語言和經驗的相互關係，而使人注意到語言對於知識的重要性。這可以說是二十世紀中的第一個呼聲。接著在一九一〇年，懷德海和羅素共同發表了他們的《數學原理》。這是一部討論數學基礎的巨著，而同時牽涉到許多邏輯和語言的問題。……羅素的一位奧國學生維根什坦（Ludwig Wittgenstein, 1889-1951）對於語言在哲學中的作用，評論得最為淋漓盡致。在他的《邏哲論叢》（Tractaus Logico-Philosophicus, 1922），他把傳統哲學眞批評的一文不值。他認為所有傳統哲學裡的高深命題，我們根本都沒有方法證實其為眞或假，所以它們實在說起來是毫無意義的。……從哲學的基本意義講，邏輯和語意學是無法分開的。所以維也納學派大師卡納普（Rudolf Carnap,1881）所寫的關於語言學的書（例如 Introduction to Semantics, 1942），也可以說是純邏輯的書。尤其是關於『語言的系統化』（Systematization of Language）這個問題，他有特別深刻和徹底的研究。他可以說是現代最深刻最嚴格的研究語意的邏輯學者。……」(四)

語意學者，用普通的常識，解釋語言和知識的關係。「人類的知覺——聽覺、視覺、嗅覺、觸覺——現在我們知道，是最不客觀的。我們一天裡所看見的所聽見的，固然全部是由客觀的自然環境中的刺激而來，但是在這許多反應過程中，卻有一大半主要的是由我們事先的心理準備在發生作用。而我們的心理準備，也正是語言（思考，情感）過程的一種殘留而已。……所以，我們學會了一個字，不但可以用它代表一種東西或事實，同時它也命令我們注意某些事物而不注意另一些事物。一個沒有名字的顏色，我們不但描寫不出，如若混雜在許多顏色中間，我們也許根本就看不見它。……同樣我們有許多感覺，都在認識了代表這些感覺的名詞之後才體會到。」㈣

卡納普則爲新徵主義派，以感覺爲語言的根基，以傳統的形上學命題是毫無意義。語意學的作用爲分析語言的結構，由這種分析乃能規定理則學的原則。卡氏因此隨從羅素主張方式理則學。

註：

㈠ 陳哲敏　實在論哲學（上）　上海　一九五〇年　頁五六－五七。

㈡ 羅光　中國哲學大綱（下）　香港　一九五二年　頁五一－五二。

㈢ 羅素　西方哲學史（一）　鍾建閎譯　頁七〇。

㈣ 羅素　西方哲學史（一）　頁七一。

㈤ 同上，頁七九。

(六) 同上，第二冊，頁三三二。

(七) 同上，第三冊，頁七七五。

(八) 同上，頁七七七。

(九) 胡適 治學的方法與材料。（見於各種現代文選）

(十) 見本書宇宙論。

(十一) 羅素 西方哲學史（第三冊） 頁九一六。

(十二) 同上，頁九一一。

(十三) 羅光 儒家形上學 台北 民四六年 頁二七—二八。

(十四) 羅光 中國哲學大綱（下） 香港 一九五二年 頁二三四—二三六。

(十五) 陳哲敏 實在論哲學（上） 頁二一八。

(十六) 同上，頁二二二。

(十七) 陳哲敏 實在論哲學（上） 頁二二七。

(十八) 見本書心理學編。

(十九) 見本書心理學編。

(廿) 參考 G. Van Riet, L'Epistemologie thomiste. Louvain 1946

(廿一) 羅素 西方哲學史（第一冊） 頁一七七。

(廿二) 同上，頁二一六。

(二三) 羅素 西方哲學史(三) 鍾建閎譯 頁七四六。

(二四) 同上,頁七四七。

(二五) 同上,頁七五四。

(二六) 同上,頁七五一。

(二七) 同上,頁八四〇。

(二八) 同上,頁九〇七。

(二九) 同上,頁八九五。

(三十) M.F. Sciacca, La filosofia moderna. 1945 p. 410.

(三一) 羅素 西方哲學史(第五冊) 頁一一四二—一一四五。

(三二) 吳康 近代西洋哲學概要論 台北 民四三年 頁六四。

(三三) 同上,頁八六。

(三四) 羅素 西方哲學史(第五冊) 頁一〇〇一。

(三五) 吳康 近代西洋哲學要論 頁二二五。

(三六) 同上,頁二一〇。

(三七) 羅素著 王剛森譯 相對論入門 台北啓明書局 民四十七年 頁第十四。

(三八) 同上,(書名相對論ABC 世界書局 民十八年)下冊,頁一〇六。

(三九) I. H. Poincare, Le Valeur de la Science, Parig, 1905 . p. 270.

(四〇) 語意學概要 徐道鄰著 香港友聯社 民四十五年 頁七。

(四一) 同上，頁六一——六二。

第二章 知識論的方法

在前面一章裡，我們簡略地看過歷代哲學家在知識論上所有的主張。主張之多，真真是五花八門，爲研究哲學的人，既增加許多的興趣和麻煩，爲不研究哲學的人，引起對哲學的輕視，連帶還使他們對真理也懷疑。

知識價值問題，本是哲學上的基本問題，哲學家的意見，竟如此互相矛盾，而且彼此自圓其說，造成許多不同的學說。在科學上，科學的基本原理，大家都一致承認，科學家的學說，在經過證明以後，大家便都接受，決不會在科學的基本問題上，有許多互相矛盾的學說。因此有些人便以爲哲學只是一種空想，哲學家也只是一些不著邊際的空想家。

我們當然不贊成這些人對哲學的輕視，但對於哲學家的錯誤主張，則不能不予以政擊。在這一章裡，我們將上一章所列舉的學說，加以扼要的批評。

知識論的研究對象，是知識的價值。知識價值的問題，和普通一般的學術問題，性質不同。普通的學術問題，是就問題的本身，加以研究，尋求證明。知識價值問題，則是用人的理智去批評人的理智，即是理智自己研究自己，自己批評自己，因此知識論的研究法，和普通學術的研究法，也有些不同。

知識的價值，由認識能力的價值而定。認識能力是人的感覺和理智。如今爲研究認識能力的價值，假如你開端就否認感覺和理智可以認識客觀對象，那便沒有討論知識問題的可能了。因爲你既然說理智沒有認識能力，理智當然也不能認識自己。

又假如你決定，對於認識能力的價值，務必要有理論方面的證明，你又沒有辦法可以解決知識論的問題了。因爲你爲證明理智的認識能力，你是要用理智去證明；用理智去證明，即是認定理智有認識能力。於是你所要證明的，卻就是理智有否認識能力，按理說，你先該證明理智可以證明。爲證明理智可以證明，你又要用理智去證明，這樣不是永遠找不到落腳點，永遠尋不到出路嗎？

而且就假使你只採懷疑方法論，只假定理智不能認識自己的對象，實際上你並不否認理智的認識力，你在研究知識的價值時，也沒有辦法可以下手。因爲你既假定理智沒有認識能力，你還有什麼辦法研究知識的價值呢？

因此在這一章裡我們便研究知識論該用的方法。

一、懷疑論不合理

1. 懷疑論的學說不能成立

懷疑論無論是真正的懷疑理智的認識力，無論是假設的懷疑理智的認識力，都不是研究知識論的方法，而且也都不合理。

你既然懷疑理智，你怎樣還能用理智去研究理智呢？你就是說懷疑論不是研究知識時所假定的前題，乃是你研究知識時所得的結論。因爲若是你對知識所得的結論，乃是懷疑，於是你便該你便該懷疑你的結論，也要懷疑你的研究方法了。因此懷疑論在事實上既不可能，而且又自相矛盾。

甲、懷疑論在事實上是不可能的

懷疑論對於人的認識力，或者是完全懷疑，或者是部份懷疑，然而這兩種懷疑都不可能，懷疑論因此是不可能的事。

人不能完全懷疑人的能力，因爲人若完全懷疑自己的認識力，不單是一切的學術都失去了價值，連人的言語也失去了價值，人便不能生存了。因此在事實上，沒有一個完全懷疑認識力的人。

人也不能局部懷疑人的認識力，因爲局部的懷疑，即是全部的完全懷疑。因此你爲能局部懷疑人的認識力，你必定要分別認識力的那一部份可以懷疑，那一部份不可以懷疑；然而在事實上這種分別是不可能的。你如真要局部懷疑，結果必定要全部懷疑。

局部的懷疑不可能，因爲認識能力是一個能力，不能析爲多少部份，因此從認識能力的本身上去看或者是能夠認識自己的對象，或者是不能認識自己的對象，局部的懷疑論是不可能的。

從認識能力的對象方面去看，固然可以說有些對象，理智可以知道，有些對象，理智不可以知道。但是這種說法，是對於理智的對象，沒有認識明白，因爲每種能力的對象只有一個，能力對於自己的對象一定可以達到，不然就不稱爲能力了。至於對於自己對象以外的事物，能力就不能達到了。因此人的認識能力是有限的，只能認識自己的對象。然而認識能力和自己對象的關係，則或者是有，或者是無，不能局部是有，局部是無。局部的懷疑論所以也是不可能。

至於說，在事實上人可以懷疑一種知識是真是假。這不是懷疑人的認識能力的本身能力，乃是懷疑在這種知識上，認識能力是否使用恰當。

乙、懷疑論自相矛盾

同時否認一事，同時又承認一事，即是自相矛盾。懷疑論否認理智的價值，同時卻用理智去決定懷疑論，這不是自相矛盾嗎？就是在事實上，也不能真有其事。世上有那一個人，抱著懷疑的心理，對任何知識都不相信呢？假如真有這樣的人，人家也必定說他是精神失常。

2. 絕對的懷疑方法論也不合理

笛卡爾雖是第一個正式主張懷疑方法論旳哲學家，但是在實際上使用這個方法的哲學家，則是海麥斯（Hermes G. 1775-1831）。笛卡爾曾以「我思則我存」，爲哲學定律，對於這項定律，絕對不能懷疑。絕對的懷疑方法則是「以爲人們在從事研究認識時，不但不應假定任何的眞理，而且對每一思想之是否合乎事實，並應「實際」上去懷疑」。㈠

中國現代的許多學者，也認爲研究學術的方法，是先懷疑一切，等到證明了以後纔相信。他們的一句口頭禪就是「你拿證據來！」

甲、笛卡爾的懷疑方法論不合理

對一切都懷疑而不懷疑自己的存在，乃是自相矛盾。因爲懷疑一切而不懷疑自己，必定對矛盾律加以懷疑，然而「我思故我在」是靠矛盾律而成立。

「我思故我在」，是我既然在思想，我便不能不存在，因爲我不同時在又同時不在，這豈不是藉用矛盾律嗎？

你不能說「我思故我在」，不用證明，乃是一種「直見」。笛卡爾所講的不是心理學的認識成分，乃是知識論的知識價值。他認爲「我思故我在」爲哲學上的第一條原理，其餘的原理原則，都來在這條原則以後，而且都是靠這條原則而建立的，㈣因此他對矛盾律加以懷疑。

而且也不能說「我思故我在」爲第一條原則，不用證明，因爲雖不明明地用證明，但在骨子裡包含有矛盾律。

假使若說骨子裡並不包含矛盾律，「我思故我在」則不能成爲原理。因爲既然不承認一物不能同時有又同時沒有，誰能說我思故我不存在是不可能呢？

乙、絕對的懷疑方法也不合理

絕對的懷疑方法，在實際上流爲懷疑論。懷疑論爲不合理的學說，絕對的懷疑方法也就不合理。因爲絕對的懷疑方法，雖然在理論上，不懷疑一切的事物事理，但在實際上既然假定一切都該懷疑，一切都該證明，事實上就等於懷疑一切。

假設一切都可懷疑，則最基本的原理如矛盾律相等律都該加以證明，然而爲證明最基本的原理，該用別的原理，這種別的原理又該用另一條原理來證明，這樣終歸於沒有一條原理可以成立，那就再沒有研究學術的可能了。一種治學方法竟使學術無法研究，這種方法還合理嗎？

丙、一切事都要自己重從新加以評價，自己認爲可信時纔信，這種方法也不合理。

研究學術的方法而阻礙學術的進步，這種方法不是合理的方法，一切事若都要自己重新加以評價而後信，足以阻礙學術的進步，研究學術全靠在前人的遺產上，繼續建設。就是科學上的各種大發明，也是有所根據，這些根據是前人的研究經驗。假使每個人都要重新從頭做起，把前人的一切證據和學術成分，再加以證明，一個人的精力有限，一生還能有甚麼學術建樹呢？

研究學術的方法若多憑主觀的見解，這種方法必定不能使學術長進。一切事都要自己從新加以評價，自己認爲可信纔信，這種方法是多憑主觀的見解，不能長進學術，而反使學術退步。舉實例說，中國近人的疑古，自作證明去評價全部上古史，結果發掘的古物，證明上古史大都不錯，他們的《古史辨》反有許多臆說。

3. 有限度的懷疑方法爲合理的方法

懷疑方法是對於可懷疑的事加以懷疑，等到說出理由後纔信。這種方法和上項方法不同，因爲不是對於一切事物事理，都存疑心，只對於可以懷疑的事理，予以懷疑，設法追求證明的理由，至於已經證明的事理和事實，當然不再懷疑了。

就使在研究哲學時，雖可以對於一 切事理，提出問題，但對於推論的基本原理，決不能存疑而要求證明。

懷疑方法之應用於哲學，是假想對一切事理懷疑，提出問題討論，實際上則並無疑心，只是爲把問題解說清楚，故意發問，故意設難。聖多瑪斯每討論一問題時，先必提出反面的難題，等待把問題解決了以後，再又答覆反面的難題。

甲、這種懷疑方法合理而且有益

一種研究法自身沒有矛盾，不阻礙學術的進步，這種方法便是合理的方法。有限度的懷疑方法自身沒有矛盾，又不阻礙學術的進步。因爲這種懷疑方法不是懷疑論，不懷疑理智的效力，自身便不自相矛盾，而且也不像絕對的懷疑方法論，對於推論的原理及已證明的事理，予以懷疑，以致撤去學術的根基。

從另一方面說，若是一個人研究學術，完全不知道懷疑，便不免要囫圇吞棗，不辨是非。而且若是不疑，則不會去研究，必定要「學而不思則罔」（為政），在學術上一生也不會有建樹。

乙、用有限度的懷疑方法，我們可以假想對於「知識」予以懷疑，討論知識的價值。

在哲學上，我們討論事物最高的緣由。在事物最高的緣由內，有「知識」的價值。因此在哲學上很合理地提「知識」的價值問題。「知識」的價值爲事物最高緣由之一，因爲「知識」是我們一切智識，一切學術的根基。若是沒有「知識」，人的理智生活就不能發展，人的文化就無從進步。

「知識」的價值問題，應該成爲哲學問題，因爲許多哲學家已經否認或懷疑知識的價值，我們不能不提出這種問題，予以討論。

對於知識我們所該討論的問題：第一，人是否有認識客體的本能？第二，外面的客體，是否實有？第三，人的理智是否能達到外面的客體？第四，觀念是否真正代替客體，即是否有確實的真理？

二、唯心論不能解決知識問題

知識論上的一個最難的問題，是知識主體和知識客體，兩者間的距離問題。人是主體，物是客體，人怎樣可以和物相接合，以成知識呢？人和物兩者間的距離，怎樣可以勝過呢？是人的認識能力伸到客體呢？或者是客體進到人的認識官能以內呢？

唯心論爲答覆這個問題，就根本否認有這個問題。唯心論者以爲知識的主體和客體，兩者間並沒有距離，因爲知識的主體和客體，同是人心。

人的特點，在於是有靈性的動物。靈性是「非物質的」，靈性的知識，也應該是「非物質的」。非物質的知識不能由物質的感覺而有。因此人的知識，乃是理智的知識。理智，是人心的本能，人心爲精神體，理智也就爲精神體。精神體是活動的，是創造性的，理智因此也具有活動的和創造性的認識能力。

非物質性的認識能力，不能以物質爲對象，外面的物質世界便不能作爲人的知識的客體。於是人在認識對象時，先不要使自己的認識力伸到外界的客體，或是吸收外界的客體到自己以內。這樣不是把知識論上主體和客體間的距離問題，取消了嗎？

康德以人心的先天範疇去創造知識，黑格爾以精神的活動爲知識。然而這種學說，並不能解決知識問題，反而使知識的問題更多更難。

1. 主體和客體的問題

知識的主體和客體，假使兩者間沒有距離，兩者便或是同在人心以內，或者同是一物。這樣知識所知道的都是知道自己；即是說人是知道自心的活動。

人若是以自心的活動，爲唯一的認識對象，結果便是心外無物，心外無理，以自心爲宇宙，以自心爲一切。這一點只有創造萬物的天主可以做得到，我們人是做不到的。人生的一切經驗常識，都使人知道，人除自己以外，另有他物。我們的知識，是要知道自己，也要知道他物，因此知識論的主體和客體問題，無法取消。

2. 康德唯心論否定認識能力

羅素曾批評康德的學說道：「物如（物的本體或本身）在康德的哲學中，是個尷尬的成份，爲其繼起之人吐棄，而這些人因此又陷入於唯我論中了。爲康德所影響之哲學家，不是從經驗論之方向發展，便是從絕對論之方向發展，這就是因爲康德學說之不一貫，乃成爲不可避免之事。事實上，在後一個方向中，德國的哲學是循此而行，一直到黑格爾逝世後始止。」(二)

康德主張知識有兩個成分，一個是先天的形式範疇，一個是感覺印象；感覺印象經過先天範疇的製造而成知識。這種知識既不是客觀的，又不是主觀的，乃是主觀和客觀混合而成的無形物。他既承認有客體，同時又主張不能認識客觀。客觀的物質體，既具有可感覺性，使感覺有印象，而人所知道的，卻只是人心的觀念。

人對外物所能有的印象，是物質體的形色，是物體的外面現象。人對於物的本體則不能認識。但是康德卻又假設一種實踐的理智，要求有靈魂和神的存在。

因此康德的唯心論，既沒有取消知識的主體和客體的距離，而且反把兩者間的距離加多了。

3. 黑格爾的唯心論爲一空想

黑格爾的學說，以辯證法爲中心。辯證法的正反合，是絕對精神的繼續活動。絕對精神是什麼呢？乃是一個觀念。假如要以絕對精神爲實體，則是人的自心。以觀念爲絕對實體，而賦以正反合的運動，繼續造生萬物，這是一種烏有的空想。以自心爲絕對精神，自心循著辯證的途徑而造宇宙，這又是一種烏有的空想。

陳哲敏說：「唯心論的這一批哲學家們，閉著門作他們抽象的思考，造一些概念，然後將這些概念木偶人一般客觀化著，很方便地任他們自由安排，自由地組織，以爲他們即是宇宙，在稿紙上將概念一變，或概念秩序顛倒，宇宙的形式也就顛倒了。這些哲學家的筆頭能力確太偉大了。」(三)

4. 唯心論對於知識論的貢獻

唯心論的哲學家，所有的主張，雖不能解決知識的各種問題，而且有許多點不合於理，但是他們對於知識的主體加以研究，在解決知識問題上有所貢獻。

唯心論在知識論所最注重的一點，是以知識爲內在的。這一點爲研究知識論的人，很有價值。

人的知識是在我們人心以內，認識能力的直接對象也是在人心以內，而且知識還要有意識，人心若不在時，知識便不能成。但是唯心論以知識和意識，混而爲一；又以知識爲絕對內在的，不能透過知覺和觀念，以認識外面客體，則是過偏一面的錯誤。

唯心論還有一點，也是爲研究知識論的人，所當注意的，即是知識的非物質性。唯心論注重精神，這是大家所明知的，因此唯心論也注意知識的非物質性。人的知識既是理智的動作，理智是非物質性的，知識當然是非物質性的。但是唯心論在解釋精神上所有的主張，我們則不能接受。

另外又有一點，也可以算是唯心論對於知識論的貢獻。唯心論在知識上，極力抬舉理智先天能力，如康德所說的先天範疇，如黑格爾所說的意識。這一些主張我們雖不贊成，但是理智在認識時，一定不能純粹是被動，一定要有動作的動力。這一點在心理學上，我們已經說過。再者，在知識論裡，對於人的認識能力和認識基本原理，不能和研究他項學術問題一樣，都要拿證據去證明。

三、唯物實徵論限制了人的知識，摧毀了哲學

唯物實徵論爲研究人的知識，完全注意知識的外面對象，把人的知識，鎖在物質現象以內。人既不能認識物的本體，也不能有抽象的共通觀念。形上學當然不能存在，其餘各部份哲學，也不能存在，而且連實驗的科學，也不能有存在的理由。

唯物實徵論的學說，派別雖多，這些學說的基本觀念則是相同的。實徵論的基本觀念，用淺近的話來說，可以拿丁文江的話作代表。「用哲學的名詞講起來，可以說是存疑的唯心論（實際是唯物論）。凡研究過哲學問題的科學家如赫胥黎，達爾文，斯賓塞，詹姆士，皮爾生，杜威，以及德國馬哈派的哲學，細節雖有不同，大體無不如此。因爲他們以覺官感觸爲我們知道物體唯一的方法，物體的概念爲心理上的現象，所以說是唯心。覺官感觸的外

界，自覺的後面，有沒有物，物體本質是甚麼東西，他們都認爲不知，應該存而不論，所以說是存疑。他們是玄學（形上學）家最大的敵人。因爲玄學家吃飯的傢伙，就是存疑唯心論者所認爲不可知的，存而不論的，離心理而獨立的本體。」㈣

本體不可知，抽象的關念是空虛的，原則原理並不是絕對的，真理因此也只是相對的。

1. 認識能力不能限於物質現象以內

實徵論各派的共同點，是以人的認識能力，只能知道物質的形色現象，現象後面的物體本體，則不能認識。

人的認識能力不能限於物質現象。因爲人對於物質現象，若單只有感覺的知覺，人的知識，幾乎等於禽獸，這一點是實徵論的學者也不贊成的。那末人對於物質現象，至少能夠知道現象的性質，能夠推論出現象的原則。

實徵論學者，以爲這種知識，乃是聯想的作用，例如丁文江說：「我們所謂物，所謂質，是從何而知道的，我坐在這裡，看著我前面的書櫃子，曉得它是長方的，中間空的，黃漆漆的，木頭做的，很堅很重的。我視官所觸的是書櫃子顏色，形式，但是我聯想到木頭同漆的性質，推論到他的重量硬度，成功我書櫃子的概念。然則這種概念，是覺官所感觸的經驗得來的。所以覺官感觸是我們曉得物質的根本。我們所以能推論其他可以感觸覺官的物質，是因爲我們記得以前的經驗。」㈤

但是我們對於物質物的推論，不僅是聯想我們所有的感觸經驗。例如科學上許多原則原理，絕對不是聯想所能成的，乃是由理智按照推理的方法而成的。又例如實徵論者對於知識論所有的主張，稱爲哲學上的主張，也就不是聯想感觸而成的。因此人的認識能力可以知道超於物質現象的學理。學理乃是抽象的，人便有認識理論的能力。

2. 人的知識不限於物質現象

丁文江說：「然則思想如何複雜，總不外乎覺官的感觸：直接的是思想的動機，間接的是思想的原質。但是受過訓練的腦筋，能從甲種的感觸經驗飛到乙種，分析他們，聯想他們，從直接的知覺，走到間接的概念。」㈥

稱思想爲感觸，已經是自相矛盾。主張直接感觸爲思想的動機，間接感觸爲思想的原質，但是思想究竟是什麼呢？則沒有說到。看來，思想似乎是從甲種感觸，飛到乙種感觸；

但是飛來飛去的是什麼呢？是感覺的聯想呢？是理智的推論呢？假使僅是聯想，我們則只有一串的感觸罷了，我們不會知道感觸間的關係。然而科學上有很深的學理，學理是理智的推論。

理智的推論，當然該當有根據。實徵論者，以為推論的根據，乃是感覺經驗。因此除經驗以外，不能有學術，凡是不能用實驗可以證明的知識，都視為空虛的假知識。

我們的意見不和這般學者相同。我們在推論時，所有的證據，不能單單是我們的經驗。經驗是我們知識的根源，這一點在心理學上我們已經談過。但是由具體的經驗，我們可以得抽象的觀念。一切的學理觀念，都是抽象的觀念，這些抽象的觀念，便是我們知識的第二種根源。由經驗得抽象觀念，由抽象觀念得原理原則。經驗可作推論的根據，原理原則當然也可以作推論的根據。

抽象觀念怎樣可以成？我們在心理學上曾經說過。原理原則，怎樣可以成？我們在理則學上也曾經說過。而且在這一章和後一章，我們還要討論這些問題。

3. 實徵論對於知識論的貢獻

唯心論在知識論上，特別注重知識的主體，以知識爲人心的內在物；唯心論因此雖有錯誤，但能使人注意知識的主體。唯物實徵論在知識論所注重的，是知識的客體，以人的知識須要客體和主體相接觸，纔能成功，這一點，也使研究知識論的人，不要忽略了客體。

實徵論在知識論上的第一種貢獻，即是使人注意感覺。因此近代研究知識的人，也就特別注意實驗心理學。但是實驗心理學不能視爲解釋知識論的唯一途徑。

實徵論的第二種貢獻，是使實驗科學和哲學不完全脫離。近代研究哲學宇宙論和本體論的人，也注意物理學、天文學和地質學。但是我們不能把自然哲學和自然科學相混。

四、實在論研究知識價値的方法

在上面三段裡，我簡略地說明了爲研究知識的價値，不能用懷疑論的研究法，不能用唯心論的研究法，也不能用實徵論的研究法，因爲不然，或者是無從下手去研究，或者是走了偏旁小路。於今我就來講實在論哲學爲研究知識的價值，所採的研究法。

1. 知識的價值不能用證據去證明

實徵論的研究學術方法，於今被許多人奉爲唯一的科學方法。實徵論的一句名言：「拿證據來！」似乎成了現代研究學術的金科玉律。然而這種方法，雖然在研究學術時，是通常適用的研究法，但是在學術的起點，這種方法，是不能適用的。

學術的起點，第一是知識的價值，第二是理則學上最基本的原理。學術上的問題，應該有證明；但是證明的自身又該有證明，這樣一直追上去，一定該追到幾項最基本的原理，不用證明而自明。假使若是這些最基本的原理也須加以證明，那就沒有盡頭了。關於這一點在後面我們還多加說明。

於今我們要談認識能力不能用證據去證明，因爲凡是證明，都要使用認識能力（或單用理智，或兼用理智和感覺）。使用認識能力去證明認識能力，那就是等於，或者預先已經假定認識能力是有效的，或者就根本是開玩笑，因爲你若是不承認理智有認識能力，你怎麼可以用理智去推理，爲證明自己可以推理呢？

在事實上，懷疑派的學者，唯心派的學者和實徵派的學者，誰也不能證明自己的主張。你若懷疑你的理智和感覺，可以認識自己的對象，你可以拿什麼證據，證明你的主張呢？唯心和唯物的主張，也都是局部懷疑理智的認識力，而結果則至否認有不變的真理，或否認理智可以知道真理。所以這些學者爲研究認識力的價值，所用的方法，和懷疑論的學者所用的方法，同樣地不能適用。

唯心論的學說，無論講的怎樣高深，在有常識的人看來，都知道不可靠。普通有常識的人誰都不相信，人的智識是自我精神所創造的，而沒有外面的客體。若從哲學理論方面去講，則更不可靠了。

唯物論實徵論的學說，在常識上看來，似乎有理，因爲眼不可見，耳不可聽，手不可觸的客體，我們便無法認識它。但是若是細心考慮一下，事情就不是這樣簡單了。研究物質的科學，當然又有物質的實驗去證明，但是誰能用實驗去證明人的知識只限於物質的科學呢？在物質科學裡用實驗所證明的原理原則，不是一件具體的事例，乃是抽象的共通學理，那麼理智是可以知道抽象理論的了。

抽象理論，是不是都用具體事例去證明呢？實徵論者肯定應該用事例去證明。但是在數學上，數學的理論，不用事例去證明，而用推理去證明。可見抽象的理論，不一定非要有事例的證明不可。於是在物質的事物以外，人能夠有別種知識；在具體的事例的證明以外，人能夠有其他的理論。既是這樣，實徵論所喊的「拿證據來」的口號，就不能處處行得通了，只能夠喊「講出理由來」。

理由可以是證明，可以是說明。我們主張認識力的價值，不能用證據去證明，只能加以說明。

2. 認識力的價值可以加以說明

認識力的價值，是我們一切知識的根基，不能用證據去證明，不然便是自己證明自己。然而認識力的價值，既是我們一切知識的根基，我們便不能不加以說明。因爲這個問題是哲學上的根本問題。

在心理學上，我們已經講論了認識動作的程序，說明了知覺和知識的成因，於今在知識論裡，就該說明知覺的印象和知識的觀念，能夠和客體對象相符合，因此人的認識力是有價值的。

爲說明印象和觀念同客體對象相符合，是要就印象而論印象，就觀念而論觀念，即就事實而論事實。

凡是人在有一個感覺印象，或有一個觀念時，他在自己心中有什麼意識呢？他當時的意識，是意識到自己認識了一個客體。當我看見一頭黃牛時，我有看到了一頭黃牛的意識，而且自信是真真看到了一頭黃牛，除非後來事實證明我是看錯了，誰也不能說我看的不是黃牛。至於說幻想和作夢，事後我也有幻想和作夢的意識，因爲事後我知道是幻想或作夢。又如我有「牛」的觀念，我的意識明明知道牛是什麼，而且明明知道「牛」不是我腦子所造的，乃是真有其物。

人既然有這種天然的意識，便不能說這種天然意識是假的。

我看見黃牛時，我有真真看見黃牛的意識；你卻來說我所看見的不是黃牛，而是看見我的眼睛所受外面的刺激。我便問你，怎樣證明我所看見的不是黃牛，而是眼睛所受的刺激呢？你說這是實驗心理學上早已證明的事。但是我又要問你，實驗心理學對於視覺所說的，是說明視覺作用的過程呢？或是證明視覺只能看見自己的刺激，不能看見外面的客體呢？若是證明視覺只能看見自己的刺激，實驗心理學的證明已經不是證明了，因爲實驗心理學對於視覺的證明，不是要用眼睛去看嗎？眼睛所看的既不是真的客體，於是在實驗時也不能看到真的客體。

人對於認識力的價值，有天然的意識，因爲人在認識時，有認識外面客體的意識。這種意識，就說明人的認識力具有價值。

笛卡爾曾主張「我思故我在」，因爲在我思想時，我絕對意識到我是在的。然而我們在思想或認識時，我們的意識，不僅是意識到我們自己存在，我們也意識到我們所認識的物，真真是如此。

3. 人的知識以感覺爲基礎，升到高深的抽象理論

在心理學上，談論構成觀念的經過程序時，我曾說明，觀念的構成，是由「理智動力」光照想像裡所表現的感覺印象，進而行抽象作用，區分印象的形色部份和性理，撇下形色外相，抽出性理，構成「性理印象」，印入理智中，理智認識了性理印象，遂構成觀念。觀念所以是理智在認識性理印象時，「性理印象」成爲所代表的客體的「表象」。

因此我們的觀念，是以想像裡的感覺印象爲基礎，感覺印象乃是觀念的構成材料。感覺從來沒有認識的客體，理智也不能有這種客體的觀念，例如天生的瞎子，不能有顏色的觀念。

但是人的知識，不能以感覺所認識的客體爲限。人在認識客體時，理智所有的觀念，已經不是感覺的具體印象，而是抽象的性理。例如我看見黃牛時，我有黃牛的觀念，我所有的

「黃牛」觀念，是個抽象的觀念，代表一切的黃牛。因爲天下不只一條黃牛，而且天下的黃牛，都稱爲黃牛，都合於我的「黃牛」觀念。至於說對這一條我所看見的黃牛，我所有的認識，不是一個觀念，乃是多數觀念和多數感覺印象合成的，因此我們的觀念是超乎感覺的。集合超乎感覺的觀念而成的評判，當然更可以是超乎感覺的理論了。

再者，凡是沒有經過感覺所認識的客體，雖不能直接爲理智所認識，但是這種客體可以間接地假藉其他已經被感覺所認識的客體，再加上理則推論法，也可以爲理智所認識的。這種認識是間接的認識，有時也是很模糊的。例如天生瞎子不能認識顏色，不能有各種顏色的觀念，但是經過別人的解釋，天生瞎子也可以懂得顏色有什麼意義，有什麼作用，他對顏色的認識，很不清楚，很不完全，然而總不完全是錯誤的。同樣，我們對於許多物理化學以及天文方面的知識，也不是直接由感覺印象而有，是間接由別人的傳授而來，傳授的人中，有人是直接對這些知識，加過實驗的，因此他們對這些知識解釋得很明白。例如原子學家解釋原子力，我們用我們的理智懂得他們的解釋，也懂得他們所說的是合理的。

我在心理學上又曾說過，理智的對象，是以物質物的性理爲對象。理智爲認識性理，是用抽象作用。物質物的性理的抽象化，我們在哲學緒論和形上學緒論已經談論過，是可以有三級的：初級是帶有物質性的性理，即自然科學和物理等等科學的知識；第二級是只帶質量的性理，即數學的知識；第三級是完全脫離物質性的性理，即是形上學的知識。

人的知識，便是由物質物的感覺印象，上升到脫離物質的形上學理論。

4. 我們可以指定認識眞理的條件

莊子在〈齊物論〉一篇文章裡，反對辯論。他說在辯論時，我說我有理，你說你有理，究竟可以請誰來定奪呢？

「使同乎若者正之，既與若同矣，惡能正之？使同乎我者正之，既同乎我矣，惡能正之？使異乎我與若者正之，既異乎我與若矣，惡能正之？使同乎我與若者正之，既同乎我與若矣，惡能正之？然則我與若與人，俱不能相知也，而待彼也耶？」（齊物論）

莊子的主張，就是主張是非沒有標準。後代的哲學家主張人不能知道真理，也就是主張真假沒有標準，我們不能知道真理何在。

假使人真是絕對不能知道真理何在，人的理智還有什麼價值呢！理智所有天生的認識力，始終不能達到目的，那就等於虛設。然而天生的能力，必定應該可以達到自己的目的，不能達到目的，則是病態，則是殘廢。天生的一種本能，絕對不能常是病態，常是殘廢，否則理智絕對不能認識理智，理智便不是一種具有認識力的本能了。

在什麼時候我們可以知道真理呢？

我們常說：一加一等於二，這是很正確的事，絕對不會錯。

一加一等於二，爲什麼不會錯呢？因爲我們看得很清楚；因爲在誰看來，這樁事也是很明顯的。因此真理之所在，必定應該是顯明的事。同時我們說一加一等於二不會錯，因爲我們對於這樁事知道得很確定，一點也不懷疑，因此真理之所在，必定應該是確定不疑。

顯明和確定，於是便是認識真理的條件。對這兩項條件，以及真理的性質，在後面討論真理的一章裡，我們要詳細討論。於今我只說明這兩項條件是可能的。

天下的事理，難易不齊。事理越簡單，越具體，則越加容易懂；事理越複雜，越抽象，則越加難懂。但是在人已經懂得清楚一項事理時，這項事理，便明明擺在眼前，所有的理由，都很顯明。假使若不顯明，我們便不能懂得其中的理由，對於事理，我們也就不懂。我們懂得事理的程度，對於事理的顯明程度，互成比例。因此真理便應該是顯明的。

一項事理，既然很顯明地擺在我眼前，我的理智既然懂得很清楚，自然而然地我就確實知道這項事理是如此如此，我一點也不懷疑。這種心理狀態，代表我們的理智達到了自己的目標，止於其該止之處，心中便定了，真理是使人心定的。

真理使人心定，並不是主觀的心理狀態，乃是理智達到了目的以後，即是認識了客體對象以後，人心纔安定不疑。

有時候，有些人自以爲一椿事理很顯明，他們確實相信事理是這樣，結果事理並不是這樣，他們乃是錯了。緣因是他們錯以不顯明者爲顯明，實際上他們並沒有看清事理。然而究竟怎樣分別真的顯明和假的顯明呢？分別的方法，是理則學的方法。理則學即是相幫人求得真理。

註：

㈠ 柴熙　認識論　商務　民三十八年 頁一五。
㈡ 羅素　西方哲學史（第五冊）　頁九八六。
㈢ 陳哲敏　實在論哲學　頁一七四。
㈣ 丁文江　玄學與科學（見人生觀論戰）。
㈤ 同上。
㈥ 同上。

第三章 論知識

在上面兩章裡，對於人的知識問題，我們說明了這個問題的真相：一方面說明了對於這個問題，哲學家所有的意見；一方面說明了研究這個問題的方法。於今在這一章和後面一章裡，我們就正式討論「知識」了。在這一章裡，我們討論「知識」，在後面一章裡，我們討論真理。

我們人的知識區分爲兩大類：感覺的知識和理智的知識。因此，我們第一步便研究人的知覺，是不是真的代表客觀的對象。第二步再研究理智的知識是不是有客觀的價值。

對於知識的客觀價值，哲學家中爭論最烈的，是抽象知識，即形上觀念的客觀價值。我們便把這個問題特別提出來，分別討論。

一、人有致知的本能

儒家的《大學》，以致知爲修身齊家治國平天下的根基，除了知，則一切的事都無從措手足了。士林哲學也有一句成語 "Nihil in volitu, nisi prius in cognitu"（不知則不想）。人若不知道一事一物，必不會希望這事這物。知識在人的生活中，乃是一種最基本的要素。普通的人，誰也不會想自己所看見的東西，不想自己所看見的東西，也不會說自己所知道的日常生活事物，並不是那些事物。只有哲學家，卻要主張人的知識完全不是知識。

至於說人的知識能夠錯，這是人人所知道的事。誰也不敢主張人的理智常能認識對象，人所有的知識常是真理。但是人能夠認識對象，人能夠求到真理，這一點應該是不容懷疑的原理。不然，人又何必談學術呢？

我們因此主張「人有致知的本能」。

在我們的主張裡，包含有下列幾點：第一，人的感官，具有認識自己對象的本能。眼可見色，耳可聽聲，不用學習。第二，人的理智具有認識對象的本能。這本能天然地表現於推論的幾項基本原理。對於別的事理，則要人加以運用。

1. 感官具有認識對象的本能

感官是人的一種認識官能，用以知道外物的形色。官能由器官而成，感覺的器官，處在人身上的外部或內部。人的內外官能頗多，不都是感官。感官乃是用爲知道外物的官能，因此感官是人的認識官能，雖在人身，和人心靈魂緊緊相連。

感官的對象是外物的形色。形色指著物質物的各種特性，感覺所知道的是這些物質特性。物質特性中有些特性只能由某種官能去知覺，例如顏色只能由眼睛去看，味道只能由味覺去嚐。這些由一種感官可以知覺的特性，稱爲這種感官的「固有對象」。有些物質特性則由三四種感官共同知覺。例如物體的面積，物體的狀貌，是用視覺和觸覺去知覺。這一類的物質特性，稱爲「公共對象」

處在人身內部的感官有想像、記憶、綜合感、利害感：處在人身外部的感官有視覺、聽覺、味覺、嗅覺、觸覺。

感官爲有感覺，應該有外物的刺激（Stimulus）。刺激不應和外面的對象相混。對象是外面的物體，譬如一朵花，花爲眼睛的對象。但是爲使眼睛看到花，花應該刺激眼睛，這種刺激應該是物理方面的光，刺動眼睛的神經，眼睛的神經再傳達這種刺激到腦神經。因此刺激爲一種物理方面的動作，引起感官的心理反應。每種感官的刺激，各自不同。在心理學裡，我們對這一點，已加說明。

甲、感官有知覺對象的本能，人所共知，不必證明，而且不能有證明

孟子說：「口之於味也，目之於色也，耳之於聲也，鼻之於臭也，四肢之於安逸也，性也。」（盡心下）性，爲人的天能，因之感官對於自己的對象，有知覺的天然能力。

感官可以認識外物，這是我們人的意識，首先所意識到的一樁事情。當我們看見一樣東西時，我們自然而然相信我們真正看見這樣東西，不用思索，不求證明。

感官具有知覺對象的本能，因爲每種器官都有自己的作用，對於這種作用，具有天生的本能。感官的作用是爲認識外面的對象，因此不能不有知覺外面對象的本能。

知覺對象的本能，是感官天然能夠認識自己的對象。這是一項原理，也是日常的經驗。這項原理不用證明，因爲無論承認或否認這項原理，都承認這項原理。既然在否認一項原理時，適足以承認這項原理，這項原理當然用不著證明了！否認感官能夠認識對象時，正是承認感官可以認識對象，因爲否認感官能夠認識對象，應該用言語或文字，言語或文字若不用感官，則等於沒有。向瞎子寫字，等於沒有寫；對聾子談話，等於不談。若是一切的感官都

沒有認識對象的本能，語言和文字則不能有價值。但若使用語言文字，至少承認眼能看字，耳能聽聲。那麼用語言文字去否認感官有認識對象的本能，不是同時又承認感官有認識對象的本能嗎？

而且這項原理不能證明，因爲證明感官有認識對象的本能，應該假定感官有這種本能。爲證明一項原理而應假定已有這項原理，這項原理便不能夠有證明。於今爲證明感官的本能，應該用感官的經驗。

感官的經驗，爲我們意識的首先經驗。這類經驗爲我們的直覺，直覺的經驗，不能證明。

乙、感官的對象爲外面的實體，這些實體爲感官刺激的原因

洛克（Locke, 1632–1704）分析感覺爲兩類：「公共對象的感覺」，具有客觀的對象，如動靜、廣長、形態、數目等都具有客觀性；「固有對象的感覺」，純由主觀的器官而造成，如顏色、聲音、味道等，都沒有客觀性。

巴克萊（Berkeley, 1685–1753）更進一步，主張感覺沒有實在的對象，一切都由主觀而構成。不僅僅花的顏色，是我的視覺所造，連這朵花也是我自己的感覺所引起。我不看到這朵花時花並不存在。

佛教唯識論主張萬法皆空，形色更不是實有。成於人的感覺。感覺構成形色，都由於阿賴耶識或藏識裡有種子。

王陽明主張心外無物，本不是否認外面的實體，而是主張外物不入心，爲人不能算爲有，但也容易流爲否認實體的唯心論。「先生（王陽明）遊南鎮，一友指岩中花樹問曰：天下無心外之物；如此花樹在深山中，自開自落，於我心亦何關？先生曰：你未看此花時，此花與汝心同歸於寂；你來看花時，則此花顏色一時明白起來，便知此花不在你的心外。」㈠王陽明認爲花的顏色在沒有人看時，是寂然沒有；有人來看花，花纔有顏色。他的用意不是說顏色由於光線和眼球所造成，乃是說顏色不與人心相合時，或是說顏色不入人心時，天下無所謂顏色，因爲不能有顏色之名，不能有顏色之理。

感官的對象爲外面的實體，外面實體，爲感官刺激的原因，因爲感官沒有刺激不能有感覺，刺激既爲物理方面的動作，動作應該有發生動作的主體。因此感官的刺激發於一實有的主體，這種主體即是感官的對象。

無論實驗心理學，怎樣解釋感官的刺激，或以顏色爲光線的調合，或以聲音爲空氣的振動的波浪，或以觸覺爲物體的抵抗。但是爲成顏色的光線，必發自一個物體，空氣的振動必受一物所擊而成音波。因此感官的刺激必定發自外面的實體。

丙、感官所知覺的，不是感官的印象，乃是外面的實體。

近代實驗心理學，測驗感覺，以感覺爲感官在接受外面刺激時的一種反應。這種反應在哲學上普通稱爲感覺印象。

感覺印象的成因，是外面物體的刺激。物體的刺激爲物質動作，例如光線，空氣的振動等物質動作。因此感覺的印象是由物質動作和心理動作相合而成的。這種印象成於感覺的主體以內，和感覺以外的客體對象有什麼關係呢？

感覺的印象是不是僅爲感官的心理反應，不代表對象的真相呢？若是完全爲感官的心理反應，我們的感覺所知覺的客體對象，不是外面的客體，乃是我們自己的心理反應。因此我們的感官知覺沒有客體性的價值，我們便不能知道外面實體的形色。

然而我們人都相信自己所看見的，真是外面的東西，所聽見的真是外面的聲音。我們人都相信我們的感官可以知覺外面的客體對象。這樁事件，並不能直接用證據或理論來證明；否則我們要用知覺來證明知覺；但是我們可以用理論和經驗去說明這樁事件確實是真的。

第一、凡是一種器官，必定具有爲本身任務該有的本能，這種本能並且可做到自己的任務；不然這種器官就是無用的器官。感官的任務，在於認識外面的客體對象，因此便該當具有認識外面客體對象的本能，而且這種本能真能認識外面的客體對象。

第二、感覺印象，雖是物理刺激和心理反應所成，但是確實具有客觀的價值，確實是代表外面的客體對象。爲說明這一點，我們可以從兩項經驗去觀察。

第一項經驗，是感覺的區別，確實具有客觀價值。因爲感覺的區別，不單是憑著感官而定，同一感官的感覺，也分多少種。例如顏色，同爲視覺的感覺，然而顏色分有多種顏色。顏色的分種類，對於一切人的眼睛也是一樣。而且不單是對於人的眼睛，就是對於有顏色的照相機，也是一樣。同時聲音也分多少種，這種區分對於一切人的耳朵也是一樣，對於留聲機和無線電台播聲機也是一樣。可見這種區分，是屬於客體的。若是感覺的區分，具有客觀的價值，紅的是紅，白的是白，感覺便不是主觀的印象，而是客觀的知覺了。

第二項經驗，是於今有些照相機，可以正確地攝取外物的形色。目前有顏色的照相術，日形發達，已經近於能夠攝取外物天然的顏色和形態。如今的留聲機和無線電播聲機，已經幾乎可以使播放的聲音和原來的聲音一樣。從這理可見外物的形色有被正確地攝取的可能。人的感官較比照相機和留聲機一類的機器，更要齊全千萬倍，爲什麼我們的感官不能重現外物的形色呢？爲什麼我們的感覺不能代表外物呢？

我們的結論，是人真能知覺外物的形色。

有的學者主張人的知覺都是一些物理的刺激和心理的反響，根本上沒有所謂感覺的形色。例如顏色和聲音以及冷和熱，完全是物理的刺激在人心理方面所引起的反響。

對於這種主張，我們當然不接受。

感官的知覺，來自物理方面的刺激，這一點，在今日物理學和心理學發達很盛的時期，誰也不否認。但是若說顏色只是一些光線的刺激，聲音只是一些空氣的振動波紋，實際上並沒有顏色，也沒有聲音；這就等於說，世上的萬物，都由原子而構成，世上便只有原子，無所謂物體，況且原子還有原子的構成素，因此便連原子也沒有了。

普通我們說顏色或說聲音時，我們不是說顏色和聲音是怎樣構成的；同樣我們說「水」時，我們也不說「水」是由什麼構成的。水是實在的東西，顏色和聲音，爲什麼不能是實在的東西呢？你當然可以反駁說，水是實在的東西，因爲水真是一種實在的東西呢！顏色和聲音，則沒有一個像水一般實在的顏色或聲音。因爲在什麼地方，有個東西，稱爲顏色或有個東西，稱爲聲音呢？你的反駁詞，也有道理。這種道理，就是我們所說的「物」，分爲自立體和依附體。水是自立體，顏色和聲音是依附體。自立體則是一個一個的東西，依附體則是依附在自立體上面，因此不能是一個一個的東西。但是並不因此，便可以否認依附體的實有性，就如你說顏色和聲音，是物理方面的刺激，爲發生刺激，當然應該有能發生刺激的客觀條件。對於形色的客觀性，所以不容否認。

2. 理智具有認識對象的本能

理智的對象，在於事理。荀子說：「故治之要，在於知道。人何以知道？曰心。心何以知？曰虛壹而靜。」（解蔽）「道」爲事理，不是物形。《易經》說：「形而上者謂之道，形而下者謂之器。」（繫辭上 第十二）理智的對象便是在於形而上，不是在於形而下。不過這裡所謂形而上，取它的廣義，即是說超於形色，並不是專指形上學。形而下的形色，爲感覺的對象；形而上的道理，爲理智的對象。

理智是否可以認識事理呢？主張懷疑論的人，一致否認理智可以認識外面的事理。唯物的實徵主義或經驗派，主張人的理智所能知道的，只是外面的具體事件或經驗，人的理智只能達到形而下之器，不能達到形而上之道。唯心論的哲學家則跟本否認形而下之器，所謂形色，不能有真正的價值，人的理智直接達到形而上之道。然而他們所說的道，則不是外面事物之理，乃是人心所造之理，多少都有佛教萬法唯心的思想。

我們的答覆即是理智可以認識外面的事理。這種主張，不能正式加以證明，而且也用不著證明，我們只能用反證或旁證加以說明。

甲、人的意識，直接見到「外面客體」和「本人主體的存在」，
即是直接知道「物」「我」兩存

「意識」（Conscienia）在西洋語言裡和良心或良知同一名字，但是所指的並不是良心，乃是一種知識。意識所指的「就是對自己內心事態的一種認識」㈡普通我們談話，我們常說：「我理會了」「我理會到」；所謂理會，就是意識。在心理學一篇裡，我們曾經加以說明。

在佛教的八識裡第六識稱爲意識：「第六識意識，所知道的對象，是我有了一種感覺時，我知道自己有了一種感覺，或是把感覺互相比較，知有分別。所以第六意識是反省，反省到感覺乃自己所有的。」㈢

佛教的意識，在意義上和我們所講的意識相近。我們所講的意識，即是「我們理會自己的動作」。

「理會」有兩種：一是當我們動作時直接理會我們正在動作，不加思索，不加反省。這種理會的意識稱爲「同時意識」（Conscientia Concomitans）或稱「直接意識」或稱「伴發意識」。一是間接反省我們的動作，我們理會到是我們自己在動作，這種動作是屬於我們自己的。這種意識稱爲「反省意識」（Conscientia reflexa）。

「同時意識」所理會的對象，是知覺和認識的客體。當我聽到一種聲音時，同時便理會到這種聲音。若是我們不理會，就是我們沒有注意。若不注意，聽到聲音，便等於沒有聽到。

「反省意識」所理會的對象，則是我們的動作，是我們反觀自己的行爲。這種意識較比「同時意識」更爲完全，也配稱爲真正的意識。

我們每人都有這種經驗，當我們的感官有知覺時，或當我們的理智有認識時，我們同時理會所知覺的和所認識的，是我們感覺的和理智以外的事物事理，同時又理會到是我們自己在知覺，在認識。因此我們便直接理會感官和理智以外的客體，又有感官和理智的主體，即是意識到有「物」有「我」。這種直接天然的意識，不能常是錯誤。

你也不能說，這意識僅僅是種心理作用；而且在錯誤時和在夢中，人也意識到有物有我。但是人既然知道分別錯和不錯，作夢和不作夢，就是證明真正的知覺和認識，是有物有我；沒有物時，纔是錯，纔是作夢。

乙、人的理智有認識事理的本能

理智的本身是什麼性質，理智爲認識對象應該有怎樣的過程，在心理學裡，我們已加以討論。於今我們所討論的問題，是理智能不能夠知道事理。我們的主張是「實在知識論」

（Realismus）。「實在知識論」主張在觀念以外，有實在的客體，觀念和所代表的客體相符合。因此理智在知道事理時，理智是認識外面的事理。

本能是天生的良能，不用學習。人的理智有認識事理的能力，這是我們普通一般人所承認的；不然何必設學校，何必研究學術呢！

理智的認識本能，若不是天生的，人的知識，都是由教育得來的。教育是以人教人，教育所教的，便都是人所造的，受教的人便無法辨別真僞。

於今人是有天生的認識本能，人在沒有受教育以前，而且在不用思索時，就可以認識一些事理。這種知識既是天然的，當然不能錯，對於以後由教育或經驗所得的知識，還是辨別真僞的標準。

在倫理方面，孟子曾說：「人之所不學而能者，其良能也，所不慮而知者，其良知也。孩提之童，無不知愛其親者，及其長也，無不知敬其兄也。親親，仁也，敬長，義也。」（盡心上）小孩子天生知道愛父母，愛兄長。這種知識，是天生的知識，孟子稱之爲良知，爲天生之知。這種知識，不是空虛無實的幻想，乃是一種確實的原理。誰不知道孝愛父母，父母是真有其人，孝愛是真有其事呢？

在認識論方面，誰又不知道「一椿事不能同時是又同時非」的矛盾律呢？小孩子沒有受教育前知道這種道理，野蠻未開化的人，也明白這種道理。

在宇宙事物方面「因果緣」也是人人所知道的。媽媽爸爸們和自己的小孩子講話時，常要聽見小孩子問：「爲什麼緣故呢？」」這就表示小孩子天生知道，凡事凡物沒有緣因，不能成功。

最後，誰不承認自己存在呢？誰若疑惑自己在不在，大家便要說他是瘋子。

丙、理智的對象在理智以外

理智既然具有認識對象（事理）的本能；但是這種對象是在理智以外，或是在理智以內呢？假使人天然知道的基本原理，都是在人理智以內，爲表示這些原理的觀念由何而來？難道這些觀念也是天生的嗎？假使這些基本原理，都在人心理智以內，沒有外在的對象，人的他種知識更沒有外面的對象了。

王陽明主張心外無理，是對於天理而言。天理在於人心，人的良知自然而知。人只要反躬而誠，不要求諸外物。這一點，我們在倫理學裏要詳細討論。

王陽明在人的普通知識方面，不是唯心論者。他雖然說：「夫物理不外於吾心，外吾心而求物理，無物理矣。遺物理而求吾心，吾心又何物耶！」（全書二）陽明的物理是指物的天理。人和物同在宇宙以內，宇宙天理既在萬物，也就該在人心。而天理爲能成爲人的行動規律，都要在人心之內，因爲人的行動由心而主宰，因此聖人講誠心，或正心。天理若不在人心，對於人就等於沒有。

歐美的唯心論則主張，人所認識的是人自己的知識，人的理智不能出乎自心以外。例如：我說某某心中憂愁，實際上我看不見某某的心，不知道他的憂愁怎樣，我只能拿我的憂愁經驗，去推想他的憂愁。因此某某的憂愁，實際乃我心中的憂愁經驗。

外面事物在我理智中的代表，是事物的觀念。觀念在我們心內，爲我們自心的產物。唯心論一口咬定我們所認識的只是我們心中的觀念，我們決不能知道觀念所代表的事物，因爲事物在我們以外。

「實在認識論」反對唯心論的主張，以爲理智所知道的是外面的客觀對象，理智在認識事理時，雖然直接認識自己所有的觀念，但同時也直接認識所代表的事理。理智的認識能力，可以達到外面的客體對象。

這樁實事，是我們每人都常常意識到的。當我們認識一事一理時，我們馬上理會我們在認識一事一理。假使這種事理完全在我心以內，和我們相合爲一。那便不能理會我和事理的分別。況且我們不但理會到我們和事理的分別，還理會出所認識事理是在我們以外。例如我們知道牛是甚麼，我們也明明理會所知道的牛，是在我們以外，是真真的牛。

假使牛是我們的觀念，沒有相符合的客體，爲甚麼牛異於馬，馬異於人呢？可見我們的天性就承認觀念有外在相符的客觀。

若說理智的認識能力，不能出乎自心以外，理由究竟何在？質的動作，不能穿過真空，需要中間的媒介。但是理智是精神體，理智的動作是精神的動作。不受地域的限制。爲甚麼不能出乎自己以外？若說理智的動作是精神的動作，然而使用物質的神經，不能脫離物質，但是腦神經並不是理智的器官，不能限制理智的動作。中國哲學說心能知，西方哲學說靈魂能知，從來不說腦能知，明明承認腦神經不是理智的器官。

在實際上唯心論和唯物實徵論，雖百方避免絕對懷疑論，仍舊不免歸結到懷疑論。懷疑論既然是該當避免的，則只有承認理智有知道外面事理的本能。

「子曰：觚不觚，觚哉！觚哉！」（論語 雍也）董仲舒說：「欲審是非，莫如引名。名之審於是非，猶繩之審於曲直也。詰其名實，觀其離合，則是非之情，不可以相讕。」（春秋繁露 深察名號）儒家主張有名有實，名代表觀念，觀念以外有實。名和實相符，纔有完全的知識。而且先有實而後有名。所以儒家也是主張理智的對象是在理智以外，知識並不是理智所虛構。

丁、觀念與客體名實相符。

在心理學裡，我們已經討論了理智在認識時，爲構成觀念所有的心理過程。我們也研究了人在認識時，怎樣能夠和外在的客體相結合。在認識時，主體和客體的結合點，是觀念，因爲是在觀念裡，理智和被認識的客體，互相結合。

觀念在認識作用上的價值，不僅僅是客體在理智上所起的印象。假使僅僅是印象，觀念不能算爲知識，因爲知識要在人的理智攫取了印象以後，纔有知識。認識作用是理智的動力作用，不是僅僅被動。再者，觀念若只是客體在理智上所起的印象，理智的認識作用，則以印象爲終點，理智所認識的，則只是這種印象，不能達到外物了。這種錯誤，就是唯物實徵派的錯誤。

觀念乃是客體在理智中的代表，或稱理性符號，或全稱符號（Signum formale）。人在認識時，不是認識觀念，乃是認識觀念所代表的客體。例如「牛」的觀念是代表牛，我們認識牛時，不是認識我們腦中的「牛」觀念，而是直接認識「牛」，即是客體的「牛」。我們爲認識腦中所有的觀念，是要經過反省以後，纔知道這些觀念是什麼。因此，我們在認識時，第一個所認識的，是客體；第二個所認識的，纔是觀念。

觀念既是全稱的符號，它的意義，完全在乎代表自己的客體，沒有客體，本來不能有觀念。觀念便應該和客體完全相符合。這種符合，不是物質方面、或心理方面的符合，我們不能說觀念在物質上或心理上相似於自己的客體。觀念和客體相符合，是理性方面的符合，即是在「理」方面，完全和客體相符合。至於說有時觀念並不和客體相符合，以致弄成錯誤，那是偶然的事。錯誤時的觀念，本不可稱爲觀念。

二、抽象的共名

荀子說：心能知「道」，「道」乃事物之理。《易經》說形而上者謂之道，事物之理便屬於形而上。

形而下之器，由感官去認識。感官所認識的形器，都是單體。例如眼睛所看見時所看見的顏色，這種顏色必定是一件物體的顏色。人心理智所知道的事理，既是形而上，不受形器的限制，因此這種事理可以在多數形器以內，於是乃有包括許多實體的共通觀念。

共通觀念的最共通的，莫過於「有」（Ens）（存在或存在體）。凡是實體都是「有」，假使「沒有」，已經不是實體了。

一個共通觀念能夠包括許多實體的「共相」。例如「人」，包括天下古今未來一切人的共相。凡是人，都稱爲「人」。於今我們要問「人」這個觀念，究竟代表一種實在的對象否？「人」的這個觀念，是不是全由人心所造的，或是在人心以外真正有相符這個觀念的事理呢？外界具體的事物，都是單體事物，那麼共通觀念怎樣可以是實在的事理呢？

古今的哲學家因此對於共通觀念價值，大起爭論。否認共通觀念的最極端派爲「唯名論」（Nominalismus）。希臘古哲學家如赫拉頡利圖（Heraclitus)和德謨頡利圖

（Democritus）開「唯物經驗論」的先聲，主張在感覺經驗以外，沒有別的知識，他們也就作了「唯名論」的前導。「唯名論」的正式創立人，先有第十二世紀的洛瑟里諾（Roscellinus），後有第十三世紀的奧甘（Ockham）。他們主張共通觀念只是一種社會通用的名字，既不代表真正的觀念，更不代表確實的實體。近世紀的哲學家中如巴克萊（Berkeley），休謨（Hume），龔提雅（Condillac），穆勒（Mill），和唐能（Taine），以及實徵主義派的學者，都主張沒有共通的觀念。所謂共通觀念，不過是單體觀念的聯繫作用。實體既是單體的，觀念也是單體的，但是在習慣上，人們常用共通的名字，為使共通名字所代表的單體觀念，彼此發生聯繫。

在另一方面，唯心論哲學家，以為實際存在的事物，都是個別的單體，單體常多變動，因此不足為哲學家所注意。哲學家所注意者應該是永久不變的形上事理。形上事理則不能在單體事物中去求，而由人心理智去創造。他們看不起，或根本否認對於單體的知識。他們主張人的知識，都是人心理智的產物。共通觀念，當然是在人心理智中，外面絕對沒有相符的對象。但是天下多奇事，這種唯心論的主張，卻導源於唯物的奧甘。奧甘本主唯名，然而他也承認有所謂共通觀念，不過這類觀念，完全是人心所虛構罷了，康德後來正式建立唯心論。

我是主張「實在論」的。實在論主張共名和共通觀念，都是名符其實。

但是這種名符其實，究竟是怎樣呢？我們於今便加以討論。

「共通的觀念」也稱爲「普遍的概念」，或簡稱爲概念（Idea universalis）。共通的觀念由一「普通名詞」或「共名」作代表：「共通」的意思，是把許多事物聚齊一起。在理則學上，普通名詞或共名，是一個名詞包括許多對象，因此能夠作這些對象的賓詞。例如「人」是一個共名，張三是人，李四是人，王大哥也是人，李大哥也是人。於今我們要討論的，就是這個「人」究竟存在否？因爲我們實際上所遇到的人，是這個人和那個人。在實際上這個人也必定不是那個人，那麼所謂「人」究竟何在？

「普通名詞」的分類，在理則學上已經說過。於今和我們討論的問題有關係的，只有兩種：一種是形色的共名，一種是形上的共名。形色的共名，是感覺方面共名，例如紅色、黃色、高聲、低聲、甜酸、冷熱、高低、寬狹等等名詞，都是可以用感官而知覺的。另一種形上的共名，是理智方面的共名，如自立體、人、物、等，只能用理智去認識。這兩種共名的來源既不相同，哲學家對於兩者的價值意見很不一致。知識論上所爭的，大都不在形色的共名，而是在形上的共名。

於今我們便逐次而進，討論共名和共通概念的價值。

第一、是不是有共名之實？

第二、共名之實是不是實在的物體？
第三、共名之實究竟是怎樣存在呢？

1. 是不是有共名之實？

我們日常使用許多共名，誰也不懷疑我們所用的名字各有各的意義。我們說人就是人，說馬就是馬。但是談哲學的人偏偏要提出許多質問：你說某某是人，你曾經想過人代表什麼呢？在那裡有所謂「人」呢？

對於這些談哲學的人所提出的質問，我們的答覆是：第一，共名真正是有共通的觀念；第二，共通的觀念，真正有共通的對象。

甲、名有共通的觀念

「唯名論」主張共名，祗不過是社會習慣而造成的名詞，這種名詞的意義，也是社會習慣而造的，並沒有相符的共通觀念。例如「牛」。牛的名詞不代表一個觀念，因爲「牛」這個名詞包括有許多成分，不是一個觀念所能代表的。我們說「牛」時，我們腦子裡同時浮起關於「牛」的各種感覺印象，理智裡也想到「牛」的許多特性。因此「牛」的名詞，在我們心裡所引起的，是許多觀念和印象的聯繫，決不是一個觀念。

然而我們要問一問這些學者：普通說來是不是能祗有名詞，而沒有相符的觀念呢？

我們人制名或用名時，必有這個名詞的觀念，於今既然有共名，當然應該有共通的觀念。

名詞本來只是一些聲音結合起來的，或由字畫而綴成的，中國話的名詞是單音，重在字畫綴成的字形，外國話的名詞常是多音。聲音或字畫在本身方面沒有意義，我們人把聲音拿來制名，把字畫拿來綴字，一定要有所指。聲音和字畫所指的即是名字的意義。我們人在用名時，也是使用名詞的意義。我們不懂一個名詞的意義時，這個名詞對於我們僅僅是一兩種聲音，或幾畫的字形，在我們理智裡引不起任何的反應。名詞在我們理智裡所引起的反應，就是和名詞相應的觀念。我們理智裡所有的，除觀念外還有什麼呢？理智所有的，都是觀念。

當然理智所懂得的，不僅僅是觀念，理智能夠懂得觀念間的關係。近代的一些聯想主義的心理學家（Psychologia associationis），如白音（Bain, 1818--1903 ），翁德（W. Wundt, 1832--1900）等，主張共名在人心所引起的反應，乃是心理方面的聯想作用，並不是一個共通觀念。

但是心理方面的聯想作用不能代替觀念，因爲聯想是聯想，觀念是觀念，兩者各是一事，彼此不相混。

若說我們人所有的觀念，不能由許多分子合成，因爲每個觀念在本身上說都應該是單純的。然而共通的觀念則包括許多分子，因此不能是一個觀念，而是觀念的聯繫。我們承認觀念在本身上應該是單純的。共通觀念在本身上即是單純的，共通觀念便不自相矛盾。

觀念是非物質體，非物質體當然不像物質物由部份構合而成的，因此觀念便可以說都是單純的。觀念的單純性，且更可以從精神活動方面去看。人的精神活動是有限度的精神活動。每次的精神活動，只能有一個有限度的對象。每個觀念，是人的理智的一次活動。理智的一次活動，既是限於一個有限度的對象，於是每個觀念在自己的意義上都應該是單純的。可是於今我們所討論的共通觀念，所有的意義則是複雜的，怎樣可以成立呢？這種難題不在於共通觀念的本身，是在人們的解釋。共通觀念在本身上常是單純的，常只有一個意義；例如牛只是牛，人只是人，在我們把「牛」或「人」再加以分析時，纔知道「牛」包括許多的成分。同時我們對於一個具體的事物的名，也只有一個觀念，這個觀念也是一個單純的觀念，雖說裡面包括有許多特性。例如「唐太宗」的觀念，我們有「唐太宗」的觀念，這個觀念若加分析時，便包括有「唐太宗」的許多特性。

乙、共通觀念有共通的對象

共通觀念所包括的成分雖多，然而不失爲一單純的觀念，因此共通觀念的對象是唯一的。假使共通觀念的對象是共名所包括的一些實體，則這種觀念便不能成立。每個實體各不相同，怎樣可以有一個代表這一些實體的觀念呢？但若是共通的觀念只有一個對象，共通觀念便不自相矛盾了。

然而問題就在於是否有一共通對象。即是共名所代表的對象，是不是實有的。

從我們人的直接意識一方面說，我們常常理會確實有共通的對象。當我們說「人」，說「牛」，說「物」，說「理」時；我們馬上理會這些觀念不是我們腦中虛構的，確實在理智以外有所謂人，物，理，的對象。人的直接意識不能普遍是錯的。

再從反面說，若是共通觀念沒有共通對象，則我們語言裡的賓詞都不是真的，我們便無從說話了。然而我們普通都承認賓詞真正可以解釋主詞，因此便應該承認共通觀念有自己的對象。

我們說：「張三是人」，「這事是真的」，「唐太宗是明君」，「秦檜是奸臣」。我們都信「人」「真的」「明君」「奸臣」是真的有所謂人，有所謂真，有所謂明君，有所謂奸臣，不然我們所說的話，就完全沒有意思。這些話裡的賓詞都是共通觀念，因此共通觀念是真正有其對象了。

你也不能說：形色的共通觀念，能夠有它的對象，這種對象直接是感覺印象，間接是感官的對象客體。至於形上的共通觀念，則是理智按照人心先天的「範疇」或「模型」製造出來的，沒有人心以外的對象。但是假使若是這樣，你說話時，是不是分別形色的共通觀念和形上的共通觀念，以爲前者是真，後者不確呢？你說：「這朵花是紅色」，和「這個人是好人」，你的意識上理會到「紅色」和「好人」兩個賓詞的價值，有什麼不同嗎？你必定不會意識到有分別。

2. 共名之實是不是實在的物體？

共通的名詞既有相應的共通觀念，共通的觀念又有共通的對象，於今我們進一步，再問所謂共通的對象，是不是實在的物體？

「唯名論」和「實徵論」都說定共名不能有實，因此共通觀念不能有對象。結果也不能有形上哲學。

「唯心論」則主張共名有實，而且共名之實，在實際上是和腦中所有的完全一樣。但是唯心論者所謂的實際之實，是人心的精神活動，而不是在人心以外的實際界。康德以人的觀念，都是人按照先天範疇所構成的。共名之實，即是人心自造的觀念。黑格爾主張共名之實，爲人的精神有正反合的進展。我爲正，非我爲反，人的精神之我，在非我裡表現出來，即成爲實際的宇宙界。但是這種實際的宇宙界，仍舊是在人心的精神以內。義大利的克洛齊（Benedetto Croce, 1866-1953）對於抽象的玄體，一口否認，他以爲共通觀念不能存在。同時他也否認唯物的實徵主義能成爲哲學，因爲具體的經驗，脫不出時間和空間的限制，克氏便主張把具體的經驗玄學化。具體的經驗即是歷史的史事。在研究歷史的人，宇宙內只有史事。克洛車以史事代替玄學的共通觀念，他主張觀念等於史事，史事等於觀念。(四)和克氏同時的另一義大利哲學家錢笛肋（Giovanni Gentile, 1875--1944），主張以人的思維動作包括宇宙萬有。「我不想，一切於我都算沒有。我想一事一物，在我便有這一事一物。因此，宇宙間所有的，祗有我的思維動作（我想）。因此『有』相等於動作。」(五)

唯心論的主張，最後在結論上，和唯物論的主張，有同樣的結局，都不承認「有」在人心以外有共通之實。

實在論的主張，則主張共通之實，是人心以外之實；但是實在論中，也有過激的，如柏拉圖主張先天觀念論，認爲觀念在人以先已經有了。這種先天觀念就是我們人心觀念的對象，也就是我們所有之名之實。一切共名之實，便是這種先天觀念。中世紀時有項波威廉(Guillaume de Champeaux m. 1120)主張一切的物性，在單體物以內，物性並不因單體的數目而增多。

我們雖主張實在論，但是居乎中庸，我們的主張有三點：

(一)共名之實，不離乎單體物而存在。

(二)在單體物以內，共名之實和物體的個性不相分離。

(三)同種類的物性，雖不因單體物增多，便具體上增多，但也不是具體的同一個物性。

甲、共名之實，不離乎單體物而存在。

朱子說：「所謂理氣決是二物。但在物上看，則二物渾然，不可分開各在一處。」(朱子答劉叔文書)理爲物性，氣爲物形，性和形互有分別，然不能相分離。朱子因此說：「天下未有無理之氣，亦未有無氣之理。」(朱子語類)

我對物性和物形以及理氣等的主張，雖和朱子不完全相同。但是朱子解釋理和氣的關係所說的話，很有道理。

共名之實爲物之性，物性爲同種的單體物所共有，爲這些物的共相，因此和單體物不能沒有分別；不然單體物已不是單體物了。但是同時每種物性也不能脫離物而存在，因爲凡是存在的實體都是單體，若是物性脫離單體而存在，則物性便不是公共的物性了。因此物性確實和單體物有分別，同時也在單體物以內。

例如「人」，人爲一共名。共名之實爲人之所以爲人之理，即是人性。人之人性，不是理智所虛構的，乃真有其事。然而天下之人，都是某某，某某，都是一個具體的人，不僅是「人」，而是「某某人」。但是無論某某，他都有人性。

因此，共名之實，在具體上，是在單體物以內，不離一單體物而存在。即是說天下沒有無物性之物，也沒有無物之物性。

乙、在單體物以內，共名之實和物體的個性不相分離。

某某人是人，因爲他有人之爲人的人性；某某人是某某，因爲他有某某之爲某某的個性。李白是人，是李白，李白有人性又有個性。人性和個性互有分別的，人性不是個性，個性不是人性。但是在具體上，李白並不是分有兩部份，一部份是人性，一部份是個性。因爲單體物是一個，單體物的一是純粹的一，不是由多數單體的集合物。若是個性和物性在具體上。彼此可以分離，各自便成了一個單體；於是由人性和個性合成的單體物已經不是純粹的一個單體，而是由多數單體集成的一個單位了。況且在本體方面，李白這個人，他的人性和個性都是李白的，除了李白的人性，李白不是李白；除了李白的個性，李白也不是李白。李白只有一個，若把李白分了，李白便不存在了。

因此共名之實，不能脫離單體物而存在，就是在單體物以內，共名之實，即是所謂物性，和單體物之個性，只有分別，沒有分離。在具體上，物性和個性合成一個實體，不是兩個實體。

丙、同種類的物性，雖不因單體物增多便具體上增多，但也不是具體的同一個物性。

既然說在單體物以內，物性和個性合成一個實體，那麼所謂物性不隨著單物體的數目而增多嗎？例如說李白的人性，是李白的，杜甫的人性，便是杜甫的；那麼不是人性隨著人數而增多嗎？但是天下人卻都知道天下的人性只有一個，李白和杜甫所有的人性，同一的人性。因此，人性不隨人數而增多的。因爲人性是人性，李白是李白，杜甫是杜甫，人性並不是李白，也不是杜甫，人性雖在李白以內，但是和李白有分別。

在另一方面，物性和個性既是在具體方面合成一個實體，我們便不能說同種類的物性，在具體上是同一個物性，因爲在具體上，物性是有個性的，個性在每個單體物內都不相同，因此具體上的物性，在同物性的各單體物以內，不能同是一個。

程朱常說「理一而殊」。朱子說：「問理與氣。曰：伊川說得好，曰：『理一而殊』。合天地萬物而言，只是一個理，及在人又各自有一個理。」（朱子語類）我不贊成天地萬物同一理之說，我主張同種類之單體物同一物性，因此可以說：「性一而殊。」凡是人都有人性，但每個人各有各自的人性。

3. 共名之實究竟是怎樣存在

「性一而殊」這句話怎樣解釋呢？同一物性而又不相同，這豈不是自相矛盾嗎？

爲解釋「性一而殊」，我請大家注意一點，就是共名之實，在人心理智以內和在單體物以內的分別。人心理智的共名之實（物性）不帶單體物的個性，單體物以內的物性則帶有個性。

所謂「性一」便是人心理以內所有不帶個性的物性，這種物性每種只有一個，是每種單體物的共有物性，因此稱「性一」。

所謂「而殊」，則是指著單體物內帶有個性的人性，這個帶有個性的物性，是物物而不同，因此稱爲「而殊」。

然而人心理智內的共名之實和單體物內共名之實。兩者的關係若何？我們的答覆如下：

（一）共名之實在單體物以內爲具體的，在人心理智以內爲抽象的。

（二）抽象的共名之實，爲共名之理。

（三）共名的意義則在於和具體的共名之實相連。

甲、共名之實在單體物以內爲具體的；在人心理智以內爲抽象的。

每個單體物的人性和個性，同是一個實體，這個物性具有有一切的個性，便是具體上的物性。人心理智的物性不帶個性，乃是由於理智從具體的物性，把個性分開，單只抽出物性而成物性的觀念。這個物性觀念，便是抽象的物性。

一切的爭論就都歸在這一點。唯心論認爲共名之實，既是人心理智的抽象作用，便是人的精神動作的效果，不是外界的實體。唯物實徵論則以爲抽象的共名之實，根本不是外界之實。因此兩派都以爲共名之實不是實體之實。

我們認爲問題的焦點，在於「抽象」兩字。抽象並不是妄想，也不是虛構，也不是創造。抽象是理智在認識一實體對象時，取此而捨彼的動作。一個實體在具體上是一個實體，它的一切特性合成一個「有」，不能分離。但是我們人在觀察這個實體時，能夠就其特性中，注意這一點，而不注意另一點。因此抽象作用，是以實體爲根基，而且在實體本身，物性和個性是有分別的。這種分別，便是人心理智構成共名的客觀根基。

因此共名之實，本來是在實體以內，本來和單體個性有分別；理智用抽象作用，使它和實體相分離。這種分離是理智造成的，但是共名之實則是實有的。例如，人性在李白這個人，是和李白的個性相合爲一的，但是雖是合而爲一，李白確實是有人性又有個性。我們的理智於今只看李白的人性，判定李白是人。李白的人性不是我們的理智所虛造的，祇不過是被理智把它和李白的個性分開了。

乙、抽象的共名之實爲共名之理

共名的本性，在於能夠爲許多主詞的賓詞。例如「人」，能夠貼合在一切的人身上，說張三是人，李四是人，作爲一切人的賓詞。爲甚麼共名能爲許多主詞的賓詞呢？因爲共名代表一種物性，這一種物性能夠在許多單體物以內。

一種物性，能夠在許多單體物以內，這種物性，必定是不帶個性的物性；但是具體的物性，都帶有個性，不帶個性的物性，乃是抽象之物性。因此抽象之物性，即是共名之所以成爲共名之理。

人心理智所有的抽象作用，可以分爲三等，第一等爲物質性的抽象作用，第二等爲數量的抽象作用，第三等爲有無的抽象作用。物質性的抽象作用，從物質物中，抽出物質物性，例如紅色、甜味、花香，構成抽象的物質性，作爲一切自然科學；物理學，化學和自然哲學的研究對象。數量的抽象作用，從物質物性中，除去一切的物質性，僅只看它們的數量關係。數量在物質性中是最抽象的，例如「一加一等於二」，幾乎可以駕乎物質以上。就是三角學中的點線平面，也都是力求減少物質性。數量抽象作用所構成之數量之實，便是數學的研究對象。若是再往上走，連一個物體的數量都撇下，只看物體的有無，這是有無的抽象作用。有無的抽象作用，把物體內的一切都放下，僅只抽出物體所以能有，物體所以能存在之理。物之有和所以存在之理，乃是形上之實，構成形上學的研究對象。

丙、共名的意義，則在於和具體的共名之實相連。

若共名之所以爲共名，因爲代表在許多單體內之抽象物性；但是共名稱爲共名，則因爲是許多單體物之共名，因此共名的意義，在於共名和單體物的關係。共名和單體物的關係，即是和具體的共名之實的關係。再者，共名之實既是由單體物中抽出的，它便不能否認和單體物的關係。

因此共名，或是從成立一方面說，或是從目的一方面說，都是應該和具體的物性相關連。

三、形上原理

凡是一種學術，都有公共的原理，這些原理大都是經過許多研究工夫然後纔成立的。於今我們所要談的，不是這些學術原理；我們所要談的是人的理智活動所有的最基本原理。這些原理不單是一切學術研究的基本，而且也是人在通常的談論上應該有的基本。廢棄這些原理，人的思想就沒有進展的可能。

理智活動的基本原理，第一爲「矛盾律」，第二爲「因果律」。在矛盾律以下的有「相等律」和「相反律」，還有「肯定一切」或「否定一切」的原理。對於這些原理的意義，我們在上面已經講過。至於因果律的本身價值，我們在後面也要加以說明。於今我們的討論範圍，是「矛盾律」和「因果律」在知識論方面的價值，我們討論這些原理，是否要有證明的理由，是否有絕對的普遍性。

1. 最基本原理不能有證明

理智活動的最基本原理，不能也不應該再有證明的理由。

「矛盾律」和「因果律」爲理智活動的最基本原理，稱爲「第一原理」。然而這些原理，在理則學上是一種評判，是「辭」，是一句話，是由主詞和賓詞而成的。既有主詞和賓詞，這兩者的關係，就應該有理由。既有理由，便該當說理由。因此有些哲學家如萊布尼茲（Leibniz）主張「第一原理」也應該加以證明。

但是爲使理智活動，有一確實的出發點，免得繞無益的圈子，以致找不著出路，一定該當有不能，也不應該加以證明的第一原理還該加以證明，這樣的圈子將永遠沒有盡頭，一切的學術都都沒有辦法可以進行了。因此第一原理，不應該有證明。

而且第一原理，也不能加以證明。證明是用已經知道的理由，推出不知道的理由。第一原理是人人所最明白的理由，因此便不能由其他另一知道的理由推出而來。

再者，在證明一事時，證明要有所根據；於今在一切證明以內，都根據第一原理，因此第一原理本身便不能再有證明。

在事實上每一種證明，都要以矛盾律爲根據。假使若是沒有矛盾律，一樁事同時可以是，又可以非，一件物體同時可以為有又可以為無，那便沒有證明的可能了。

為說明證明的理由，所用的方式，或是三段推論式，或是歸納式。三段推論式常是先假定「相等律」和「相反律」，歸納式也常先假定「肯定一切」和「否定一切」的原理。假使我於今要證明這些第一原理，我就要預先假定這些原理，那不是自己證明自己，等於沒有加以證明嗎？

2. 最基本原理來自經驗

理智活動的基本原理，理智一見就可懂得。基本原理所用的「名」，則由感覺經驗而有，理智懂得基本原理的方式，則是歸納式。

第一原理既然不能再有證明，理智怎樣認識這些原理呢？我們的答覆分為三點。

甲、第一原理，理智一見就可懂得，並不要求解釋。

人的理智，天生有種良能，使人一遇到理智活動的基本原理，立時就可以懂得。誰不懂得一是一，不能是二呢？誰不懂得你說今天不能是說昨天呢？誰又不懂兩者各等於第三者，兩者彼此也相等呢？人的理智對著這些最簡單的基本原理，不用思索，就明白這些原理的意義。假使一個人不懂得這些原理的意義，大家便要說他是白痴。

乙、基本原理所用的「名」，則由感覺經驗而有。

我不是主張先天觀念的人。一切的觀念，都由我們人後天所積成的，我們爲積成觀念，出發點常是感覺的經驗。在前面已經說過，一切的共名，都是由具體的實體裡抽象而出。爲認識具體的實體，第一步是用感覺。

一是一不是二，我們的理智自然就懂得，但是一字和二字，則是由感覺的經驗而有。因此我並不主張，理智活動的基本原理是先天而有的。

中國宋明理學家講人心有天理，王陽明且主張心外無理。他們所謂人心的天理，是否也包括理智活動的第一原理呢？這些第一原理是否也可以稱爲天理呢

若是以天理，爲人心理智因著天生的良能一見就懂的原理，理智活動的第一原理，當然可以稱爲天理。若是以天理爲人心先天而有的原理，則理智活動的第一原理不能稱爲天理。理學家所講的人心天理，爲人心先天而有的原理，爲人的行爲的倫理法；因此便不包括我們上面所講的第一原理。因爲這些原理是人的理智生活的基本原理。況且理學家當時並沒有討論這個問題。

丙、理智懂得基本原理的方式，則是歸納式。

歸納式是從單獨的經驗，升到公共的原則原理，是從局部的事例，歸納出普遍的理論。理智生活的基本原理，爲公共的原理，爲普遍的理論，既不是先天生於人心的，又不是由演繹而成的，當然該當是歸納的了。

但是第一原理，理智見到時就馬上可懂，不必去追求，不必去實驗，不必去考證，因此所謂歸納，也不是正式的歸納。

理智懂得第一原理爲歸納式，乃是說理智在開始時，是在實際的事物上，遇到這些原理。例如兒童開始使用理智時，在實際的事物上，一眼看到，我是我，你是你，一是一不是二，於是明瞭在一切事上都是這樣。

3. 最基本原理（第一原理）有絕對的普遍性

我說理智開始懂得第一原理，是在實際的事物上；但不要錯以爲這些原理祗是感覺的經驗。第一原理，爲理智活動的基本原理，乃是形上的抽象原理，普遍地用於一切理智的思索活動。

無論是哲學家或科學家，大家都承認有這些原理，因爲不然無法研究學術。但是大家對於這些原理的價值，意見很不一致，各人按照各自對於知識論的主張予以解釋。

否認「共名」有「實」的唯物實徵主義者，如休謨、穆肋，以及郭布洛（Goblot）(六)等，都主張理智生活的基本原理，並不是實際上有這些原理，乃是因爲人的聯想作用，看見同樣的事件常是如此，便假定以後的同樣事件，也是如此。因此便造出所謂原理原則。例如因果律，即是因爲常常看見兩樁事前後相連，我們便以爲是前因後果。再加以社會習慣和文化遺傳，把這些原理便普遍化了，實際上這些原理原則乃是人所造的。

康德和唯心論的學者，主張原理原則爲人心先天所具有，人心按照先天的原理原則支配外面的經驗。

中國哲學家反對矛盾律的，有莊子和佛教學者。

莊子倡「齊物論」，以爲「天地與我並生，而萬物與我爲一。」（齊物論）「物無非彼，物無非是。……是亦彼也，彼亦是也。彼亦一是非，此亦一是非。果且有彼是乎哉！果且無彼是乎哉。」（齊物論）莊子的〈齊物論〉「是說天地萬物一律相等，沒有差別。在本體論方面，莊子並不否認萬物爲實體，各自有各自的本質。可是他認爲萬物的本質，由「道」而變成，然後又歸於「道」，那麼萬物的本質，究竟同是一個道。」(七)

中國佛教，如華嚴宗天台宗都有萬法平等的主張。「華嚴十玄的特點，在於萬法相融，一即一切，一切即一。……明達智慧者，知道在一微塵或毛孔般的小東西裡，看到天下的一切東西。一切東西都真心所現，都等於真如，所以彼此互相等，互相包容。」(八)莊子和佛教的主張，是由本體論出發的，我們在後面講本體論時，再與以辯駁。至於莊子所說的無是非，下一章我們討論真理問題時再談。

我的主張是理智生活的基本原理，有絕對的普遍性，在實際上具有客觀的價值，不是人心所憑空製造的。

人對於理智生活的基本原理，不要學習就懂得很明白，可見基本原理不是人所製造的。至於實徵論和唯心論對於這些基本原理的主張，則要經過許多解釋纔可以懂。本來很簡單很明瞭的事，反而變成複雜難懂了。這些學說纔是「偽」，纔是人為的，不合事物的本性。

人的理智的對象，是事物之理。理智的基本原理屬於事物之理，也就屬於理智的對象，並不是理智力所不能達到的。

事物之間，按照各自的本性，能夠彼此發生關係，關於這一點誰也不能否認。在事物彼此間之關係中，有些關係是必定常常有的，關於這一點，我們日常都有經驗。因此可見在事物本身方面，可以有必然的關係。這些關係又屬於事物之理，因此也就是理智力所能達到的對象。我們所說的矛盾律和因果律，即是事物間的必然關係，因此就能夠爲理智所知，也能夠真真是在事物以內。

「矛盾律」的公式，爲「從同一觀點上，一事一物，不能同時是「是」又是「非」」，不能同時爲「有」又爲「無」」。這條原理，只要有一實體，原理也就是實在的，因爲這條原理，是關係物體的本體。有者同時不能爲無，「有」是物體的本體爲有，假使物體爲無，物體就沒有本體。

「因果律」的公式，爲「非自有的物體，必爲另一因之果」。在實際上，我們對於事物的因果關係，常能有錯誤，兩者中本來沒有因果關係，我們有時錯以爲有因果關係。但是在原則方面說，一件物體，或者是自有的，或者是由他一物體而來的，既不是自有的，則必定是另一物體之果。誰能說這條原則不是普遍的原理呢？既然有不是自有的實體，因果律便應用於這種實體。因果關係是物體本體的關係，因果律便也是表示實在的關係。

註：

(一) 王文成公全書 商務 四部叢刊 集一、一三四。

(二) 柴熙 認識論 頁三〇。

(三) 羅光 中國哲學大綱。

(四) 羅光 廿世紀中義大利的思想 中義文化論集 台北 民四五年。

(五) 同上。

(六) Goblot, Traite de Logique, Paris 1918。

(七) 羅光 中國哲學大綱。

(八) 同上，頁二九五—頁二九六。

第四章 論真理

一、眞理的可能性

1. 眞理的意義

研究哲學的人，目標是在追求真理；世界上的邪說謬論，卻也都是哲學家所造的。中國戰國時代，百家爭倡各自的學說，孟子以息邪說爲己任。「聖王不作，諸侯放恣，處士橫議，楊朱墨翟之言盈天下。……楊墨之道不息，孔子之道不著，是邪說誣民，充塞仁義也。」（滕文公下）荀子則作有《非十二子篇》，莊子《天下篇》也評論他家學說。於是哲學家求真理而真理愈不可得。歐美哲學家派別之多，更是五花八門。結果，哲學家中多有人懷疑世界果有真理，或懷疑人果能求得真理。

懷疑論的學者，既然否認人的知識，當然也否認真理。他派學者如實徵論，唯心論，雖不否認真理。但各自所說的真理，都是缺而不全。

培根（Pecham 或 Bacon, 1240—1292 ）以感覺的經驗，爲唯一的真理泉源。感覺經驗和事實直接相接觸，只有這等的直接接觸能夠造成真理。所謂理則學的推論，也不能確實求得真理。

笛卡兒主張「我思故我在」，「我思」同時便明瞭「我在」。真理的標準就在於這等理智的明瞭性。

康德創先天範疇法，真理即是合於先天範疇的觀念。黑格爾承認理想即是實有，一切的實有，完全由於絕對精神的辨證演變；真理便是精神的產物，凡合於辨證觀念者則爲真理。

美國當代哲學家洛益斯（J. Royce, 1855—1916）爲美國唯心主義之代表。按照他的主張，觀念不是對象的代表，乃是人心的願望。這種願望在對象上取得自己的意義。所謂真理，即是這種意義實現於每個人的心目中。美國威廉·詹姆士以及杜威主張「實用主義」的人，則以真理爲合時合用之理論。

「存在主義」哲學注意具體的每個人，因此真理便不能是抽象的普遍理論，應該是符合每個人主觀心理的事理。

現在又有許多哲學家把「真理」和「確實性」作爲一事。凡是人心認爲確實者則爲真，認爲不確實的則爲不眞。但是確實性側重在主觀，因此眞理也加重了主觀性。

而且因爲科學進步甚速，科學界的定律昨日以爲眞者，今日已證明爲假。於是目前學術界盛行「相對論」的思想，以眞理非絕對之眞理，乃相對之眞理，祇是適合當地的理論。關於這種「相對論」，我們在這一章裡，要特別提出討論。

在我們主張「實在論」的人，名常有實，眞理的意義，則是「名實相符。」㈠「名實相符」可以從三方面去看。第一，從理則學方面去看，名實相符，指著人心理智所有的觀念和所代表的事物相符合。第二從本體論方面去看，名實相符指著事物的本體和它的圖案意象相符合。一件人造的事物，先有創造人爲造這物在腦中所有的觀念。這種觀念稱爲意象，爲這件事物的圖案。事物和自己的圖案意象相符合，則爲眞的事物。非人造物則是「天」所造之物，造物天主在自己心目裡也有創造事物物的意象，這種意象便是事物的本性。物與物性相符合，也稱爲眞。第三從倫理方面去看，名實相符指著所言所行和心中所想者相符合，這種符合稱爲誠。

在這裡我們所要討論的是理則學上的眞理，即是眞正的名實相符。

老子說：「有物混成，先天地生……吾不知其名，字之曰道，強爲之名曰大。」（道德經 第廿五章）「道」之名，既是勉強設的，當然不合於實了。莊子因之也說：「道不可言，言而非也。……道不當名。」（知北遊）而且不單是「道」的名不能合於實，莊子認爲一切的「名」都不能合於實；「天地與我並生，而萬物與我爲一。既已爲一矣，且得有言乎！既已謂之一矣，且得無言乎」（齊物論）

名與實相符，在希臘古哲學理，有柏拉圖和亞立斯多德的兩種主張。柏拉圖主張先天觀念論，所謂真理，即是每個人心中所有的觀念和先天的意象觀念相符合。亞立斯多德主張後天觀念論，每人的觀念，每人的理智所構成的；因此真理乃是人心理智對事物所有的觀念和事物相符合。

歐洲古代哲學大家聖奧斯定（S. Augustinus）隨從柏拉圖的學說，但是他以先天觀念，爲造物者天主，對事物所有的圖畫意象。人心理智所有的觀念和天主對事物所有的意象相符合，則成爲真理。中世紀時聖多瑪斯發揮亞立斯多德的學說，以真理爲觀念和事物本身的符合。後代的士林哲學大都採取聖多瑪斯的主張。

當第十五世紀和十六世紀，歐洲文藝復興時，有人想復興古亞剌伯哲學，創立新派。這派人中有朋波納茲（P. Pomponazzi 死於1524）和德肋西烏（B. Telesius, 1509—1588），他們都採取第十三世紀時西奇凡里（Sigieri de Brabante, 1235—1281或1284）的主張，以哲學上所謂真的，可以和宗教信仰上所謂真的互相衝突，但是兩者都可以爲真。羅馬教宗判定這種學說爲邪說。

我們所說的「名實相符」，拉丁文爲 Adaequatio mentis cum re 。

「名」——直接指的事物之名，間接指的事物之觀念。但是在「名實相符」一句裡，名是指的觀念。我們所有的觀念，能夠是具體的觀念，能夠是抽象的觀念。抽象的觀念又能夠是形下的（可感覺的）抽象觀念，又能夠是形上的抽象觀念。上面所說的每種觀念，都有各自的實。

「實」——是觀念的對象，具體的觀念，有具體的對象，例如桌子，椅子，紅色，等。形下的抽象觀念有形下的抽象對象，例如色，聲，線，點等。形上的抽象觀念有形上的抽象對象，例如實有體，本性，理等。

「相符」——即是說，每個觀念和各自的對象相符合。但是按照我們上面所講，觀念的對象，在外面的事物裡，都有各自的實在性。實在性的程度雖有高下不同，但都稱「實」。

「名實相符」所以不是理智和自己相符合，因爲觀念不是理智憑空造的；也不是感覺和事物的符合，因爲觀念不囿於感覺；也不是人的觀念和天主的觀念相符合，因爲人不能直接見到天主；而是人心理的觀念和外面的事物相符合。

2. 眞理的可能

甲、「名實相符」是否可能？

假使名實不能相符，不能相符的緣因，或者是人心理智不能認識外面的事物，或者是人心理智在認識事物時，不能按照事物本身去認識，或者是外面沒有實體，但是這些緣因都不能成立。

在前面，我已經說過，人的認識官能，有認識自己的對象的本能。感官所認識的對象爲形相，理智所認識的對象爲事理。人的每項知識，都認識自己的對象；因此能夠是真理。

近代的哲學家多以第二種緣因。無論唯心論或唯物論，兩派的各種學說，都以人對於每件事物事理的認識，常是按照人的心理狀態去認識，因此人所認識的不是事物的本身，而是人心所構成的事物。從康德、黑格爾的極端唯心論以及到現代布肋大諾（Franz Bretano, 1838—1917）和胡賽爾（Edmund Husserl, 1859—1938）的「現象論」（Fenomenologia），從休謨、洛克的實徵論以及到現代的馬克斯唯物辯證論，都認爲理智所認識的不是外面實體的本身，理智所認識的或者人心的心理作用，或者是事物的外形。對於這些主張，我們在前面已予以答覆，我們的主張，在上面已經說明。我們主張人的知識，在本身上當然和所認識的事物有分別，而且不相同，但是在代表所認識的事物時，和所認識事物相符合。

主張沒有外在實體的學說，古代有佛教的「萬法皆空」，近代則有各種各色的「不可知論」（Agnosticismus）。主張「不可知論」的學者，雖不是以外面的事物爲空爲虛，但是主張超乎感覺的客體，都不能爲人所知，因此稱之爲無。人所講的形上學知識和神學知識，完全屬於虛想。

既然上面所提的三種緣因，都不成立，則名實可以相符，眞理就是可能的了。

乙、名實可以相符

名實可以相符，不單是因爲人的認識官能可以認識自己的對象，而且也因爲可以有名實相符的標準，即是說我們有眞理的標準，可以分別眞假。既然我們可以分別眞假，我們便可以知道眞理了。

在我們普通日常的生活中，我們常用「眞」、「假」、「不錯」、「錯了」等名詞，這就表明在我們人的意識中，大家都有分別眞假的標準。爲辨別眞假，人心理智有幾種天生的直覺標準，這些標準是人的一種良能，也即是人的理智，認識最基本原理的良能。人的知識越進步，辨別眞假的標準也更複雜，於是在研究各種學術時，每種學術都有研究的方法和基本原理，這些方法和原理，也就是學術眞理的標準。

若說，就是因爲學術上的原理原則，代代變換，因此現代思想家纔懷疑人們能夠認識真理。爲答覆這種「相對論」，在下面我們再說。

3. 眞理何在

真理不是一種實體，祗是事物的一種特性。這種特性而且不是天生的特性，而是對外的關係。「名實相符」在於表示名和實彼此間的關係。真理因此不是人的精神活動以外的實體，然而也不是人的精神活動所造成的心理現象，乃是人的理智活動對外的關係。

但是真理也可借用，爲代表名實相符之實，即是說代表和理智發生關係的事物事理。我們普通說話寫文章時，稱某事某原則爲原理，因爲我們所說的這椿事和事實相符，我們所指的這項原則和客觀的事理相合，我們便說這事是真的，這項原理是真的，然後我們更簡單直截地說：這事是真理，這項原則是真理。

普通我們又說：天下祗有一個真理，所說的一個真理，並不是肯定真理是在理智以外的唯一實有物，天下人說真理時，都是指著這個實有物。我們說天下祗有一個真理，是說名實相符的關係，祗能在唯一的「名」和唯一的「實」中存在。一椿實事祗能有這一椿，不能有第二椿；一項真的原理，祇能有這一項，不能有第二項。這都是矛盾律的自然結果。

羅馬公教的神學家和士林哲學家，以「天主」爲唯一的真理，《福音經》書上，耶穌曾說：「我是道路，我是真理，我是生命。」（若望 第十四章第五節）天主是真理，第一因爲天主的知識和啓示，不能有錯，第二因爲一切事物事理，都以天主爲造生人物的圖案意象（觀念）爲圖形，要和這種圖案意象相符合時才算爲真的。天主的真理乃是永遠的真理，乃是標準的真理，乃是真理的根源；所以稱爲唯一的真理。

但是不能因爲稱「天主」爲唯一真理，便否認別的真理。別的事事物物，都各自有其真理，各自都應該「名實相符！」。

「名實相符」在什麼地方實現呢？即是問真理何在？

甲、「名實相符」，第一，實現於理智對事物的單純認識；

這種實現祇是初步的實現，不算完滿。

理智的單純認識，是人所有的初步知識，人對於一事一物有了觀念，但不加以評判。既然對於外在的事物，有了認識，構成觀念，觀念和事物間就發生了關係。因爲單純觀念常代表一項事物，在單純認識中常構成所認識事物的觀念；因此觀念和所代表的事物便該互相符合，以實現「名實相符」。

但是在單純觀念中的「名實相符」，是無意識的名實相符。單純的觀念，從本身上說，是有意識的；假若無意識，則「心不在焉，視而不見」。然而在單純觀念和代表的事物相符合，則尚未成爲有意識的；如成爲有意識的，則已經加有反省的評判，例如我看到李某，我信他真是李某，我並沒有看錯。這不是單純的認識，已經加以評判，例如「名實相符」在單純的認識裡，雖應該實現，但不完全。

乙、「名實相符」，第二，實現於評判中，且在評判中完滿實現。

人的評判爲人理智的第二步動作，對於事物的是非，加以判斷。真理即在是非之中。評判是人的理智動作，這種活動該當和外面的事物相合。你說人是動物，在事實上若真是動物，你所說的人是動物和事實相合，這項評判是真的。而且既是評判，則是有意識的，不單有意識的，還是專門提出來以發表自己的意見而加以肯定或否定，因此真理在評判中，完滿地表現出來。

真理的所在，可以用下面的圖表解釋：

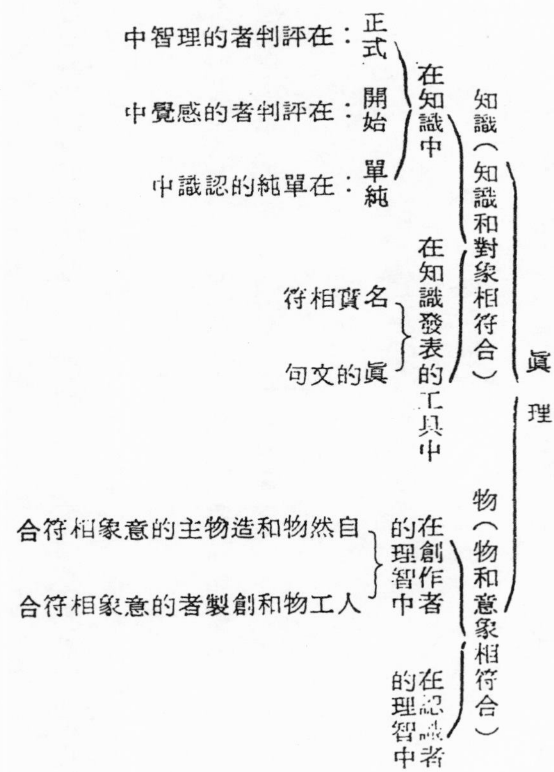
眞理
知識（知識和對象相符合）
在知識中
正式：在評判者的理智中
開始：在評判者的感覺中
單純：在單純的認識中
在知識發表的工具中
名實相符
眞的文句
物（物和意象相符合）
在創作者的理智中
自然物和造物主的意象相符合
人工物和創製者的意象相符合
在認識者的理智中

二、眞理的標準

真理是我們的評判和所評判的事理相符合。怎麼樣我們可以分辨我們的評判是真的或是假的呢？莊子曾說：我們沒有辦法可以分辨真假，因爲我自己既不能分辨，別人也不能分辨。

但是我們既主張有是非，有真理；當然應該有真理的標準。真理的標準有二：（一）確實，（二）明顯。

1. 確 實（Certitudo）

甲、主觀的確實性

我們對於一種評判，可以有多種的心理狀態。第一種狀態是「無知」，我們對於一種評判，完全沒有知識，完全不加可否。第二種爲懷疑，我們對於一種評判，不知道究竟對不對，心中猶豫不定，不敢加可否。第三種狀態是「意見」，我們對於一種評判，視爲我們自己的意見，但是我們不敢說這種意見完全對，心裡有些害怕這種意見可以錯。第四種狀態是「確實」，我們確實相信一種評判一定是真的，或一定是假的。

爲能有真理，我們的評判一定應該是確實的；假使猶豫不定，我們的評判就無所謂真理。

「確實」雖是一種主觀的心理狀態，但也是真理的客觀特性。

「確實」爲主觀的心理狀態，即是心定。所謂心定，乃是心定於一（Determinatio intellectus ad unum ）。心定於一，心便不是搖搖不定，不是猶豫或畏怯。心是堅持一種評判，確實以爲真理。

乙、客觀的確實性

確實爲真理的客觀特性時，則是表示一種評判一定是真的，一定不能錯。

爲什麼一種評判一定不能錯呢！那是因爲這種評判所有的證據不能錯。證據能錯不能錯，要看證據的本身價值而定。

證據從本身上說，證據的確實性能有不同等的程度。例如一加一等於二，這句話的確實性是絕對的，因爲一加一，絕對不能不是二。又例如人的理性動物，這句話也是絕對不能錯的，而且較比一加一等於二還更加確實。又例如李某是人，便是有理性的；這句話的確實性，就不是絕對的了，因爲在生理方面，李某可以是一個害神經病的瘋子。又例如大家都說李某是好人，這句話的確實性，更不是絕對可靠了，因爲大家都可以看錯了或被騙。因此，按照證據的本身價值，證據的確實性可以分爲下列各等。

a、最高的確實性，在於形上學的性理。——性理以物性爲基礎，物性是絕對一定的。形上性理是絕對確實的。

b、稍次的確實性，在於數學的數理。——數理的抽象性，僅次於形上的性理，數理不用形色，只用量。量的數量也是絕對確實的。

c、第三等的確實性，在於物理學的理論。——物理學的理論，以物質的形色爲根據。形色的關係，繫於具體的環境。具體的環境，不常是一定的，因此物理方面的確實性，不是絕對的。

d、最低等的確實性，在於人事的關係。——人事的關係，所有的具體條件很多。普通在評判人事關係時，我們不能不知道一件人事的各種條件，只能按照普通人事所能有的認識去評判。這種評判的確實性，哲學上稱爲倫理確實性，當然不能是絕對的。

爲分辨一項真理的價值，我們便看真理的證據具有那一等的確實性，由證據的確實性，我們就可決定真理的確實性。

2. 明　顯（Evidentia）

我們在評判時，心裡所有的懷疑或確定的各種心理狀態，不是純粹由於我們本人在心理上所製成的，例如你明明看見天下雨，你卻說你不知道究竟下雨不下雨，人家一定罵你是瘋子。又例你坐在房裡，只聽見撞車的聲音，你卻去作證是　甲車不守路規，罪在甲車；人家一定要說你揑造事故。又例如你遠遠看見三個人吵架，你馬上說是某某先動手；人家一定要質問你是否看清楚了。

從此可見我們在評判時，我們的心理狀態，和客觀事實的情形是相連的。客觀事實的情形，即是事理的明顯性。一樁事情或一樁理由，很明顯的擺在我們的理智前，我們一望而知，我們當然相信這樁事理確實是眞的，我們心中便一點也不懷疑。若是事理的理由，我們看不明顯，我們就要猶豫不定，不敢下評判了。所以事理的明顯性，也是眞理的一個標準。

甲、主觀的明顯性

主觀的明顯性，是一個人對於一樁事理，所理解的程度。一個人在認識一樁事理時，有的理解程度，和另一人所有對於同項事理的理解程度，可以不同，因爲每個人的理解力，每個人的注意力和每個人的學識，都不相同。一個人懂得很明顯的事理，在另一個人看來，並不是懂得很明顯的事。因此主觀方面的明顯性，人人不同。但是爲能有真理，我們要看得清楚真理是真理。主觀的明顯性，便不可缺。

乙、客觀的明顯性

一樁事理，有難有易。所謂難易，就是事理明顯不明顯。簡明的事理容易懂，複雜或艱深的事理，不是很明顯的，便難懂。在每種學術裡，在開始時，理論很淺顯，爲研究的人沒有困難。逐漸往後面走，學術的理論逐漸深，研究的人便漸漸感到困難。再者一種學術的理論和另一種學術的理論，深淺不同。歷史的證據和考古學的証據，普通是很容易懂的，數理學和高深物理學的理論，普通是很難懂的。因此事情在本身方面，明顯的程度，有高下不同。很明顯的理論容易懂；不明顯的理論則難懂。

但是爲有真理，客觀的明顯性，應和主觀的明顯性相合，即是說人的理智要看清楚事理的意義，所以真理的客觀明顯性，包括理智的主觀明顯性和客觀明顯性。「客觀的明顯性並不指一個事物本來是可能理解的，或是一般人原來就能認識的，而且說事物自身或客觀的事態，在此時此地昭示出自己來的意思。它實在影響到我的理智而使我形成確實無疑的判斷。」(二)

人在評判時的錯誤，都是由於沒有明明看清事理，就下評判。若是事情和理由，很明顯擺在我們眼前，我們一定不會評判錯了。

批判的難處，卻就是在於取得事理的明顯性。學術的理論，普通很深，人事上的份子普通很複雜，所以很難得是明顯的。事理不明顯，理智便認識不清楚，若下評判，難免不錯。

三、眞理的特性

前面所說的眞理標準，學者大都接受，彼此並沒有多大的爭辯。學者所爭辯的，是眞理的特性。眞理這個名稱，普通人或學者，不管反對或贊成，一律是使用。但一論到眞理的性質，學者中的爭辯，從古到今，沒有停止。於今我們便舉出其中三點最重要的，加以討論。

1. 眞理爲理則的關係

眞理的意義，是人的評判和客觀的事理相符合。因此眞理之所在，是在於人評判中。評判和客觀事理的關係，是理則的關係。

評判和客觀事理的關係，是理則的關係；因爲既不是本體上的物理關係，也不是倫常的道德關係。評判和客觀事理的關係，不是物理的關係；在物理上，評判是理智的一項動作，是屬於理智的附屬品。客觀事理則在本身上，各有各自的本性，各自脫離理智而存在。客觀的事理，因爲不是由於理智所造，不能以評判中所說的事理，就是評判本身，或就是人的精神，真理因此便不是理智和自己相符合。

評判和客觀事理的關係，也不是倫常的道德關係。倫常的道德律支配人意志活動。人的言行，或真或假，受道德律的支配，所以有真話有假話，有誠實有虛僞。但是理智在評判事理時，評判和事理的關係，在於評判合不合於事理。這種關係，不是倫理上的善惡關係，乃是理則方面的正或錯的關係。

評判的理則關係，通常是主詞和賓詞的關係。所謂真理，就是評判中所說的主詞和賓詞的關係，在客觀方面真真是如此。

既然這種關係，是理則的關係，真理便不是指著天主或造物之神。天主雖是一切真理的根源，因此可以稱爲真理；然而這種稱法，不是真理的本來意義，乃是由真理轉變出來的一種意義。

同時，真理也不是像柏拉圖所說，乃是先天的觀念。柏氏以先天觀念爲一切事理的意像，真理在於事理合於先天觀念。我們既不承認有先天觀念，當然不贊成真理是事理符合於先天觀念。

現代德國的現象論和存在論，以真理爲物性在具體存在中的形式。物性若完全表現於具體的存在中，即有真理。因此真理可稱爲物性的具體存在。這種主張，我們也不能贊成。因爲物性在屬於這類物性的個體中，不能有假，既是這類的物體，一定有這類的物性，士林哲學有句成語"Omne ens est perfectum"（凡是有，便都具有該有的性理）。因此在物性和存在之間，不能有真假的關係。

2. 眞理的客觀性

真理既是理則的關係，爲有理則的關係，應該有客觀的對象，不然真理便不能成立。例如一加一等於二若是沒有一加一等於二的事理，這句話便無所謂真假。因爲真假，是要有兩個對點可以對照，若僅有一點，不能對照，怎麼樣可以說對不對呢？

這種理由本來是很簡單的；可是到了哲學家手裡，便弄得很複雜了。結果，許多哲學家竟主張只有主觀的真理沒有客觀的真理。

有的學者說，共名的意義，過於抽象，常是廣泛不定：「我們明白了抽象層次的作用後，對於某一些高層次的抽象字，就須要特別的加以警備。我們要知道這一批危險字。就是說，這些字的含義，太廣泛而含混，可能每一個人的解釋和另一個人的不同。司徒華蔡司（Stuart Chase）在一九三七年搜集當時大家對於「法西斯」的定義，結果得了四十二個不同的答案。」㈢

再者，科學上的真理，多為一種假設，牛頓的地心吸力定律，愛因斯坦的相對律，為物理學上劃分時代的定律，到於今則都被證明，並不是完全正確的的定律，已經有新的定律代之而起。這一現象就指示真理不是客觀的，而是主觀的。

而且在我們人普通說話時，我們大家共同認為真理的事實，都不是經過徹底的研究，事情絕對是如此，只不過是我們大家相信事實是如此，便說這是真理。因此許多次，後來我們發現我們所相信的真理，並不是真的，乃是假的。就如在歷史學和考古學上，多少學者所認為真理的事實，後來被證明不是真的呢？

但是這一切的設難，都不足以證明真理沒有客觀性，只足以證明真理很不容易被認識。抽象的共名，意義雖很廣泛，有時甚而很含混；然而共名在成立時，或被大家用為一專門名詞時，必定有它本來的意義。這種本來的意義，有時能夠有些人不知道，或者有些人故意不願意保全，於是在解釋時，每人加以各自的解釋，以至於一個共名的意義竟有多少種，而且彼此相衝突。例如「民主」這個名詞，自由集團和共產集團的解釋，彼此相反。在這個機會上，不是「民主」這個名詞沒有確實的意義，乃是共產集團故意要加以誤解。

有些事情或事理，在本身上很複雜，它們的名詞雖是大家所知道的，但是大家都說不清楚這些名詞究竟有甚麼意義。例如上面所說的「法西斯」，又例如文學上所說的「詩」，「小說」，「神韻」，「風格」這些名詞，大家都知道是指的什麼東西，然而若要說明這些名詞的意義，予以確實的定義，大家所說的便不相同了。這種現象證明這些名詞的內容很複雜，很難得把內部都說出來。每人所說的，只是內容的幾部份。不過大家既然知道這些名詞指的什麼東西，這些名詞便有客觀的對象。

學術上的真理，多爲假設，普通人說話時的真理，多爲自己的意見，這乃是每天常見的事實。然而這一點只能教訓我們在研究學術和說話時，多加謹慎，不要把不是真理的事，作爲真理。

徐道鄰先生在他著的《語意學概要》裡曾經舉出了普通人說話行事的許多毛病，以假爲真。另外在第四章，論人與人的了解之三大障礙，舉出放射思考，推論思考和定義思考，常能使人以主觀之見解，作爲客觀的事實，我們應該避免。㈣

3. 眞理的絕對性

《中庸》說：「故君子之道，本諸身，徵諸庶民，考諸三王而不繆，建諸天地而不悖，質諸鬼神而無疑，百世以俟聖人而不惑。」（第二十九章）

《易經》恆卦說：「恆，亨，利貞，久於其道也。天地之道，久而不已也。利有攸往，終則有始也。日月得天地而能久照，四時變化而能久成，聖人久於其道而天下化成。觀其所恆，而天地萬物之情可見矣。」（恆 象曰）

陸象山說：「四方上下曰宇，古往今來曰宙，宇宙便是吾心，吾心即是宇宙。千萬世之前，有聖人出焉，同此心，同此理也；千萬世之後，有聖人出焉，同此心，同此理也；東西南北海有聖人出焉，同此心，同此理也。」（雜說）

上面的三段引語，出處不同，作者的用意則相同，都願說明所謂理，所謂道，則必定是絕對不變的。人心本是易變的，宇宙更是常在變易之中；然而在變化之中，必有不變之理。

中國儒家是主張眞理爲絕對的。

近代中國學者則多竊取西洋的學說，以爲眞理只是相對的，世上無所謂絕對的眞理；甚而說世上無所謂眞理，眞理只是此時此地在學術上，在社會生活上，大家所共認爲對的事理。後來時移勢遷，這種真理就要變換；而且應該變換，否則社會上將不能有進化了。

我們不接受這些人的主張，我們主張真理有絕對性。

甲、真理在本身方面說，是絕對的

真理在本身方面說，不是一個自立實體，只是一種關係；這種關係，是理則的關係，即是評判和客觀的對象相符合。

理則的關係，一成不變，主詞和賓詞的關係，既然明顯地確定於一，則絕對不會變。那麼爲什麼普通學術上所說的真理，實際上常變；普通人說話時的真理，而且可以錯呢？原因是學術上所說的真理，並不都是真理，多是一些假設；普通人說話的真理，也不都是真理，多是一些意見。怪不得這種真理能夠變，能夠錯。

然而人世間幾時可以有真理呢？假使若要有絕對的真理時纔能評判，纔能研究學術，人世間便不能有學術，人也不能生活了！我對於這種看法，並不以爲不對，但不贊成這種悲觀的結論。人世間的學術，因爲不能一時求得一切的真理，所以百代的學者繼續研究，希望能夠找得一部份一部份的真理。人爲生活，在倫理方面有天生的基本論理原則，而且人的良知，有知道這些原則的良能，人因此有生活的真理。這種生活的真理當然很簡單，普通人的良知，又多被情慾的蒙蔽，使天理不明。因此公教（天主教）主張要緊有神的啓示，以取得人生的全部真理；又要緊有神的助佑，使良知不被情慾所蔽，然後人纔能真正行善，走向人生的終向。

乙、真理的絕對性和確實性，互相聯繫

我們所有的真理，由真理的理論所有的確實性，決定它的絕對性。在上面我們討論真理的「確實性」時，我們曾經分析確實性有高下四等的程度，最高的確實性爲形上的性理，次等的確實性爲數理。這兩等的確實性是絕對的，都使理論成爲絕對的真理。第三等的確實性爲物理，最低等的確實性，爲人事關係，這兩等的確實性不是絕對的，因此這兩等的真理也不成爲絕對的真理。但若是物理和人事的關係，是以物性或人性爲根基，這時的確實性又成爲形上性理的確實性了，便是絕對不會錯的了。這種物理和人事關係也就是絕對的真理了。因此在物理方面及倫理方面，有絕對不變的定律。

在神學方面，在我們所說的四等確實性以上，再加啓示的絕對確實性，啓示的真理，乃是絕對的真理。

4. 人類眞理的界限

雖然我們在上面長篇大論，講了理智能夠知道眞理，講了眞理的標準，但是在事實上人們的知識，常是錯誤多於眞理。這一點到底是甚麼緣故呢？

這一點和人性的善惡問題，彼此相同。孔孟都說人性是善的，但是人們在事實上，行惡多於行善。荀子乃以爲人性是惡的。究其實，人性一定不能是惡的；人之所以行惡，是因爲人的意志不能控制情慾，人乃多趨於惡。

人的理智在本身上說，一定有認識眞理的本能；然而在事實上多次認識錯了，那是因爲人的理智在本身上是有限的認識能力。理智的限制，容易使自己不能達到眞理。於今我們便談一談理智的認識力所有的限制。

理智是人心靈（靈魂）的一種官能，理智的性質，便隨心靈的性質而定。人的心靈，在現世和肉身結合爲一個全人，肉身的生活，便影響靈魂的生活，因此理智的認識動作，也受感覺的影響；結果理智就受感覺的限制。從另一方面去看，人的本性，是一種有限的實體。無限的實體，只能有一個；只有造生神物的尊神，天主，纔是無限的實體。人既是有限的實體，人的能力，便也是有限的。因此人的理智，是一種有限的認識能力。

甲、人的理智，所有的知識，以感覺為基礎。因此純粹超於形色的對象，不能直接為人所知。

人的本體，由心靈和肉身兩部而合成；雖說心靈可以有單獨的獨立生活，但是一個人的生活，是由心靈和肉身兩方面的生活而合成的。心靈和肉身的結合，是本體上的結合；因此兩方面緊緊相連，不能分離。凡是人的生活都由心靈和肉身共同動作。至於生理方面和心理方面，有一些無意識的動作。這些動作，也是生魂和覺魂的工作，即是靈魂在生理方面和感覺方面的動作。

人的理智在認識動作上，和感覺相聯；而且以感覺為基礎。理智在認識時所有的觀念，由想像中抽出。因此理智的對象，是形色物的性理。人為認識這些性理，先要經過感覺的知覺。

因此人對於形色的物體，認識很清楚，很有把握，而且自信自己的認識很確實。實徵主義的學說，乃以對於形色的知識，為唯一的真正知識。可是，假使人的知識只限於形色，人的知識，較比動物感覺，並不算得更高明了。

對於形色物體的性理，人的理智能夠認識。人的眼睛看見一條牛，人的理智能夠懂得牛是什麼東西。這種認識，是種抽象的認識。抽象的動作，有程度淺深的不同。淺的抽象，距離形色很近；高的抽象，距離形色很遠。抽象越高，和形色的距離也越遠。但是因爲這種知識是由形色中抽象而成，則無論距離形色怎樣遠，總是保留形色的性質。這些知識的對象不能成爲純粹精神體。因此，對於純粹精神體，人的理智，不能直接認識。

淺的抽象知識，距離形色很近；人的理智容易藉著感覺去辨別；因爲對象是個具體的事物，感覺直接可以辨別真妄。人們對於這等知識，便自信有把握。大家所有的知識也都能相同。因此在科學方面，因實驗而得的學識，大家認爲確實的知識。

高的抽象知識，距離形色很遠，由理智憑著推論的本能，離開形色而建立。人在推論時，若完全遵照理則學的原則，而推論的根基，又是正確的理論，推論而得的高深理論，應當是不錯的。若是推論的根基，是物體的性理，推論而得的理論，乃是形上的知識，應當是絕對的真理。但是因爲這種理論，全憑理智的推論能力，感覺不能予以協助；於是有的人放棄理則的原則，以致所得的結論不正；或是所憑以推論的根基理由不是真理，以致所得的結論乃錯誤。這種現象，是我們日常在社會生活上和學術研究上，每天都能見的事實。

因著這種緣故，人們的知識，乃有錯多於真的現象。爲得真理，人應注意抽象知識的正確性。

乙、人的理智對於事理，沒有「直見」的本能，乃由推論而知。

人的理智，爲認識事理，是憑藉想像以成觀念，再按理則的方法，去推論事理。因此，人的理智，對於事理，不是和眼睛對於自己的對象一樣，可以直接看到。直接看到的對象，是一目了然，是一下就看清楚了。不單是認識得快，而且是認識得清楚。理智爲認識事理，應當用推論；推論雖然是一種很可羨慕的本能，能夠由已知推到未知；然而既是推論，則不是直見，便可經過許多時間，費許多的精力繞許多彎；而且也容易弄錯。

在理論上說，抽象最高和推論最深的形上學學理，應當是最確實的真理。但是在事實上，講形上學的哲學家，對於形上學理，各有一說；弄得形上學的學理，成了最不可靠的理論，成了錯誤最多的學術。反之，本來按理論說，不是絕對確實的物理科學和歷史的學識，在事實上，倒成了比較形上學更可靠的知識了。這種現象，就是因爲人的理論工作，容易因著各種外在的原因，使人推理推錯了。假使人能夠直見事理，不必推論，那便不會有錯誤的知識了。人爲得真理，最應該注意推論的工作，使推論常是正確的。

推論雖多缺點，但是推論也是人異於禽獸之點。人憑著推論纔可以發展高深的學術。純粹精神體，本不是理智的認識對象，不能被理智所認識。然而憑藉推論的工作，理智對於純粹精神體，也能間接加以認識。這種間接的認識，不是清楚的，不是完滿的，但是可以是真的。因此人可以認識自己的靈魂；而且可以認識造物的尊神、天主。

丙、人的理智是有限的能力，因此不能完全認識無限的實體。

人是一種有限的實體，人的認識也就是有限的能力。因此人的理智便不能認識無限的實體。然而無限的實體，只有一個，即是造生神物的尊神天主。故對於天主，人的理智不能完全認識；對於別的實體，人的理智具有認識的能力。

從另一方面說，人的理智爲精神性的能力，不受「量」的限制；人的知識便可繼續增加。知識的增加，在本身上說，不受限制，在事實上，則常受外面環境的影響，可多可少，或者竟至於減少。這也是常見的事。

註：

(一) S. Thomas. De veritate., I. 2.

(二) 柴熙 認識論 頁一八九。

(三) 徐道鄰 語意學概要 香港友聯社 民四十五年 頁一〇一。

(四) 同上，五二—五九。

第五編 本體論

第五章 論「有」

緒論：形上學的本體論

1. 本體論（Ontologia）的意義

本體論在西洋哲學裡爲「論有爲有之學」，即是說討論有之所以爲有，本體論所討論之有，爲實有之有，不是理論之有。理論之有，爲理則學的研究對象。

「有」字是人的觀念裡最普遍的觀念，包括一切萬有；但又是一個高深的觀念，因爲

「有」是抽象觀念裡最抽象的觀念。

這個最抽象的觀念，爲形上學的研究對象。形上學研究「有」，在於研究「有」的本體，研究「有」之所以爲有，不研究這個有或那個有。所以稱爲本體論。

「有」之所以爲有，可以從兩方面去看：第一從有之在，第二從有之動。有之在，即是有的存在；有既存在，當然有自己存在的要素。本體論便研究有之爲有的要素。有之動，是從「有」的動作方面去看有；有之動作，常爲他有之因。本體論因此也討論「因」。

西洋哲學裡的本體論，起源於希臘。在前面談論形上學時，我們已經講過希臘的形上學小史。這種形上學小史，實際也就是本體論小史、從西元前五世紀柏美尼德斯開始談物體不變，希臘的本體論就開始了。亞立斯多德的哲學集中，有「第一哲學」。所謂第一哲學，就是「研究萬物之有，和有之特性」；也即是本體論。

本體論在西洋哲學史上的變遷，我們在本章第一段述說哲學上的實有體問題時，按著各時代的各家哲學，順次加以說明。

中國哲學裡的本體論，包括在中國的形上學裡。老子的《道德經》，講「道」講「物」，便是道家的本體論。儒家的《易經》，也是儒家的本體論。可是《道德經》和《易經》，不是專講本體論的書；而且所講的，也不是系統的說明。因此這兩冊書，只可以說是中國本體論的開始。

正式討論本體論的中國哲學，爲宋明的理學。理學討論物之性理，物即是有，理學便是討論有的性理，也即是討論有之所以爲有。朱子論物由理氣而成，就是論「有」的原素。所以在這一編裡，我們便要討論許多理學上的問題。

2. 研究本體論的方法

在知識論裡，我們談了中西哲學史上各派哲學家的學說。知識論的學說，爲解決哲學的其他各種問題的門徑。因此關於本體論的各種問題，各派哲學都按照自己的知識論去研究答案。

唯心論不承認感覺的功能，不以形色之物爲「有」；對於有之本體，便只能以理智去認識，唯心論的本體論，乃是先天的本體論。唯心論之「有」也是理想之有，完全受理想去支配。

唯物實徵論，則沒有所謂本體論。因爲實徵論既然只承認物的形色爲實有體，又主張人的理智不能認識形色後面的本體，當然沒有本體論哲學的可能了。既不能認識物之本體，而且不知道本體究竟存在否；那還有什麼本體論可談呢？

現代的現象論和存在論，乃想折衷這兩派的學說，不否認物之本體，也不把本體離開形色。胡賽爾的現象論方法，是以主體對於客體的第一步直見（直覺）爲研究的基礎。當人見到一物時，人的直見，是見到一存在之物。人在這時所見之物，不是一抽象之物，然也不是每件特性都表現很清楚之物。人對於人的第一步直見，是輪廓不清楚的一物體，是知道有一物之存在。這種存在，即是現象。哲學的目的，便是在於解釋這種現象。爲解釋這種現象，不能用哲學史上的成見，也不能用實驗科學上的成見，只能看本人對於這種存在現象，直接地怎樣理會。本人對於現象的理會，不是推論，乃又是一種直見。即是在輪廓不清的「有」上，直見到一個清楚的「有」。㈠

「存在論」的本體論研究法，和現象論的本體論研究法大都相同。有許多存在論學者，都是胡賽爾的學生。存在論的本體論，以「存在」爲主，以「性」爲次。凡是「有」，要看他實際上是怎樣「有」，不能單單在抽象方面去看這個「有」（物）的物性。

在我們看來，上面各派所說的研究法，都包含有幾點很正確的原則，值得我們注意。

爲研究本體論，我們所注意的，不是形色，而是本體。本體，不是感覺所可認識的，只能用理智去認識。因爲本體論是種抽象的學術，不是實驗的科學，不可用實驗去證明。

然而本體論又不能是任憑理智去想的學術，應該有感覺方面的根據。因爲我們的知識，是以感覺爲起點；我們的觀念，是由知覺的印象而成。因此本體論在論「有」和「有」的特性時，便以感覺對於「有」的印象爲基礎。本體論雖不用感覺，但也不能完全否認或反對感覺。

既以感覺印象爲基礎，本體論所論之「有」，爲實有之有，不是理想之有。這種「有」，是存在之具體，不是抽象之性。朱子曾說，沒有脫離氣之理，也沒有脫離理之氣。「有」而脫離「存在」，便不是「有」了。

可是本體論，不能以這種具體之有，爲自己的「形式對象」。本體論所研究者，爲有之所以爲有，爲有之理論，於是便不能不從抽象方面去論「有」了。

一、中西哲學對於「有」的主張

「有」，即是萬有之有（Ens），也稱爲物。有字，是人的觀念裡，最簡單的觀念，也是最普遍的觀念。一切之物，都稱爲有。

「有」，這個觀念，是我們人自然而然就生出來的觀念。只要人開了明悟，用不著別人來教，就有「有」的觀念。在看到或聽到一件東西時，我們自然而然就知道這件東西是有的，絕對用不著思索。所以現代許多哲學家，都以爲人對於「有」，是有直見的，不用推論。

然而這樣的「有」，只是一種籠統的「理會」，只是我們在心上，對於事物，理會到它們是有，我們並不知道「有」的意義。

對於「有」的意義，不是我們人所首先注意的問題。小孩子聽到或看到一件東西時，他馬上問：這是什麼東西？小孩子所願意知道的，是這件具體的東西是什麼？因此人首先所注意的問題，是在於知道具體的事物。知道了具體的事物，然後再進而研究事物之理。有些小孩拿到玩具以後，要把玩具拆開，看看玩具究竟是怎樣做的。社會上的各種科學，就是研究每類事物之理。

我們人既然喜歡研究事物之理，便不能單單以知道這是一件什麼東西，這件東西有什麼理由，而爲滿足，還要往上追求，看萬有稱爲有，又有什麼理由。因此討論「有」之爲有的問題，爲人類知識上最高的一個問題。

但是從另一方面說，爲研究哲學的人，「有」的問題，卻又是一個最先該解決的問題。因爲你若是不知道萬有之爲有，究竟有什麼理由，其餘別的問題，就沒有辦法可以答覆了。

因此，亞立斯多德的哲學著作，以形上學爲第一哲學，就因爲形上學，討論「有」的各種問題。第一哲學稱爲「第一」，是可以作其他哲學問題的基礎，同時又是哲學中最高深的部份。

中西哲學家，從古到今，便都注意「有」的問題。雖說唯物實徵論的學者，口中大罵形上學的本體論，斥爲空中樓閣；然而他們也不能不解釋「物」是什麼，他們便也有他們的「有」論。他們的「有」論，可以不是本體論，而是「物」論。論物而不論「物的本體」，等於隔靴搔癢。

於今我們把歷代哲學上對於「有」的各種主張，列舉於后，爲使我們更能明瞭，「有」的問題，意義如何。

1. 中國哲學

甲、道　家

老子說：『道生一，一生二，二生三，三生萬物。萬物負陰而抱陽，盎氣以爲和。』（道德經　第四十二章）老子所說的萬物爲實有體，這種實有體爲「道」自化的過程。「道」

的自化和人的理想沒有關係，爲一椿客觀的事實。實有體雖爲「道」自化的過程，但並不是永久的變動，實有體乃是「道」自化的一個止點，到了這個止點，「道」的自化過程不再向前進，而是回歸到自身。

莊子的《齊物論》，主張「天地與我並生，而萬物與我爲一。既已爲一矣，且得有言乎！既已爲一矣，且得無言乎！」（莊子 齊物論）「萬物與我爲一」，萬物中的各物，已經不是道自化過程的止點，而是自化過程的一環，各物的本身都沒有意義。

乙、佛 教

佛教稱萬有爲「法」，宇宙萬法爲人識所造；因此實有體不是識以外的實體，而是人識的活動。

「三界虛妄不實，唯一妄心變化。夫內有一生，即外有無為；內有三生，即有有為；內有三生，即外有三界。既內外相應，遂生種種諸法，及恆沙煩惱也。」（大藏經 僧肇寶藏論本際虛玄品第三）

丙、儒　家

儒家以萬有爲「實」。理學家周敦頤說：「二氣五行，化生萬物。五殊二實，二本則一，是萬爲一。一實萬分，萬一各止，小大有定。」（通書 理性命 第二十二）我曾解釋周子這幾句話：「周子所說『五殊二實』，是說，五行彼此有異，二氣則同爲一實；因此「一實萬分，萬一各正。」周子的實，該當是指著本體，陰陽二氣的本體爲一，「二本各一。」實字有似華嚴宗所說的「理法界」。本體稱爲實，則因爲本體有自己的實理。」(二)

丁、「有」

中國古書多次以萬物爲萬有。「有」字的意義，《辭源》說是「無之反」，或「取得也」，引證《論語》的話「亡而爲有」，和《詩經》的話「采采芣苢薄言有之。」（采苢章）

但是中國哲學上用「有」和「無」爲專門名詞的，乃是老子。老子在《道德經》說：「天下萬物生於有，有生於無。」（第四十章）王弼注說：「天下之物皆以有爲生，有之所始，以無爲本。」

「以有爲生」，物生了爲有。一件物沒有生，便不爲有。老子間接也證明這種解釋，他說：『故道生之，德畜之。長之育之，亭之毒之，養之覆之。生而不有，為而不恃，長而不宰，是謂元德。』（五十一章）普通都是以生為有，若是能夠「生而不有」則為「元德」。「無」是「不生」，「有」是「生」；因此老子稱「道」為「無」，又以「無」為「有」的根本。列子便說：「有生不生……不生者能生生。」（天瑞篇）

於今我們不研究「不生者能 生生」的問題，我們於今所要研究的，是中國儒家道家以物為有，物便是生成之物，物便是存在之物。

一件事物，最根本的條件為有；若是沒有，便不是物。一件事物可以說是有，是已生成；沒有生成，不能為有。那麼凡是生成之物，都稱為有。「有」即是實有體。

「有」也是一個動詞，即所謂「取得也」；然而並不表示取得的動作，僅只表示「存在」的關係。例如老子所說「有名」「有欲」，表示「名」和「欲」的存在。例如「屋內有人」是說「一個人在屋裡。」所以有字也可以解為存在，實有體也可稱為實在體。

2. 唯物實徵論

西洋哲學從希臘哲學一直到近代哲學，「有」的問題，常是一個根本問題。這個問題的性質和西洋的語言有關係。

「有」在拉丁文爲（Ens）。這一個字是名詞，至於動詞則爲（Esse），意義爲「是」，因此（Esse）表示「有」又表示「是」。「有」表示一物一事在本身方面的存在，「是」表示理則方面的關係。因此「實有體」問題，在西洋哲學裡，從開始到於今，常是同時包括本體論的「實有」和理則學的「實是」兩個問題，而且彼此互相混雜，由此到彼，沒有明顯的界限。

唯物的實徵論（Positivismus）以「有」（存在）和「是」相等。實徵論所謂「是」，即是人對於一物所有的知識；人所有的知識，即是人的經驗。因此「有」便等於「經驗」。經驗是帶感覺性的；「有」便也是帶感覺性的。

凡是所謂「有」的實體，都應該可以由人的經驗與以證明，人的經驗不能証明的事物，不能算爲「有」。而且每個所謂「有」的事物，它的內容，和人的經驗相等；這就是說：每件事物的意義，以我們對這件事物所有的經驗爲限。

我們對於一件事物，從來沒有經驗，這件事物對於我們，就等於「無」。若是說有一件事物，但是人對於它絕對不能有經驗，這件事物一定爲烏有，爲幻想。

實徵論的世界，完全爲經驗世界；實徵論的知識，完全是經驗。超乎經驗的，無所謂「有」；出乎經驗的無所謂「是」。

「馬」，是真馬，因爲我們的經驗明明說有馬。馬是什麼呢？也由我們的經驗告訴我們馬是什麼。

實徵論不以「實有體」爲人所幻想的，實有體真是有；但是實有體之「有」祇限於人的經驗以內。

因此實徵論之「有」，即是形色，實徵論的學術也是講形色的。至於形上學根本不能存在。

但唯物實徵論的思想，並不是一致的，中間的派別很多。

甲、希臘唯物實徵論

古希臘哲學的唯物論，當以德謨頡利圖（Democritus，460-357）爲首創人。德氏主張所謂「有」，都是原子的結成體。「宇宙萬有，是無數的原子組成的，萬物的組成變化，是由於原子的聚散離合和數量的差異，無所謂生，亦無所謂滅。原子的區別，只在大小形狀，而不在於性質。」[三]這種同一性質而形狀大小不同的原子，互相發生運動，宇宙間的萬有，即是這種運動的形式。

希臘的另一唯物論者，爲赫拉頡利圖（Heraclitus，540-475）。赫氏以火爲宇宙的原質，原質遇著反對力而變，變則爲新物，宇宙間的萬有，不能稱爲「有」，祇能稱爲

「變」。但是赫氏以火爲有理性者，和希臘哲學中的 Logos 「道」或「理」相似。因此不能視爲唯物論的創始人，而且後來德國唯心論的黑格爾還以他的思想作爲自己思想的遠根源。

希臘的伊比鳩魯（Epicurus，342-270）創享樂主義，他的哲學思想也屬於唯物論。伊氏的唯物論兼採德氏和赫氏的主張，以萬有爲原子之變動，原子則有理性。人的知識限於感覺，感覺絕對不能錯。知覺的錯誤，在於人沿著感覺而下評判，評判則能夠錯。

乙、近代哲學家的實徵論

希臘哲學的唯物論在歐洲的古代哲學中，沒有繼承的人，直到十五世紀和十六世紀時，歐洲文藝復興，科學思想漸次發達，纔有人提倡唯物實徵論。後來這種思想越來越盛，在十八世紀時，幾乎霸佔了歐洲的思想界，造成了科學萬能的思想。但在十九世紀時，唯物論在歐洲的哲學論壇上漸漸失落權威，引起了重大的反響。

近代的唯物實徵論盛行於英國。英國哲學家霍布士（Thomas Hobbes，1588-1679）主張一切實在體都是物質體。一切變化皆可由空間位置的變更去解釋。位置的變更稱爲動，動所憑藉的爲物體，動與體彼此相連。宇宙所有的不外乎動與體。人的知識也祇是一種「動」。人的動，則祇能達到有限的物體；所以不能有無限的實體。人的知識都屬於科學，科學以外則爲信仰。

近代實徵論的倡導人，應該推洛克（John Locke，1632-1704）。洛克認爲一切的觀念都是由經驗來的，經驗則由內外的感覺而成。感覺所認識的是物體的形色特性。但是按理說，形色特性不能獨立，必該有支持者。這種支持者便是實有體。因此所謂「有」，乃是一種推論所得的結論。實際上所有的，則祇有經驗所認識的形色特性。而且形色特性的色聲香味，並沒有客觀的價值。

百頡利（柏克烈）（George Berkeley，1700-1753）進一步把洛克理論所得之「有」，完全摒棄，同時也摒棄洛克所說第一和第二形色特性的區分法，不承認共通的觀念，以宇宙所有之「有」，完全等於人的經驗感覺。「洛克雖主張一切都是觀念，但仍以爲觀念的背後而有個支持者，在物理上講，這個支持者就是物質。柏開來（百頡利）出來，以爲這個物質簡直不必要。因爲我們所見是色，所聞是聲，所觸是硬是冷，等等。試問去掉了色香聲硬等尚餘有甚麼呢？既無所餘，便是沒有背後者，直言之，即是沒有物質。翻開來說，亦可以說物質只是一句空話。……他有一句名言是『有即是被知』（Esse est percipi）。」(四)但是百頡利承認『神』（天主）的存在，以神爲唯一的「有」。因爲感覺所認識的形色特性背後既沒有實有物體作支持者，則按理不能不承認有「神」，神爲感覺知識的根由。

休謨（David Hume 1711-1776）接受百頡利對於洛克的批評，他也不承認在形色以後，按理應當有支持的實有體。同時他並不承認有自我的主體，又不承認有因果律。一切都是人的感覺印象，人的知識由印象而成；因此所謂「有」只是一簇感覺的印象罷了。「據休謨之意，所謂自我，如果有這樣的東西，是永遠知覺不到的。所以，我們不能有自我的觀念。」(五)

3. 唯心論

唯心論的主張，不僅以「有」等於「是」，而且以「有」就是「想」。佛教曾以萬法唯心，西洋的唯心論以「有」爲人的精神活動，「萬有」都成於人的精神。休謨等的唯物實徵論，把所謂「有」爲一簇感覺的印象。感覺本來也是人的活動，感覺的印象爲人的活動結果；唯物實徵論的知識，便不外乎主觀。然而唯物實徵論的主觀，承認有一使主觀可以有感覺的客觀機會，這種客觀的機會爲物質環境。唯心論則以人心居主動地位，客體事物有否，人不能知道，人所有的客觀知識，全由人的理智活動所造成。唯心論並不是完全不分主觀和客觀，但是從人的知識方面說，人祇能用自己的理智去認識，而且祇能知道自己所認識的。

人在認識時，雖是需要客體的機會，不過客體的機會，祇是一種運用理智的機會；因此宇宙萬有，在人一方面說，都是精神的產物，不能是物質；也不是在人以外的「有」，而是在人的精神以內。

「在流行的辭典與書籍中，觀念論與唯心論常混和不分，毫無區別，實際所指的，各有不同。唯心論是形上學的用語，觀念論則是知識論上的用語。大體說，觀念論不承認世界有超經驗的事實，祇承認經驗中所有的東西；唯心論承認超越直接經驗的事實，以世界為絕對的精神實體，不待認識而始有。」(六)

觀念論以認識爲主觀的，在這種意義下，也可用之於休謨的實徵論。所以我們不用觀念論而用唯心論。唯心論雖承認絕對的精神實體，然而這種意義下，也可用之於休謨的實徵論。所以我們不用觀念論而用唯心論。唯心論雖承認絕對的精神實體，然而這種實體雖說不是人的觀念，實際則是人的理智活動所搆成，在創造精神實體時，全部系統都有理則上的原則，有似乎科學上的嚴格定律，但是一必都不免是空中樓閣。

甲、希臘古哲學的唯心論

A、古希臘的柏美尼德斯（巴門尼提 Parmenides，紀元前 530-444）曾決定一項原則：只有現實存在的才是實在，現實沒有的便不能存在，也不能變化而爲存在。世界上最現實的莫過於思想，思想有思想的對象，於是凡可想的事物都是存在的，凡不可想的事都不存在。思想便和「有」相等。現實的「有」，應該是絕對的、是普遍的。

B、柏拉圖（Plato，紀元前 428-347）爲古希臘哲學大師，亦後代唯心論始祖。柏拉圖把宇宙的「有」，分爲兩個階段，或更好說分成兩個世界。第一階段的「有」，是精神體的「有」，這種「有」是形上的，是絕對的，是不變的，是精神體的世界。第二階段的「有」，是現實可見的世界。現實世界的有，是變換的，是部份的，是缺而不全的，是物質的世界。精神世界所有的有，對於物質世界所有的有，乃是它們的模型，現實世界是精神世界表現於外面的外形。

人的感覺，認識現實世界。現實世界既只是常變的外形，感覺知識便不是成全的知識，也能構成學術。人的理智則認識精神世界，理智的知識纔是真正的知識，纔能構成有價值的學術。

理智的知識，由觀念而構成。人所有的觀念，不是由感覺知識裡抽象而成的，乃是人先天帶來的。人的靈魂在沒有和肉體結合而成人以前，已經生活在精神世界裡，認識精神世界的「有」，具有它們的觀念。靈魂既和肉體相結合了，感覺的知識使人回憶先天所有的觀念，因爲精神世界本是現實世界的模型。人的知識所以衹是一種回憶的工作。因此人心理智所有觀念，對於外面的事物，不是名和實的關係，乃是模型和模仿物的關係。觀念的實，是精神世界的「有」

C、柏洛定（Plotinus，205-270）爲柏拉圖學派的中堅人物，創立「新的柏拉圖學說」，也爲希臘古哲學的殿後人。

柏洛定把柏拉圖的精神世界總結於唯一精神體，這唯一精神體爲絕對的，爲彷彿未定的，爲無知無覺的，有似於老子所說的「道」。然而柏洛定的至大精神體爲有，不是無，萬有都從至大精神體而生。

至大精神有如光明，光線四射，宇宙萬有都是射出的光線。從至大唯一的精神體生「至高的理智」，「至高的理智」生「至大的靈魂」，「至大的靈魂」生宇宙萬有。

「至高的理智」爲唯一精神體開始所有的知識，這種知識在自己以內包含有一切的觀念。它自己認識自己，以自己爲對象。

「至大的靈魂」爲「至高的理智」對於自己的認識，包括無數的觀念。這「至大的靈魂」乃是宇宙的靈魂，它自身的觀念，便是宇宙萬有之理。

「宇宙萬有」得「至大靈魂」之理而生，即是「至大靈魂」所有觀念表現於時間及空間裡。人之所以爲人，也是「至大靈魂」的一種時空表現。

人有知識，即是人的靈魂，在宇宙萬有中找到「至大靈魂」所有的觀念。人的靈魂本是「至大靈魂」的一部份，因此體念出自己和宇宙萬有的觀念，原來同是一體，那麽爲認識萬有，不必追求於外，只要反觀自心就夠了。這真是所謂萬物之理，皆在吾心了。

乙、近代的唯心論

A、近代的唯心論以康德和黑格爾爲大師。但是在康德以前，有笛卡爾、萊布尼茲和英國牛頓等的「理性主義」（Rationalismus）。

笛卡爾（Descartes R.，1596—1650）想替人的知識，尋一穩定的原理，有如數學之原理，簡易明瞭，便造出他的名言「我思想我便存在」。

我思想時，我自己直接體會到我自己，我的意識中有我自己。我意識中所有的我，是直接的，是不經思索的，是明瞭的；因此絕對不能錯。於是我自己的存在，便是千真萬確的，不容懷疑的了。

人的意識所以能夠不錯，是因爲人的理智印有造物者天主的神光。人的理智藉著這種先天的神光，對於世物的知識，具有合宜的原則。因此人的知識原則，乃是先天的；人的學術，乃能確實不錯。

笛卡爾所謂之「有」，和理智的思索，本來沒有關係。唯一成全的實體，爲造物者天主；天主可以稱爲「有」的整個意義。萬有之「有」，是局部的，是分有天主之有。

B、萊布尼茲（Leibniz 1646–1716）以宇宙萬有都由原子而成。萊氏稱原子爲Monad單純體，單純體爲動力的動因，不佔空間。每一單純體爲一動力中心，也是一個純一的單位。這個單位既是物理上的原子，又是數理上的「點」，而且又是形上的單位，因爲不佔空間，沒有面積。因爲「有」和「動」相等，不動的便不是有。

知識爲人心理智的動作，理智的動作和一切原子的動作一樣，不受外力的影響，而由內力的發展。單純原子在自己以內，看到整個宇宙。然而原子的內在活動，沒有兩個相同的，因爲每個原子都是有限的，都是局部的。局部和有限的原子，都伸向無限和絕對成全的「有」，即所謂天主。

天主造物時有基本的原則，人的理智爲認識事物時也應該遵守這些則，例如因果律，矛盾律等。人的知識按照這些原則，系統地順流而下，雖不能明瞭事物的內容，但能知道彼此間的關係。

C、牛頓（Newton 1643-1727）以他的科學頭腦，談論哲學，謂宇宙萬有，互相結合，有如一架機器。宇宙萬有的變動，都有一成不變的定律；因此哲學知識，只要有了基本定律，其餘一切便可按照理則學的方式推論出來。哲學即是科學。

這些哲學家，對於理性的認識能力都非常樂觀。一切的知識，都可以有條有理地由前題到結論，機械地推論出來，因爲理性在自己先天的光明裡，觀察宇宙萬有。

D、康德（Kant 1724-1804）更進一步，使人的知識完全系統化，完全普遍化。普遍化的知識，不能由感覺和外面的事物去吸收，因這一切都是偶然的局部事件；但也不能像唯理性主義所說，由先天的原則去演繹，因爲由演繹所得的不是新知識。因此真的知識，應該是先天的歸納知識。

人的知識分爲兩類，有感覺的知識，有理智的知識，感覺的知識都成於時間和空間之中，時間和空間便是先天的形式，使感覺的知識都歸納起來，有條不紊。

對於理智的知識，康德主張有十二個先天範疇，三個是關於句的分量，三個是關於句的性質，三個是關於句的關係，三個是關於句的狀態。人的一切知識，都由這十二個先天範疇歸納成爲有系統的性質。既是先天的，知識便有絕對和普遍的特性；既是歸納的，知識便是新的，便是繼續加多的。

那末知識和外面的實體有什麼關係呢？第一，外面的實體不是知識的對象，知識的對象是先天範疇造成的對象，這個對象在人心以內。第二，外面的實體，凡可以在時間和空間以內有所表現者，所有的表現，能夠爲先天範疇所歸納，便成爲人的知識的材料。第三，不能表現於空間和時間以內的實體，不能爲人所知，因此神（天主）的存在否，不是理性方面的問題。人應該信有天主，那是因爲人心有這種出乎理性的要求。

康德所謂之「有」，僅僅是「我」。然而所謂我，並不是客觀的我，乃是自我意識中之我。自我意識爲十二個先天範疇以及先天空間時間的最高範疇。一切的先天範疇由自我意識而予以統一；自我意識便是先天範疇的主體。然而所謂自我不能由理智去認識，祇是一種必然的要求。

E、費希德（Fichte 1762-1814）較比康德再進一步。康德在知識論尙分「自我」和表現於空間和時間以內的自然界，即是說康德尙分自我和外界。斐希德則進而取消康德所主張的外界，一切都完全由自我而成。

宇宙上謂「有」，祇有「自我」之我。在我之前，無所謂有。「我」爲唯一實有體。「我」是什麼呢？「我」是我思想的思想力。因爲我想，我纔知道有我，我纔存在。我思想時，除我以外，我也想所想的事；所想的事不是我，於是便有「非我」。這種「非我」要在我思想時纔有；所以是我思想所造成；我思想所造成的「非」我，即是所謂外界宇宙。

於是「有」等於「我」，「我」等於「思想」，「思想」等於「活動」。「有」便是「活動」。

思想活動爲精神活動。這種活動繼續進行，至於無限。凡是活動，必有所到之點，在未到以前，必走過相當的階段。活動所走過的階段，即是「非我」，活動所到之點，即是歸納的綜合。因此精神活動沿著「自我」「非我」「綜合」的方式繼續向前進。這種方式，稱爲辯証方式。

F、黑格爾（Hegel 1770-1831）的辯證論，以斐希德的學說爲出發點，加以修改，加以擴充。

唯一的「有」爲「精神」，「精神」爲「無限的變易」；因此「有」或「實有體」乃是精神的繼續創造。那麼宇宙間凡可稱爲「有」的，都是屬於精神和理性的。凡不屬於精神性和理性的，便都不是實有的。

精神創造的方式爲辯証式，即是正、反、合。絕對的精神，或說是神，或說是「觀念」，代表精神創造的開始點，是精神的自覺，是精神的「我」爲精神創造過程之「正」。精神自覺後，要把自我顯示於外。既是顯示於外，便是顯示於「非我」，「非我」即是宇宙，爲精神創造過程之「反」。精神既顯示於外，對自己的顯示，加以認識，於是「非我」和「自我」又相連合，便產生哲理之學，而成大結合。

張東蓀說：「但是讀者千萬不要誤會，以爲是一個正反合以後就跟著又一個正反合接連下去。黑格爾的意思不是如此。他主張只是一個大正反合，而在正中又有一個正反合，在反與合中亦然。在這個小正反合的正又有一個正反合，如是下去。如是包含下去，乃至於無窮。可見不是接連的無窮，乃是包容的無窮。不是兩個正反合相接連乃是大正反合而套有小正反合。從這一點上講，馬克斯採用黑格爾的方法乃是完全誤解，其實馬克斯對於黑格爾可以說是沒有懂得其中精義。」(七)

精神創造的正反合，在學術思想上成爲三類學術：精神之正爲理則學，精神之反爲自然哲學，精神之合爲精神哲學。

G、義大利的唯心論，以克洛車和錢笛肋兩氏爲代表。

克洛車（Croce 1866-1953）爲歷史哲學家，「以史事代替玄學的共通觀念。他主張觀念等於史事，史事等於觀念。……史事乃是人的精神活動。……人的精神活動不循黑格爾的正反合辯証律，是採取分類辯證法。每件史事，爲人的精神活動的實現方式，算做每種精神活動的止點，彼此互有分別，然不互相衝突，採取圓周式而前進。」(八)

錢笛肋（Gentile 1875-1944）主張宇宙間之「有」，爲一純粹精神動作，即是人的思維動作，這種動作超於時間和空間，無限止地繼續前進，造出宇宙間的實際事物。

H、柏格森（Bergson，1859—1941）爲法國近代最大的哲學家。柏氏的哲學號稱「直觀的精神哲學」。

「他主張唯一的實有體，只是一種蓬勃生氣」（Elan vital）。這種生氣不斷地演變，創造出各種各式的宇宙變化。人仗著心理上的「直觀」（Intuirion）（明見）乃能參「蓬勃生氣」的化育。人們的理智生活，因此沒有一成不變的方式或定律，一切都是動，都是變。」(九)

人的理智常趨於分析，常趨於系統；因此不能瞭解常動常變的生活；祇有「直覺」纔能透入日新月異的精神。人對精神變動的直覺，造成人的自我意識。人在變動中所意識的，是時間繼續不斷地前進。這種前進不能分化，假使分化了，則是時間和空間所構成的片斷事蹟，已經是死的了，不是生的。因此精神的變化，稱爲「綿延」（Duree），稱爲「蓬勃生氣」，稱爲「創造的進化。」

理智和直覺互相對立，同樣，人的記憶，也分爲兩種，互相對立。有普通的記憶，有純粹的記憶。普通的記憶，即是人的各種習摜，雖沒有意識時，也可以使人做所習慣的動作。純粹的記憶，則使人從新再進步到以往的「綿延」，即是說再和以往的創作相通，再有以往的生命。

對於柏格森，「實有體」或「有」祇是「直覺」所覺到的「創造進化」，即是「蓬勃生氣」，通常所說的實有體，乃是理性所分化的死呆形式。

4. 存在論

存在論發自丹麥學者杞爾克加，目前傳佈於德國法國和義大利，成為歐州當前哲學界的一種思潮。存在論發起的緣因，是對於黑格爾唯心主義的反響。黑格爾和他的徒子徒孫們，以宇宙的活動歸之於一種絕對的精神；這種精神或是理則上的辯證力，或是政治上的民族國家，把個人的個性完全埋沒。同時，學術界的趨勢也過於傾向系統化的科學知識，一切都客觀化。存在論主張注重個性，而且個性還應該是「自我」繼續活動的自我。因此以「存在」和「有」為哲學的中心。

甲、杞爾克加（S. Kirkegaard 1813-1855），丹麥人，反對黑格爾的精神辯証論，提出每個人精神方面的宗教經驗，加重每個人的人格價值。黑格爾在精神方面埋沒個人的人格，馬克斯在物質方面埋沒個人的人格。杞氏因著個人的宗教經驗，主張個人的人格，以加強個人的責任心。

杞氏以人的「自我」，不是一個絕對的或普遍的精神體，乃是一個有限制的具體精神。

這種精神被安置在各自不同的環境裡，以求發展。在自我的發展過程中，人感覺自己的缺陷，感覓自己的無能；這就人是人對於罪惡的經驗，人要求有神的存在。

乙、雅士培（Karl Jaspers 1883-1969），德國人，繼承杞爾克加的存在論，但已偏於康德的知識論。雅士培以「有」爲一不可知的整體，這個整體，不是康德所講的實體，也不是杞爾克加所講的神，乃一個沒有止境的大海，人的自我即是浸在這個無止境的大海裡。所謂「存在」和「自我」的關係，即是「有」和「自我」的相遇，也即是「永久」和「時間」的相逢。

我們人心中常有向上的期望，常趨向於永遠和無限，常想勝過目前的境遇。目前的境遇爲「現實之有」，對於永遠無限的趨向爲「存在」，「永遠無限」則爲「有」。

人的「存在」，因此爲活動的，不能拘禁於系統化的學術以內。雅氏分人的理性爲理智與思考：理智使人的知識有系統，有對象，有學術，思考則不停地追隨人向永遠無限的活動。這樣人的知識，總不能使人滿足。而且永遠無限之「有」決不能爲人所知。

丙、海德格（Martin Heidegger 1889-1976）爲德國人，和雅士培同爲德國「存在論」之大師，但是兩人的思想不完全相同，因海氏帶有「現象論」和黑格爾的色彩。

「存在」爲「有」的現實化。海氏的教授爲胡賽爾（Husserl）。胡氏主張現象論，「即對象之意識之學，以其主張有意識始有對象也。」㈩海氏也注意現象，但他不承認有意識始有現象；他以爲意識只能表現我的「現實的存在」，然而不能表現我可能有的無限的存在。「現實的存在」不算存在，可能有的無限存在，纔是存在。

於今有我，於今我在，若從靜的一方面去看是我的「現實的存在」；若從動的方面去看，則是從於今的我，可以進到無限的我。這第二方面的我，是「我在」或「我有」的真正意義。人的知識，也有兩種，一種是分析的系統知識，這種知識破碎不全，不能了解「我在」的精髓。另一種知識，是「存在論」的知識，是我每一刻每一刻的存在，自己表顯自己。

「存在」雖是傾於無限，但是表現於時間之中，而同時又具有傾向於無限的可能性。「有」表現於時間裡的「存在」，「有」是甚麼呢？「有」是「不可知」，是「無」。人在時刻的存在裡，傾向於此不可知，不可捉摸的「無」，乃感到極大的焦慮。這種焦慮驅使人往無限裡追求。

存在論的代表人物，尙有法國的馬賽爾（Marcel）和撒忒爾（Sartre）。但是大家雖以「存在」和「有」爲思想中心，結果「有」和「存在」變爲不存在，變爲無。大家本來想造成合於現實的知識，結果使人的知識變爲無知識。

5. 實在論

我把「實在論」（Realismus）留到最後纔講，並不是因爲實在論在哲學史上，發生在別派學說之後，要不是因爲實在論的價值，在以上各種學說以下；乃是因爲實在論也是我自己的主張，在講完他種學說以後，這派學說更是容易懂。

實在論主張什麼？簡單說來，實在論第一主張有實有的客體，第二主張人的理性能夠認識實有的客體。

「實在論不但極力主張客體實在，是天然而獨立於我們之外的存在，在我們之先在我們之後的存在；而且以最大的努力，最合理的方法，詳細分析客觀自己本身的內容，而追求客觀實在自身的辯證；不預先假定任何邏輯的系統，不假定主觀的方法，來規範客觀獨立的實在。……再進一步，由於客觀對象的認識，實在論主張對於客觀對象的認識，不止是對象的認識，而是實在和不變的本質的認識，因而科學的建立和科學的普遍性和必然性，不是奠基在主觀創造的邏輯形式上，而是在客觀實在本身的本質和本質的法則上，即是建立在一個永久不變客觀實在的基礎上。所以實在論的本質，是不單承認客觀實在的存在和認識的可能，而且承認成立科學的普遍，是在於客觀和理性兩方面。在這樣的條件下，只有亞立士多德和聖多瑪斯及他們學派的理論，才能稱為實在論，即我們通常所稱的和緩實在論。其他的批判實在論，過激實在論，經驗實在論，新實在論，……它們大部分都出入康德的現象論，唯心論與經驗論和感覺論之間，實際上不能稱為實在論。」(十)

唯物論的實徵派哲學，以實有體等於經驗，即實有體對於感覺的表現。唯心論的觀念派哲學，則以實有體等於人心的觀念，這種觀念或是先天所有的，或是人心辯證術所造的。實在論主張名實相合，但名是名，實是實，實的意義不完全由名表出。

甲、亞立斯多德

亞立斯多德（紀元前384-322）爲希臘柏拉圖的弟子，爲希臘第一哲學大家，他主張實在論。

亞氏以人的知識發自感覺。在感覺知識中有客觀的對象和主觀的感官。客觀的對象先刺激感官，感官被對象發動以後，便主動地發動認識能力，吸收客觀對象的印象而成感覺知識。

感覺知識是具體的，是單獨的，不足以成立學術，人的理智乃從具體的和單獨的對象裡，抽出普遍的共通觀念。

人的理智在認識時，也有被動和主動的兩個階段。理智在認識一對象時，先受對象的發動。外面的對象既然都是具體的，而理智所要知道的是普遍性的物理，因此理性在被外面對象發動時，立刻就該自動運用抽象能力，攝取對象物體中的物理。亞立斯多德學說的難處，就在於理智的自動抽象力，即所謂主動理智。

「有」是什麼呢？

「有」在本體論是「存在」，是「實有體」。但是「有」所指的，是最普遍最簡單的實有體，不包括任何的特性。因此「有」爲一個最抽象化的觀念。

「有」在理則論則爲「是」，使賓詞和主詞相聯絡，加增簡單的「有」的意義。

亞立斯多德對於本體論的「有」，區分爲多少種類：如實有之有和理想之有。實有之有又分爲自立體和附屬體等。

乙、聖多瑪斯

聖多瑪斯（1225-1274）為士林哲學大師，集柏拉圖，亞立斯多德，和聖奧斯定的大成。

聖多瑪斯首先指出真理為觀念和對象的符合，即是說名實相合。「名」為知識，「知識」屬於理性。至於感覺的知識，無真理之可言。然而理性的知識以感覺的現象為基礎，而且人理智所有的觀念，都常和想像相連。

理智具有被動和主動兩種能力。主動理智，不是像亞立斯多德的主張，「似乎以它為一種獨立普遍而產生認識可能的光明。」(十一)乃是理智的認識力，使感覺印象能成為理智的對象。

知識的第一個對象為「有」；假使是「無」，理智當然無所知。既然有，必定是「存在」。但是「有」的意義，並不一樣。理想所想之有實際沒有者，也可稱為有。自身不能獨立存在而要憑藉他物者，也可稱為有。本身不能自生而要假借他物而生者，也可稱為有。聖多瑪斯決定「有」的意義不是同一的，祇是類似的。

宇宙間的萬有，有始有終，不能為自有體。結合一切非自有體不能成一自有體，因此宇宙萬有必來自在萬有之上之一自有體。自有體稱為神，即是天主。

每一實有體，各有各自的本性。在物體的成立方面說，物性在先，物之有在後。若是沒有一物之性理，物怎麼可以有呢？在認識一方面說，則先認識一物之存在，然後認識一物之性。因此討論物之有的形上學，稱爲第一哲學。

從中古以來，一直到於今，士林哲學派，常是一貫地保持實在論的主張。彼此在小節目上，意見不同，但是在大綱上常是一致。下面我所要講的各章，都是實在論的主張。至於近代哲學上所有的「新實在論」，則不是我們士林哲學的主張了。

丙、新實在論

吳康在《近代西洋哲學要論》一書中曾說：「十九世紀以還，所謂『半實在論』甚爲流行，其內容輒有傾向於觀念論之趨勢；一爲理智形式，以『實在』爲憑思維而成之『感官知覺之組織』；二爲非理性的形式，以『實在』爲精神之純粹活動；前者爲較佔優勢，以其包括經驗與邏輯二事故也。二十世紀初葉二十年間，反對觀念論之思潮蠭起，於是實在論以比較周詳確定之形態復活。此復活新運動，自其肇始，即有甚多不同之理論，但其共同之點，除一致反對觀念論外，即皆努力於求婉避舊日實有論本質上之弱點，此弱點由於實在論開始即放棄目己立場，而以觀念論之方式，解釋感官知覺或思想，或並解釋二者。蓋舊說以感官知覺爲由外物反映於吾心之結果，因之祇能顯示吾心本身之剎那狀態。新式實在論不然，以感官知覺爲一動作，存在對象，於此動作中被給與或顯露。對於思想亦然舊說以思想爲一創造活動，心靈本身之諸法則，悉表現於活動之中，新式實在論，亦以思想爲一動作。……是以現化流行實在論思潮中之知識論，有一普遍趨勢，主張知識庄偏重於「收取」而不在於『製造』對象。」(十二)

吳康氏所謂舊實在論，不知是否指的士林哲學的實在論，但是按他所說的批評，則和士林哲學的實在論不相合。至於他所說新實在論的優點，我則不敢苟同。

上面所講的「存在論」，即是新實在論裡最新的一派。可是「存在論」所講的實有體，形同烏有，結果不免又墮入觀念論中。

新實在論在中國較有名氣的一派，要算羅素的新實在論。羅素（Bertrand Russel 1872-1970）專長數學，致力於「符號理則學」（數學理則學）他主張在人一方面，人的靈魂和明吾（理智）是和思想有分別的實體。在人以外，更有一物質宇宙，宇宙中的萬有存在於空間與時間之中，但是沒有面積，人的靈魂即宇宙萬有之一。他不承認物質和精神的分別。而且他以研究數學的頭腦去講理則學，主詞和賓詞都可用符號代替，於是主詞和主詞間沒有分別了，彼此可以互相代替，例如說：「李四是必死的」，改爲「張三是必死的」，意義並不變換。又再進一步，以爲一個人看見一個星辰，和一個照相機照這個星辰的像，並沒有若何不同，照相機便可以代替人，因此感官的心理動作，和照相機的物理動作，也都相同，感官的心理動作不是認識作用，乃是物體的本身，即是說認識動作的本身就是物體。結果，羅素祇看重數學，輕看形上學，把哲學變爲研究物體彼此所有關係的數理邏輯，傾於愛因斯坦的相對論。

二、有的意義

1. 有（Ens）

「有」字在中國話裡，是一個動詞，表示一個主體取得一物。《辭源》曰：「取得也」除了動詞的「有」以外，「有」又是一個名詞，《辭源》曰：「無之反」。我們在本體論所討論之「有」，即是這個「無之反」的名詞。

「無之反」，究竟是什麼？是「有」。「有」究竟是什麼呢？凡是存在的都稱爲有。不存在的便是無。

有與無，本是相矛盾不能並立的。老子卻以有生於無。然而老子的無，不是不存在，而是不可知。老子以道爲無，道不是不存在的，是有的。

你若再往下追，有是存在，存在又是什麼呢？這是不能有答案的問題。我們的知識，起自感覺，由感覺印象而有觀念。當我們的感覺和理智，遇著對象而有認識時，我們的意識自然而然地就理會到有一對象。所以「有」是我們心靈對於外物的第一個體驗，也就是我們精神生活的第一種經驗。

這種經驗，不是無意識的經驗，也不是潛意識的經驗。乃是有意識的經驗。然而這第一種經驗，卻是不能下定義，不能加解釋；因爲解釋，是用明瞭之詞去解釋不明顯之詞；而所用爲解釋之詞，不是和被解釋之詞，同是一個，不然便是用自己去解釋自己，等於不解釋。於今爲解釋「有」，沒有詞可用，因爲凡是可以解釋有的，都包含著「有」；「有」乃是最普遍的名詞。

在推論方面，第一種最基本的推論原理，不能再加證明，例如相等律和矛盾律，只能理會體驗，不能再用理由去證明。同樣，人的第一個意識，「有」（存在），也不能再加解釋，只能理會體驗。

凡是有的，都稱爲「有」，所以中國古書常用萬有以代表一切之有。

「有」，既是不能解釋的，於今我們卻又大談著「有」，這是做什麼呢？我們於今討論

「有」，不是替「有」下定義，作註腳；我們是把「有」的意義加以分析。當我們意識到知識的對象爲「有」時，這種意識是籠統的，我們單單意識到我們所認識的物是在那裡。於今我們根據這種意識，我們要問凡是有，都是同樣嗎？爲什麼有能成爲有呢？這些問題，便是我們於今所要研究的問題。

2. 物

中國古書普通稱宇宙的一切東西爲萬物。每一件東西，則稱爲物。《易經》上說：「天地絪縕，萬物化醇。」（繫辭下 五）「大哉乾元，萬物資始。」（乾 象）「至哉坤元，萬物資生。」（坤 象）「天地交而萬物通。」（泰 象）宋明理學家也是這一樣的說法。「乾道成男，坤道成女，二氣交感，化生萬物。」（周子 太極圖說）「易大傳所謂物，張子所謂物，皆指萬物而言。但其所以爲此物者，皆陰陽之聚散耳。」（朱子答程允夫 朱子大全 卷四十一）但是張子和周子，有時把「物」和「神」相對，物不是神，物以外有神。

在普通說話時，我們都用物代表萬物。但是既然在哲學上「物」和「神」，「物質」和「精神」是對待的名詞，我們在哲學就不便用「物」字去代表萬物了，更好用「有」字去代表。一說「物」，我們就懂得物質物。朱子以「物」爲陰陽的聚散，鬼神又是氣的伸縮；在朱子看來，宇宙一切都可稱爲物，除「物」以外，更無所有了。

我們則是承認有精神體的，物既不代表精神體，物便不能代表宇宙的一切。所以用「有」，代表定宙以內和宇宙以外的一切。這一切稱爲萬有。

3. 什麼可稱爲「有」、「在」(Existere-Existens)

什麼可稱爲「有」呢？這個問題簡單極了，看來也容易極了。可是我於今要答覆這個問題，我卻不知道怎樣答覆，只能勉強加以解釋。

什麼可稱爲有呢？凡是在的都稱爲有。爲稱爲「有」，只要是「在」，不要其他的任何條件。「在」，這個條件是很簡單的。宇宙內外的一切，自身所應該有的條件第一當然是「在」；假使若是不在，其餘的條件也都沒有了。例如一個人，他爲能是個人，第一他應當活著。若是他不活著，他就不在了。既然不在了，其餘的條件，譬如健全的身體，高深的思想，都談不上了。

所以爲稱爲「有」，只要一個最基本又最簡單的條件：即是「在」。

「在」，有什麼意思呢？在是存在，不是沒有。

可是一種實體和他種實體的在，也各有不同。我們不必談在實際情形上，一物和一物的存在，各不相同，因爲每一物的具體情形，各不相同。就是在理論方面，一種實體和另一種實體的存在，也互不相同，人的存在，是生於父母，而又是活著。在一個人沒有出生以前，不能稱爲在，便是不有。生了以後，若是不活，也不稱爲在，也又是不有。一冊書的存在，則先要印或抄，而又要裝訂。書沒有印或沒有抄，當然不存在；即是已經印好或抄好的紙張或布帛皮革，若未裝訂，書便還是不存在；或者裝訂了而又一頁一頁地分散了，書又是不在了。由此可見，單單就「在」的一點說，「在」又需要條件。

於今我們談「在」，是不是可以不看這些條件，單單地只談「在」呢？目前許多哲學家都主張不能夠只談「在」，而不看「在」的條入。如存在論和現象論的學者，都抱著這種主張。按著這些學者的看法，在而不看在的條件，在即不在，不在不稱爲有；因此「有」，不是一個極單純的名詞，而是具有條件的。這些條件又不是單純的抽象名詞，乃是實際的「在」所應具的實際條件。有便等於在，在又等於實際的存在，有乃等於實際的存在。

但是從我們的看法去看，「在」不必要和「在」的條件，常連合一齊去講。普通我們說某某人在，某某物件在，某某事情在，雖說在我們腦子裡，我們同時懂得這些在字的意義不完全相同，然而在說「在」時，我們並不把這些不同意義加在「在」字上，我們便用「在」字去代表一切的存在，可以不加分析。當然這種不加分析，並不是把「在」和「在」的條件完全脫離，只是在談「在」時，我們可以不想著「在」的條件。

同時「在」的條件，又包含著「在」，有一個條件，不是說一個條件在嗎？因此「在」和「有」，雖說是很抽象的觀念，然又不是普通所說的抽象。普通所說的抽象，是把一個觀念和可分離的特性相脫離，如動物一詞，是和各種動物的特性相脫離的。可是「在」或「有」，怎樣可以和特性相脫離而成抽象呢？凡是特性都稱爲有，都稱爲在，假如不在而不有，即無所謂特性了。「在」和「有」的抽象性，是種特殊的抽象性。我們用「在」和「有」，是用「在」和「有」的最廣義，不加上任何的附加意義。

但是「有」和「在」的意義，又不完全相同。普通所謂「在」，是說實際存在。凡是在的，都稱爲有。可是在所稱謂「有」之中，有些並不是實際存在者。例如我說我有兩隻手，手並不是存在的主體，而是附加在我身上的肢體。用「在」的最廣義上，手當然也可以說是在，然而普通則說是「有」。又例如說我將有一冊書，或說我將有這些知識。我將有的書和將有的知識，於今並不存在，只是能夠在將來存在。這種將來「可有之有」，雖不存在，也可以稱爲有。

因此爲解釋「有」的意義，應該說「凡是在或可以在者，都稱爲有」。還有一點，「有」和「在」的意義，也不完全相同；即是所謂「理想之有」在實際上是不存在的；可是有些「理想之有」，又不能說在實際上完全不存在。這種「理想之有」，即是普通所講的實際關係。例如父子的關係，不是明明擺在每一個人的眼前嗎？那個人能說父子沒有關係呢？然而在實際上並沒有「關係之物」。這種「理想之有」，當然稱爲「有」。

4. 有的類似性

「有」，不是完全一致的，而是常相類似。

在上面一節所舉的例裡，我們就可以看到「有」，不完全是一致的。實際存在者和可能存在者彼此不相同；然而兩者都稱爲「有」。存在的主體和附在主體上的附體，彼此不相同；兩者又都稱爲「有」。實際存在者和理想存在者彼此也不相同，兩者也又稱爲「有」。因此「有」的意義不是完全一致的，而是互相類似的。互相類似的相同點，即是「在」。實際有者，當然是在；將來可有者，將來可以在。理想之有，是在理想之中。「在」的意義，在這些光景裡也是相類似的；「有」的意義便也是相類似的。

5. 無

「無」是「有」的否定詞，和別的否定詞一樣，是因著所否定的詞而有意義。因此「無」，是因著「有」而有意義。我們不承認有一個獨立的「無」，更不承認有一個絕對的「無」。

可是「有」雖是「無之反」，「無」又是「有之反」，「有」和「無」兩者的關係不是相同的。所謂「有者，無之反」，這是一句解釋的話，並不是在實際上「有」是因著「無」而有意義。因爲「有」是獨立的，是自己存在的。「無」則是不存在的，是藉著否定存在之有，而有意義。在形上的本體方面，沒有所謂「無」，「無」乃是理則方面的名詞。

「無」，既是「有」的否定詞，法國當代哲學家柏格森（Bergson）乃說「無」的觀念，是一個假的觀念，因爲這個觀念自相矛盾，爲懂得「無」，我們要想著「有」，或是假設「無」爲一種「有」。若不假設「有」，「無」便不能懂，且不能想。㈥然而我們認爲柏氏的主張，有些偏激。理則上的否定詞，不是假觀念；而且在實際上我們通常多用這等否定詞，大家都懂得是什麼意義。例如瞎子，聾子，不孝，不義。誰不懂得這些名詞的意義？牠們都是否定詞，否定一種「有」。這種否定有，只是表示「有」不存在，並不表示有一種「否定有」實際存在。

又一位法國存在論的學者撒忒爾（Sartre），大談其「無」，創立「否定論」（Theorie de la negation）。撒氏曾著「有與無」一書。㈤按照他的意見，宇宙間所有者爲有，人和宇宙的關係，是人的意識和「有」的關係。宇宙之有，在客觀方面本來是「有」；但是對人說，若是人的意識不理會這些「有」，這些有便是不存在的。因此「對於人說」，是一切「否定」的根基，也就是所謂「關係」。凡是關係，都是「對於人說」而有，都是因著人心意識而起的。撒氏創「在己之有」（Etre en-soi）和「爲己之有」（Etre pour-soi）兩個名詞。在己之有，即是「有」按照自身而說，是客觀的，是不可分析的，是爲人沒有意義的。「爲己之有」，乃是意識所理會之有，是有意義的，而且彼此間能有無限的關係，構成一個活動的宇宙。意識所理會之有，即「爲己之有」或「對於人說」之有，歸根說來乃是「無」。因爲人心爲理會一「有」，先要假設這個「有」已存在；可是在人心沒有理會以前，這個「有」在人心中是不存在的，是「無」。因爲人心爲理會一「有」，先要假設這個「有」已存在；可是在人心沒有理會以前，這個「有」在人心中是不存在的，是「無」。這所謂「無」，包括人心以外的「一切」。王陽明曾說心外無理，佛家曾說心外無法，撒氏則以心外爲無。這種「無」，乃是人心所有之無。至於否定詞，是否定人心所理會之有；但是當人否定這種有時，意識有這種有，因此便不是無。撒氏且進而主張，意識（Conscience）本身，不是人心所理會的，人心所理會的，乃是意識所理會之有，不是意識在己之有。人的自由，則在排除所理會之有，而恢復意識「在己之有」。

我們讀到現代這些哲學家的學說，總覺得迷迷糊糊，不能一目了然地懂得他們的主張。這些學學者的學說，常是把理則學，知識論，和形上學揉合在一齊。他們以爲要是這樣，纔能夠研究一個整個的客體對象，然而研究學術，最主要的是分析明白。

在形上學講「無」的，中西哲學家中要推道家的老子。老子明明以道爲無，且又主張無爲作人生之道。他曾說：「天下萬物生於有，有生於無。」（道德經 第四十章）可是老子所講的「無」，只是道的一種稱呼。道稱爲無，因爲道是不可道不可名的。「道可道，非常道。名可名，非常名。無名，天地之始；有名，萬物之母。」（道德經 第一章）然而老子之道，則是「有物混成，先天地生」。（道德經 第二十五章）「道之爲物，惟恍惟惚。……其中有物……其中有精。」（道德經 第十一章）道便是有，而且是至大無限之有；惟其因爲至大無限，故不可名，乃稱爲「無」。這種無，不是否定一切有之無。

三、有的區分和特性

1. 有的區分

「有」，既不常是一致，彼此間便有區別。「有」便可以加以區分。然而「有」的區分，和普通事物的區分，有些不同。普通事物分類時，是一類排擠他一類，一類的特性，不含在他一類以內。「有」，區分爲類時，每類的特性，又都是「有」。因此「有」的分類，是一種廣義的區分法。在形上學裡，通常把「有」區分爲下列幾種：「有者和能有者，即是現實和潛能」，「自立體和依附體」，「實有者和理想者」，「自生者和他生者」。

甲、**現實和潛能**（Actus et potentia）

「有」的第一種區分，分爲現實與潛能。

「現實」是現在實在的有，並不是能夠或可以有。因此在現在有的，都稱爲「現實」。現實在西洋語言裏，表示行爲。因爲普通我們做一種行爲，在沒有做以前，只是能夠做，並沒有這種行為，我們做了這種行，行為就有了，就成了現實。這樣凡是實有的，便是現實：凡不是實有而可以有的，則稱為能或潛能。

沒有者稱為無，有者稱為有。稱為有者，或是現實，或是潛能，除此以外，不能另有所謂有。

現實與潛能，在後面將分段，特別提出討論。

乙、自立體和依附體（Sub stantia et accidentia）

「有」的第二種區分，分為自立體和依附體。

我們的常識也知道，一種顏色，必定是某項物體的顏色，一種高度，必定是某件物體的高度。但是一個人，則不是別的物體的人，而是自己是人。因此一項實有物而為別一種物體的所有物，自己絕對不能獨立，這項實有物便稱為依附體；因為它是依附在一另一實有體上。凡是自己自成一物體，而不依附在他一種物體以上；這種物體，則稱為自立體。

從自立和依附一方面說，凡是稱為有的，即凡是「有」，或者是自立體，或者是依附體。關於這兩者，在後面詳細再加說明。

丙、自生者和他生者（Ens a se et Ens ab alio）

自生者爲自有的實有體，不仗恃另一動力而後有，自生者因此常是現實，全有一切。自生者便祗是有一個，不能有二或三。不然便不是全有一切了。他生者須藉他力以生，追其源，一切他生者都來於自生者。

一切萬有從來源一方面說，一個是自生者，其餘都是他生者。

丁、實有者和理想者（Ens reale et ens rationis）

這種區分和第一種區分，不相雷同也不相混雜。實有者爲在實際上所有之實體，理想者在實際上沒有，而只在人的理想中。理想者固然不是現實，但是可以是實有者。例如兩物間的實在關係。關係雖是在理想以外不是一種實體，然而關係則是實在的關係。關係乃是理想的實際之有。有些理想之有，根本不是實際之有，在理則以外，絕對不存在，例如你腦中所虛想的烏有爵祿。這種理想之有，不足稱爲有。形上學所講的理想者，是理想的實際之有。

理想者普通分爲兩類：一是否定詞，一是關係。否定一項實有之有，否定詞是實在的，但不是實有之實體。兩有者之關係，也是實在的，但也不是實體。

2. 有的特性

講「有」的區分時，我已經標明「有」並不是類，再由類別可以分成多少種：因爲可以稱爲類別特性的也都是「有」。同樣，於今我講「有」的特性，也要標明所謂「有」的特性，不是真正的特性。因爲真正的特性也是「有」。所謂「有」的特性，是對於「有」的幾種重要觀點，由這幾點去看，「有」應該是如此。

對於「有」的觀點，可以從三方面去看。第一、當我們的認識官能遇著一個對象時，我們就意識到有一對象。我們意識中的對象、是一個，是一個整個不分的對象。因此，「有」的第一項特性爲「整個」，爲「一」。第二、凡是「有」，在實際上都是單體，都是完整的實體。凡是完整的實體，必定是它自己，而不是另一實體；因此「有」的第二項特性爲「真實無妄」。第三、凡有真實無妄而又完整的實體，必定該是完善的，在本身方面沒有缺欠，因此，「有」的第三項特性，爲「完善無缺」。

甲、「有」是「一個整個不能分的」（Ens est unum）

在幾何學上，點是不可分的，點可以說是幾何圖形的起點。在本體論上，我們說「有」

是一個整個不能分的，意義和幾何學上論點的不能分，當然不同。因爲「有」的不能分不是從量的一方面去看，是從本體上去看。「有」是一個整個不能分的，因爲假使可以分，則就不是「有」，而是兩個或多數個「有」了。

在具體現象內，所謂「有」能夠有許多部份，例如人，是由許多部份合成的。而且一個單體的部份有時可以分開而不失其爲單體，例如人失去一手一足，不失其爲人。

但是在形上方面，每個有，是沒有部份的，是不能分的。例如你說「這裏有一個人」，這個「有」是不能分的，因爲或是有或是沒有，不能有第三種說法。

況且每個單體稱爲「有」，在形上方面也是不能分的。例如「人」，在形上方面 不看人的形色，看只人是人，形上之「人」，是不能分的，若能分，已經不是人了。「有理性的動物，爲人」，若是分開，則或是動物，或是有理性，但不是人。

形上之一，不是數目之一，而是表示不能分。

既然說「有」不能分，是一，那麼宇宙間爲什麼有無數種的有和無量數的單體呢？我們說「有是一個整個不能分的」，當然不是說「有」是唯一的。所謂泛神論和泛精神體都不合理，違反事實。我們說「有是一個整個不能分的」，是指每個「有」而言，凡是「有」都是一個整個不能分的。

至於說宇宙萬有，怎樣分種分單體，這是物性和單體的構成問題，在上面宇宙論裏，已加討論。

乙、「有」是真實無妄的（Ens est verum）

真，在理則學上，表示名實相符，表示人心理智的知識和事實相符合。本體論之所謂真，是物體本身之真，即是說凡是有，都有其所以爲有之有，而不是假的。

「有」，既是有，便不是假的；若是假的，則不是有而是無了。因此「有」，對於自己本身上，一定是真的，一定是真的「有」，而不是假的有。假的有等於沒有。

「有」，在每種「有」的形上方面，也該常是真實無妄。「人」，是真真是人，牛是真真是牛。人若是假的，則不成爲人。牛若是假的，則不是牛了。因爲每種「有」，都該有自己的本性，本性不能是假的。本性只能是有或沒有。既有，則必是如此的本性。

丙、「有」是完善無缺的（ens est bonum）

凡是「有」既然是真實無妄，具備自己的本性；那麼在本性一方面說，凡是有，都是完善無缺。因爲如果有缺，本性就不完全，本性不完全，則沒有這種物了。例如人，必具備該有的人性，若是人性有缺，人就不是人了。

形上學所謂之善，不是倫理學上之善。倫理學上之善，好比理則學之真，都表示一種關係。理則學之真，表示人的理智和客體對象的關係。倫理學之善，表示人的自由行爲和行爲規律的關係。名和實相符時爲真，行爲和規律相符時爲善。形上學之善，和形上學之真互相聯繫，都是指的物的本性。一切萬有的本性都是真的，一切萬有的本性也是善的。本性稱爲真，因爲不能是假的，本性稱爲善，因爲不能有虧缺。

中國理學家對於人性的善惡問題，把形上之學和倫理之善，互相混雜。朱子以人性爲理，理沒有不善的。人性在每個人身內和氣相合，乃有氣質之性，因著氣的清濁，人性便有善惡。可是無論本然之性或是氣質之性，都是由人性本身上說，都是在本體裏，不能馬上跳入倫理範圍以內。本體上的性只有全或缺，不能和行動規律發生關係。理學家又主張惡，是天理爲人欲所蔽，不能表之於外。這種主張，又是把本體論和倫理學相混了。人心並不是先天有了善，善能表之於外時，則爲善，不能表之於外時，則爲惡。先天之善，雖稱爲天理，天理乃是人性。人性之理，若作爲行爲之規律，人之行爲若不爲私欲所牽引而能合於天理，稱爲善。這樣的主張，則爲正確了。

在西洋哲學裏，「善」和「利」在本體論上意義可以互相借用。「善者人之所欲也。」即是說可以爲人有利的。這處的利字，不是儒家義利之分的利字。儒家的利字，用爲壞的一方面，和義字相對。然而利字的本來意義，並不和義相對立，許多事在守義的原則下，也可以是人的利。墨子的利字，即是利字的原來意義。利字的本義，指著利益，利益是說可以加益我們的好處，補足我們的要求。

從這一方面說：凡是有，都是利（善）；凡是利，都是有。

四、有之所以為有

在上面幾段裏，我們講了「有」的意義和特性。我們於今知道了形上學所說的「有」，究竟有什麼意義。

形上學之有，聖多瑪斯曾說：「有是理智首先所認識的，而且最顯明容易認識，其餘一切的觀念，都歸併在「有」以內。」㈥

於今我們要問另一個問題：有是怎樣有的？

1. 有是實有體

在本章第一段裏，我們談了哲學史上各派學者對於「有」的意見。這些意見大都以

「有」只是一個抽象的觀念，實際上我們不能知道這個觀念所代表的意義，究竟存在不存在，士林哲學的主張以及中國儒家的主張，則是主張「有」爲實有體。

「有」，是一個類似意義的觀念；凡稱爲有者，意義不完全相同。但是「有」的本來意義，則是指實有者。因爲「有」，是說在；在，是實在；實在的，是實有的。

因此，我們說「有」，便是指著實有體，意義很簡單，不附帶任何的特性。凡是實有者，都稱爲有，不分精神和物質。

「有」，本來指著實有體；因著實有體稱爲有，凡是可以成爲實有者，也稱爲有。不單實際可以有者，稱爲有；就是實際不能有，而只在理想中有者，也稱爲有。這些「有」的意義，都是從實有而引伸出來的。假使沒有實有體，「有」的觀念，便不能成立。因爲我們的知識，由感官所發起，感官所知覺的，是實有的物體；因此人的意識纔理會出一「有」字。由是而上升，人的理智纔懂得「可能之有」和「理想之有」。

「有」是一切精神物質最簡單的稱呼。這種稱呼，有什麼價值呢？價值是在於指著精神物質是實有體；同時又在於把一切的精神物質總括在一個最基本的稱呼裏，研究牠們最基本的共同意義。這種價值，也就是形上學的價值。

無論什麼，精神體也好，物質體也好，第一，總稱爲有。假使沒有，便不必談了。既稱爲「有」，我們便問怎麼樣成爲「有」呢？這個問題，便是各種學術問題中最基本的問題。

2. 實有體之「有」，由性（Esscntia）和在（Exitentia）而成

朱子曾說：「天地之間，有理有氣。理也者，形而上之道也，生物之本也。氣也者，形而下之器也，生物之具也。是以人物之生，必稟此理，然後有性；必稟此氣，然後有形。」（答黃道夫 朱子大全 卷五十八）

上面這段話，即朱子對於「有是怎麼樣成爲有」的答案。朱子以有爲物，凡是物，由理和氣而成。

我們的答案，較比朱子的答案還更簡單。凡是「有」，第一要具「有」之理，第二要具「有」之在。即是說，一個實有體所以能夠成爲有，先要具備這個實體自己的性，第二這個性要是存在的。

在宇宙論裏，我們已經講了「性」的意義，在這裏我們就不重複了。簡單說來，性是由理和質（氣）而成。在這裏我們要注意的，是性和在的關係。

宇宙間的物體（實有體），昨日沒有的，今日有了，今日有的，明日可以沒有了。在沒

有這個物體以前，它的性可以在我們的理想中存在著，但是在實際上不存在。到了實際上存在時，物體纔成爲實有體。因此我們可以看出「性」和「在」是可以分離的。每個實體成爲有，是性和在的結合。

當然在實際的物體上，「性」和「在」是不相離的，而且也不能相離；一分離了，物體就沒有了。但是在理論上，「性」和「在」是該分別的。這種分別實際上並且是有根據的。就如朱子講理和氣時，也說「所謂理與氣，決是二物。但在物上看，則二物渾淪，不可分開，各在一處。然不害二物之各爲一物也。若在理上看，則雖未有物，而已有物之理；然亦但有其理而已，未嘗有是物也。」（答劉叔文書）

朱子的性理說，以理成物之性，氣成物之形，理氣互有分別，但不相分離。他曾說：「天下未有無理之氣，亦未有無氣之理。」（朱子語類）

理—性
氣—形 ＞ 物 （朱子性理說）

朱子以天下萬物之理爲一理，然而各物之理又有分別：「理一而殊」，各物之理有分別，即是因爲理和氣相合而成物，理與氣合，理便因氣而有別。

我們所講的物性，和朱子所講的，有所不同，我們以物性包含理與質：

理
　　＞性
質（氣）
　　　　＞（物）有
　　在

假使性只有理而沒有質，那便是精神體。

理—性
　　＞（精神）有
在

但無論精神或物質，有之爲有，一定要具著「性」和「在」。

3.「性」和「在」的分別

從上段看來，「性」和「在」的分別，似乎很顯明；可是仔細去追究，問題並不簡單，在哲學史上，也有過許多爭論。

朱子曾以理氣爲二物，只是不能分開，常接合爲一物。理氣爲二物的物字，當然不是通常所說的物，不是成全之物。但是按朱子的思想，理和氣的分別，猶如兩物的分別：兩者各具自己的在，只是互相結合，不能分離。

「性」和「在」的分別，不能是像朱子所講的理氣的分別。「性」和「在」，不是一物的兩部份原素，兩者各具自己的「在」；因爲「在」，即是「性」的「在」，除「在」以外，「性」不能另有在。同時在，是「性」的「在」；除「性」以外，「在」不能另有性。因此「在」和「性」的分別，在實際上不能是彼此互相排擠，或互相對立的分別，在和性的結合，不是兩個「在」的結合。

因著這種關係，學者中對於「性」和「在」的分別，主張不大相同。

甲、童思過的主張

童思過（Duns Scotus）以及方濟會的學者，都主張「性」和「在」的分別，只是理想中的分別，不是實際的分別；因爲實際上不可以使「性」和「在」，各爲兩不相同的實在者。可是童思過所說的理想上的分別，也不是普通所說的理想分別，乃是他所說的「按本性說現實的形式分別」（Distinctio actualis ex natura rei）。這種分別界於實際分別和理想分別之間。他說明這種分別，不是物的分別，而是一物上許多形式的分別，既不是實際的，又不是理想的。

乙、蘇雅肋的主張

蘇雅肋（Suarez）主張「性」和「性」的分別，雖是真的，然不是相等的，「性」不能擯去「在」，「在」也不能擯去「性」。因此他稱呼「性」和「在」的分別，爲「有理的可能分別」（Distinctio virtualis in refondata）。

丙、存在主義的主張

現代的存在主義不主張「性」和「在」的分別，爲實際的分別，乃只是理想的分別。而且又主張「在」是先於「性」。

朱子曾說，理氣雖不能分，然按理說，理先於氣，因爲先要有此理，然後有此氣。士林哲學家，無論那一派或童思過或蘇雅肋或聖多瑪斯，都是主張性先於在；因爲在理想方面去說，先要有此性，然後有此性之在。

存在主義所重者是「存在」。這些學者，以「存在」爲純淨的現實。物的現實，決定物性。因爲物要在，只能有物性。物在即是現實，物的現實，完全是自己的現實，而且是一完整的現實，物所有的物性，也就是現實所具的物性。這一點有些似乎中國《易經》所說陰陽之道。陰陽爲氣，道爲理。然而道爲陰陽之道，後於陰陽。

存在主義的結論更形離奇。這些學者以「存在」先於「物性」，以存在爲完整的現實，遂結論說，完整的現實即是自由，因爲現實不屬於任何其他一現實。而且存在先於性；因此人成爲「存在」時，人自造「人性」。這種自造「人性」就是人的自由。人的自由，便是人的「存在」，便是人的現實，便是人自造自己的現實。

丁、聖多瑪斯的主張

聖多瑪斯的主張，是主張「性」和「在」的分別，是實際的分別（Distinctio realis）。「性」和「在」假使沒有實際的分別，「性」和「在」實際便常爲一；若是「性」和「在」常爲一，則必定要常在。但是宇宙的萬物，則都是一時有，一時又沒有；或一時沒有，一時又有。則「在」和「性」便不能不在實際上有所分別。

就一個實有體說，它的性已經存在，已經和存在不能分；而且它的存在，就是它的性的存在；不過，它的性並不是「存在」，兩者仍舊有分別。這種分別，不單是我所理想的，就事實說，乃是如此。㈦

這種主張，我很贊成。

4. 性和在的結合須有因

一「有」之成爲「有」，須具「性」和「在」。例如一個人之成爲人，須具人性，又須是實際存在。但是一個人的人性，怎麼樣可以成爲實在的人性？人性在沒有成爲實際存在的人性，只是一個潛能，潛能爲成爲現實，本身是沒有這種力量的。因爲潛能在不存在以前，是沒有的，既是沒有，怎麼可以動作呢？在物理上有云：靜者不能自動，動者不能自靜，必要外面加以發動之力。一個不存在的物性，不能自己使自己成爲現實，必須外面有發動之因。這種因，必定是一個現實，不能是一個潛能。

使「性」和「在」相結合之因，而且不能是普通的一個現實。普通宇宙間的現實，即是宇宙間之實體，在動作時，預先須要假定動作所及的客體；因爲宇宙間的實有體，誰也不能在動作時，能夠從無中造有，務必先要有已成爲現實的材料。就著現實的材料，宇宙間實有體的力量，可以加以變化。

但是「性」沒有「存在」以前，乃是不存在，乃是「無」。由「無」而成爲「有」，則其動因，應該是具有由「無」而造「有」的力量的現實。這個現實是絕對的現實。

普通看來，宇宙間的變易，都是一物動一物，彼此互相發動，人生於人，牛生於牛，樹生於樹。在宇宙論一編內，我們曾談論了宇宙的各種變易。生滅的變易，是物體本形的變易，即是物的性理的變易。但是宇宙間生滅的變易，質料（氣）則是已有的，在生、滅時，是質料和另一理或本形相合而另成一物性，物性乃取得新的存在。這種變易，雖是物的本形或性理的變易，但並不是絕對由無中造有。

宇宙間的物體，都是可有可無的實體，「性」和「有」不是常結合的。這種物體的生滅變易，雖可以互相發動；可是追根逐源地追究上去，則在開始時，必定該有一個絕對的現實，使宇宙最初的實有體由無而有。然後這些實體纔能起生滅的變易。

5. 絕對現實爲唯一的

能由無中造有的「絕對現實」，應該是「性」和「在」不相分別的現實。宇宙間可有可無的現實（實有體），「性」和「在」是有實際分別的，因爲可以在，也可以不在。絕對的現實則必是永遠常在，無始無終的現實。這個現實，是整個的現實，所以是無限的現實，因此便只能有一絕對現實。

宇宙間的現實（實有體），都是有限的現實。現實的限制，來自物性。物性所以然有限制，在物質物中，是由於性的質料，在精神體中是由於性理在未成現實以前，只是潛能。質料和潛能，都是有限制的。有限制則可以是多數的。

6. 個體之成因

宇宙間的物體，因爲是有限的，所以是多數的。這種多數，有多數的種類，有多數的個體。

種類之成，成於物性。因爲物性有別，乃成多數的種類。一種物體之性，是一個性。一種物性之一，是超於物體之一。在性上說，一種物性爲一，在實體上說，則不是一，而是多了。

每個實體的性，在整個物體上說，是不相同的。因爲每個實體之性，已經是和「在」相結合之性。我的人性，並不是由人性和個性相結合而成的；個性不能和人性相對立。個性是我這個人的人性，是人性的現實限制。人性的現實限制，在每個現實的人裏，都不相同；因爲我這個帶有我的個性限制的人性，和你那個帶有你的個性限制的人性是不相同的。因此我是我，你是你。我是我，由於我是這個人；你是人，由於你是那個人。於是可見個性是一種

物性在每個單體上的限制，使每種物性雖然相同，而在個體內又不相同。朱子曾主張「理一而殊」。(十八)

但是，個性和物性，彼此又是有分別的。這種分別，猶如上面所講「性」和「在」的分別，乃是實際的區別，不單單像蘇雅肋派所說的「可能的區別」。

個性限制物性，這個限制來自那裏呢？什麼是限制的根由呢？士林哲學家中，對於這個問題，意見頗不相同。原因是對於「性」和「在」的區別，意見已不相同。(十九)

聖多瑪斯以物質物的個性基於性之質料。性之質料，不是本然的質料，是已附有量之質料（Matcria signata）。(二十)朱子談人性善惡時，曾區分人性爲天然之性和氣質之性。氣質之性，人人不同。氣質性所以人人不同是來自氣，因爲氣附有清濁之分。氣質之性，可以說是個性，個性不同是因爲氣不相同。朱子這種主張，可以用爲聖多瑪斯對於個性成因的主張的解釋。

朱子又說，每個人的氣的清濁既不相同，每個人的性理發揚於外也不相同。得氣清者，性理可以多發揚於外；得氣濁者，性理便少發揚於外。朱子所說的這椿道理，是爲解釋每個人的人性或善或惡。我們不贊成這樣去解釋性的善惡；但是我們可以借用朱子的道理，爲解釋人的個性。完全的理想人，只能有一個；即是把人性的一切「人之理」，完全成爲現實理智，聰明到極點，情感中和到極完全點，眼目耳鼻手足靈敏到最高點，身體美好到最美。這樣完全實現「人之理」之人，人類中沒有過。人中類中的人，都具有人性應有的基本之理，但不是都能使人性之理完全發揚於外，因為人性之質料（氣）是有限制的。因此人性之理發揚於外時，受質料之限制所限制。質料旳限制人人不同，每個人所發揚於外的人性之理，多少也不同。這種發揚，是天生的。例如每個人的聰明才智，和性情溫良暴燥，以及五官四肢的美醜，都是在於「人性之理」，發揚於現實的這個人是多是少；因而構成人的個性。個性的成因，所以是基之於人性質料的限制。

精神體則是沒有質料的，不帶物質；精神體便只有種類，每種爲一精神個體，沒有同種以下的單體，每個精神體，完全發揚（實現）本性所有的一切之性理。

7. 同一律（相等律）和矛盾律

理則學上有幾項最基本的原理定律，爲人推理的基本。在基本的理則定律中，有同一律和矛盾律。「人類思考之依靠同一律，好像宇宙現象之依靠萬有引力一樣。宇宙間如果沒有萬有引力，地球上還有什麼東西存在呢？人類如果沒有同一律，一切無所謂是，無所謂不是；是的同時可以不是，不是的同時又可以是，這樣子，我們還有什麼思考？」㈢ 矛盾律是同一律的另一方面，彼此不能分離。

我是我，我等於我；這是天下最簡單最顯明的事。這就是同一律。同一律的根基，是基之於「有」。我既是我，我便不能不是我；這也是天下最簡單最顯明的事；這就是矛盾律。「有」了，當然是「有」，不能是「無」。「無」，當然是「無」，不能是「有」。同一律和矛盾律是以「有」爲根據。

「有」是我們對於外面客體，所有的第一個意識，不加思索，自然而成。同一律和矛盾律，也便是理智生活的第一個定律，不必證明，自然而成。

反對同一律和矛盾律的哲學，一定也反對「有」和「無」的觀念。莊子的齊物論，以宇宙萬物爲道的變化，萬物不足以稱爲有，萬物乃是以道之有爲有；因此萬物彼此中間，無所謂同一或矛盾。佛教以真如爲有，萬法皆空；因此萬法互攝，也沒有所謂同一或矛盾。現代西洋哲學中有些派別，主張宇宙萬有，時時變易，沒有一瞬的停留。因此萬有只有變，沒有「有」。於是萬有中每個之有，也不能相同於自己；因爲當說它爲「有」時，「有」已過去，而且已經變了，後一刻之有，不是前一刻之有。同一律便無所用了。同時矛盾律也失去作用。當你說它「是」時，它已經變了，已經「不是」了。這些哲學主張，背乎情理，根本翻亂了人的社會生活，使人失掉理智的效用。而且在本體論方面，也講不通。

註：

(一) Paolo Valori, S.J Il Metado Fenomenologico. Roma. 1959. Cap. I.

(二) 羅光　儒家形上學　國民基本智識叢書　民四六年。

(三) 陳哲敏　實在論哲學　上　第一七九頁。

(四) 張東蓀　哲學　第二三〇頁。

(五) 羅素　西方哲學史　鍾建閎譯　第四冊　第九一一頁。

(六) 陳哲敏　實在論哲學　上　第一二七頁。

(七) 張東蓀　哲學　第二四四頁。

(八) 羅光　廿世紀中義大利的思想　見中義文化論集　第八頁。

(九) 羅光　公教教義　香港公教真理學會版　一九五五年　第一九頁。

(十) 吳康　近代西洋哲學要論　第二三四頁。

(十一) 陳哲敏　實在論哲學　上　第二一〇頁。

(十二) 陳哲敏　實在論哲學　上　第二三九頁。

(十三) 吳康　近代西洋哲學要論　第二三一頁。

(十四) Bergson. —Evolution crcatroce. Paros, 1907. p. 298—322.

(十五) Sartre. —L'etre et le neant. Paris, 1943. p. 429.

(十六) S. Thomas. De veritate, g. I. a I.c.

(十七) S. Thomas. —De Ente et Essentia. C.5.

(十八) Tilmann Pesch, S.J. —Institutiones logicae et ontologicae. Herder, 1919. p. 1 1, p.157.

(十九) I. Jredt, O.S.B. —Elementa philosophiae. Herder, 1937, V. I, p. 295.

(二十) S. Thomas. —Summa Theologica IIIa, 77.2. —IV. sent. d. 12. 1.

(二一) 徐道鄰 語意學概要 香港友聯社 民四五年 第一二六頁。

第六章 「有」的區分

一、自立體和依附體在實際上互有區別

在「有」的區分裏，自立體和依附體的區分，很爲重要。爲實在論哲學重要據點之一。在我們日常的經驗裏，我們看到有種具體現象，即是一個物體雖常有變易，而物體常在。例如一個人，從少到老，他的身軀，他的像貌，他的知識，都要經過許多的變易，然而在這許多的變易中，這個人常是人，而且這個人常是這個人，但有時候，一個物體，因著變易，物體就不再存在，例如一遇著死，人就不是人了。因此從這些經驗裏，哲學家推論出在物體裏有兩種不同的部份：一部份是根本，不變換；一部份是附加的，可以變易。於是形上學乃有自立體和依附體兩個觀念。

自立體（ Substantia ）爲自立之體，不在他體以內，而且能作爲依附者之主體上。

依附體（ Accidens ）爲依附於別一主體而能存在之物。依附體能存在，必須依附在主體上。

自立體和依附體，兩者都是實有體，兩者都是有，並不是虛僞幻想。宇宙內的萬有，都由這兩者聯合而成。自立體爲根本，爲主體，依附體爲附加物。

1. 自立體和依附體在實際上互有區別

甲、兩者的區別

我們在經驗上，直接可以觀察在一物體內，有變與不變的兩部分。不變者，在哲學上稱爲自立體，變者，稱爲依附體。兩者在物體上，實際有區別。

可是有些哲學家，就從經驗方面去否認所謂自立體和依附體的分別。

洛克主張人的知識不能達到物體的自立體。人所知道的是可感覺的依附體，即是形色。至於形色所附屬的主體，則不能爲人所知。因此自立體雖然存在，對於人的知識，則同於不存在。

休謨更進一步，根本否認有支持形色的自立體。所謂自立體，不過是一切附加物的總合。例如人身，即是形色的總合物，並不是在形色之外，另有一自立體。

康德承認有自立體的觀念，但是他以爲這個觀念沒有相符之實，只不過是人心所有先天範疇之一。

孔德和以後的實徵論哲學家，都以「自立體」的觀念，乃是形上學的玄想，實際並無其事。他們不承認有自立體和依附體的區別，在實際，一個物體的構成素祇有各種物質，沒有依附不依附。

士林哲學家以及笛卡兒，萊布尼茲和百頡利以及他們的徒弟，則都主張有自立體和依附體，而且兩者在實際上互有區別。

爲證明這一點，我們有感覺的經驗和形上學的觀念作證。

A、感覺的經驗作證

我們每個人都經驗到自己在思想時，思想無論怎樣變化，從一事想到他事，「我」是沒有變的。所謂我，不能是聯想作用，僅僅由前後的感覺聯繫在一起，按我們自己每人的經驗，自我是思想的主體。

又如一株玫瑰花，從發芽一直到凋謝，我們說這株玫瑰花發了芽，含了苞，開了花。這株玫瑰花常是主體。

生物學家可以說人身的細胞，繼續變換，過了相當的時期，人的身體整個都換了。同樣一株玫瑰花，在生理方面，物質常換。但是我們既是講哲學，便不能僅僅看生理上的物質，不然已經不成爲哲學了。

在感覺所能覺的人身的物質，是時常有變換。同時我們又體驗到有一個不變的「自我」，於是我們便求到一條原則：不變的「自我」爲一自立的主體，變換的物質，爲附加的依附體。

你若是說，人除了構成身體的物質外，還有什麼實在的東西呢？又如一株玫瑰花除了組成枝幹和花葉的細胞外，另外又有什麼實在的東西呢？那麼所謂人的自立體或是玫瑰花的自立體，不是人心理智所想出來的東西嗎？

人的自立體和玫瑰花的自立體，固然是人心理智所想的；但是不是憑空亂想，乃是根據事實而想的。你不能因爲自立體不是感官所能認識的，便認爲虛無幻想。

你若是再問，人的自立體，或玫瑰花的自立體，究竟是什麼呢？我可以答覆，人的自立體，是人的本體，玫瑰花的自立體是玫瑰花的本體。

B、形上學的觀念作證

在形上學裏，自立體的觀念和依附體的觀念，各不相同，自立體是自立而又作附加物的主體之物，依附體則是附加在主體之物。兩者的觀念完全不相同，則兩名之實，也就不同是一物了。

假使觀念祇是觀念，沒有相符之實，觀念彼此不相同，也不過是理想所造的區別。觀念既有其實，兩實互有的區別，則是實際上的區別了。

2. 自立體和依附體的意義

甲、自立體和依附體的意義

自立體不是一個單體物的整個全體，這是顯而易見的。例如「我」的自立體，不包括我的皮膚顏色。例如玫瑰花的自立體，不包括玫瑰花的顏色香味。一個單體物的整個全體，包括有好幾部份，自立體不過是這些部份中最重要的一部份。

自立體所指的第一，是指著物性。凡一種物性能自成獨立體而不成依附他物者，便成為自立體。若是一種物性不能自立，必須依他物而後纔有，則稱為依附體，因此人的自立體，是人之所以為人的人性。(一)

第二，自立體，有主體的意思。主體是能接受別的附加物。它為主，別的附加物為副。

第三，自立體，有支持他物的意思。自立體指著物性，是從「存在」和「立」一方面去看，即是說指著物性怎樣存在，並不是指著物性本身而言。自立體便是自立的物性，(二)且能在存在時支持他物，使他物附加在它以上而存在。

依附體便是附加在主體而存在之物性。

乙、自立體的區分

自立體區分「爲第一等自立體」（Substantia prima）和「第二等自立體」（Substanita secunda）。這種區分，爲士林哲學的傳統區分法，在實際上也有它的價值。「第一等自立體」，爲實際上之單體，例如張三李四。稱爲第一等自立體，因爲自立體的意義在單體內完全表出，又因爲在認識的過程上，單體在普遍性以前。「第二等自立體」爲有類別的物性。類別的物性，爲普遍性。普遍物性存在於單體物以內。

丙、對於自立體的不正解釋

笛卡爾謂自立體是自立而不需要其他任何實體而存在的實體。㈢這種解釋很能引起誤會。笛卡爾本人就說，他所說自立體的意義，只能適合自有的絕對實有體；對宇宙萬物，則都不適用。因此他主張自立體，只能作絕對實有體的稱呼；宇宙間的物體稱爲自立體，單單是一種類似的稱呼。我們不贊成這種解釋；因爲自立所說的，是自立的主體並不是說不需要任何其他實體而存在。不需要任何其他實體而存在，乃是說「自有」。「自有」和「自立」，兩者的意義不相同。

萊布尼茲按著他的原子動力說，主張自立體爲具有動力的實體。㈣然而動力和自立，兩者完全是兩事；自立體雖然在實際上是動的主體，但不能以動力去解釋自立。自立在動以前，自立了纔能動，動力爲自立體的依附體。我們不能拿依附體作主體的定義。

柏格森主張自立體爲物體的變易，物體永遠在流動，永遠在變易，因此變易是物體中最基本的部份。㈤但是這種解釋根本是破壞自立體的觀念；而且變易若沒有變易的主體，變易也就不能懂了。

康德以及唯物實徵主義卻以自立體爲不變，不動，不可知者，他們以自立體只是爲解釋變易而擬定的一個觀念。然而就只按觀念而說，自立體假使是不易不動的，宇宙間的變易由何而來？

丁、自立體的構成素——人稱（位）

自立體，就其爲「第二自立體」即自立體之物性說，構成之素是物性和可以自立的傾向。這種傾向，不是一種特性，而是物性本身。自立體的物性，是本來就傾於自立的。

自立體，就其爲「第一自立體」即自立之單體說，構成之素則是物性，再加以自立的「存在」（Subsistantia）。物性之所以成爲單體之性，在上面我們已經講過了。

近代的實徵主義，常以物體乃是連續的變易，沒有自立體而本身不變的自立體。這種主張，在形上學方面是自相矛盾，主張有變易而沒有變易者。

對於一個人的「人稱」，他們也說只是意識的連續。我之爲我，就是我意識到我乃是我，好比佛教所講的「我執」。但是意識只是一種動作，有動作而無動作者，豈不又是自相矛盾嗎？

每個單體的人，稱爲一個「人稱」，或稱爲一「位」。人稱即是自立的人性。人性是有理性的。人稱乃是有理性的單體。

單體是不能分的，若加以分析，單體之物就不成爲物了。也不能同其他一單體相結合而再成爲一單體。若相結合，或者是兩個單位各保全自己的單體，則其結合是偶然的結合；若不保全各自的單體，則相結合的單體，自己消滅，結合而成一物，乃是另一種新物。

戊、自立體和依附體的關係

自立體，是純淨的有。幾時說「有」，立時指著自立體。依附體之稱爲有，是要依附自立體的；若是無所依托，就不能「有」了。

按理說，自立體在依附體之先；因爲先要有自立者，然後纔有依附於自立者之依附體。但是在實際上，自立體在本性上應有的特性，則同時俱有。此外另有許多特性和關係，在時間上，也是在自立體成立之後。

自立體和依附體，在實際上常是有區別的；但不一定常可以分離。凡是自立體按本性所應有的特性，則一定不能分離。其餘另加的特性，則可以分離。

依附體所加於自立體者，或是品性，或是形態，或是關係。依附體和自立體，兩者之間，必定應有相宜性。

3. 依附體的區分

甲、依附體的區分法

在理則學上我們曾經談過十種範疇。「範疇」雖然是理則學上的名目，在形上本體論裏，也有它的價值。範疇不單單是表示賓詞和主詞的關係，而且也表示「有」的區別。「有」的區別爲自立體和依附體。十種範疇的第一種爲自立體，其餘九種都是依附體。範疇中的九種依附體，即是依附體的區分法。

依附體是附加在主體上的。主體的附加體，可以從三方面去看。從物質一方面去看，有質量；從物理一方面去看，有品性；從物與物一方面去看，有彼此間的關係。物與物的關係，又可以從質量和品性兩方面去看，從物與物的質量所生的關係，有地區和狀態，從物與物的品性所生的關係，有動和被動，間接又有時間和習慣性。

- 有（物）
  - 自立體
  - 依附體
    - （物質）——數量
    - （物理）——品性
    - （彼此中間）——關係
      - 地區（空間）
      - 狀態
      - 動
      - 被動
        - 動、被動——時間
        - 動、被動——習慣性

乙、關　係

依附體的區分，按照上表的解釋，共有：數量，關係，品性，地區，時間，狀態，動與被動，及習慣性八種。在宇宙論裏，我們曾討論了數量，地區（空間），時間，動與被動。

在下面講現實和潛能時又要談到動與被動。至於狀態和習性，本是由數量和品性而結成的關係，因此在這裏，我們所特別提出討論的，是品性和關係兩種依附體。在討論這兩種依附體時，我們也要談到狀態和習性。

A、關係的意義

關係，是一主體對另一體所形成的依附體。

爲形成一個關係，須有三點；即是主體（起點），終點，根據。

關係的意義，爲「一個主體所有的依附體，乃是主體對於另一體，因著特別的理由，發生關照」。因此爲有關係，第一要有一個主體。主體是關係的起點，也是關係的主體。第二，要有關係的終點，終點是關係所到之處。單單一個主體，不會發生關係。第三，要有一個理由，以作關係的根據。例如中國的五倫，都是倫常的關係。父子一倫，說父親時，是說父對子所有的關係，父爲子體，子爲終點，生育爲關係的根據；說子時，是說子對父所有的關係，子爲主體，父爲終點，生育爲關係的根據。

從此可見，關係的主體和終點，常是互有分別的，假使完全沒有分別，關係則不能夠成立。但是主體和終點的分別，不一定要是實際上分成兩個物體。一物的兩部份，也可發生關係。一部份的兩方面也可發生關係。按照主體和終點所有的分別，性質若何，關係也就分成兩種類。如分別是實際的，關係也是實際的。如分別是理想的，關係也就是理想的。

關係的根據，應在主體和終點兩方面都有，否則關係不能成立。實際上關係的根據，和關係本身，同屬一事，關係只是在關係的根據加上個名稱。例如父與子的關係，子與父的關係，根據都是生育；生育在實際上也就是父與子的關係本身。但是我們說父或說子時，在生育關係上加了一個名稱。關係的名稱，和關係的根據，在實際上同是一事，在理論方面則又有分別。因此關係不是實在之有，乃是理論之有，即是在關係根據上加一名稱。

關係因此也常是兩方面互應的，從主體到終點有關係。反過來，終點和主體也可發生關係。例如父子，君臣，兄弟，夫妻，朋友，五倫的關係，都是互應的關係。

B、關係的區分

關係的區分法，可以有兩種，第一是按「根據」去分，第二是按「終點」去分。

按關係的根據去分，有數量方面關係，如大小或相等的關係；有因果的關係，如父子關係；有品性和狀態方面的關係，如相似或相同的關係。

按關係根據去分，還有兩種最重要的關係，即實際關係和理論關係。實際關係的根據是實在的，它的主體和終點也是實際有分別的。在兩個實際有分別的相對點，根據實際存在的理由所起的關係，當然應該是實際的關係。然而這一種實際的關係，本身則不是一種實體，它的實際性，是在於它所根據的理由是實有的。

理論的關係，則是由於人的理智在推論時所造成的關係，在實際上並沒有這種關係。這種關係的主體和終點，在實際上並沒有分別；或者是兩者或兩者之一，不是實體。

按關係的終點去區分關係，可以有相互的關係，或不相互的關係。相互的關係所有主體和終點，兩者是互相呼應的，如父與子。所謂互相呼應，即是兩者的名稱，是相對的名稱，本來就帶著關係。不相互的關係，所有的主體和終點，兩者中有一個不是相對名稱，本身不帶著關係，另一個則是相對名稱。例如某某的兒子，兒子是相對名稱，本身就帶著父子關係；然而「某某」，則本身並不指著任何關係。你可以說某某的兒子，但不能反過來說兒子的某某，務必要加上父親兩字，說是兒子的父親某某，纔說得對。普通說來，關係都是互應的，從一方到另一方，常可互換。

現代哲學家中，有些人不承認宇宙間有實際的關係。爲有實際的關係，應該知道主體和終點的中間，真有關係的根據理由；對於這一點，人們無法可以知道。然而這種問題，乃是知識論的問題。在實際上，若是完全否認有實際的關係，則一切都是繼續在動；但是爲研究科學，都要假定常久的定律。定律則就是講明物與物的關係。

丙、品　性（Qualitas）

A、品性的意義

品性，從廣義一方面說，凡是附加在主體上的，都可稱爲主體的品性。如是一切的依附體都可稱爲品性。從狹義一方面說，品性成爲依附體的一種，狹義的品性，是指著凡對於一實體，從本性方面，而能予以修飾者，則稱爲品性。

每一實體的本性，所成於實體者，爲實體不可缺的基本要素；此外，實體尚有其他許多副性，使實體的成份更充足。這些副性，有些是在外部，修飾實體，有些是在內部，在本性上修飾實體。這第二種副性，稱爲品性。

在本性上修飾實體者，必基之於本性，在本性上有根基。修飾的方式，或是修飾各部成份的結合次序，次序愈好品性愈佳，或是修飾基於本性的能力，能力愈高，品性愈佳；或是在動作方面，修飾實體的本性；或是在品性的調合方面，修飾本性，例如人的性格，才力，智慧和毅力都是人的品性；同時愚蠢，暴燥，畏怯也是人的品性。

品性不是後天的，是與生俱來的。中國古代性善性惡的爭辯所談之性，多係指著品性。孟子說仁義禮智是人的良能，稱爲人之性。這種性，即是品性。

士林哲學既以物質之物性，由理與氣而成，便以數量來自質，以品性來自理。唯物論的哲學以物體成於物質，無所謂性理。物體的分別，都是來自原子的配合。這些人便也否認物體內有品性；而只承認物質有數量。然而人的許多品性，不是能由數量去解釋的。

B、品性的種類

品性的種類很多，我們只舉出其中最普通的幾種，加以簡單說明。

第一；生性（Habitus）和傾向（Dispositio）。生性為一種長久不變的品性；為修飾實體的本身或動作，例如智力。傾向則指一種不長久常在的品性，遇著機會可以改變。生性又可以分為先天性和後天習性。先天的生性，是生來的品性，後天的習性，為習慣養成的品性。先天的生性是關於實體的本身和動作各方面；後天的習性，則只關於動作一方面。

第二；能力和被動。能力為實體的天生良能，為實體動作的根本，如理智，意志，感官等。能力為一種品性，為實體的依附體，和實體的本身有分別。人要有智力，然而智力不是人。

能力又分多少種。能力的區分法，以能力的「方法對象」為標準，按照能力所向的方式對象，能力便可分為多少種。

能力，是從動作的出發點去看；由動作的終點去看，則有被動的品性。假使在對象方面沒有被動性，動作則不發生效力。所以為使動作有成效，一定要假定對象有被動的品性。普通我們常說這個孩子可以受栽培，那個孩子沒法栽培，被動性乃是一種適合性，為接受某項動作，而生效果。

第三，狀態和形象（Forma et figura），這兩種都是指著物體的外面形狀。這些形狀由數量的限制而成。數量限制，即是數量各部分的佈置，例如三角形，圓周形。構成三角形和圓周形，則是品性。

二、論現實與潛能

1. 現實和潛能的意義（Actus et potentia）

甲、我們對現實與潛能的經驗

我們在前面曾看到「有」區分為現實和潛能，這種區分，我們是由經驗而得的。

在我們的周圍，我們時刻看到物體的變動。一時有的物體，一時又沒有了。一時沒有的物體，一時有了。昨天看見花苞，今天看見花，再過幾天，花又落了。就是在我們自己以內，我們也常經驗到所有的變動，昨天我們沒有的知識，今天我們有了。昨天所沒有想到的事，今天想到了。

從變動的經驗裏，我們又體驗出，在變動之中，有兩點，一點是起點，一點是終點。當我們看見一朵花時，這種變動先要有視覺力，若是我們的眼睛不能看見，必定在有花時也看不見花。因此「看見花」這種行動是以視覺力爲起點。當我們真的看見花時，「看見花」的行動就完成了。因此這種行動是以看見花的現實爲終點。

能力 —變動→ 現實

萬有的變動，不是自無到有。無爲絕對的虛，自無中不能生有。要生「有」，先該有生「有」的可能。絕對沒有可能，當然也不能夠有。能力就是可能，現實就是有。

可能 —進爲→ 有

但是可能也是有，假使不是有，便是無，無中不能生有。視覺力對於看見的行動是一種可能，是看見行動的潛能。可是眼睛有視覺力，視覺力也算是「有」。祗是這種有不完全，沒有發展到自己的成全點，幾時眼睛真真看見外物，視覺力便達到了自己的完成點。

對於能力和現實我們還有另一種經驗，即是能力和現象有程度的不同。例如玫瑰花的種子種在地下時，種子裏子已經含著他日開花的能力，但是這種能力距離開花尚很遠。若是這株玫瑰花已結了花苞，花苞距離開花就很近了。因此在能力中有「遠的能力」，即遠的可能和近的能力，即近的可能。同時花苞對於開花的能力，已經可以算爲一種現實，即是第一步現實。花苞開了花，於是開花的能力有了第二步的現實，達到了自己的完成點：

遠的能力——近的能力——現實

第一步現實——第二步現實。

乙、現實與潛能的意義

由宇宙萬物的變動，我們乃知道有潛能和現實。把這種觀念提到形而上，我們便以萬有可以區分爲潛能和現實。

在形上學裏現實和潛能有甚麼意義呢？

現實和潛能既是人類知識最基本的觀念，不能正式予以定義；因爲定義是由類和類別而成。「有」既不是類，又不能有類別；「有」的區分也就不能加定義。但是我們可以對於這兩個觀念，加以解釋。

「現實」（Actus）的意義，表示變動的止點，表示事情的完成，即是表示現在的實有。在西洋語言裏，現實一語的原意，雖是表示行爲動作，但是在形上學裏，則不表示動作的變動，而是表示動作的實現。動作既實現了，便成爲一種已成的實事。形上學假借這個名詞來表示現在的實有者。

「潛能」（Potentia）是由於和現實的關係而得其名。潛能表示能夠實現的，能夠成爲事實的，但是目前還沒有實現，還沒有成爲事實。

丙、現實和潛能的區分

A、現實爲現在的實有，就其本身對於潛能的關係，不是一切的現實都是同樣的。第一，現實的本身或是對於將來的變動，完全沒有含有潛能，完全沒有可能性。這個現實稱爲絕對的現實（Actus purus），它本身具有一切，是一個再不能有所增益的現實。或是對於將來的變動具有可能性，含有潛能，這種現實便不是純淨的現實，它本身滲雜有潛能了，所以稱爲「混合現實」（Actus mixtus）。絕對的現實祇能有一個，多則不是絕對的現實，而是相對的現實。絕對現實以外的現實，都是混合現實，都是可以有變動的。

第二，現實或是第一步現實，或是第二步現實。第一步現實，本身雖是現實，然而本身也是到另一現實的能力。

B、潛能雖由對於現實的關係而得名，然而是「有」的一個區分，稱爲可能之有。就其爲可能之有而說，潛能或者是實際的可能之有，或者是理則上的可能之有。實際的可能之有，稱爲實際潛能（Potentia realis），爲實際在事物上的潛能。理則上的可能之有，稱爲理論潛能（Potentia logica），爲按理可能有的事物。有理性的動物和沒有理性的動物，按理都是可能有的。四角的三角形，按理則不能有了。

潛能之能是對於動作而言。動作在一個主體上可以是主動，可以是被動。潛能也就因此區分爲「主動潛能」（Potentia Activa）和「被動潛能（Potentia passiva）。

2. 現實和潛能的關係

甲、現實和潛能的先後

在我們的經驗上，潛能似乎先於現實，先要有能力，後來纔有行動。但是這種經驗祇是感覺方面的經驗，若是我們按理去推，先後的次序應該倒過來。

從無不能生有，潛能自己不能成爲現實，必要先有一現實之主動。㈢因此在一切潛能以上，必有一個絕對的現實。

從理則上去說，現實先於潛能，因爲潛能靠著現實來解釋，現實則不靠潛能去解釋。在具體的現象上，潛能先於現實；因爲在單體的事物內，含有各項潛能，潛能然後成爲現實。

現實在本身上說，高於潛能。潛能不是成全的實有，祇是可能的有。潛能而且是爲現實而有的，因爲能力乃是爲行爲的。現實在本身並不假定先有潛能。現實是現在實有的，實有並不是務必要能力而能有。在現實的觀念內裏不包含潛能，在潛能的觀念以內，則暗示著現實。

乙、現實因著潛能而有限制

現實按著自己的觀念，表示現有。現實在自己的觀念裏，並沒有對於自己有什麼限制。所謂現實就是現實，爲什麼在具體的現象都是有限制的呢？宇宙以內，不是一個現實，也不是兩三種現實，卻是無數種和無量數的現實；宇宙以內，有萬物和萬有，這是爲著什麼理由呢？

在實際上，所謂「有」都是單體。單體在具體的現象以內，都是有限的。從物理一方面說，物體的限制，求之於物體在物理方面的要素，一張桌子祇有這麼大，因爲它所有的材料只有這麼多。這個人是張三，那個人是李四，因爲每個人有每個人的個性。可是我們所問的，就是爲什麼每個人有個性呢？個性的根源在那裏？朱子講理和氣時，以理因著氣而受限制。朱子說：「同者，理也。異者，氣也。」（朱子語類）我們於今不談具體的物體所以各成單體的問題，我們於今普遍地問「現實」的有，爲什麼有限制。

答覆該當從「潛能」一方面去求。現實的有，所以有限制，是因爲現實具有相對的潛能，現實便相當於自己的潛能，而造成一個有限制的有。

例如「人」，假使按著自己的觀念而有一個理想的標準人，這個理想標準人應該是唯一的；因爲人的觀念祇有一個。又如「白色」，假使是脫離物體而自成一白，這種白也只能有一個，因爲白色的觀念祇有一個。㈣於今世上有許多的人，又有許多的白色，那是因爲許多物體都分有同樣的人性，或是分有同樣的白性。朱子講「理一而殊」時，曾以月亮的光明作譬喻。「月亮在天，只是一個，地上萬物，各物都受月亮的一部份光，理本是一個，人物所有的理，是這一理的部份。」㈤各物所受的月光，同是月光，但是多少不同，因爲接受月光的物體，有大小不同。人之性常是同一的，凡是人都受有人性，每個人受有同一的人性爲何又各自不同，是因爲接受人性的形器不相同。

因此「有」的加多，是因爲「有」被多數有所分享。宇宙間有多數的人，是因爲人性爲多數單體所分享。

於今我們若以人性爲被分享者，單體爲分享者，人性被接受在單體以內。人性爲「現實」，單體爲「潛能」，人性因著單體而受限制，有如月光因爲被接收在每件物體以內而受限制，於是現實便是因著潛能而有限制。同樣，若是一個「現實」不能被分享，這個現實必定是唯一的，不能有多的。

現實所有的限制，來自於潛能，因著限制，物性乃分種類，種類又分單體。物性的成立，便含有現實和潛能；現實爲理，潛能爲質量。單體（個體）的成立，也含有現實和潛能；現實爲物性，潛能爲質量。

聖多瑪斯極力主張現實因著潛能而受限制，受著限制纔有多數現實。他曾說：「現實祗有因著接受它的潛能纔被限制。」㈥

士林哲學家中有兩派人反對聖多瑪斯的主張。這兩派人是童思過（Scotus）和蘇雅肋（Suarez）兩派。他們的主張現實的限制，出自自己，並非出自潛能。現實自己爲什麼有限制呢？是因爲造物主造物生如此。

但是真正的理由，是因爲童思過和蘇雅肋不承認現實和潛能在物體以內，實際上有區別。聖多瑪斯則主張兩者實際上有區別，這一點些似乎中國理學家理氣之分的問題。張載主張理氣在物體以內，不實際有區別，朱子卻主張實際有區別。

3. 現實和潛能在實際上有區別

區別和分離的意義不相同。有的元素，彼此有分別，但是不能分開。可以分開的事物，是可以獨立的事物，彼此有時合在一起，有時則互相分離。區分表示兩者不是一個，彼此有分別，但是能夠同是一物的元素，彼此不能分離。

兩者的區別，可以是實際的，可以是理想的。實際的區別，是在事物的本身上有分別，理想的區別僅僅是人在思考時，加上去的分別，在事物的本身上，並沒有這種分別。

甲、現實和潛能的區別是實際的，不祇是理想的。

現實和潛能的區別，有時是很明顯的。例如我有寫字的能力（潛能），我並不時刻寫字。在我不寫字時，我祇有寫字的能力；等到我寫字時，我有寫字的行爲，寫字纔成了現實。從這種潛能和現實可以分離去看，兩者的區別，一定是實際的。

但是在同一單體的物性上和個性上去看，現實和潛能的區別就不很明顯了。上面我說，宇宙以內的萬有，物性都是由現實和潛能而成，個性也都由現實和潛能而成，這中間的現實和潛能，是不是實際有區別呢？或者僅僅是人在思考時，加上去的理想區別呢？

實和潛能若是實際上沒有區別，現實便和潛能同是一個。即是說潛能同時是現實，現實同時是潛能。這不是違背了矛盾律嗎？

童思過和蘇雅肋認為上面這種區別，僅僅是理想的。聖多瑪斯主張是實際的。因為現

乙、在同一程序內，潛能不同時是現實，現實不能同是潛能。

在實際的經驗裏，我們知道有些潛能同時是現實，有些現實同是潛能。例如花苞，是花的潛能也是花的現實。又例如人的知識，是認識能力的現實，又是將來求知的潛能。

但是我們要注意加以分析的，是在同一程序之內，一項潛能不是同時是自己的現實，一項現實不能同時是自己的潛能。潛能同時是現實時，是對前一步的潛能而言。為現實同時為潛能時，是對後一步的現實而言。花苞對於花種，可以稱為現實，對於將來開花，則稱為潛能。花苞不能對於花苞又是潛能又是現實。一種知識對於認識能力，當然是現實；對於將來的知識，可以作為材料，因此稱為潛能，並不是一項知識，對於本項知識又是潛能又是現實。

若是每項知識，在本身包含有認識能力，因為每項知識是由能力和行為而成的。這種說法，不大正確。潛能是以行為為目的，當行為實現了，潛能達到了自己的目的，潛能即進為現實，不再是潛能了。

而且我們並不否認，潛能和現實，可以構成一個具體的物。上面我們看過，物性由現實和潛能而成，個性也由現實和潛能而成。我們只是主張現實和潛能在實際上有區別罷了。若是說，既是現實爲甚麼還可以和潛能相結合，而構成一物的物性或是一物的個性呢？這點誤會，是從區別和分離的誤會而來的。現實和潛能，有時不但有區別，而且可以相分離；有時則只有區別，不能相分離。構成物性或是個性的潛能和現實，只有區別，不能分離，兩者互相依，互相成。有如朱子所說「天下未有無理之氣，亦未有無氣之理。」（朱子語類）

4. 變 易

潛能和現實既有區別，而且可以互相分離，從潛能到現實中間有一段經過。這一段經過，稱爲「變易」（Motus），或簡稱「動」，或稱「變動」，也可以稱爲「易」。

宇宙間處處是變動，事事有變易，中國《易經》因此專從變動一方面去看宇宙萬物。

關於宇宙間的變易，在上面宇宙論一編裏，我們已加以討論。在這裏祗就變易的普遍意義，稍加說明，以便研究變易的普遍原理。

甲、變易的種類

宇宙間所有的變易，種類繁多，不單是在具體的現象方面，我們經驗著各種不同的變易；就是從變易的本身上說，變易也有好些種類。

從廣義一方面說，「變易」表示從潛能到現實中間所有的經過。

潛能 —變易→ 現實

潛能爲起點，現實爲終點，變易便是由起點到終點的經過。但是起點和起點的性質可以不相同，終點和終點的性質也可以不相同，於是變易的性質也就不相同了。

	起點（潛能）	變易	終點（現實）
a	無主體	生	有主體
b	有主體	滅	無主體
c	同一主體	地位變易	同一主體
d	主體的量爲起點	體量變易	主體的量或增或減
e	主體的特性爲起點		主體的特性有增減

上面五種變易，大別爲兩類。第一第二兩種變易，屬於一類；其餘三種，又屬於一類。第一類變易，是以物之主體爲起點和終點，這類變易是物的本體的變易。從無到有稱爲生，從有到無稱爲滅。第二類變易，是以物之附加部份爲起點和終點，因此不是本體的變易，只是附屬體的變易。

第一類生滅的變易，按亞立斯多德的意見，不應該稱爲變易；變易有起點和終點。在生和滅，或是缺少起點，或是缺少終點，因此不能稱爲真真的變易，(七)祇能稱爲廣義的變化。但是在化學和生物學上，一種物質化爲另一物質，或是多種物質合成一新物質，或是一種物質化爲多數物質。這些變易，在科學方面是真正的變易，而且有重大的意義。在形上學方面，這些變易是物體的生滅問題，不是普遍的變易。

乙、變易的原理

就普遍的變易現象說，凡是變易都有幾項基本的原理。

A、潛能自身不能起變易以成爲現實，務必要有外在的發動力，潛能纔可成爲現實。所謂外在發動力，是說在潛能以外，並不是說務必在具有潛能的主體以外。

B、凡是變易，必有其依附之主體，不僅僅是有起點和終點，有所依附，中間的經過，也該有所依附。從無中生有，固是不能，從一體跳到另一體，中間沒有依附點的動作，也是不可能。

至於主張宇宙由神（天主）由無中造生的創世論，不是主張從無到有的變易，是主張由無到有的創造。創造不是變易。

在物理學上有力學，講對於物理變易的學理。現代愛因斯坦的相對論，在力學上有許多新的主張。在上面宇宙裏，我們己經簡單地看了看相對的力學論。

註：

㈠ S. Thomas. IIIa. 77,1 and 1. In IV.sent. d XII. 9. 1 ad 1...

㈡ S. Thomas. De Potentia. IX. 1 and 4.

㈢ S. Thomas. S. th.I and 1. 3. 1.

㈣ S. Thomas. De spirit. creaturis, a, 1.

㈤ 羅光 儒家形上學 第一〇一頁。

㈥ "Nullus actus invenitur finiri nisi per potentiam quae est ejus receptiva." Compendium theol.,C 18.

㈦ Aristoteles. V. physic. Ⅰ. 2.

第七章 論 行

形上學的本體論所討論的對象，爲「有」。「有」從本體方面去看，爲了「在」。凡是在都是有，「有」是我們的觀念裏最普通而又最單純的觀念。宇宙萬有都是有。

凡是「有」，他的最低條件是「在」，不在，則決不能是「有」。「在了」，纔是「有」，「有」。然後纔可以說是什麼物。

所以講「有」時，該由「在」一方面去講，由「在」一方面去講，是從靜的方面去講，講「有」自己是什麼，即是講「有」的本體。

然而宇宙間的現象，除萬有之有以外，另一個最普通的現象，即是變易之易。宇宙間的萬有，沒有不易的。中國的《易經》乃專講宇宙的變易。變易是動，動是行。因此觀念裏的另一個最普通的觀念，便是「行」了。

論行，乃是由動的方面去講「有」。

一、行的意義

1. 哲學家的觀點

中國傳統的哲學和歐洲傳統的哲學在形上學裏，兩者的出發點不相同。中國傳統的哲學，是先講「行」而後講「有」；歐洲傳統哲學是先講「有」而後講「行」。

甲、中國傳統哲學

A、儒　家

儒家的形上學，以《易經》爲基本，《易經》這本書就是講變易的。「正義曰：夫易者，變化之總名，改換之殊稱。自天地開闢，陰陽運行，寒暑迭來，日月更出，孚萌庶類，亭毒群品。新新不停，生生相續，莫非資變化之力，換代之功。然變化運行，在陰陽二氣，故聖人初畫八卦，設剛柔兩畫，象二氣也，布以三位，象三才也。謂之爲易，取變化之義」㈠

《易經》研究萬物之「物」，由物之發生而研究。物怎樣生呢？由變化而生。「天地感而萬物化生」（咸象）「天地絪緼，萬物化醇。男女媾精，萬物化生。」《易經》講宇宙間的一切變化，無非是講萬物之成。「是故易有太極，是生兩儀，兩儀生四象，四象生八卦。」（繫辭上 第十二）八卦而成物，到物成了以後，《易經》便不再講「物」的本體了。你可以翻遍《易經》的經文和十翼，你找不到「物是什麼」的答案。你所能找到的答案是：「物是陽陰相合而成的」。但是這個答案，乃是由動的方面去講「物」。

宋朝理學可以算是儒家的形上學。理學家的導師周敦頤講萬物之「物」，完全根據《易經》，由太極而生陰陽，由陰陽而生五行，由五行而成男女，由男女而生「物」。這不就是《易經》所說的「男女媾精，萬物化生」嗎？

理學的大師朱熹，卻有點反乎常例。他不完全由變易方面去講「物」，他注重由物的本體去講，他主張「物」由理氣相合而成，理和氣的結合，當然可以由變易方面去講物的生成之道，但是更可以由物的本體方面去講物是什麼。不過朱子並沒有特別注意物的本體，他所注意的還是物的生成。

宇宙間的現象，都是變易的現象。由不定而變成一定。—「物」是一個確定的單體。這個確定的單體，是由不確定的陰陽而合成的。陰陽由更不確定的氣而生，氣由絕定不確定的太極而生。因爲既已確定，則不能再變而成物。既確定之物再變化時，則是失去確定的單體，便又回到不確定的陰陽之氣中。

B、道　家

道家的哲學，素來被西洋人視爲中國哲學中最高深的形上學。道家哲學的價值，被西洋人抬舉在儒家哲學以上。究其實，道家的形上學和人生哲學，乃是空中樓閣，不如儒家的哲學，至少還有腳踏實地的人生哲學。

道家的形上學，可以總括在下面兩段裏：「有物混成，先天地生……吾不知其名，字之曰道。」（道德經 第二十五章）「道生一，一生二，二生三，三生萬物。萬物負陰而抱陽，盎氣以爲和。」（道德經 第四十二章）老子講萬物，也是由生的方面去講。他沒有講「物」是什麼？他只講物由何而生。物由何而生是物的變化。因爲有變化纔有萬物。爲什麼有變化呢？因爲道是恍惚不定，無固定的形質。老子說：「道之爲物，惟恍惟惚。惚兮恍兮，其中有象。恍兮惚兮，其中有物。窈兮冥兮，其中有精。」（道德經 第十一章）

「道」因爲是恍惚不定，乃能自化。因著道之自化，乃生氣，氣生陰陽，陰陽成氣形質，氣形質乃生「物」。㈡

老子的「道」，是不是可以和儒家的太極相比呢？老子對於「道」發揮相當多，以

「道」爲先天地生之物，以「道」爲萬物之母。儒家對於太極，則一點沒有解釋，儒家所注意的乃是陰陽，但是老子的「道」和《易經》的太極，在講宇宙變化方面，意義相同，因爲「道」和「太極」都是萬物之母。因此周敦頤說太極是無極。「無」本是「道」的名字。老子說：「有生於無」。周子把「無」字去解釋太極，稱太極爲無極。周子的意思，也是以老子的「道」等於「太極」。

道家的形上學所講的，也是「變易」。由恍惚不定之「道」，化成具有確定單體性之萬物。萬物再變便失去確定的單體性，復歸於道。

乙、　西洋傳統哲學

A、傳統哲學

西洋的傳統哲學，開始是希臘哲學，後來是中古的士林哲學。希臘哲學以柏拉圖和亞立斯多德爲代表，士林哲學以聖多瑪斯爲代表。柏拉圖的形上學，以一個最成全的精神體爲萬有之根。這個最完全的精神體爲神。神造各種觀念，觀念爲精神性，爲實有。宇宙間的單體，乃是觀念的反映，不是實有體。因此宇宙萬物之成，不是由精神體之變易而成。

亞立斯多德的哲學裏，有一部號稱《形上學》，《形上學》所講的爲萬有之「有」。他講「有」是從「有」的本體方面去講。在萬有之中有一個最完全的實有，稱爲第一實有體。

這第一實有體，是最完全，確定的實體。是其他萬有之根。

聖多瑪斯繼承亞立斯多德的學說，在形上學專論「有」的本體。宇宙間的萬有，都是可有可無的「有」，於是乃討論「潛能」和現實，也就是討論「能」和「行」。至於萬有之根源，則是由最完全和最確定的第一實有體所創造。第一實有體稱爲天主。我曾經在《中國哲學大綱》裏說：「中國哲學的宇宙論跟西洋哲學的宇宙論，一個根本不同之點，就在於宇宙第一實有體的本性。中國儒家所講的太極，道家所講的「道」，都是恍惚不明，本性不定。士林哲學所講的第一實有體，則本性最完全，最確定。」㈢

士林哲學對於「行」的看法，是先要有「有」，然後纔有「行」。「行」是「有」的依附體。

B、現代哲學

西洋的近代哲學，以笛卡爾爲導師。笛卡爾的著名哲學諺語：「我思，故我在」。「思」爲一種動作，是一種精神之「行」。以「行」去講存在，是由動而研究「有」了。於是歐洲的近代哲學都傾向於研究「行」。

唯物的實徵主義，主張人的理智力不能越過感覺的現象，不能認識物的本體，更不能認識「有」的本體。人所能夠認識的，只是感覺性的現象，感覺性的現象即是宇宙間可感覺的現象。這種現象，當然是變動的。因此休謨，洛克和其他的實徵派思想家，既然只講現象，便不能不注意現象的變易。不過這派學者，還保持著傳統哲學的風味，還是就現象而研究現象，並沒有直接由變易而研究現象。

唯心論的哲學家，則直接注重「行」，以精神之行，爲宇宙之有。費希德以我的思想力爲宇宙間唯一之有。「於是『有』等於『我』，『我』等於思想，思想等於活動。『有』便是『活動』。」(四)

黑格爾以「唯一的「有」爲精神，精神爲無限的變易」。(五)

柏格森主張宇宙間的唯一價值，乃是蓬勃的生氣。這種生氣，時刻地在前進，只有過去與未來，沒有現在。

現在歐美盛行的「現象論」和「存在論」，雖然一反實徵論和唯心論，有忽視有的本體的趨勢；但是這兩派的哲學家也擺不脫現代哲學的影響，他們也想從「有」之動中去研究「有」的本體。

現代歐美注意「動」的哲學思想，影響到歐洲現代的藝術思想，歐洲現代的新藝術思想，都是動的藝術。以往的繪畫和彫刻，是代表實體一刻的靜止形態，於今歐洲的繪畫和彫刻，力求代表實體繼續的活動，一切變成恍恍惚惚的了。

但是現代的新士林哲學，仍舊是保持傳統的態度，在形上學裏，先研究有的本體，然後研究「有」之「行」。

2. 行的意義

甲、顧名思義

行字在字義上，是代表舉步而動。《康熙字典》說：「從彳左步，從亍右步也。左右步俱舉，而後爲行也。」行動，指著位置的移動，從這一地到另一地。這種行動，顯而易見，是宇宙間一切變易裏最簡單的一種。

用左右腳去走路，既爲行動，舉手轉眼或運用其他器官，也可以稱爲行動。推而論之，凡是一項器官的動，都可以稱爲行。不單是外面的器官，所有的動，都稱爲行，就是內在的器官，以及靈性方面的理智和意志之動，也稱爲行。因此，人凡是動自己的官能時，都稱爲行。

行不僅只是用之於人，而且也可以用之於物。中國儒家的宇宙論有五行。五行爲什麼稱爲行呢？《康熙字典》引〈韻〉會的話說：「五行運于天地間未嘗停息，故名。」五行的金木水火土，稱爲行，是因爲運行的意不止。從我們中國的字意說，人的行動稱爲行，物的行動稱爲動。行包含自己行動的意義；動則包含被動思。人的行動是自己的，所以稱爲行。物的行動是被推動的，所以稱爲動。

人的行，又稱爲行爲。行爲專用之於人，而不用之於物。我們只說人有行爲，不說物有行爲。因爲行爲表示自己作主而去行動。

因此「行」字在字義上，表示人使用自己的官能，第一是用腳，變換自己的位置。對宇宙間物體變易，則稱爲運行。聖多瑪斯也說：「行按照字義說，第一表示動之根由。」(Actio secundum primamnominis impositionem importat originem motus)㈥

乙、形上學的意義

在形上學裏「行」(actio) 是一種依附體，主體用以成全自己，或成全另一客體。

A、行是一種依附體

「依附體是依附於別一主體以求存在之物。」㈦按亞立斯多德的區分法，依附體分爲九類。「行」是九類依附體之一。和「行」相對待的是「受」。

「行」是一個主體的行動。依附在主體上，而且「行」包括「關係」。關係常有起點和終點。「行」不是自立的主體，也不能成爲自立的主體。主張以「行」去代替「有」的哲學，在我們看來，在形上學上不能成立。中國儒家的太極和道家的道，雖是變化不已；但是宇宙一切的變化，是太極或是道的變化。變化不是主體，變化的主體或是「太極」或是「道」。在這一點上說，儒家和道家的宇宙變化論還說得過去；說不過去的地方，是後面我們要講的變化原則，至於現代歐洲的唯心論，以絕對之實有，爲一精神性的變化，那就根本講不通了。

「行」既然是依附體，則不是絕對的，因爲既然要依附主體以求存在，「行」的存在，便是一種依附的存在，依附的存在是靠他體而存在，怎麼能夠是絕對的存在呢？因此便不能有永遠的「行」，因爲行至少有起點的。

「行」是偶然存在體。偶然存在是說可有可無。可有可無者，是從無中而有，從無中而有，是從「潛能」（Potentia）而到現實（Actus）。因此「行」也稱爲現實。聖多瑪斯說：「行本來是能力的實現。」（Actio proprie est actualis virtutis）(八)

「行」稱爲現實，可以從兩方面去說。第一，從行的效果方面說，即是從「受」的一方面說，「行」稱爲現實，因爲由「行」而來的效果，效果乃是一種現實。聖多瑪斯說：「行」與「受」表示一種動的關係，「行」表示起點，「受」表示終點。(九)關係在終點成爲現實，「行」便在「受」上，成爲現實。第二，從行的動方面說，「行」也是現實，因爲「動」的自身，便是現實，原先只是潛能，由潛能而動，動便是潛能進於現實。若是動而沒有效果，潛能便沒有達到成全的現實。然而既然動，潛能也就有了幾分的現實。

「行」稱爲現實，「行」便也稱爲「成」。「成」是成就。行事便是成事。凡是現實，都是成就。現實性越大，成就也越大。可是，凡是現實，並不是都是「行」。因爲既成爲現實，便已不是行，假使現實都是「行」，「行」就沒有主體了。主張宇宙萬有，只是繼續變化，或繼續長進的哲學，我們不能贊成。

B、用以成全自己

「行」不是先天或後天的固定性，而是時起時沒的依附體。這種依附體，對於主體有什麼作用呢？這就是問：「行動」對於我們有什麼作用呢？我們爲什麼動呢？

凡是行動，都是因爲是有一種能力（潛能）。凡是能力，都求實現。「行」即是實現自己的能力，使潛能進爲實現，實現自己的能力使主體上的一種潛能成爲實現，在形上學方面去說，這是使主體自己得益，自己成全自己。

再者，主體上有一種天賦的能力，一定是爲自身有益。這所謂益處，不是物理方面或倫理方面的。益處乃是形上學方面的益處，即是對於主體的「存在」有益處。凡是主體的能力，都是爲使自己的存在更能豐滿。因爲實現自己的能力，當然是成全自身的存在。因此「行」是主體用以成全自己的本體。

「行」是一種關係，關係有起點和終點。「行」的終點，有時能是「行」的主體。起於主體，止於主體的「行」，是內在之行（Actio immanens）。內在之行的效果，實現在主體上，這種內在之「行」，是主體用以成全自體的本體了。

老子稱道之變化爲自化。自化不是摧毀了「道」，乃是「道」的最偉大處。老子也承認「行」（變化）是成全道之本體。道若是不自化，道就區區不足道了。惟其有自化，道纔是偉大而神妙的。

凡是能有「行」的主體，主體纔有價值。「行」越大，主體越高貴。現代哲學看重「行」，以「行」爲貴。「行」越是內在的，越可貴，價值越高。唯心論以精神行動或精神變化的價值爲最高，理由都在於此。但是他們走向極端，把主體的有抹殺了。

在物質一方面說，凡是動都要消耗物質。人的活動也消耗自己的精力。道家主張清靜無爲，作爲養生之道，也就是爲避免精力的消耗。從這方面去看「行」不是成全自己的本體，而是消耗自己的本體了。所以西洋的唯心論者，不看重物質的行動，只看重精神的行動。但是從形上學的一方面說，物質的動雖是消耗本身的物質，有損於自己的存在，卻仍舊是實現自己的能力。實現能力，當然還是成全自己的本體。況且從倫理一方面說，人的許多行動，可以是罪過，實在是有害於自己。可是這些罪惡的行爲，由形上學方面去看，仍舊是實現能力，仍舊是成全自己的本體。例如起淫念和起善念，在形上方面，兩念都是實現思維能力，都是成全思維的本體。至於善惡，則是倫理方面的價值。

C、或以成全另一客體

「行」是一種關係，關係有起點有終點。行由主體出發，應有終止點。終點可以在主體以內，可以在主體以外，在主體以外的終點，必定是另一客體。以另一客體爲終點的「行」，稱爲外在的行（Actio transiens）。

外在之行從起點方面說，稱之爲行；從終點方面說，稱之爲受。實際同是一物。「受」普通說來，似乎是一項缺點，因爲受外物的影響。然而從形上方面去看，受是一項優點。因爲若是一個主體沒有「受」的能力，除非他是絕對的現實體，他就再不能起變化，也就再不能有長進了。例如人若不能受教，他既不是天生的學者，又不是天生的聖人，他一生也就沒有長進，就不能成全自己的了。

「受」是「能」，要靠相對稱的「行」，纔可以成爲現實。「行」使「受」之能成爲現實，「行」便是成全受的本體。

聖多瑪斯曾說：「行有兩種，一種是從行動者出發而達到外在的物質，如燒、鋸、……，這種行動不是行動者的現實和成就，而更是「受」者的現實和成就。另一種行動，是停在行動者自體以內是感覺，認識和願意，這種行動乃是行動者的成就和實現。」（Duplx est actio: Una quae procedit ab operante in exteriorem materiam, sicut urere, et secare.....Talis operatio non est actus et perfectio agentis, sedmagis patientis. Alia est actio manens in ipso agente, ut sentire, intelligere, et velle; hujusmodi actio est perfectio et actus agentis ）㈩

3. 行的優越點

於今的社會，是一個重視「行」的社會。美國的功利主義（Pragmatismus）是重行的主義。法國當代王主教哲學家布濃德（ Maurice Blondel, 1861-1949 ）提倡「行」。唯物的辯證論更是以變易為中心思想。我們於今就形上學的觀點，去研究「行」的優越點。

甲、行為現實

「行」是由能而到現實，使潛能成為現實。從這一點說，「行」是優於「能」，「行」的價值，高於「能」。有能力，當然是可貴的，但是有能力而不用，則等於沒有能力。

在實際的生活上，「行」的價值，不是從形上方面去看而是從倫理，從文化，從經濟，從社會各方面去看，這種價值的估計，便不能決定「行」的價值常較「能」為優，因為有時

「行」了還不如沒有「行」了的好。

乙、「能」常傾於「行」

凡是「能」都傾於「行」；因爲「能」常求自己的實現。這種傾向是種天然的傾向，眼有看物的能力，眼就喜傾於看物。普通我們常說不要防礙天才的發展。

丙、「行」不能在「有」以上

「行」雖是實現，但聖多瑪斯說：「第一現實爲「有」，第二現實爲「行」」。（Actus primus est esse, secundus autem operatio.）㈩「行」是依附體，依附體要依附在一主體以求存在。「有」是代表主體，雖然依附體也是「有」，但是「有」的本來意義是指著自立體，因此「有」是行的根本，沒有「有」則沒有「行」。「行」常是自立的單體之行。(十一)「有」的真正意義，是他的「存在」，不是「行」。沒有「行」，可以有「有」。眼睛不看，眼睛也是在。腳不動，腳也有。若是說：有眼睛而不看，等於沒有眼睛，眼睛幾時真正是有呢？是在看物的時候。在看物的時候，纔算真正有眼睛。因此「有」的意義，由「行」去成就；沒有「行」，「有」等於沒有。然而這種說法，在形上學方面，不是正確的；主體在依附體以先先有「有」，而後有「行」。「行」可以成全「有」，「有」的本身意義，不因「行」而成。

假使我們在形上的本體，只研究現象；或是從事天文或社會科學，研究自然界和人事界的現象，那就要以「行」爲重，甚而還要以「行」爲「有」了。不過這時我們要知道，我們是在研究現象，而不是在研究物的本體。

「行」雖然不能在「有」以上，「行」也不是「有」的本來意義；然而「行」是可以成全「有」。在上面我們已經講過，「行」的意義，就在於成全「有」。

丁、宇宙萬有，都因「行」以成全自己

宇宙間的萬有，都是偶然之「有」，不單單是可有可無，而且還是繼續變易。因此宇宙間的一切，都是由「潛能」而到「現實」。「潛能」自身不會進到現實，務必要另一現實以促進。促進「潛能」以到「現實」之行動，即是「行」。因此宇宙萬有爲有自己之「有」，需要「行」，爲使自己繼續長進，也需要「行」。

人類社會，一切都應往前進。前進則靠「行」。越「行」，社會文明越進步。這就是許多思想家提倡「行」的緣因，他們以「行」爲最高的價值。可是若重人之「行」而忽視了人，那不是輕重顚倒嗎？

一切宇宙萬有，都靠「行」以成全自己；惟有超出宇宙萬有之絕對之有，則不靠行以成

全自己了。絕對之有爲整個之有，不需要成全。可是絕對之有，也是絕對之「行」，宇宙萬有靠著這個「絕對之行」而有。

絕對之有也稱爲第一實有體，就是唯一之神。對於絕對之有和絕對之行的討論，是宗教哲學。因此歐洲傳統的形上學，包括有宗教哲學。

戊、精神之行，高於物質之行。自動之行高於被動之行，內在之行，高於外在之行。

「行」可以區分爲許多種。最重要的幾種，是精神之行和物質之行，自動之行和被動之行，內在之行和外在之行。

A、精神之行，主體爲精神。爲精神體的行動，本來不需要物質的工具，但也可以需要物質的器官。理智的活動，爲精神之行。理智需要物質的器官，因爲理智的主體——人，是精神和物質相合而成的。物質之行，主體爲物質。中國古代儒家，以精神之行，爲神，而又最羨慕「神」的微妙不可測。《易經》說：「陰陽不測之謂神。」（繫辭上 第五）周子說：「大順大化，不見其，莫知其然之謂神。」（周子 通書 順化）所以精神之行，高於物質之行。精神之行，不拘於物質，靈妙不息。物質之行，依於物質，又消耗物質。

B、自動之行，是主體自己發動自己。能自己發動自己的主體，必定應該是精神體，而且應該是自己能夠主宰自己，因此人的意志之行，纔眞是自動之行。這種行是最高貴的。於今有些自動的機械自己行動，但是這些自動機械所有的最初動力，是由外面一種「行」而發起的。假使在中途停頓了，又要緊有外面之行去再發動。所以這些自動機械，仍舊是被動的。在宇宙之「行」中，以人的意志之行，爲最高貴。物質被動之行，在量的方面，可以高於人意志之行千萬倍。如原子彈之力，力量甚高，然而原子彈爆炸之價值，決不能比於人的意志之行，何況原子彈還是人所造的。

C、內在之行和外在之行的比較，不在於效果方面。有許多外在之行，所產生的效果，常大於內在之行。然而內在之行，常高於外在之行，因爲內在之行，常應該是精神之行。外在之行，則可以是精神之行，又可以是物質之行；而且爲內在之行，成全主體自己。

二、行的原則

對於行所該當討論的，本來很多。但爲避免複雜，免得人越討論越不明白，我們更好在說明了「行」的性質以後，我們只講「行」的原則。

大家都知道我們是在講形上學。我們要講的「行」的原則，也是形上的原則，不是物理化學方面的定律。

1. 由「能」到「行」，必有發動之行──能不能自動

「能」是「潛能」，是可以「行」之「能」，本身不包括「行」，本身是靜的，爲使靜之「能」，成爲動之「行」，必該有「能」以外之「行」去發動。

「能」爲成爲「行」，是要被動。凡是被動的，必定被另一「行」所發動。所以「能」之成「行」，必要另一「行」的發動。

這端理由很簡單，而且也很清楚。但是在哲學界卻生出許多問題。

甲、自動之行，是不是由能到行，不受他一「行」的發動呢？既稱爲自動，看來便應由「能」到「行」，是「能」之自動。但是這種說法，是誤會了自動的意義。因爲自動之行，除非是絕對之行，本身常是行，不由「能」而到「行」，用不著另一「行」的發動。其餘的自動之「行」，都是由「能」而到「行」，都需要有發動之「行」。不過自動之行的發動之「行」，是主體自己之行，而不是外體之行。所謂自動，是對「行」之主體而言，不是對「能」而言。例如我的意志活動，和理智活動，都是自動之行，外面的客體不能直接發

動。但是我的意志和理智，並不是常在活動，每次活動時，要我自己去發動，並不是意志和理智自動。假使意志和理智自動，則不受我的節制，我就不是意志和理智的主人了。

乙、第一實有體不能是「能」，應該是行，而且應該是絕對之行，道家之「道」便不能存在。

《道德經》說：「有物混成，先天地生，吾不知其名，字之曰道。」（道德經 第二十五章）老子主張「道」常變，而且是「自化」。「道」所以是具有「能」和「行」的「混成物」。

我們站在形上學的立場，我們要否認「道」的存在，而且要說：像「道」這樣的先天地而有的混成物，根本不能有。因爲混成物之成不能自有。例如宇宙間的人，是可以自化而兼有「能」與「行」的混成物，人都不是自有的。如以「道」真正存在，「道」則不是先天地而有的第一實有體。如以「道」爲第一實有體，則絕對不能存在。因爲「道」常變化。道既是「能」，怎麼可以自動變化呢？雖說「道」之化，稱爲自化，用自己之行，以化自己之能。然而道在最初時必定是一種「能」，假使「道」在最初時是「行」，則是第一「行」，是絕對之行。絕對之行，不兼有能，常行而不化，不生萬物。道既自化而生萬物，則開始時是「能」，在「道」之先，要假設另一第一「行」，以發動道之能，因此第一實有體，應該是絕對之行。

丙、　陰陽動靜不能互爲其根

《易經》講宇宙間的變化，以陰陽兩氣爲根本，陽爲動氣，陰爲靜氣。周敦頤解釋說：「太極動而生陽，動極而靜，靜而生陰。靜極復動。一動一靜，互爲其根。」（太極圖說）儒家這種哲學思想，我們站在形上學上，也不能接受。因爲歸根結底，儒家陰陽動靜之說，乃是一氣自化之說。一氣自化之說，和老子「道自化」之說，理論是一樣。

若只就陰陽動靜而論，動靜互爲其根，則是互爲因果，成爲因果連環之說。對於這一說，我們在論因時再討論。

2. 行之根本

行之根本，是主體的性理，但不能像理學家以性理和倫理相混。聖多瑪斯曾說：「每一實有體的性理，使自己的「有」成爲現實（實有），所以是自己的行之根本。」（Propria forma uniuscuiusque faciens ipsum esse in actu. est principium operationis propriae ipsius.）(十三)

每一實體，都是因爲自己的性理而「在」。在每一實體的性理中，育孕著自己應該有的「能」。這些「能」，在成爲「行」時，當然是以性理爲根本，不能超越性理以上。人只能做人的事，不能做出高於人性的事。狗自能有狗的行動，不能做人的行動。

每一實有體所有之「能」，有些是全部都包藏在性理裏，有些是性外的依附物，例如人的高低，不是因著人性的「能」而成的。但是這些附加之能，也不能反對性理，性理便至少是這些「能」的消極標準。因此每個實體之行，或是積極或是消極，都該以性理爲根本。

宋明理學家特別注重性理，他們以人的本性之理，爲人行事之道，在這一點上，理學家把形上學和倫理學混合在一齊。他們本願說人心所有的性理，爲人行事之道。這一點本來是對的，但是他們把性理稱爲天理，又進而稱爲理。於是便以這「理」就是人之所以爲人之理，而且性理爲人行事之道。人若不按性理去行事，人就不是人了，人就有虧於自己的人性。這一點在形上學上，就講不通了。因爲人之所以爲人之性理，和人心的性理截然爲兩事，不能混而爲一。從形上方面去看，行善之人和行惡之人，同是人，在性理方面，無增無損。因爲混合了形上的性理，和倫理的性理，儒家纔發生了性善性惡的爭論。

我們於今所講的行之根本，是主體的性理，是從形上方面去講。凡是一樁「行」，在形上方面說，絕對不會反對主體的性理，也不會超越主體的性理。中國俗語說：「扶著猴子可以上樹，扶著狗不能上樹」，這是顯而易見的道理。

3. 宇宙萬物之行只能達到物之爲物

宇宙萬物之行，只能達到物之爲物，而不能達到「有」與「無」。

宇宙萬物都是偶然之有，不是絕對之有。偶然之有，只是局部之有，而不是整個之有。整個之有和絕對之有，只能有一個，乃是自有的第一實有體。偶然之有，物性和存在是相分離的。在物性和存在，因著發動之行而結合時，物乃成爲物。因此這種偶然的物之「行」，也只能使另一物起變化。宇宙萬物之變化，或是生滅，或是質與量的變更，都是或者本性和存在相分相離；或者主體和依附體相合相離。這些變化都是物之爲物的變化，而不是整個之有的變化。整個有的變化，或者是自絕對的無中造有，或者使「有」滅爲絕對之無。這種創造與滅絕，只有絕對之行纔能做到。宇宙萬物之行，不能自絕對之無中而創造有，也不能使有而歸於絕對之無。

因此道家的宇宙變化，是道生萬物，萬物再返歸於道。儒家的宇宙變化，是陰陽二氣的消長，循環不已。

人的智力，可以說是無止境的，能夠創造無數的新東西。可是人的創造，先要假定有可以供創造的材料。絕對沒有材料，要人從絕對的無中創造「新物」，那也是絕對不可能的。

主張生物進化論的人，以生命由無機體進化而來，必定要假定生命的種子，包含在無機體裏，達到相當的進化程度，生命之能，乃成爲行。

「行」的這項原則，無論哲學家的派別怎樣，大家都予以承認。我們天主教的哲學家，因著這項原則，主張人的靈魂是由天主所造。因爲人的靈魂是純粹精神體，不能由包含在物體以內的任何種子所能發生的。每個人的靈魂，在宇宙間是一絕對新有的，宇宙間沒有一種物體之行，可以創造這種絕對的新有。須要絕對之有以絕對之行而自無中造生靈魂。

4. 一物之成必有其因

甲、上面所說第一項原則，可以改爲「一行之成，必有其動因」。「能」若沒有另一行以發動之，必不能成爲「行」，這不是說：一行之成，必有其因嗎？於今我們又說另一項原則，說是「一物之成，必有其因」。這項原則本來是屬於因果律。我們在論因時，要詳細予以討論。於今我們只從「行」方面去看這項原則。

一物之成爲一物，是物性和存在相結合而成物。例如我之成爲我，是當我的人性成爲具體的存在時，即是說人性和存在相結合時，我就成爲我。人性是「能」，存在是「行」，人性成爲了「行」便有一個人。因此凡物之成，都是由能而到「行」。由能而到「行」，必有「一行」爲之動因。因此一物之成，必有其因。

乙、宇宙間的萬物，都是「成」的，而不是自有的。既是成的，便有一成因。那麼萬物都須要有一成因。萬物的成因，是不是互爲成因呢？按照宇宙的變化現象說，宇宙萬物，是互爲因果。物理學、生物學和天文學都證明這樁事實。但是我們在上面也說明了宇宙間的變化，都是物體的變化，不能創造絕對的新有。宇宙的變化都假定先有了變化的原素。於今我們若是問宇宙變化的原素，由何而有呢！你可以說，今日的原素，是由昨日之變化而來的。但是一直追問上去，當宇宙原素，是絕對之新有時，宇宙間沒有一種「行」，可以使他「有」，務必要由絕對之有以絕對之行而創造之。結論便是形上學的一項原則：「偶然之有，最後必以絕對之有爲成因。」

註：

(一) 孔穎達　周易正義序。

(二) 羅光　中國哲學大綱下冊　第二十四頁　香港商務　一九五二年。

(三) 同上，第二十頁。

(四) 羅光　理論學　下冊　形上學　第五章　論有。

(五) 同上。

(六) S. Thomas Summa Theologica 1. p. 41,1 ad 2.

(七) 羅光　理論哲學　下冊　形上學　第六章　論有的區分。

(八) S. Thomas Summa Theologica 1. p. 41 1. ad 2.

(九) 同上，1. 9. 54. 1. C.

(十) 同上，1a2, 9. 3. 2. ad 3.

(十一) 同上，1a2, 9. 211. 2. C.

(十二) 同上，1a2, 9. 77. 2 ad 1.

(十三) 同上，a2, 9. 179. 1 ad 2.

第八章 論 因

一、因的意義及區分

1. 因的意義

「因」字在中國文字裏意義有許多種。《說文》云：「因就也從口從大。」《經籍纂詁》列舉因的意義，以「因，依也」爲第一。《辭源》以「由也」爲因的第三義，以「理由也」爲第五義。

按照這幾種意義去說，因，雖然指著一事一物依照他物他事，或由於他物他事而成；然而並不明明指著一事一物之所起。因之成爲哲學上的名字，意義指著一事一物之所起的根由，則是起於佛教。佛教很注重因果和因緣；於是把「因」作成了一個專門的名詞。在佛教裏，因果兩詞，「因謂所作者，果謂所受者」。因緣兩詞，「因此而生彼謂之因，此物緣彼

物而成，謂之緣」。（辭源）

中國儒家的古書裏，爲指一事一物之所起，或用「資始」，《易經》說：「大哉乾元，萬物資始」（乾象）；或用「資生」，《易經》說：「至哉坤元，萬物資生。」（乾象）；或用「根」，周濂溪《太極圖》說「太極動而生陽，動極而靜，靜極復動，一動一靜，互爲其根」；有時也用「感」，《易經》說：「咸感也。柔上而剛下。二氣感應以相與。……天地感而萬物生。」（咸象）

但是爲講哲學上的因果關係，更好用「因」字。

哲學的「因」，有什麼意義？「因，是對於一事一物的發生或變化，實際具有影響的根由。」(一)

根由表示次序，表示起點。在一事物的發生或變化的程序裏，因是起點，稱爲根由。因此，因必定該在所影響的事物以先。

但不是一切的根由都稱爲因，祇有對於另一事物的發生或變化實際具有影響者，纔稱爲因。所謂影響，在於一項事物的發生或變化，真真是由於另一事物所發動的。發動者稱爲因，被發動者稱爲果。在因與果之間，兩者有內在的關係。

內在的關係，不僅是互相銜接的關係，也不是一時的偶然關係。日以繼夜，夜以繼日，彼此互相銜接，千萬年不變；但是我們並不說日夜有因果的關係，因爲日不由夜而生，夜也不由日而生。我與某某，早晨常是同時上電車，我倆之間並不能說有因果的關係。我不認識他，他不認識我，彼此也不知道對方上電車的原因。這種同時上車的事實，祗是偶然的事。

因果的關係是必然的關係。有果必有因；然而有因是不是必定有果，則要看影響力若何。

因果的關係，互有先後可以從四方面去看。第一有時間上的先後，在時間上一事在先，一事在後。第二有理論上的先後，一事是前提，一事是結論。第三有次序上的先後，按著次序的標準，一人排在前，一人排在後。第四有本性上的先後，按著物性說，一物在它物之先。對於因果關係，祗有這第四種本性上的先後，爲因果關係所必有的。其他三種先後，在因果關係裏，可有可無。本性上的先後關係，是一物按照自己的本性，由它物而來，故在它物之後。

至於機緣，也不真正稱爲「因」，機是機會，機會對於事物，並沒有直接的影響，不過足以使事物易於發生或變化。普通我們說：機會好，機緣湊巧，或是說乘機而動，都不過是指著一種環境，便於我們舉行某種事。機會的影響，祗不過是「便於行事」。緣是條件，條件不包括工具。緣所指的條件，在於使因的影響力見諸實行。例如攝照，光線務必要到相達的程度，不夠程度便不能攝照。若在必要的程度以上，當然更易於攝照了。光線的程度，便是攝照的條件，必要的光線程度，爲必要的條件。

2. 因的區分

我雇一個木匠，做了一個書架。事先講好這個書架，是要用栗木做的，書架的形式該是長方形，配合客廳窗下的餘地。書架分三層，爲放置不甚長的中國書。木匠把書架做了，拿來一試，不能安放在窗下，書架太高太寬。木匠祇好把書架修改，按照預定形式的尺寸，改低改狹，書架纔合用。

爲做這個書架，有好幾個成因。第一個成因當然是木匠，第二個成因是栗木，第三個成因，是書架的形式，最後的成因，是爲放書的用途。因此，「因」的區分，普通分爲四種：第一爲動因（Causa effciens），第二爲質料因素（Causa materialis），第三爲理論因素（Causa formalis），第四爲動機（Causa finalis）。

「動因」爲因中最重要者，爲直接造成效果的主因，爲作者，爲發動力。質料因素則是材料，爲效果的物質因素，俗語說巧女難炊無米飯，也可見質料因素的重要。理論因素，爲一物所以成爲這物的理由，書架不是隨便做的，每個書架有它該有的形式。至於動機，乃是行事的目的，沒有原故，一樁事情不會作出來。可見動機也是原因之一。這四種原因，以下又再分爲多少種原因，在下面我們再看。

二、四 因

1. 質料因素

一物由何者而成，「何者」即是質料因素。在物理化學的一切實驗裏，質料因素最爲重要，因爲是一切實驗的根據。

形上學對於質料因素所注意的，不是由何物可以造成何物；這是物理化學所研究的，形上學所研究的，是質料因素對於構成「物」或「有」所佔的部份。

質料因素爲構成一物的「潛能」部份，質料能夠接受形相。用栗木做書架，栗木便接受書架的形式。

形相爲一物的形相，物的形相分自立形相和依附形相。在一物成爲自立體時，質料因素爲本然質料（Materia prima），沒有任何形相。已成自立體的質料，又可加上依附的形相或附加的形相，例如栗木已有栗木的本身形相，栗木作成書架，栗木係再附加書架的形相。因此質料因素可以是「本然質料」，可以是成形質料。兩種質料都是構成一物的因素，因爲是接受形相的潛能。

但是祇是物質物纔有質料因素，非物質的精神體則沒有這種因素。不承認有精神體的唯物論，當然以質料因素爲宇宙萬物的唯一因素，其餘的原因，都不過是機會罷了或者是希臘古代的原子論，或者是近代的原子論，都以宇宙萬物爲原子所成，萬物的不同，祇是原子的數量和位置問題，更無所謂物之其他因素。

和唯物論相反的唯心論，例如佛教唯識論，以萬法唯心，便不承認有實在物，也就不承認有物質。又如黑格爾絕對精神體的辯證也不要質料因素。我們認爲凡是物質物，都該有質料因素。

2. 理論因素

在一物之所以成爲一物時，必定有物性之理，物性之理稱爲形。形，表示模型。合泥爲磚，泥在接受了模型以後，纔成爲磚。質料因素，好比是泥，物性之理則爲模型。質料因素接受了物性之理，於是合成一物性。物性之理便稱爲自立體的「本形」（Forma substantidis）。

自立體在物性的本形以外，可以有附加的形相。例如一個人昀相貌，一個人的皮膚顏色，一個人的高低大小，都是人的附加形相。附加形相（Forma accidentalis），不涉及物之爲物，祇能使物如此如彼。

凡是形，都有對於質料加以限制或刻畫的意思。質料是空泛不定的，猶如一堆水泥，什麼東西都不像，若是把泥裝在各種模型裏，於是便可以有各種泥塑物。因此，形是動力，是現實。

近代哲學家，多否認有理論的因素。例如主張原子論的人，都不承認有所謂理，或有所謂形相。在原子中祇有數量，祇有位置，沒有另外的形相。至於色和體積，更沒有實際的價值。

我們認爲沒有理論因素，則不能有物，就是非物質的精神體，也該有理論因素。

3. 動因

上面兩種原因，是物體自身的構成素，所以稱爲因素。其他兩種原因，是在效果以外，是對效果的產生直接發生影響，所以在四因中，更切合因的意義。尤其是動因，最具備因的要素。因爲動機或目的直接影響作者，發動行動，造成動因，但是對於效果，則祇有間接的影響。至於動因，則是直接對於效果發生影響。

動因和效果的關係，是動因的動作達到效果，或者使效果「有」，或者使效果「變」。使效果「有」的動作，直接使效果的物性和現實相連，而成一實有體，既要供給效果該有的質料，又要供給效果該有的形相。在普通的物體上，效果的質料常由動因本體而分出，例如動物生育，所生新動物的肉體由母胎而分出。但是效果的形相由何而來?這個問題在心理學一篇裏，我們已加以研究。

動因的動力所到的，特別是在於使質料和形相相結合，使效果成爲一個現實。使效果「變」的動因，是在已有物體上，施以動力，使物體或是失去自立體本形，便把物體毀滅，或是加上另一附加形相，物體便起變動。

動因的動力，按照自己的本性而定；因爲每種物體在行動時，常是按照自己的本性而行。物有物的動力，人有人的動力，牛馬有牛馬的動力。一匹馬不能做人所做的事，一個人也不能做一匹馬所做的事。

有些動因在行動時，需要相當的工具。工具的意義，在於使動因的動力可用到效果方面。因此工具也可稱爲一種因，即是工具因（Causa instrumentalis）。

在發生一種行動時，可以同時有幾個動因，同時有數個動作者，共同產生一效果。這些同時的動因，他們動作對於效果的影響，可以有大有小，有先有後。因此動因中可分爲「主因」和「副因」。主因爲主要的動因，副因爲次要的動因。

對於動因的影響，在哲學上常發生爭論，近代許多哲學家甚至不承認有真正的動因。在下面一段，我們詳細地看看這個問題的經過。

4. 動機

動機是行事的目的。凡是有理性的動因，在作事時必定有目的。假使人心沒有一絲的願望，人便不會有所行動。沒有理性的動因，則完全按照生理和物理的而要而動，不能自有行動的目的。因此動機只能行之於有理物的動因；因爲目的是假定有意志，意志又假定有理智。若是沒有人心的靈明，人便不能在行動時有目的。佛教很明瞭這一點，所以主張絕慾。若能掃除人心的一切欲望，人便不再行動，不會造業了。

宇宙間的一切自然現象，是否有目的呢？道家說沒有目的，老子主張「人法地，地法天，天法道，道法自然，」（道德經 第二十五章）「天地不仁，以萬物爲芻狗，」（道德經 上篇 第五章）一切都任其自然，不能不變，循環往復，沒有終極。荀子也主張宇宙一切，自然而行，沒有特別的目的。他說：「天行有常，不爲堯存，不爲桀亡。」（天道篇）但是他很堅持宇宙間有一定的天理，人若知道順應天理，就可以畜制萬物。

但是孔子和《五經》裏所講的天道，則是有目的。《書經》和《詩經》都以宇宙受上帝的指使，上帝常願意人民有福。《易經》主張天道好生，好生爲仁。宇宙間的自然現象，一切都按秩序運行爲使萬物發生。宋明理學家後來雖以天理爲自然法，但也常說天地好生之德，因此仍舊主張宇宙運行，常有目的。

我們主張宇宙有自然律。既有律，必有製律者。製律者爲製律，應有理智，有理智則製律時必有製律的目的。宇宙的變動自身不知道有目的，但是掌管宇宙之造物者，使宇宙的變動趨於一目的。

三、因果律

在知識論的基本原理中，矛盾律當然是第一條原理，但是在矛盾律以下，便有因果律。佛教素講因果，然而佛教的因果，不是我們哲學上所講的因果。佛教的果，指著來世的報應；現世的業，則爲來世報應的因。佛教的因果關係，本是倫理方面的賞罰關係，本是倫理方面的賞罰關係。但因爲佛教所講的來生，完全由前生的業而定；於是倫理界的因果關係轉入了本體界，一物的本體，完全繫之於前生之業。

哲學上所講的因果律，是講兩項事物間的從屬關係。在兩項事物中，一物因著他物的動力而生，則發動之物爲因，被生之物爲果。把這種關係擴充到宇宙的一切事物，便造成所謂因果律，以宇宙內的萬物，都受因果關係的支配。

1. 因果律的意義

因果律從亞立斯多德一直到於今，常被認爲哲學上的定律；雖然反對的人不少，但並不曾把這條定律推翻。

但是對於因果律的意義，歷代贊成的哲學家，彼此意見也不大相同。他們彼此所爭論的有兩點，第一，這條定律是演繹的或是歸納的呢？第二，這條定義究竟怎樣說呢？

古代和中古的哲學家，常以因果律爲演繹的定律，即是說這條定律的意義，一望而知，人們在應用時，不過是由這條定律演繹到個別的事物上去。

康德首先主這條定筆爲一種先天的綜合評判，既不完全是先天演繹的，也不完全是後天經驗所歸納的。

於是因果律的演繹性或歸納性在新士林哲學中便成爲一爭論點。最近的趨勢，大都傾於歸納性一方面，以因果律爲歸納的，不過大家的講法不完全一樣。大致上說，大家都主張因果律應從屬於矛盾律，因果律在理則學上，意義很明顯，但不能說在形上學的本體論上，意義也同樣明顯。

因果律不像矛盾律的簡單，可以一望而知。因果關係在我們的經驗所表現的，是一項事物常和他一項事物相連，但並不馬上體驗到因果關係。因果關係是要我們的理智在經驗之上，加以反省的推論。

有的哲學家，以理智在反省時，借用另一定律，把因果律引到矛盾律。所借用的定律爲「相當理由定律」（ratio sufficiens）。每一物體的發生，必有其相當的理由；不然，不能發生，也不能成立。物體自身既不具備自己發生的理由，於是便該有一外在的原因。不然不是自相矛盾嗎？（Gurrigou-Lagrange教授的主張）

有的哲學家則謂直接可以借用矛盾律以作證明，不過各人有各人的解釋法。有人說：「凡是效果必有原因，因爲效果不能同時是自己的原因。」有人說：「凡是被動者，必被另一物所舫，因爲不能同時對於自己是被動又是自動。」有人說：「凡是偶然之物，必藉原因而生」，或說「凡是有始者，必不能自生」等等。

羅瑪傳信大學教授法布洛（C. Fabro）則主張「凡有局部之有者，必由全有者而有。」宇宙萬物所有者都是局部有限之有，不能自有，必定該有原因。(二)

法布洛教授所說局部之有，較比「偶然之物」，較比「被動之物」，都更易爲我們經驗所證明，因爲我們的經驗，立刻看到宇宙萬物，形形色色，各自所有的不是另一物所有的，所以都是局部之有。但是局部之有，必定來自全有者，則不是馬上可懂的。雖說這項哲理爲聖多瑪斯的重要主張，爲形上學最確實的理論，直接以「有」的本身爲根據；可是我們認爲這項哲理不是一眼可見的顯明事理，因此也不能作爲因果律的根基。

在我看來，因果律在理則學上和形上學本體論兩方面，不可以相混。在理則學上，因果律不是像矛盾律那樣顯明容易的定律，但也不必務須借用矛盾律以作根基，祇要我們人對於自己的經驗，加以反省，便可以懂得因果律的意義。小孩子們向父母最好問的是：「爲甚麼？」每見一事一物，必定要問爲甚麼有這事有這物呢？可見我們人天生就知道一事的發生成立，必定要有原因。因此對於事物應有原因，這一點並不要事先加以推論。

在本體論方面，一物是否應該有動因，要看它的本身怎樣，即是說要從「有」上去觀察。局部之有不能自有，乃是「原因」的根本理由。

因果律應該怎樣說呢？「凡是效果都有原因」這種說法不大對，因爲一說效果，暗中已經說到原因，等之於說有原因者必定該有原因. 這不是重覆嗎？我以爲因果律的意義不像矛盾律那樣簡單，講因果律的文字形式只能選擇意義中最基本的一點，使能適用於一切的原因。這點最基本的意義，在於凡一物對於另一物之發生或變化，予以影響者，兩者中便有因果關係。

2. 因果律的爭論

甲、儒家的哲學，雖不談因果律，但很看重因果的關係。《易經》一書講宇宙的變易，以乾爲萬物資始，以坤爲萬物資生，又以二氣相感，爲萬物發生的根由，「觀其所感而天地萬物之情可見矣。」（咸 彖）《易經》一書的功用，「子曰：夫《易》何爲者也？夫易開物成務，冒天下之道，如斯而已者也。是故聖人以通天下之志，以定天下之業，以斷天下之疑。」（繫辭上 第十一章）聖人按照《易經》之道，可以知道天地之道，可以預測事的吉凶，這表明什麼呢？表明宇宙萬物的變易有一定之道，有一定之因果關係。宇宙間的變動，看來雖是錯綜萬千，沒有規律；然而彼此之間有變易的理由。按照理由去推，可以預知效果。「易之爲書也，不可遠。爲道也屢遷，變動不居，周流六虛，上下無常，剛柔相易，不可爲典要，唯變所適。其出入以度。」（繫辭下 第八章）

墨子稱因爲故，故分爲小故和他故：「故，小故，有之不必然，無之必不然，體也，若有端。大故有之必然，無之必不然。若見之相同也。」（經說上）墨子的大故和小故，是從因果的關係去看。因和果的接連，若是絕對也然的；有這種因，便有這種果，沒有這種因，便沒有這種果；這種因，稱爲大故。因和果的關係，若不是絕對必然的；即是有這種因，不一定有這種果，但沒有這種因，則絕對不能有這種果；這種因，稱爲小故。墨子所以也講因果。

印度哲學「尼夜那因明學」，以見煙必見火，煙爲火所生。火和煙有因果關係。印度因明學的因喻，就是常從因果的關係去證明「宗」所說的事理。

乙、希臘古代哲學否認宇宙萬物中有因果關係的，首推懷疑論的畢洛（Pyrrho）。懷疑論者以爲因果祇是一種關係。關係是人所推想的，在實事上並不存在。懷疑論之所以反對因果律，是對於當時希臘唯物論所講因果關係的一種反響，因爲唯物論主張由因到果的影響，是一項物質可見的影響。懷疑論者便以這種物質因果關係，是人所想像的，實際上並沒有。

中古時代，有一派亞剌伯神學家（Al Ghazzali）和猶太的神學家（Moyses Maimonides），主張因果關係，祇能在造物者天主和受造物中間存在，在宇宙萬物中，則沒有一物，可以爲另一物之因，因爲萬物的動力都來自天主。

丙、在近代哲學家中，反對因果律的，要以休謨爲最著。休謨認爲因果關係祇是聯想關係。

休謨在知識論裏區分人的知識爲印象和觀念兩種。觀念來自印象，留於我們意識之中。人的觀念分爲單純的和複雜的兩種。在複雜的觀念裏，有些觀念常互相連接。這種互相連接的關係，即是因果關係。兩個觀念互相連接，是兩者本身具有互相吸引力。因著這種吸引力，人們想到一個觀念，必定聯想到其他一個觀念，於是習慣，便以爲兩者之中，具有因果的關係。但是因果關係雖是起自聯想作用，然而在人的知識方面，非常重要；因爲一切事物的發生和變化，普通都是認爲藉著原因而生。因此休謨自己仍舊承認有因果律，不過他不承認因果律有客觀的價值罷了！休謨以爲觀念聯想，來自三方面：「第一，是因爲相類似，第二，是時間上空間上相鄰近，第三，是因爲因果相生。」(三)

爲成因果關係，須有三項條件，第一，兩事常相連接，第二，因先於果，第三，兩者必然相連。有了這些條件，便可以有我們心理習慣上的因果律，這三項條件並不是在事物上真是這樣，祇不過在我們的日常觀察中，看到兩項事物中有這些關係，我們便深信兩者之中有因果的聯係。「所以因果律並不是在外物界內真正條理，乃只是我們推測事物變化時的一種習慣。」(四)「我們說A爲B因時，我們只指A與B事實上是恆定結合的，並不是指它們間有必然的關係。」(五)

丁、在物理學上，傳統的物理學，以爲宇宙間的自然法，對於每一事物的運行，都有一定的規律，因此在物理界，因果的關係已經前定。宇宙大小事物的變化，都可以按照一定的定律去推算，絲毫不會錯誤，有數學一般的準確性。因此傳統的物理學家牛頓以及萊布尼茲都主張「因果一定」（Determinismus）。

現代的物理學則一反傳統物理學的主張。現代物理學家承認宇宙有自然法，但是也承認在每項事物動作時，常有許多的原素和條件，不能由自然法去確定它們的影響，因此對於一項動作的效果，常不能預先加以決定。他們並不否認因果律，但主張因果的關係不能事先推知。倡「物理不定說」者，爲海生伯（W. Heisenberg）。海氏於一九二七年聲明自己的主張，㈥以數學公式發表。物理上因果不定，是因每物體的運動，都有電波的振動，電波能夠影響電子或原子，因此物理上的變化不能絕對前定。

現代物理學大家愛因斯坦也不贊成因果律。他認爲電子的內容既不可知，所謂事物的先後更是相對的，無法決定因果的關係。「但是問到電子內部所發生的是什麼，這是絕對不會曉得的：就是要窺測電子的器械都沒有。所知道的只是電子所生的效果。說到效果，又屬於因果的見解，而不合於現代物理的，當然更不合於相對論了。我們只能說在它附近時空的一部，有某種現象之群聯合發生，這纔是正當的說法。某觀察者覺得在這群內一分子比他分子要早些，而他觀察者也許覺得其時序適相反。就說對於任何觀察者所覺之時序都相同，而先後兩樁事情的關係，也是相對的。」㈦

戊、我則主張從亞立斯多德，到聖多瑪斯以及近代新士林哲學所有因果律，應該保全。科學的發明，雖可以許多次證明常識的錯誤，但是常識在人的知識上，具有重大的意義。

因果律是人的一種基本常識，人在兩者常相連接的事物中，見沒有前者，不能有後者，立刻知道兩者中有因果關係。這種關係。這種關係，人一見就知，不必學習。

前些時沒有，於今開始有的事物，凡是人都知道它不能自有，必定該有發生的原因。這種推論，盡人皆知。

可有可無的事物，便不是自有者，自有者是絕對必有的。凡是人都知道不是自有的事物，必定應該有發生的原因。

爲形上的因果律，並不要求物理上的一切科學知識。因果律所說的，是一事物由他一事物的影響而生，或是因他一事物的影響而起變化。這種影響可以是物質方面的力，也可以是精神方面的活動，也可以是倫理方面的動作。在物理學方面，對於一些物質可以不知道性質若何，因此不能斷定彼此間的關係，但不能因幾樁不定的事件，推翻已經確定的原理。也不能說，近代物理學說明物質祇是原子或電子互相振動的現象，因此無所謂新物質，無所謂因果。物質不僅是原子或電子的振動現象，在宇宙論裏我們已加以說明。即就假使物質是電子的振動現象，振動也應該有發動者，至少該有作陰陽互感應的關係，而且原子和電子本身由何而來，科學不能與以說明。形上學斷定原子和電子應該有發生的原因，因爲原子是物質，因爲原子是局部的有，不能不有一發生的原因。

而且互爲感應的因果關係，也不能解決宇宙緣起問題，既要有感應而後纔能結合而生物的原素，決定不能是自有原素，因此在互相感應的原素以上，一定應有一發生的原因。

因此每一事物的發生和變化，應有原因。整個宇宙萬物的發生和變化，也應有一最高的原因。這就是我們所主張的因果律。

3. 因與果的關係

因爲能發生效果，因應該是「現實」（Actus）。因的作用，是使果從潛能到現實。假使因的自身是潛能，一定不能發生效果。本身所沒有的，不能授予另一物。而且大者也不能來自小者。

因中藏有果—既然是大者不能來自小者，果來自因，果所有的，因中便也應該有。因此說因中有果。然而因中之果，當然不是由因所生之果，不是已經成爲現實之果。現實之果和它的因，兩者互有區別。所謂因中有果，或謂果在因中，乃是可能之果，即是可能成爲現實之果，在發生以前，已經藏在因中。若再往前追，再問可能之果究竟是什麼？可能之果，即是成爲現實之果的一切特性良能，都藏在因之果。

因中之果，實際即是因—果在因中，果是可能之果，是果的一切特性良能，實際即是因的特性良能。惟獨這些特性良能可以發生相似的效果，因此乃稱爲因。

效力是在效果之中—效力是「因」發生效果的動作。動作由因的本體發出，而止於效果。因此效力所在之點，是在效果身上。有時因的動作要通過工具，然後纔達到效果。然而因的動作，不是在工具身上，仍舊是在效果身上。有時因的動作要通過工具，然後纔達到效果。然而因的動作，不是在工具身上，仍舊是在效果身上。爲著這個原故，宇宙萬物爲生效果時，先該有接收效力之點，就是說因的動作，要有先已存在的止點；不然，因的動作，便沒有動作。先已存在的止點，當然不是整個的效果；否則效果已先有了。何必要再有因的動作效力呢？先已存在的效力止點，即是構成效果的質料。質料是先已存在了，因的效力，是在於變易質料的形相。

因生果的動力，不改變因的本體——因不因爲發生效果，同時便改變自己的本體。在因的附加體方面，當著因發生效力時，能夠因著動作而起改變，如人在動作時，能夠變換地方，能夠變換身體的姿式，但不改變人的本體。不然，因已經不是因了，怎能生果呢？

註：

㈠ 羅光　中國哲學大綱　下冊　第一八三頁。

㈡ C. Fabro. La difesa critica del principio di Causa.（Rivista filosofia Neo-scolastica）. 1936. p. 102-141.

㈢ 張東蓀　哲學　第二二四頁。

㈣ 同上，第二二五頁。

㈤ 羅素　西方哲學史第四冊　頁九一六。

㈥ W. Heisenberg über den ans chaulichen Inhalt der quantentheoretischen Kinematik und Mechanik. Zeitschrift für Physik. 43, 1927.

㈦ 王剛森譯　相對論ABC下冊　第一〇八頁。